LA VILLE LUMIÈRE

Anecdotes et Documents

HISTORIQUES, ETHNOGRAPHIQUES
LITTÉRAIRES, ARTISTIQUES
COMMERCIAUX ET ENCYCLOPÉDIQUES

PRIX DU VOLUME : 20 FRANCS

PARIS
DIRECTION ET ADMINISTRATION
25, RUE LOUIS-LE-GRAND, 25

1909
TÉLÉPHONE : 209-16

Promenade à travers Paris

AVANT-PROPOS

Combien de séductions et de souvenirs évoque le nom de Paris, la grand'ville !

« Qui regarde au fond de Paris a le vertige, écrit Victor Hugo. Rien de plus fantasque, rien de plus tragique, rien de plus superbe. Paris est sur toute la terre le lieu où l'on entend le mieux frissonner l'immense voilure du progrès. » Est-ce de là que vient l'attrait irrésistible que Paris exerce sur le monde, et qui durera tant que les hommes seront sensibles aux délicatesses et aux fantaisies de l'esprit, aux beautés de l'art, aux agréments de l'élégance et du plaisir?

Un grand poète, Henri Heine, que les Français ont toujours aimé à reconnaître pour un des leurs, a parlé maintes fois de l'effet de surprise et de ravissement que Paris produit sur tous les étrangers. Chez quelques-uns cette admiration n'est pas exempte de quelque crainte ; ils éprouvent un sentiment de méfiance, de révolte même pourrait-on dire ; les autres ne cherchent pas à résister au charme étrange et si puissant qui les gagne : au premier abord ils reconnaissent qu'ils viennent de prendre contact avec leur patrie d'élection.

Nombre d'entre eux ont gardé la nostalgie de la *Ville Lumière* au sein de leur propre pays. Il y a peut-être des villes plus opulentes ou plus attirantes par la beauté des paysages et la douceur du climat, il n'en est aucune dont le charme soit aussi puissant.

L'apôtre de la République Universelle, Anacharsis Clootz — et le témoignage d'un étranger doit avoir pour nous une plus grande valeur — voulait faire de Paris la commune centrale du globe ; c'était pour lui « le centre de la régénération humanitaire, le lieu sacré, la ville par excellence ».

Quant aux Parisiens, qui, pour la plupart cependant, ne peuvent se vanter de bien connaître Paris, c'est une tendresse vivace et exclusive qu'ils ressentent pour leur Ville ; tous pourraient dire comme Montaigne : « *Paris a mon cœur dès mon enfance, et m'en est advenu comme des choses excellentes ; plus j'ay vu depuis d'autres villes belles, plus les beautés de cette cy peult et gagne en mon affection. Je l'aime en elle-même et plus en son être seul que rechargée de pompes estrangières ; je l'aime tendrement, jusques à ses verrues et à ses taches.* »

Et le Paris de Montaigne était loin cependant de ressembler au Paris d'aujourd'hui, avec ses rues larges et brillantes, ses avenues spacieuses et ses voies triomphales. Les *verrues* et les *taches* disparaissent de jour en jour, au grand désespoir des fervents du passé qui s'appliquent sans cesse à faire revivre par la chronique et par l'image les souvenirs qui s'en vont.

Et de nombreuses sociétés se sont formées pour écrire l'histoire exacte et patiente de chaque quartier de la ville. La Commission du Vieux-Paris travaille sans relâche à conserver la physionomie de ce coin de l'univers dans lequel, ainsi que le dit un vieux dicton parisien, nous voyons l'univers tout entier : *Orbem in Urbe videmus :* nous voyons le monde dans la Ville.

Un groupe d'écrivains et d'artistes s'efforce de reconstituer les aspects divers et attachants du Paris de jadis. Au nombre des plus militants d'entre eux, nous pouvons citer : Edouard Detaille, Georges Cain, André Hallays qui, dans ses charmants articles intitulés *En flânant*, mène contre les *vandales* une campagne si intéressante et si courageuse. Et certes, l'on ne peut s'empêcher de déplorer les obligations qu'impose l'hygiène et le progrès chaque fois que s'anéantit sous la pioche du démolisseur quelqu'un de ces coins évocateurs, restés jusqu'alors à peu près intacts, où vit et palpite ce que l'on pourrait appeler l'âme de Paris.

Ce sont quelques-uns de ces souvenirs que nous voudrions raconter. Dans la longue promenade que nous allons entreprendre à travers Paris, nous voudrions à l'occasion des rues, des maisons et des monuments qui s'offriront à nos yeux rappeler quelques faits historiques dont ils furent les témoins et qu'ils font soudain ressusciter devant nous. Nous voudrions signaler quelques-unes des importantes maisons de commerce et entreprises industrielles qui contribuent à faire de Paris une des villes les plus riches et les plus séduisantes du globe.

Si les grands soldats font la gloire d'une nation, les grands commerçants font sa richesse. Les Jacques Cœur, les Marco Polo, les Côme de Médicis n'ont-ils pas rendu d'aussi grands services à leur patrie que les noms les plus glorieux ? Le commerce, qui embrasse l'universalité des choses utiles, est un puissant moyen de progrès ; il est le signe le plus certain d'une civilisation avancée.

La guerre est l'instrument propre de la barbarie, le commerce est celui des hommes civilisés et n'est rien moins que l'organe de la solidarité universelle.

Paris répand sa lumière dans le monde entier, non seulement par l'éclat des lettres, des arts et des sciences, mais aussi par son industrie et son commerce qui occupent un rang prépondérant. Il est certain que nulle des grandes cités célèbres dans l'histoire n'a eu la même puissance de rayonnement. Nulle n'a exercé un prestige si absolu et irrésistible, que les frivolités de ses modes et de ses usages s'imposent jusqu'aux extrémités du monde. *Orbem in Urbe videmus!*

Ce n'est pas une histoire de Paris que nous voulons tenter ici — un pareil sujet épuiserait la matière de plusieurs volumes ; — c'est la mise en scène, avec les décors et les accessoires, de quelques événements essentiels et de quelques détails pittoresques. Nous voudrions en deux mots esquisser la physionomie du Paris d'autrefois à travers le Paris moderne.

Avant de commencer cette étude, ou plutôt cette promenade que nous nous efforcerons de rendre aussi pittoresque qu'intéressante, nous voudrions d'abord adresser nos remerciements aux nombreux collaborateurs qui sont venus nous aider dans notre tâche en nous apportant leur précieux concours.

PONT DES ARTS. *Photo Neurdein Frères.*

Iᵉʳ ARRONDISSEMENT

L'ARRONDISSEMENT du Louvre comprend quatre quartiers : Saint-Germain-l'Auxerrois, les Halles, le Palais-Royal et la place Vendôme (1).

Cet arrondissement sera fécond en souvenirs, puisque, si l'on voulait raconter tous les événements qui s'y sont déroulés, il faudrait faire le récit de presque toute l'Histoire de France.

La mairie du Iᵉʳ arrondissement est située place du Louvre. Entre la mairie et l'église Saint-Germain-l'Auxerrois, l'on voit une grande tour, œuvre de l'architecte Ballu, qui possède un des trois carillons de Paris. (Les deux autres sont, l'un au Comptoir d'Escompte de la rue Bergère, l'autre rue Drouot, au *Figaro*). Ce carillon fait entendre toutes les deux heures : *Frère Jacques, le Tambour*, de Rameau, et un air de l'*Arlésienne*, de Bizet.

---

(1) Avant le XIVᵉ siècle, Paris était divisé en trois quartiers : la Cité, l'Outre Grand Pont ou Ville, et l'Outre Petit Pont ou Université. Le nombre des quartiers augmenta successivement, jusqu'en 1789 où la ville fut divisée en soixante districts, puis en 1795 en douze arrondissements. En 1860, après l'annexion des communes suburbaines, Paris fut divisé, comme il l'est actuellement, en 20 arrondissements divisés en 80 quartiers.

A côté de la mairie, se trouve l'église Saint-Germain-l'Auxerrois qui occupe l'emplacement d'un oratoire dédié en l'an 450 à saint Germain d'Auxerre, pour commémorer les miracles qu'il avait accomplis en ce lieu. C'est une des plus anciennes églises de Paris. Brûlée en 886 par les Normands, elle fut reconstruite par le roi Robert, de 997 à 1031, au moment de l'enthousiaste ferveur qui après l'an mil s'était emparée du monde chrétien. De cette reconstruction, il ne reste aujourd'hui qu'une vieille tour basse, carrée, cintrée aux ouvertures, de style roman, qui sert de clocher. Presque tout le reste de l'église actuelle (elle fut restaurée en 1838), notamment le portique couronné de balustrades et de combles fleuronnés qui est l'œuvre du maître maçon Jean Gaurel, date de Charles VII, qui la fit réédifier en 1435. Un grand nombre de sépultures de personnages célèbres, entre autres Malherbe, Jodelle, Guy Patin, Coysevox, y sont renfermées.

Nous avons toujours l'impression que cette église est hantée d'un souvenir tragique et, pour peu que l'on se reporte à l'époque des guerres de religion, les cloches qui donnèrent le signal de la Saint-Barthélemy semblent résonner d'un glas lugubre. Non loin de l'église Saint-Germain-l'Auxerrois, nous voyons rue de Rivoli la belle statue de l'amiral Coligny érigée en 1889 et qui est l'œuvre de l'architecte Salliers de Gisors et du sculpteur Crauck.

L'amiral Coligny, assassiné en 1572, fut la première victime de la Saint-Barthélemy. Son monument a été élevé à peu près à l'endroit où se trouvait l'hôtel qu'il habitait rue Béthizy.

Pendant la Révolution, ce fut sur la place de Saint-Germain-l'Auxerrois que l'on exposa le buste de Marat, au moment du culte enthousiaste que la France lui avait voué.

Par contre, ce fut là qu'un peu plus tard le fameux Ange Pitou, surnommé Pitou l'Auxerrois, jeta à tous les vents ses couplets royalistes et fit du vaudeville, ainsi qu'il le disait, *la trompette de la vérité*. Tous les soirs, il venait s'installer sous le portail de l'église et là, accompagné par les crincrins d'un marchand de vulnéraire, il criblait la République de ses sarcasmes, chantait ses couplets libres et joyeux, agrémentés d'épigrammes et de gestes expressifs. De la rue des Coqs à la place des Victoires et jusqu'au carrefour de l'Arbre-Sec, mais faisant toujours de la place Saint-Germain-l'Auxerrois son quartier général, il promenait la foule avidement attroupée autour de lui, qui, rieuse, excitée par les couplets frondeurs, s'intriguait de la personnalité mystérieuse d'Ange Pitou. Était-ce un prêtre déguisé? Ou bien un professeur? Ou bien encore l'agent de quelque famille noble? Ce n'était qu'un jeune homme poussé d'abord par la misère à descendre dans la rue. Enhardi bientôt par le succès, il était devenu un joyeux pamphlétaire qui raillait tous les ridicules du jour avec une verve caustique et hardie. Ange Pitou, le héros d'Alexandre Dumas et de *Madame Angot* (1), exprimait

---

(1) *Madame Angot ou la Poissarde parvenue*, publiée en 1797 par Antoine-François Ève, dit Desmaillots. C'est là que se trouve pour la première fois le type de Madame Angot souvent reproduit depuis et notamment dans l'opérette célèbre : *la Fille de Madame Angot*.

VUE DE LA SEINE PRISE DU PAVILLON DE FLORE.

STATUE DE COLIGNY.

MAIRIE DU 1er ARRONDISSEMENT ET ÉGLISE DE SAINT-GERMAIN-L'AUXERROIS.

dans ses chansons le sentiment du peuple aspirant au retour de l'ordre et c'est ce qui explique sa vogue étonnante et rapide. « Il s'était fait un si nombreux auditoire, dit Mercier, que la garde n'osait l'interrompre. Chaque fois qu'il parlait de la République, il portait la main derrière lui. Il se fit arrêter : traduit devant le tribunal criminel, il répondit à l'accusateur public que dans le geste qu'on lui reprochait, il n'avait d'autre intention que de chercher sa tabatière. » Condamné à la déportation, il parvint à s'échapper de la Guyane et mourut à Paris dans le plus profond oubli.

Engageons-nous à présent dans la petite rue des Prêtres, latérale à l'église, puis après avoir traversé la rue du Pont-Neuf, prenons la rue Saint-Germain-l'Auxerrois qui nous conduira à la place du Châtelet. Au numéro 17 de la rue Saint-Germain-l'Auxerrois, nous voyons le Café Momus, illustré par Murger dans sa *Vie de Bohème*. Au numéro 19 se trouvait la prison de For l'Évêque, dénommée la *Bastille des Comédiens*, parce qu'elle était surtout la prison des acteurs insoumis.

A ce propos l'on cite un mot assez plaisant. Le 7 avril 1765, la Clairon, ainsi que plusieurs acteurs de la Comédie-Française avaient refusé de jouer la tragédie de Dubelloy, le *Siège de Calais*. Un exempt se présente au domicile de la Clairon en la priant de le suivre. Après de nombreuses difficultés, la belle finit par se soumettre. « Mon honneur en tout cas reste intact, dit-elle. Le roi même n'y peut rien. — Vous avez raison, repartit l'exempt, où il n'y a rien, le roi perd ses droits (1). »

D'ailleurs ces emprisonnements n'étaient pas bien sérieux, et les acteurs, tels depuis quelques-uns de nos sympathiques financiers, sortaient de la prison pour aller jouer leurs rôles, et revenaient le soir une fois le spectacle terminé.

Nous arrivons à la place du Châtelet, créée sur l'emplacement du Grand Châtelet et des ruelles infâmes qui l'avoisinaient. C'étaient les rues de la Tuerie, de l'Écorcherie, de la Vieille Tannerie, etc., où jour et nuit on assommait des bœufs, on égorgeait des veaux et des moutons, « voire quelquefois des passants ». Ces abattoirs en plein air alimentaient un fleuve de sang s'écoulant lentement vers la Seine.

La rue de Trop va qui dure ou Qui m'y trouve si dure, appelée ensuite Descente de la Vallée de Misère, où tournaient les broches de rôtisserie, conduisait au Grand Châtelet.

Le Grand Chatelet était dans l'origine un château fort destiné à défendre l'accès de Paris par le Pont au Change ; il devint plus tard le siège d'une juridiction civile et criminelle et ses cachots jouirent d'une lugubre célébrité : l'un avait été surnommé Chausse d'Hypocras, parce que les captifs y avaient les pieds dans l'eau croupie ; un autre, Fin d'Aise, était rempli de reptiles et d'immondices.

---

(1) *Dictionnaire historique de Paris*, par Gustave Pessard.

LE PONT AU CHANGE.

Le Châtelet doit passer, après le gibet de Montfaucon, pour l'édifice du vieux Paris le plus sinistre par sa physionomie et sa destination. Son voisin, le cimetière des Innocents, n'était certes par un endroit folâtre, mais, après tout, les morts y reposaient insensibles, tandis que les vieilles murailles moussues du Châtelet recélaient des êtres humains à l'agonie qui étaient soumis à d'atroces tortures sur une simple accusation et qui, gémissants et douloureux, croupissaient au fond de véritables sépulcres.

Quittons ces lugubres souvenirs en constatant qu'aujourd'hui ce séjour n'a plus rien de sa tristesse d'antan. La prison du Grand Châtelet depuis longtemps n'existe plus et sur son emplacement a été créée la place du Châtelet. Au centre de la place, se trouve la *Fontaine de la Victoire* ou *des Palmiers*, érigée en souvenir de l'expédition d'Égypte. Des deux côtés de la place se trouvent deux théâtres, le théâtre du Châtelet, construit en 1860, et l'ancien théâtre Lyrique devenu successivement : théâtre des Nations, puis Opéra-Comique, puis théâtre Sarah-Bernhardt. Au coin de la place du Châtelet et de la rue Saint-Denis, se trouve la Chambre des Notaires.

Suivons à présent le pont au Change qui nous mènera boulevard du Palais et qui est un des plus anciens ponts de Paris. Il tient son nom de ce fait que Louis VII y avait établi des changeurs en 1141. La corporation des Orfèvres était venue également s'y installer.

LA PLACE DU CHATELET. — FONTAINE DE LA VICTOIRE.

A présent il nous semble étrange de penser que sur tous les vieux ponts de Paris étaient établies deux rangées de maisons. Celles du pont au Change ne furent supprimées qu'en 1769. Le jour du Carnaval, des tables étaient dressées sur le pont au Change et les amateurs venaient y faire d'interminables parties de dés.

Le boulevard du Palais a absorbé la place du Palais où jadis les criminels étaient exposés aux regards du public.

Auprès du PALAIS DE JUSTICE, remarquons la Tour de l'Horloge. Cette horloge, la première que l'on vit à Paris, est due à Charles V, qui fit venir d'Allemagne un très habile ouvrier tout exprès pour l'installer.

Du temps de l'époque romaine, un palais existait déjà dans la Cité, sur l'emplacement du Palais de Justice actuel, et le palais du Moyen-Age qui jusqu'à Charles VII servit de résidence à nos rois n'avait fait que se substituer à un palais antique dont on utilisa même les débris comme matériaux de la construction nouvelle. Après Charles VII, ce palais devint le siège de la Justice et rien ne manquait au « bailli » pour exercer de la façon la plus terrible la justice haute et basse. Il y avait non seulement des cachots dont Clément Marot a dit :

> « Je ne vois pas qu'il y ait chose au monde
> Qui mieux ressemble un enfer très immonde, »

mais encore cinq potences dressées dans le palais même. Sur les anciens jardins attenant au palais de la Cité, l'Hôtel des Présidents du Parlement avait été construit par Achille de Harlay et Nicolas de Verdun. C'est dans cet hôtel que s'installa en 1789 le fameux Comité de Surveillance, institution de terreur policière, qui fut un acheminement à ce qu'il devait devenir définitivement à partir de 1800 : la Préfecture de Police, située quai des Orfèvres, rue de Harlay et rue de Jérusalem.

La rue de Jérusalem fut célèbre jadis : c'était une ruelle étroite, enserrée entre de hautes bâtisses, se brisant à une extrémité pour devenir la rue de Nazareth, ruelle mal famée s'il en fut, refuge des femmes galantes et des escarpes, effroi du passant solitaire qui ne s'y aventurait qu'en tremblant. Le TRIBUNAL RÉVOLUTIONNAIRE siégeait à la GRAND'CHAMBRE, au-dessous de laquelle étaient situées les prisons de cette sinistre CONCIERGERIE (1) où le dogue du guichetier, dit une brochure du temps, était le seul être caressé, gras, heureux (2). La geôle de la tour BON BEC, où se donnait autrefois la question, était la plus redoutable, mais le cachot où Marie-Antoinette vécut son martyre de soixante-quinze jours était presque aussi horrible, surtout lorsque, afin de mieux garder la royale prisonnière, on eut muré deux des fenêtres, en ne laissant subsister qu'une partie de la troisième qui donnait sur la cour des femmes (3).

Enclavée dans le Palais de Justice se trouve la SAINTE-CHAPELLE que saint Louis fit construire en 1245 pour y placer la couronne d'épines et un morceau de la vraie Croix. Il voulut, pour placer ces reliques, faire faire *une châsse de pierres travaillées à jour comme un filigrane d'or, tapissée d'émaux, illuminée de brillantes verreries.*

(1) Ce nom de Conciergerie vient de ce qu'une partie des constructions de la Conciergerie servait d'habitation au Concierge.
(2) *Paris à travers les âges*, par F. HOFFBAUER (Firmin Didot).
(3) On peut voir aujourd'hui le cachot de Marie-Antoinette à la Conciergerie.

Mercier nous raconte dans son Tableau de Paris qu'au XVIIIe siècle, pendant la nuit du Jeudi au Vendredi-Saint, on exposait publiquement à la Sainte-Chapelle un morceau de la vraie Croix : « Tous les épileptiques, sous le nom de possédés, accourent en foule et font mille contorsions en passant devant la relique ; on les tient à quatre. Ils grimacent, poussent des hurlements et gagnent ainsi l'argent qu'on leur a distribué ». Mercier, poursuivant son récit, nous raconte qu'en 1777, pendant que se jouait cette comédie, un scandale qui

LE PALAIS DE JUSTICE.

révolutionna Paris fut déchaîné par un homme (le démon disait la populace), qui vint défier d'une voix de tonnerre le Dieu du Temple et vomit contre lui les plus atroces invectives.

La Sainte-Chapelle, qui est une merveille d'art et dont la flèche haute de 33 mètres est une des choses les plus remarquables, a été dévastée sous la Révolution. Elle fut transformée successivement en club, en magasin à farine, puis affectée aux archives judiciaires. Elle fut restaurée de 1843 à 1867.

Nous ne pouvons pas quitter les abords du Palais de Justice sans rappeler que la fameuse *table de marbre* du palais fut un des berceaux du théâtre. C'est un souvenir un peu plus gai qui s'attache à ce monument qui fut le témoin de si effroyables drames.

Les clercs de la Basoche avaient été réunis en une association qui portait le titre de ROYAUME DE LA BASOCHE, et le président celui de ROI DE LA BASOCHE. Pendant que d'autres acteurs offraient en spectacle les mystères de la Passion, les Basochiens jouaient sur la vaste table de marbre située dans la grand'salle du Palais de Justice, des *farces, soties et moralités*. L'argent qu'ils retiraient des spectateurs était employé aux préparatifs du spectacle et aux frais d'un festin. Ces pièces stigmatisaient si violemment tous les abus que les jeunes acteurs, dont le respect n'était pas la qualité primordiale, encoururent souvent la peine de la prison en punition de leur audace.

Des spectacles de la Basoche, nous allons passer aux spectacles en plein air du PONT NEUF.

Pour nous rendre sur le PONT NEUF, nous passerons par la PLACE DAUPHINE, appelée ainsi en l'honneur du dauphin Louis XIII, et où nous ne pouvons faire autrement que de nous arrêter quelques instants. C'est là qu'en 1314, Jacques Molay, le grand-maître des Templiers, fut brûlé vif. Jusque sous Louis XV, des exécutions capitales y eurent lieu. Sous Louis XIV, la place Dauphine et la place Royale (actuelle place des Vosges) étaient les endroits les plus fréquentés de Paris. Au numéro 23, se trouvait la boutique qui portait l'enseigne *A la Croix Verte*, du fameux orfèvre Nicolas Josse que Molière a immortalisé.

Nous voici maintenant sur le célèbre pont Neuf avec la statue de Henri IV qui resta populaire même sous la Révolution. C'est devant cette statue que fut pendu et brûlé le corps du maréchal d'Ancre en 1617. Le pont Neuf est aujourd'hui bien paisible et ne donne guère l'idée de ce qu'il était jadis. Mercier, auquel nous aurons plus d'une fois l'occasion de recourir pendant cette promenade, nous dit : « Le pont Neuf est dans la ville ce que le cœur est dans le corps humain, le centre du mouvement et de la circulation ; le flux et le reflux des habitants et des estrangers frappent tellement ce passage que pour rencontrer les personnes qu'on cherche il suffit de s'y promener une heure chaque jour. Les mouchards se plantent là, et quand au bout de quelques jours ils ne voient pas leur homme, ils affirment positivement qu'il est hors de Paris. »

On pourrait presque dire que l'apparition des chanteurs des rues est contemporaine chez nous de la fondation du pont Neuf. Dès qu'il fut bâti, les chanteurs satiriques y affluèrent ; il devint bientôt une espèce de foire permanente.

A côté des petits marchands de la place Dauphine, entre autres charlatans, pitres et baladins, Tabarin, sous l'ample blouse mi-verte et jaune, parade en compagnie de sa femme Francisque, de son nègre et de son ami Mondor, coiffé de l'énorme chapeau de docteur.

Sous la Révolution la race des chanteurs en plein vent ne fit que pulluler de plus belle. On chantait la mort de Capet, la mort de Marat, la mort de Marie-Antoinette, la mort de Lepeletier de Saint-Fargeau. La police gageait ces rapsodes républicains pour entretenir le feu sacré de la canaille (1).

Sur l'emplacement des bains actuels de la SAMARITAINE s'élevait la célèbre

(1) *Les Rues du Vieux Paris*, par Victor FOURNEL.

LA COUR DE CASSATION.

LA SAINTE-CHAPELLE.

STATUE DE HENRI IV.

fontaine dont ils ont pris le nom. C'était une machine hydraulique destinée à amener les eaux de la Seine dans les jardins des Tuileries. Un bas-relief en bronze représentait le Christ et la Samaritaine auprès du puits de Jacob.

Le pont Neuf a été restauré en 1853. Pour finir cette petite étude rétrospective du pont Neuf, nous raconterons une anecdote assez curieuse : « Un Anglais, dit-on, fit la gageure qu'il se promènerait le long du pont Neuf pendant deux heures, offrant au public des écus neufs de six livres à vingt quatre sols pièce et qu'il n'épuiserait pas de cette manière un sac de douze cents francs qu'il tiendrait sous son bras. Il se promena criant à haute voix : « Qui veut des « écus de six francs tout neufs à vingt-quatre sols ? Je les donne à ce prix. » Plusieurs passants touchèrent, palpèrent les écus et, continuant leur chemin, levèrent les épaules en disant : « Ils sont faux ». Les autres, souriant comme supérieurs à la ruse, ne se donnaient pas la peine de s'arrêter ni de regarder. Enfin, une femme du peuple en prit trois en riant, les examina longtemps et dit aux spectateurs : « Allons, je risque trois pièces de vingt-quatre sols par curiosité. » L'homme au sac n'en vendit pas davantage pendant une promenade de deux heures ; il gagna amplement la gageure contre celui qui avait moins bien étudié que lui ou moins bien connu l'esprit du peuple ».

Laissant de côté le pont des Arts, le pont Royal, le pont du Carrousel et le pont Solférino, qui n'ont rien de particulièrement intéressant, nous prendrons le QUAI DU LOUVRE pour revenir place du Louvre. C'était là que s'élevait jadis l'hôtel du Petit Bourbon et si Charles IX a véritablement tiré sur les Huguenots le jour de la Saint-Barthélemy, c'est d'une des fenêtres de l'hôtel du Petit Bourbon et non de la fameuse fenêtre de la galerie des antiques du Louvre, ainsi que s'en était établie la légende, puisque sous le règne de Charles IX cette partie du Louvre n'existait pas. Avant l'entière destruction de l'hôtel du Petit Bourbon, Molière et sa troupe obtinrent de Louis XIV l'autorisation d'y donner leurs représentations.

Après avoir admiré la belle colonnade du Louvre, construite par Perrault en 1668 et qui fait face à Saint-Germain-l'Auxerrois, pénétrons dans la cour intérieure de ce merveilleux et imposant monument qui est devenu le LOUVRE après trois siècles de travail. En l'an 1200, le Louvre n'était qu'une vaste tour ronde dressée dans un quadrilatère de remparts, entourée de fossés. Depuis François Ier qui, en 1541, confia à Pierre Lescot et à Jean Goujon le soin de reconstruire son palais (c'est cette partie du monument que l'on appelle le Vieux Louvre), tous les rois de France y apportèrent des embellissements successifs.

C'est en 1662 que Louis XIV abandonna le Louvre qui commença sa destination actuelle, c'est-à-dire qu'il fut consacré exclusivement aux arts et aux artistes. Les quatre académies y tinrent leurs assises et les artistes favoris du roi logèrent dans la belle galerie du Louvre au bord de l'eau. Les collections du Louvre furent formées au début avec les tableaux tirés des palais de nos rois.

Il est bien certain aujourd'hui — de longues discussions eurent lieu à ce sujet — que le Louvre fut, jusqu'à Napoléon Ier, entouré de fossés, puisqu'une brochure qui date de 1650 assure que des fenêtres du Louvre et des rues qui bordaient le palais, on lançait dans les fossés une telle quantité de détritus que la Cour était obligée de s'absenter chaque année pendant trois semaines pour permettre le nettoyage complet du *Saut de loup*.

Depuis le commencement du règne de Louis XV jusqu'en 1758, la colonnade resta encombrée de masures en partie démolies et parasitaires où les fripiers, les vendeurs et les brocanteurs vendaient leurs denrées. Le Pavillon de Flore, ancien *Perron du Prince Impérial* sous Napoléon III, est occupé à présent par la Préfecture de la Seine et le Ministère des Colonies. Le Ministère des

COLONNADE DU LOUVRE.

Finances est installé dans les bâtiments du Louvre en façade sur la rue de Rivoli.

Nous arrivons maintenant sur la PLACE DU CARROUSEL, située entre les palais du Louvre et l'emplacement des Tuileries. La place du Carrousel tient son nom du fameux tournoi ou carrousel donné par Louis XIV les 5 et 6 juin 1662.

Cette fête dont le souvenir demeura longtemps populaire surpassa en magnificence et en éclat toutes celles qu'on avait données jusqu'alors. Le roi en costume romain y figura en personne ; Monsieur commandait les Persans ; le prince de Condé, les Turcs ; le duc d'Enghien, son fils, les Indiens ; le duc de Guise, le petit-fils du Balafré, les Américains. On rompit les lances et le duc de Guise notamment lutta avec le grand Condé.

Dans l'intervalle de chaque exercice, les quadrilles se réunissaient tous ensemble et formaient des figures réglées d'avance par l'organisateur du carrousel. Les principaux exercices étaient ceux de la *bague*, de la *quintaine* et du *faquin*. L'exercice de la bague consistait à enlever au bout de la lance une bague sus-

Ier ARRONDISSEMENT

VUE GÉNÉRALE DU LOUVRE.

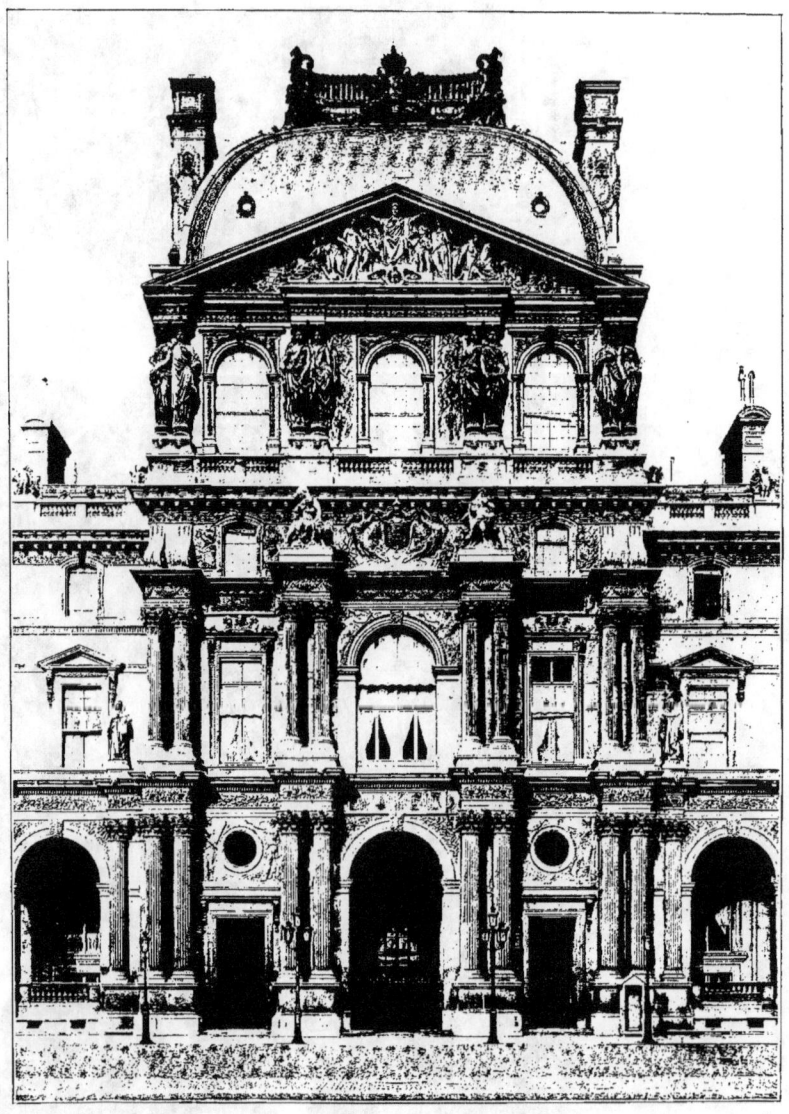

PAVILLON RICHELIEU.

pendue en l'air ; on voit que les chevaux de bois actuels sont un lointain souvenir du carrousel. Parfois le soin d'enlever la bague était confié à une dame assise dans un char que conduisait un cavalier. Un curieux manuscrit de Versailles qui repro-

LE TOURNOI DONNÉ SUR LA PLACE DU CARROUSEL EN 1662, D'APRÈS UNE GRAVURE DE L'ÉPOQUE duit les fêtes données sous Louis XIV contient plusieurs gravures représentant des scènes de ce genre. La *quintaine* n'était autre chose qu'un tronc d'arbre ou un pilier contre lequel on allait rompre sa lance pour s'exercer à atteindre l'ennemi par des coups mesurés. Pour la course au *faquin* on se servait d'un *faquin* ou mannequin armé de toutes les pièces contre lesquelles on courait. Le mannequin était

GUICHET DU CARROUSEL.

fixé sur un pivot, de façon que si on le frappait au visage il restait ferme et immobile, mais si on le frappait ailleurs il tournait si rudement que le cavalier qui n'était pas assez adroit pour esquiver le coup était frappé d'un sabre de bois ou d'un sac plein de terre, au grand divertissement des spectateurs. Au carrousel de 1662, chaque cavalier courait la lance à la main le long de la barrière pour emporter une tête de Turc posée sur la barrière même. Après plusieurs voltes-faces, il venait lancer un dard contre une tête de Méduse tenue par un Persée, puis, s'écartant une dernière fois, il revenait l'épée à la main pour emporter une tête posée sur un buste de bois à un pied de terre. En 1564, la place du Carrousel actuelle était un grand terrain vague occupé par les fossés et les anciens remparts de Paris ; l'Hospice des Quinze-Vingts (aujourd'hui rue de Charenton) y était situé ; la rue Saint-Nicaise longeait l'hospice des Quinze-Vingts.

Après la machine infernale de la rue Saint-Nicaise dirigée contre Napoléon Ier se rendant à l'Opéra, une grande partie des maisons environnantes ayant été ébranlées par l'explosion furent démolies, et c'est de cette époque seulement que date l'agrandissement de la place du Carrousel. Mais cependant des quantités de maisons et de boutiques y subsistèrent encore et Balzac, dans la *Cousine Bette*, fait une description pittoresque de ce que fut jusqu'en 1852 la place du Carrousel que nous voyons aujourd'hui vaste et imposante et que nous parvenons difficilement à nous figurer comme un quartier mal famé : « Mal éclairée par quelques rares lanternes à l'huile et formant un dédale inextricable de petites rues, c'était un véritable coupe-gorge quand arrivait la nuit, de sorte que c'est à peine si les passants osaient s'y hasarder seuls à cause des sinistres habitués des bouges environnants. Le jour, les baraques de brocanteurs, de bouquinistes, de marchands d'oiseaux installés contre des palissades en bois avaient envahi les moindres espaces laissés vides ; l'herbe poussait entre les pavés disjoints et pour compléter le déplorable état de cette place, un large égout nauséabond s'engouffrait au pied des palissades vermoulues placées de tous côtés. »

Sur la place du Carrousel se trouvent le monument de Gambetta érigé en 1900, et le merveilleux Arc de Triomphe, élevé par Percier et Fontaine, sur l'ordre de Napoléon Ier, à la gloire des armées françaises, et qui formait aux Tuileries une entrée triomphale.

L'emplacement sur lequel s'élevait le palais des Tuileries était au XIIIe siècle un terrain sablonneux situé en dehors de l'enceinte de Paris, occupé par des briqueteries et des tuileries. C'est Catherine de Médicis, qui, après la mort de Henri II, en 1564, fit construire le palais des Tuileries par Philibert Delorme. Successivement modifié sous les ordres de Henri IV, Louis XIV, Louis-Philippe, Napoléon Ier, il fut achevé sous Napoléon III. Le palais des Tuileries, abandonné pendant les règnes de Louis XV et de Louis XVI, était dans un état de pitoyable délabrement lorsque le Roi, la Reine et le Dauphin furent ramenés de Versailles dans la nuit du 6 octobre 1789. Tout y manquait jusqu'aux lits. La famille royale y resta jusqu'au 10 août 1792. Après le combat acharné qui eut lieu entre le peuple et les Suisses, le palais fut envahi et Louis XVI, s'étant réfugié à la Convention avec sa famille, quitta les Tuileries pour n'y plus revenir.

Pendant la Révolution, les Tuileries furent le siège du pouvoir exécutif et jusqu'à Napoléon III la résidence des souverains.

En 1871, pendant la Commune, les révolutionnaires avaient organisé dans la grande salle des Tuileries des concerts patriotiques où l'on chantait entre autres le fameux refrain :

MONUMENT DE GAMBETTA.

Ier ARRONDISSEMENT

> L'père, la mère Badinguet,
> A deux sous tout l'paquet.
> L'père, la mère Badinguet
> Et le petit Badinguet.

C'est le 22 mai 1871 que l'incendie des Tuileries fut accompli par la Commune. De l'œuvre admirable de Philibert Delorme à laquelle s'attachaient tant de souvenirs, il ne reste aujourd'hui qu'une colonnette surmontée d'une boule, qui faisait partie de la grille séparant le palais des Tuileries de l'Arc de Triomphe, et deux arcades qui ont été transportées dans le jardin, au bout de l'Orangerie.

Le jardin des Tuileries, tracé en 1665 par LE NOTRE, est lui aussi tout plein de souvenirs.

Nous rappellerons seulement que c'est dans le manège des Tuileries que s'installa l'Assemblée nationale en 1791. C'est dans cette enceinte que se succédèrent les événements les plus émouvants de la Révolution, puisque c'est là que siégèrent, après l'Assemblée nationale, l'Assemblée constituante, puis l'Assemblée législative, puis la Convention.

Pendant toutes les séances de la Convention, un orchestre installé dans le jardin jouait des airs patriotiques.

Le manège des Tuileries occupait l'emplacement de la rue de Rivoli, à peu près depuis la rue du Dauphin — devenue la rue Saint-Roch — jusqu'à la rue Castiglione. On peut voir une plaque située sur un des piliers de la grille des Tuileries indiquant cet emplacement. Cette plaque est située en face du numéro 228.

C'est au 228 de la rue de Rivoli, en partie sur l'emplacement du manège et en partie sur des terrains dépendant de l'ancien couvent des Feuillants, que s'élève aujourd'hui l'hôtel Meurice.

Il y a bien longtemps qu'il vint s'établir dans cet immeuble, au temps où l'on voyageait encore en chaise de poste. Les grandes familles princières y descendaient et l'on avait établi dans l'hôtel une vaste écurie pouvant contenir jusqu'à cent vingt chevaux.

Puis les choses évoluèrent et l'hôtel Meurice menaçait de s'endormir dans une quiétude dangereuse en ce temps de progrès, lorsqu'un groupe de Parisiens avertis acquirent des immeubles jusqu'à la rue du Mont-Thabor et firent édifier à coups de millions le nouvel hôtel Meurice.

L'hôtel proprement dit a son entrée particulière rue du Mont-Thabor, avec un vaste porche couvert où les voyageurs peuvent évoluer à l'abri.

Le restaurant a son entrée rue de Rivoli. Des portes en bronze et glaces inspirées de Versailles s'ouvrent devant nous. Nous voyons à droite le grand restaurant où les bronzes dorés de style Louis XIV et Louis XVI mêlent leurs décorations. Des pilastres de marbre supportent un plafond peint par Poilpot, tandis qu'au-dessus de la cheminée et du dressoir se trouvent deux autres compositions du même artiste. De grandes fenêtres s'ouvrent sur toute la gaieté de la rue de Rivoli.

A côté du restaurant, est situé le grand salon LOUIS XVI, avec ses murs

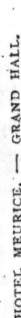

HOTEL MEURICE. — GRAND HALL.

blancs et or et sa somptueuse cheminée surmontée d'un joli motif de fleurs. Ce salon est parfois transformé en salle de banquets et en salle des fêtes.

De l'autre côté, nous entrons dans le petit restaurant, lui aussi de pur style Louis XVI, aux boiseries rehaussées d'or où s'encadrent de gracieuses compositions du peintre Maxime Faivre. Après avoir traversé le grand hall avec son plafond translucide en fer forgé, nous remarquons dans la galerie trois superbes panneaux de Lavalley qui représentent une fête à Fontainebleau au XVIIIe siècle.

HOTEL MEURICE. — LE SALON DE LECTURE.

L'ascenseur, qui a la forme d'une chaise à porteurs Louis XVI, nous mène aux appartements décorés avec le même luxe que les pièces du rez-de-chaussée. Les 200 chambres et salons ornés d'ameublement de grand style, les 150 salles de bains et cabinets de toilette sont desservis par de doubles corridors destinés à atténuer les bruits extérieurs. Les appartements particuliers offrent le plus grand confortable et l'hôtel Meurice peut compter au nombre de ses hôtes le Roi et la Reine d'Espagne, la Reine Marie Christine d'Espagne, la Princesse Henri de Battenberg, plusieurs grands-ducs et grandes-duchesses de Russie et d'Autriche, la Duchesse de Malborough, la Duchesse de Westminster, le Sultan de Zanzibar, le Prince Constantin Radziwill, le Prince Charles, devenu Haakon VII, etc., etc.

HOTEL MEURICE. — LE RESTAURANT.

Sur les toits se trouve un jardin aérien, d'où l'on embrasse un merveilleux point de vue. Nous dominons les deux superbes terrasses des Tuileries construites par Le Nôtre : la terrasse des Feuillants sur la rue de Rivoli, et la terrasse du

30   LA VILLE LUMIÈRE

LES TUILERIES. — AVENUE DES ORANGERS

Bord de l'Eau, sur les quais. Nous voyons l'Orangerie qui fut reconstruite en 1853, et nous songeons à tous les événements qui se déroulèrent dans cet imposant panorama. Au mois de juin 1794, c'est dans les Tuileries qu'eut lieu la fête de l'Etre suprême. Le corps de Jean-Jacques Rousseau fut déposé sur une estrade au milieu d'un des bassins et c'est de là qu'ensuite il fut transporté au Panthéon.

La rue de Rivoli qui commence à la rue Saint-Antoine pour finir à la place de la Concorde, en longeant tout le jardin des Tuileries, est une des plus belles et des plus longues voies de Paris.

Un arrêté des Consuls de la République, le 7 Floréal de l'an XII, en décida la création, et ordonna qu'elle porterait le nom de Rivoli, en mémoire de la victoire remportée par Bonaparte les 14 et 15 janvier 1797.

Cet arrêté donnait le plan des constructions qui devraient y être élevées et fixait en même temps les différentes servitudes imposées aux futurs propriétaires. Les travaux furent commencés en 1811, et de cette époque date la construction des premières arcades entre la rue Mon-

HOTEL MEURICE. — LE SALON LOUIS XVI.

HOTEL MEURICE. — LA TERRASSE.

dovi et le numéro 186 actuel. Les travaux furent plusieurs fois abandonnés, puis repris, et le percement complet de la rue de Rivoli ne se termina qu'en 1856.

32 LA VILLE LUMIÈRE

LES TUILERIES. — UN DES BASSINS.

Au numéro 208 de la rue de Rivoli, nous visiterons l'hôtel Wagram, dont le propriétaire est M. A. D. Volcan. Sous la direction de ce dernier, l'hôtel vient tout récemment d'être complètement reconstruit et organisé selon les tout derniers perfectionnements.

Pénétrons dans le grand hall d'entrée si luxueusement meublé en style Empire, ce style qui s'attacha à imiter les formes grecques et romaines. Des milliers de lampes éclairent le hall et l'illumination en est absolument féerique. La salle de restaurant, également de style Empire, est très joliment décorée tout en blanc et or.

HOTEL WAGRAM. — SALLE A MANGER.

Nous trouverons à l'hôtel Wagram toute une série d'appartements privés, qui, meublés d'un goût très sûr, sont d'une richesse vraiment inconnue jusqu'à ce jour. Il nous semble intéressant d'y jeter un coup d'œil. Voyons d'abord les appartements du premier étage garnis des meubles Empire les plus somptueux aux lignes pures et artistiques. Au second étage, l'ameublement nous offre toutes les beautés du gracieux style Louis XVI, avec ses pieds droits et cannelés, ses colonnettes, les culots d'acanthe ou de laurier, les rosaces, les boudins, les perles et les rubans, sculptés dans les moulures. La délicatesse du goût s'allie à la richesse de l'exécution. Le mobilier des appartements du troisième étage est entièrement Louis XV, genre rocaille. Ce mobilier est remarquable par ses formes rondes habilement combinées ; les chaises et les fauteuils ont des dessins renversés et onduleux qui suivent dans leurs contours les formes du corps, de telle sorte

HOTEL WAGRAM. — UN SALON DU 1er ÉTAGE.

HOTEL WAGRAM.

qu'on peut y conserver longtemps la même position sans en éprouver nulle fatigue; ils sont rembourrés avec soin et capitonnés, présentant un matelas moelleux dans toutes les parties où doit s'appuyer le corps.

Le quatrième étage possède un ameublement très original en modern-style, et enfin le cinquième étage est aménagé avec toute la netteté du style anglais dont on connaît les admirables qualités de confort.

Chaque appartement possède sa salle de bains et chaque chambre a une toilette avec eau chaude et eau froide.

En un mot, l'hôtel Wagram, tel qu'il vient d'être transformé, est destiné à devenir l'un des premiers hôtels et l'un des plus agréables à habiter pour les nombreuses familles aristocratiques dont il a la clientèle.

Et de cet hôtel, d'où la vue s'étend sur tout le jardin des Tuileries, nous ne pouvons nous empêcher d'évoquer à ce propos quelques souvenirs encore.

Jadis, de la place Louis XV alors entourée

MUSÉE DU LOUVRE. — GALERIE DES ANTIQUES.

de fossés, on accédait aux Tuileries par un pont tournant. C'est là que passèrent Louis XVI et sa famille le 25 juin 1791, à sept heures du soir, après la pitoyable arrestation de Varennes.

En 1811, Napoléon fit établir un souterrain qui allait des appartements du palais des Tuileries à la terrasse du bord de l'eau, afin de ménager une promenade solitaire et discrète à l'impératrice Marie-Louise, à la veille de la naissance du roi de Rome. C'est par ce souterrain, qui n'existe plus aujourd'hui, que le 24 février 1848 Louis-Philippe quitta furtivement les Tuileries, lorsqu'il se décida à abdiquer. Il se réfugia d'abord au château d'Eu, avec l'espérance que son petit-fils, le comte de Paris, pourrait conserver le trône ; il parvint à quitter la France après qu'il eut appris la proclamation de la République et mourut en exil le 26 août 1850.

Au numéro 202 de la rue de Rivoli, nous voyons l'ancien hôtel de Foix, construit en 1672, dont une partie des constructions subsiste encore. L'ouverture de la rue du 29-Juillet en fit malheureusement disparaître tout un côté.

Cet hôtel s'étendait sur tout l'espace compris entre la rue Saint-Roch, nommée alors cul-de-sac Saint-Vincent puis rue du Dauphin, et la rue d'Alger. C'était une demeure somptueuse qui comportait : cour d'honneur, basse-cour, cour inté-

HÔTEL SAINT-JAMES ET D'ALBANY. — LE VESTIBULE (ANCIENNE SALLE DES GARDES).

rieure, salle des gardes, salle du dais, antichambre des valets de chambre, salle à manger pour les officiers. Les dépendances s'étendaient sur l'emplacement de la rue de Rivoli actuelle, et les immenses jardins prolongeaient les verdures des Tuileries. L'entrée de l'hôtel était rue Saint-Honoré. Aujourd'hui l'hôtel Saint-James a une entrée rue de Rivoli, et une entrée au 211 de la rue Saint-Honoré.

Cette demeure vit passer des hôtes illustres. Lorsque La Fayette revint en France, après avoir combattu pour l'indépendance des États-Unis, le duc de Noailles était son aide de camp. Marie-Antoinette, accompagnée de Madame de La Fayette, vint dans l'hôtel de Noailles pour souhaiter la bienvenue aux deux héros français.

HOTEL SAINT-JAMES ET L'ALBANY.
(*Façade de l'ancien palais du duc de Noailles.*)

L'hôtel, après avoir appartenu à la famille de Noailles, devint la propriété de Lebrun, duc de Plaisance, en 1808, puis un peu plus tard d'un Anglais fameux par ses excentricités, Sir Henry Francis Egerton, un parent du duc « of Bridgewater » et prince de la maison de l'Empire Romain.

HÔTEL SAINT-JAMES ET D'ALBANY.
LA COUR D'HONNEUR.

Quand Napoléon ordonna aux propriétaires des maisons de la rue de Rivoli de construire toutes les façades pareilles, Sir Henry Egerton ne voulut pas exécuter cet ordre.

Les alliés entrèrent à Paris avant qu'il l'eût exécuté et le duc de Saxe-Cobourg voulant user de ses droits militaires, voulut se loger, lui et sa suite, gratuitement dans cet hôtel. Sir Henry arma ses 30 domestiques et, prenant lui-même un fusil, annonça, quand le duc se présenta, qu'il ferait toute résistance en son pouvoir. Devant cette désagréable détermination bien anglaise, le duc s'en retourna. Mais un général russe, aide de camp du tsar, décida d'occuper l'hôtel.

Sir Henry Egerton arma à nouveau ses 30 domestiques et gravement harangua les Russes ainsi : « J'ai beaucoup voyagé, et partout j'ai mangé, bu et dormi, j'ai payé ma note, vous n'êtes à mes yeux autre chose que des brigands. Faites le siège de ma maison si vous voulez. »

Le général russe s'éloigna en disant : « Allons chercher du secours », et oublia de revenir.

Cependant le souvenir de ces désagréments et le désir de revoir son pays natal décidèrent Sir Henry Egerton à quitter Paris.

Son départ eut les apparences d'une véritable expédition, les préparatifs étaient faits pour six mois. Enfin, un beau matin, les voisins le virent quitter la maison escorté par ses 30 domestiques habituels et suivi par 15 wagons de bagages. Cependant, le soir, la caravane était de retour à l'hôtel, Sir Henry avait fait halte à Saint-Germain pour le déjeuner et avait été si mal servi qu'il pensa que c'était un mauvais présage pour son voyage et il abandonna ses projets.

Au numéro 199 de la rue Saint-Honoré, où nous voyons aujourd'hui les magasins Henrion, se trouvait jadis une auberge à l'enseigne des *Trois Pigeons*. En l'année 1609, Ravaillac avait demeuré dans cette auberge.

Ravaillac, après une existence malheureuse, tourmentée et ravagée par des crises de mysticisme, avait quitté Angoulême le jour de Pâques 1610 pour venir de nouveau à Paris. Il était cette fois bien décidé à tuer le roi, ayant repassé dans son esprit tous les sujets de haine qu'un catholique pouvait avoir contre le Béarnais. Il entreprit son voyage à pied et arriva à Paris quinze jours ou trois semaines avant de perpétrer son crime. Il logea d'abord à l'auberge des *Cinq Croix*, au faubourg Saint-Jacques, puis il voulut demeurer dans une hôtellerie voisine des Quinze-Vingts, mais il n'y trouva pas de logement vacant. Ce fut là qu'il déroba un couteau placé sur une table et qui devait servir à tuer le roi. Ravaillac trouva enfin un gîte rue Saint-Honoré, à l'auberge des *Trois Pigeons*. C'est après avoir déjeuné aux *Trois Pigeons*, avec son hôte et un marchand nommé Colletet, qu'il se rendit au Louvre pour tuer Henri IV.

La maison Henrion fournit tout ce qui concerne le lit, ce meuble si doux et si indispensable, qu'a tendrement chanté Béranger :

> « Dans mon réduit où l'on voit l'indigence,
> Sans m'éveiller assise à mon chevet,
> Grâce aux amours, bercé par l'espérance,
> D'un lit plus doux je rêve le duvet. »

Un lit de feuilles sèches et de bruyères fut probablement la première couche de l'homme, mais il ne dut pas tarder à chercher quelque chose de mieux et des toisons étendues par terre lui offrirent bientôt une couche plus moelleuse. Puis, surtout dans les pays humides, on sentit la nécessité de former un plancher isolé de la terre pour s'y étendre pendant le sommeil. Quatre pieux fichés dans le sol et portant une claie de branches entrelacées, voilà le premier lit créé par l'industrie humaine ; un tas de laine tondue enfermée entre deux peaux nouées ou cousues en formes d'outre, voilà le premier matelas. Puis l'industrie se développe avec les besoins ; le lit primitif se modifie et se change en une toile tendue sur un fort châssis et recouverte d'un matelas grossier encore. Mais ces perfectionnements ne furent adoptés que par les tribus qui émigrèrent vers le Nord. Les Romains des premiers temps de la République n'avaient comme lit, comme les Spartiates, que des nattes de paille. On a retrouvé à Pompéi, dans la plupart des chambres à coucher, un simple bloc de maçonnerie sur six pieds de long et un peu plus d'un mètre de large. Couvert de draperies et de coussins, ce bloc de pierre pouvait à la rigueur servir de lit, mais il ne devait pas être bien confortable. Ce sont pourtant les seuls lits que l'on ait retrouvés dans la ville. Les cellules des maisons de prostitution, fort nombreuses à Pompéi et à Herculanum, sont toutes garnies d'un lit de cette sorte.

Plus tard, dans les demeures seigneuriales, le lit devint en quelque sorte une chambre dans la chambre à coucher : taillé en plein bois, sculpté, orné de moulures à fortes saillies, il fut surmonté d'un ample dais, entouré de rideaux en tapisserie supportés par des colonnes droites ou torses. A la fin du moyen âge et sous la Renaissance, il y eut même des lits où les colonnes furent remplacées par des figures sculptées dans le bois, comme on peut en voir un exemple au musée de Cluny.

Puis le lit perdit de son aspect monumental pour devenir plus élégant, plus léger, mais aussi plus riche ; construit jusque là en chêne et quelquefois en noyer, il fut façonné dans l'érable, le palissandre, le citronnier et l'ébène, avec des incrustations de nacre et de pierres précieuses telles que le lapis-lazuli.

La Révolution devait avoir sur l'industrie du lit l'influence qu'elle eut sur toutes les industries et sur toutes les productions.

MAISON HENRION.

La transformation économique qu'elle opéra fit qu'il y eut dès lors des meubles fabriqués en grand nombre sur un unique modèle, dans les conditions les plus propres à obtenir le bon marché. Les lits fabriqués d'abord en noyer le furent ensuite en acajou, puis l'industrie du fer en se développant donna la possibilité de remplacer le bois par le métal. On obtint ainsi des lits solides, relativement légers et aussi peu embarrassants que possible. On songea également à remplacer la paillasse, dont les inconvénients étaient nombreux, par le sommier, qui offre infiniment plus de commodité et qui satisfait mieux aux lois de l'hygiène.

Nous trouverons tous les articles de literie à la maison Henrion, lits proprement dits, traversins, oreillers de plumes et de crins, sommiers, berceaux, etc., etc. Tous ces objets sont d'un très grand confortable et de la plus parfaite fabrication.

En face de la maison Henrion se trouve l'église Saint-Roch, qui occupe l'emplacement de deux anciennes chapelles, la chapelle de Gaillon, dite Sainte-Suzanne, et la chapelle des Cinq-Plaies.

Cette église fut commencée en 1653, puis interrompue, car les fonds faisaient défaut. Comme c'était l'usage, on eut recours à une loterie pour achever les travaux.

En 1719, les fonds manquèrent de nouveau et ce fut le financier Law qui fournit l'argent nécessaire à l'achèvement de Saint-Roch.

L'église Saint-Roch fut le théâtre d'un combat meurtrier le 13 Vendémiaire 1795, entre les sectionnaires réfugiés dans l'église et les volontaires commandés par Bonaparte qui les délogea à coups de canon.

Nous verrons plus loin comment Bonaparte, alors obscur et dédaigné, fut chargé par la Convention du commandement de l'armée des volontaires et conquit à Saint-Roch la renommée qu'il ambitionnait.

La rue des Pyramides, qui traverse la rue Saint-Honoré, fut ouverte en 1846. Au numéro 2, demeurait le peintre Champin, grand amateur du Vieux Paris. Cet artiste légua au musée Carnavalet de pittoresques et intéressantes toiles représentant des vues de Paris.

Aujourd'hui les extraordinaires progrès de la photographie font une redoutable concurrence aux peintres, et tels clichés photographiques, par leur finesse et leur perfection, valent un tableau.

Au 21 de la rue des Pyramides, nous voyons les magasins d'exposition et de vente des établissements Demaria-Lapierre qui ont leurs ateliers quai Valmy, et sont les fournisseurs de la plupart des établissements scientifiques, militaires et industriels de la France et de l'Étranger. Cette manufacture possède des appareils extrêmement perfectionnés pour la photographie et la cinématographie. Nous aurons l'occasion d'en parler plus longuement en parcourant le Xe arrondissement.

La rue de Rivoli, à laquelle nous ramène la rue des Pyramides, forme en face de la rue des Tuileries la place de Rivoli, où se trouve la statue de Jeanne d'Arc, œuvre de Frémiet. Cette statue occupe à peu près l'endroit où Jeanne d'Arc fut blessée en 1429, après un assaut qui dura plus de quatre heures.

La rue de Rivoli occupe l'emplacement des écuries du Roi, de la Salle du

ÉTABLISSEMENT DEMARIA-LAPIERRE. — MAGASIN D'EXPOSITION.

Manège, dont il a été parlé plus haut, des couvents de l'Assomption, des Feuillants, des Capucins et d'une quarantaine de rues. Il fallut, pour la tracer, abattre plus de cinq cents maisons.

Les frères Lazare nous donnent sur le couvent des Feuillants les renseignements suivants : «C'était une congrégation de religieux de l'ordre de Citeaux qui tirait son nom de l'abbaye des Feuillants en Languedoc. Henri III, voulant les avoir près de lui, fit venir Jean de la Bavière, abbé des Feuillants, avec soixante-deux religieux qui firent leur entrée dans Paris, le 9 juillet 1587, en chantant l'office.

« Ils habitèrent quelque temps à Vincennes, au prieuré de Grandmont. La règle des Feuillants était d'une rigueur excessive. Ils marchaient nu-pieds et la tête découverte, mangeant à genoux du pain le plus grossier ou quelques herbes crues, et buvaient dans des crânes humains. En une semaine, il mourut quatorze de ces Feuillants et leur règle fut adoucie. La nouvelle congrégation prit alors le nom de Notre-Dame des Feuillants et leur monastère fut reconstruit aux Tuileries, de 1601 à 1608 ». Supprimé en 1790 et devenu propriété nationale, il servit alors aux séances du Club des Feuillants.

STATUE DE JEANNE D'ARC.

Malgré les efforts des fondateurs, il fut aisé de prevoir, dès le principe, que le club des Feuillants serait impuissant à soutenir la lutte contre les Jacobins devenus un véritable pouvoir de l'État. Il comptait cependant parmi ses chefs le grand orateur de l'époque, Mirabeau, qui « lorsqu'il eut d'autres vues personnelles, écrit Mme de Stael, venait à ce raisonnable club, qui pourtant fut désert en peu de temps, parce qu'aucun intérêt actif n'y appelait personne. On était là pour conserver, pour réprimer, pour arrêter ; mais ce sont les fonctions d'un gouvernement, pas celles d'un club ». D'autre part, le club des Feuillants devint peu à peu le refuge d'un certain nombre de réactionnaires qui, regrettant les institutions et les privilèges abattus, achevèrent de dépopulariser le club. M. de Clermont-Tonnerre en ayant été élu président, la foule se porta à son hôtel et le mit au pillage (17 janvier 1791). Deux mois plus tard, le club lui-même était assiégé par le peuple et ses membres chassés à coups de pierre. La mort de Mirabeau fut pour les Feuillants le désastre suprême, et dès lors le peu d'influence qu'ils étaient parvenus à conserver déclina de jour en jour. Après la journée du 10 août, le club des Feuillants disparut.

Si nous continuons à suivre la rue de Rivoli, nous rencontrerons, après la rue des Pyramides, la rue de l'Échelle.

Cette rue se nommait, en 1402, *Chemin qui va de la porte Saint-Honoré à la Seine*. En 1683, elle reçut le nom de rue de l'Échelle parce que les évêques de Paris y avaient autrefois une échelle patibulaire. L'échelle patibulaire était le symbole de la haute justice. C'était une espèce de pilori ou de carcan dressé dans un lieu public où l'on exposait ceux dont on voulait noter l'infamie. Cette peine était toujours suivie ou précédée du fouet. A côté de l'échelle se trouvait le gibet. Les hauts justi-

NORMANDY-HOTEL. — LE FUMOIR

ciers à Paris avaient chacun une échelle dans les lieux où ils faisaient exécuter les coupables. Au commencement du xviie siècle, l'échelle de l'évêque de Paris fut détruite ; on y substitua, en 1767, un carcan fixé à un poteau. C'est de ce poteau que partaient toutes les distances itinéraires de la France.

Le grand Hôtel Normandy est situé au numéro 7 de la rue de l'Échelle. Il a une très belle vue sur toute l'avenue de l'Opéra, le palais du Louvre, la place du Théâtre-Français, le jardin des Tuileries et le Palais-Royal. Il est impossible de rêver une situation à la fois plus agréable et plus centrale.

Cet hôtel fut fondé en 1850 par M. Parent qui le céda, en 1870, à M. Paul Brunel. Celui-ci le modifia

NORMANDY-HOTEL. — LA SALLE A MANGER.

et lui fit subir de considérables agrandissements en 1879. En 1905, MM. Brossard et Cie en devinrent propriétaires et acquirent en même temps le droit d'ajouter au nom de Normandy celui de M. Binda, propriétaire d'un hôtel important. A cette époque, l'hôtel fut de nouveau transformé. Les propriétaires le reconstituèrent en quelque sorte ; ils y firent opérer de sérieux travaux d'agran-

NORMANDY-HOTEL ENTRÉE PRINCIPALE

dissements et y installèrent tout le confort et le luxe modernes. Au rez-de-chaussée, nous voyons un vaste et imposant hall d'entrée, un fumoir, un luxueux salon, une très belle salle de restaurant et une salle de table d'hôte, par petites tables séparées. La cuisine y est fort particulièrement soignée et la cave a une grande réputation.

Aux étages supérieurs se trouve toute une suite d'appartements privés où les familles françaises et étrangères peuvent, tout en étant à l'hôtel, se croire absolument chez elles et avoir une parfaite tranquillité sans les ennuis et les frais d'une installation.

L'hôtel qui se recommande tout particulièrement aux familles et envoie sur demande ses plans et ses prix, possède actuellement deux cent cinquante chambres admirablement aménagées, salles de bains publiques et privées, fumoirs, salons particuliers, etc., etc.

Dans la rue de l'Échelle se trouvait jadis une fontaine, dite **Fontaine du Diable**, parce qu'elle fut pendant longtemps sans fournir d'eau.

Revenons maintenant sur nos pas et suivons la rue de Rivoli en nous dirigeant vers la place de la Concorde.

Au 194 de la rue de Rivoli, formant le coin de la rue Saint-Roch, se trouve la pharmacie Béral.

La rue Saint-Roch fut ouverte en 1495 sous le nom de rue Michel-Regnault ; en 1578, elle fut nommée rue Gaillon, puis rue Saint-Roch en 1677. Sur l'emplacement des numéros 20 et 22 s'ouvrait autrefois la rue des Moineaux. Au 35, se trouvait l'hôtel d'Epinay.

La célèbre Mme d'Epinay fut liée avec tous les écrivains du parti philosophique. Jean-Jacques Rousseau fut l'objet de sa plus vive amitié et de ses attentions les plus délicates. Elle fit construire pour lui dans la vallée de Montmorency la retraite fameuse connue sous le nom d'Ermitage où le poète ensevelit pendant quelque temps ses chagrins et sa misanthropie.

Mme d'Epinay eut de nombreuses aventures qu'elle nous conte dans ses *Mémoires* écrits d'une façon charmante ; mais celui qui l'aima véritablement et qu'elle aima elle-même d'un amour sérieux et durable fut Grimm. Leur intimité dura vingt-sept années paisibles, sans soubresauts, sans mauvais jours. Elle fut de moitié dans ses travaux littéraires ; c'est elle qui écrit aux souverains du Nord avec lesquels Grimm est en correspondance lorsqu'une cause quelconque l'en empêche, et dans les lettres écrites par Mme d'Epinay on peut reconnaître la droiture de sens fine et profonde, la franchise et l'indépendance qu'on reconnaissait à son amant, tant leurs pensées avaient fini par se confondre.

Dans la rue Saint-Roch, nous rencontrons la rue d'Argenteuil dans laquelle se trouvait la maison de Corneille, qui est actuellement démolie.

Molière avait une petite maison de campagne au numéro 2 de la rue d'Argenteuil. Au numéro 6 — actuel numéro 18 — vint en 1683 loger le grand Corneille. Corneille ne s'était décidé qu'en 1662 à quitter Rouen, sa ville natale, pour

PHARMACIE BÉRAL.

venir demeurer à Paris, où le duc de Guise lui donna l'hospitalité dans son hôtel de la rue du Chaume. Lorsque le duc de Guise mourut, Corneille se trouva seul et désemparé ; il adressa à Louis XIV une requête en vers afin d'obtenir de lui un logis au Louvre.

L'épître du poète resta sans réponse et c'est alors qu'il s'en vint loger rue de Cléry. En 1683, il s'installa rue d'Argenteuil où il mourut moins d'un an après, en 1684.

En 1826, le propriétaire de cette maison, rendue célèbre par le séjour de

PHARMACIE BÉRAL (VUE INTÉRIEURE).

l'auteur du *Cid*, fit placer sur la façade un buste du poète avec une plaque de marbre. Cette maison fut malheureusement démolie lors du percement de l'avenue de l'Opéra. Victorien Sardou possédait dans sa propriété de Marly la porte cochère de la maison de Corneille. C'était une lourde porte avec de gros clous comme on les faisait à l'époque.

La pharmacie Béral est la plus ancienne pharmacie anglaise de Paris. Elle fut fondée en 1816 au 14 de la rue de la Paix. Tous les Parisiens connaissaient bien cette vieille maison quasi historique et qui fut l'une des dernières maisons existantes restées telles qu'elles furent construites dans la rue Napoléon. La pharmacie Béral fut obligée de quitter la rue de la Paix lors de la démolition de l'immeuble qu'elle occupait. Elle fut transférée rue de Rivoli, en face du jardin des Tuileries où nous la voyons à l'heure actuelle. Elle se recommande par la qualité toute particulière de ses produits et par la scrupuleuse exécution des ordonnances qui lui sont confiées et qui sont exécutées en accordance avec les pharmacopées de leurs contrées respectives.

On sait que l'on entend par pharmacopée un ouvrage réunissant la collection de toutes les préparations médicamenteuses usitées dans un pays. Chaque nation a sa pharmacopée légale, plus ou moins différente de toutes les autres. En France, on a remplacé le mot pharmacopée par le mot codex.

Il existait déjà autrefois de ces formulaires ou dispensaires rédigés par les écoles de médecine et auxquels les actes de l'autorité publique avaient donné une sanction officielle en les déclarant obligatoires. Le nouveau code pharmaceutique ne fut complètement arrêté qu'en 1816. En 1835, une commission spéciale composée des sommités de la science médicale et pharmaceutique fut chargée de reviser et de compléter continuellement le codex par les dernières conquêtes de la science.

Les analyses chimiques et bactériologiques sont exécutées à la pharmacie Béral avec le plus grand soin et d'une façon très prompte. Cette pharmacie a toujours un stock important de spécialités françaises et étrangères ainsi que tous les accessoires de pharmacie. Elle se charge en outre de procurer très rapidement tout article qu'elle n'aurait pas en magasin.

Nous rencontrerons ensuite, rue de Rivoli, la rue du Vingt-Neuf-Juillet précédemment appelée rue du Duc-de-Bordeaux, en l'honneur du fils de la duchesse de Berry, et qui porte son nom actuel en souvenir de la troisième journée de la Révolution de 1830, et la rue d'Alger où nous voyons l'hôtel d'Oxford et de Cambridge.

Cette rue a été ouverte en 1830 sur les terrains dépendant de l'ancien hôtel de Noailles dont nous avons vu tantôt l'emplacement. Elle fut d'abord nommée rue Louis-Philippe Ier, puis rue d'Alger en mémoire de la prise d'Alger par l'armée française, le 25 juillet 1830.

L'hôtel d'Oxford et de Cambridge situé au numéro 13 a été fondé sous Louis-Philippe lors de l'ouverture de la rue.

Les hôtels de voyageurs, les hôtelleries, comme on disait jadis, sont une institution corrélative du voyage et essentiellement moderne par conséquent. Chez les peuples primitifs, pour lesquels l'hospitalité était non seulement une vertu, mais un devoir, les hôtelleries n'existaient pas.

Les conditions de la vie actuelle ont tellement perfectionné cette industrie, que c'est aujourd'hui dans les hôtels même que nous trouvons les plus grands raffinements de luxe et de confortable. L'hôtel d'Oxford et de Cambridge en est une nouvelle et éclatante preuve.

Tout dernièrement en 1907, la maison qui avait une très ancienne réputation fut reprise par M. Jean Kroll qui lui fit subir des modifications importantes. Il fit remettre l'hôtel complètement à neuf et y fit effectuer de nombreuses améliorations.

L'hôtel possède à l'heure actuelle le chauffage dans toutes les chambres, salles de bains, électricité, ascenseur, salons, fumoirs, salle de restaurant et tout ce qui réalise en un mot le plus complet confort moderne.

Le confortable, qui se rapporte cependant à tous les détails et à toutes les

HOTEL D'OXFORD ET DE CAMBRIDGE.

habitudes de la vie, n'est qu'un privilège très récent de la civilisation. Mais nous nous sommes bien vite familiarisés avec lui et il fait aujourd'hui partie intégrante de notre existence. Il constitue en somme un véritable progrès puisqu'il est la continuation de cette lutte éternelle de l'homme contre la nature pour s'affranchir des soucis, des préoccupations matérielles, et pouvoir donner tout son temps aux choses de l'esprit.

Les hôtels font à l'heure actuelle en fait de confort des perfectionnements incessants.

L'hôtel d'Oxford et de Cambridge qui possède une situation extrêmement centrale, est proche de la place Vendôme, des Tuileries et du palais du Louvre. Suivons maintenant la rue de Rivoli jusqu'à la rue Saint-Florentin qui s'appelait autrefois CUL-DE-SAC DE L'ORANGERIE, parce qu'elle servait de réserve aux orangers des Tuileries. C'est Philippeaux, comte de Saint-Florentin, qui fit construire l'hôtel situé au numéro 2, et qui appartint successivement au baron de Fitz-James, à la duchesse de l'Infantado, puis au prince de Talleyrand, et enfin aujourd'hui au baron Édouard de Rothschild.

A l'angle de la rue Saint-Florentin et de la rue Saint-Honoré, nous voyons

HOTEL D'OXFORD ET DE CAMBRIDGE. — SALON DU 1ᵉʳ ÉTAGE.

la maison où était jadis le cabaret du SAINT-ESPRIT, où pendant la Terreur on venait voir passer les charrettes des victimes.

La demeure que Robespierre habita pendant trois ans chez le menuisier Duplay, au numéro 398, est restée intacte : c'est l'appartement du premier étage qui est au fond de la cour.

Au numéro 364 de la rue Saint-Honoré, nous voyons la maison d'Hygiène et de Beauté de Mme Georgine de Champbaron, installée tout à côté de l'hôtel du

SALON D'APPLICATION
CHEZ Mme GEORGINE DE CHAMPBARON.

célèbre financier Lavalette de Langes, garde du trésor royal qui prêta, dit-on, sept millions au comte d'Artois.

Les maisons portant les numéros 362, 364, 366, 368 et 370 sont de vieux hôtels très intéressants qui datent des XVIIe et XVIIIe siècles. Le numéro 364 fut habité par Mme de Maintenon. Le premier étage de cet immeuble est occupé par les salons de Mme Georgine de Champbaron qui en a conservé toute la somptueuse décoration.

La maison d'Hygiène et de Beauté qui intéressera si vivement toutes les femmes fut créée en 1876, et fut la première maison de ce genre fondée à Paris. Elle a été reprise, il y a quelques années, par une jeune femme qui a continué l'application de la méthode employée jusqu'alors, tout en l'améliorant et en la perfectionnant. Elle y a apporté le fruit de ses nombreuses études, de son expérience et a donné la première place à tous les progrès de l'hygiène moderne. Elle vient de s'installer très récemment dans cet hôtel de la rue Saint-Honoré, proche de tout le commerce élégant de la place Vendôme et de la rue de la Paix. Elle a fait aménager ses salons avec le plus luxueux confort, de façon à ce que les clientes les plus exigeantes n'y puissent rien trouver à reprendre.

La devise de la maison : *Semper Pulchra*, toujours jolie, plaira aux femmes et les séduira lorsqu'elles sauront que la maison Champbaron leur donnera les moyens de réaliser cette devise et d'empêcher la disparition de leur beauté. La découverte de la Georgine fut une véritable révolution dans l'art de la cosmétique et toutes les créations de la maison, dont les effets sont aussi durables qu'infaillibles, sont maintenant appréciées dans le monde entier.

CABINET DE CONSULTATION
CHEZ Mme GEORGINE DE CHAMPBARON.

Ier ARRONDISSEMENT

UN SALON CHEZ Mme GEORGINE DE CHAMPBARON.

Mais nous voudrions insister surtout sur les applications qui consistent en des soins particuliers donnés aux personnes désirant des résultats rapides. Elles sont faites principalement en vue de faire disparaître les rides, la couperose, les taches de rousseur, le hâle, le masque de grossesse, etc., etc. Ces applications qui sont le résultat d'une très longue expérience et qui sont basées sur les lois de l'hygiène la plus rigoureuse, ont toujours donné satisfaction à celles qui sont venues demander à Mme Georgine de Champbaron de leur rendre ou de leur conserver une éternelle jeunesse, ainsi qu'une durable beauté. Les personnes ne pouvant se rendre chez Mme Georgine de Champbaron peuvent elles-mêmes se faire les applications de ses différents produits et obtiennent d'excellents résultats.

Ce fut là — le témoignage des écrivains est bien fait pour nous en convaincre — la constante préoccupation des femmes. « Les femmes, dit le bibliophile Jacob, dans un curieux petit livre, les femmes, à quelque époque, à quelque nation qu'elles appartiennent, ayant dans leur vie un but essentiel, celui de plaire, ont évidemment adopté les mille moyens, les mille secrets qu'on leur a proposés pour étendre ou conserver leur empire. » La science de la cosmétique remonte à la plus haute antiquité et nous ne pouvons pas entreprendre son histoire sans risquer d'entrer en de trop longs développements.

Nous dirons seulement que la France fut de tout temps maîtresse en cet art. Les Romaines étaient tributaires des Gaulois pour la cosmétique et c'était de Gaule que venaient les parfumeurs les plus renommés de Rome. Nos fées, selon la légende, avaient le pouvoir de concéder une éternelle jeunesse à qui leur plaisait ; Mélusine et l'enchanteur Merlin, de leurs mains magiques, cueillaient des plantes dans les bois et en composaient de merveilleux spécifiques.

Les légendes de jadis sont devenues en quelque sorte les réalités d'aujourd'hui.

Au 251 de la rue Saint-Honoré, se trouve actuellement le Nouveau-Cirque, bâti sur l'emplacement de l'ancien bal Valentino.

Suivons la rue Saint-Honoré jusqu'à la rue Duphot, qui occupe les terrains où s'élevait jadis le couvent des Filles de la Conception fondé en 1635 par Anne Peteau.

Aux numéros 7 et 9 se trouve le restaurant Prunier, très réputé pour ses huîtres, coquillages et poissons de mer.

Cette maison eut des débuts extrêmement modestes ; c'était en 1872 un tout petit restaurant connu de quelques gourmets seulement, qui venaient y déguster des huîtres avec du vin blanc.

En 1878, un Américain montra au restaurateur à faire son premier potage aux huîtres, et sa première douzaine d'huîtres frites. Ce fut une révélation, et le point de départ d'une foule de plats aux huîtres, parmi lesquels le filet Boston s'est créé une réputation extraordinaire.

Aujourd'hui, la maison n'a rien à envier aux restaurants de poissons les mieux achalandés de New-York et de Londres, sans compter tout ce que la cuisine parisienne offre de ressources aux gourmets.

On trouve les espèces d'huîtres les plus diverses : américaines, françaises, anglaises, hollandaises, soit nature, soit cuites en accordance avec les méthodes américaines, mais où la science culinaire française n'est pas sans apporter quelques perfectionnements. C'est un coin d'Amérique importé en plein Paris.

MAISON PRUNIER. — POISSONNERIE.

Chez Prunier, le voyageur gourmet goûte ses premiers escargots de Bourgogne généralement arrosés de vin blanc de Pouilly ou Châblis pour lesquels la maison s'est taillé une réputation solide, car la cave y est de premier choix. On y fait également des plats spéciaux de poissons : bouillabaisse, homard grillé, anguilles au vert, qui ont le plus grand succès. Plusieurs fois représentée au théâtre, la maison est restée simple et d'un accueil affable. C'est le rendez-vous des Parisiens et étrangers soucieux de bonne cuisine agréablement dégustée en bonne compagnie. Ajoutons, ce qui a son prix, qu'une dame seule peut parfaitement venir déjeuner ou dîner sans aucun risque de voisinage gênant. Les prix sont accessibles à toutes les bourses ; les plats et les vins ont leur prix marqué sur la carte, et le client est à l'abri de surprises fâcheuses au moment de l'addition. Il y a toute une série de petits salons particuliers que l'on peut se faire réserver sans augmentation de prix.

En dehors de son restaurant où l'on soupe couramment après le théâtre jusqu'à deux heures du matin, il y a un important service organisé pour l'expédition et

MAISON PRUNIER. — SALON JAUNE.

la livraison à domicile des huîtres et des plats spéciaux de poissons. Près de quatre-vingts porteurs sillonnent constamment Paris pour livrer et ouvrir les huîtres à heure fixe. Des voitures automobiles spécialement aménagées livrent toute la journée les plats de homards, de soles, de bouillabaisse, d'anguilles au vert tout chauds à domicile. On aura une idée du mouvement de cet établissement quand nous dirons que la vente annuelle dépasse six millions d'huîtres. La maison Prunier est au nombre des curiosités typiques qu'il faut visiter en passant à Paris. Nous devons noter toutefois que l'établissement ferme de juin à fin août.

MAISON PRUNIER. — UN SALON AU 1er ÉTAGE.

La rue Duphot aboutit au boulevard de la Madeleine, qui fut ouvert en 1676 et qui a absorbé la rue Basse-du-Rempart.

Au numéro 8 du boulevard de la Madeleine, se trouvait l'hôtel d'Osmond, qui avait été bâti par Brongniart pour M. de Saint-Foix, trésorier de la marine.

MAISON PRUNIER. — ENTRÉE DU RESTAURANT.

Dans cet hôtel furent donnés par la suite des bals dirigés par Musard, qui eurent une très grande célébrité.

Un peu plus loin, au coin de la rue Caumartin et des boulevards, nous voyons un pavillon assez ancien où Mirabeau habita pendant quelque temps.

« Mirabeau, dit Sainte-Beuve, fut la première grande figure qui ouvrit l'ère des Révolutions, qui traduisit en discours et en actes publics ce qu'avaient dit les livres.

« Son honneur et son rachat moral, c'est d'avoir souffert, d'avoir été homme en tout, non seulement par ses fautes, par ses entraînements et, nommons les choses à regret, par ses vices, mais aussi par le cœur et par les entrailles ; d'avoir été pauvre et d'avoir su l'être ; d'avoir été père et d'avoir pleuré ; d'avoir été laborieux comme le dernier des hommes nouveaux ; d'avoir été captif et persécuté et de n'avoir point engendré le désespoir ; de ne s'être point aigri, d'avoir prouvé sa nature ample et généreuse en sortant de dessous ces captivités écrasantes à la fois dans toute sa force et dans toute sa bonté. »

Au numéro 7 du boulevard de la Madeleine, nous nous arrêterons devant les merveilles d'horlogerie exposées par la maison Leroy, qui fut fondée au Palais-Royal en 1785.

Rappeler l'histoire de cette honorable maison, c'est revivre les époques les plus brillantes de l'horlogerie française. Il n'est pas un souverain passant à

LA MAISON LEROY ET Cie. — VUE INTÉRIEURE.

MAISON LEROY ET Cie.

Paris qui ne rende visite à MM. Leroy, et qui ne rapporte dans ses États la montre ou la pendulette à la mode.

Leurs magasins du boulevard de la Madeleine sont d'un goût parfait. L'écrin vaut la parure. Tout est soigné et artistique.

Les chronomètres de marine Leroy s'adressent aux hommes de science, comme leurs jolies montres de luxe s'adressent aux femmes élégantes.

Aussi cette maison plus que centenaire figure-t-elle parmi les plus brillantes dans toutes les Expositions françaises et étrangères.

Tout près de la maison Leroy, au numéro 11, nous ne pourrons faire autrement que d'entrer chez *La Marquise de Sévigné*, dont l'aimable patronage préside aux destinées du magasin de chocolat de Royat. La maison Rouzaud n'est installée que depuis quelques années à Paris ; mais l'excellence de ses bonbons et le charme de ses magasins, qui furent aménagés avec de grands raffinements artistiques, lui donnèrent bien vite droit de cité. Le nom de la Marquise de Sévigné donne à cette maison une grâce spéciale et très évocatrice. Le charmant portrait de celle qui fut *toute grâce et tout esprit* nous accueille dès l'entrée et nous reçoit dans cette maison qu'elle domine de sa présence.

Le médaillon de la Marquise s'encadre de boiseries sculptées reproduites de Trianon et nous contemplons le portrait aux grâces surannées de l'aimable habi-

A LA MARQUISE DE SÉVIGNÉ. — VUE INTÉRIEURE.

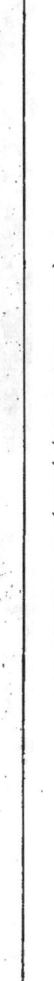

A LA MARQUISE DE SÉVIGNÉ (CHOCOLAT DE ROYAT).

LA VILLE LUMIÈRE

A LA MARQUISE DE SÉVIGNÉ.
REPRODUCTION DU MÉDAILLON.

tuée de l'hôtel de Rambouillet qui disait à son cousin Bussy-Rabutin : « Je suis un peu fâchée que vous n'aimiez pas les madrigaux. Ils sont les maris des épigrammes et ce sont de si jolis ménages quand ils sont bons ».

La Marquise de Sévigné aurait aimé que l'on adressât un madrigal au charmant magasin auquel son souvenir a porté bonheur, et où les friandises semblent certainement meilleures, savourées dans un tel décor.

En dehors de son magasin du boulevard de la Madeleine, la maison de Chocolat de Royat qui a obtenu les plus hautes récompenses à toutes les expositions, possède des succursales dans maintes villes de France, notamment sur la Riviera, à Nice et dans toutes les stations balnéaires de l'Auvergne.

Au deuxième étage du numéro 13 du boulevard de la Madeleine, nous voyons la maison Bichot, maison de corsets et de lingerie, tenue aujourd'hui par Mme Blanche Mercédès.

C'est un bel appartement gai et clair avec

MAISON BLANCHE MERCÉDÈS (ANCIENNE MAISON BICHOT). — UN SALON.

cinq grandes fenêtres par où pénètre toute l'animation du boulevard.

Dans cet appartement, vécut et mourut jadis Marie Duplessis, celle qui fut, sous le nom désormais immortel de Marguerite Gautier, l'héroïne de la *Dame*

MAISON BLANCHE MERCÉDÈS (ANCIENNE MAISON BICHOT). — UN SALON.

aux Camélias. Cette pièce fournit à Alexandre Dumas fils l'occasion de débuter au théâtre par un triomphe éclatant. « Rien de plus simple que cette pièce, a dit Théophile Gautier. La situation est toujours la même depuis le commencement jusqu'à la fin. Mais un souffle amoureux et jeune, mais une passion ardente et vraie circule dans toute la pièce et donne à chaque détail un attrait sympathique. A ce mérite se joint celui d'une observation exacte et fine. Quant à l'idée, elle est vieille comme l'amour et éternellement jeune comme lui. Immortelle histoire de la courtisane amoureuse, tu tenteras toujours les poètes. Le grand Gœthe lui-même a fait descendre le dieu Mahaba dans le lit banal de la bayadère. »

Dans la réalité, plus triste que la légende, Alexandre Dumas n'arriva pas assez tôt pour voir vivante encore celle qu'il aimait : la vie fut plus dramatique que le roman. C'est dans cet appartement que l'on vendit les meubles, les bijoux, les dentelles et toutes les fanfreluches de la pauvre Dame aux Camélias. Nous y évoquons facilement l'image de cette femme à laquelle il *doit être beaucoup pardonné parce qu'elle a beaucoup aimé*, au milieu de tout ce luxe gracieux, souriant et aimable de linge aux fines batistes, pantalons de dentelles, chemises ouvragées, jupons légers et soyeux, déshabillés et peignoirs suggestifs, combinaisons.

Mme Blanche Mercédès a depuis deux ans donné à l'ancienne maison Bichot une extension considérable.

Les grands couturiers lui envoient leurs clientes pour qu'elle leur donne la fine et élégante silhouette à la mode grâce à son ingénieux corset en jersey de soie, si mince, si souple, si léger que les femmes qui le portent ont l'apparence de ne point avoir de corset.

Puis ce sont les corsets de batiste, les corsets de dentelle pour l'été, les corsets pour le sport, spéciaux pour l'équitation et pour l'auto, le corset courant en coutil, ainsi qu'un corset médical qui, tout en satisfaisant à toutes les règles prescrites par le médecin n'enlève rien de l'esthétique féminine. Savoir donner aux femmes une ligne absolument idéale, sans qu'elles soient gênées en aucune sorte et leur laisser conserver la plus complète liberté de mouvements, c'est en cela que consiste l'art si spécial du corset.

Mme Blanche Mercédès fait aussi de très jolies robes de lingerie et de charmants modèles de blouses très appréciés de toute son élégante clientèle, parmi laquelle on compte de nombreuses Américaines du Nord et du Sud, clientes d'Autriche, d'Allemagne, etc., l'aristocratie et la bourgeoisie françaises. L'on est sûr de trouver chez elle le plus grand raffinement et le goût le plus parfait. Elle vient depuis peu de temps d'inaugurer à Berlin une succursale de sa maison de Paris qui est en voie de prendre un très grand développement.

Quittons le boulevard de la Madeleine, et par la rue Cambon, ouverte sur l'emplacement de l'hôtel du maréchal de Luxembourg, prenons la rue Saint-Honoré que nous suivrons jusqu'à la rue Castiglione.

Cette rue, où nous voyons l'hôtel Dominici, une des maisons les plus anciennes et les plus réputées du quartier, est très spacieuse et fort plaisante. Elle possède deux qualités qui d'habitude ne sont que très rarement réunies : elle est à la fois gaie et tranquille.

Elle a remplacé l'ancien passage des Feuillants, ruelle tortueuse serpentant entre le couvent des Capucins et le couvent des Feuillants, qui était en 1792 la seule voie reliant la place Vendôme aux Tuileries.

La rue Castiglione fut créée sur les terrains occupés par l'ancien couvent des Feuillants et une partie du manège des Tuileries.

L'hôtel Dominici, qui fut fondé en 1856 et qui, depuis lors, a subi de nombreuses transformations, est merveilleusement situé entre le jardin des Tuileries et l'Opéra, et se trouve à la fois au centre des affaires et des théâtres.

Il a la clientèle la plus choisie. Il a eu l'honneur de compter au nombre de ses hôtes : feue Sa Majesté l'Impératrice d'Autriche, sa sœur l'ex-reine de Naples, la duchesse d'Alençon, et tant d'autres qui ont aimé rencontrer à l'hôtel Dominici tout le luxe qu'ils peuvent souhaiter ainsi que l'urbanité la plus exquise.

De très grands égards sont recommandés au personnel, et la clientèle de l'hôtel Dominici n'a jamais eu qu'à se louer de la tenue parfaite de la maison.

L'hôtel possède des appartements particuliers pourvus de tout le confort

Iᵉʳ ARRONDISSEMENT

HÔTEL DOMINICI.

HOTEL DOMINICI. — LE GRAND SALON.

moderne, et aménagés de la façon la plus artistique avec des meubles et des décorations de grand style. Le restaurant, les salons de correspondance, les salons de lecture et le fumoir situés au rez-de-chaussée sont installés avec un très grand luxe.

Au numéro 4 de la rue Castiglione, se trouve la maison Giraud, dont le successeur est M. Campedieu. C'est une grande maison de lingerie qui a été installée à Paris depuis de longues années. Elle occupe tout l'immeuble portant le numéro 4 de la rue Castiglione où elle possède au rez-de-chaussée un très beau et très vaste magasin. Aux étages supérieurs sont situés de fort luxueux salons d'essayage ainsi que tous les ateliers. La maison Giraud-Campedieu s'est fait la spécialité de tout ce qui concerne la lingerie.

On sait l'importance considérable que cette industrie a prise depuis quelque temps et les raffinements de luxe qui y sont apportés. Nous avons quelque peu changé les usages des anciens qui ne portaient généralement pas de linge sur la peau. La tunique de lin des Grecs était portée sur un premier vêtement de laine. Ce vêtement de laine, ou tunique, avait à peu près la même forme que la chemise moderne, comme on le voit notamment sur un vase étrusque où est représentée une femme quittant sa chemise pour entrer au bain. C'est beaucoup plus tard seulement, à la fin de l'empire romain, que l'on commença à se vêtir de chemises de lin et cet usage se répandit bientôt dans toute l'Europe. Mais pendant longtemps les chemises furent un objet exclusivement de luxe et non de néces-

UN SALON DE LA MAISON GIRAUD-CAMPEDIEU.

sité comme aujourd'hui. On offrait des chemises à la Vierge comme on lui offrait des bijoux et des étoffes précieuses. A l'église Notre-Dame de Paris, on les suspendait près du pupitre où l'on chantait l'évangile.

La chemise n'était si bien qu'un vêtement de luxe qu'on la retirait au moment de se mettre au lit pour éviter de l'user. L'usage de coucher sans chemise, qui dura jusque vers le XVIe siècle, venait de l'antiquité; l'expression *coucher nu à nue* est très fréquente chez les anciens poètes. Eutrapel, dans ses *Contes*, parlant d'une promesse ridicule ou impossible à tenir, dit qu'elle ressemble à celle d'une mariée qui s'engagerait à entrer au lit en chemise.

Le linge actuel est devenu tellement gracieux et joli, avec ses garnitures compliquées, la finesse de ses linons et de ses dentelles, l'art merveilleux de ses broderies qu'il constitue pour la femme la plus seyante des parures. Si nous voulons nous en rendre compte, nous n'aurons qu'à admirer les délicieux trousseaux exécutés par la maison Giraud-Campedieu, dans lesquels nous pourrons voir les plus jolis modèles. Ils comprennent tout le linge de corps, le linge de maison, le linge de table le plus riche, les draps de lit brodés avec l'art le plus fin et le plus parfait.

La maison exécute aussi des robes de lingerie façonnées de fort jolie manière, des blouses parées de broderie et de dentelles, des déshabillés extrêmement élégants qui ajoutent à la séduction de la femme, et enfin les layettes et les garnitures de berceaux.

La maison Giraud-Campedieu s'honore de la clientèle la plus distinguée tant à Paris qu'à Cannes où elle possède une merveilleuse succursale, rue d'Antibes, 33.

En suivant la rue Castiglione, nous arrivons à la place Vendôme, créée par Mansard sur l'emplacement de l'ancien couvent des Capucines et de l'hôtel de Vendôme qui appartenait à César de Vendôme, fils naturel de Henri IV et de Gabrielle d'Estrées.

La place Vendôme se dénomma d'abord place des Conquêtes, puis place Louis-le-Grand, à cause de la statue colossale de Louis XIV, œuvre de Girardon, qui en occupait le centre et qui fut remplacée en 1805 par la colonne d'Austerlitz, fondue avec le bronze de douze cents canons pris aux Autrichiens et aux Russes.

Le véritable nom de cette colonne est celui d'Austerlitz ou de la Grande-Armée ; c'est du moins celui que lui avait donné Napoléon Ier ; mais on a persisté néanmoins à lui donner le nom de la place où elle se dresse. Elle reproduit les proportions de la colonne Trajane qui lui a servi de modèle, avec cette différence toutefois que la colonne Trajane est en marbre, tandis que celle-ci est en pierre revêtue de bronze fondu, construction originale que l'on n'avait jamais essayée encore pour une œuvre de ces dimensions. Sa hauteur est de quarante-huit mètres cinquante y compris le piédestal et la statue. Une spirale de bas-reliefs, dont tous les personnages et les accessoires reproduisent les costumes militaires et les armes de l'Empire, déroule autour du fût les faits d'armes de la campagne de 1805. Ces bas-reliefs sont reliés entre eux par un cordon sur lequel est inscrite en relief l'action ou la scène guerrière que représente le dessin.

Le 16 mai 1871, la colonne fut abattue par ordre de la Commune, sous la surveillance du peintre Courbet. Elle fut réédifiée en 1876.

La colonne Vendôme a maintes fois inspiré les poètes et les chansonniers. L'un des plus célèbres poèmes est l'*ode à la Colonne* de Victor Hugo. C'est là qu'il faut chercher à comprendre le sentiment qui animait les Français de la Restauration « en regardant la colonne », comme dit la chanson fameuse d'Émile Debraux. Voici l'une des strophes de l'ode de Victor Hugo :

> « O monument vengeur, trophée indélébile,
> Bronze, qui tournoyant sur ta base immobile,
> Sembles porter au ciel ta gloire et ton néant ;
> Et de tout ce qu'a fait une main colossale,
> Seul es resté debout, ruine triomphale
>   De l'édifice d'un géant. »

La place Vendôme est entourée d'hôtels qui datent de la fin du XVIIe et du XVIIIe siècle.

Elle fut dessinée et édifiée par Mansard et Boffrand ; l'État ne se chargea alors que de la construction des façades, laissant aux particuliers le soin de construire leurs hôtels comme ils l'entendraient.

La place Vendôme est carrée, mais présente néanmoins des pans coupés à chaque angle et, par le fait, huit façades. La décoration de ces façades se compose d'un ordre corinthien élevé sur un soubassement. Au-dessus de l'entablement corinthien sont des lucarnes de pierre de formes variées. Les pans coupés angulaires se composent d'un avant-corps de trois arcades et de deux arrière-corps d'une arcade chacun. Le tout couronné de frontons est d'un effet magistral.

Les hôtels qui environnent la place Vendôme furent bâtis pour la plupart pour le compte de fermiers généraux. Ils sont restés absolument intacts et sont tous d'une splendeur princière. Ils furent habités par des personnages importants qui appartiennent tous plus ou moins directement à l'histoire. Aussi nous semble-t-il intéressant de faire le tour de l'ancienne place des Conquêtes et de nous attarder quelques instants à chacun des immeubles qui l'entourent. Ils valent tous la peine d'être cités en raison de leur imposante magnificence.

Les hôtels portant actuellement les numéros 4, 6 et 8, appartenaient autrefois au fermier général Delpech. Que de somptuosités et de merveilles durent s'entasser dans ces salons, puisqu'ils appartenaient à l'un de ceux qui possédaient, à titre de baux, tous les revenus de la France. On sait que les fermiers généraux, au nombre de quarante d'abord, puis de soixante, touchaient les droits sur les gabelles, les aides, les tabacs, les octrois, etc., moyennant une redevance annuelle de cent quatre-vingts millions au trésor. On sait aussi les fortunes colossales que la plupart des fermiers généraux édifièrent.

Il ne sera pas difficile de se faire une idée du luxe qui pouvait régner jadis dans cet hôtel en visitant les salons qui furent récemment installés au premier étage par Badin. Mais voyons auparavant l'historique de l'immeuble.

LA VILLE LUMIÈRE

Le 14 septembre 1714, Jean-Pierre de Montigny de Saint-Victor consentait en faveur de Paul Delpech une vente « au sujet d'une place à bastir sistuée place Louis-le-Grand, ayant cinq arcades de face sur la place et faisant partie de celles qui composaient ci-devant l'hostel de Vendôme de Lancret, emplacement des Filles de la Passion, dites Capucines ».

La vente comprenait à la fois le terrain et la construction de la façade déjà existante, avec obligation de ne pas altérer les ornements, décorations et dessins exécutés par l'architecte Mansard sur la dite façade. Elle fut consentie moyennant le prix de quarante-deux mille livres.

Après la mort du fermier général, l'hôtel devint la possession de sa veuve Mme Madeleine de Monchy ; ses enfants n'en conservèrent pas la propriété et l'hôtel fut licité en 1766.

En 1771, il devint la possession de Lepeletier de Saint-Fargeau, dont le neveu fut tué au Palais-Royal après avoir voté la mort de Louis XVI. Lepeletier de Saint-Fargeau habita cet hôtel avec sa fille la belle princesse de Chimay, connue à la cour sous le galant surnom de la *Dame de Volupté*.

En 1813, la famille Lepeletier de Saint-Fargeau vendit l'hôtel à M. Louis Marie Legé, ancien notaire. A la mort du fils de celui-ci, l'hôtel devint la propriété de la Société du Crédit Mobilier, puis de M. La Chambre, qui y apporta les restaurations nécessaires et les transformations actuelles.

Nous aurons la curiosité de visiter l'hôtel de Delpech, occupé aujourd'hui par la maison de couture Badin. Nous pénétrons d'abord dans le petit salon de réception du rez-de-chaussée, puis dans l'appartement du premier étage. L'entrée est imposante : c'est une longue galerie qui semble avoir été faite tout exprès pour les fêtes et les réceptions somptueuses. Le mur du fond entièrement tapissé de glaces donne l'illusion que la galerie se prolonge indéfiniment. Le grand salon du milieu, encadré par deux salons plus petits, donne l'impression de quelque appartement royal précieusement conservé dans un musée. Les boiseries, les trumeaux, les motifs d'ornementation sculptés, qui ornent les dessus des portes, les lustres, l'ameublement, les panneaux peints qui décorent le mur du fond datent de l'époque où l'hôtel fut construit, c'est-à-dire du commencement du XVIIIe siècle.

Les plafonds et les murs sont étincelants d'ors et de peintures. L'hôtel fut édifié au moment où le style Louis XIV, souvent un peu lourd, subissait une lente évolution. Il se transformait peu à peu, et le style Louis XV plus gracieux devait lui succéder bientôt. C'est alors qu'on supprime les solives apparentes des planchers et qu'on les revêt de ces plafonds qui donnent tant de grâce aux appartements. On les décore de frises et de toutes sortes d'ornements agréables. Au lieu de ces tableaux et de ces énormes bas-reliefs que l'on plaçait sur les cheminées, on les décore de glaces qui par leur répétition avec celles qu'on leur oppose forment des tableaux mouvants qui grandissent et animent les appartements. Les glaces qui se reflètent l'une l'autre dans les salons de M. Badin, leur donnent

MAISON BADIN. — LE GRAND SALON DE VENTE.

un air de gaieté et de magnificence, et le soir, les lustres allumés font un effet magique. Du dehors, l'on aperçoit de très loin cet appartement qui ruisselle de l'éclat des lumières.

Les larges fenêtres des salons s'ouvrent sur le noble décor de la place Vendôme, et dans ce cadre évocateur notre esprit se reporte tout naturellement aux splendeurs des siècles passés.

De l'autre côté de la galerie, nous trouvons l'ancienne salle à manger restée intacte, où viennent s'étaler à présent les manteaux et les fourrures, puis à la suite de la galerie, les salons d'essayage décorés par de charmantes gravures anciennes. Les unes représentent des coins disparus du Paris d'autrefois, tandis que les autres nous offrent de pittoresques silhouettes où l'on s'amuse à contempler les modes de jadis. L'on voit que M. Badin a apporté dans les moindres détails un très grand souci d'art et un goût parfait. Les femmes sont certaines qu'un tel artiste saura toujours adapter à leur beauté les toilettes et les ornements qui pourront le mieux leur convenir.

Le numéro 10, occupé aujourd'hui par les couturiers Martial et Armand, formait jadis l'hôtel d'Aubert, receveur général de Caen.

MAISON MARTIAL ET ARMAND. — SALON.

En 1716, après la mort de Louis XIV, lorsqu'on trouva dans les caisses du Trésor un déficit de plus de quatre-vingts millions, Aubert fut condamné à restituer à l'État une grande partie de la fortune qui lui avait servi à édifier le somptueux hôtel que nous pouvons voir actuellement. C'est là que mourut Chopin, le 17 octobre 1849, pendant que la comtesse Delphine Potocka, à la prière de l'artiste expirant, chantait l'air de *Stradella* et un psaume de *Marcello*. « C'était à la

MAISON MARTIAL ET ARMAND. — GRAND SALON.

tombée de la nuit : tous les assistants brisés d'émotion, à genoux, sanglotaient et la voix merveilleuse chantait toujours, berçant ce mourant sublime. »

Mlle Eugénie de Montijo, plus tard Impératrice des Français, demeura dans cet hôtel, et c'est là que le futur empereur Napoléon III la vit pour la première fois.

La maison Martial et Armand a succédé à ces hôtes illustres. Les luxueux salons sont décorés de boiseries anciennes et de motifs sculptés de style Louis XIV.

Dans le grand salon du milieu, ainsi que dans les deux petits salons, nous admirons de très belles boiseries dorées, et un remarquable lustre de bronze qui figura à l'Exposition de 1900. Ce lustre, ainsi que les appliques, les candélabres et les deux lustres semblables, mais de moindres dimensions, qui se trouvent dans les petits salons, sont des reconstitutions exactes de modèles anciens.

Tous les salons d'essayage donnent sur la grande cour d'honneur de l'hôtel.

Les appartements du receveur général Aubert, au temps de sa plus grande magnificence, ne virent certes pas défiler plus de jolies femmes et plus de merveilleuses toilettes que celles qui sont créées aujourd'hui par MM. Martial et Armand pour le plaisir exquis de nos yeux et pour l'émerveillement des femmes.

La maison Martial et Armand possède également rue de la Paix, au numéro 13, un délicieux magasin qui vient d'être complètement reconstruit et transformé sous la direction artistique de M. Armand. Ce magasin, décoré intérieurement de colonnes, et meublé dans le plus pur style Louis XVI, présente

MAISON MARTIAL ET ARMAND.

rue de la Paix trois devantures dont les charmants modèles attirent invinciblement les regards.

Le 14 est l'ancien hôtel de Claude Paparel, trésorier des guerres, qui fut condamné à mort pour concussions. Il ne fut pas exécuté et sa peine fut commuée en celle de la détention perpétuelle.

Le numéro 16, après avoir été habité par le financier Hertaut, mort en 1716, fut occupé par le célèbre physicien Mesmer, qui fit courir tout Paris avec son baquet magnétique.

Ce fut dans les derniers mois de l'année 1778 que Mesmer, médecin allemand, auteur de la doctrine du magnétisme animal, imagina son fameux baquet. Il se trouvait alors à l'apogée de sa célébrité et chaque jour voyait augmenter la clientèle que de prétendues guérisons lui avaient faite. Ne pouvant plus magnétiser ses malades individuellement, il eut l'idée de les distribuer en groupes de dix ou quinze personnes, auxquelles il administrait collectivement des passes salutaires. Dès ce moment l'affluence devint énorme à ces séances et tout le monde ne pouvait trouver de place autour du merveilleux baquet. Il fallait se faire inscrire longtemps à l'avance et bientôt la mode vint de retenir le baquet pour une soirée, absolument comme on retient aujourd'hui une loge à l'Opéra.

Voici la description que nous trouvons de ce fameux baquet :

Au milieu d'une salle éclairée par un demi-jour, se trouvait une cuve en bois de chêne, haute d'environ cinquante centimètres et ayant un diamètre de près de deux mètres. Cette cuve était fermée par un couvercle, de sorte que vue extérieurement, elle avait l'apparence d'une table circulaire. Elle était remplie d'eau jusqu'à une certaine hauteur et contenait au fond un mélange de limaille de fer et de verre pilé. Sur ces substances étaient couchées des bouteilles pleines d'eau qui, rangées symétriquement autour de la caisse, avaient leurs goulots tournés vers le centre de celle-ci ; d'autres bouteilles également pleines d'eau, mais disposées en sens inverse, partaient du centre et rayonnaient vers la circonférence. Le couvercle était percé de trous par lesquels sortaient un égal nombre de tiges de fer, dont une des extrémités plongeait dans l'eau, tandis que l'autre, terminée en pointe, se recourbait et était destinée à être tenue par les malades.

Les patients, assis sans mot dire autour du baquet, tenaient chacun une des tiges dont ils appliquaient la pointe sur la partie malade et attendaient l'agent mystérieux qui devait les guérir. Mesmer prétendait, en effet, que la cuve était le réservoir où venait s'accumuler le magnétisme animal, la panacée par excellence, qui venait pénétrer ensuite dans le corps des malades pour y apporter la santé ! Afin de faciliter l'action du fluide, les malades communiquaient entre eux au moyen d'une longue corde qui partant du baquet leur entourait le corps. De plus, pour qu'ils puissent entièrement participer à la communion magnétique, Mesmer les soumettait à des passes et à des attouchements. Il appuyait sur la partie malade une baguette de fer qu'il tenait à la main et qui avait passé pour avoir la propriété de concentrer le fluide dans sa pointe.

Pour compléter la mise en scène, un harmonica était placé dans un des coins de la salle et jouait des airs variés.

Les effets produits sur les malades rangés autour du baquet étaient des plus variables. Quelques-uns n'éprouvaient rien ; chez d'autres l'action magnétique se manifestait par des éclats de rire, des bâillements, des frissons ou des sueurs ; d'autres enfin étaient agités par des convulsions d'une violence extrême qui duraient parfois pendant des heures. Les femmes surtout y étaient sujettes. Quelques-unes poussaient des gémissements douloureux, entrecoupés de pleurs et de sanglots. Au milieu de la foule épileptique, Mesmer se promenait en habit lilas, armé de sa baguette magique qu'il étendait sur les individus réfractaires ou sur ceux qui avaient des crises trop violentes. Il calmait leurs convulsions en leur prenant les mains, en leur touchant le front ou opérait sur eux avec les mains ouvertes et les doigts écartés en croisant et décroisant les bras avec une rapidité extraordinaire. Il prenait les plus furieux à bras le corps et emportait ces énergumènes dans une pièce voisine dite *salle des crises* ou l'*enfer des convulsions*, dont les murs et les parquets soigneusement matelassés permettaient aux malades de se livrer à tous leurs ébats sans danger de se blesser.

Mesmer avait organisé quatre appareils dans son hôtel de la place Vendôme, trois pour les riches où il opérait lui-même et un pour les pauvres où il se faisait remplacer par son valet. L'histoire ne dit pas si les pauvres guérissaient aussi bien que les riches.

Bientôt l'affluence devint si grande que le fameux magnétiseur fut obligé de transporter son établissement dans le quartier Montmartre. A un moment donné, voulant mettre son remède à la portée de tout le monde, il disposa sur le boulevard, à l'extrémité de la rue de Bondy, un arbre qui devait avoir les mêmes vertus que le baquet. Et la naïveté des malades fut telle que l'on vit des milliers d'individus venir se serrer contre cet arbre et attendre avec conviction la guérison de leurs maux.

Pendant quelque temps la manie des baquets devint générale en France et Mesmer, comme on peut le croire, eut de nombreux concurrents. Cependant, vers 1785, les esprits furent quelque peu désabusés ; un revirement se fit dans l'opinion publique, et Mesmer quitta la France au milieu de l'indignation générale.

Les numéros 18 et 20 de la place Vendôme, où nous remarquons aujourd'hui la maison Dœuillet, étaient réunis pour former l'hôtel du duc de La Vieuville, surintendant des finances et grand fauconnier de la couronne.

En 1780, cet hôtel fut habité par Millon Dainval, receveur général des finances qui émigra sous la Révolution. Quelque temps après il devint la propriété de la baronne de Feuchères, qui le vendit au grand banquier Aguado de Las Marismas. Ce dernier qui avait commencé par suivre, avec distinction, la carrière militaire et avait été l'aide de camp du maréchal Soult quitta le service en 1815 pour se lancer à Paris dans des entreprises commerciales dont les puissantes relations de sa famille en Espagne lui facilitèrent le succès. Nommé, en 1823, agent financier de l'Espagne à Paris, il reçut de Ferdinand VII un grand nombre de concessions industrielles et le titre de marquis de Las Marismas. Ce fut lui qui négocia les emprunts espagnols de cette époque. Quand il mourut, il possédait une fortune estimée à plus de soixante millions et une magnifique galerie de tableaux dont Gavarni a publié les dessins et qui était exposée dans son hôtel de la place Vendôme.

Le Cercle de l'Union, dit des *Mirlitons*, occupa l'immeuble pendant quelque temps. Deux locataires lui succédèrent, le comte de Zerbeck et M. de la Chapelle. La grande maison de couture Dœuillet y est aujourd'hui installée.

Cette maison a été fondée le 2 janvier 1899 par M. Georges Dœuillet et dès sa première année d'existence, elle prit une place prépondérante dans le monde de la haute couture grâce au goût très sûr et très raffiné de M. Dœuillet qui a su imposer à la mode ses idées personnelles et qui peut être considéré comme le véritable créateur des robes princesses et de ces gracieuses robes grecques aux lignes simples et élégantes dont la maison s'est fait une spécialité. Il a su adapter au goût du jour les souples vêtements des Athéniennes, les *tuniques* qui s'attachaient sur les épaules et qui, se serrant au-dessous des seins par une large ceinture, descendaient jusqu'au talon en plis ondoyants; le *pallium*, manteau carré ou rond, qui tantôt roulé en forme d'écharpe, tantôt déployé, semblait par

MAISON DŒUILLET. — UN DES PETITS SALONS.

ses plis destiné en quelque sorte à dessiner les formes du corps ; l'*orthostadia*, sorte de tunique droite et sans ceinture; le *peplos*, vêtement qui enveloppait l'épaule gauche devant et derrière et dont les deux ailes, se réunissant sur le côté gauche, laissaient à découvert la main et l'épaule droite. Et tous ces voiles gracieux, grâce au talent de M. Dœuillet, se sont plus ou moins transformés pour parer le charme de la Parisienne.

Les salons de la maison Dœuillet occupent le deuxième étage du numéro 18 et celui du numéro 16 qui lui est contigu, offrant ainsi une merveilleuse perspective.

Nous pénétrons d'abord dans le salon Louis XVI orné de fort belles boiseries et clos par une grille du même style en cuivre ciselé et émail bleu.

C'est ensuite le salon des glaces, rayonnant de lumière, puis le grand salon décoré de boiseries sculptées sur lequel donne, à droite, le charmant salon rose, et, à gauche, le salon Empire. Celui-ci s'ouvre sur une importante galerie qui conduit au cabinet de travail de M. Dœuillet, qui a été également aménagé dans un fort joli style Empire.

La galerie nous conduira aux nombreux salons d'essayage, parmi lesquels nous remarquons le luxueux salon de théâtre où la disposition des lumières permet de juger de l'effet des toilettes sur la scène.

MAISON DŒUILLET. — LE GRAND SALON.

De l'autre côté de l'appartement, se trouve la manutention. Les vastes ateliers sont situés à l'étage supérieur et occupent un immense espace. Ils donnent d'un côté sur la place Vendôme et de l'autre sur la place du marché Saint-Honoré. Ils sont remplis par plus de cinq cents ouvrières et les divers services de la maison sont assurés par une centaine d'employés.

La maison Dœuillet, qui a une très grande réputation, est extrêmement appréciée par les Parisiennes et par les étrangères qui recherchent l'élégance pure et originale de ses modèles.

L'hôtel portant le numéro 22 est occupé par la maison Ney sœurs.

L'architecte Boffrand le construisit pour lui-même en 1699 et l'habita pendant longtemps. Il fut ensuite la propriété du banquier Law, puis fut acheté par le financier Magon de la Ballue. Après la Révolution, il devint le siège de l'état-major de la Garde Nationale, époque à laquelle il fut acheté par le baron de Gargan, maître de forges en Lorraine. On retrouve encore, dans les attributs qui ornent le grand salon du premier étage, avec les armes de la famille de Gargan, une tête couronnée de Napoléon Ier qui fit dans cet hôtel un court séjour, ainsi que le maréchal Ney.

Vers 1812, le maréchal Hulin, gouverneur de Paris, habita cet hôtel. Le maréchal Hulin avait fait toutes les campagnes d'Italie et concouru à l'héroïque défense de Gênes. Il était général de division et commandait la place de Paris lors de l'invraisemblable conspiration de Malet. Malet avait préparé sa conspiration dans la solitude d'une maison de santé où il était soumis à une sévère surveillance et d'où il avait eu l'audace incroyable de s'élever contre Napoléon. A minuit, à l'heure même où il commença l'exécution de son projet gigantesque, il n'avait pas un écu, pas un complice, pas même la moindre liaison dans l'armée, ni dans l'administration ; cinq heures après il était maître de la garnison, du ministère et de la préfecture de police ; le ministre et le préfet étaient captifs et deux prisonniers d'État qui ne se doutaient de rien quelques instants auparavant remplaçaient ces deux hauts fonctionnaires. Paris en s'éveillant trouvait presque un gouvernement établi.

Revêtu de l'uniforme d'officier général, à cheval et suivi d'un aide de camp, le caporal Rateau, Malet se présenta dans la nuit à la caserne Popincourt, fit réveiller le colonel nommé Soulier, lui annonça que la nouvelle de la mort de l'Empereur était arrivée à Paris depuis quelques heures, que le Sénat, immédiatement assemblé, a déclaré sa famille déchue et nommé un gouvernement provisoire, lequel l'a investi lui, Malet, du commandement de Paris. Il lui remit en même temps un paquet cacheté contenant la proclamation du Sénat et la copie de sa propre nomination. Le colonel entièrement persuadé mit son régiment à la disposition du général qui s'empressa aussitôt d'envoyer des détachements pour s'emparer du Trésor, de la Banque, de la Poste aux lettres et de l'Hôtel de Ville en remettant aux officiers des pièces qui doivent les convaincre.

Malet se rend lui-même à la Force où les généraux Guidal et Lahorie languissaient depuis plusieurs années et leur donne leur nomination, le premier au ministère de la police générale et l'autre au poste de préfet de police, avec l'ordre de s'assurer du duc de Rovigo et du duc de Pasquier qui remplissaient ces fonctions.

Puis Malet se porte à l'état-major, place Vendôme, chez Hulin, pour lui annoncer le nouvel ordre de choses à la suite duquel il venait le remplacer. Hulin montrait à juste raison quelque méfiance et faisait des difficultés. Alors Malet, pour qui les moments étaient précieux, lui cassa la mâchoire d'un coup de pistolet. Cet étonnant coup de main se trouvait ainsi presque consommé lorsque les adjudants Laborde et Doucet, étant accourus au bruit du coup de pistolet, se précipitèrent sur Malet, le terrassèrent et l'emmenèrent en prison.

MAISON NEY SŒURS. — LE GRAND SALON.

MAISON NEY SŒURS. — ESCALIER D'HONNEUR.

Quelques jours après cette nuit fameuse, Malet fut traduit devant une commission militaire avec Guidal et Lahorie ainsi qu'une vingtaine d'autres personnes. Malet fut condamné à mort; il tomba en criant : Vive la Liberté.

C'est dans cette demeure historique du 22 de la place Vendôme que nous voyons aujourd'hui les imposants et somptueux salons de la grande maison de couture Ney sœurs qui a pris une si considérable et si rapide extension.

Fondée en 1896, rue du Quatre-Septembre, où ses affaires prirent bien vite un grand développement, elle est venue s'établir en 1906 au 22 de la place Vendôme.

Les salons de l'hôtel de l'architecte Boffrand, meublés dans le plus pur style Louis XIV et reconstitués tels qu'ils étaient à l'époque avec leurs trumeaux et leurs boiseries sont devenus les salons de vente de la maisons Ney où tant de jolies femmes défilent chaque jour.

La salle à manger de l'hôtel, qui communique avec les salons par une sorte de galerie ornée d'une superbe balustrade en fer forgé, a été transformée en salons d'essayage, très joliment et très confortablement aménagés pour le plus grand agrément des élégantes clientes de la maison.

La maison Ney sœurs a créé d'exquis modèles de robes, de manteaux et de fourrures qui lui ont valu sa grande renommée actuelle. Nous y trouvons une note très originale, très parisienne et le goût le plus raffiné.

Il est impossible de nier que la couture soit un art véritable, puisqu'il s'agit de concourir à la perfection de cette œuvre d'art si gracieuse qu'est une femme élégante. Il faut donc que les couturiers aient le sens inné du beau au même degré que les peintres et les sculpteurs et qu'ils sachent combiner la grâce et la pureté des lignes avec l'harmonie des couleurs.

Nous trouverons toutes ces qualités dans les créations de la maison Ney à laquelle les femmes peuvent entièrement se fier pour le choix des toilettes qui pourront le mieux convenir au caractère spécial de leur beauté.

Dans ce même immeuble, au numéro 22 de la place Vendôme, se trouve la maison du *Corset Thylda* créé par le docteur Raynaud. Cette maison offrira certainement le plus grand intérêt pour les femmes qui sont toujours si vivement intéressées par cette question primordiale.

S'il est vrai que les anciens ne connurent pas l'usage du corset tel que nous le concevons aujourd'hui, il n'en est pas moins vrai que de certains genres de corsets ont existé dans la plus haute antiquité.

Décrivant la toilette que portait Junon quand elle voulait séduire Jupiter, Homère parle avec une grande complaisance des deux ceintures qui dessinaient amoureusement la taille de la déesse : l'une bordée de franges d'or, l'autre empruntée à Vénus, ornée de mille richesses. A Athènes et à Rome, les ceintures que portaient les femmes n'étaient pas seulement destinées à enserrer étroitement la taille, mais encore à soutenir les seins, à en augmenter le volume, à dissimuler les imperfections des formes.

L'usage du corset baleiné ne date que de la Renaissance. Ce furent les dames vénitiennes qui les premières firent usage de ce vêtement désigné sous le nom de *buste* et qui devint en France la *basquine* ou *vasquine*. Cet objet de toilette prit de plus en plus l'apparence d'un instrument de torture, jusqu'à la Révolution qui fit disparaître tous ces insignes de coquetterie, tels que les paniers et les corsets à baleines. Ceux-ci firent une nouvelle apparition en 1812, puisque Napoléon en

MAISON DU CORSET THYLDA. — SALON D'ESSAYAGE.

parlait comme d'*un vêtement d'une coquetterie de mauvais goût qui meurtrit les femmes et maltraite leur progéniture*.

Il est très évident qu'avant tout le corset ne doit pas constituer un supplice pour les femmes. Afin d'être à la fois hygiénique et gracieux, il faut qu'il soit le moule exact du corps de la femme ; il doit s'adapter à la forme des parties qu'il recouvre, de manière à entraver le moins possible l'exercice de la fonction des organes.

Le *Corset Thylda* remplit admirablement ces conditions. Grâce à sa coupe spéciale et à la façon particulière dont toutes les pièces sont assemblées, il ne fait perdre au corps féminin aucun de ses mouvements gracieux et respecte chacun des organes avec lesquels il est en contact. Il aide même à leur fonction-

nement, en maintenant le corps dans une attitude normale sans lui imposer aucune fatigue inutile. Il est fait tout spécialement pour chaque cliente d'après ses mesures prises avec le plus grand soin. Est-il en effet, rien de plus illogique que de vouloir appliquer un même modèle de corset à toutes les femmes alors que les formes du corps varient si profondément d'après chaque personne.

En un mot, le corset ne doit pas être un véritable *lit de Procuste* sur lequel les femmes les plus différentes doivent modeler leur corps, mais il doit, ainsi que l'a si bien compris le docteur Raynaud, être une sorte de maillot, modelant parfaitement le corps sans le gêner.

Après ces quelques aperçus, reprenons notre promenade et remarquons au numéro 24 l'ancien hôtel de Thomas Quesnel, premier commis aux finances.

C'est aujourd'hui la maison Cardeilhac qui y est installée et dont nous admirons le merveilleux magasin.

Fondée en 1804, elle peut vraiment se considérer comme la plus ancienne maison d'orfèvrerie. Lors de sa fondation, elle était située au cours d'Alli-

MAISON CARDEILHAC. — GALERIE DE VENTE.

gre. Elle fut transférée, en 1819, rue du Roule, puis en 1858, à l'angle de la rue du Louvre et de la rue de Rivoli. L'immeuble fut incendié pendant la Commune, puis reconstruit et la maison Cardeilhac y demeura jusqu'en 1906, époque à laquelle elle vint occuper le magasin du 24 de la place Vendôme que nous nous amuserons à visiter. Admirons d'abord le superbe hall d'entrée avec son intéressante exposition d'objets d'art et pénétrons ensuite dans les vastes magasins de l'entresol. Le magasin est entièrement aménagé et meublé dans le style Louis XIV, sauf le salon réservé aux collections qui est de style Louis XVI.

La maison Cardeilhac qui appartient aujourd'hui à la quatrième génération de la même famille, fut, à son origine, une maison de coutellerie.

A part la table des grands où son usage est plus ancien, le couteau ne commença à faire partie du couvert qu'au seizième siècle. Avant cette époque, chaque convive apportait son couteau renfermé dans une gaine. Nous trouverons à la maison Cardeilhac les collections les plus rares de couteaux anciens, collections absolument uniques et dont plusieurs pièces sont d'une inestimable valeur. La maison d'orfèvrerie de la place Vendôme reproduit chaque jour les pièces les

MAISON CARDEILHAC. — HALL D'ENTRÉE.

plus intéressantes de ces collections et se sert des modèles anciens pour établir de nouveaux modèles où les matières précieuses s'harmonisent pour produire le plus heureux effet. L'orfèvrerie s'adjoignit bientôt à la coutellerie et la maison Cardeilhac qui travaille beaucoup d'après l'ancien a su créer des pièces d'orfèvrerie de toute beauté.

L'art de l'orfèvrerie a subi chez tous les peuples et à toutes les époques les mêmes évolutions que la peinture et la sculpture ; partout où ces beaux-arts fleurirent, l'orfèvrerie réalisa des chefs-d'œuvre. Cette solidarité tient à ce que, indépendamment de son caractère d'utilité domestique, l'orfèvrerie, par le haut prix des matières qu'elle emploie, a toujours dû s'efforcer de reproduire les styles qui jouissaient alors de la plus grande faveur. L'antiquité nous a laissé des modèles parfaits en vases d'or et d'argent ; la pureté des lignes, la simplicité des compositions et l'amour de la forme en constituent le caractère dominant. C'est à cette source que puisent tous les artistes désireux de se rapprocher de la perfection antique.

La maison Cardeilhac, en dehors de ses créations originales,

MAISON CARDEILHAC. — SALON DU 1er ÉTAGE.

fait de très intéressantes reproductions et fait preuve dans tous ses modèles du goût le plus délicat et de l'art le plus parfait.

Le numéro 26 fut l'ancien hôtel de René Boutin, receveur général d'Amiens, mort en 1724.

Nous voyons actuellement dans cet immeuble la maison Dupuy, située place Vendôme et 103, rue des Petits-Champs. Cette maison qui a été fondée il y a un siècle environ rue des Petits-Champs, est restée rue de la Paix, au numéro 8, pendant quatre-vingts ans, mais a été obligée de quitter cette rue en 1907, par suite de la démolition de l'immeuble où elle se trouvait. Elle a la spécialité d'ombrelles de luxe, de cannes et de parapluies aux poignées très artistiques et très finement ciselées.

Le parapluie et le parasol étaient connus dès les temps les plus reculés. Ils paraissent avoir pris naissance chez les Chinois, les Égyptiens et les Assyriens où ils étaient réservés aux seuls souverains. Le parasol des régions tropicales est devenu le parapluie des pays septentrionaux. Cet instrument n'était pas connu en France dans la seconde moitié du seizième siècle. Ce furent les femmes qui s'en servirent les premières.

MAISON DUPUY.

On utilisa d'abord, pour le parapluie, le cuir, la toile cirée, l'étoffe de soie huilée, le papier verni. Vers 1789, la mode fut aux taffetas rose, jaune, vert-pomme, uni ou chiné. Plus tard, on adopta les couleurs rouge, vert clair, bleu avec bordures de couleurs différentes ; enfin, vers 1825, on donna la préférence aux couleurs foncées, vert-myrte, marron, noir qui sont encore aujourd'hui les teintes en usage.

D'autre part, le parapluie-parasol pour dames s'est peu à peu transformé en ombrelle et cette dernière a subi des perfectionnements qui l'ont presque convertie en objet d'art. Tour à tour, suivant la mode, elle fut couverte de soie

MAISON DUPUY. — VUE INTÉRIEURE.

blanche, unie ou rayée, de couleur claire, foncée ou noire, avec bordure ou avec franges, recouverte de dentelles, brodée de verrerie ou garnie de marabout.

Le parapluie et l'ombrelle ont été, dans toutes leurs parties, l'objet de perfectionnements ingénieux ; l'on est arrivé, par suite d'une bonne division du travail et d'une fabrication plus intelligente, à livrer à des prix très modérés, malgré l'augmentation constante de la main d'œuvre, des produits de qualité supérieure.

L'on connaît depuis longtemps la supériorité du travail parisien dans l'art de façonner une canne ; il y a des cannes françaises dans tous les pays.

La maison Dupuy a d'ailleurs une très belle clientèle, non seulement à Paris, mais à l'étranger ; elle est le fournisseur de nombreuses cours d'Europe, ainsi que de la cour du Japon.

Voyons à présent les numéros impairs de la place Vendôme. Nous nous arrêterons devant le numéro 7, où l'on peut voir actuellement les salons de la maison Beer : c'était primitivement l'hôtel de Mansard. Il devint ensuite la propriété de son gendre Lebas, trésorier de l'*Extraordinaire de Guerre*, qui fut condamné, en 1716, à restituer deux millions de livres à l'État. Puis l'hôtel fut habité successivement par M. de la Grange, M. de Lagarde, et enfin par Deville, fermier général condamné pour concussions. En 1870, l'état-major s'y installa pendant un certain

MAISON BEER .— UN SALON.

temps et les généraux Douai, Montauban, Borel, Clinchant, Leconte et Saussier, gouverneurs de Paris, y demeurèrent.

La maison Beer a été fondée en 1886 par M. Beer, boulevard Poissonnière, puis transférée place de l'Opéra, et enfin installée depuis l'année 1900 place Vendôme.

La maison occupe l'immeuble tout entier ainsi que plusieurs dépendances dans des immeubles contigus. De la grande cour intérieure nous apercevons les cinq étages occupés par les ateliers où travaillent six cents ouvrières.

Les salons de vente sont extrêmement somptueux et très richement décorés avec des boiseries anciennes, glaces et peintures. Attardons-nous un instant au monumental escalier de pierre qui nous conduit à ces salons. L'architecture a trouvé moyen de faire servir les escaliers à l'ornement et à la décoration des habitations. Leur grandeur, leurs larges proportions ont apporté une nouvelle majesté

MAISON BEER. — LA COUR; UNE PARTIE DU PERSONNEL.

MAISON BEER. — SALON AVEC VUE SUR L'ESCALIER.

MAISON BEER. — L'ESCALIER.

aux palais. A l'époque de Louis XIV notamment où l'étiquette régnait en souveraine, l'escalier d'honneur avait une importance particulière et le grand escalier de la maison Beer, avec sa rampe de fer forgé, nous reporte aux splendeurs du grand siècle.

Dans la maison Beer, où deux cents employés sont occupés à la vente, à l'administration, à la manutention, les élégantes trouveront de quoi satisfaire à toutes leurs coquetteries et l'on sait que la coquetterie est certainement l'une des vertus les plus essentielles de la femme. Celle-ci en est d'ailleurs bien persuadée et c'est chez elle une preuve de tact et de jugement.

LA COLONNE VENDOME.

Ne fut-il pas question un jour de faire de la coquetterie une divinité et de lui élever des autels? Si ce projet n'a pas été réalisé, et si l'on n'a pas encore élevé d'autels à cette nouvelle déesse, il est certain du moins — et la maison Beer en est une preuve — qu'on lui a consacré des palais qui sont devenus ses temples.

Dans toutes ses créations, la maison Beer fait preuve du plus grand raffinement et de la plus parfaite élégance.

Le 9 fut autrefois la propriété du fermier général Lelay, qui fut condamné à restituer quatre cent mille livres indûment perçues. Sous le règne de Louis-Philippe, cet hôtel devint l'hôtel des Domaines.

On appelle Domaine l'ensemble des biens mobiliers et immobiliers qui appartiennent à une nation considérée comme être collectif.

Longtemps les revenus domaniaux, comme la plupart des autres revenus, furent affermés pour chaque province à des compagnies ou à des fermiers généraux qui les percevaient pour leur compte et à leurs risques et périls. En 1870, on vit se former une compagnie qui prit le nom d'Administration générale du Domaine et des droits domaniaux. Mais l'Assemblée Nationale ayant posé en principe en 1790 que les impôts et les revenus publics seraient perçus directement pour le compte de l'État, elle chargea l'administration de l'enregistrement, créée cette même année, de la régie des domaines corporels et incorporels.

Depuis cette époque l'administration de l'enregistrement est appelée administration de l'enregistrement et des domaines et forme l'une des directions générales ressortissant au ministère des finances. Les attributions de la régie du domaine concernent tout ce qui est gestion matérielle. Elle prend possession au nom de l'État des biens dont s'accroît le Domaine.

Les numéros 11 et 13 forment actuellement le Ministère de la Justice. Le 13 était l'hôtel de la duchesse de Vendôme.

Le 17 appartenait à Reich de Penautin, trésorier des États du Languedoc, qui fut très gravement compromis dans le procès de la Brinvilliers. Il céda son hôtel à Antoine Crozat. Le 19 qui était réuni au 17 et faisait partie de l'hôtel de Penautin, servit pendant un moment de présidence de la Chambre des Députés, et est habité actuellement par le gouverneur du Crédit Foncier de France.

Les 21 et 23, où sont maintenant les salons de la maison Cheruit, ancienne maison Raudnitz, formaient jadis l'hôtel de Pierre Bullet, architecte de Louis XIV, né vers 1639, mort en 1716. Le plus célèbre de ses ouvrages est l'arc triomphal de la porte Saint-Denis qui est d'une assez belle exécution. Il est également l'auteur de l'église Saint-Thomas-d'Aquin.

La maison Cheruit qui occupe le somptueux hôtel de Pierre Bullet, a été fondée au numéro 13 de la rue Grange-Batelière, sous la dénomination Raudnitz et Cie. C'est elle qui, s'installant l'une des premières sur cette solennelle place Vendôme alors un peu désertée, contribua à sa complète transformation. La place des Conquêtes est devenue peu à peu avec la rue de la Paix, le centre de toutes les élégances de Paris.

MAISON CHERUIT. — SALON DES LUMIÈRES.

Les salons de vente et les salons d'essayage de la maison Cheruit sont admirablement décorés de boiseries et de peintures anciennes. Ils sont aménagés avec le goût le plus artistique. L'un des salons, entre autres, véritable petit bijou, possède un remarquable plafond, peint par Huet, qui est une merveille d'art et serait digne de figurer dans quelque musée.

La maison Cheruit est le rendez-vous de la clientèle la plus raffinée. Celle-ci

MAISON CHERUIT. — GRAND SALON.

sait bien qu'elle trouvera dans tous ses modèles cet art impeccable et cette recherche absolue de la ligne qui ont fait le renom de la maison.

Qu'est-ce en somme que la ligne, ce mot que l'on prononce si souvent et sans lequel il n'est point de véritable élégance : c'est une certaine ligne courbe aux inflexions onduleuses dans laquelle les artistes ont cru trouver tous les éléments des belles formes. Et la beauté, en effet, ne peut pas être parfaite si elle ne possède pas la grâce subtile et nécessaire de la ligne. Les modèles de Cheruit offrent tous cette simplicité gracieuse de la forme qui constitue l'élégance et qui multiplie les séductions de la femme. Il est certain que la créature volontairement belle, c'est-à-dire raffinée dans sa mise, l'emportera toujours sur la beauté inerte qui négligera ou qui dédaignera imprudemment les accessoires de la séduction : « Prends garde, ma chère enfant, disait un jour à sa fille une élégante sur le retour : les

Les jeunes femmes qui ne mettent pas de rouge sont toujours quittées pour de vieilles femmes qui en mettent trop. »

Que d'exquises créations en robes, manteaux et fourrures nous présente la grande maison de couture qui a une telle influence sur la mode et qui décide en quelque sorte de ce qui se fera demain. Le goût si original, si fin et si personnel de Mme Cheruit a placé la maison au premier rang, aussi bien à Paris que dans l'univers entier.

De plus, nous ne devons pas oublier d'ajouter que, il y a quelques années déjà, Mme Cheruit a créé un nouveau rayon pour les bébés et les fillettes.

Tout ce joli petit monde, parmi lequel se recrutera la clientèle de l'avenir, est habillé et chapeauté de la plus gracieuse façon, avec cette note dénuée de toute banalité qui est le caractère distinctif du 21 de la place Vendôme.

Quelques personnes ont souvent déploré que plusieurs hôtels de la place des Conquêtes fussent occupés à présent par le commerce.

Comment pourrait-on cependant le regretter, en voyant à côté des installations, comme celles que nous venons de décrire, des magasins aussi jolis et aussi tentants que le magasin de Charvet, au numéro 25 de la place Vendôme.

L'Héritier de Brutelles et le marquis de Méjanes habitèrent successivement cet hôtel.

Par sa dis-

MAISON CHARVET. — VUE INTÉRIEURE.

LA MAISON CHARVET.

crétion élégante, l'étalage de Charvet est bien digne de figurer dans la splendeur de la place Vendôme.

La maison Charvet a été fondée en 1836 par M. Christofle Charvet, auquel a succédé en 1868 son fils M. Édouard Charvet, qui est encore aujourd'hui le chef de la maison avec ses trois fils comme collaborateurs. Universellement connue pour le raffinement de ses articles, la maison Charvet sut introduire dans la toilette masculine des éléments nouveaux d'élégance, qui n'étaient jusqu'alors que le privilège d'un cercle trop restreint. Le prince de Galles, aujourd'hui roi d'Angleterre, l'avait depuis longtemps choisie comme son fournisseur préféré.

Un peu plus loin, place du Marché-Saint-Honoré, sur une partie de l'emplacement de l'ancien couvent des Jacobins réformés, fondé en 1613 par le jacobin Michaelis, nous verrons la blanchisserie modèle que M. Charvet, par un constant souci de perfectionnement, voulut installer comme dépendance de son magasin. Le couvent des Jacobins fut supprimé en 1790 et servit pendant un certain temps aux réunions de l'association appelée *les Amis de la Convention*, qui avait pour président Robespierre. De là vint le surnom de Jacobins.

Le marché des Jacobins, devenu aujourd'hui marché Saint-Honoré, fut construit en 1810.

De là, nous suivrons la rue des Petits-Champs, ouverte en 1634 à travers des petits champs.

Nous nous arrêterons en passant à quelques beaux hôtels du XVIIIe siècle, et nous arriverons enfin au Palais Royal.

« Un des plus anciens habitués du Palais Royal — le Palais autrefois en comptait beaucoup — flânait un jour, comme fléchissant sous le poids d'abondantes méditations. Un ami l'aborde et lui dit : « A quoi pensez-vous, mon cher ? « — Je me raconte l'histoire du Palais-Royal, répondit-il, et je n'en suis encore « qu'au « cinquième volume ». « C'était répondre sans aucune ironie et sans aucune invraisemblance (1). »

Lorsque Richelieu, désireux de se rapprocher du Louvre, eut conçu le projet d'aller se fixer dans le quartier Saint-Honoré, il acheta à cet effet le vieil hôtel de Rambouillet, situé entre la rue Saint-Honoré et le rempart de Charles-V ; puis il acheta successivement toute une série de terrains et de propriétés entre la porte Saint-Honoré et la rue des Bons-Enfants, et confia à Jacques Le Mercier le soin d'édifier le Palais Cardinal. Trois ans avant son achèvement, craignant que le roi ne l'accusât de trop de magnificence, Richelieu fit don de son palais au Roi sous le nom d'hôtel Richelieu. Cette demeure était une véritable merveille.

« Non, l'Univers ne peut rien voir d'égal
Aux superbes dehors du Palais Cardinal, »

(1) *La Vie au Palais Royal*, par Augé de Lassus.

avait écrit Corneille dans *le Menteur*. Louis XIV demeura jusqu'en 1652 au Palais Cardinal, qui prit alors le nom de Palais Royal, et, enfant, chassa dans les jardins. En 1660, le Roi-Soleil donna à Molière, qui y joua jusqu'à sa mort, le superbe théâtre du Palais Cardinal, où Richelieu avait fait représenter sa tragédie de *Mirame*.

Louis-Philippe, duc d'Orléans, puis le duc de Chartres firent faire de profonds changements dans le Palais Royal ; ils firent construire d'abord provisoirement les GALERIES DE BOIS, puis les Galeries de Valois, Montpensier, Beaujolais et d'Orléans. Un journal de la fin du XVIIIe siècle énumère les diverses curiosités de ces galeries, où les *merveilleuses* et les *nymphes* venaient se promener en robes décolletées, lamées d'or et d'argent. C'était le *Cabinet des Curtius* avec son musée de figures de cire que l'on pouvait voir pour deux sols, le célèbre *Café de Foy*, les petites comédies de Monseigneur de Beaujolais, l'horlogerie Leroy qui attirait tous les étrangers de marque et qui, après avoir été pendant plus de cent ans l'un des ornements du Palais Royal, expose à présent, boulevard de la Madeleine, ses chronomètres de précision ; le *Café du Caveau*, où l'on exposait un sauvage ; les ombres chinoises de Séraphin, la maison Loiselier au 46 de la galerie Montpensier, connue pour sa spécialité d'équipements militaires. Cette maison existe encore aujourd'hui et s'est consacrée, sous la direction de M. Krètly, à la fabrication des ordres français et étrangers. La maison Krètly, qui inventa les rosettes faites sans couture, fournit le ministère de l'Instruction publique et de nombreuses cours étrangères.

Dulaure, dans son *Histoire de Paris*, dit que le Palais Royal fut une foire perpétuelle, peuplée d'oisifs et de filles, un tripot, un repaire de filous. Mercier, après avoir fourni des renseignements tout spéciaux sur les jolies prostituées qu'on y venait admirer, dit que le Palais Royal était un des endroits les plus fréquentés de Paris et qu'il arrivait quelquefois que l'affluence y était telle qu'un objet quelconque jeté d'en haut ne serait pas arrivé à terre, et que de cette multitude s'élevait un bourdonnement confus impossible à décrire.

Rétif de la Bretonne avait pénétré, comme Mercier, et même plus avant dans les profondeurs du Palais Royal, dont le vice lui plaisait. Rétif ne se sent repoussé par rien dans ce célèbre *bazar* ; tout, au contraire, l'attire. C'est là, nous dit-il dans son *Monsieur Nicolas*, qu'il fit sur le monde des femmes publiques, dont il nous décrit complaisamment toutes les catégories, des études qu'il croit dignes de Pétrone. Dans son œuvre, le Palais Royal seul n'a pas moins de trois volumes, au cours desquels, sous le nom de M. Aguilaine des Escopettes, on lui voit suivre tout le gibier dont il aime tant le flair, jusqu'à la célèbre courtisane pour laquelle on traduisit l'un des plus fameux livres de l'Arétin avec cette annonce : « Nouvelle édition revue, corrigée, augmentée aux dépens de Mlle Théroigne de Méricourt, présidente du club du Palais Royal, et spécialement chargée du plaisir des ganaches de notre illustre Sénat » (1791).

Pendant les années révolutionnaires, le Palais Royal était un véritable club ;

MAISON KRÈTLY.

les nouvelles y affluaient et les orateurs les plus ardents, entre autres Camille Desmoulins, s'y faisaient acclamer. Au milieu des jardins, était un cirque souterrain où fut créé le club des Jacobins. Jusqu'à 1836, trente-deux tripots fonctionnaient officiellement dans les galeries du Palais Royal et rapportaient annuellement de trois à quatre millions. Le plus célèbre de ces tripots était dans la galerie de Valois. « On y accédait par un large escalier de pierres aux marches gluantes, et l'on voyait dans une pièce délabrée qui servait d'antichambre un portefaix dont les biceps saillants inspiraient une crainte salutaire. Puis d'autres individus d'allure louche et d'aspect herculéen dévisageaient les passants : c'étaient les *bouledogues* au service des tenanciers, chargés d'expulser tout joueur ayant déjà eu maille à partir avec l'administration des jeux. Dans la salle de jeu sommairement meublée de six tables de roulettes, l'on voyait, tout le long des murs, des banquettes où venaient s'asseoir les nymphes, les hardies filles de joie, et même d'authentiques grandes dames passionnées du jeu. »

Il nous vient à l'esprit une anecdote sur Chodruc Ducros, un des habitués du Palais Royal les plus étranges et les plus pittoresques. En 1830, la fusillade crépite autour du Palais Royal ; Chodruc Ducros s'en émeut assez peu. Les barricades et le Palais, défendu par les Suisses, se donnent la réplique à coups de fusil. Un gamin armé d'un lourd fusil tire, mais l'arme est trop lourde, et il tire sans jamais atteindre personne. Le bon tireur qu'est Chodruc Ducros se réveille ; il prend l'arme des mains de l'enfant, vise un Suisse et le tue. Le gamin s'émerveille et dit : « Encore. » Mais Chodruc lui rend le fusil et dit : « Non, ce n'est pas mon opinion. » Au Palais Royal et dans toutes les rues avoisinantes affluèrent, surtout pendant le Directoire, les traiteurs, les restaurateurs, les pâtissiers avec leurs étalages succulents, les crémiers, les bouchers et les charcutiers, qui, au lieu des lampes de cuivre qui annonçaient autrefois leur commerce, dressèrent des montres appétissantes.

Aux numéros 6 et 8 de la rue de Valois, dans une maison qui avait été jadis l'hôtel Mélusine, puis l'hôtel de M. Duplessis-Châtillon, et enfin en 1760, l'hôtel du marquis Voyer d'Argenson, s'était installé le fameux restaurant Méot, avec son enseigne du *Bœuf à la Mode*, qui représentait un bœuf coiffé d'un chapeau à rubans et portant sur le dos un châle à ramages. Véritable tableau, cette enseigne était une œuvre d'art remarquable, qui fut exécutée par le peintre Swaggers. Ce dernier, bohème plein de talent, mais absolument dépourvu d'argent, prenait ses repas depuis longtemps au restaurant Méot, sans rien payer, et le malheureux voyait avec terreur son addition s'allonger indéfiniment. Ce fut alors qu'il fit pour le restaurateur cette enseigne du bœuf habillé à la dernière mode. L'artiste s'était ainsi largement acquitté de sa dette, puisqu'un Américain acheta plus tard pour 30 000 francs le tableau qui en vaut actuellement plus de 100 000.

Chez Méot, les dîneurs venaient vider « quelques bouteilles poudreuses provenant de la cave du ci-devant tyran » et choisir « entre les seize espèces de liqueurs indiquées sur la carte ». Les Goncourt, dans leur étude sur la *Société Fran-*

RESTAURANT DU « BŒUF A LA MODE ». — UN SALON.

çaise sous le Directoire, parlent de Méot en ces termes enthousiastes : « C'est Méot qui offre cent plats à choisir ; Méot, le cuisinier des galas du Directoire ; Méot, dont le palais va du Palais Royal à la rue des Bons-Enfants ; palais trop petit encore pour les habitués de Méot, serrés dans le salon, la salle d'audience, le grand cabinet, le cabinet en bibliothèque, la salle à manger, l'antichambre et la salle du commun du ci-devant hôtel d'Argenson. »

Ce restaurant du *Bœuf à la Mode* est un des seuls qui aient survécu à la décadence du Palais Royal. Avec sa cuisine parfaite et sa cave

RESTAURANT DU « BŒUF A LA MODE ». — UN SALON.

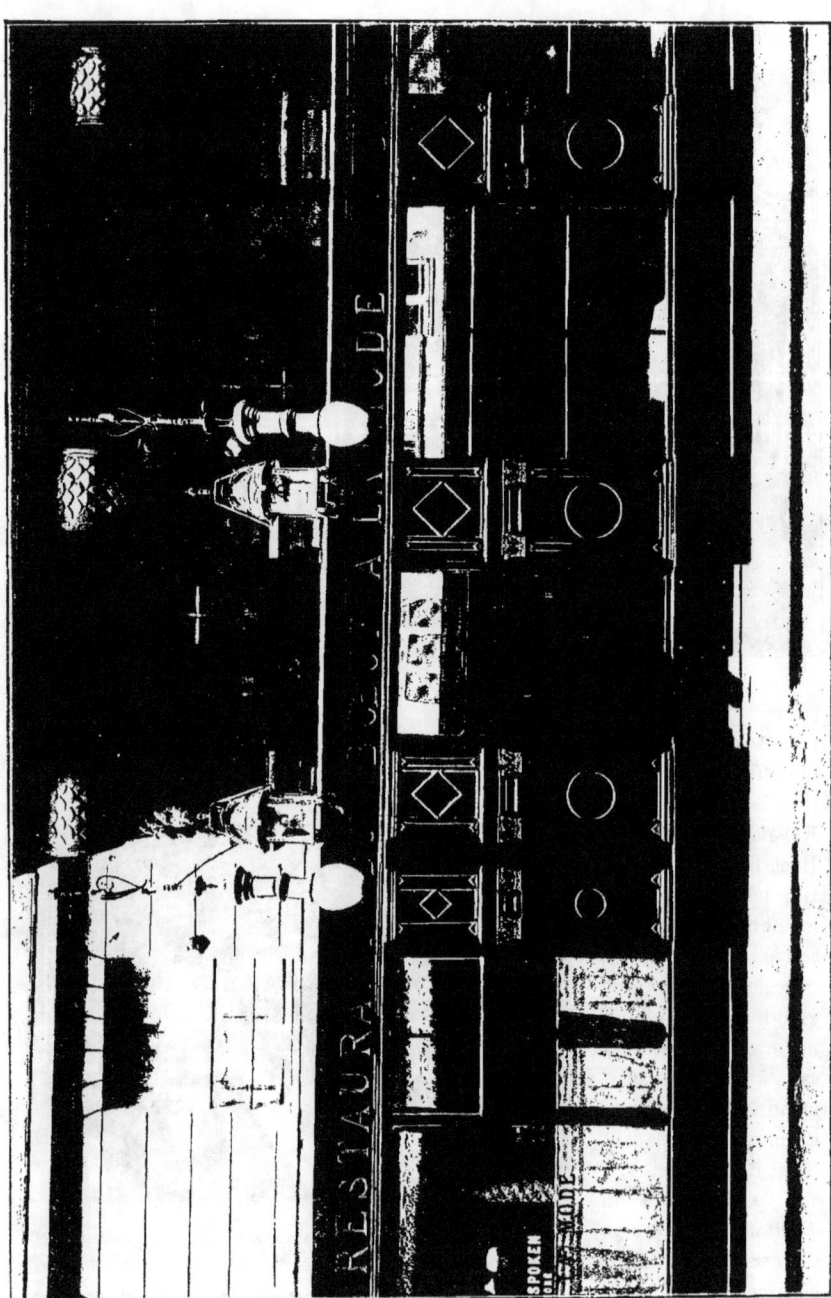

RESTAURANT DU « BŒUF A LA MODE ». — LA FAÇADE.

Ier ARRONDISSEMENT

PALAIS-ROYAL. — LES JARDINS.

réputée, il soutient aujourd'hui, sous la direction de M. Auger, son propriétaire actuel, sa réputation d'autrefois, si vantée par les Goncourt.

GRAND HÔTEL DU PALAIS-ROYAL. — SALLE A MANGER.

Au numéro 4 de la rue de Valois, remarquons le Grand Hôtel du Palais-Royal tenu par M. Charuyer; il est situé rue et place de Valois.

La rue de Valois fut ouverte en 1782 sur la cour Orry, espèce de cul-de-sac qui servait autrefois d'entrée à l'ancien Opéra, brûlé en 1781. Au numéro 2, dans l'immeuble qui se trouve à côté de l'Hôtel du Palais-Royal, une société savante avait été fondée avant la Révolution, vers l'année 1783, par l'aéronaute Pilâtre de Rozier. Après la mort de son fondateur, cette société, qui avait reçu le titre de *Musée*, devint

GRAND HÔTEL DU PALAIS-ROYAL. — UNE CHAMBRE.

GRAND HÔTEL DU PALAIS-ROYAL.

le *Lycée*, puis l'*Athénée*, où la Harpe, Fourcroy, Cuvier et J.-B. Say, firent longtemps des cours.

Le Grand Hôtel du Palais-Royal est une maison de premier ordre et de très vieille renommée. Il a été fondé en 1840, mais a été depuis peu entièrement restauré, et il nous offre, aujourd'hui, tous les avantages, toutes les améliorations et tous les progrès de ce fameux confortable moderne qui nous semble si doux et dont nous ne savons plus nous passer. Nous en avons déjà parlé tantôt ; mais il faut avouer que c'est un sujet qui nous intéresse tous très vivement et qui nous paraît essentiel.

Au temps de la splendeur du Palais Royal, nos pères devaient certes se montrer beaucoup moins difficiles que nous ; ils auraient fait preuve, sans doute, d'une grande surprise en voyant dans un hôtel comme celui du Palais-Royal, par exemple, tous les perfectionnements réalisés et les avantages auxquels peut maintenant prétendre un voyageur pour des prix en somme très modérés.

La cour de Valois s'appelait anciennement cour des Fontaines et fut très longtemps fréquentée par de nombreux saltimbanques.

Le Palais-Royal d'aujourd'hui fait triste mine à côté de ce qu'il était jadis. De nombreux projets ont été mis en avant pour chercher à le ressusciter, mais aucun n'a encore abouti.

Le théâtre du Palais-Royal a été fondé par la Montansier.

Après avoir traversé ces lieux qui semblent embaumés dans leurs souvenirs, nous voyons le Conseil d'État, installé à l'extrémité du Palais-Royal, et nous arrivons place du Théâtre-Français, où nous voudrions dire quelques mots du fameux Café de la Régence, qui fut fondé au XVIIIe siècle, pendant le règne du Régent, et qui vit défiler tous les hommes les plus célèbres de Paris. Les hommes de lettres et les joueurs d'échecs le fréquentaient assidûment. On y venait aussi pour faire l'amour, et les maîtresses du lieu passaient pour n'avoir jamais été bien cruelles. Qu'aurait-on fait d'ailleurs à ce café illustre si, lorsque les vieux jouaient aux échecs, les plus jeunes ne s'étaient amusés à de plus galantes occupations. Diderot nous conte, dans le *Neveu de Rameau*, qu'il s'amuse au café de la Régence à voir jouer aux échecs. « C'est, nous dit-il, l'endroit de Paris où l'on joue le mieux à ce jeu ; c'est là que font assaut Légal le profond, Philidor le subtil, le solide Mayot. C'est là qu'on voit les coups les plus surprenants et qu'on entend les plus mauvais propos ; car, si l'on peut être homme d'esprit et grand joueur d'échecs comme Légal, on peut être un grand joueur d'échecs et un sot comme Foubert et Mayot. » Jean-Jacques Rousseau fréquentait aussi beaucoup la Régence ; à l'époque où il eut l'étrange idée de s'habiller en Arménien, sa présence au café fut le prétexte d'une véritable émeute, à tel point que l'on fut obligé de faire mettre une sentinelle à la porte.

Alfred de Musset fut aussi un des fervents habitués. Il jouait, causait ou buvait ; son jeu était assez habile, et dans ses jours lucides il passait pour être un joueur de force remarquable.

PLACE DU PALAIS-ROYAL. — CONSEIL D'ÉTAT.

Nous terminerons cet aperçu du café de la Régence par une anecdote qui, quoique assez connue, nous semble digne d'être rapportée ici.

Pendant la Révolution, il ne venait plus grand monde au café, car on n'avait guère le cœur à jouer, et ce n'était pas gai de voir passer à travers les vitres les charrettes des condamnés dont la rue Saint-Honoré était le chemin. M. Robespierre, que ce spectacle-là n'affligeait probablement pas, venait régulièrement y faire sa partie. Il n'était pas très fort, mais il faisait si grand'peur que même les plus habiles, quand ils jouaient avec lui, perdaient toujours. Un soir qu'il attendait un partenaire suivant son habitude, car on ne se pressait jamais de se mettre face à face avec lui, un tout petit jeune homme, joli comme l'amour, entra dans le café et vint crânement prendre place à sa table. Sans dire un mot, il poussa une première pièce, M. Robespierre en fit autant, et la partie fut engagée. Le petit jeune homme gagna. Revanche demandée et accordée, on joua une seconde partie et le petit jeune homme gagna encore. « Très bien, dit le perdant en se mordant les doigts, mais quel était l'enjeu ? — La tête d'un homme, je l'ai gagnée ; donne-la-moi et bien vite, le bourreau la prendrait demain. » Le petit jeune homme tira de sa poche une feuille de papier, sur laquelle était rédigé l'ordre de mettre en liberté le jeune comte de R..., enfermé à la Conciergerie. Robespierre signa et rendit le papier. « Mais toi, qui donc es-tu, citoyen ? — Je suis une citoyenne, la fiancée du jeune comte. Merci et adieu. »

L'avenue de l'Opéra, qui part de la place du Théâtre-Français, est une des plus belles et des plus larges voies de Paris. Elle a été commencée en 1854 et terminée en 1878. C'est là que furent faits les premiers essais d'éclairage électrique.

Au numéro 26, se trouve une jolie petite devanture, qui se distingue tout particulièrement des autres par son originalité et par sa gracieuse coquetterie.

Le titre heureux de *la Gavotte* rappelle tout le charme des siècles passés, et en voyant l'élégance des souliers exposés à ce joli étalage, nous songeons aux grâces défuntes des marquises dansant la gavotte et le menuet.

On peut dire de M. Boisselet, le distingué fondateur, qu'il s'est fait lui-même. Sa vive intelligence, sa haute compréhension des affaires, sa parfaite urbanité lui ont valu la belle place qu'il occupe dans le monde du commerce parisien.

M. Boisselet est jeune ; il a tout juste quarante et un ans. C'est un Berrichon ; il est né à Marmagne, dans le Cher, le 25 février 1868. Tout enfant, il dut gagner son pain. Il n'avait pas treize ans qu'il débutait dans les affaires à Bourges. Déjà il montrait les qualités qui devaient le conduire si rapidement au succès et à la fortune ; il était un enragé travailleur, et il avait une volonté tenace ; il voulait arriver, il avait foi en son étoile.

Une fois qu'il fut déjà un peu rompu aux affaires, M. Boisselet rêva d'aller à Paris, où il trouvera plus facilement un champ digne de son activité. Dans toutes les maisons où il fut tour à tour employé, il fit preuve des plus belles qualités ; il réussit, à force d'économies, à réaliser une petite fortune, et voici qu'il

MAISON BOISSELET.

songea à s'établir lui aussi. Le 1ᵉʳ décembre 1897, il ouvrit, au 26 de l'avenue de l'Opéra, un magasin de chaussures. L'entreprise ne laissait pas que d'être périlleuse, toute une clientèle était à venir. Et cependant, dès la première année, les résultats financiers étaient plus qu'encourageants. Aujourd'hui, après plus de douze ans, *la Gavotte* chausse la plupart de nos notabilités parisiennes.

Vous croyez peut-être que M. Boisselet se serait contenté de diriger le magasin de l'avenue de l'Opéra, vous vous trompez. Après avoir ouvert une succursale rue du Bac, il est aujourd'hui encore à la tête d'une importante maison de chaussures: *le Gamin de Paris*.

MAISON BOISSELET. — SALON DE VENTE.

Cependant M. Boisselet ne se contentait pas de s'occuper uniquement de ses affaires ; il se mit à s'intéresser à la chose publique. Et là encore il devait y apporter une activité de tous les instants. Au mois d'août de l'année dernière, il constituait le Comité de défense des intérêts des habitants et des commerçants de la rue du Quatre-Septembre ; le premier acte du Comité fut de faire de pressantes démarches auprès des pouvoirs publics pour que les travaux de la remise en état de la rue fussent poussés avec rapidité. Pour atteindre ce but, M. Boisselet ne ménagea ni son temps, ni son argent, ni sa peine ; il sut intéresser à l'œuvre qu'il poursuivait la presse tout entière, et les journaux sans distinction d'opinion soutiennent depuis bientôt dix mois la campagne ainsi entreprise.

Bientôt M. Boisselet verra ses efforts couronnés de succès.

La rue du Quatre-Septembre redeviendra ce qu'elle était il y a neuf ans, et le trolley sera enlevé. Mais le Comité, par l'organe de son aimable président,

MAISON BOISSELET. — UN SALON.

estime qu'il ne saurait pas s'arrêter en si bon chemin. Il voudrait que la rue du Quatre-Septembre soit en quelque sorte le prolongement de la rue de la Paix : aussi fait-il démarches sur démarches, pétitions sur pétitions, pour que le terminus des tramways de l'Est-Parisien soit reporté à la hauteur de la place de la Bourse.

En attendant de voir ce projet se réaliser, M. Boisselet entend commémorer la fin des travaux de la rue du Quatre-Septembre par de grandes fêtes qui auront lieu dans la première quinzaine du mois de juin 1909.

Et, si la rue du Quatre-Septembre revient à la vie, elle le devra à M. Boisselet ; aussi tous les amoureux du Paris artistique devront-ils lui savoir gré de l'œuvre qu'il aura ainsi accomplie.

M. BOISSELET.

M. Boisselet a émis également l'idée de réclamer pour Paris une décoration permanente. La rue pourrait-elle se prêter à cette esthétique individuelle ? Pourquoi pas ? L'idée de M. Boisselet est fort intéressante et mérite d'être étudiée sérieusement, car nous avons vu l'aspect charmant de la rue de la Paix depuis l'heureuse initiative qu'ont prise les grands couturiers de fleurir leurs balcons à l'instar de Londres. Rien n'est plus joli que cette illusion de la campagne dans le centre élégant de Paris. Il y a quelques années, cette idée reçut un commencement d'exécution ; l'on songea à décorer l'avenue de l'Opéra ; mais la commission nommée à cet effet présenta un projet jugé insuffisant.

Dans le même immeuble, nous voyons les magasins de Cogswell et Har-

MAISON COGSWELL ET HARRISON. — VUE INTÉRIEURE.

rison Ltd, qui est l'une des plus importantes et des plus anciennes fabriques d'armes.

Elle a été fondée en 1770 et possède à Londres son usine Gillingham Street et ses magasins, 141, New Bond Street et 226, Strand.

L'usage des armes est, on le conçoit facilement, aussi ancien que le monde. Un des premiers besoins de l'homme a dû être de se défendre contre certains animaux et contre ses semblables pour acquérir ou conserver les objets nécessaires.

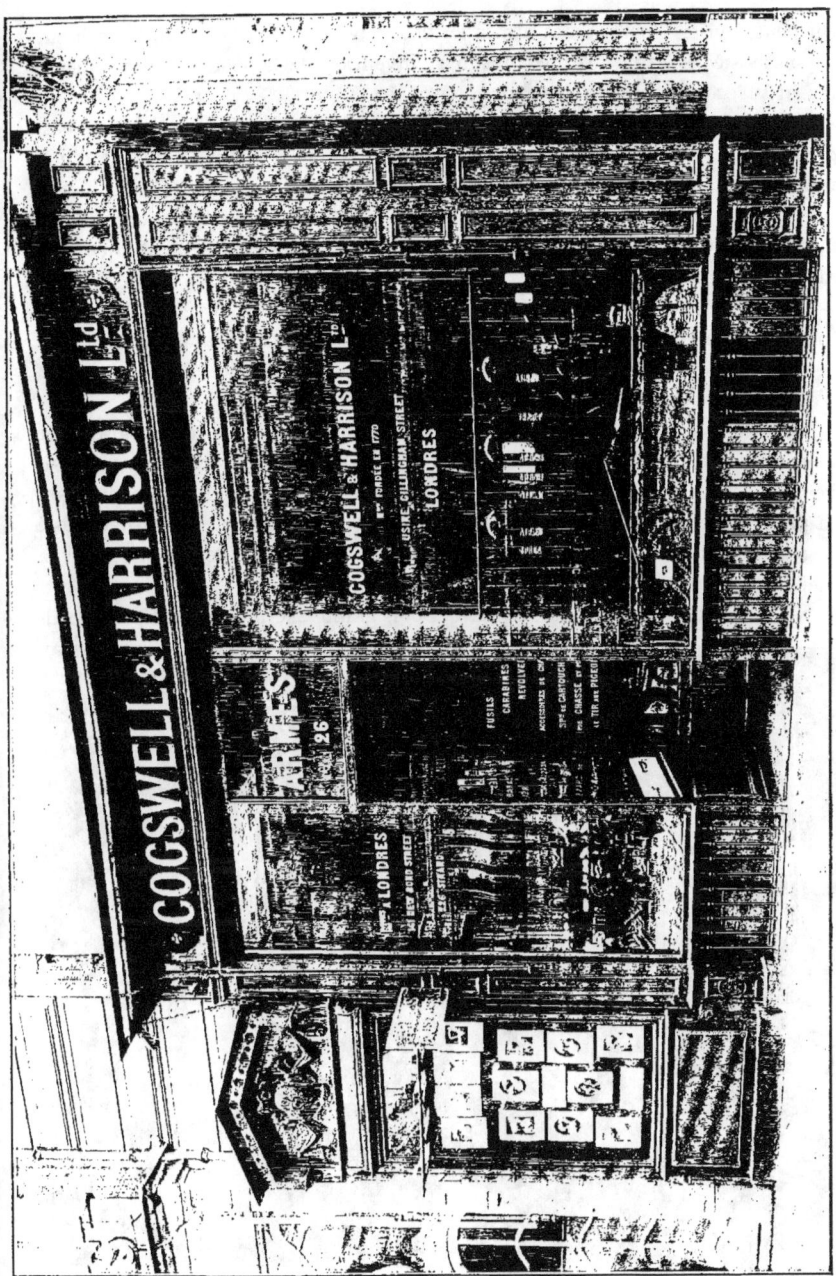

MAISON COGSWELL ET HARRISON.

On peut diviser l'histoire des armes en deux époques, dont la première s'étend depuis les siècles les plus reculés, jusqu'à l'invention de la poudre et des armes à feu, et la seconde depuis cette époque jusqu'à nos jours.

Il est certain que jamais les armes n'ont atteint un degré de perfection aussi grand qu'aujourd'hui. Les armes à feu surtout sont d'une puissance et d'une précision incomparables.

La maison Cogswell et Harrison est tout particulièrement réputée pour la fabrication supérieure et impeccable de ses armes, que des études scientifiques ont sans cesse améliorées.

Au moment de l'apparition des poudres sans fumée, l'absence d'appareils capables de mesurer les différentes propriétés de ces poudres attira l'attention de la maison Cosgwell et Harrison, qui s'engagea alors dans une voie de recherches et d'études, féconde en enseignements utiles.

En 1884, MM. Cogswell et Harrison établirent un système de chronographe et de cibles électriques pour les fusils tirant le plomb ; puis ils inventèrent successivement des appareils scientifiques pour mesurer la force de résistance du fusil, sa pénétration et son recul, pour mettre à l'épreuve la force de la capsule, aussi bien que pour mesurer le choc nécessaire à donner à la capsule afin d'obtenir la meilleure ignition.

Tant d'expériences faites au prix des plus grands sacrifices eurent pour résul-

MAISON E. AGIER. — SALON DE RÉCEPTION.

tat l'établissement de modèles spéciaux pour le tir aux pigeons, qui obtiennent un grand succès auprès des sportsmen. Ce sont les fusils Hammerless éjecteur, à une ou deux détentes, qui sont d'une conception toute spéciale, et qui ont été l'objet de merveilleux perfectionnements.

Deux armes de chasse, répandue dans toutes les parties du monde, sont également des spécialités de la maison : les carabines Certus à répétition, ainsi que la carabine express double, qui sont très appréciées par les grands explorateurs.

MAISON E. AGIER. — PETIT SALON.

L'infinie variété des armes fabriquées par la maison Cogswell et Harrison et les nombreux témoignages de satisfaction que lui prodiguèrent les tireurs les plus connus furent les facteurs principaux de sa notoriété actuelle.

Il est à noter qu'elle vend également les trappes Harrison équilibrées d'une façon toute particulière et spéciales pour le tir aux pigeons artificiels, qui est à la fois un exercice très agréable et très divertissant et une excellente préparation au sport de la chasse.

MM. Cogswell et Harrison accueillent avec la plus grande attention toutes les communications qui leur sont faites relatives à la fabrication des armes

Au numéro 22 nous trouvons une véritable artiste, Mlle Agier, qui est parvenue à résoudre la question du corset si longtemps discutée par les docteurs, les savants et les artistes.

Personne n'ignore aujourd'hui le rôle important que joue le corset dans la toilette de la femme ; je dirai plus, il en est la base fondamentale. Il est donc capital que cet objet de toilette absorbe à lui seul tous les soins de la bonne faiseuse et qu'il soit non seulement construit d'une façon anatomique, mais surtout scientifique, puisqu'en suivant la ligne anatomique il conserve celle de l'esthétique qui donnent à la femme la souplesse, la grâce et la jeunesse.

Nos savants ont combattu le corset avec acharnement, et cela avec juste raison, car la plupart de ces corsets sont exécutés sans savoir ni science. Nous avons rencontré chez Mlle Agier l'artiste qui s'est d'autant mieux distinguée dans la confection de ce gracieux fourreau, dans lequel la femme se trouve flexible comme un jonc, qu'elle possède l'art de la coupe de l'habillement qui donne la ligne à la femme.

Avant de créer son merveilleux corset *Gaine Gant*, sans couture, ni baleine, Mlle Agier a été, il y a quelques années, la créatrice d'une robe princesse

MAISON E. AGIER. — SALON D'ESSAYAGE.

sans couture et brevetée s. g. d. g., a qui elle doit ses premiers succès dans la couture qu'elle a abandonnée il y a un an pour se consacrer tout entière à son corset avec lequel elle obtient de merveilleuses transformations de taille.

Nous devons ajouter que Mlle Agier a non seulement une connaissance approfondie de la coupe, mais aussi de l'anatomie, de sorte que la construction du corset est devenue entre ses mains une réelle science.

La grande mondaine, l'artiste, l'actrice, la chanteuse, s'empressent d'adopter cette merveille anatomique et scientifique. Ce qui nous explique la vogue et le succès toujours croissants et les merveilleux agrandissements du 17, de l'avenue de l'Opéra, dûs au goût raffiné d'une artiste accomplie.

Le mobilier d'un style très original est, paraît-il, unique. Il représente quinze années de travail d'artiste.

Une merveilleuse galerie de tableaux achève de donner à ces salons l'intérêt d'un musée.

Mlle Agier a su, par son talent et son intelligence, s'attacher la sympathie de nos voisines d'Outre-Manche et faire, de sa maison de Glasgow, la première de l'Écosse.

Si l'avenue de l'Opéra ne peut nous intéresser au point de vue historique, puisqu'elle est très récente, elle nous offre, du moins, toute une succession de jolies devantures qui charment irrésistiblement les parisiennes. Nous sommes certains que celles-ci ne nous en voudront pas si nous nous y attardons encore quelques instants, surtout lorsqu'il s'agit d'un magasin comme celui de la parfumerie Gellé, frères, au numéro 6 de l'avenue de l'Opéra. L'industrie de la parfumerie remonte à la plus haute antiquité.

MAISON GELLÉ FRÈRES. — ATELIER DES EXTRAITS.

Les parfums étaient bien connus du temps d'Homère, qui les cite à chaque instant. Hésiode les recommande pour le culte divin.

Chez les Grecs, la parfumerie joua, de tout temps, un grand rôle, et les boutiques des parfumeurs étaient un lieu de réunion comme le sont aujourd'hui nos cafés.

En vain Solon proscrivit-il la vente des parfums, en vain Socrate railla-t-il ceux qui s'en servaient; rien ne put triompher du goût des Athéniens.

Les Romains en héritèrent, et l'on raconte que Néron consomma aux funérailles de Poppée plus d'encens que l'Arabie ne pouvait en produire en dix ans.

Certains parfums dont se servaient les femmes romaines coûtaient jusqu'à 800 francs le kilogramme.

En Europe, les parfums furent d'abord exclusivement consacrés au culte. Ce fut Catherine de Médicis qui en généralisa l'usage en France. René le Florentin, venu à sa suite, établit sur le Pont-au-Change une boutique où venait se presser la société élégante. Sous le règne de Louis XV, la mode des parfums devint une

PARFUMERIE GELLÉ FRÈRES.

véritable épidémie ; à la Cour, la mode prescrivait des parfums différents chaque jour, et Versailles reçut le nom de *Cour parfumée*. Les dépenses de Mme de Pompadour s'élevèrent jusqu'à 500 000 francs par an pour ce seul article.

L'usage des parfums a suivi une progression incessante et s'est en outre considérablement perfectionné. L'on obtient aujourd'hui des parfums extrêmement fins et très supérieurs à ceux de jadis.

MAISON GELLÉ FRÈRES. — ATELIER DES SAVONS.

La parfumerie Gellé frères a été fondée, à Paris, en 1826, par MM. Gellé et fut continuée par M. Lecaron-Gellé, gendre et associé de M. Gellé aîné.

En 1906, MM. M. et P. Lecaron succédèrent à leur père, dont ils étaient depuis longtemps les collaborateurs.

Depuis sa fondation, la parfumerie Gellé frères a vu ses affaires prospérer sans cesse, grâce à la même idée directrice qui a toujours présidé à ses destinées et qui fut uniquement de fabriquer des produits de très bonne qualité. Aussi la maison s'est-elle vu décerner les plus hautes récompenses à toutes les Expositions universelles à partir de l'année 1851, jusqu'en 1889, où elle fut membre du Jury et hors concours, ainsi qu'en 1900, où le Grand Prix lui fut décerné. M. Gellé aîné avait été nommé chevalier de la Légion d'honneur à l'occasion de l'Exposition de 1878, et M. Émile Lecaron fut honoré de la même distinction lors de l'Exposition de 1889.

MAISON GELLÉ FRÈRES. — VUE INTÉRIEURE DES MAGASINS.

Après la guerre de 1870, l'usine de la parfumerie fut installée à Levallois-

Perret, pour remplacer l'usine de la Porte-Maillot, qui avait été détruite pendant la Commune. Les magasins sont installés, depuis 1883, avenue de l'Opéra. Nous pourrons y respirer des parfums pénétrants et très doux tels que l'*Adoreis, Solange, Cherissime, Paradisia, Séduction,* dont la vogue grandit chaque jour. Leur suavité nous fait songer aux paroles de Montaigne, qui attribuait aux odeurs une très grande influence sur notre esprit :

Les médecins pourraient tirer des odeurs plus d'usage qu'ils ne font, car j'ai souvent aperçu qu'elles me changent et agissent en mes esprits, suivant qu'elles sont ; qui me fait approuver ce qu'on dit, que l'invention des encens et des parfums aux églises, si ancienne et si espandue en toute nation et religion regarde à cela de nous réjouyr, esvieller et purifier la sang, pour nous rendre plus propres à la contemplation.

Certains produits fabriqués par la maison Gellé frères, et entre autres la pâte dentifrice glycérine, sont connus dans tous les pays.

MM. Lecaron fils, qui occupent plus de 450 employés, tant comme commis, ouvriers, contremaîtres et voyageurs, se font un devoir de maintenir pour leur personnel le système de secours et de retraites qui est traditionnel dans la maison. Ils considèrent que c'est un droit bien acquis par leurs dévoués collaborateurs.

Revenons à présent place du Théâtre-Français, où nous remarquerons, presque adossé au Théâtre, le monument d'Alfred de Musset, représentant le poète assis, près duquel se tient la Muse. Quelques vers du poète sont gravés sur le socle.

Le monument d'Alfred de Musset semble être la paraphase de ce vers célèbre des *Nuits* :

« Poète, prends ton luth, et me donne un baiser. »

Le Théâtre-Français, appelé Maison de Molière, a été édifié en 1787. La Comédie Française s'y installa en 1789. Incendié l'année de l'exposition de 1900, il fut reconstruit la même année.

Sans nous préoccuper pour le moment de la rue de Richelieu, que nous étudierons dans le IIe arrondissement, prenons la rue Croix-des-Petits-Champs pour arriver à la Banque de France, installée dans l'ancien hôtel de La Vrillière, qui, bâti par Mansard, fut, en 1713, la propriété du comte de Toulouse, fils naturel de Louis XIV et de Mme de Montespan.

La rue Coquillière fut baptisée ainsi, en 1792, du nom de Pierre Coquillier, bourgeois de Paris, qui avait fait bâtir un grand nombre de maisons dans cette rue, qui part de la rue Croix-des-Petits-Champs pour aboutir aux Halles. Au numéro 31 de la rue Coquillière, est l'ancienne entrée de l'*Hôtel des Domaines*, qui avait été jadis le couvent des Carmélites.

A peu près sur l'emplacement de la maison qui occupe le coin de la rue Coquillière et de la rue Jean-Jacques-Rousseau, s'élevait l'hôtel du duc de Gesvres, qui fit construire le quai de Gesvres, ainsi que nous le verrons par la suite. Cet hôtel fut habité plus tard par le maréchal de Coigny, puis, vers 1830, par Casimir

Perier. Dans la maison qui a remplacé l'hôtel du duc de Gesvres, et qui porte les numéros 18 et 20 de la rue Coquillière, se trouvent aujourd'hui les vastes établissements Dehillerin, où nous voyons étinceler l'éclat du métal.

Dans cette maison, nous trouverons le plus complet assortiment des batteries de cuisine, glacières, moules et appareils de toutes sortes.

C'est une installation absolument unique en son genre. Par la diversité des articles qu'il nous présente, ce magasin constitue à vrai dire une des curiosités de Paris. La plupart des grands hôtels, restaurants parisiens et étrangers, viennent se fournir aux établissements Dehillerin, qui peuvent seuls leur fournir tous les objets différents que nécessite une cuisine importante.

Avant d'arriver à la Bourse du Commerce, nous ferons un détour jusqu'à l'Hôtel des Postes, élevé sur l'emplacement de l'Hôtel d'Armenonville, bâti par Nogaret de La Valette.

La BOURSE DU COMMERCE, anciennement HALLE AUX BLÉS, occupe l'emplacement du vaste hôtel de Nesles, dont les cours et les jardins s'étendaient jusqu'à l'église Saint-Eustache, et qui, au XIIIe siècle, appartenait

MAISON DEHILLERIN. — VUE INTÉRIEURE.

aux seigneurs de Nesles. Lorsque Catherine de Médicis, par crainte de Saint-Germain-l'Auxerrois, dont on avait prédit que le voisinage lui serait fatal, eut résolu de quitter son château des Tuileries encore inachevé, elle choisit pour demeure l'ancien hôtel des Seigneurs de Nesles. Elle transféra à Saint-Magloire le couvent des Filles Pénitentes, qui depuis longtemps avait trouvé un asile dans cette demeure, fit ensuite démolir l'hôtel et fit construire à la place un véritable palais appelé hôtel de la Reine. Ce palais, après avoir plusieurs fois changé de propriétaire, fut démoli en partie, et, en 1749, Louis XV acheta le terrain pour y faire édifier la Halle aux Blés.

Près de ce monument, du côté de la rue de Viarmes, s'élève la fameuse colonne

LA MAISON DEVILLERY

de Médicis ou de l'Astrologue, que Catherine de Médicis fit construire en 1572 par Bullant, et qui dépendait alors de son palais. Cette couronne cannelée, couverte d'emblèmes sculptés, de couronnes, de lacs d'amour et de chiffres C. H. entrelacés, possédait à son sommet une plate-forme, à laquelle on accédait à l'aide d'un escalier à vis. C'est là, dit-on, que la reine, accompagnée des physiciens Gauric et Ruggieri, aimait à se livrer à ses expériences astronomiques et à essayer de lire le destin dans la marche des astres.

Tout à côté de la Bourse du Commerce, se trouvent les HALLES CENTRALES. Les HALLES ou ALLES DE PARIS, appelées ainsi parce que chacun y *allait*, commencées par Philippe-Auguste, furent considérablement agrandies d'abord par Saint Louis, puis par ses successeurs. C'est sous Henri II que furent construits les piliers des Halles. Entre ces piliers, les boulangers forains, les tailleurs, les cordonniers et autres pauvres maîtres des communautés venaient, les jours de marché, débiter leurs marchandises. « De tout temps, les petites ruelles sinueuses obscures, étroites, qui avoisinent les Halles, ont justement compté parmi les plus pittoresques de Paris ; c'est une tradition exacte encore à notre époque (1). » Des tronçons de rues subsistent : la rue Mondétour, la rue Pirouette, les rues de la Grande et de la Petite-Truanderie, qui nous donnent une idée de ce que devaient être jadis toutes ces rues de la Triperie, de la Poterie, de la Lingerie, de la Chaussetterie, de la Cossonnerie, de la Fromagerie, etc., etc.

Toute la vie de Paris grouillait dans ces ruelles, encombrées de chalands, de porteurs, de négociants, de ménagères, de badauds, de filles de joie, de coupe-bourse et d'escholiers en rupture de Sorbonne. Les Halles sont le lieu de la bonne chère et de la vieille gaieté gauloise, où la foule crie et vit en un pittoresque assemblage, rit et s'amuse aux parades des saltimbanques et des baladins. Pâtissiers et boulangers, crémiers et fruitiers, marchands de poissons et marchands de volailles, etc., etc., se pressent et se bousculent à l'envi. Pour convier le passant à s'arrêter devant leurs étalages, ils usent de forces gestes et cris aux expressions pittoresques et hardies. Là-bas, un peu à l'écart, on voit un emplacement où se réunissent quantité de filles : c'est l'étal gratuit réservé aux filles à marier, pourvu toutefois que l'on n'ait rien à reprendre à leurs mœurs ; l'acheteur ne doit pas être trompé sur la qualité de la marchandise. Puis, au milieu de toute cette agitation où le rire vibre et se déploie à l'aise, au milieu des tréteaux des faiseurs de tours et des charlatans, une note sinistre : en face de la rue Pirouette, s'élève la maison du Pilori, où loge le bourreau et où, les jours de marché, l'on expose à la dérision du peuple les criminels, les voleurs, les blasphémateurs et les débauchés. C'est réjouissance pour la populace lorsqu'elle peut avoir la représentation du passage d'une femme de mauvaise vie conduite au Pilori pour y être fouettée publiquement. Le front ceint d'une couronne de paille, juchée à rebours sur un âne, on lui fait traverser la foule impitoyable qui la hue et lui jette de la boue. Mais le peuple de Paris aime les brusques antithèses :

---

(1) *Promenade dans Paris*, par Georges CAIN.

STATUE DE MUSSET.

LES HALLES.

mises en regard de ces spectacles de mauvais aloi, les farces joyeuses des *Enfants Sans Souci* auront plus de saveur. C'est aux Halles en effet que les *Enfants Sans Souci*, « ces gracieux galants, si bien chantants, si bien parlants », dont firent partie Villon, Gringoire et Clément Marot, avaient dressé leurs tréteaux pour faire concurrence à leurs confrères de la Passion. C'est pendant le Carnaval, triomphe de la folie, fête de la licence et du franc-parler, que les audaces de la *sottie* s'épanouissent à l'aise et se donnent un libre cours. Chaque année, au jour du Mardi-Gras, les *Enfants Sans Souci* font une entrée solennelle dans Paris. Le bruit des trompettes, des tambourins, des guitares, des violons, éclate en notes aigres, stridentes, joyeuses. Tous les instruments de musique sont réquisitionnés pour faire partie de cette burlesque fanfare dont le tapage vraiment infernal déchaîne une extraordinaire animation dans la foule. En tête s'avance le Prince des Sots, avec sa fameuse devise : *Stultorum numerus est infinitus* : « Le nombre des sots est infini, » a dit Salomon. Et, dans les Halles grouillantes, la foule affairée, amusée, prête à s'enthousiasmer pour toutes les audaces, souligne d'un gros rire les mots indécents, approuve toutes les critiques et applaudit avec joie à l'ironie cinglante qui brave les grands, parce que le peuple de Paris eut toujours l'esprit frondeur et irrespectueux.

En 1797, les Halles furent le théâtre d'une sensationnelle arrestation, celle de Gracchus Babeuf, qui s'était caché depuis longtemps au numéro 21 de la rue de la Grande-Truanderie.

Les Halles Centrales, après avoir été plusieurs fois réparées et reconstruites, ont été refaites entièrement, telles qu'elles sont aujourd'hui.

Nous ne pouvons pas quitter les Halles sans parler d'un des établissements qui contribuent le plus à répandre les produits de l'alimentation aux habitants de Paris.

Paris pourvoit à la nourriture de plus de trois millions d'habitants, et l'on ne peut que difficilement se faire une idée de ce que représente chaque jour cette obligation. Les statisticiens s'amusent parfois à publier les chiffres de la consommation fantastique de la population parisienne, chiffres qui s'élèvent davantage chaque année, en même temps que les étrangers affluent et que le bien-être tend à se répandre de plus en plus dans toutes les classes de la population.

Dans l'industrie de l'alimentation, M. Alexandre Duval occupe une place importante, presque unique, et qui mérite d'être mentionnée ici, car la question de la nourriture rentre dans la grande science du bien-être et doit être l'objet de la sollicitude de tous ceux qui s'intéressent au progrès social.

Les établissements Duval sont une des entreprises les plus étonnantes qu'il soit donné d'observer dans Paris, entreprise dont le programme appartient à la théorie pure et dont l'exploitation ingénieuse et si admirablement organisée et comprise répond à toutes les exigences de la pratique la plus compliquée.

M. Duval père créa son premier restaurant dans une petite salle de la rue de la Monnaie, et c'était alors un établissement bien modeste que ce restaurant d'où allait naître la colossale entreprise des Établissements Duval, aujourd'hui si prospère. Le mode de portionnement, le bon marché, la propreté parfaite et la qualité tout à fait exceptionnelle des viandes mises en consommation assurèrent dès l'origine, comme par la suite, le succès de cette maison. M. Duval exploita alors son idée sur une plus grande échelle et installa son Bouillon modèle rue Montesquieu. Le public s'y porta en foule, séduit par tous les avantages qu'on lui

ÉTABLISSEMENT DUVAL. — RUE MONTESQUIEU (VUE INTÉRIEURE).

offrait. M. Duval eut à lutter contre toutes les difficultés inhérentes à toute organisation aussi vaste, mais il parvint bien vite à en triompher.

En 1867, fut fondée la Compagnie anonyme des Établissements Duval, dont tout le monde connaît la prospérité. Nous aurons tout dit sur son importance lorsque nous aurons fait connaître que le chiffre annuel des repas se compte par quelques millions, et que nous aurons cité quelques-uns de ses plus grands restaurants, tels que, en dehors de l'établissement principal de la rue Montesquieu, ceux du boulevard Saint-Denis, du boulevard de la Madeleine, de la place du Havre, du boulevard des Italiens, de la rue de Rome, de la rue de Clichy, du boulevard Poissonnière, de la rue du Quatre-Septembre, de la rue de Rivoli, du boulevard Saint-Germain, etc., etc.

Il faut avoir visité les divers services des Établissements Duval pour se rendre compte d'une œuvre aussi considérable, qui se suffit à elle-même et évite autant que possible les intermédiaires, dans le plus grand intérêt de sa clientèle. Chacun

ÉTABLISSEMENT DUVAL, RUE MONTESQUIEU

sait que la boucherie Duval est la plus réputée de Paris. Tous les jours, l'acheteur de la maison Duval fait son choix au marché de la Villette ; il assiste aux pesées et fait porter les animaux achetés sur les voitures de la Compagnie. Les caves ont leur siège central à l'entrepôt de Bercy, rue Soulage. Elles sont admirablement disposées et contiennent toujours 2 à 3 000 pièces de vin, prêtes à entrer en consommation. Chaque établissement reçoit son approvisionnement en fûts. La mise en bouteilles a lieu dans les caves de la Compagnie, 8, rue Bausset.

ÉTABLISSEMENT DUVAL. — PLACE DU HAVRE.

Ces vins ont une renommée très justifiée ; il y a un service spécial de livraisons de vins pour la clientèle bourgeoise très importante à Paris, en province et à l'étranger.

La création constante de nouveaux établissements dans Paris prouve assez la marche toujours ascendante de cette Société, dirigée par un administrateur de premier ordre, M. Alexandre Duval, seul directeur-gérant de la Société des Bouillons depuis 1882. M. Duval, en dehors de ses qualités d'administrateur, d'artiste et d'homme du monde, est un grand philanthrope, auquel la population parisienne est redevable d'une réelle augmentation de bien-être.

Chevalier de la Légion d'honneur et membre de l'Automobile-Club, le musicien de grand talent qu'est M. Duval compte de nombreux succès à son actif.

Alexandre Duval
Ses Compositions

VALSES
Capucines
Crépuscule d'Amour
Darling
Floramye
Lèvres Closes
Parisienne
Valse câline
Viennoise

AUTRES DANSES
Marquisette (MENUET)
Pimpante (POLKA)
The Golliwogg's Dance

MARCHES
En Fête
Gavroche
Marche des Petites Bonnes
Marche Royale
Parade Coktail

CHANSONS
Fête d'Amour
Marche des Petites Bonnes
La Modinette

M. ALEXANDRE DUVAL.

Citons au hasard quelques-unes de ses compositions, telles que : *Crépuscules d'amour, Lèvres closes, Parisienne, Marche royale, Fête d'amour*, etc., etc.

L'église Saint-Eustache, que nous voyons en face des Halles, est la plus belle église de Paris après Notre-Dame.

Sur cet emplacement s'élevait, au XIIe siècle, une chapelle de Sainte-Agnès qui avait remplacé un temple dédié à Cybèle pendant l'époque romaine.

Cette église fut, lors de l'invasion des Pastoureaux, la scène de violences sanglantes ; plusieurs prêtres furent massacrés. Au XVe siècle, Saint-Eustache vit s'organiser dans ses murs la confrérie des Bouchers, qui, pendant un instant, domina Paris à force de terreur.

En 1791, les funérailles de Mirabeau eurent lieu à Saint-Eustache, et en 1793 cette église, surnommée le *Temple de l'Agriculture*, vit célébrer la fête de la Raison.

Adossée aux maisons formant la pointe Saint-Eustache, se trouvait jadis la FONTAINE DE TANTALE, ainsi nommée à cause d'une tête couronnée de fruits, qui, placée au-dessus de la coquille recevant l'eau, semblait s'efforcer, mais en vain, de se désaltérer avec l'eau dont la coquille était remplie.

Cette fontaine n'existe plus, mais Tantale pourrait aujourd'hui se désaltérer en savourant les délicieuses oranges de l'appétissant étalage de la maison Varraz, située au numéro 1 de la rue Montmartre.

Cette maison, installée à Paris depuis plus d'un siècle, sous différentes dénominations, est accotée à l'église Saint-Eustache. Ses caves et magasins de dépôts sont placés dans l'église même.

La maison Varraz est une maison de gros qui s'est confinée dans la spécialité des oranges, citrons et mandarines. C'est chez elle que viennent s'approvisionner, pour ces fruits exotiques, tous les magasins de détail.

Ses oranges viennent de Carcagente, petit pays d'Espagne, qui est situé dans la province de Valence et qui est tout particulièrement renommé pour la qualité supérieure de ses fruits. L'orange passe, avec raison, pour un fruit des plus sains ; le suc qui l'emplit est légèrement acide, rafraîchissant et apéritif. Il y a des qualités d'oranges extrêmement différentes, et il y a des crus divers d'oranges aussi bien qu'il y a des crus de vins.

La maison Varraz achète tous les plus beaux jardins d'oranges de Carcagente, et les superbes *fruits d'or* lui arrivent directement. Elle en fait venir également, mais en moindre quantité, des provinces d'Andalousie et de Murcie. C'est de cette dernière province, où l'on voit d'innombrables plantations de mûriers, de citronniers et d'orangers, qu'elle fait venir les citrons, vulgairement appelés de Valence, parce que jadis ils étaient d'abord expédiés de Murcie à Valence, puis de Valence à Paris.

L'on sait que la culture des citronniers forme une branche d'industrie extrêmement importante, qui alimente le commerce d'un grand nombre de pays situés au bord de la Méditerranée. On reconnaît les citrons de belle qualité à leur poids,

à leur odeur agréable, à leur teinte jaune pâle et à leur superficie glabre sans aucune tache.

La maison Varraz reçoit également des dattes de Biskra et de Tunisie. En été, elle fait venir ses citrons et ses oranges de la belle ville de Sorrente, près de Naples, qui produit des fruits si savoureux. La richesse en orangers du territoire de Sorrente est telle que les habitants ont voulu la célébrer jusque dans leur écusson, qui se compose d'une couronne tressée avec des feuilles d'oranger. Cette ville, qui occupe une situation délicieuse sur un tertre dominant le golfe de Naples, fut fondée par Ulysse, d'après la légende.

Nous trouverons, en outre, à la maison de fruits de l'église Saint-Eustache, d'excellentes mandarines au subtil parfum.

En quittant l'église Saint-Eustache, nous nous engagerons dans la rue de la Grande-Truanderie, qui existait déjà au XIIIe siècle et qui doit son nom aux truands qui y abondaient à cette époque et qui avaient leurs repaires dans les *Cours des Miracles*, dont nous parlerons plus loin.

A l'endroit où se rejoignent les rues de la Petite et de la Grande-Truanderie, à l'ancien *Carrefour d'Ariane*, existait jadis un puits qui fut comblé au XIIIe siècle et que l'on nommait le *Puits d'amour*, parce qu'il était prédestiné, racontait-on, aux désespoirs d'amour. D'après la légende, en effet, une jeune fille abandonnée par son amant était venue s'y noyer ; puis, longtemps après, un jeune homme, ne pouvant épouser celle qu'il aimait, tenta de mettre fin à ses jours en se précipitant dans le même puits. On le secourut à temps, et il épousa l'objet de sa flamme.

Un boulanger était établi à ce carrefour et conserva longtemps l'enseigne intitulé *Au Puits d'amour*, dont le titre est resté à des gâteaux à la crème qui se vendent encore aujourd'hui sous ce nom.

Aux numéros 16 et 18 de la rue, existait la rue Saint-Jacques-de-l'Hôpital, ouverte sur l'emplacement du cloître Saint-Jacques-l'Hôpital. En 1319, des bourgeois de Paris achetèrent rue Saint-Denis un emplacement où ils firent élever une église. En 1383, ces bâtiments furent transformés en une sorte d'asile de nuit.

En suivant la rue Saint-Denis, qui fut longtemps « la plus belle rue de Paris », nous reviendrons à la place du Châtelet.

En face de la Chambre des Notaires, se trouve la Brasserie Dreher, non loin de l'ancienne auberge de la *Pomme du Pin*, où Chapelle parvint, raconte-t-on, à enivrer le grave Boileau.

Aujourd'hui, c'est à la Brasserie Dreher qu'il le conduirait, dans ce restaurant aux tables toujours occupées par des magistrats, des avocats et des avoués, de graves notaires et des personnages importants du quai des Orfèvres venus dans l'intention de s'offrir un succulent repas.

C'est chez Dreher qu'ils viennent fraterniser après leurs vives discussions et leurs débats ; c'est là qu'ils terminent parfois quelque transaction importante, tout en savourant la bière la meilleure que l'on puisse trouver à Paris.

Les établissements Dreher, qui ont de nombreux dépôts en Autriche, sont la plus ancienne fabrique de bière de l'Europe. Des documents attestent qu'elle existait déjà en 1632.

BRASSERIE DREHER. — VUE INTÉRIEURE.

A la fin du XVIIIe siècle, la famille Dreher en devint propriétaire.

C'est à l'Exposition universelle de 1867 que les bières Dreher, qui à cette époque n'étaient guère connues hors des frontières austro-hongroises, furent envoyées à Paris, où leur renommée ne tarda pas à grandir et à prendre beaucoup d'extension.

C'est à cette époque que l'on fonda pour la dégustation de la bière un grand établissement dénommé *Brasserie Restaurant Dreher*, sis à Paris, 1, rue Saint-Denis (place du Châtelet). Cette maison fut érigée par la famille Dreher de 1867 jusqu'en 1905, où elle céda son établissement parisien à M. Queyroi. Celui-ci continuera certainement la bonne tradition de la maison, ayant été lui-même le fondateur de diverses brasseries-restaurants à Paris, jouissant toutes aujourd'hui d'une très grande renommée. La rue Saint Denis possède de nombreuses maisons inté-

BRASSERIE DREHER. — RESTAURANT.

ressantes. Elle s'appelait, en 1372, *la Grande Chaussée de Monsieur Saint-Denis*, parce que l'on racontait que saint Denis, après sa décollation, suivit le chemin marqué par cette rue jusqu'à l'endroit où il voulait être enterré, dans le village de Saint-Denis.

BRASSERIE DREHER.

A l'encontre de la rue de Rivoli et de la rue Saint-Denis, où nous voyons aujourd'hui les grands magasins de nouveautés Pygmalion, se trouvait jadis la *Croisée de Paris*. C'était l'endroit où s'opérait le croisement de deux grandes voies qui furent pavées en 1185 par suite de l'ordonnance de Philippe-Auguste, enjoignant les bourgeois et le prévôt de Paris « à paver les rues de Paris avec de fortes et dures pierres ». Un riche financier, Girard de Poissy, contribua pour sa part à ce travail pour une somme de 14 000 francs. C'était pour l'époque une somme assez considérable, qui équivaudrait aujourd'hui à plus de 100 000 francs.

MAGASINS DE PYGMALION. — HALL DE L'EDEN.

Les magasins de Pygmalion furent fondés en 1793. Ils ne formaient alors qu'un petit magasin auprès duquel se trouvait, à l'angle de la rue Saint-Denis et de la rue des Lombards, la *Société Théophilanthropique,* que dirigeait en 1792 La Réveillère-Lépeaux. Cette Société avait pour but, ainsi que son nom l'indique, de prêcher l'amour de Dieu et des hommes. Les Théophilanthropes, dont les adeptes furent un moment très nombreux, réunirent ensuite leurs assemblées dans différentes églises, jusqu'à ce que leur Société fût dissoute par Napoléon Ier.

Le titre des Magasins de Pygmalion rappelle la gracieuse légende du sculpteur grec qui inspira si souvent les peintres, les poètes et les sculpteurs. Pygmalion était un célèbre sculpteur de l'île de Chypre qui avait fait le vœu de ne jamais aimer. Vénus se vengea de ses dédains en lui inspirant une ardente passion pour une merveilleuse statue qu'il avait lui-même sculptée. A force de prières, il obtint

VUE DES MAGASINS DE PYGMALION.

de Vénus que la matière morte s'animât, et il épousa la statue qu'il avait nommée Galathée.

A partir du moment de leur fondation, les magasins de Pygmalion se développèrent d'une façon incessante. Après avoir été la proie des flammes pendant la Commune, ils furent reconstruits sur un plan beaucoup plus vaste. C'est de cette époque que date la porte d'entrée du boulevard Sébastopol. Cette porte monumentale, qui eut beaucoup de succès à l'époque où elle fut construite, est,

MAGASINS DE PYGMALION. — HALL DU BOULEVARD SÉBASTOPOL.

en effet, fort intéressante ; elle forme une espèce de rotonde au milieu de laquelle est placé un immense lustre en fer forgé d'apparence très curieuse.

A ce moment, les magasins furent réorganisés et complètement transformés par M. Urion. Celui-ci, en mourant, laissa la direction de la maison à MM. Georges Urion et Philippe Petit, son fils et son gendre.

En 1895, la maison vit la nécessité de s'étendre davantage et absorba le local de l'Eden-Concert, petit café-concert qui eut son heure de vogue. C'est là que débuta Yvette Guilbert, dont les chansons provoquèrent, durant quelques années, à Paris, un engouement extraordinaire.

La salle de l'Eden-Concert, après avoir subi d'importantes transformations, est devenue le grand hall d'exposition de Pygmalion. C'est là que sont exposés les tissus de laine, de toile et de soie, les objets de bonneterie, ainsi que tous les articles dont l'ensemble constitue la dénomination de magasin de nouveautés.

Les magasins occupent actuellement tout l'emplacement compris entre la rue Saint-Denis, la rue de Rivoli, le boulevard Sébastopol et la rue des Lombards, dont le nom vient des usuriers lombards, qui, au XIIIe siècle, habitaient presque tous dans cette rue. L'impatience que ces usuriers mettaient à poursuivre leurs débiteurs pour le moindre retard était si connue qu'elle en était devenue proverbiale : on disait par dérision : « Patient comme un Lombard. »

Dans ces récentes années, les magasins Pygmalion ont subi de nombreux

MAGASINS DE PYGMALION. — HALL DU BOULEVARD SÉBASTOPOL.

agrandissements gagnés sur les cours intérieures. Ils possèdent une très longue galerie installée de façon tout à fait moderne, qui comprend toute la façade de la rue de Rivoli et presque toute celle du boulevard Sébastopol. Cette galerie est entièrement consacrée aux robes, manteaux et fourrures. Toute la partie du magasin, concernant la toilette des femmes, des hommes et des enfants, se développe tous les jours; MM. Urion et Petit lui consacrent leurs soins tout spéciaux.

La rue Saint-Denis est une rue extrêmement commerçante, qui nous offre, à côté des meilleurs restaurants tels que Dreher, des maisons capables d'aider les femmes à suivre tous les caprices de la mode telles que Pygmalion et la maison de coiffure Lémery.

Cette maison, qui constitue, en quelque sorte, une véritable attraction, possède rue Saint-Denis un vaste lavatory modern style, installé avec le plus grand confort, où vingt-cinq artistes capillaires rivalisent d'habileté pour satisfaire la nombreuse clientèle qui fréquente l'établissement.

En face, au numéro 43 de la rue de Rivoli, formant le coin de la rue Saint-

FONTAINE DES INNOCENTS.

Denis, M. Lémery, chimiste distingué qui a obtenu les plus hautes récompenses honorifiques, a inauguré quinze salons des plus luxueux, où, par un procédé spécial de coloration des cheveux par les plantes, il peut satisfaire à toutes les élégances des femmes désireuses de changer ou d'aviver la nuance de leurs cheveux. Ce procédé de l'Indo-Henné ne peut offrir, paraît-il, aucun danger d'intoxication et a d'ailleurs été approuvé par plusieurs sommités médicales.

On sait que la coutume, chez les femmes, de modifier la couleur de leurs cheveux remonte à la plus haute antiquité. Les Romains empruntèrent cette mode aux habitants de la Grande-Bretagne, que César appelait *Picti*, c'est-à-dire peints.

Tibulle nous apprend que l'écorce verte de la noix servait à cet usage.

M. Lémery veille lui-même à la préparation et à l'application de son procédé.

Il a la clientèle des femmes les plus jolies et les plus élégantes de Paris, qui viennent défiler dans ses salons, où elles trouvent tout le confortable qu'elles sont en droit de désirer.

Nous devons ajouter que Mme Lémery, ayant su créer un grand nombre de fort gracieuses coiffures, est très recherchée et très appréciée de ses clientes, qui aiment à trouver en elle l'amabilité charmante et le goût parfait qui ont tant contribué à l'essor considérable qu'a pris la maison.

Dans la rue Saint-Denis, débouche la rue de la Ferronnerie, où Henri IV, en se rendant au Louvre, fut poignardé par Ravaillac. La rue de la Ferronnerie s'appelait ainsi à cause des *ferrons*, marchands de fer auxquels Saint Louis avait donné la permission de s'établir le long des Charniers des Innocents, dans des baraques en bois construites à cet effet.

La rue de la Ferronnerie était très étroite et encombrée par toutes ces baraques : c'est ce qui permit à Ravaillac de profiter de l'embarras de voitures pour s'approcher du carrosse de Henri IV. Ce n'est qu'en 1669 qu'on supprima les nombreuses échoppes des ferronniers.

La rue des Innocents, parallèle à la rue de la Ferronnerie, fut ouverte à l'époque où le cimetière des Innocents fut supprimé. Au numéro 15 était le Cabaret du Caveau, qui faisait partie du couvent des Saints-Innocents.

Le square des Innocents occupe l'emplacement de l'église et du cimetière des Innocents. Ce cimetière, autrefois appelé cimetière des Champeaux, avait été établi en 1186. Il fut entouré plus tard d'une galerie voûtée appelée Charnier des Innocents. C'était une galerie sombre, humide et malsaine, destinée à la sépulture des personnes riches. Elle servait de passage aux piétons. On y voyait, peinte sur les murs, la fameuse « danse macabre », ainsi que le squelette sculpté en marbre de Germain Pilon.

La galerie du Charnier des Innocents était pavée de tombeaux, tapissée de monuments funèbres et bordée de boutiques de modes et de lingerie et de bureaux d'écrivains publics.

« Sans la secrète correspondance des cœurs, dit Mercier dans son *Tableau de Paris*, les écrivains des Charniers iraient augmenter le nombre prodigieux des

MAISON LÉMERY.

squelettes qui sont entassés sur leurs têtes, dans ces greniers surchargés de leur poids. Ces ossements frappent les regards, et c'est au milieu des débris vermoulus de trente générations, c'est au milieu de l'odeur fétide et cadavéreuse qui vient offenser l'odorat qu'on voit celles-ci acheter des bonnets, des rubans et celles-ci dicter des lettres amoureuses. »

En 1765, le Parlement interdit les inhumations dans Paris. On supprima alors les cimetières qui étaient dans la ville, et on plaça les ossements qui provenaient des fouilles dans d'anciennes carrières abandonnées situées dans le faubourg Saint-Jacques. On leur donna le nom de *Catacombes*.

L'entrée des Catacombes, que l'on peut visiter, est située place Denfert-Rochereau.

Par la rue Sainte-Opportune, qui fut ouverte en 1836 et doit son nom à l'ancienne église Sainte-Opportune, nous reviendrons encore à la rue de Rivoli. Traversons la rue du Pont-Neuf et suivons la rue de Rivoli jusqu'à la rue de l'Arbre-Sec. Situé au coin de cette rue et au numéro 83 de la rue de Rivoli, se trouve l'hôtel Sainte-Marie.

HÔTEL SAINTE-MARIE. — SALLE A MANGER.

La rue de l'Arbre-Sec a été ainsi dénommée, suivant les uns, à cause d'un gibet qui y avait été placé. Selon les autres, ce nom ferait allusion à la légende chrétienne de l'*Arbre-Sec*, l'arbre d'Égypte qui vivait depuis le commencement du monde, toujours vert et rempli de feuilles et qui se desseécha soudain lorsque Jésus-Christ fut mort sur la croix.

HÔTEL SAINTE-MARIE.

Le numéro 21 de cette rue est une ancienne dépendance de l'hôtel Sourdis. Entre le 21 et le 23, existe une petite impasse, avec porte grillée, qui s'appelait autrefois impasse Courbaton. Elle communiquait avec l'impasse Sourdis située rue des Fossés-Saint-Germain-l'Auxerrois, et donnait accès à l'hôtel Sourdis du côté de la rue de l'Arbre-Sec. Au 48, se trouve l'hôtel de Saint-Roman, où nous voyons une cour intérieure très curieuse. Au 52, hôtel de Trudon, sommelier de Louis XV,

HÔTEL SAINTE-MARIE. — UN SALON.

et de son fils, marchand de chandelles du roi. En face s'ouvre la rue Bailleul, qui doit son nom à Robert Bailleul, clerc des comptes qui habitait cette rue en 1423.

Il existait jadis, rue de l'Arbre-Sec, l'impasse de la Petite-Bastille, qui avait été nommée ruelle *Sans bout*, puis ruelle de *Jean de Charonne*, à cause d'un certain Jean de Charonne qui y tenait un cabaret. Ce cabaret existait encore en 1738, et la maison du 83 de la rue de Rivoli occupe exactement le terrain où se trouvait cette impasse.

Ainsi que nous venons de le voir plus haut, c'est l'hôtel Sainte-Marie qui occupe aujourd'hui cet emplacement.

C'est un hôtel très confortable, admirablement tenu et essentiellement de famille.

En face, à l'angle opposé de la rue de Rivoli, se trouve une inscription rappelant que s'élevait là l'hôtel de Montbazon, où l'amiral Coligny fut tué à la Saint-Barthélemy. Sophie Arnoult, la célèbre actrice, naquit dans cet hôtel, et Carle Vanloo l'habita.

L'hôtel Sainte-Marie possède des chambres et des appartements très bien organisés. La salle de restaurant, gaie et claire, donne sur la rue de Rivoli. Le service y est fait par petites tables, et la cuisine se recommande tout particulièrement aux amateurs de bonne chère. La cave de la maison est renommée.

Nous voyons également au rez-de-chaussée le fumoir et le salon de lecture.

Nous venons, dans cette promenade, de rencontrer des hôtels si luxueux et si confortables qu'il nous semble amusant de jeter un coup d'œil sur ce qu'étaient les hôtelleries d'autrefois.

Elles étaient le plus souvent situées à l'entrée ou à la porte des villes; l'hôtelier, ou un de ses valets assis sur la porte invitait les passants à entrer, criait tout haut le prix du vin. Souvent le tarif était affiché sur le mur. Ainsi l'on voyait écrit : *Dînée du voyageur à pied, six sols ; couchée du voyageur à pied, huit sols.* C'étaient là les petites hôtelleries ; les grandes, celles où l'on pouvait descendre avec son équipage et son train portaient : *Dînée du voyageur à cheval, douze sols ; couchée du voyageur à cheval, vingt sols.* Ces prix étaient assez chers pour l'époque. Une ordonnance avait forcé les hôteliers à afficher leurs prix pour empêcher leurs vols et leur rapacité.

Les hôtelleries étaient, le plus souvent, le refuge de la nombreuse population errante de cette époque, soldats, aventuriers, pèlerins, filles de joie, malfaiteurs, marchands.

Elles servaient d'embuscades à tout un ramassis de gens sans aveu, qui attendaient les voyageurs riches au passage pour les enivrer, les voler au jeu. Aussi dans la plupart de ces établissements faisait-on bonne chère.

Érasme nous a laissé de jolis tableaux très animés des hôtelleries de son temps en France et en Allemagne ; il nous dépeint la mauvaise mine des hôtes qui ont l'air de se soucier fort peu de vous recevoir, la lenteur méthodique du service, le sans-gêne des convives, l'odeur du tabac, le pêle-mêle un peu trop patriarcal où vivent maîtres et valets.

Cependant lorsque le nombre de voyageurs fut devenu de plus en plus considérable et que les relations commerciales se furent accrues, les hôtelleries furent obligées de se modifier et de songer davantage à la satisfaction du public.

Ce souci n'a fait depuis que d'augmenter chaque jour, et l'on sait à quels raffinements les hôtels d'aujourd'hui nous ont habitués.

N'oublions pas de citer dans la rue de l'Arbre-Sec, par laquelle nous terminerons notre promenade, un hôtel des Mousquetaires qui occupait l'emplacement du numéro 4 actuel et où habita, pendant quelque temps, le fameux d'Artagnan, qu'Alexandre Dumas a immortalisé.

IIᵉ ARRONDISSEMENT

Le IIᵉ arrondissement (la Bourse), comprend les quartiers Gaillon, Vivienne, le Mail et Bonne-Nouvelle. Il est limité, d'une part, par la rue des Capucines, la rue des Petits-Champs, la rue Étienne-Marcel et le boulevard Sébastopol et, d'autre part, par les boulevards des Capucines, des Italiens, Montmartre, Poissonnière, Bonne-Nouvelle et Saint-Denis.

Nous partirons de la rue des Capucines, qui fait à la fois partie des Iᵉʳ et IIᵉ arrondissements. Elle date de l'année 1700 et fut tracée sur les jardins de l'hôtel du maréchal de Luxembourg, sous le nom de rue *Neuve-des-Capucines*, à cause de la proximité du couvent des Capucines dont nous aurons l'occasion de parler plus loin. Les écuries de la duchesse d'Orléans occupaient l'emplacement de quatre numéros actuels de cette rue. Au 19, nous voyons actuellement le *Crédit Foncier de France*, bâti sur les terrains des anciens hôtels de Villequier, de Septeuil et de Mazade. Au 12 était placé l'hôtel du lieutenant général de police, qui devint pendant la Révolution la Mairie de Paris, où logèrent Pétion et Bailly.

La rue Volney part de la rue des Capucines. Elle s'appelait jadis rue Arnaud, à cause de l'hôtel appartenant au maréchal de Saint-Arnaud dont elle occupe l'emplacement. Au 7 est le cercle Volney.

La rue Daunou faisait partie de la rue Neuve-Saint-Augustin ; elle nous conduira dans la rue qui est sans conteste la plus brillante et la plus somptueuse de Paris : la rue de la Paix, où nous verrons le commerce parisien dans toute sa richesse et dans tout son éclat.

La rue de la Paix a été tracée en 1806 sur l'emplacement du couvent des Capucines, qui occupait un terrain compris entre la rue et le boulevard des Capucines, la rue des Petits-Champs et la rue Louis-le-Grand. Louise de Lorraine, épouse de Henri III, avait conçu le dessein de fonder un couvent de Capucines à Bourges et laissa pour cette fondation la somme de soixante mille livres. Marie de Luxembourg, sa belle-sœur, exécuta en partie la volonté de Louise de Lorraine; mais, au lieu de fonder le couvent de Capucines à Bourges, elle le fonda à Paris et acheta dans ce but l'hôtel du Perron. L'Estoile parle de cet établissement ; il dit que les Capucines prirent d'abord le titre de *Filles de la Passion* et qu'elles figuraient aux processions publiques portant une couronne d'épines sur la tête. Il ajoute que leur règle surpassait en austérité toutes celles des autres communautés. Louis XIV, en 1688, pour faire construire la place Vendôme, ordonna la démolition du couvent des Capucines et l'érection d'un nouveau couvent plus vaste et plus commode à l'endroit où finit la rue des Petits-Champs et commence la rue des Capucines. La façade de l'église correspondit à l'axe de la place Vendôme et lui servit de perspective et de décoration. Ce couvent fut supprimé en 1790, et les bâtiments furent dans la suite destinés à la fabrication des assignats. Puis les jardins de cette maison, théâtres des gémissements et des austérités des pieuses filles qui l'habitaient, devinrent pendant quelques années une promenade publique et le séjour des jeux et des amusements de toutes sortes. C'est là, entre autres, que fut établi le premier Panorama, ainsi que le fameux cirque Franconi.

Enfin la rue de la Paix fut tracée sous le nom de rue Napoléon. L'empereur voulait que ce fût la plus belle rue de Paris, et son désir fut pleinement réalisé. La rue de la Paix, écrit Édouard Fournier, dans l'un de ses ouvrages sur Paris, « est restée le bazar du confortable le plus splendide et le plus délicat ».

En creusant la terre pour jeter les fondements des constructions qui devaient border la voie nouvelle, on mit à jour le sarcophage d'un centurion romain, Ceius Agomarus, et on découvrit dans des vases d'airain des pièces d'or et d'argent aux effigies de Jules César, de Marc Aurèle, de Trajan et de Titus.

Afin d'encourager les constructions des édifices dans la nouvelle rue, Napoléon affranchit d'impôts pendant quinze ans toutes les maisons qui s'y élèveraient, et il accorda en outre de grandes facilités de paiement pour les terrains. Ces encouragements atteignirent très vite leur but, et la rue Napoléon, future rue de la Paix, dressa ses édifices des deux côtés de la voie.

Là se termine, en dehors des nombreuses reconstructions qui sont faites actuellement, l'historique de la rue de la Paix, qui, tout comme les peuples heureux, n'a pas d'histoire. L'on ne peut rien ajouter à son sujet, l'on ne peut qu'énumérer quelques-unes des importantes maisons de commerce qui y sont installées.

MAISON PAQUIN.

Il y a quelque temps, nous avons lu dans *le Figaro* un article intitulé *Douze millions de frivolités* et consacré à la maison Paquin.

Les marchands de frivolités vendaient jadis tout ce qui concernait la toilette de la femme, et ce mot de « frivolités » est gracieux pour désigner ces mille colifichets, pourtant indispensables et essentiels. Les marchands de frivolités sont devenus aujourd'hui l'une des importantes manifestations de l'initiative et de l'activité française, et si l'on trouve naturel que l'on nous décrive ces immenses usines d'Amérique et ces colossales entreprises allemandes et anglaises, il ne nous semble pas

MAISON PAQUIN.

moins intéressant d'étudier une maison de « frivolités » aussi importante que Paquin.

Ce nom est connu dans tout l'univers, et, en tous lieux, les femmes considèrent comme un grand bonheur de pouvoir se faire habiller dans cette maison de haute couture dont l'importance commerciale, économique et financière, vaut la peine d'être mentionnée.

MAISON PAQUIN.

Si nous disons que quatre millions de francs sont dépensés chaque année pour les étoffes servant à confectionner les toilettes qui sortent de chez Paquin, que les rubans employés pourraient couvrir la distance Paris-Versailles, que les vingt-deux millions de mètres de fil qui passent entre les mains des petites ouvrières pourraient relier les deux pôles de la terre, que les essayeuses usent bon an mal an plus de mille kilogrammes d'épingles, qu'il est fait une consommation de trois cent soixante kilogrammes de fil de soie, cent cinquante kilogrammes de baleines, trois cents kilogrammes d'agrafes et de portes, nous ne donnerons peut-être encore qu'une faible idée du nombre incalculable des fournitures utilisées par la maison Paquin, et nous n'avons pas la place de compléter cette énumération fantastique.

La maison de Paris — car l'on sait que Paquin possède également une maison à Londres — emploie environ treize cents personnes. Il est vrai de dire que le personnel est admirablement traité. Les employés, hommes et femmes, au nombre de trois cent cinquante, sont nourris dans la maison; soit un total de sept cents repas à préparer chaque jour dans les locaux de la rue de la Paix,

MAISON PAQUIN.

fonctions réservées à un chef et quinze aides de cuisine. A Londres, où presque tout le personnel est français, les ouvrières sont même logées dans la maison. De plus, l'été, à partir de juin, lorsque le Grand Prix est couru et que la besogne diminue dans les ateliers, la maison Paquin envoie toutes les semaines ses ouvrières, par groupes de vingt ou trente, au bord de la mer ; elle possède trois chalets à Paris-Plage, entre les flots et la forêt de pins.

Nous n'entreprendrons pas d'énumérer les frais généraux de la maison, nous dirons seulement — et cela suffira pour concevoir le reste — que vingt-cinq mille francs sont dépensés par an pour ces jolis hortensias mauves qui égayent la rue de la Paix.

Visitons à présent cette maison de frivolités, depuis l'élégant magasin du rez-de-chaussée où sont exposés quantités de jolis modèles ainsi que les fourrures précieuses. Au premier étage sont les salons de vente et d'essayage, parmi lesquels nous voyons une véritable petite scène très habilement disposée pour les toilettes de scène. Puis ce sont les différents ateliers, ateliers spéciaux pour les jupes, les corsages, les costumes tailleur, etc., etc. D'étages en étages, nous arrivons à la section de pelleterie admirablement organisée ; la maison Paquin a des acheteurs qui parcourent chaque année les grands marchés du monde, tels que Londres, Leipzig, Nijni-Novgorod.

La maison occupe quatre immeubles, les 1, 3 et 5 de la rue de la Paix et le numéro 6 de la rue des Capucines, qui forment un tout homogène que l'on peut parcourir en entier sans s'apercevoir que l'on change de maisons.

La maison Paquin a été créée en 1890 par M. et Mme Paquin. En 1896, elle était mise en société au capital de douze millions et demi. Chacun sait que c'est l'une des maisons qui lancent les modes dans Paris et que Mme Paquin est une véritable artiste qui connaît admirablement tout l'art du costume et trouve d'incessants et miraculeux changements de lignes, de couleurs et d'étoffes.

Au numéro 10 de la rue de la Paix, nous trouverons la maison Toy, qui s'est fait la spécialité des verreries artistiques et des porcelaines et faïences.

On connaît l'extension que l'industrie de la verrerie a prise. C'est au XIIIe siècle que cet art, où l'Orient s'était surpassé, redevint en honneur en Europe au moment où Venise et Murano créèrent leurs fabriques. Au XVe siècle, devant les progrès surprenants de Murano et de Venise, les produits des verreries orientales cessèrent d'être recherchés. On fabriqua à cette époque des glaces et des vases merveilleux. L'Allemagne rivalisa avec l'Italie ; puis la Bohême commença sa fabrication. En France, l'usage du verre était répandu depuis très longtemps ; Colbert donna une grande impulsion à l'industrie verrière en appelant d'Italie des ouvriers d'un talent consommé. L'état de verrier prit ensuite une telle importance que le gouvernement français établit une noblesse particulière, les gentilshommes verriers, en faveur de ceux qui l'exerçaient.

La maison qui nous occupe a été fondée par M. Toy, en 1825, rue de la Victoire, et elle acquit de suite une très grande réputation pour ses services de table, ses porcelaines et ses cristaux. Elle se développa très rapidement, et quelques années plus tard, ayant été forcée de s'agrandir, elle s'installait rue de la Chaussée-d'Antin, au numéro 19. C'est là que M. Toy commença à vendre des porcelaines et des faïences anglaises jusqu'alors inconnues à Paris.

La porcelaine tendre naturelle anglaise est la seule que pendant longtemps l'on ait fabriquée en Angleterre.

En introduisant, en 1800, dans la composition de la pâte jusque-là en

MAISON TOY.

usage une quantité raisonnée de phosphate de chaux, Ch. Spode amena un perfectionnement dont Macquer avait fait l'essai avant 1755. A part le phosphate de chaux, cette porcelaine possède les mêmes éléments constitutifs que ceux qui servent à la fabrication des faïences fines; mais elle est translucide, se cuit à la température de la faïence fine et peut recevoir, grâce à son émail, une ornementation très riche et très variée.

La pâte de la porcelaine anglaise étant plastique se façonne aisément; elle est susceptible d'une ornementation toute particulière.

La vente de ces articles donna bien vite à la maison Toy une grande notoriété, d'autant plus que, liée à la maison Minton, elle devint le représentant à Paris de

IIe ARRONDISSEMENT

MAISON TOY.

cette manufacture qui est la plus importante et la plus artistique d'Angleterre et dont l'on a admiré à toutes les expositions les vases, les coupes, les statuettes et les majoliques.

En 1866, au moment de la construction de l'Opéra et des travaux effectués pour le percement et l'achèvement du boulevard Haussmann et de la rue Lafayette, l'immeuble où se trouvait la maison Toy fut démoli. Celle-ci fut transportée alors au numéro 6 de la rue Halévy, où elle resta jusqu'en 1902, c'est-à-dire pendant trente-cinq ans.

A cette époque, elle subit de nouveaux agrandissements : elle s'adjoignit successivement la maison Leveillé-Rousseau et la maison Le Gerriez, et elle s'établit dans le beau local qu'elle occupe aujourd'hui au numéro 10 de la rue de la Paix.

La maison Toy est bien connue pour ses modèles spéciaux très artistiques de services de table de porcelaine et de cristal. Elle a le dépôt exclusif des œuvres de nombreux artistes, notamment de Deck et de Delaherche.

Dans la même maison, nous voyons actuellement la maison Brevignon, qui a été fondée en 1879 au 98 de la rue de la Victoire, par Mme Élisa. Grâce à l'intelligente direction et à l'heureuse initiative de sa fondatrice, elle se développa d'une façon extrêmement rapide. Bientôt son extension nécessita une installation nouvelle, et la maison de couture dut être transportée au numéro 10 de la rue de la Paix.

MAISON BREVIGNON.

MAISON BREVIGNON.

La prospérité de la maison s'accrut sans cesse. M. Paul Édouard Dailly succéda en 1904 à Mme Élisa, et par son habileté et son énergie donna aux affaires un développement très grand. Sous les ordres de M. Brevignon, directeur actuel, la maison est en train de prendre un nouvel essor. En dehors de sa clientèle parisienne, elle possède une très haute clientèle anglaise et américaine, qui lui est toujours restée fidèle et qui s'accroît encore en ce moment, par ce fait que M. Brevignon a de nombreuses relations *in the upper ten* en Angleterre et y est très avantageusement connu.

Son installation de la rue de la Paix est somptueuse. Nous admirerons les vastes salons de vente à l'imposant aspect : le salon Louis XVI et le salon Empire dont nous reproduisons ici les photographies. Viennent ensuite les nombreux salons d'essayage, où nous voyons quantité de jolies gravures anciennes et d'autographes des artistes de Paris attestant la satisfaction qu'elles eurent de leurs toilettes.

A la suite de ces salons, nous arrivons dans une petite pièce où une estrade a été disposée ; là, une rampe constitue une disposition tout à fait spéciale d'éclairage admirablement comprise pour l'essayage des robes du soir et des costumes de théâtre.

Les ateliers, situés à l'étage supérieur, occupent plus de cent ouvrières qui se partagent les diverses spécialités de la maison : atelier spécial pour les costumes tailleurs dirigé par un tailleur réputé, atelier de broderie, de lingerie, de manteaux, de robes du soir, etc., etc.

Un très nombreux personnel assure l'exécution parfaite de toutes les commandes.

Au numéro 16, nous visiterons les salons de la maison Carlier, qui assume la tâche délicate de créer des coiffures toujours nouvelles pour les jolies Parisiennes sans cesse désireuses de changement.

Et ce n'est certes pas une tâche facile que de varier à l'infini les coiffures destinées à parer et à embellir tant de visages gracieux. Aussi la maison Carlier s'efforce-t-elle de multiplier ses créations en travaillant d'après les documents anciens. Elle s'inspire des coiffures des siècles passés, les transforme et les rajeunit afin d'en former de charmants modèles conformes à notre goût moderne.

La variété des chapeaux n'a pas été moins grande, paraît-il, dans l'antiquité que de nos jours. Le premier couvre-chef a dû être le bonnet à poils fait de la dépouille des animaux ; nous avons continué à emprunter aux bêtes les ornements les plus somptueux utilisés pour nos chapeaux ; mais que de formes différentes ont été imaginées ! Les Romains connurent d'abord un chapeau très primitif qu'ils appelèrent *galerus*; puis la coiffure propre aux Égyptiens fut introduite chez eux sous le nom de *calantica*. C'était une sorte de coiffe attachée par un lien autour de la tête avec des pans tombant des deux côtés sur les épaules, de telle sorte qu'on pouvait les tirer à volonté et s'en voiler toute la figure. Ce modèle primitif représenterait assez bien notre capuchon pour automobile. Chez les Romains, l'usage de cette coiffure fut restreint aux femmes. Dès les premiers temps de la Grèce, le culte de la coiffure était déjà très perfectionné. Dans le nombre infini des coiffures des dames grecques, nous signalerons : la mitre, la cicréphale, plus spécialement destinée aux courtisanes, le diadème, le strophe, la caliptra, la tolia, le credemnon, le nimbe, le dracône, ou bandeau quelquefois en or, roulé en spirale autour de la tête.

De toutes ces coiffures anciennes, la maison Carlier a su créer de gracieux et élégants chapeaux. Elle a eu l'adresse de mettre à profit les formes les plus bizarres et de savoir les adapter au goût du jour.

A l'époque où le voile constituait en quelque sorte toute la coiffure de la femme, elle a emprunté les jolis capuchons qu'elle inventa pour les sorties du théâtre. Les coiffes de jadis, les bonnets, les résilles, les calottes de velours, les chaperons, etc., etc., lui inspirèrent de nombreuses idées.

C'est un peu avant la Révolution que le véritable chapeau remplaça la coiffure proprement dite, et les petits chapeaux ornés de plumes et de fleurs furent en pleine vogue. A un moment donné, les femmes les plus élégantes se contentèrent d'une simple cocarde tricolore. Puis ce fut le Directoire, qui fit éclore tant de nouvelles façons de se coiffer : le bonnet à la Délie, le bonnet à la frivole, le bonnet à l'esclavonne, le bonnet à la Nelson, le chapeau à la primerose, le chapeau turban, le chapeau rond à l'anglaise, le chapeau à la glaneuse, le chapeau Spencer,

MAISON CARLIER.

le chapeau Castor, le chapeau à la Lisbeth, le chapeau à damiers, etc., etc. « Quelle imagination, disent les Goncourt, que celle des dictateurs de la tête ! » et quels trésors, ajoutons-nous, pour les modistes d'aujourd'hui !

La maison Carlier possède toutes les gravures anciennes représentant ces coiffures. Elle a su découvrir dans les musées, dans les bibliothèques, dans la galerie des estampes, dans les gravures jaunies des vieux livres, la matière et le sujet des chapeaux si seyants et si variés qu'elle crée tous les jours pour les jolies mondaines qui savent bien qu'elles sortiront de chez Carlier plus gracieuses et plus jolies. Aussi presque toutes les actrices de Paris sont-elles les clientes de cette maison, dont les jolis magasins furent souvent représentés sur la scène.

La maison Carlier a été fondée en 1891 et n'a fait que prospérer depuis sa fondation. Personne ne peut lui contester aujourd'hui la place prépondérante qu'elle occupe parmi les premières modistes parisiennes. Elle est certainement une des maisons de la rue de la Paix qui provoquera le plus de convoitises féminines.

Au numéro 15, nous voyons la parfumerie Guerlain, qui fut fondée en 1828.

MAISON GUERLAIN.

Le magasin était situé alors dans l'hôtel Meurice, qui possédait à ce moment des magasins à droite et à gauche de sa porte cochère. C'était à l'époque, dont

MAISON GUERLAIN.

nous avons parlé plus haut, où l'aristocratie anglaise arrivait en chaise de poste à l'hôtel Meurice. Lord Seymour y venait souvent en mail. C'est lui qui avait été surnommé par le peuple de Paris *Milord l'Arsouille*, à cause de ses dépenses folles et de ses excentricités de mauvais aloi. Il paraît toutefois que sous cette originalité triviale se cachait un homme bienfaisant et généreux, qui valait mieux que sa triste réputation.

MAISON GUERLAIN.

Quoi qu'il en soit, lord Seymour trouva les parfums de Guerlain délicieux, et grâce à son patronage Guerlain fut dès lors classé parmi les premiers parfumeurs de son époque pour la finesse et la nouveauté de ses produits. Non seulement il devint à la mode, mais il fut le parfumeur attitré de plusieurs cours étrangères, entre autres de celles d'Angleterre, de Belgique, de Hollande et de Wurtemberg.

La parfumerie était à cette époque loin d'être ce qu'elle est actuellement, et Guerlain fut le promoteur des articles, qui nous semblent si délicieux aujourd'hui. Sa fabrique, ou son usine comme on l'appellerait maintenant, était située à l'Arc de Triomphe, au coin de l'avenue d'Eylau, aujourd'hui avenue Victor-Hugo. Les maisons de la rue de Presbourg, en façade sur la place de l'Étoile, n'existaient pas encore ; à leur place étaient des talus de terre gazonnée. La fabrique était en haut de ces talus et en façade sur l'Arc de Triomphe.

Les magasins de Guerlain furent transportés en 1841 au numéro 11 de la rue de la Paix, devenu à présent le numéro 15 à cause de la suppression du *Timbre* situé alors à cet endroit. Guerlain, avec les anciennes maisons de la rue de la Paix, contribua à donner à l'ancienne rue Napoléon cette réputation de bon goût et d'élégance qu'elle a toujours conservée.

Parfumeur de l'Impératrice, ses parfums furent à la mode de l'Empire ; ses nouvelles créations : *Jicky, Après l'Ondée, Sillage*, sont à la mode d'aujourd'hui, et sa réputation parisienne est devenue mondiale.

Nous voyons également au numéro 15 la maison de couture de Mme Léony Tafaré, qui, après avoir été installée pendant trois ans rue Vignon, vient tout récemment d'ouvrir de nouveaux et coquets salons qui s'étendent en façade sur la rue de la Paix et la rue Daunou.

Mme Tafaré, ayant été elle-même ouvrière, puis vendeuse dans les principales maisons de Paris, peut se vanter à juste titre de connaître à fond son métier.

Son habileté et son adresse lui ont acquis la confiance de toute une clientèle mondaine et aristocratique.

Les femmes élégantes, pour lesquelles Mme Tafaré inaugura tant de jolies créations, s'accordent à lui reconnaître un très grand sens artistique et un goût parfait.

Le goût, en ce qui concerne les œuvres d'art, doit avoir comme qualité principale la délicatesse, qui consiste non seulement dans une grande sensibilité, mais aussi dans une perception très fine de toutes les nuances de la beauté. Or la toilette féminine n'est-elle pas une véritable œuvre d'art et n'exige-t-elle pas à ce titre tout le concours que peut lui apporter le goût le plus délicat ?

MAISON TAFARÉ.

Mme Tafaré, en dehors de ses costumes tailleur très simples et très nets et de ses manteaux et sorties de bal, a la grande spécialité des vaporeuses toilettes du soir, costumes flous et harmonieux dont la grâce légère fait si bien valoir la beauté.

La maison Tafaré possède la faveur des Parisiennes et des étrangères. Pour satisfaire au désir de nombreuses clientes, elle a été obligée

MAISON TAFARÉ.

MAISON HAMELIN.

de fonder une succursale dans l'Amérique du Sud, à Buenos-Ayres.

Au numéro 19, nous voyons un magasin dont la devanture est une véritable œuvre d'art. C'est la maison Paul Hamelin, dont M. Vaubourzeix est aujourd'hui propriétaire.

Cette maison fut fondée en 1869 par M. Paul Hamelin, au 23 de la rue de la Paix.

Elle obtint une médaille d'or à l'Exposition universelle de 1878 et fut toujours extrêmement réputée pour la finesse et l'éclat de ses pierres ainsi que pour ses artistiques montures. M. Paul Hamelin mourut en 1903. M. Vaubourzeix, qui avait alors au 4 de la place de l'Opéra un très beau magasin de bijouterie et joaillerie — la maison Martel — réunit cette dernière maison à la maison Paul Hamelin.

MAISON HAMELIN.

Lorsque, en 1906, l'immeuble du 23 de la rue de la Paix dut être démoli, M. Vaubourzeix transféra ses magasins où nous les voyons à l'heure actuelle et en confia la décoration à M. G. Morice, architecte, qui fit preuve en l'occurrence d'un art parfait. Le magasin est conçu dans le style Directoire et possède une très intéressante devanture qui a été faite entièrement avec ce marbre jaune de Sienne aux si merveilleuses teintes. Elle est ornée de cariatides de bronze, décoration si riche et si belle, trop rarement employée.

Une tradition rapportée par Vitruve nous fait connaître l'origine que les anciens attribuaient aux cariatides, et ce détail nous semble valoir la peine d'être cité. Selon cette tradition, les habitants de Carya, ville du Péloponèse, ayant pris parti pour les Perses, lorsque ceux-ci envahirent la Grèce sous la conduite de Xerxès, les Grecs vainqueurs tirèrent une vengeance éclatante de leur trahison. Les hommes furent passés au fil de l'épée, les femmes vendues comme esclaves et, de plus, afin de perpétuer le souvenir de leur esclavage, les architectes imaginèrent de les faire servir de modèle aux statues qu'ils employèrent en guise de colonnes. Il faut avouer que cette légende, ne reposant sur aucun fondement précis, fut très discutée ; mais il est certain qu'elle eut cours à Athènes et à Rome.

Toujours est-il que les architectes anciens surent tirer un admirable parti des cariatides. Inconnu dans l'art chrétien pendant tout le moyen âge, l'emploi des cariatides reparut à la Renaissance ; les grands artistes de ce temps n'eurent garde de négliger ce beau motif de décoration qu'on retrouve fréquemment en Italie.

La devanture de la maison Hamelin, par son originalité et sa belle exécution, nous a fait remonter aux époques anciennes.

Pénétrons à présent dans le magasin, où nous verrons les gemmes les plus précieuses et des bijoux d'un art délicat. La maison Paul Hamelin vient de remporter le diplôme d'honneur de la récente Exposition Franco-Britannique, justifiant ainsi son renom de maison de premier ordre, honorablement et universellement connue.

Au numéro 23 de la rue de la Paix, dans un superbe immeuble tout récemment construit et d'une belle architecture, se sont installés, au rez-de-chaussée et à l'entre-sol, les grands couturiers fourreurs *Green et C°*.

Une belle ornementation de bronze finement ciselé, conçue dans un style moitié Louis XV et moitié Louis XVI, avec une sobriété de bon goût dans l'encadrement des glaces, donne à la devanture du magasin une allure grandiose, qui frappe et retient. Dans ce rez-de-chaussée qui sert de salons de vente et d'exposition, tandis que le pied foule un tapis royal au chiffre de la maison, couvrant l'étendue des salons, l'œil est arrêté par tout ce qui s'offre à son admiration, dans l'ensemble comme dans les détails.

La décoration murale consiste en magnifiques glaces alternant avec des panneaux de chêne sculpté dans la masse ; des lustres et des appliques dont les modèles uniques ont été tout spécialement créés, véritables chefs-d'œuvre du genre, permettent à la fée moderne, l'Électricité, d'inonder de lumière ce milieu somptueux, vraiment sans égal.

FAÇADE DE LA MAISON GREEN ET Cⁱᵉ.

Merveilleux encore est l'escalier monumental à jour, de style Renaissance, pur spécimen de l'époque, en bois sculpté à double évolution.

SALON GREEN ET Cº.

Il conduit à l'entresol, où des salons d'essayage, tout en érable, tentent tour à tour les visiteuses par leur disposition si joliment artistique : palais rêvé de l'élégance et de la beauté, olympe féminin d'un modernisme très parisien.

Si Green et Cº se révèlent dans leur installation comme des chercheurs de haut goût, ils se présentent dans leur genre comme des novateurs avisés.

Ils fondent, en effet, dans notre rue de la Paix, ce qui n'existait pas encore, une maison de couture uniquement spécialisée dans le *costume tailleur*, mais le tailleur grand chic, grand style, impeccable, à la ligne idéale, en un mot *Ideal Line*, telle est d'ailleurs leur devise.

A ce genre personnel et sans précédent, Green et Cº joignent les fourrures précieuses, aux modèles sans nombre, créés dans la très importante maison de gros qu'ils possèdent déjà et dont la réputation n'est plus à faire. Loutre, renard et zibeline,... c'est une profusion de toisons somptueuses, savamment achetées en de lointains pays, savamment préparées tout près de nous : parures d'impératrices et de reines de beauté.

Les élégances les plus raffinées — qu'elles viennent de Paris ou d'ailleurs —

SALON D'ESSAYAGE GREEN ET Cº.

se donnent toutes rendez-vous chez Green et Cº, ces enfants gâtés de la mode et du succès.

La rue Louis-le-Grand est parallèle à la rue de la Paix. C'était un chemin qui longeait le couvent. C'est à cause de la statue de Louis XIV, qui se trouvait jadis place Vendôme, qu'elle fut dénommée rue Louis-le-Grand.

De 1793 à 1798, elle s'appela rue des Piques, puis rue de la Place-Vendôme.

Au numéro 34, au coin du boulevard des Italiens, se trouve le pavillon de Hanovre, qui est le seul débris qui soit resté de l'immense hôtel du maréchal de Richelieu, qui s'étendait de la rue Neuve-Saint-Augustin aux boulevards. C'est après la guerre du Hanovre, où il s'était enrichi par des pillages sans nombre, que le duc de Richelieu fit faire des agrandissements considérables et somptueux à l'hôtel qu'il habitait. « Le peuple murmura quand il vit cette magnificence un peu effrontée ; pour la faire expier au maréchal, qui d'ailleurs se moquait bien de ses cris, il baptisa sans tarder le kiosque galant du nom du pays où l'on savait que M. de Richelieu avait rapporté l'argent nécessaire à sa construction. Si l'on murmurait à voir la richesse du dehors, qu'aurait-on dit de l'intérieur : de ces salons du premier étage où se donnaient les fins soupers de M. le maréchal, de cette belle salle du rez-de-chaussée qui pour ornement n'avait rien moins à son entrée que deux admirables chefs-d'œuvre, les *Esclaves*, de Michel-Ange, qui sont aujourd'hui au Louvre.

« Le maréchal était très jaloux de son joli pavillon ; il tenait surtout beaucoup au magnifique point de vue qu'on avait de ses fenêtres, d'un côté, jusqu'aux Porcherons, de l'autre jusqu'à la Ville-l'Évêque. »

C'est dans le pavillon de Hanovre que s'établiront plus tard les glaciers Tortoni et Velloni, dont nous aurons l'occasion de parler en parcourant les boulevards.

La rue Louis-le-Grand traverse l'avenue de l'Opéra, qui, commencée en 1854 et terminée en 1878, part de la place du Théâtre-Français pour aboutir à la place de l'Opéra.

Nous avons déjà vu, tout à l'heure, cette voie qui est une des plus belles et des plus mouvementées de Paris et où se réunissent quelques magasins de grand luxe et de raffinement délicat. Dominé par la façade de l'Opéra, qui là-bas se détache, majestueuse, l'avenue prend chaque soir un air de fête avec sa triple rangée de lampes électriques qui l'illuminent si merveilleusement.

Telles devantures, comme celle de la maison de coiffure Raoul, nous charment par la gracieuse fantaisie de leur étalage.

La maison Raoul, fournisseur de la reine d'Espagne, s'est fondée lors de l'ouverture de l'avenue de l'Opéra et s'est spécialisée dans la fabrication des postiches d'art. Elle y a apporté une perfection très remarquable. Nous verrons chez elle d'amusants spécimens des coiffures de jadis, de hautes coiffures Louis XVI, par exemple, coiffures *à la Reine, à la Montmédy, à la Mongolfier, au golfe de Paphos, à la Sémiramis, au Figaro parvenu,* fameuses créations du célèbre Léonard, dont Marie-Antoinette n'eut pas le courage de se séparer lors de la malheureuse tentative de fuite de la famille royale.

Et ce détail est bien une preuve de la place colossale que l'art de la coiffure tient dans les préoccupations féminines. Aussi bien nous ne doutons pas que les femmes nous sauront gré de leur signaler que, chez Raoul, elles pourront, à titre gracieux, essayer les postiches qui sembleront devoir leur convenir. Elles pourront

MAISON RAOUL.

chercher à loisir quelle coiffure siéra le mieux à leur beauté et encadrera le mieux leur visage. Dans le cas où quelque caprice leur ferait après coup changer d'opinion, il leur serait facile d'échanger le modèle qu'elles viennent de choisir.

Non seulement elles trouveront dans cette maison la plus grande variété de coiffures et les transformations les plus diverses, mais il leur sera loisible de faire exécuter n'importe quelle commande.

La coiffure exerce une telle influence sur l'ensemble de la physionomie que le coiffeur doit être en quelque sorte un véritable artiste. Il faut considérer le visage, a-t-on dit, comme un tableau où sont réunis les principaux attraits de la beauté. L'encadrement fourni par les cheveux doit être toujours en harmonie avec ce tableau. Les coiffeurs donneront aux chevelures féminines les aspects multiples qui font le bonheur de la coquetterie, et c'est dans les modèles que nous a légués l'antiquité qu'ils vont puiser leurs plus heureuses inspirations. Ainsi les nœuds à mains levées, appelés *nœuds d'Apollon*, les torsades, les ondulations, les boucles, les toupets, les bandeaux de toutes sortes, les nattes, les coques, enfin tout ce qui constitue une coiffure moderne se retrouve dans les coiffures grecques et romaines. Les transformations et les postiches de Raoul, qui nous offriront, en même temps que les plus gracieuses coiffures de ville, des coiffures de théâtre et de bals costumés, nous font songer, puisque nous sommes devant l'Académie Nationale de Musique et de Danse, aux défunts et si fameux bals de l'Opéra, dont nous voudrions ici dire quelques mots.

L'établissement des bals de l'Opéra remonte à 1715. Ils furent imaginés par le chevalier de Bouillon. Dans l'origine, ces bals étaient donnés depuis la Saint-Martin jusqu'à l'Avent et depuis l'Épiphanie jusqu'à la fin du Carnaval. Vainement l'Opéra essaya de maintenir, dans ces bals, les traditions de bonne compagnie qui en faisaient un lieu de réunion destiné à la conversation mystérieuse favorisée par les masques ; ces bals furent sous Louis-Philippe livrés aux amateurs de la danse échevelée, burlesque, et ce fut le temps des costumes excentriques et débraillés. Puis cette mode passa et deux publics très différents se pressèrent aux bals de l'Opéra, celui des danseurs et celui des promeneurs et des curieux qui, sans prendre part au bal, venaient assister au spectacle féerique de la salle, au milieu de laquelle tourbillonnait, à la lueur de milliers de flammes, un essaim de masques aux couleurs variées, étincelantes, mis en mouvement par l'entrain endiablé de l'orchestre.

Les bals de l'Opéra ayant subi un déclin, plusieurs tentatives furent faites pour leur ramener la faveur du public, qui ne se contentait plus du rôle de spectateur, et ils devinrent un mélange d'interpellations comiques, de costumes élégants et déguenillés, de cris frénétiques, de plaisanteries triviales. Les intrigues, mot consacré, se nouèrent et se dénouèrent tout haut sans pudeur ni simagrées. Les femmes se précipitèrent dans la cohue avec frénésie pour s'exciter à des émotions inconnues.

Nous lisons dans le *Dictionnaire Larousse* que les noms des deux mille femmes publiques étaient enregistrés et conservés soigneusement dans les Archives de l'Académie Impériale de Musique. Chaque semaine qui précédait le bal, on expédiait à l'adresse de ces dames des masses de billets pour ces fêtes, dont elles devaient être l'un des ornements.

La fin, l'agonie, le râle d'un bal de l'Opéra était un spectacle étrange. Fatigués, épuisés par ces danses convulsives, par ces cris sauvages, les traits décomposés, la sueur coulant à flots et confondue avec le rouge et le blanc des maquillages, les costumes souillés et déchirés, des hommes et des femmes étaient étendus, couchés et vautrés sur les marches des escaliers. La nuit d'un bal masqué, tout se trouvait dans les flancs de l'Opéra. Sous son dôme étincelant d'or, au ruissellement des illuminations, son enceinte semblait une création des *Mille et une Nuits*, hantée par des êtres fantastiques.

Le temps était loin des anciennes traditions, des dominos sombres et mystérieux, des intrigues, des conversations chuchotées tout bas, sous l'éventail !

Et puisque nous avons prononcé le nom de ce gracieux objet qui pare si bien la coquetterie féminine, il n'y aura pas pour nous de transition plus facile, en quittant le souvenir des bals de l'Opéra, que de contempler, quelques instants, la vitrine de la maison Faucon, au numéro 38 de l'avenue, où nous verrons une variété infinie d'éventails aux chatoyantes couleurs.

MAISON FAUCON.

11e ARRONDISSEMENT

MAISON FAUCON.

Nous nous amuserons à regarder toute la diversité que l'on peut obtenir de cette arme féminine par excellence qu'est devenu cet objet fragile, arme offensive et défensive à la fois, arme de l'amour et de la volupté, des plaisirs permis et des jouissances défendues, à qui les femmes confient leurs joies, leurs haines et leurs vengeances.

« Supposons, écrivait une femme spirituelle de la cour de Louis XV, supposons une femme délicieusement aimable, magnifiquement parée, pétrie de grâces. Si, avec tous ces avantages, elle ne sait que bourgeoisement manier l'éventail, elle aura toujours à craindre de se voir l'objet du ridicule. Il y a tant de façons de se servir de ce précieux colifichet qu'on distingue par un coup d'éventail la princesse de la comtesse, la marquise de la roturière. Et puis quelle grâce ne donne pas l'éventail à une femme qui sait s'en servir à propos. Il serpente, il voltige, il se resserre, il se déploie, se lève, s'abaisse selon les circonstances. Ah! je veux bien gager en vérité que dans tout l'attirail de la femme la plus galante et la mieux parée il n'y a point d'ornement dont elle puisse tirer autant de parti que de son éventail. »

La parure féminine n'est en effet pas complète si elle ne s'accompagne de cet ornement à la fois indispensable et futile ; il donne aux coquettes des attitudes d'une grâce incomparable et leur est un précieux élément d'élégance et de séduction.

La maison Faucon, qui existe depuis quarante ans et dont la réputation n'est plus à faire, offre, aux désirs des femmes, des éventails de fantaisie de tous les genres, en même temps que des éventails anciens de la plus grande beauté. Sa collection d'éventails est, en effet, l'une des plus rares et des plus belles qui soit au monde, éventails qui ont appartenu aux grandes coquettes d'autrefois, aux *Agnès* et aux *Célimènes*, dont ils rappellent les grâces abolies. Par l'entremise de ces éventails, les galants adressaient aux femmes de doux madrigaux, tels que celui-ci, fait par le comte de Provence :

> Dans le temps des chaleurs extrêmes,
> Heureux d'amuser vos loisirs,
> Je saurai près de vous amener les zéphyrs,
> Les amours y viendront d'eux-mêmes.

Certains éventails de la collection Faucon auraient leur place toute désignée dans un musée.

Nous sommes persuadés que, pour les amateurs, une visite à la célèbre maison d'éventails offrira le plus grand intérêt.

Nous rappellerons, pour finir, que l'Espagne est le pays de l'éventail par excellence et que les señoras et les señoritas sont inimitables dans ce jeu.

Un peu plus loin, nous verrons la maison de couture Bernard et Cie, qui a été fondée au 33 de l'avenue de l'Opéra en 1905. Elle prit de suite une si grande exten-

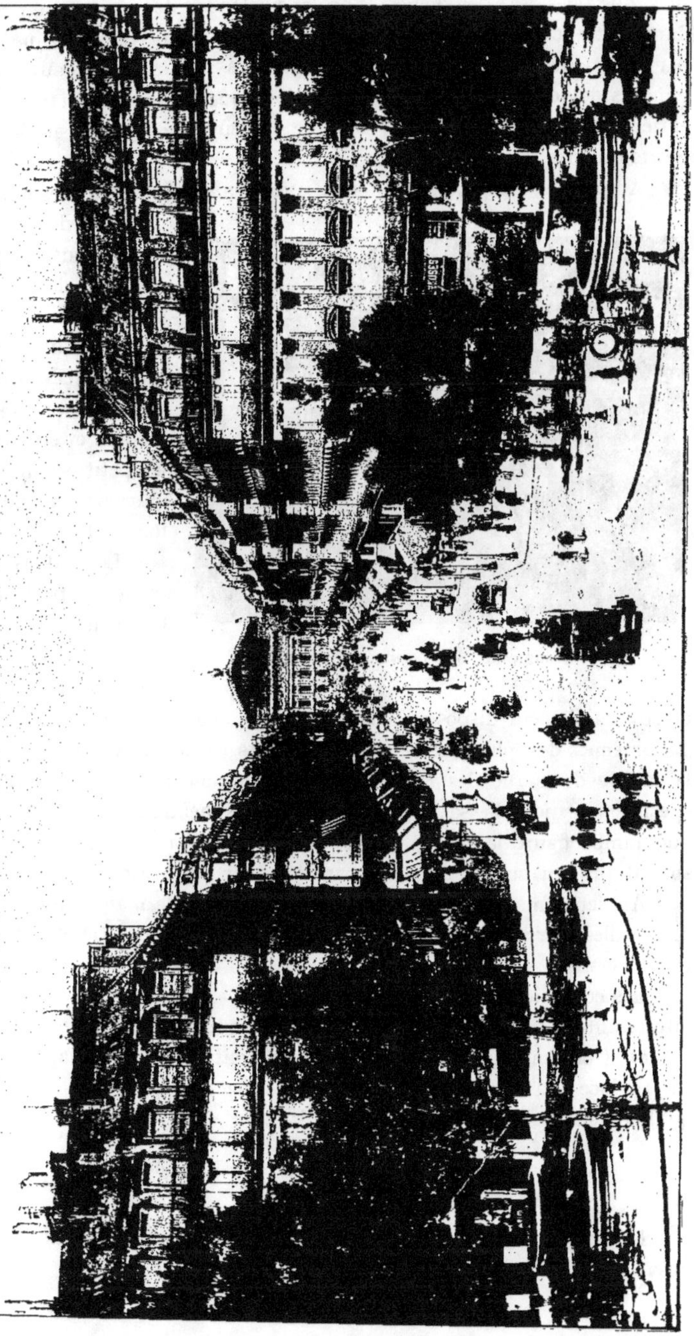

AVENUE DE L'OPÉRA.

sion que, dès sa deuxième année d'existence, de sérieux agrandissements durent être exécutés. L'année suivante, le local fut de nouveau jugé insuffisant par suite du continuel développement des affaires, et d'autres agrandissements devinrent nécessaires. C'est alors que la maison Bernard occupa en entier l'immeuble qui fait le coin de l'avenue de l'Opéra et de la rue des Petits-Champs.

Au premier étage, nous visiterons avec beaucoup d'intérêt les luxueux salons de vente de la grande maison de couture. Artistement meublés dans le plus pur style Louis XVI, ils s'étendent sur une longueur de plus de quarante mètres de façade sur l'avenue de l'Opéra et se terminent par un petit salon destiné aux gracieuses jeunes filles qui font l'office de mannequins.

MAISON BERNARD, 33, AVENUE DE L'OPÉRA.

Les salons d'essayage, très coquets et décorés dans le même style, sont aménagés avec le plus grand soin. De grands panneaux de glaces, habilement disposés, permettent aux clientes de se rendre compte, par elles-mêmes, des plus petits détails de leurs toilettes. Ces salons, qui occupent la façade de la rue des Petits-Champs, comprennent une pièce organisée tout spécialement pour l'essayage des costumes de théâtre : une estrade éclairée par une rampe figure la scène, de telle façon que l'on peut juger de l'effet tout spécial produit sur les toilettes par l'éclairage du théâtre.

Au deuxième étage de l'immeuble, se trouvent la manutention, les bureaux et les salles d'expédition. Les quatre étages suivants sont entièrement occupés par les ateliers.

Les couturiers Bernard et Cie sont tout particulièrement connus pour leurs intéressantes et nombreuses créations. Par leurs modèles originaux, qui ont un cachet et une marque toute spéciale et qui sont extrêmement appréciés à Paris, en province et à l'étranger ; ils ont une influence très grande sur la mode, la mode qu'il faut suivre, puisque, nous a-t-on dit :

> La mode assujettit le sage à ses formules.
> La suivre est un devoir, la fuir un ridicule.

La Bruyère du reste assurait déjà « qu'il y a autant de ridicule à ne point la suivre qu'à l'affecter », et Voltaire nous la dépeint comme :

MAISON BERNARD, 33, AVENUE DE L'OPÉRA.

Une déesse inconstante, incommode,
Bizarre dans ses goûts, folle en ses ornements,
Qui paraît, fuit, revient et naît dans tous les temps ;
Protée était son père et son nom, c'est la mode.

Et puisque nous avons parlé ici de la mode en général, sujet qui nous intéresse tous tant que nous sommes, les plus frivoles comme les plus austères, qu'il nous soit permis de faire à ce propos une petite digression. On sait que les modes actuelles, si gracieuses et plus esthétiques peut-être que jamais, ont prêté à de vives critiques formulées par des gens... trop vertueux. Ce n'est pas la première fois d'ailleurs que la mode est l'objet des attaques des censeurs et des moralistes,

MAISON BERNARD, 33, AVENUE DE L'OPÉRA.

et nous croyons qu'il ne sera pas sans intérêt historique de reproduire cette petite chanson écrite sous le Directoire. Elle nous donne sur les costumes de l'époque des détails qui sont curieux par leur similitude avec les modes actuelles, détails relevés par une pointe de malice inoffensive, tenant plutôt de la plaisanterie que de la satire. On riait alors sans avoir la prétention de redresser la société.

Grâce à la mode
On va sans façon
Ah ! qu'c'est commode
On va sans façon
   Et sans jupon!

Grâce à la mode
On n'a plus d'corset.
Ah ! qu'c'est commode
On n'a plus d'corset,
   C'est plus tôt fait !

> Grâce à la mode,
> On n'a plus de fichu.
> Ah ! qu'c'est commode !
> On n'a plus de fichu,
>   Tout est déchu !
>
> Grâce à la mode,
> Plus d'poche au vêtement
> Ah ! qu'c'est commode !
> Plus d'poche au vêtement
>   Et plus d'argent !
>
> Grâce à la mode.
> Une chemis' suffit.
> Ah ! qu'c'est commode !
> Une chemis' suffit,
>   C'est tout profit !
>
> Grâce à la mode,
> On n'a qu'un vêtement.
> Ah ! qu'c'est commode !
> On n'a qu'un vêtement
>   Qu'est transparent !
>
> Grâce à la mode,
> On n'a rien d'caché.
> Ah ! qu'c'est commode
> On n'a rien d'caché,
>   J'en suis fâché !

Décidément, comme disait l'autre, tant plus ça change et tant plus c'est la même chose

La mode est une affaire de caprice et de fantaisie ; mais avant tout le goût et l'élégance doivent y régner en souverains maîtres. C'est ce qu'a bien compris la maison Bernard, qui a su créer des modèles empreints d'une note d'art si personnelle. Elle est célèbre, pouvons-nous affirmer, dans le monde entier, puisqu'à chaque saison de nombreuses maisons de commerce de tous les pays envoient leurs représentants au 33 de l'avenue de l'Opéra faire leur choix parmi les gracieuses et légères robes du soir, les manteaux, les fourrures et les costumes tailleur dont la maison s'est fait une spécialité.

Les Parisiennes et les étrangères savent bien que chez Bernard elles trouveront un cachet d'élégance tout particulier qu'elles apprécient très vivement, car elles n'ignorent pas que la première obligation d'une femme est d'être élégante ; élégante par égard pour ses parents et ses amis, élégante par respect pour elle-même. Vivre pour plaire, agir pour paraître charmante, c'est posséder toute la grâce qui fait le charme et la séduction de la femme dont *le devoir est de plaire*, ainsi que l'a dit Renan.

De la place de l'Opéra, nous nous engagerons dans la rue du Quatre-Septembre, qui fut ouverte en 1864 sous le nom de rue du Deux-Décembre, en souvenir du Coup d'État de 1848. Son nom actuel lui vient de la date de la proclamation de la République, le 4 Septembre 1870.

Nous voyons au numéro 12 une ancienne maison avec des sculptures qui sont l'œuvre de Millet.

Au numéro 27 se trouvait, en 1870, les magasins de nouveautés, dénommés *A la Paix* qui avaient la réputation de posséder les plus beaux chevaux et les plus belles voitures de Paris. C'est là que se trouve aujourd'hui la maison Laumond, fabrique de pipes, qui fut fondée en 1878, rue Gaillon, n° 10, et qui depuis 1882 est installée rue du Quatre-Septembre.

Lorsque, en 1560, l'usage du tabac se répandit en France, on donna le nom de

180 LA VILLE LUMIÈRE

pipe, c'est-à-dire tuyau, au petit appareil dont se servirent les fumeurs. Les Turcs appellent la pipe *tchiboug*, mot d'origine tartare qui veut dire également tuyau, roseau. C'est Nicot, ambassadeur de France en Portugal, qui apporta en France l'usage du tabac. Pendant quelque temps, on se contenta d'absorber le tabac en prisant, et ce n'est que quelques années plus tard que la pipe, dont on peut trouver aujourd'hui une si grande variété à la maison Laumond, commença à être adoptée.

Les pipes varient de forme, de matière, de valeur, depuis la simple pipe de bois jusqu'au riche narguileh d'argent ou de cuivre doré, découpé, ciselé, où l'on aspire au moyen de longs tuyaux flexibles la fumée du tabac. Le dessinateur, le potier, le sculpteur, le tourneur, le polisseur, le peintre, le doreur, l'orfèvre sont employés à la confection des pipes. Les matières mises en usage sont diverses argiles, l'écume de mer, la porcelaine, la racine de bruyère, le buis, le bois de violette, le bois de merisier et quelques autres, tels que le palissandre et le bois d'Ulm.

On peut diviser les pipes en deux grandes catégories, celles dont le tuyau et le fourneau forment un tout homogène et les pipes à foyer séparé du tuyau, qui est distinct et ajouté par la douille après coup.

La pipe procure de grandes jouissances aux fumeurs qui ne sauraient plus s'en passer lorsqu'ils en ont contracté l'habitude. Elle favorises les rêveries. En Allemagne, en Suisse, la plupart des savants ne peuvent penser et méditer que la pipe à la bouche. Certains personnages allemands sont connus pour leur riche collection de pipes.

La maison Laumond a une clientèle très spéciale, qui est habituée à son excellente fabrication. Elle se charge d'exécuter sur commande tous les articles que les fumeurs peuvent désirer et fait également toutes les réparations. Elle offre aux fumeurs le plus grand choix de fume-cigares et de fume-cigarettes et possède un modèle déposé de cigares-pipes bien connu par tous ses clients.

La rue de La Michodière traverse la rue du Quatre-Septembre. Elle fut tracée sur des terrains dépendant de l'hôtel des Deux-Ponts et de l'hôtel de Lorges. Elle porte le nom de Jean-Baptiste de La Michodière, comte d'Hauteville, prévôt des marchands. (M. de La Michodière eut l'honneur de donner son nom, ou plutôt celui de son comté à une seconde rue de Paris, la rue d'Hauteville.) Bonaparte habita pendant quelque temps la rue de La Michodière.

La rue Gaillon, qui lui fait suite, est une très vieille rue qui existait déjà en 1495 et aboutissait à la porte Gaillon, qui fut supprimée en 1700. Tout le quartier portait ce nom à cause de l'ancien hôtel Gaillon. Dans la rue Gaillon, nous voyons une boucherie qui vers 1860 avait la spécialité d'organiser aux fêtes du Mardi-Gras la promenade du Bœuf Gras à travers Paris, et nous dirons à ce sujet quelques mots sur cet ancien usage du cortège du Bœuf Gras.

On a fait une foule de dissertations aussi ingénieuses que peu concluantes sur les origines de la mascarade du Bœuf Gras. Quelques-uns vont même jusqu'à remonter aux fêtes du bœuf Apis. On pourrait leur objecter qu'il était interdit, sous peine de mort, de toucher au bœuf Apis, tandis que la marche triomphale du Bœuf Gras aboutissait à l'abattoir. Qui sait si cette procession n'a pas été tout simplement, dans son origine, la fête de la corporation des bouchers, étant donné qu'au moyen âge tous les corps de métiers avaient leurs solennités et leurs démonstrations publiques. Toujours est-il que, parmi les jeux auxquels s'amusait Gargantua, Rabelais nomme le jeu du *bœuf violé* ou *viellé* (parce qu'il était promené par la ville au son des vielles ou des violes). Ce jeu était évidemment une sorte de représentation de la cérémonie du Bœuf Gras. En supprimant le Carnaval, la Révolution supprima naturellement aussi le Bœuf Gras ; *le peuple a senti toute l'absurdité de cette monstrueuse coutume*, est-il dit dans le journal *les Révolutions de Paris*. Le Bœuf Gras ne reparut qu'en 1805, par suite d'une ordonnance qui poussait le zèle de la réglementation jusqu'à déterminer l'ordre du cortège, le nombre des personnages et leurs costumes. Au commencement de la Restauration, les maîtres bouchers se chargèrent de fournir eux-mêmes le Bœuf Gras et prirent la direction de ce divertissement, qu'ils abandonnaient jusqu'alors à leurs garçons bouchers. Après une disparition momentanée, en 1848, cette coutume reparut en 1851 par suite de l'initiative du directeur de l'*Hippodrome*, qui y voyait le prétexte d'une réclame. Mais c'est surtout depuis 1855 qu'on s'applique à accroître la magnificence et la pompe du cortège : on joignit dès lors aux sacrificateurs classiques une escorte considérable de guerriers romains ou de mousquetaires, d'hommes d'armes, de reîtres, de lansquenets, de gardes françaises, costumés avec exactitude ; on tâcha, en un mot, d'en faire une sorte de grande calvalcade historique.

Depuis 1870, le cortège du Bœuf Gras fut tantôt rétabli, tantôt supprimé, mais il n'a jamais retrouvé une pareille somptuosité.

Nous citerons ici l'une des plus curieuses promenades du Bœuf Gras dans Paris. En 1739, les garçons bouchers de la boucherie de l'Apport-Paris n'attendirent pas le jour ordinaire pour faire leur cérémonie du Bœuf Gras. Le mercredi matin, veille du jeudi gras, ils s'assemblèrent et promenèrent par la ville un bœuf qui avait sur la tête au lieu d'aigrette une grosse branche de laurier-cerise ; il était couvert d'un tapis qui lui servait de housse. Ce bœuf, paré comme les victimes que les anciens allaient immoler, portait sur son dos un enfant décoré d'un ruban bleu passé en sautoir, tenant de la main gauche un sceptre et de la droite une épée nue : cet enfant représentait le roi des bouchers. Une escorte triomphale accompagnait le Bœuf Gras, précédée par des violons, des fifres et des tambours. Les bouchers parcoururent en cet équipage plusieurs quartiers de Paris, se rendirent aux maisons des divers magistrats et, ne trouvant pas dans son hôtel le premier président du parlement, ils se décidèrent à faire monter dans la grande salle du palais, par l'escalier de la Sainte-Chapelle, le Bœuf Gras et son escorte. Après s'être présentés au président, ils promenèrent le pauvre animal dans diverses salles du palais et le firent descendre par l'escalier de la Cour Neuve, du côté de la place Dauphine. On n'avait point encore vu le Bœuf Gras dans les salles du palais, ajoute le narrateur, et on aurait peine à le croire si un grand nombre de personnes n'avaient assisté à ce spectacle singulier.

Au numéro 8 de la rue Gaillon, est installée la maison Paquay et Cie, qui a pour enseigne : *Au Croissant d'Or.*

Ces grands magasins ont été fondés en 1880 par M. A. Paquay, qui, à cette époque, s'occupa d'abord exclusivement de la vente du caoutchouc et des objets en caoutchouc manufacturé. Le vêtement imperméable devint bientôt la spécialité de la maison qui occupa le premier rang en ce genre d'articles, grâce au bon goût de ses modèles exclusifs, à la modicité de ses prix, enfin à la rapidité et au soin minutieux apportés dans toutes les livraisons.

La maison Paquay, étant en relations suivies avec les premiers fabricants du monde, fut des mieux placée pour connaître dès leur apparition toutes les nouveautés pour la vente desquelles elle trouva de précieux auxiliaires dans les plus importantes maisons de couture de la place de Paris.

MAISON PAQUAY.

Bientôt, cependant, M. Paquay délaissa complètement le vêtement imperméable dont la mode disparaissait et chercha une nouvelle spécialité pouvant intéresser uniquement la couture, car il s'était créé dans cette partie une clientèle extrêmement importante.

Il réunit successivement chez lui tous les articles nécessaires à la confection de la robe, recherchant toujours d'intéressantes spécialités et centralisant des centaines d'articles différents.

M. Paquay fut, admirablement secondé par sa femme, qui se chargea de visiter la clientèle et qui parvint à étendre considérablement les relations commerciales de la maison ; il était arrivé en 1906 à créer la première maison de fournitures pour couturières lorsque la mort vint le surprendre. Ses enfants reprirent la suite de la maison, et ils eurent à cœur de continuer dignement une œuvre si bien commencée. A leur commerce, ils ajoutèrent tous les différents articles de mercerie, la dentelle et la passementerie.

La maison du *Croissant d'Or* est aujourd'hui en pleine prospérité et ses affaires prennent chaque jour une extension croissante. Elle a des intérêts dans de nombreuses fabriques, entre autres à Saint-Gall, Aix-la-Chapelle, Barmen, Hottingham, et cela lui permet de fournir dans les conditions les plus avantageuses et véritablement uniques tous les articles nécessaires à la confection des robes et manteaux, tels que broderies, doublures, mousselines, soieries, toiles et ouatines, dessous de bras, ceintures, étiquettes tailleur, extra-forts, rubans de taille, ganses, soutaches, tresses, galons, velours, etc., etc.

MAISON PAQUAY.

Le *Croissant d'Or* vient d'ouvrir un dépôt 25, rue Sainte-Catherine, à Bordeaux, et ses prix exceptionnels lui ont assuré dès les premiers jours la clientèle des maisons les plus importantes du sud-ouest de la France.

La maison Paquay et Cie voit son développement s'accroître sans cesse ; elle occupe actuellement à Paris plus de cinquante employés, et dans ses magasins de la rue Gaillon les commandes sont exécutées avec la plus grande perfection et livrées avec la plus grande rapidité. L'on pourra facilement se rendre compte de l'importance de ces magasins de hautes nouveautés par les deux clichés que nous publions ici. A son commerce très étendu, la maison du *Croissant d'Or* joint la commission et l'exportation.

Si nous reprenons la rue du Quatre-Septembre, nous y trouverons la rue Monsigny, ouverte en 1825, qui nous mène à la succursale de la Banque de France. Ce bâtiment que la Banque de France occupe depuis 1893 fut longtemps désigné sous le nom de salle Ventadour, parce qu'il était situé place Ventadour (cette place a été absorbée par les rues Marsollier et Delayrac). Elle fut successivement le théâtre de l'*Opéra-Comique* de 1828 à 1832, le théâtre *Nautique* en 1833, le théâtre de la *Renaissance* en 1838, enfin le théâtre des *Italiens* de 1841 à 1875. De 1875 à 1893, ces bâtiments furent occupés par la Banque d'Escompte.

Le théâtre des *Italiens*, célèbre pendant le Second Empire, fut pendant longtemps le rendez-vous de la haute aristocratie, et les représentations en étaient extrêmement brillantes.

La rue de Choiseul et le passage Choiseul furent créés sur les terrains dépendant de l'ancien hôtel de Choiseul. Passage Choiseul, se trouve le théâtre des *Bouffes-Parisiens*, ancien théâtre *Comte*, dont l'entrée est située rue Monsigny.

La plus grande partie de la rue de Choiseul est occupée par le Crédit Lyonnais, qui absorbe tout l'emplacement compris entre la rue du Quatre-Septembre, la rue de Choiseul, les boulevards et la rue de Grammont.

Rue de Grammont s'élevait autrefois l'hôtel du duc de Grammont.

Prenons la rue Grétry et nous arriverons devant l'*Opéra-Comique*, qui est situé entre les rues Marivaux et Favart et la place Boieldieu. Nous allons à ce propos rappeler très succinctement l'histoire de l'opéra comique en France

Quand le drame lyrique remplaça la tragédie lyrique, le genre bouffe s'adoucit de son côté et admit l'émotion. De là naquit ce genre mixte qu'on nomme l'opéra comique, qui tend d'ailleurs actuellement à se modifier et se rapproche de plus en plus de l'opéra. On regarde généralement *l'Inconstant* comme le premier opéra comique dans l'ordre chronologique. C'est aux théâtres de la foire que se joua d'abord l'opéra comique, et la lutte commença bientôt entre ces théâtres d'une part et d'autre part la *Comédie-Française*, qui s'était jointe aux *Italiens*. L'opéra comique subit une lutte inégale, et ses adversaires le réduisirent à n'employer que des personnages muets. L'orchestre seul pouvait parler. Mais c'était trop encore, et une clôture absolue termina le combat. Cependant, en 1752, Monnet obtint la permission de ressusciter l'opéra comique à la foire Saint-Germain, et la *Comédie-Italienne* se mit, elle aussi, à donner des opéra comiques français. Ce fut en 1783 que l'*Opéra-Comique*, toujours sous le nom de *Comédie-Italienne*, s'installa dans la nouvelle salle que le duc de Choiseul lui avait fait construire sur l'emplacement de son propre hôtel. Cette salle s'appela salle Favart. Mais voici qu'en 1789 la reine Marie-Antoinette fit donner le privilège d'un second théâtre d'opéra comique à son coiffeur Léonard et que la rivalité entre les deux théâtres recommença comme par le passé. Après la Révolution, on fondit ensemble ces deux salles de spectacle dans la salle *Feydeau*, que nous aurons l'occasion de voir tout à l'heure, et ce théâtre porta le nom d'*Opéra-Comique*. La salle *Feydeau* ayant été fermée en 1829 comme menaçant ruine et la salle *Favart* étant occupée par la troupe italienne, l'*Opéra-Comique* alla s'installer dans la salle *Ventadour*. Il quitta cette scène en 1832 pour prendre possession de la salle du théâtre des *Nouveautés*, aujourd'hui le *Vaudeville* ; puis enfin, en 1840, l'*Opéra-Comique* s'établit définitivement salle *Favart*.

Lors de l'incendie de 1887 et pendant la reconstruction du théâtre, l'*Opéra-Comique* dut émigrer au théâtre *Sarah-Bernhardt*, alors théâtre des *Nations*.

La nouvelle salle, commencée en 1894, fut terminée en 1898. Elle apporta à Paris cette innovation de placer l'orchestre plus bas que la scène.

La rue d'Amboise, qui part de la rue Favart, nous conduira rue Richelieu.

La partie la plus ancienne de cette rue fut ouverte, en 1663, en même temps que fut bâti le palais Cardinal ; la seconde partie de la rue, allant de la rue Feydeau aux boulevards, ne fut achevée qu'en 1704

La rue Richelieu s'appela rue *Royale* sous Louis XV, puis rue *de la Loi* sous la Révolution. Elle reprit ensuite le nom du célèbre cardinal.

Au numéro 34, nous voyons une inscription relative à la mort de Molière. Or, ce n'est pas au numéro 34, mais au numéro 40 de la rue Richelieu que Molière mourut, dans la maison qu'il habitait avec sa femme. Nous savons d'ailleurs que Molière habita à deux reprises différentes deux maisons de la rue Richelieu.

A la hauteur du numéro 37, nous voyons la fontaine Molière, qui a été élevée sur la proposition de l'acteur Regnier, du *Théâtre-Français*, et inaugurée en 1844. Une statue de bronze nous représente Molière assis et méditant. Deux femmes sont auprès de lui, la *Comédie sérieuse* et la *Comédie légère*, gracieuses figures qui furent sculptées par Pradier.

Au numéro 80 de la rue Richelieu se trouvent les établissements de la Compagnie des Indes, qui occupent tout l'immeuble situé entre la rue Richelieu, la rue des Colonnes, la rue de la Bourse et la rue Feydeau.

La Compagnie des Indes fut fondée en 1844 pour l'importation des châles et tissus des Indes. On sait quel fut, un moment, en France, la vogue qui s'attacha à cet article. L'importation du châle causa une véritable révolution dans la toilette des femmes. Ce tissu de laine souple, soyeux, émaillé de fleurs aux couleurs éclatantes et aux dessins singuliers, ces palmes étranges, ces bordures composées de lignes enchevêtrées s'alternant de mille façons diverses, tout cela fit que le châle à peine entrevu devint l'objet du désir de toutes les femmes. Ce fut bientôt la suprême consécration de toute toilette élégante, la pièce indispensable de l'habillement. Mais les femmes riches seules pouvaient se donner le luxe de draper sur leurs épaules un véritable châle cachemire des Indes, dont certains pouvaient coûter de 1 500 à 6 000 francs. Pendant longtemps on ignora par quels procédés les Indiens pouvaient donner aux châles qu'ils fabriquaient ces merveilleuses nuances et cette symétrie du dessin qui furent tant admirées et appréciées. Aujourd'hui même, bien que l'on sache exactement à quoi s'en tenir à ce sujet, et malgré toutes les imitations qu'on en a tentées, il est impossible de les égaler.

FONTAINE MOLIÈRE.

Les statistiques industrielles de 1856 estimaient la valeur produite annuellement par l'industrie des châles à Paris à plus de dix millions.

En 1850, M. Geffrier, directeur de la *Compagnie des Indes*, prit comme associés les frères Verdé-Delisle et ajouta à la vente des châles des Indes alors si florissante la fabrication et le commerce des dentelles. Des fabriques furent installées à Alençon pour la fabrication des dentelles dites de *point d'Alençon*, à Bayeux et à Caen pour les dentelles dites de *Chantilly*, au Puy pour les guipures,

COMPAGNIE DES INDES.

à Bruxelles pour toutes les dentelles belges et notamment pour les applications de *bruxelles* et les *valenciennes*.

Ces différentes fabriques prirent rapidement un développement considérable. C'était alors une belle époque pour cette industrie de la dentelle, qui fut toujours en honneur en France. Les modes du Second Empire, avec les hauts volants qui garnissaient de plusieurs rangs les robes à crinolines, avec les grandes pointes et les châles, lui étaient extrêmement favorables, et l'Exposition de 1867 vit naître des chefs-d'œuvre dans la section de la dentelle. L'impératrice Eugénie fut séduite par l'exposition de la *Compagnie des Indes*, qui était très en faveur à la Cour des Tuileries. Elle commanda à cette maison une toilette en *point d'Argentan* d'après un tablier, exposé dans la section rétrospective, ayant appartenu à Mme de Pompadour. Pour exécuter cette commande, il fallut reconstituer de

COMPAGNIE DES INDES.

vieux points disparus et qu'aucune ouvrière ne savait plus faire. Lors de la guerre de 1870, cette toilette n'était pas achevée, et elle fut acquise plus tard par une riche Américaine.

Lorsque la mode des châles des Indes eut disparu complètement, la *Compagnie des Indes* s'adonna exclusivement à l'industrie des dentelles. Au moment où l'on vit apparaître les dentelles faites à la mécanique, innovation qui devait jeter une si grande perturbation dans le commerce, elle fut la première maison de dentelles à la main qui n'hésita pas à s'adjoindre cette nouvelle industrie, et elle est demeurée aujourd'hui l'une des seules vendant à la fois les dentelles mécaniques le meilleur marché et les dentelles les plus fines et les plus précieuses. Elle s'adresse à toutes les clientèles et étend son commerce dans le monde entier. Elle a des maisons de vente à Paris, Londres, Bruxelles et Lille, des représentants à Berlin, Madrid, Saint-Pétersbourg et Moscou, ainsi que des voyageurs qui parcourent l'Europe et l'Amérique.

C'est M. Georges Martin qui depuis 1886 est à la tête de la *Compagnie des Indes*. Ayant déjà passé seize ans dans la maison, dont quatre années à diriger la fabrique de Normandie, il était admirablement préparé pour continuer l'œuvre des Verdé-Delisle et pour maintenir à la *Compagnie des Indes* sa grande réputation. Chevalier de la Légion d'honneur, M. Georges Martin fut deux fois Membre du jury aux Expositions universelles; il obtint sept grands prix et plus de deux cents récompenses pour ses collaborateurs. Notons, parmi ces récompenses, celles qui lui furent décernées pour une toilette en point d'Argentan fabriquée pour Mme Carnot et des points d'Alençon destinés à Mme Loubet.

Au 92 de la rue Richelieu, nous entrerons à la *Boulangerie Viennoise*, qui fut fondée à Paris par M. Zang dans les circonstances suivantes.

En 1837, plusieurs membres de la famille royale de France se trouvant à la Cour de Vienne mangèrent de ces petits pains de gruau dits *pains viennois* qui leur furent servis dans un dîner d'apparat. Les princes français apprécièrent vivement la légèreté de ces pains ainsi que leur goût exquis, et ils affirmèrent qu'ils auraient à Paris un succès certain.

Ces paroles furent entendues par un officier d'artillerie nommé comte Zang, qui était intelligent et entreprenant. Il fit son profit de cette conversation et se mit en mesure de monter une boulangerie dans la capitale française. Il l'installa au 92 de la rue Richelieu, où elle se trouve encore aujourd'hui, et lança à Paris les petits pains viennois, qui obtinrent le succès que l'on sait.

Afin que les clients pussent être certains de la provenance du pain qui leur était livré, M. Zang fit incruster son nom dans le carrelage du four. Chaque pain reçut ainsi en saillie des impressions du nom de Zang, et ce mode est encore en usage dans la maison. La boulangerie de la rue Richelieu est actuellement la propriété de M. Jacquet, qui, par son habile exploitation, continue d'en faire une des plus importantes et des plus estimées boulangeries parisiennes.

M. Jacquet a créé depuis quelques années le fameux *pain grillé Jacquet*, qui

MAISON JACQUET.

est fort savoureux et très recommandé à toutes les personnes ayant un estomac délicat. M. Jacquet a créé également une autre spécialité, le *petit pain Richelieu*,

MAISON JACQUET.

qui est connu dans le monde entier et qui est servi dans la plupart des grands restaurants.

Les immeubles portant les numéros 106 à 112 sont situés sur l'emplacement du célèbre *Frascati*. Les terrains qu'il devait occuper étaient encore, vers 1771, nus et impropres lorsque les frères Taillepied et Bondi en firent l'acquisition. Ils s'y firent construire deux merveilleux hôtels, dont les jardins anglais s'étendaient tout le long du boulevard depuis la rue Richelieu jusqu'à la rue Vivienne et communiquaient entre eux par une terrasse qui rejoignait celle de l'hôtel Montmorency-Luxembourg, dont les jardins occupaient l'actuel passage des Panoramas. Pendant la Révolution, cette propriété fut vendue à M. Le Coulteux du Moley, qui ouvrit la célèbre maison de jeu Frascati. Peu de temps après il la revendit lui-même à Garchy, le glacier napolitain, qui organisa un jardin de divertissements et ouvrit les plus beaux salons de jeu de Paris. Le luxe de ceux du Palais-Royal fut de beaucoup dépassé. Une vieille gravure nous en représente les salons : on s'y promène, on y cause, on y prend des rafraîchissements, tandis que dans les salles voisines on se livre furieusement à la roulette, au trente et un, au passe-dix, au biribi, etc., etc.

Les Goncourt, dans leur ouvrage sur la *Société Française pendant le Directoire*, nous donnent la description suivante des salons de Garchy : « Ce nom de Garchy, à l'heure de dix heures, à l'heure où la toile tombe sur les vingt-trois théâtres de Paris, à l'heure où le public est renvoyé du spectacle et du bal, à l'heure où les fusées et les symphonies des douze jardins publics s'éteignent, ce nom de Garchy est dans toutes les bouches. Danseurs, promeneurs, tout Paris en voiture se hâte vers le glacier de la rue de la Loi. Là, c'est une vie, une activité, une foule dans la grande salle, salle nue, sans draperies, sans peintures, sans bas-relief, mais élégante et haute. De grandes glaces encastrées dans des panneaux de bois orangé, d'un beau vernis, avec des chambranles bleu céleste, reflètent les galants costumes. Pendues au plafond, les belles lampes de cristal de roche versent une lumière tamisée. Autour des tables d'acajou, autour des chaises étrusques, Garchy circule très important et très civil ; d'un signe il fait servir ses biscuits aux amandes du meilleur genre et ses divines glaces qui jaunissent en abricots ou s'arrondissent en pêches succulentes. Chez le glacier de la rue de la Loi, se nouent les duels qui se dénoueront demain au bois de Boulogne ; chez le glacier se croisent les nouvelles de Malte et de Hambourg. La mode même se fait un peu chez Garchy, et l'amour s'y fait avec la mode. A l'oreille d'une belle, un jeune homme se penche : « Demain, Madame, je vous fais le sacrifice de mes cheveux... » La dame sourit, et cinq élégants qui se sont déjà tondus pour elle tirent ensemble d'un petit étui de nacre et de perle un peigne d'écaille qu'ils se promènent sur la tête, le front et les sourcils. »

« Mais voici que le pavillon de Hanovre s'avise de faire une concurrence à Garchy et que le public pendant quelque temps se presse chez Juliet. La chance tourne contre la rue de la Loi. Velloni, qui dirige trois républiques de plaisir, succède à Juliet, quand Garchy, sur les terrains de l'ancien hôtel de Bondi, ouvre un nouveau café. C'est *Frascati*, c'est le succès regagné. Velloni voit les Parisiens, oublieux de ses pagodes et de ses clochetons, s'empresser au beau café de *Frascati* dont tout le jardin fourmillant de monde resplendit le soir de verres de couleur... »

Quittons maintenant ces lieux de plaisir pour aborder un lieu de recueillement, de science et d'étude, la Bibliothèque Nationale, située entre la rue Richelieu, la rue Colbert et la rue Vivienne. Elle s'est appelée Bibliothèque du Roi jusque vers la fin du XVIIIe siècle ; ensuite on l'appela tour à tour Bibliothèque Nationale, Impériale et Royale et puis de nouveau, selon le caprice des temps, Impériale et Nationale.

Cet établissement occupe les bâtiments de l'ancien palais du cardinal Mazarin. En 1624, le cardinal avait acheté l'hôtel du président Tubeuf, au coin de la rue Vivienne, et l'hôtel Chivry, au coin de la rue Richelieu. Les deux hôtels occupaient, entre l'une et l'autre rue, tout le côté nord de la rue Neuve-des-Petits-Champs. Mazarin acquit les terrains environnants et fit bâtir là une vaste résidence. Dans l'aile du nord, le cardinal avait fait construire une grande galerie décorée de belles boiseries où il installa sa propre bibliothèque, qu'il ouvrit libéralement tous les jours au public à certaines heures. Pendant l'exil de Mazarin, cette bibliothèque fut confisquée et dispersée. Mazarin la reconstitua plus tard à grands frais. Après sa mort et en exécution de son testament, livres et boiseries furent transportés au Collège Mazarin pour en former la Bibliothèque Mazarine, que nous verrons plus loin. Le palais Mazarin fut divisé entre les héritiers du cardinal. L'hôtel Tubeuf échut au duc de La Meilleraye ; les autres parties passèrent au marquis de Mancini, duc de Nivernais, et prirent le nom d'hôtel de Nevers. L'hôtel Tubeuf acheté par Louis XIV devint le siège de la *Compagnie des Indes* ; un peu plus tard on y installa la Bourse. Napoléon y établit le Trésor Public.

L'hôtel de Nevers fut occupé quelque temps par la Banque de Law. Le régent l'acheta en 1721 pour y placer la Bibliothèque du Roi.

De vastes travaux de restauration et de reconstruction de la bibliothèque furent entrepris en 1866, et l'on fit, en 1880, des travaux d'agrandissement. On voulut isoler les bâtiments et construire de nouvelles annexes. Tout le pâté de maisons compris entre la rue des Petits-Champs jusqu'à la rue Colbert fut démoli en 1880, et ce n'est qu'en 1900 que fut construite la nouvelle salle de lecture par l'architecte Labrouste, chargé de la restauration complète des bâtiments. L'entrée principale est située rue Richelieu, en face du square Louvois.

Le square Louvois, où nous voyons aujourd'hui le Grand-Hôtel Louvois, est un emplacement historique à plus d'un titre.

Au XVIIe siècle, Paris, redevenu prospère après les troubles de la Fronde, étouffant dans ses remparts resserrés, éprouva le besoin de se donner de l'air. Les barrières furent reculées au nord-ouest, et les vastes terrains compris entre la porte Saint-Denis et la porte Saint-Honoré, vite acquis par les grands seigneurs de la Cour, se couvrirent d'hôtels magnifiques. La rue de la Loi devint le rendez-vous des premiers ministres. A la suite du Palais Cardinal, devenu le Palais Royal, en face des hôtels de Mazarin et de Colbert, Louvois, à son tour, fit élever une demeure somptueuse. Précédé d'une cour à portail monumental, l'hôtel Louvois s'étendait sur la rue Richelieu. Il fut démoli en 1789. Les terrains sur lesquels il était situé furent acquis en 1791 par Marguerite Brunet, dite *La Montansier*, qui se trouvait trop à l'étroit sur la scène du Palais Royal et voulait faire construire, sur l'emplacement de l'hôtel Louvois, un vaste théâtre. Les plans de ce théâtre furent tracés par Lunce, et les travaux immédiatement entrepris furent très rapidement achevés.

La façade donnait sur la rue de la Loi ; le péristyle était décoré d'arcades ornées de festons ; la scène, très vaste, mesurait soixante-quinze pieds de profondeur et cent de hauteur. C'était le plus beau théâtre de Paris.

Les spectacles ne chômaient pas, même en pleine Terreur. La Montansier et son associé Neuville annoncèrent, dans un pompeux prospectus, l'ouverture du Théâtre National pour le 10 août 1793.

Ce beau projet fut brusquement interrompu. La commune de Paris, jugeant le local merveilleusement agencé, le confisqua pour y installer l'*Opéra*, et la Mon-

L'HÔTEL LOUVOIS.

tansier, accusée par Chaumette de vouloir, avec son théâtre, incendier la Bibliothèque Nationale, fut enfermée à La Force. Délivrée après Thermidor, elle réclama, avec grand fracas, une indemnité de sept millions. Payée en assignats, elle se plaignit de plus belle, et obtint enfin, en 1800, une inscription de 5 000 livres de rente.

L'*Opéra* resta rue de la Loi et prit le nom de *Théâtre des Arts*.

En 1819, la salle fut refaite et décorée par Debret et Cicéri. Elle devait bientôt disparaître après le drame du 13 février 1820.

Le soir du 13 février, dimanche gras de l'année 1820, l'Académie Nationale de musique donnait une représentation de gala. La loge royale était occupée par le duc et la duchesse de Berry. On jouait le *Carnaval de Venise*. A la fin du second acte, la duchesse fatiguée manifesta le désir de rentrer aux Tuileries. Le duc l'accompagna jusqu'à sa voiture et, après lui avoir fait ses adieux, voulut rentrer au théâtre. A ce moment, un homme vêtu d'un long manteau, passant brusquement entre le grenadier de garde et le comte de Clermont-Lodève, gentilhomme de service, saisit le prince par l'épaule, le frappa d'un violent coup de poignard à la poitrine et s'enfuit. La duchesse effrayée sauta de la voiture ; les personnes présentes poursuivirent l'assassin qui, gêné dans sa course par un fiacre, fut arrêté près de la rue Colbert par le garçon de café Paulmier. Pendant ce temps, on transportait le duc dans le salon de la loge royale. Personne ne savait rien dans la salle, la représentation continuait, et les flonflons de la musique arrivaient aux oreilles du mourant. La blessure était si grave que le prince n'était pas transportable.

Le spectacle terminé, la foule s'écoula, ignorant toujours la fatale nouvelle. Le malheur venait d'être annoncé aux Tuileries. Le comte d'Artois, frère du duc, arriva de suite avec l'évêque de Chartres. Le célèbre chirurgien Dupuytren tenta, sans succès, une opération. La fin approchait, et le vieux roi Louis XVIII arriva à cinq heures du matin pour voir mourir l'héritier des Bourbons. L'assassin Louvel fut exécuté le 7 juin.

HÔTEL LOUVOIS.

Le théâtre de l'*Opéra* fut démoli peu de temps après ce drame ; l'évêque de Chartres en avait arraché la promesse au roi après la mort du duc de Berry.

Louis XVIII avait ordonné de construire une chapelle expiatoire à l'endroit où s'élevait l'Académie de Musique. Mais le monument n'était pas achevé au moment de la Révolution de 1830. Le monument commencé fut alors démoli et le terrain transformé en place publique. L'architecte Visconti éleva, pour cette place, la gracieuse fontaine en bronze et pierre que nous voyons aujourd'hui. Les figures en bronze qui la décorent sont dues au sculpteur Klagmann.

HÔTEL LOUVOIS.

L'hôtel Louvois, admirablement situé, en bordure du square, vient d'être complètement reconstruit et entièrement réinstallé. Il est maintenant pourvu de tout ce qui contribue au bien-être du voyageur : lumière électrique, ascenseurs, chauffage central, cabinets de toilette et salles de bains, salons et appartements privés, doubles portes entre toutes les chambres afin d'éviter le bruit, installation mécanique pour le nettoyage par le vide, etc., etc.

Une des grandes préoccupations du propriétaire, M. Stofer, a été de donner de l'air et de la lumière à profusion dans toutes les pièces ; il n'a rien négligé sous le rapport du confortable et de l'hygiène, mais il a écarté tout le luxe superflu afin de pouvoir maintenir des prix raisonnables. Le voyageur, certain de trouver chez M. Stofer une très bonne cuisine, aura dans cet hôtel l'illusion d'être chez soi.

Il n'existe guère, au centre de Paris, un coin plus tranquille, plus aéré, même à l'abri du bruit et de la poussière, que le square Louvois.

Suivons maintenant la rue Vivienne, qui s'étend de la rue des Petits-Champs aux boulevards. Son nom vient de la famille des Vivien, dont l'hôtel occupait cette rue. Louis Vivien, seigneur de Saint-Marc, tout comme François de la Michodière, donna son nom à deux rues, la rue Vivienne et la rue Saint-Marc, qui en est voisine.

Au XVIIIe siècle, on pratiqua des fouilles rue Vivienne et l'on mit à jour des pierres tombales, ainsi que plusieurs objets de l'époque romaine, entre autres une urne avec inscription latine. On découvrit aussi neuf cuirasses de femmes que l'on supposa avoir appartenu à une femme romaine qui vint, avec quelques compagnes, pour suivre son fils, lors de l'occupation romaine dans les Gaules.

La rue Vivienne était jadis entièrement occupée par des hôtels particuliers. Nous voyons au numéro 4 l'entrée de la galerie Colbert édifiée sur l'emplacement de l'ancien hôtel de Colbert bâti par l'architecte Le Vau. Au 6, se trouve la galerie Vivienne, formée en 1823 sous le nom de galerie Marchoux sur l'emplacement des écuries du duc d'Orléans. La galerie Vivienne est, aujourd'hui, la propriété de l'Institut, par suite d'un legs particulier.

Au 27 de la rue Vivienne était le théâtre du *Vaudeville*. Ce théâtre, fondé en 1792, occupa d'abord une salle de danse dans l'ancienne rue de Chartres, qui se trouvait sur l'actuelle place du Carrousel. Après un incendie qui détruisit cette salle nommée le *Vaux-hall-d'Hiver*, le *Vaudeville* s'installa provisoirement dans un café-spectacle du boulevard Bonne-Nouvelle situé sur l'emplacement où sont aujourd'hui les magasins de *la Ménagère*. Puis, en 1840, le *Vaudeville* s'installa place de la Bourse dans la salle que l'*Opéra-Comique* venait d'abandonner.

C'est là que le *Vaudeville* connut quelques succès célèbres, entre autres *la Dame aux Camélias, le Roman d'un jeune Homme pauvre, la Famille Benoiton*.

En quittant la rue Vivienne, nous nous arrêterons quelques instants rue Feydeau. Elle fut tracée, vers l'année 1650, sur les terrains formant l'enceinte de Charles V, sous le nom de rue des *Fossés-Montmartre*. Au 21 de cette rue existait autrefois le théâtre *Feydeau*, fondé en 1789, sous les auspices de Monsieur, frère du roi.

Le passage des Colonnes, devenu rue des Colonnes à cause des colonnes qui la bordent, servait d'abri au public pendant les entr'actes du théâtre de Monsieur.

A propos de ce théâtre, nous ne résisterons pas au plaisir de rapporter ici l'anecdote intéressante que nous conte M. Georges Cain dans ses *Promenades dans Paris*.

En 1795, le couvent des Filles Saint-Thomas, fermé depuis la Révolution, était devenu le centre de la section Le Peletier, parti réactionnaire et royaliste. A ce moment, Paris était en proie à la terreur menaçante de la famine. Les agioteurs et les accapareurs faisaient hausser le prix des denrées et par leur faute la Convention était accusée de vouloir affamer le peuple.

La Convention décida alors d'agir énergiquement et de frapper un grand coup : elle voulut désarmer et fermer la section Le Peletier, comité central de l'émeute, qui réunissait tous les conspirateurs d'alors.

Et le 14 octobre 1795, la garnison de Paris, sous les ordres du général Menou, cernait l'ancien couvent. Mais on parlementa au lieu de combattre, et au cours de cette répression on vit, avec une surprise extrême, le général Menou battre en retraite devant les injonctions des insurgés.

« Parmi ceux qui avaient assisté, indignés, à cette capitulation de l'armée devant l'émeute, se trouvait un jeune homme pâle aux yeux ardents, aux longs cheveux pendants, mal vêtu d'une redingote élimée, la tête couverte d'un chapeau trop grand : c'était Napoléon Bonaparte, alors « sans emploi, sans solde, sans rations », rayé depuis trois semaines de la liste des officiers généraux en activité et qui, destitué par Aubry comme terroriste, végétait à Paris, pauvre, presque inconnu, et si désespéré qu'il disait la veille à Barras :

« A quelque prix que ce soit, j'ai besoin d'être employé. Si je ne puis obtenir du service, j'irai en demander comme artilleur à Constantinople. »

« Après avoir passé sa soirée dans une loge du théâtre *Feydeau*, dont la façade circulaire, ornée de cariatides, s'ouvrait 25 rue Feydeau sur l'emplacement de l'actuelle rue de la Bourse, Bonaparte regagnait le minable hôtel où il logeait, *A l'Enseigne de la Liberté*, près de la place des Victoires. A l'angle de la rue Vivienne, il fut témoin de la honteuse défaite de Menou et vit les soldats bafoués s'en retourner la baïonnette dans le fourreau. Bonaparte furieux suivit les troupes reprenant le chemin de la Convention et courut aux tribunes de l'Assemblée « pour y juger de l'effet de la nouvelle et suivre les développements et la couleur qu'on y donnerait ».

« Le Comité du Salut Public, raconte Barras dans ses *Mémoires*, ne sachant plus où donner de la tête, je dis : Il n'y a rien de si facile que de remplacer Menou, j'ai l'homme qui nous manque, c'est un petit officier corse qui ne fera pas tant de façons. Le Comité de Salut public, sur ma proposition, m'accorda aussitôt de mettre Bonaparte en service actif. »

Et le lendemain c'était le combat meurtrier de Saint-Roch, le 13 vendémiaire, entre les insurgés sectionnaires réfugiés dans l'église et les volontaires commandés par Bonaparte qui les délogea à coups de canon.

Ce fut à ce moment que se leva l'étoile du *Petit Caporal* ! Nous avons pensé qu'il n'était pas sans intérêt de citer cette anecdote qui est un exemple frappant du rôle prépondérant que peut jouer le hasard dans la destinée d'un homme.

Le palais de la Bourse, situé rue Vivienne et place de la Bourse, occupe l'emplacement du couvent des Filles Saint-Thomas-d'Aquin, de l'ordre de Saint-Dominique. Des religieuses de Sainte-Catherine-de-Sienne, ayant reçu l'ordre d'aller former un établissement à Paris, se logèrent d'abord dans une maison de la rue des Postes, au faubourg Saint-Marcel, après l'obtention de leurs lettres patentes, en 1629. En 1634, elles achetèrent une grande maison rue Vieille-du-Temple, où elles firent construire une église et un assez vaste monastère où elles demeurèrent jusqu'en 1642. A ce moment, elles vinrent habiter la nouvelle maison qu'elles avaient fait bâtir dans la rue qui porte le nom de leur couvent. Supprimé en 1790, ses bâtiments furent occupés, pendant plusieurs années, par divers particuliers et par la section Le Peletier, ainsi que nous le voyions tout à l'heure, jusqu'en 1808, époque où, sur son emplacement, l'on édifia le palais de la Bourse.

La Bourse de Paris existe depuis Philippe le Bel et se tenait alors au Pont-au-Change. Elle fut transférée plus tard dans la grande cour du Palais-de-Justice, au-dessous de la galerie Dauphine. De là, à l'époque du banquier Law, elle alla s'établir dans les jardins de l'hôtel de Soissons.

En 1724, la Bourse fut légalement instituée et son siège installé dans l'hôtel de Nevers, aujourd'hui la Bibliothèque Nationale. Fermée en 1793, elle fut rétablie en 1795, au Louvre, et c'est à ce moment que, par suite des spéculations importantes sur le numéraire et les assignats, la petite Bourse, qui se continua plus tard dans le hall du Crédit Lyonnais, puis passage des Princes, prit naissance au Palais-Royal, au lieu dit *le Perron Vivienne*.

Un décret du 16 mars 1808 ordonna de construire à l'extrémité de la rue Vivienne, sur les terrains de l'ancien couvent des Filles Saint-Thomas, un édifice destiné à contenir la Bourse et le Tribunal de Commerce. La première pierre en fut posée le 24 du même mois, et les travaux commencèrent aussitôt, sur les plans et sous la direction de l'architecte Alexandre Brongniart. L'œuvre allait lentement faute de fonds. Brongniart mourut en 1813, et Labarre continua la construction,

LA BOURSE.

qui, interrompue en 1814, reprise activement en 1821, ne fut terminée qu'en 1827. L'inauguration avait eu lieu un peu avant l'achèvement complet, en 1826.

La grande salle de la Bourse, où se trouve la corbeille des agents de change, mesure trente-huit mètres de long sur vingt-cinq mètres de large et vingt-cinq mètres de hauteur. La voûte qui soutient le vitrail du haut est décorée de fresques peintes par Pujol. Ces fresques représentent des sujets allégoriques relatifs au Commerce et à l'Industrie. En 1899, toutes ces fresques ont été restaurées.

Deux escaliers donnent accès à l'édifice, l'un sur la place de la Bourse à l'ouest, l'autre sur la rue Notre-Dame-des-Victoires, à l'est. L'un et l'autre sont décorés de statues. Celles de l'escalier de la place de la Bourse sont, à droite, le Commerce, par Dumont; à gauche, la Justice Consulaire, par Bosio. Celles de l'escalier de la rue Notre-Dame-des-Victoires sont l'Industrie, par Pradier, et l'Agriculture, par Seurre.

L'ordonnance corinthienne préside à la décoration extérieure de l'édifice.

En 1903, la Bourse fut l'objet de considérables agrandissements, à l'occasion desquels on découvrit dans les fouilles des objets qui avaient été placés dans les pierres des fondations de l'ancien couvent.

Détail curieux, la cloche du couvent, après avoir pendant un siècle et demi sonné matines, messes et vêpres, servit pendant longtemps à l'annonce de l'ouverture et de la fermeture du marché de la Bourse. Elle se trouve actuellement au musée Carnavalet.

Le monument de la Bourse actuelle, agrandie de ses deux transepts nord et sud, forme maintenant une véritable croix latine. Les nouveaux bâtiments furent inaugurés officiellement en 1903.

La rue de la Banque, autrefois passage des Petits-Pères, a été tracée sur des terrains dépendant de l'Hôtel de La Ferrière et de l'Hôtel de Bouillon.

Nous y voyons la mairie du IIe arrondissement et la caserne de la Banque, édifiées par Girard et Baltard, en 1849, sur les terrains dépendant du couvent des Augustins déchaussés, dits Petits-Pères, dont le jardin s'étendait de la place des Petits-Pères à la rue des Filles-Saint-Thomas. La caserne est occupée aujourd'hui par la garde républicaine.

C'est rue de la Banque que sont les établissements du Timbre et de l'Enregistrement.

Prenons la rue Paul-Lelong, qui n'était autrefois qu'une ruelle et qui nous conduira rue Notre-Dame-des-Victoires, où nous trouverons l'église de ce nom qui fut ainsi appelée en souvenir des victoires remportées par Richelieu sur les protestants de La Rochelle. Louis XIII posa la première pierre de cette église en 1629.

L'église Notre-Dame-des-Victoires était l'ancienne église du couvent des Augustins. Ces Augustins appelés à Paris, en 1607, par la reine Marguerite, qui leur donna un terrain au Pré-aux-Clercs, furent expulsés quelques années après. En 1619, ils revinrent et se logèrent d'abord rue Montmartre. Puis, en 1628, ils achetèrent rue du Mail un terrain où ils firent élever leur monastère. La construction, qui dura jusqu'en 1740, fut longue et dispendieuse. Il est vrai que pendant ce laps de temps on changea les proportions de l'édifice et qu'on l'agrandit de telle façon que l'église primitive est devenue la sacristie de l'église actuelle. Le couvent des Petits-Pères était vaste et riche ; il s'étendait jusqu'à la place actuelle de la Bourse, où il rejoignait le couvent des Filles Saint-Thomas.

Dans cette église, au-dessus du bénitier est gravée cette inscription, renouvelée de Sainte-Sophie de Constantinople :

Νιψονανομηματαμημονανοψιν

qui peut se lire indifféremment de gauche à droite ou de droite à gauche et qui veut dire : « Lavez vos péchés et non pas seulement votre visage. »

L'église Notre-Dame-des-Victoires est située sur la place des Petits-Pères, où nous voyons, aujourd'hui, la pharmacie Tarin, autrefois pharmacie Fontaine.

La place des Petits-Pères occupe l'emplacement de la cour du couvent des religieux Augustins, dits Petits-Pères. Ce surnom leur fut donné, suivant les uns, à cause de la petitesse et de la pauvreté de leur premier établissement à Paris. Suivant les autres, il se rapporterait à l'anecdote suivante : Henri IV ayant aperçu un jour dans une antichambre du Louvre les pères Mathieu de Sainte-Françoise et François Amet qui étaient de très petite taille, demanda en riant « quels étaient ces petits pères-là ? ». Dès lors on aurait appelé « petits pères » les religieux de cet ordre.

L'établissement des Augustins, à Paris, date de 1009, mais leur couvent ne fut construit qu'en 1628, sur un terrain nommé les Burelles. Il fut démoli en 1790.

La pharmacie Tarin, située au numéro 9 de la place des Petits-Pères, date de plus d'un siècle. Elle est dirigée depuis trente-cinq ans par M. Tarin et est connue, dans le monde entier, pour l'excellence de ses produits.

Nous sommes loin, depuis l'organisation officielle des Écoles de Pharmacie placées sous le contrôle direct et permanent de l'Académie de médecine, de l'époque où la corporation des apothicaires était unie à celle des épiciers et où les pharmaciens, pour les guider dans la préparation des médicaments, n'avaient aucune des connaissances nécessaires pour donner à leurs préparations un caractère vraiment scientifique.

La pharmacie Tarin possède de précieuses spécialités dont la principale est la semence de lin. On sait que l'on cultive le lin non seulement pour sa filasse, mais encore pour sa graine. La graine de lin rend environ 25 p. 100 d'huile siccative, qui remplit un rôle important dans les arts. Elle sert à préparer l'encre des imprimeurs et des lithographes, les vernis gras, les taffetas gommés, les toiles cirées, les cuirs vernis. La médecine tire un très grand parti de la graine de lin. Cette graine contient un mucus renfermant de l'acide acétique et des sels, de l'extractif, de l'amidon, de la cire-résine, une matière colorante, de la gomme, de l'albumine et une huile fine. Le mucilage de graines de lin est très visqueux ; il possède des propriétés laxatives et bienfaisantes.

Préparée d'une façon toute spéciale par M. Tarin, la semence de lin est un des produits émollients les plus précieux de la matière médicale.

En quittant la place des Petits-Pères, nous arrivons sur la place des Victoires, où se dresse la statue équestre de Louis XIV. Cette statue remplace une ancienne statue de Louis XIV qui représentait le Roi-Soleil sur un piédestal aux angles duquel figuraient des esclaves enchaînés portant des lanternes. Ces figures symbolisaient les nations européennes vaincues. Le monument érigé donna bien vite naissance à ce distique gascon :

> La Feuillade, sandis, je crois que tu me bernes,
> De placer le Soleil entre quatre lanternes !

La statue fut renversée en 1792 ; du bronze dont elle était faite, on fondit des

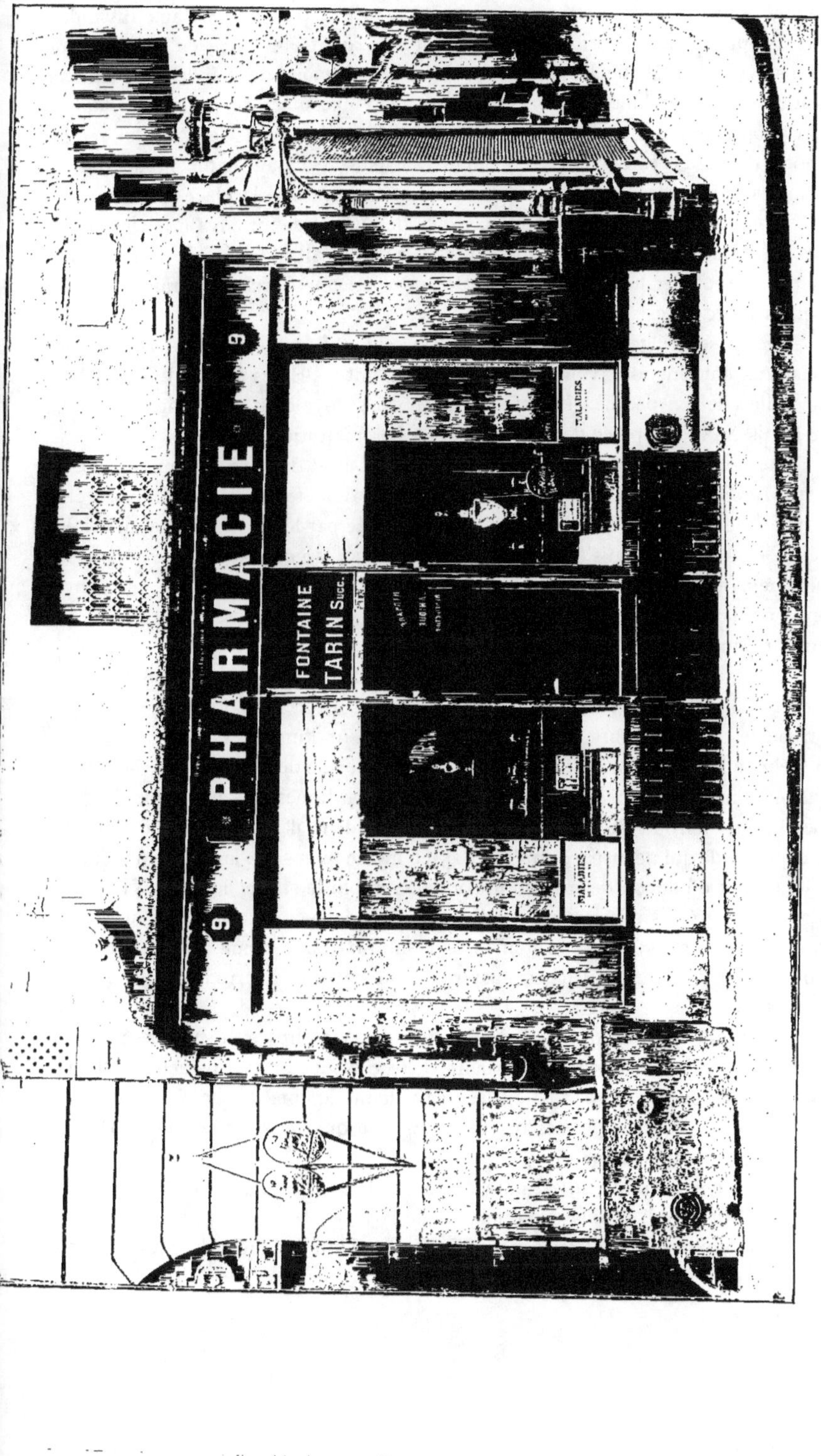

IIᵉ ARRONDISSEMENT

PHARMACIE TARIN.

canons, et une partie des figures enchaînées furent transportées aux Invalides.

Le projet de tracer la place des Victoires avait été conçu en l'honneur de Louis XIV, par M. de La Feuillade, dont nous venons de voir le nom dans ce distique. La Feuillade, en bon courtisan, pour exécuter son projet, fit démolir son propre hôtel. Il acheta, moyennant 200 000 livres que la Ville lui rendit, l'hôtel de La Ferté Senneterre, y joignit la maison d'Hautmann, intendant des finances, puis celle de Perrault. C'est sur ces terrains que la place fut formée.

Tout ce quartier environnant la place des Victoires fut envahi par les hôtels des riches financiers, des « traitants », comme on disait jadis. On y voyait notamment, en 1705, les hôtels de Crozat, Henault, Étienne Cornet, Bouralais, Samuel Bernard, etc., etc.

De l'assemblage sur la place des Victoires de tous ces « traitants » et fermiers généraux enrichis, on avait fait le dicton suivant : « Henri IV sur le Pont-Neuf, au milieu de son peuple ; Louis XIII à la place Royale au milieu de sa noblesse et Louis XIV à la place des Victoires avec ses maltotiers. »

Actuellement, malgré l'arrêté de 1685, où il était dit qu'à l'avenir « les occupants seraient tenus d'entretenir les façades en pareil état et sans y rien changer », la place des Victoires a été complètement envahie par les enseignes commerciales.

Sa transformation s'opéra très vite. Dès 1790, la noblesse la déserta pour n'y plus revenir. Brocanteurs, marchands de curiosités, empiriques, s'y installèrent en attendant les marchands de tissus, par lesquels elle est en majorité occupée aujourd'hui.

Après la mort de Desaix, Bonaparte avait décidé qu'un monument lui serait élevé sur la place des Victoires. Ce projet fut exécuté en 1806. Le monument avait un piédestal de marbre avec des bas-reliefs dont l'un représentait la victoire d'Héliopolis. Le sculpteur Dejoux avait fait le modèle de la statue qui était colossale et d'une nudité pareille à celle des statues antiques. Les habitants du quartier furent effarouchés, et, pour ménager leur pudeur, il fallut cacher le héros par une palissade qui ne disparut qu'en 1815, en même temps que la statue fut démolie.

Il était du devoir de la Restauration de rétablir la statue de Louis XIV. Cette statue, malgré ses dimensions un peu trop grandes pour la place qui lui sert de cadre, a des lignes assez harmonieuses résultant d'une bonne proportion entre l'homme et la monture. Elle est inspirée de la statue de Pierre le Grand à Saint-Pétersbourg.

La rue d'Aboukir, qui part de la place des Victoires, a été formée par trois rues : la rue des Fossés-Saint-Germain, la rue Neuve-Saint-Eustache et la rue Bourbon-Villeneuve. En 1793, on lui avait donné le nom de rue Neuve-Égalité ; c'est après la victoire de Bonaparte en Égypte qu'elle reçut le nom d'Aboukir qu'elle porte aujourd'hui.

La rue du Mail qui lui est parallèle fut tracée sur l'emplacement d'un ancien *Jeu de Mail*, établi le long des remparts de la ville.

L'on y voit quelques maisons intéressantes, l'une notamment, dont la façade est ornée de pilastres cannelés, terminés par des chapiteaux sculptés où s'enroulent des couleuvres.

Au numéro 13, occupé actuellement par la salle Érard, demeurait pendant la Révolution la célèbre femme galante Olympe de Gouges, qui mourut sur l'échafaud en 1793.

Revenons place des Victoires et engageons-nous dans la rue Étienne-Marcel, qui appartient à la fois aux Ier et IIe arrondissements.

Elle a été formée d'une partie de l'ancienne rue aux Ours et fut prolongée sur l'emplacement de plusieurs autres rues, de 1880 à 1882, lors du percement de la rue Turbigo. Elle porte le nom du célèbre prévôt des marchands qui joua un rôle si considérable aux États-Généraux, de 1356 à 1357, et fut assassiné par Jean Maillard, en 1358.

Sur les terrains occupés aujourd'hui par la rue Française, s'élevait l'hôtel de Jean-sans-Peur, duc de Bourgogne.

C'est au numéro 29 de la rue Étienne-Marcel que se trouvait le théâtre où les Confrères de la Passion s'étaient établis en 1548, sous le nom de Comédiens de l'Hôtel de Bourgogne.

En face de l'hôtel des Postes, sur l'emplacement de l'immeuble qui forme l'angle de la rue Montmartre et de la rue Étienne-Marcel et où nous remarquons aujourd'hui le *Dépôt Céramique* de la maison Simon, s'élevait jadis l'hôtel de M. l'abbé de Lattaignant, chanoine de Reims.

Cet abbé, joyeux viveur, fit métier d'amuser par des couplets satiriques des chansons, des bons mots et des épigrammes, la société fort mêlée au milieu de laquelle il passa sa vie. Il a laissé un grand nombre de pièces de vers, écrites facilement, mais en général assez médiocres, et dans lesquelles la décence était son moindre souci. C'est à lui qu'on doit la chanson si populaire de *J'ai du bon tabac*.

La Du Barry occupait tout un corps de bâtiment dans l'hôtel du galant abbé et venait se reposer près de lui des ennuis de la cour. Nous trouvons à ce sujet, dans le *Dictionnaire des Rues de Paris* de M. Pessard, l'anecdote suivante : « La chronique scandaleuse, raconte A. Callet, dit que le gai chanoine chassa plusieurs fois sur les terres de son seigneur et maître ; or, un jour que sur l'ordre du roi jaloux, la belle avait dû rentrer à Versailles, elle envoya une corbeille d'abricots du potager du roi à son ami l'abbé avec ces quatre bouts-rimés : abricot, mot, poire et... L'abbé qui avait avalé la corbeille de fruits à la chair mordorée et qui s'en était ressenti, renvoya à la comtesse ses bouts-rimés ainsi remplis :

> Craignez le jus de la poire,
> Surtout le jus de l'abricot,
> Car il vous donnerait la...
> Madame, passez-moi le mot.

Le *Dépôt Céramique* a remplacé l'hôtel de l'abbé libertin.

La céramique fut le commencement des arts et des industries de tous les peuples de la terre. Platon affirme que la fabrication des poteries en terre séchées au soleil ou cuites au four a été partout une des premières industries. D'après les résultats des dernières découvertes, on peut diviser l'histoire des arts céramiques en dix-huit époques distinctes, qui marquent autant de dates dans les progrès de cette importante industrie : époques chinoise, assyrienne, égyptienne, osque, étrusque, grecque, romaine, italo-grecque, celtique, américaine, gallo-romaine, arabe, italienne, allemande, française, saxonne, anglaise et moderne.

Fondé en 1894, au 36 de la rue Étienne-Marcel, le *Dépôt Céramique* a su, dès le début, s'assurer une place prépondérante et une autorité incontestée sur le marché commercial de la céramique. La variété jointe à la qualité hors ligne de ses produits lui a valu un considérable succès. A côté des pâtes translucides de Limoges, des terres de fer anglaises et françaises, des cristaux les plus purs, en un mot tout ce qui touche au confort et à l'élégance du service de la table dont le *Dépôt Céramique* s'est fait une spécialité, les amateurs seront toujours certains de trouver, dans ses magasins, les dernières créations en *fantaisies* de toutes les fabriques du monde entier, tels que vases, surtouts de tables, cachepots, jardinières, garnitures de cheminées, objets en porcelaine de Saxe et porcelaine hongroise, d'une finesse parfaite et vendus à des prix exceptionnellement avantageux. L'on peut trouver également, dans cette maison, un rayon spécial d'articles de ménage ainsi qu'un rayon de coutellerie.

DÉPÔT CÉRAMIQUE.

DÉPÔT CÉRAMIQUE.

Toujours soucieux de justifier sa bonne réputation, le *Dépôt Céramique* s'efforce de donner à ses créations une note toute particulière et un cachet artistique pour lesquels il a mérité son succès.

La rue Étienne-Marcel est traversée par la rue Turbigo, dont la plus grande partie est située dans l'arrondissement du Temple ; nous en parlerons tout à l'heure. Toutefois nous voudrions signaler ici la maison Dutar, qui est une maison fort intéressante de fournitures générales pour les hôpitaux, située au coin de la rue Turbigo et de la rue Tiquetonne.

La rue Tiquetonne se nommait, en 1373, rue Denis-le-Coffrier. Son nom actuel lui vient par altération d'un riche boulanger qui l'habitait au xve siècle et qui se nommait Quiquetonne. Nous lisons, dans Sauval, que pendant un certain temps cette rue porta le nom de *rue de l'Arbalète*, à cause de cette particularité que les arbalétriers s'exerçaient dans un jardin qui était tout proche. Le fameux comédien Scaramouche, dont Molière ne dédaigna pas les conseils, mourut dans une maison de la rue Tictonne ou Tiquetonne. Tiberion Fiurelli, dit Scaramouche, était un acteur de l'ancienne Comédie italienne, né à Naples en 1608 et mort à Paris en 1696. Il vint en France en 1640, faisant partie d'une troupe d'acteurs appelés d'Italie pour amuser Louis XIV enfant. Fiurelli passe pour l'inventeur même du personnage de Scaramouche ; du moins est-il certain qu'il le naturalisa en France. C'est une variété du matamore à la fois querelleur et poltron. Son costume était entièrement noir, ce qui explique le vers de Molière :

Le ciel s'est habillé ce soir en Scaramouche.

Fiurelli monta sur les planches jusqu'à l'âge de quatre-vingt-trois ans. Cinq ans avant sa mort, il dit adieu à son art et mourut dans les bras de la religion. Il fut enterré en grande pompe dans l'église Saint-Eustache, alors que le clergé avait refusé une sépulture à Molière. Mais les comédiens italiens, vantés pour leur dévotion, échappèrent toujours à l'anathème prononcé par l'église contre les gens de théâtre et les histrions.

La maison Dutar, qui se trouve placée au numéro 1 de la rue Tiquetonne et au 21 de la rue Turbigo, a ceci de spécial qu'elle est la seule maison qui puisse subvenir à tous les besoins des hôpitaux.

M. Dutar, ancien avocat à la Cour d'Appel de Paris, a eu cette conception très heureuse de grouper dans un établissement unique tous les articles qui peuvent être nécessaires aux hôpitaux, aux hospices, aux cliniques, aux asiles d'aliénés et, en un mot, à toutes les maisons de santé. Cette généralité ne comporte aucune exception, car la maison Dutar se charge aussi bien de la fourniture de tous appareils destinés aux malades que du mobilier et de l'installation absolument complète des salles d'opération, appareils de désinfection, de chirurgie, d'orthopédie, accessoires de pharmacie, de stérilisation, articles d'hygiène, etc., etc.

Cette idée d'un établissement groupant une telle réunion d'articles, pour chacun desquels il fallait recourir autrefois à des spécialistes divers, était abso-

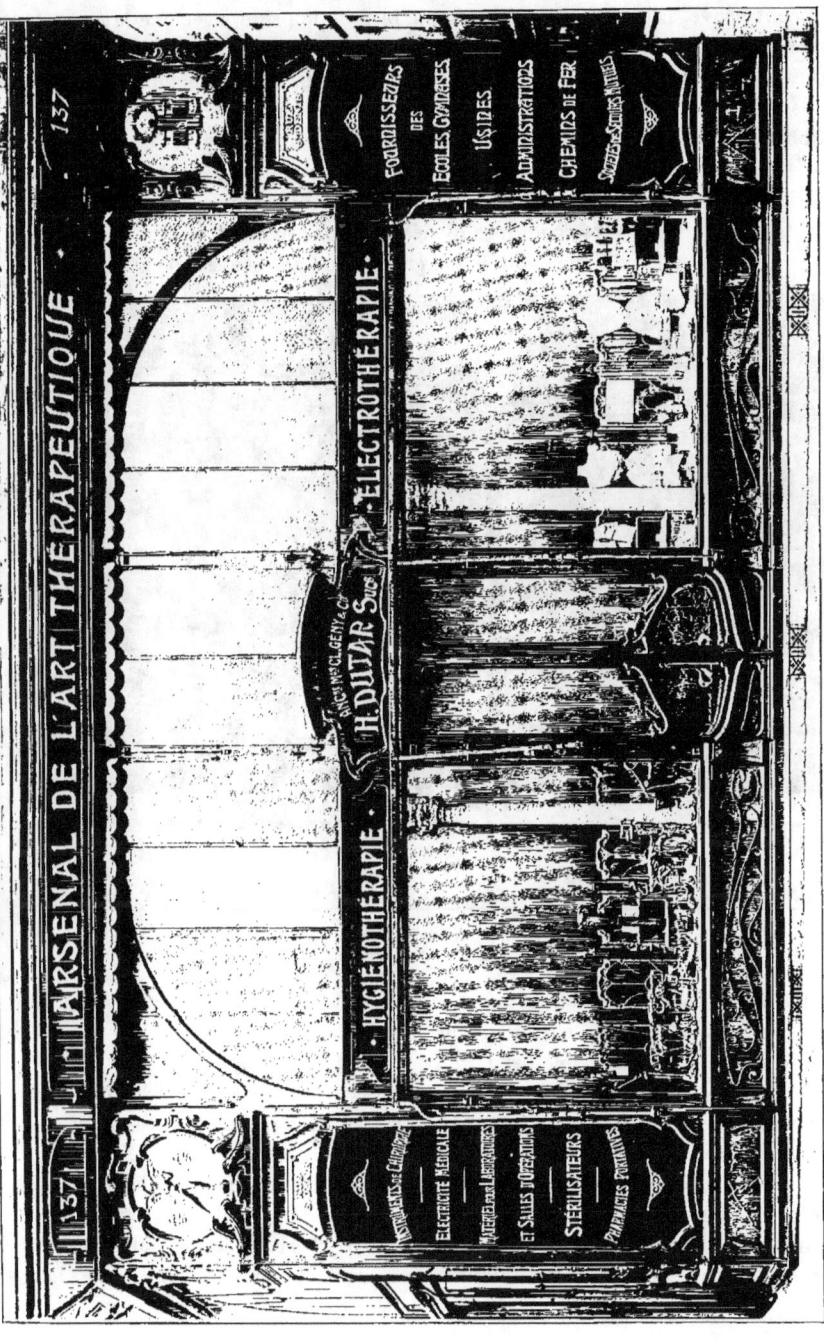

MAISON H. DUTAR.

lument neuve. Elle a été acueillie, comme bien on le pense, avec une faveur très marquée dans tout le monde médical et, quoique la maison Dutar soit très récente, elle fournit, à l'heure actuelle, plus de douze cents hôpitaux et établissements divers, le service des Ministères et des Colonies, ainsi que l'Assistance Publique dont elle est à nouveau adjudicataire pour trois ans.

Le lit du malade a été, de la part de M. Dutar, l'objet d'études toutes spéciales et de soins particuliers. L'on sait l'importance que peuvent avoir dans une maladie les bonnes ou mauvaises conditions hygiéniques du couchage.

Les économes de France, qui fondèrent en 1908 une association générale, ont

MAISON H. DUTAR. — ENTRÉE, RUE TURBIGO, DES SALONS D'ESSAYAGE POUR DAMES
(BAS, CEINTURES, CORSETS).

tenu à mettre le siège de leur association chez M. Dutar. C'est prouver qu'ils ont reconnu qu'il y avait chez ce dernier une très grande volonté de travail et de perfectionnement maintenue par la force d'une direction unique.

La maison Dutar s'est en outre spécialisée dans certains articles qui sont livrés directement au public : ce sont les appareils devant remédier à tous les cas de malformation, *orthopédie, bandages, ceintures, corsets de maintien*, etc., etc. Elle exécute également des *corsets de toilette* scientifiquement réalisés et qui offrent aux femmes, par conséquent, toutes les garanties qu'elles peuvent désirer. Elles trouveront, de plus, dans la maison de la rue Turbigo, les *articles d'hygiène et de toilette* particulièrement destinés aux soins concernant leur beauté. Les

Parisiennes et les Étrangères ne peuvent rêver au sujet de cette question importante qui les préoccupe toutes à un si haut degré une maison de confiance offrant des références plus sérieuses.

Suivons maintenant la rue Montmartre qui commence rue Rambuteau pour finir boulevard Montmartre. Elle se nommait jadis rue de la Porte-Montmartre, parce que la porte Montmartre y était située.

Au coin de la rue Montmartre et de la rue d'Uzès, était situé l'hôtel d'Uzès, célèbre par une entrée en forme d'arc de triomphe. Sous l'Empire, l'administration des Domaines y fut installée. Cet hôtel fut démoli en 1870. La rue d'Uzès est une rue exclusivement commerçante, occupée en grande partie par l'industrie linière.

Elle nous conduit à la rue Saint-Fiacre, qui, au XVIIe siècle, était tellement mal fréquentée qu'il fut décidé qu'elle serait fermée à ses deux extrémités par des grilles de fer. Elle servait de retraite aux vagabonds. Son nom vient de ce qu'elle dépendait du fief de Saint-Fiacre.

A son extrémité se trouve la rue des Jeûneurs, dont le nom singulier peut nous intriguer à bon droit. Voici quelle explication en a été donnée : elle fut établie au XVIIe siècle près de deux jeux de boules récemment installés, et on l'aurait désignée sous le nom de *rue des Jeux Neufs*. Par altération, ce nom serait devenu rue des Jeûneurs. Cette explication est d'ailleurs très plausible.

La rue des Jeûneurs est, avec la rue Saint-Fiacre, la rue Mulhouse et la rue du Sentier, le centre du commerce des tissus et spécialement des indiennes, toiles, percales, broderies, etc., etc. On désigne sous le nom général de *Sentier* tout ce quartier industriel.

Son nom lui vient soit de chantier — la rue fut tracée sur les terrains d'un ancien chantier — soit du mot sentier. Cette rue n'était en effet qu'un sentier qui longeait les anciens remparts de Louis XIV.

La rue du Sentier nous mènera rue Réaumur. Cette rue, ouverte en 1851, a absorbé plusieurs rues, entre autres les rues du Marché-Saint-Martin, Royale-Saint-Martin, Thévenot, etc. Il fallut, pour la tracer, faire disparaître de nombreux immeubles. C'est actuellement une voie très large et très aérée, qui possède peut-être les plus beaux immeubles commerciaux de Paris. La rue Réaumur se continue dans le IIIe arrondissement, et nous verrons, tout à l'heure, un monument très ancien qui y fut conservé.

Aux numéros 75 et 77 de la rue Réaumur, nous remarquons une très ancienne maison de distillerie datant de plus d'un siècle et demi, appartenant aujourd'hui à MM. Legouey, Delbergue et Gagé. Ce ne fut qu'au commencement du XIXe siècle que la fabrication des liqueurs, qui n'était jusque-là qu'une industrie purement locale et ne donnait lieu qu'à des opérations peu compliquées, prit peu à peu une importance qui ne fit que s'accentuer avec les différents industriels qui réalisèrent sans cesse, pour la distillerie française, de nouvelles améliorations.

Une des bases les plus sérieuses sur lesquelles s'établit la bonne fabrication des liqueurs est le choix bien compris de bons alcools et de bonnes eaux-de-vie. Les plantes jouent, sans doute, un rôle prépondérant dans la question du goût, du bouquet et du parfum de la liqueur distillée ; mais toutes ces qualités ne peuvent être mises en valeur qu'avec des eaux-de-vie et des alcools de premier choix. Nos distillateurs français, en possession de méthodes scientifiques, d'appareils perfectionnés et de matières premières supérieures, ont donc été en mesure d'établir, dans de bonnes conditions d'économie et de précision, des installations grandioses.

Nous pourrons nous convaincre des sérieux progrès réalisés dans cette branche de notre industrie nationale en visitant l'une des plus grandes distilleries parisiennes. Ce vaste établissement fut fondé par MM. Aubert et Badin. Il fut, dès ses débuts, puissamment organisé et prit encore de grands développements sous la direction de ses différents propriétaires,

MAISON LEGOUEY, DELBERGUE ET GAGÉ.

parmi lesquels il faut citer MM. Damiens, Fortin et Palisse. Mais c'est surtout depuis qu'il est devenu la propriété de MM. Legouey et Delbergue qu'il possède l'organisation toute moderne qui a tant contribué à sa grande prospérité. En 1888, ces derniers adjoignirent à leur maison celle de M. Godart fils, ancienne maison Noël-Lasserre, fondée en 1720, et ils durent agrandir de nouveau leur établissement pour pouvoir fabriquer les marques spéciales dont ils venaient de faire l'acquisition, la liqueur Montmorency, le Bitter rose Godart et le Curaçao Godart.

Puis les établissements Legouey et Delbergue s'adjoignirent encore deux autres maisons : en 1891, l'ancienne maison Ruinet frères, de la rue Montmartre, datant aussi de plus d'un siècle et, en 1902, la maison Gagé.

Dans la grande distillerie de la rue Réaumur, nous suivrons, avec intérêt, les différentes opérations, depuis le dépotage des liquides qui se fait au moteur jusqu'à la mise en fûts et en bouteilles. C'est une installation absolument modèle, qui occupe plus de cent ouvriers et qui a eu pour résultat de doubler le chiffre d'affaires de la maison.

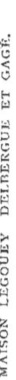

MAISON LEGOUEY DELBERGUE ET GAGÉ.

MM. Legouey, Delbergue et Gagé ont obtenu de nombreuses récompenses à toutes les expositions universelles. Ils se sont vu décerner le Grand Prix à Paris, en 1900; à Hanoï, en 1903; à Saint-Louis, en 1904; à Liége, en 1905; à Milan, en 1906 et à Londres en 1908. Grâce à l'excellente qualité de liqueur telles que le Punch Grassot, la Trappistine, le Curaçao triple sec, etc.

En dehors de ces spécialités, ils fabriquent toutes les liqueurs classiques et les liqueurs fines dans des conditions de supériorité et de bon marché qu'il convient d'attribuer aux perfectionnements de l'outillage, à l'installation économique des appareils et à cette organisation méthodique qui caractérise tous nos grands établissements industriels modernes

MAISON LEGOUEY, DELBERGUE ET GAGÉ.

Nous nous arrêterons ensuite rue Réaumur, au passage de la Cour des Miracles.

Au XIIIe siècle, on donnait ce nom de Cour des Miracles à certains endroits qui servaient d'abris et de repaires aux mendiants, aux voleurs et aux filous. C'était toute une population que ces habitants de cours des Miracles. Dulaure, dans son *Histoire de Paris*, dit que l'on peut la diviser en deux classes : la première se composait d'estropiés, d'infirmes ou de mendiants de profession ; la seconde, de vagabonds, de gens sans aveu, dont plusieurs demandaient l'aumône l'épée au côté et souvent la main sur la garde. Ces hommes, assassins à gages, voleurs de jour et de nuit, composaient ordinairement les attroupements séditieux, provoqués et payés par les intrigants de qualité. Il faut avouer que la première classe fournissait souvent des auxiliaires à la seconde.

On nommait ainsi les cours des Miracles parce que, en venant s'y réfugier, mendiants et filous déposaient le costume de leurs rôles. Les aveugles voyaient clair, les boiteux étaient redressés, les estropiés recouvraient l'usage de leurs membres. Il existait de nombreuses cours des Miracles à Paris; la plus fameuse était celle qui nous occupe à l'heure actuelle, placée entre les rues de Damiette et des Forges. Voici la description qu'en donne Sauval, qui a visité les lieux : « Elle consiste en une place d'une grandeur très considérable et en un très grand cul-de-sac puant, boueux, irrégulier, qui n'est point pavé. Autrefois il confinait aux dernières extrémités de Paris. A présent (Sauval écrit ces lignes sous le règne de Louis XIV) il est situé dans l'un des quartiers les plus mal bâtis, les plus sales et les plus reculés de la ville, entre la rue Montorgueil, le couvent des Filles-Dieu et la rue Neuve-Saint-Sauveur, comme dans un autre monde. Pour y venir, il se faut souvent égarer dans de petites rues, vilaines, puantes, détournées ; pour y entrer, il faut descendre une assez longue pente, tortueuse, raboteuse, inégale. J'y ai vu une maison de boue, à demi enterrée, toute chancelante de vieillesse et de pourriture, qui n'a pas quatre toises en carré et où logent, néanmoins, plus de cinquante ménages, chargés d'une infinité de petits enfants légitimes, naturels ou dérobés. On m'a assuré que dans ce petit logis et dans les autres habitaient plus de cinq cents grosses familles, entassées les unes sur les autres. » Sauval parle ensuite des mœurs de ceux qui habitaient cette cour. Après avoir dit que ni les commissaires de police ni les huissiers ne pouvaient y pénétrer sans recevoir des injures et des coups, il ajoute : « On s'y nourrissait de brigandages, on s'y engraissait dans l'oisiveté, dans la gourmandise et dans toutes sortes de vices et de crimes, sans aucun soin de l'avenir ; chacun jouissait à son aise du présent et mangeait le soir avec plaisir ce qu'avec bien de la peine et souvent avec bien des coups il avait gagné tout le jour, car on y appelait gagner ce qu'ailleurs on appelle dérober, et c'était une des lois fondamentales de la Cour des Miracles de ne rien garder pour le lendemain. Chacun y vivait dans une grande licence, personne n'y avait ni foi ni loi ; on n'y connaissait ni baptême, ni mariage, ni sacrement. Il est vrai qu'en apparence ils semblaient reconnaître un Dieu et, pour cet effet, ils avaient dressé au bout de leur cour, dans une grande niche, une image de Dieu le père qu'ils avaient volée dans quelque église et où tous les jours ils venaient adresser leurs prières... Des filles et des femmes, les moins laides, se prostituaient pour deux liards, les autres pour un double, la plupart pour rien. Plusieurs donnaient de l'argent à ceux qui avaient fait des enfants à leurs compagnes, heureux de pouvoir exciter la compassion par la vue des enfants et obtenir ainsi des aumônes. »

Dans *Notre-Dame de Paris*, Victor Hugo a décrit les horreurs de la Cour des Miracles, « dans ce pandémonium où hommes, femmes, bêtes, âge, sexe, santé, maladies, tout semblait être en commun ». Ce peuple de truands se subdivisait en différentes classes : il y avait les *malingreux* qui figuraient l'hydropisie, les *piètres* qui se traînaient sur des béquilles, les *callots* qui feignaient d'être guéris de la teigne, les *francs-mitoux* qui tombaient en défaillance au coin des rues, etc., etc., etc., la liste serait trop longue s'il fallait tous les citer.

Quittons la Cour des Miracles pour gagner la rue de Cléry, où s'élevèrent à la fin du règne de Louis XIV plusieurs jolies maisons auxquelles le luxe et les mœurs de leurs hôtes firent une grande réputation d'élégance et de galanterie. Un des plus luxueux parmi ces hôtels était celui du *traitant* Berthelot de Pleneuf. Sa fille, la marquise de Brie, y vint au monde et, curieux hasard, nous dit M. Fournier, à deux pas de là naquit celle qui devait être la Pompadour.

Au coin de la rue de Cléry et de la rue Beauregard, nous remarquons une étroite maison qui s'avance comme un cap entre les deux rues qu'elle termine. C'est un débit de vins, en même temps qu'une maison meublée qui a pris pour enseigne *Au poète de 93*. André Chénier en effet y demeura avant d'être arrêté à Passy.

C'est dans un hôtel de la rue de Cléry que Mme Vigée-Lebrun donna son fameux repas à la grecque dont il fut tant parlé dans les annales du temps et pendant lequel, « vêtues, ou plutôt dévêtues, les beautés de l'époque buvaient le Chypre à pleines coupes ».

Elles sont pittoresques et singulières toutes ces vieilles rues étroites, hautes et sombres, avoisinant la rue de Cléry et qui dévalent en pente raide vers le boulevard Bonne-Nouvelle. C'est la bizarre rue de la Lune, où sous le Second Empire un amateur découvrait la cantatrice Marie Sasse dans un misérable beuglant appelé *Café Moka*. La rue de la Lune s'enfonce, tortueuse et noire, avec ses maisons sombres dont quelques-unes, aux balcons de fer forgé, sont très anciennes. Dans le haut de cette rue s'ouvre le portail de l'église Notre-Dame-de-Bonne-Nouvelle, bâtie sur l'emplacement d'une ancienne petite chapelle du hameau de Ville-Neuve.

Non loin de ce carrefour, se trouve la rue des Filles-Dieu. Il existait jadis un monastère de filles occupant l'emplacement de cette rue ainsi que de la rue et du passage du Caire. Guillaume III, évêque de Paris, ayant réussi à convertir plusieurs filles publiques voulut les réunir dans une maison pieuse. Le but de cette fondation était de retirer des pécheresses « qui pendant toute leur vie avaient abusé de leur corps et à la fin étaient en mendicité ». A la ferveur qui se manifesta d'abord, succéda bientôt le relâchement; le désordre, comme bien on pense, s'introduisit souvent dans cet ordre particulier de religieuses.

Suivons la rue Saint-Denis qui est une ancienne voie romaine et s'appelait le chemin des Flandres. Elle prit le nom de Saint-Denis, parce qu'elle conduisait directement à l'abbaye du même nom. C'était jadis la rue que les souverains choisissaient toujours pour faire leur entrée solennelle dans la capitale. Parmi les maisons intéressantes qu'elle renferme, nous citerons seulement : la maison qui fait l'angle de la rue Saint-Denis et de la rue Grenéta où se trouvait l'hôpital de la Trinité fondé pour les pauvres et les pèlerins et qui fut loué par la suite aux Confrères de la Passion, qui y installèrent le premier théâtre permanent, à l'époque où les spectateurs prenaient une part si vive aux pièces qu'on représentait devant eux que les acteurs qui jouaient le rôle du traître ne parvenaient pas toujours à éviter les mauvais coups.

Au 83, l'ancienne maison de l'Arbre aux Prêcheurs, qui nous conserva jusqu'en 1899 le curieux type des poteaux corniers.

De sanglants combats eurent lieu rue Saint-Denis pendant la Révolution de 1830.

PORTE SAINT-DENIS.

La rue Grenéta date de l'année 1230. Le numéro 43 était l'ancien hôtel de Coislin.

Elle nous mènera rue Montorgueil, autrefois rue du Mont-Orgueilleux, parce qu'elle conduisait à un monticule. Elle possède quelques vieilles maisons avec d'intéressantes sculptures. C'est dans cette rue que naquit Béranger, et c'est au numéro 72, jadis *Restaurant de la Baleine*, que la Société du Caveau tenait ses réunions.

La rue des Petits-Carreaux fait suite à la rue Montorgueil et a été longtemps confondue avec elle. Son nom paraît venir des *petits carreaux* ou *éventaires* en osier que les marchandes tenaient devant elles pour placer leurs marchandises. Elle aboutit à la rue de Cléry, où commence la rue Poissonnière. Cette rue se nommait en 1290 le Val des Larrons, à cause du danger qu'elle présentait ; elle s'appela ensuite le *Clos aux Halliers*, puis le *Champ des Femmes*, sans doute à cause des filles publiques qui y demeuraient. Elle prit le nom de Poissonnière, parce que les voitures de marée prenaient ce chemin pour conduire le poisson aux Halles.

En quittant la rue Poissonnière, il ne nous reste plus, pour terminer notre promenade dans le IIe arrondissement, qu'à parcourir les boulevards depuis le boulevard Saint-Denis jusqu'au boulevard des Capucines, en nous occupant seulement du côté des numéros impairs.

Il existe de nombreux boulevards dans Paris, mais ce qu'on appelle les boulevards, ou plus communément le boulevard, s'entend seulement de cette merveilleuse promenade qui s'étend de la Madeleine à la Bastille et qui en certains endroits constitue pour ainsi dire l'âme et l'existence même de Paris.

Avant l'annexion de 1860, on les appelait les boulevards intérieurs pour les distinguer des boulevards extérieurs. Ils furent primitivement l'enceinte de Paris et restèrent pendant fort longtemps une promenade plantée d'arbres, bordée de fossés et de murs où il était fort peu agréable de se promener le jour et fort dangereux la nuit. On raconte qu'en 1670 Louis XIV, revenant de Vincennes, fut frappé de l'état déplorable dans lequel se trouvaient ces anciennes fortifications et des graves inconvénients que pouvaient offrir des voiries établies çà et là autour de Paris. Il fit alors construire un nouveau rempart planté d'arbres depuis la porte Saint-Antoine jusqu'à celle de Saint-Denis.

Ce ne fut qu'en 1772 que la chaussée d'une partie des boulevards fut pavée, et c'est alors que les grands seigneurs, propriétaires des hôtels dont les jardins avaient été coupés en deux par le rempart, obtinrent l'autorisation d'ouvrir des portes sur le rempart et d'établir des terrasses sur les boulevards.

Les boulevards qui sur toute leur longueur subissent de profonds changements à mesure que les quartiers diffèrent, peuvent être divisés en deux parties, à l'extrémité desquelles se trouvent la Madeleine et la Bastille. L'équateur est le boulevard Montmartre, où s'épanouissent dans toute leur expansion la chaleur et la vie et où règne une animation qu'on ne peut trouver nulle part ailleurs.

Le boulevard Saint-Denis a été planté en 1676. Au numéro 19, se trouve le magasin du Nègre, une des curiosités de Paris.

Cette maison fut fondée en 1797. Elle est située juste en face de la porte Saint-Denis. La porte de l'ancien Paris désignée sous ce nom du temps de Philippe-Auguste, était située entre la rue Monconseil et la rue du Petit-Lion. Ce ne fut que sous Charles IX qu'elle fut reculée jusqu'à la rue Sainte-Apolline. C'est de cette porte Saint-Denis que vint le nom donné à l'arc de triomphe que la Ville de Paris érigea en 1672 à la gloire de Louis XIV pour célébrer le fameux passage du Rhin. La forme de ce monument, son caractère, ses attributs, ses

VUE INTÉRIEURE DES MAGASINS DU NÈGRE.

inscriptions, tout concourait à le faire désigner sous une autre appellation.

La Porte Saint-Denis fut élevée sur les plans de l'architecte François Blondel. L'on y voit deux pyramides en relief qui se terminent par deux petites boules. Sur la façade qui regarde le boulevard est représenté le *Rhin épouvanté*. A gauche, la Hollande vaincue est assise sur un lion à demi mort, couché sur une épée rompue et un faisceau de flèches brisées. Deux bas-reliefs représentent le *Passage du Rhin* et la *Prise de Maestricht*.

C'est au pied de la Porte Saint-Denis que furent livrés, en 1830 et 1848, les combats les plus meurtriers de ces époques révolutionnaires.

Les magasins du Nègre ont pour enseigne un nègre portant sur son ventre une horloge. Que de personnages illustres durent défiler dans ces magasins

depuis 1797, époque où ils furent fondés. Ils appartiennent actuellement à M. E. Steghens.

Cette maison, dont l'origine et la réputation sont tellement anciennes, nous offre le choix le plus étendu de bijouterie d'or et d'argent de tous les genres, depuis les bijoux de fantaisie de prix très modestes jusqu'aux parures de grande valeur. Elle est également fort connue pour son horlogerie de précision et pour l'orfèvrerie.

L'orfèvrerie est l'un des métiers qui ont été le plus anciennement organisés en corporation. Ses statuts de 1260 ne sont évidemment qu'une revision d'autres plus anciens. En août 1345, Philippe VI leur donna des armoiries qui étaient : une croix d'or dentelée sur champs de gueules, accompagnée de deux couronnes et de deux coupes d'or à la bannière de France en chef. Ce corps de métier jouissait de toutes les prérogatives des six corps marchands et était si considéré qu'il ne manquait jamais d'être désigné pour figurer dans les entrées solennelles des rois, reines ou légats.

L'orfèvrerie a compté de nos jours des artistes de premier ordre.

Les objets qui nous sont présentés dans les magasins du Nègre sont d'une exécution parfaite et toujours très artistique ; ils sont vendus dans des conditions fort intéressantes.

Le boulevard Bonne-Nouvelle, qui date également de 1676, doit son nom à la proximité de l'église Notre-Dame-de-Bonne-Nouvelle.

Le boulevard Poissonnière est appelé ainsi à cause de la rue du même nom. Au numéro 2 était situé l'hôtel du fermier général Augeard. Au 19, une maison qui fut connue pendant longtemps sous le nom de maison mystérieuse, parce qu'elle resta hermétiquement close de 1870 à 1903. Au 23, ancien hôtel Montholon, joli spécimen d'architecture Louis XVI.

Le boulevard Montmartre, pendant la Révolution, porta quelque temps le nom de boulevard Marat. Au numéro 7, nous voyons le théâtre des Variétés, construit en 1807, qui fut toujours un des théâtres les plus essentiellement parisiens et qui eut des succès très fameux.

On le construisit pour la troupe de la Montansier, qui devait quitter le Palais Royal, et voici comment le père Dupin, un célèbre vaudevilliste, parle de la nouvelle installation du théâtre : « Le boulevard Montmartre ! Un affreux quartier pour un théâtre ! C'était presque la campagne, il n'y avait pas une seule de ces grandes maisons que vous voyez là. Rien que des petites échoppes à un seul étage, des espèces de méchantes baraques de bois et les deux petits panoramas du sieur Boulogne (de là vient le nom de passage des Panoramas formé sur l'emplacement de l'hôtel de Montmorency-Luxembourg). Pas de trottoir... le sol en terre battue entre deux rangées d'arbres... Quelques vieux fiacres et cabriolets passaient de temps en temps. La campagne, enfin c'était la campagne. »

Autrefois, de chaque côté des boulevards, s'étendaient les terrasses de somptueux hôtels dont l'immeuble occupé par le Cercle de l'Union Artistique, avenue Gabriel, peut donner une idée. C'étaient, entre autres, les hôtels de Samuel Bernard, de Crozat, des frères Bondi.

On s'imagine aisément quel pouvait être le luxe d'un hôtel qu'habitait un Samuel Bernard, par exemple, dont on connaît la prodigieuse fortune. Ce célèbre traitant, né en 1651, mort en 1739, avait amassé dans d'heureuses spéculations financières un magot de plus de 33 millions. Cette somme équivalait pour l'époque à environ 120 millions d'aujourd'hui.

Vers la fin de son règne, Louis XIV, dans une circonstance critique, humilia son orgueil jusqu'à caresser la vanité de ce traitant enrichi auquel il emprunta de l'argent. Le roi fit lui-même les honneurs de Marly à Samuel Bernard ; le financier, en récompense de la somme qu'il prêta au roi de France, fut anobli et sa famille se trouva par la suite alliée aux plus grands noms.

Les chroniqueurs rapportent un détail singulier sur Samuel Bernard : on raconte que, jouet d'une superstition singulière, il croyait son existence attachée à celle d'une poule noire qu'il faisait, comme bien on pense, soigner avec le plus grand soin. L'histoire ne dit pas si la poule mourut avant le financier.

Les choses les plus bizarres ne doivent pas nous paraître étranges dans le domaine de la superstition et rien n'est plus curieux à ce sujet que de consulter le « Dictionnaire Infernal » où nous trouvons des aphorismes de ce genre : « Malheureux qui chausse le pied droit le premier ». « Un couteau donné coupe l'amitié ». « Il ne faut pas mettre les couteaux en croix ni marcher sur des fétus croisés », etc. On ne saurait s'imaginer, dit Plutarque dans un traité moral et religieux, toutes les sottises dont la superstition est capable et cela n'est point surprenant puisqu'elle naît de l'ignorance. Condillac en a donné une fort bonne définition en disant qu' « elle attribue à des causes surnaturelles les choses dont l'ignorance ne permet pas de se rendre raison ».

Au 21 du boulevard Montmartre, la « campagne » de jadis, sur cet emplacement que le père Dupuis qualifiait autrefois d'affreux quartier pour un théâtre et qui est devenu cependant le coin le plus parisien de Paris, nous visiterons les salons de coiffure de Lespès, qui s'apprêtent à fêter leur cinquantième anniversaire.

La maison, située autrefois sur l'emplacement des immeubles portant actuellement les numéros 21 et 23 du boulevard Montmartre, avait été réunie par Perrin, successeur de Garchy, aux jardins et salons de jeu de Frascati, de Frascati dont nous avons vu la vogue éclatante sous le Directoire. Parmi les maisons de jeu, très mal famées en ce temps-là, Frascati était la mieux réputée. Une tenue élégante y était de rigueur. C'était en outre la seule maison de jeu où les femmes eussent conservé le droit d'entrée, et il est inutile de dire qu'elles usaient largement de ce privilège. Les salons de Frascati étaient ouverts depuis quatre heures du soir jusqu'à deux heures du matin. On y donnait fréquemment des bals et des soupers.

Sous l'Empire, l'immeuble de Frascati passa entre les mains du grand veneur de Napoléon, M. Duthillière, qui en tira un parti très lucratif en le louant à des entrepreneurs de banque. Perrin se retira, riche de 16 millions, et ce prodigieux bénéfice donne un aperçu des affaires qui s'y brassaient. Bernard succéda à Perrin, puis le marquis de Chalabre, puis enfin Boursault et Bénazet le père, qui tous deux firent fortune à Frascati.

En 1837, les jeux furent définitivement supprimés. Les jardins et le pavillon Frascati furent démolis et remplacés par une rangée de maisons immenses qui sextuplèrent la fortune de leur propriétaire, la comtesse d'Osmont, née Duthillière.

Les salons de coiffures Lespès sont connus non seulement de tout Paris, mais aussi de la France entière, et c'est là que de nombreuses personnalités parisiennes vinrent se faire raser et coiffer par 30 garçons coiffeurs, qui sont de véritables artistes et ont été choisis parmi les plus réputés de la capitale.

C'est en 1859, il y a cinquante ans déjà, que Lespès vint remplacer le *Figaro* à l'entresol du 21 boulevard Montmartre. Que de célébrités ont défilé dans ces salons : Villemessant, Aurélien Scholl, Albert Millaud, Alphonse Daudet, François Coppée, Charles Monselet, Émile Blavet, Fernand Xau sont venus s'y asseoir. Victor Hugo lui-même venait y faire couper sa chevelure romantique. Nous donnons à titre de curiosité la reproduction que le brillant chroniqueur Aurélien Scholl consacra à Lespès le 25 mars 1887 :

« Lespès n'était qu'un bien petit garçon quand il vint s'installer dans la cour de la maison où il devait faire fortune. Une seule pièce, pas trop claire ; l'abonnement pour la barbe et la coiffure était de six francs par mois. Villemessant, Noriac, Paulze d'Ivoi, Auguste Villemot et le chroniqueur ici présent furent les premiers clients de Lespès. Après quelques années d'exercice, le barbier landais fit son coup d'état. De la cour il s'élança sur le boulevard ; son nom s'étala en lettres d'or sur tous les balcons. Il fut coiffeur pour les Français, *hair-dresser* pour les Anglais, *peluquero* pour les Espagnols. Il attira les étrangers en arborant les drapeaux de toutes les nations, et entré vivant dans l'immortalité, il a pu voir dans plusieurs grandes villes de province cette annonce flatteuse pour lui : « Salon de coiffure, genre Lespès, de Paris. »

Les salons de Lespès n'ont guère changé ; ils ont continué à être, le matin, le véritable rendez-vous de tout Paris. Le monde des affaires et de la haute finance y coudoie le monde des artistes, des poètes et des journalistes. Tous viennent là écouter et colporter les innombrables potins qui se font à Paris.

Chacun sait que c'est chez le coiffeur que circulent les nouvelles ; les *Figaros* sont toujours les gens les mieux renseignés, et ce n'est pas d'aujourd'hui qu'ils ont cette réputation. A Athènes comme à Rome, les boutiques des barbiers étaient le rendez-vous de toute la ville. C'était là qu'on apprenait les nouvelles du jour, qu'on tournait en ridicule les puissants, qu'on mettait en circulation toutes les médisances et tous les caquetages. Horace dit que les nouvelles « courent les boutiques des barbiers ». Ceux-ci sont demeurés les hommes les plus au courant

des potins et des anecdotes. Ils les racontent à leurs pratiques, et ils acquièrent ainsi une certaine faconde qui les fait bien souvent ressembler à l'immortel Figaro de Beaumarchais.

Les salons de Lespès, où des photographies flatteusement dédicacées perpétuent le souvenir des plus illustres clients de la maison, ont bien conservé les traditions d'antan, et l'on peut dire que pendant un demi-siècle ils virent défiler toute l'histoire de Paris.

Aurélien Scholl, que nous citions tout à l'heure, disait à propos du boulevard Montmartre que la génération actuelle ne peut se faire une idée de ce qu'était Paris en 1867 : « Comment se représenter l'animation des boulevards, la mêlée des équipages au bord du lac, le mouvement, la vie, la fièvre, le luxe qu'un coup de grisou prussien a anéantis à Sedan? Les magasins qu'on ferme aujourd'hui à neuf heures restaient ouverts jusqu'à minuit. Le café Anglais, la Maison Dorée flamboyaient jusqu'à l'aurore. Tout le monde avait sa voiture. La plus petite figurante du Palais Royal ou des Variétés faisait son persil dans un coupé au mois. Paris était comme un vaste tapis vert où les monceaux d'or et de billets de banque poussés par des râteaux invisibles allaient incessamment de l'un à l'autre. La fortune publique tournait et ronflait comme une toupie hollandaise. S'il y avait quelque part des plaintes et des gémissements, le clairon, le tambour, les orchestres couvraient toute clameur importune. La force en haut, l'orgie en dessous. Un tourbillon sur un fond de boue. »

Au rez-de-chaussée de l'immeuble portant le numéro 21 du boulevard Montmartre, se trouve la maison Cadé, cordonnerie du Royal Gardenia.

La cordonnerie comprend la fabrication et le commerce des chaussures de toutes sortes. Selon Ménage, ce mot viendrait du nom de la ville de Cordoue qui était autrefois renommée à juste titre dans toute l'Europe pour sa fabrication de cuirs fins. La cordonnerie française est celle dont les produits sont les plus recherchés ; ils sont expédiés dans toutes les parties du monde. Il est des maisons d'exportations dont le chiffre d'affaires s'élève à plus d'un million. Les relations avec l'Angleterre, l'Amérique, la Russie et l'Orient sont très actives. Pour ces divers pays, l'expédition des chaussures de femme est beaucoup plus importante que celle des chaussures d'homme, et la presque totalité des envois sont effectués avec les plus beaux produits cousus de la cordonnerie française.

C'est dans ce dernier article que la cordonnerie du Royal Gardenia (qui fut fondée en 1893) s'est fait une spécialité très marquée. Elle fabrique des chaussures fines, cousues à la main, qui ont ce mérite d'être à la fois les plus souples, les plus gracieuses et les plus solides. Aussi a-t-elle vu s'accroître sans cesse sa nombreuse clientèle.

Si nous faisons ici un rapide historique de la chaussure, nous verrons que les chaussures des anciens pouvaient se diviser en deux espèces bien distinctes : celles qui couvraient entièrement le pied comme nos souliers et qui s'appelaient *calceus, niulleus, pero, phœcasium* ; et celles qui se composaient d'une ou de

plusieurs semelles avec des bandelettes qui liaient le pied nu par-dessus. On les nommait : *caliga, solea, crepida, baxea, sandalium*. Le *cothurne* était une chaussure faite de manière à pouvoir servir indifféremment à l'un ou à l'autre pied.

La forme de la chaussure n'a pas moins varié au moyen âge que dans l'antiquité. Les Gaulois avaient des chaussures dorées par dehors et ornées de courroies et de lanières longues de trois coudées. Au VIIe et au VIIIe siècle, la chaussure avait en France la forme d'un soulier à quartier relevé sur les talons et entièrement découvert sur le dessus du pied. Vers la fin du XIIIe siècle, apparurent les souliers dits à la *poulaine*, chaussure qui s'allongeait en pointe d'une façon démesurée.

Au XVe et au XVIe siècle, on mit à la mode, à côté des *patins*, qui étaient des chaussures de cuir à semelles de bois établies sur des bases très élevées, les souliers à bouffettes, ornés de perles, de grains d'or et de touffes de rubans. Les femmes choisirent pour leur usage les *mules* qui avaient pour avantage de faire ressortir la petitesse du pied. Sous Louis XVI, les boucles remplacèrent les nœuds de rubans, puis, sous l'Empire, les femmes adoptèrent de petits souliers en maroquins ou en peau de chèvre retenus par des rubans croisés. Les souliers de luxe s'attachaient avec de larges fibules d'or, de vermeil ou d'argent, parfois même enrichies de diamant.

Nous trouverons à la cordonnerie du *Royal Gardenia* les plus jolies formes de chaussures exécutées avec le plus grand soin et les souliers les plus élégants et les plus gracieux.

Le boulevard des Italiens n'était autrefois, tout comme le boulevard Montmartre, qu'une suite de merveilleux hôtels avec terrasses dont les plus importants étaient ceux de Choiseul et de Richelieu.

Dans ce dernier, appelé pavillon du Hanovre, ainsi que nous le racontions tantôt, s'installa pendant la Révolution le *Bal des Victimes*. Après le 9 thermidor, la frénésie du plaisir avait succédé tout à coup au régime de la Terreur. Les fêtes, les spectacles, les bals s'étaient multipliés de tous côtés. Des industriels, profitant de l'état de l'opinion, imaginèrent d'exploiter la pitié publique en ouvrant des bals de Victimes, où l'on n'était admis qu'autant qu'on avait eu un parent mort sur l'échafaud, et où l'on ne pouvait danser que si l'on avait des cheveux *à la Victime*, c'est-à-dire coupés à fleur du col comme les condamnés préparés pour la guillotine. Les femmes se drapaient d'un châle rouge pour rappeler la chemise rouge de Charlotte Corday. Ces travestissements étaient censés symboliser la glorification des victimes et la flétrissure des bourreaux. En réalité, ces bals de Victimes n'étaient que des tripots, et les prétendues victimes n'étaient que des joueurs, des débauchés et des filles.

Puis Velloni s'établit au Pavillon du Hanovre et fonda ce café où Tortoni, qui lui succéda, obtint une si grande vogue.

La société la plus brillante de Paris se retrouvait en ce coin du boulevard qui avait été surnommé boulevard de Gand et qui était le royaume de la mode. Nous aurons l'occasion d'en parler plus longuement tout à l'heure.

Au numéro 1 du boulevard des Italiens, se trouve le café Richelieu qui prit, ensuite le nom de café Cardinal, et qui s'annonce par un buste de l'éminent homme d'État situé à l'angle de la rue Richelieu et du boulevard des Italiens. Ce café, signalé dans l'almanach du Commerce de l'an VI, fut fondé par Dangest.

Nous remarquons au numéro 3 le célèbre magasin de la *Petite Jeannette*, qui fut fondé en 1760 sous le nom de *Petite Nanette*, par Legrand Lernor.

C'est à côté de cet immeuble que se trouve l'ancien hôtel de l'abbé Terray, qui subsiste avec sa façade primitive. Deux consoles à volutes et un mascaron soutiennent le balcon du premier étage, au-dessus de la porte cochère. Elle était fort somptueuse, la demeure que s'était fait construire le cynique abbé Terray qui est resté célèbre par les haines qu'il s'attira de la part du peuple. Il fut un de ceux qui contribuèrent le plus à la dégradation de la monarchie. Sa servilité auprès de Mme de Pompadour lui avait valu une riche abbaye, et des spéculations sur les grains avaient accru sa fortune.

LA PETITE JEANNETTE.

Il acheva de gagner la faveur de Louis XV en coopérant à l'arrêt du conseil de 1764, qui, sous prétexte de liberté d'exportation des grains, affamait la France au profit des agents royaux et des agioteurs. A force d'intrigues, il fut appelé au poste de contrôleur général des finances par la protection du chancelier Maupeou, qui lui annonça sa nomination en ces termes rapportés par M. de Montyon : « L'abbé, le contrôle général est vacant ; c'est une bonne place où il y a de l'argent à gagner, je veux te la faire donner. »

L'abbé Terray avait d'ailleurs parfaitement conscience de l'immoralité de son rôle. Un jour que l'archevêque de Narbonne lui représentait que ses actions étaient équivalentes à l'action de prendre l'argent dans les poches, il répliqua avec calme : « Où donc voulez-vous que je le prenne? » — Un matin, l'on s'aperçut que la rue Vide-Gousset avait changé de nom : l'inscription avait été grattée et on lisait à la place : rue de Terray. Le contrôleur des finances apprit la chose en riant et en admirant l'esprit des Parisiens. Quand on lui eut dit qu'ils s'en amusaient vivement : « Eh ! parbleu, dit-il gaiement, qu'on les laisse rire un instant, ils le payent assez cher. »

Les mœurs de l'abbé Terray étaient fort corrompues. Il se dispensait de payer ses nombreuses maîtresses et leur faisait faire le trafic lucratif des grâces et des emplois.

L'hôtel Terray fut occupé de 1800 à 1885 par l'hôtel des Étrangers, puis par l'hôtel Choiseul et enfin par l'hôtel de Castille.

Tous ces locataires successifs respectèrent les appartements de l'entresol et du premier étage, ornés de trumeaux et de boiseries qui en faisaient le plus galant séjour. Les bureaux du journal *Le Temps* sont actuellement installés dans cet immeuble.

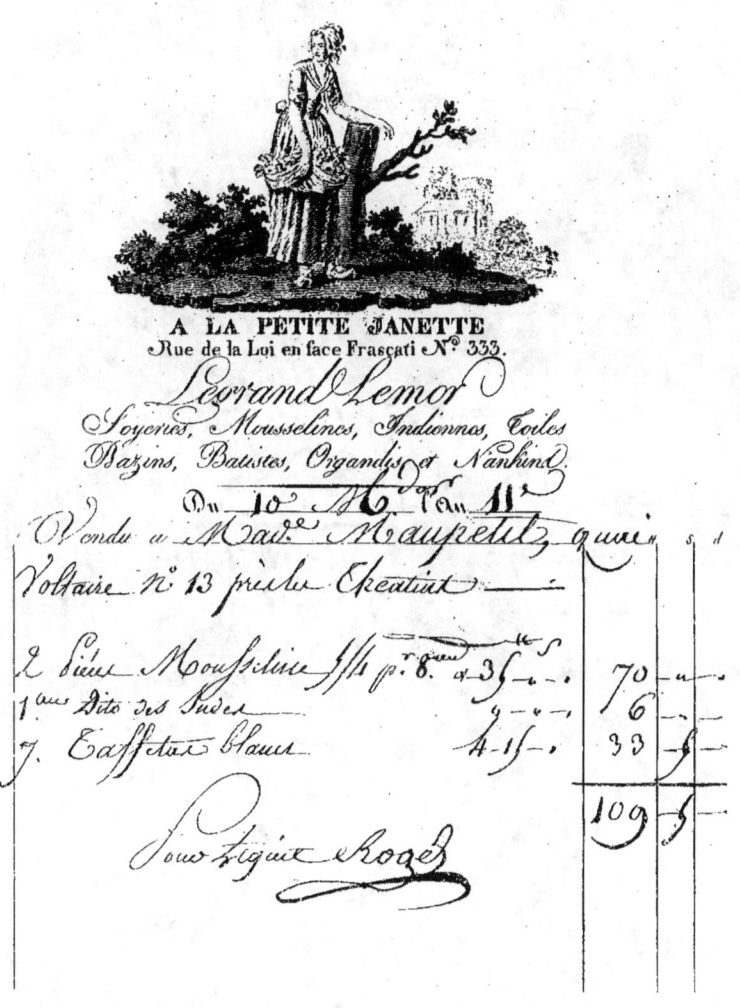

FAC-SIMILÉ D'UNE FACTURE DE LA PETITE JEANNETTE DU 10 MESSIDOR AN 11.

La Petite Nanette était primitivement un magasin de nouveautés très célèbre à l'époque.

Louis Housset succéda au fondateur de cette maison, dont l'enseigne fut par la suite transformée en *Petite Jeannette*.

La Petite Jeannette est dirigée depuis cinquante-huit ans par le propriétaire actuel, M. Allègre, qui a son fils comme collaborateur. Le magasin de nouveautés de jadis s'est spécialisé dans la fourniture de tous les articles qui concernent exclusivement la toilette masculine.

Tout dernièrement la maison vient de faire dans ses magasins de nouveaux agrandissements et de s'adjoindre un rayon de tailleur.

Les élégants sont assurés de trouver chez les chemisiers tailleurs Allègre et fils tout le raffinement désirable.

Par une visite dans les célèbres magasins de *La Petite Jeannette*, dont bien peu de maisons peuvent égaler l'ancienneté, ils se rendront bien vite compte que la perfection et le soin avec lesquels sont exécutées toutes les commandes leur donneront une complète et entière satisfaction.

Le passage des Princes, qui fut créé en 1860 sous le nom du banquier Mirès, auquel il appartenait, s'ouvre au numéro 5 du boulevard des Italiens pour aboutir

LA PETITE JEANNETTE.

au 97, rue Richelieu. Sa dénomination actuelle vient d'un ancien hôtel meublé, dit Hôtel des Princes, qui occupait jadis cet emplacement.

Au numéro 11 du passage des Princes, nous voyons la fameuse maison Sommer, connue pour son importante fabrication de pipes. Cette maison fut fondée en 1855 par M. J. Sommer et installée, en 1860, à l'endroit où elle se trouve actuellement.

La maison Sommer s'occupe tout spécialement de la fabrication des articles en écume et en ambre véritable.

La science désigne sous le nom d'écume plusieurs substances, soit naturelles, soit produites par l'industrie. Aujourd'hui on a par extension donné ce nom à une variété spongieuse de magnésite composée de magnésie carbonatée et de silice. C'est avec cette matière, préparée d'une certaine façon, qu'on fabrique les pipes dites d'écume de mer.

Jusqu'en 1850, la pipe d'écume de mer que l'on vendait en France était un produit exotique. L'Autriche avait le monopole de cette fabrication, uniforme d'ailleurs dans ses produits, consistant en un fourneau emmanché d'un tuyau de bois ou de corne, avec ou sans garniture d'argent.

C'est alors que fut fondée à Paris une première fabrique de pipes d'écume, immédiatement suivie de plusieurs autres qui prirent bientôt un grand développement.

Dès lors la France put suffire à sa consommation intérieure, et son exportation prit même des proportions tout à fait inattendues.

« La fabrication de la pipe d'écume de mer n'a plus guère de secrets pour les Parisiens, dit le *Larousse*, depuis que l'un des importateurs de cette industrie,

MAISON SOMMER FRÈRES.

M. Sommer, a installé en 1860, dans un des principaux passages de Paris, un atelier où, sous les yeux du public, des ouvriers tourneurs et sculpteurs se livrent à la confection de la pipe d'écume et de la pipe de bruyère. »

Dans la maison Sommer, la fabrication des pipes se perfectionna rapidement et devint bientôt presque entièrement artistique. Des modèles nouveaux furent créés sans cesse, et la maison prit une très grande extension.

Les déchets assez considérables provenant de la taille de l'écume ne s'emploient pas en France; ils sont expédiés en Autriche, où, par un procédé particulier, on les convertit en pipes de qualité inférieure dites en fausse écume.

L'ambre jaune est une substance dure et cassante, demi-opaque ou presque transparente, d'une couleur qui varie du jaune pâle au rouge-hyacinthe. Les poètes anciens avaient fait à l'ambre une réputation merveilleuse : ils le supposaient produit par les larmes des sœurs de Phaéton. Les déchets d'ambre servent à fabriquer les vernis employés dans la carrosserie.

La maison Sommer, où les fumeurs pourront trouver tous les articles qu'ils

MAISON SOMMER FRÈRES.

désireront, a été reprise, en 1890, par les fils du fondateur sous la raison sociale Sommer frères.

Au numéro 16 du passage, nous trouverons l'Institut d'Optique, dirigé par M. G. Avrillon.

Cette maison fut fondée en 1842 et fut établie, à cette époque, près du Pont-Neuf avant d'être installée au passage des Princes. Elle posséda, pendant longtemps, une importante succursale à Bayonne, et l'on trouve actuellement aux bureaux des ports de Bayonne et de Bordeaux ainsi qu'à la mairie de Biarritz des instruments d'optique de la marque Avrillon.

L'Institut d'Optique possède une marque spéciale, déposée, de jumelles (Optique scientifique). Ces jumelles ont des grossissements aussi considérables que les jumelles prismatiques et possèdent cet avantage de coûter beaucoup moins cher

MAISON AVRILLON.

Ces jumelles, ainsi que les pince-nez faits sur mesure, sont les spécialités de la maison.

Il est fort difficile, à ce propos, de savoir à quelle époque furent inventées les bésicles. Les premiers missionnaires qui visitèrent la Chine y trouvèrent déjà très répandu l'usage des lunettes. Les verres des bésicles chinoises étaient assez mal façonnés, de qualité médiocre et démesurément grands. Enchâssés comme les nôtres dans des montures de métal ou d'ivoire, quelquefois en bois, ils tenaient aux oreilles au moyen de cordons de soie. En Europe, on trouve les lunettes en usage pour la première fois en 1150. Il est à remarquer que, dans tous les écrits où il est question des bésicles, on ne parle que des verres pour presbytes. Il semblerait donc qu'on ne soit venu que plus tard au secours des myopes, au moyen des verres divergents. Il est vrai pourtant que Pline parle d'émeraudes concaves à travers lesquelles Néron regardait les combats des gladiateurs.

L'on était loin des verres perfectionnés que l'on trouve aujourd'hui pour aider les vues les plus différentes et des pince-nez que l'Institut d'Optique adapte tout spécialement pour les traits de chaque personne.

La maison Avrillon, où les consultations sont données par un docteur oculiste, peut compter au nombre de ses clients la reine-mère d'Espagne, le défunt Grand-Duc Alexis, le roi du Cambodge, ainsi que de nombreuses personnalités politiques.

Les numéros 17 à 21 du boulevard des Italiens occupent l'emplacement de l'ancien hôtel de Boufflers, sur lequel fut édifié le Crédit Lyonnais.

Au numéro 29, nous voyons la célèbre parfumerie Violet, qui possède, au coin du boulevard et de la rue de La Michodière, un fort beau magasin où nous voudrions nous arrêter quelques instants. Nous avons déjà vu, tantôt, que l'usage des parfums est aussi vieux que le monde. Si loin que nous remontions dans l'étude des mœurs et des coutumes des anciens peuples, nous voyons les produits aromatiques brûler devant tous les dieux qu'a su créer l'imagination humaine. Les Égyptiens les utilisèrent pour l'embaumement de leurs momies ; Moïse prescrivit avec soin ceux qui devaient remplir le tabernacle de leurs aromes ; la myrrhe et l'encens figurèrent parmi les présents que les Mages offrirent au Messie. Le sentiment qui dominait surtout dans l'emploi des parfums à ces époques reculées était un sentiment de vénération, d'adoration. Toutefois cet usage fut certainement dicté par des considérations hygiéniques, et certains auteurs prétendent que le seul but poursuivi par les anciens, en brûlant des baumes et des résines dans leurs temples, était de combattre les émanations désagréables produites par les animaux qu'on immolait dans les sacrifices.

Plus tard, lors du développement de la civilisation en Grèce, puis à Rome, la cosmétique sortit du sanctuaire et commença à devenir une véritable industrie. Des temples, elle passa dans les lieux de réunion, dans les cirques où l'immense velarium qui abritait les cent mille spectateurs faisait tomber sur eux une pluie parfumée qui combattait les âcres senteurs de l'arène ; puis dans les palais où

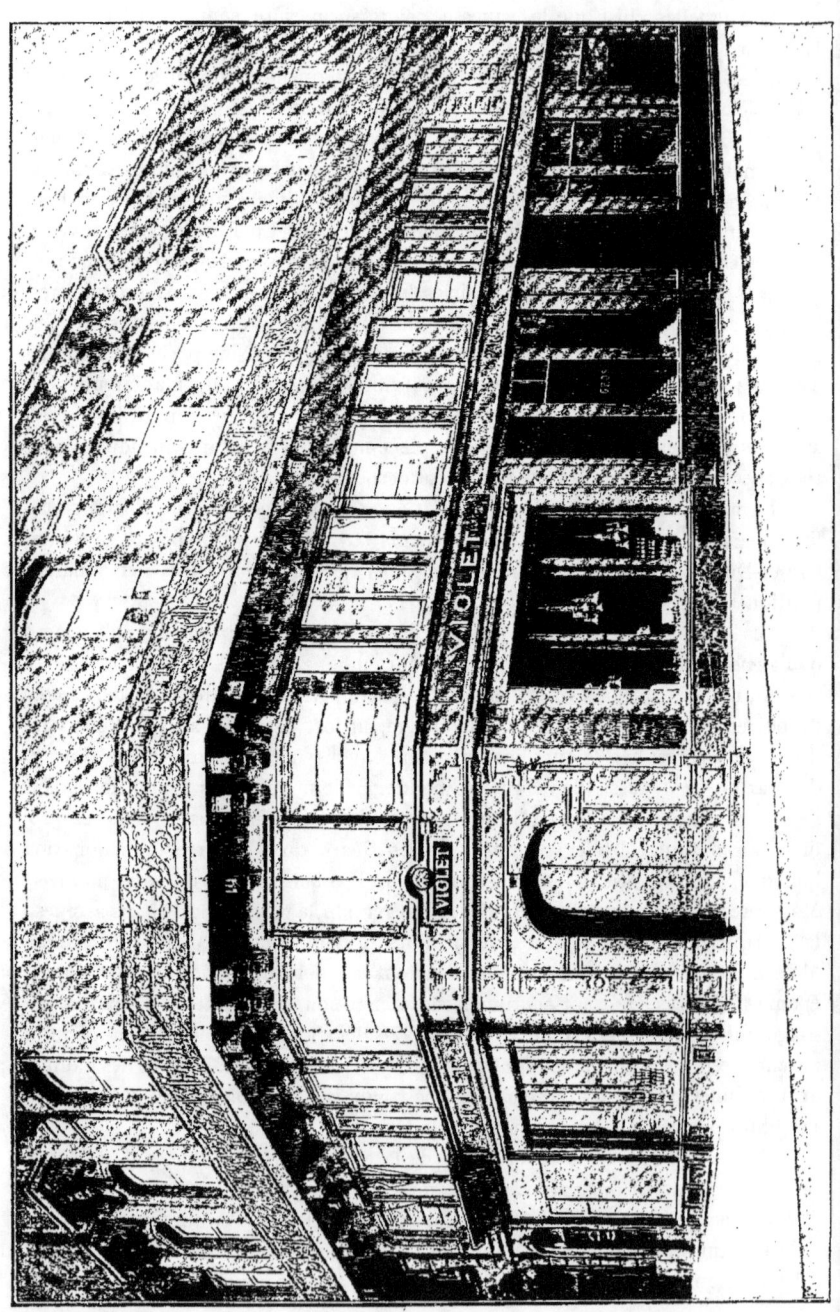

nous avons vu que les parfums furent l'objet d'une prodigalité inouïe ; puis enfin dans le cabinet de toilette des femmes, qui s'entouraient déjà de tous les raffinements du luxe. Les écrivains de cette époque nous ont transmis de nombreuses formules de cosmétiques, toutes encore plus ou moins employées aujourd'hui.

Au fur et à mesure que la civilisation se développa, l'usage des parfums se répandit davantage, passant de la classe privilégiée dans la bourgeoisie, puis dans le peuple, si bien qu'aujourd'hui l'usage de la parfumerie est non plus un luxe, mais un besoin.

Aussi la parfumerie est-elle devenue une industrie très importante et très prospère en même temps qu'une industrie raisonnée, abandonnant les sentiers battus de la routine et de l'empirisme pour s'appuyer sur les découvertes de la physiologie animale et végétale, de la chimie minérale et organique, de l'hygiène et de la thérapeutique.

MAISON VIOLET.

La France s'est, depuis longtemps, placée à la tête des nations où cette industrie s'est le plus développée et transformée. Elle est actuellement, non seulement pour les matières premières, mais surtout pour les produits fabriqués, le plus gros fournisseur de parfumerie du monde entier. Tributaires autrefois des orientaux, nous avons su les rendre tributaires à notre tour et, par la culture, donner à nos fleurs des parfums plus suaves, tels que ceux des orangers de Grasse, des roses de Provins, des violettes de Nice par exemple. Si l'Arabie nous fournit encore sa myrrhe et ses résines, le Tonkin son musc, le Japon l'ambre gris et la kadsoura, les Indes le santal, le benjoin, le vétiver, le patchouli, tous ces parfums nous arrivent à l'état de matières premières. La parfumerie parisienne les transforme et les répand dans le monde entier.

L'une des marques les plus estimées à juste titre est *la Reine des Abeilles*, propriété de la maison Violet. Cette maison est, d'ailleurs, du petit nombre de celles qui ont pu se faire avec le temps une réputation assise, sans conteste et qui ont su la maintenir en s'astreignant à ne livrer sur le marché que des produits de qualité tout à fait supérieure et d'une remarquable finesse. Elle se montre très sévère dans le choix de ses matières premières ; toutes les combinaisons sont étudiées minutieusement, toutes les manipulations se font avec la plus exquise propreté et le plus grand soin, comme il est facile de s'en convaincre en parcourant la magnifique usine de la maison Violet, avenue de Paris, à Saint-Denis, installée de façon véritablement grandiose. Les nombreux ateliers sont vastes et bien éclairés ; tout le personnel s'y meut à l'aise et peut d'autant mieux apporter tous ses soins aux délicates manipulations qui lui sont demandées. Il sera fort intéressant pour nous de visiter cette usine si nous voulons nous rendre compte de ce qu'est aujourd'hui l'industrie de la parfumerie, qui, soumise comme toutes les autres à la redoutable loi de la concurrence, est obligée de s'ingénier à livrer aux consommateurs ses produits dans les meilleures conditions possibles. Nous constaterons qu'à l'usine Violet toutes les économies ont été faites pour diminuer le prix de revient, hormis celles qui auraient pour résultat de dénaturer la valeur des produits.

Nous ne pouvons énumérer ici toutes les spécialités de la maison ; citons seulement le savon Royal de Thridace, savons Veloutine, parfum Ambre Royal, Bouquet Farnèse, Rosamine, Brise de Violette, Fastuosa, etc., etc... Les crèmes Méalys et Tsarine, les poudres de riz Tsarine, Ambre Royal, Extra Violette.

Le boulevard des Capucines longeait autrefois le jardin du couvent des Capucines, ce jardin de six arpents, aux caves contenant vingt à trente mille pièces. Sur ce terrain fut construit, pendant la Révolution, un local où se faisait la vérification des assignats. Pendant un moment, il était brûlé chaque jour des millions d'assignats démonétisés dans la cour de ce local. Puis « la fumée de ces montagnes de papier en flammes à peine dissipée, disent les Goncourt, des jeux, des spectacles viennent s'établir sur ce sol encore chaud. Du pavillon de l'échiquier, Robertson y amène son public et sa magie. Où reposait Mme de Pompadour, le sorcier donne les représentations de sa fantasmagorie. Apparition de spectres, de fantômes, de revenants, évocation du nécromancien, expériences sur le galvanisme, rien ne manque à son théâtre macabre. Et la grande galerie du couvent, la galerie de cent soixante-sept mètres de long, où les filles de la

Passion, jambes nues, traînaient leurs sandales, qu'est-elle? Le musée du rire, le panthéon de la malice, la bibliothèque des pamphlets du crayon. Des caricatures la tapissent du haut jusqu'en bas. A côté des caricatures étrangères prenant la grande place, les caricatures françaises se glissent ; toutes les choses et tous les hommes, la révolution et la contre-révolution, et Malo et Laharpe, et les mœurs, et les crimes, et les modes sont fouettés plaisamment en cet hôtel de l'épigramme. Et Tout-Paris vient là trouver bien ridicules la guillotine et les *frères-tueurs*. Peuple de fous et de héros, disait l'un à ce public s'égayant sur ses maux, riant à jeun de la caricature de ses misères :

> « Peuple de fous et de héros,
> Nation toujours séduisante,
> Hier sous la main des bourreaux,
> Aujourd'hui maligne et plaisante !
> Tel l'atelier où de « Terreur »
> Vernet remplissait ses peintures,
> Après la « Tempête » et l'horreur,
> Voit naître des caricatures ! »

Au 9 du boulevard des Capucines, nous remarquons le gracieux et coquet magasin du célèbre éventailliste Ernest Kees. Cette maison d'éventails est l'une des plus anciennes de Paris. Elle a été fondée, en 1835, par Ernest Kees, rue de Crussol, à côté du Cirque d'Hiver. On voit que ce quartier est un peu différent de celui où, à l'heure actuelle, la maison offre à l'attention des passants son charmant étalage.

En 1858, la maison Kees fut transférée rue Neuve-des-Mathurins, où elle demeura jusqu'en 1870. C'est à cette époque qu'elle se rapprocha

MAISON KEES.

du centre du commerce de luxe en s'installant au numéro 28 de la rue du Quatre-Septembre. Par suite du développement de ses affaires, Ernest Kees, en 1894, ouvrit ce joli magasin des boulevards, exécuté dans le plus pur style Louis XV, et qui mériterait plutôt le titre de salon que celui de magasin.

Aujourd'hui que les préoccupations artistiques ont pris une telle place dans le commerce et que les négociants s'ingénient en recherches de toutes sortes pour

MAISON KEES.

présenter, de façon plus séduisante, les objets qu'ils offrent au public, nous considérons comme fort naturel tout ce luxe auquel on nous a habitués. Mais il faut se rappeler que l'éventailliste Ernest Kees fut l'un des premiers qui inaugurât dans Paris la rénovation des magasins, en faisant faire, sur les boulevards, cette délicieuse petite devanture de style.

Admirons chez Ernest Kees tant de variétés d'éventails exquis. Qu'il soit de vélin, de parchemin, de canepin, de batiste, de taffetas, de satin, de crêpe, de gaze plus ou moins richement et artistement peinte, brodée, enluminée, enjolivée, que ses branches soient de bois, de nacre ou d'ivoire, l'éventail est l'objet indispensable. Ernest Kees est l'un de ceux qui, en rajeunissant industriellement et en

MAISON KEES.

variant à l'infini ce luxueux bibelot qui avait subi un déclin passager, contribua à le remettre en grande vogue.

La maison Ernest Kees, qui combine de si jolies et si nouvelles créations d'abat-jour de style, article dont elle s'est fait une spécialité, vient de s'adonner aussi, depuis quelque temps, à toutes les parures diverses de la femme, à tout ce qu'on nomme, en un mot, les *frivolités*. Son magasin est un lieu de réunion de la clientèle la plus élégante, et il est bien rare que, dans l'exposition des cadeaux d'un grand mariage, le nom de Kees ne soit pas plusieurs fois répété.

Le boulevard des Capucines traverse la place de l'Opéra qui a été formée en 1858 et d'où rayonnent les voies les plus brillantes de Paris.

L'ancienne maison Louis Marquis, actuellement Louis Marquis-Siraudin, installée aujourd'hui au numéro 17 du boulevard des Capucines, dans un superbe et tout récent immeuble, a été fondée, en 1806, rue Sainte-Anne et cette maison fut bien vite une des plus célèbres marques de Paris.

Le chocolat pur est un des aliments les plus salutaires grâce aux principes aromatiques qu'il contient. Longtemps, on attribua au chocolat vanillé certaines propriétés thérapeutiques, et les médecins du siècle dernier le conseillèrent, paraît-il, souvent contre la mélancolie et l'hypocondrie. Tous les gourmands l'apprécient beaucoup, mais ils ne vont pas cependant jusqu'à lui rendre un véritable culte comme on fait au Nicaragua. Les habitants de ce pays avaient institué un culte public en l'honneur du dieu Chocolat, divinité bienfaisante qui protégeait le cacaoyer contre les ardeurs du soleil ou contre le dégât des pluies torrentielles. Non seulement ils brûlaient devant sa statue la gomme odorante du copal, mais ils supposaient que nulle offrande n'était plus agréable à ce dieu que la multiplication d'incisions sanglantes qu'ils se faisaient au bout de la langue. Ces offrandes devaient les gêner considérablement pour savourer les produits de leur chère divinité, et il faut avouer qu'un culte moins fervent aurait été plus logique.

Il nous semble que ce serait honorer beaucoup mieux cette bizarre divinité des habitants du Nicaragua que de faire une visite à la maison Louis Marquis, dont le successeur fut M. Paul Siraudin, l'auteur dramatique.

VUE D'UN SALON DE VENTE DE LA MAISON
LOUIS MARQUIS-SIRAUDIN.

Le cas n'est pas banal d'un auteur dramatique devenant confiseur, et il vaut d'être rapporté ici.

M. Paul Siraudin naquit à Sancy vers 1814. Il commença depuis l'âge de vingt ans à écrire pour le théâtre et il fit jouer un nombre considérable de vaudevilles, de comédies, de parodies, de revues, de livrets d'opérettes, écrits le plus souvent en collaboration. Parmi ses nombreux collaborateurs, nous citerons : Delacour, Clairville, Choler, Blum, Saint-Yves, Bernard, Moineaux, le père de notre joyeux Courteline, Grangé, Labiche, Banville, etc., etc. Siraudin était un homme d'esprit à qui les chroniqueurs des petits journaux prêtèrent une foule de bons et de mauvais mots. Il fit preuve d'entrain, de facilité, d'une verve amusante, et la plupart de ses pièces furent jouées, avec succès, notamment au Palais-Royal et aux Variétés.

Un beau jour, c'était en 1860, Siraudin déjeunait dans un des grands restaurants du boulevard en compagnie du duc de Morny, de Fernand de Montguyon et de quelques amis. Le déjeuner était fort gai ; les convives, gens spirituels, à l'esprit ironique et léger, plaisantaient les événements du jour, lorsque, sur une boutade de l'un d'eux, il vint à Paul Siraudin l'idée bizarre d'acheter une maison de confiserie. A peine l'idée fut-elle exprimée qu'elle fut de suite mise à exécution : Siraudin et le comte de Montguyon s'associèrent pour fonder la fameuse maison Siraudin.

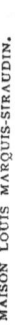

MAISON LOUIS MARQUIS-STRAUDIN.

Cette histoire amusa tout Paris, et pour le premier jour de ses débuts la confiserie Siraudin eut comme vendeuses quelques-unes des plus jolies femmes à la mode. Mais ces dames étaient des vendeuses de fantaisie, et il est certain que, si elles avaient continué leurs offices gracieux à la confiserie, la maison Siraudin n'aurait pas acquis sa prospérité actuelle.

Le premier soir, en effet, il ne restait plus rien de la recette, et les deux associés résolurent de prendre un directeur sérieux, M. Reinhardt.

Siraudin n'en continua pas moins à écrire pour le théâtre. Parmi ses ouvrages, l'on peut citer au hasard: *Une faction de nuit*, *Un voyage en Espagne*,

INTÉRIEUR DE LA MAISON LOUIS MARQUIS-SIRAUDIN.

le Tricorne Enchanté, en collaboration avec Théophile Gauthier, *Monsieur Lafleur*, *la Nouvelle Clarisse Harlow*, *la Société du doigt dans l'œil*, *le Misanthrope et l'Auvergnat*, avec Labiche, *le Courrier de Lyon*, avec Moreau et Delacour, etc., etc.

La maison Louis Marquis, après avoir été fondée rue Sainte-Anne, fut transportée place de l'Opéra, après avoir été fusionnée avec la maison Siraudin qui était au 17 de la rue de la Paix, à l'angle de la rue Daunou, puis enfin au 17 boulevard des Capucines, où elle est aujourd'hui merveilleusement installée.

L'industrie de la confiserie occupe un rang très important dans les pays méridionaux et en général dans tous ceux où le climat est tempéré. En France, ses ventes annuelles produisent un total de plus de quarante millions, dont les trois quarts environ pour la bonbonnerie et l'autre pour la sucrerie. Après Paris, qui est le centre de cette industrie et donne l'impulsion à la province, viennent Verdun, Lyon, Bordeaux, Nancy, Orléans, Rouen et Clermont-Ferrand.

Continuons à suivre le boulevard des Capucines du côté des numéros impairs. Au 27, nous nous arrêterons, amusés, devant l'étalage du *Nain Bleu*.

Le *Nain Bleu* ! Il n'est pas un parisien pour lequel ce mot n'évoque de naïfs souvenirs d'enfance. D'aucuns, les privilégiés se rappelleront avec un sourire les jouets somptueux qui, aux jours de fêtes, leur venaient de la célèbre maison

AU NAIN BLEU.

de jeux. D'autres — moins favorisés — songeront à tous les désirs qui hantaient jadis leurs cervelles d'enfants lorsqu'ils s'arrêtaient éblouis par la splendeur de la magique devanture dont on ne pouvait parvenir à les arracher.

Qu'ils sont jolis et séduisants ces joujoux de luxe, ces poupées aux joues roses et aux yeux naïfs, parées comme de petites châsses, ces pantins disloqués, ces animaux et tous ces jouets divers qui donnent tant d'illusions aux enfants ! Ne sont-ils pas, eux aussi, des *marchands d'illusions*, ces marchands de beaux joujoux ?

La maison du *Nain Bleu* a été fondée en 1836 et depuis ce temps a toujours été dirigée par la même famille. Ce n'était, au moment de sa fondation, qu'un tout petit magasin de mercerie et de bimbeloterie comme tous ceux de l'époque. On l'avait baptisé le *Nain Bleu* par analogie avec le fameux jeu du Nain Jaune, qui, un instant, fut en si grande vogue. Le nom était heureux et cette enseigne devait devenir célèbre.

S'étant agrandie par l'adjonction d'un magasin voisin, en 1855, la maison commença à se spécialiser dans la vente et la fabrication des jouets de luxe. Elle prit bientôt une telle extension dans ce commerce qu'elle fut obligée à trois reprises différentes, en 1862, en 1879 et en 1889, d'opérer de considérables agrandissements.

La maison du *Nain Bleu* est devenue, actuellement, le magasin dans lequel on trouve les jouets les plus beaux et les plus luxueux, les plus jolis jeux de salon et les jeux de jardin les plus recherchés.

L'on sait que la passion de l'enfant pour les jouets peut servir puissamment

AU NAIN BLEU

à son éducation. A l'époque où sa raison se développe et s'exerce, tout ce qui tombe entre ses mains devient un objet d'études, d'expériences, presque toujours inconscientes, mais qui n'en laissent pas moins une trace profonde dans l'esprit.

Au 35 du boulevard des Capucines, au coin de la rue Daunou, nous remarquons l'un des établissements des Bouillons Boulant, qui resplendit le soir d'une étincelante lumière. C'est l'une des plus vastes et des plus jolies salles de restaurant, fréquentée par une clientèle cosmopolite et choisie qui apprécie la table excellente et le service parfait de cet établissement. Le restaurant Boulant possède une vue unique et une situation privilégiée sur ce boulevard, qui est véritablement une ville dans la grande ville.

Un charmant écrivain, Louis Lurine, peu connu parce qu'il est mort très jeune, disait qu'un homme, « un prince pourrait se faire volontiers en un pareil lieu le prisonnier de lui-même ; c'est là une vaste et admirable hôtellerie, dont les splendides ressources doivent suffire à tous les besoins, à tous les désirs, à

MAISON BOULANT

tous les caprices : des cafés et des restaurants, des bibliothèques, des bains somptueux, des vêtements à la mode, des bijoux, des fleurs, des spectacles, des jolies femmes, des chevaux, des voitures, tout le bien-être, toutes les joies, toutes les délices de la fantaisie qui sait vivre ».

L'Hôtel des Capucines qui occupe le 37 est une maison de réputation très ancienne qui date de 1855.

Admirablement situé, en plein centre de la vie parisienne, cet hôtel est dirigé par Mme Chabanette, qui sut y apporter de nombreuses améliorations.

Nous n'y rencontrerons pas le luxe éclatant des modernes *palaces*, mais en revanche, les visiteurs seront assurés d'y trouver tout leur confortable et toutes leurs aises.

C'est la bonne maison classique à laquelle ses mêmes clients restent toujours

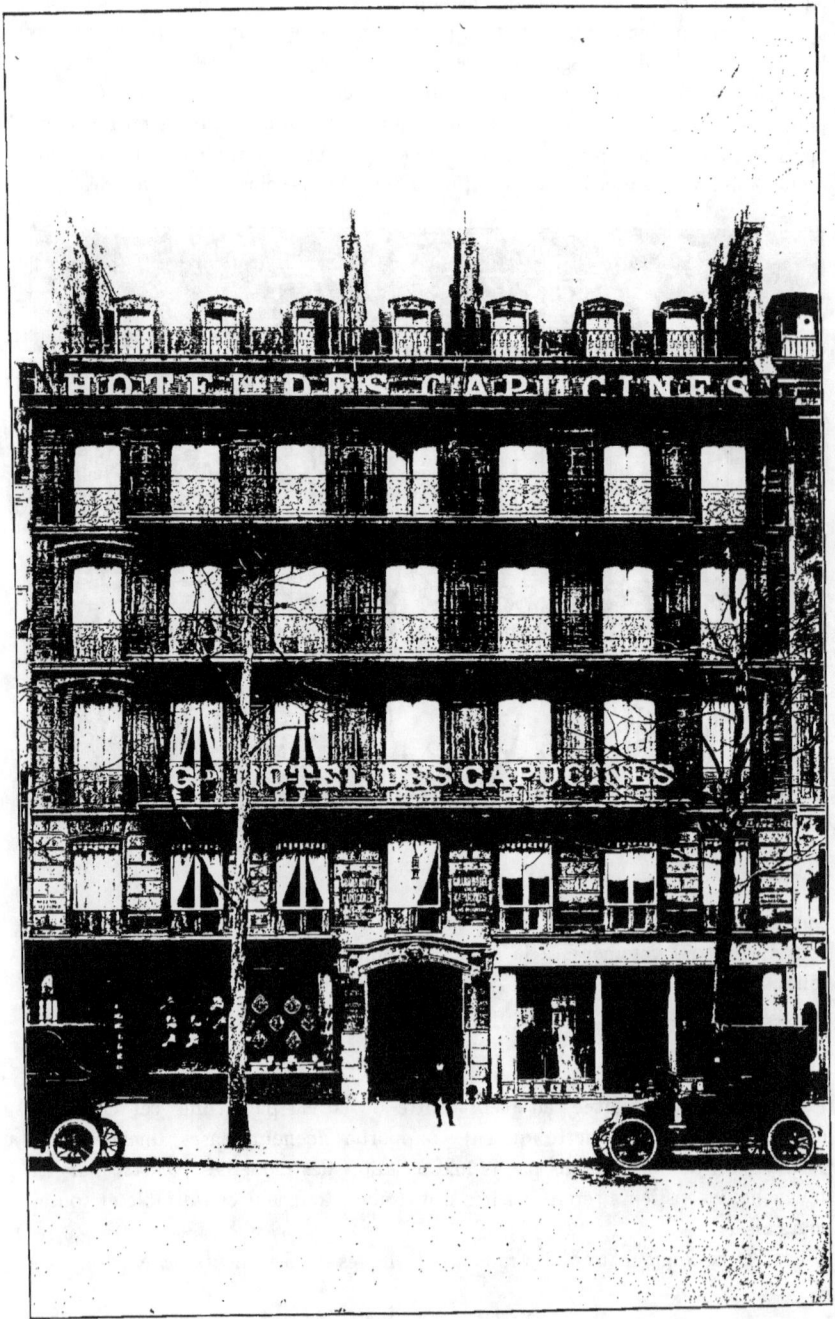

HÔTEL DES CAPUCINES

fidèles, en dépit des réclames tapageuses. L'Hôtel des Capucines se vante, à bon droit, de compter au nombre de ses hôtes jusqu'à trois générations des mêmes familles. Et ce fait seul se passe de commentaires.

Les bonnes traditions françaises sont respectées dans cet hôtel, où l'on peut goûter à la meilleure cuisine. Et cela ne laisse pas sans doute que d'être un grand attrait pour tout le monde ; car, si tous les peuples n'ont pas possédé au même degré l'art d'accommoder les mets, de façon à triompher des inconstances du goût, on peut affirmer, en tout cas, que tous ont poursuivi, plus ou moins victorieusement, le problème de transformer la satisfaction d'un besoin naturel en un plaisir raffiné. En France, la cuisine fut toujours élevée à la hauteur d'un art ; elle a eu ses disciples et ses poètes. L'ère de la grande cuisine fut inaugurée en France sous Louis XIV qui fut, comme on le sait, un insatiable mangeur. Les fourneaux eurent leurs grands hommes aussi bien que les lettres ; Vatel, si susceptible sur le point d'honneur, a laissé un nom illustre, et le marquis de Béchameil s'est immortalisé par sa recette de morue à la crème.

Au XVIIIe siècle l'invention des petits soupers fit faire encore de nouveaux progrès à l'art culinaire. Peu s'en fallut que les cuisiniers ne prissent le titre d'artistes en cuisine. Princes et cardinaux pouvaient s'enlever leurs maîtresses, duchesses et marquises leurs amants, mais s'enlever un cuisinier était un tour affreux que l'on ne se pardonnait point à la Cour ni ailleurs. L'Hôtel des Capucines, ayant toute sa façade sur le boulevard, possède une vue extrêmement gaie.

HÔTEL DES CAPUCINES. — SALON DE LECTURE.

Au 41 se trouve la maison des chemisiers Guy-Egloff. Cette maison fut fondée par M. Guy, rue Richelieu, en 1848.

Quelques années plus tard, en 1860, lorsque l'immeuble actuel fut construit sur l'emplacement de l'ancien Ministère des Affaires Étrangères, M. Egloff,

MAISON GUY-EGLOFF.

succédant à M. Guy, transféra le magasin boulevard des Capucines, où nous le trouvons aujourd'hui.

C'est M. Collin qui, depuis 1892, est à la tête de cette maison, qu'il dirige avec une très grande compétence.

La maison de chemiserie Guy-Egloff a absorbé les maisons bien connues de Chevillot frères et H. May.

M. Collin partage avec deux ou trois maisons le privilège d'être le fournisseur de la clientèle la plus aristocratique et la plus élégante de Paris.

Et l'élégance bien comprise, qualité si rare, n'est pas, ainsi que le dit Martial dans une de ses épigrammes : la *science des bagatelles* ; c'est une science très nécessaire et nous dirons même indispensable dans le monde, où elle est bien loin d'être aussi répandue qu'on pourrait le supposer à première vue.

La beauté charme moins peut-être que l'élégance parfaite et, pour tous les vrais connaisseurs, celle-ci offre sans doute plus de séductions et d'attirance.

IIᵉ ARRONDISSEMENT

MAISON GUY-EGLOFF.

La maison Guy-Egloff offre à ses clients tous les raffinements d'élégance qu'ils sont en droit de lui demander.

Au 43 du boulevard des Capucines, sur cet emplacement où était jadis, disions-nous, le Ministère de l'Intérieur, se trouve aujourd'hui la maison Joseph Paquin, Bertholle et Cie.

Cet emplacement est historique. En 1848, la nouvelle du changement de ministère qui avait provoqué à la Chambre l'irritation et le découragement des conservateurs, fit éclater chez une grande partie de la population une joie immodérée. Une foule immense de promeneurs et une illumination spontanée donnèrent à toute la ville un air de fête. Des troupes nombreuses d'ouvriers et de gardes nationaux fraternellement mêlés passaient en chantant *la Marseillaise*. Vers neuf heures et demie, une colonne plus nombreuse que les précédentes parut sur le boulevard en se dirigeant comme les autres vers la Madeleine, vraisemblablement pour aller saluer Odilon Barrot qui demeurait de ce côté. A la hauteur du Ministère de l'Intérieur, cette colonne rencontra un détachement du 14ᵉ de ligne commandé par le lieutenant-colonel Courant et le commandant de Brotonne qui firent former leur troupe en carré dans la crainte peut-être d'un désarmement. Le boulevard étant ainsi barré, la colonne populaire, au cri de : *Vive la ligne !* engage des pourparlers pour obtenir le passage. Le commandant s'y refuse et, peu confiant dans la fraternisation populaire, ordonne à ses soldats, serrés de très près, de croiser la baïonnette. C'est pendant que ce mouvement s'exécute qu'un coup de feu éclate et atteint un soldat. C'est ce coup de feu qui déchaîna la Révolution. Sans sommations, sans roulements de tambour, sans même qu'on eût entendu aucun commandement, les fusils s'abaissèrent et de longs feux de file retentirent. Un cri terrible éclata dans la nuit, et, quand la fumée

MAISON J. PAQUIN, BERTHOLLE ET Cie.

se fut dissipée, les soldats consternés purent apercevoir leur œuvre : une centaine de victimes étendues sur le pavé, des ruisseaux de sang, une foule éperdue fuyant de tous côtés. Ils avaient tiré sur un peuple désarmé, enthousiaste et sympathique, des promeneurs, des femmes, des vieillards et des enfants. La scène alors changea d'aspect. L'horreur et l'indignation se répandirent dans Paris comme une traînée de poudre. Un cri s'éleva : *On massacre le peuple désarmé !* Les illuminations s'éteignirent et dans les rues sombres et tragiques, des voix firent éclater la clameur qui fait pâlir les rois : *Aux armes !*

De nombreuses versions ont circulé relativement à ce coup de feu, qui détermina une catastrophe et la chute d'une dynastie. Aussitôt après l'épouvantable fusillade, le lieutenant-colonel au désespoir envoya en avant un officier, M. Baillet, pour expliquer cette décharge comme un funeste malentendu. L'officier entra au café Tortoni, où s'étaient réfugiées beaucoup de personnes et, d'après son récit, le commandant aurait seulement donné l'ordre de croiser la baïonnette ; un fusil armé serait accidentellement parti, et les soldats croyant qu'on avait commandé le feu auraient alors tiré. Suivant une autre version, un coup de pistolet aurait été tiré par un homme de la colonne populaire et aurait ainsi provoqué

IIe ARRONDISSEMENT

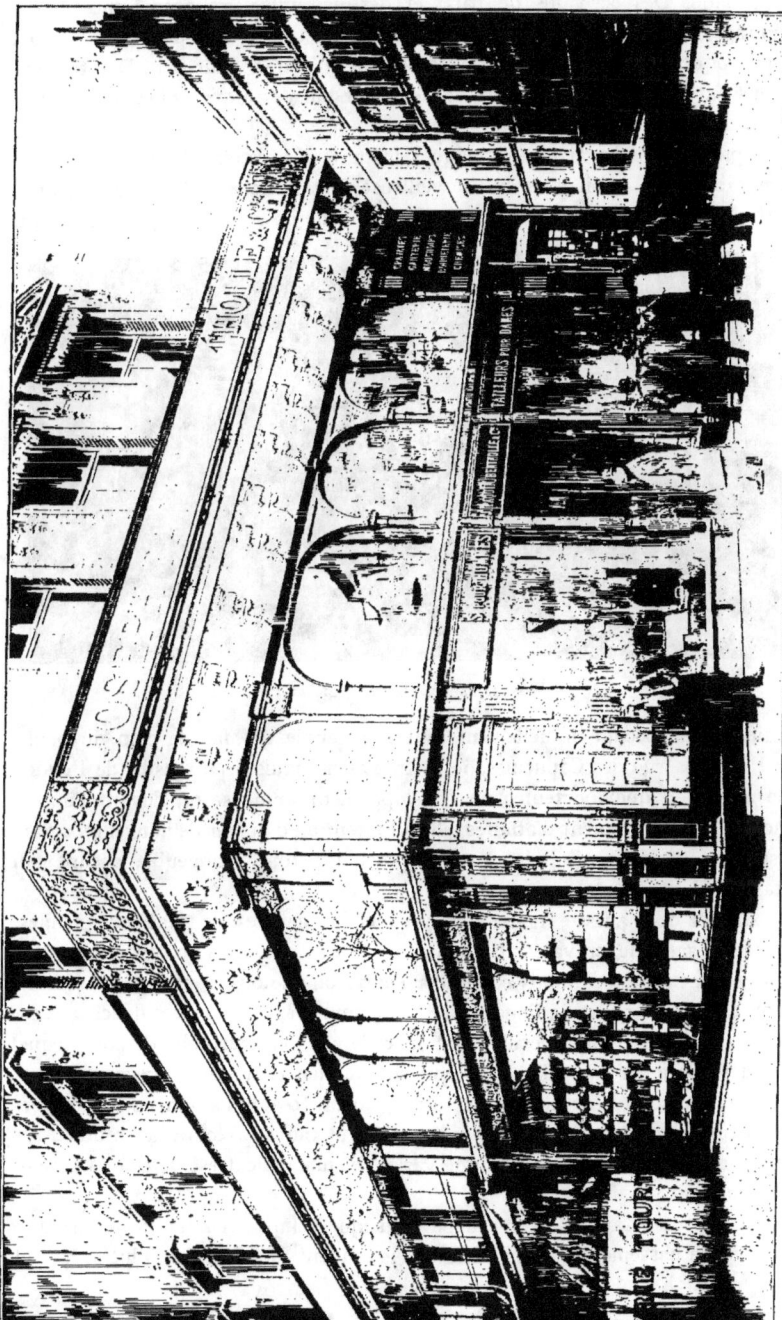

MAISON J. PAQUIN, BERTHOLLE ET Cie.

la fusillade. Des écrivains de parti et des pamphlétaires accusèrent Charles Lagrange, chef de l'insurrection lyonnaise, d'avoir tiré ce coup de feu dans le but de provoquer des représailles. Il a été prouvé qu'il n'en était rien. D'autres historiens ont présumé que ce coup de feu avait pu n'être que l'effet d'une maladresse ou d'un hasard funeste.

Après nous être attardés quelques instants à l'histoire de ce coup de feu mémorable, nous visiterons la merveilleuse installation de la maison Joseph Paquin, Bertholle et Cie. Cette maison, qui vient de faire des agrandissements

MAISON J. PAQUIN, BERTHOLLE ET Cie.

considérables, occupe actuellement tout l'immeuble qui fait le coin du boulevard et de la rue des Capucines, où se trouvaient jadis les magasins de Boudet. Elle a pris en quelque temps un développement immense et, devant l'importance de son mouvement d'affaires, elle a l'intention d'opérer de nouveaux agrandissements et de s'adjoindre l'année prochaine tout l'immeuble occupé par l'établissement Tourtel.

Au rez-de-chaussée, nous verrons tous les articles de fantaisie, cannes, ombrelles, ganterie, cravates aux teintes rares, etc., etc. Puis un superbe escalier, admirablement décoré, nous conduit à l'entresol, où nous trouverons, à côté du rayon de chemiserie et de lingerie fine pour hommes, le rayon des délicieux chapeaux de dames dont s'occupe tout spécialement M. Bertholle et pour lequel il a su réaliser des merveilles qu'apprécieront bien toutes les Parisiennes.

Montons à présent au premier étage, où M. Joseph Paquin nous montrera ses costumes tailleurs aux lignes impeccables et pures, exécutés avec des tissus nouveaux et somptueux qui ont une variété et une délicatesse de coloris absolument uniques.

Le costume tailleur évolue depuis quelque temps ; il s'agrémente de broderies et de passementeries délicates qui le rendent moins sévère, plus seyant et plus doux. M. Joseph Paquin a créé, en ce genre, des modèles exquis dont les femmes seront charmées. Il nous montre également de somptueux manteaux du soir, des fourrures précieuses, des vêtements très élégants pour l'automobile, la chasse et tous les différents sports.

Cependant la caractéristique de la maison Joseph Paquin, Bertholle et Cie, ne réside pas seulement dans le cachet si spécial de ses costumes pour dames, dans la richesse de ses tissus et dans la *fashion* de ses chapeaux, elle est encore dans la perfection apportée dans tous les différents costumes d'homme. La maison s'est adjoint, pour ce rayon, des ouvriers tailleurs et des coupeurs réputés qui sont les maîtres du genre.

Signalons aussi le chapeau de soie, le huit-reflets, lancé par la maison sous le spirituel surnom de *Louis d'Or*.

En un mot et pour nous résumer, il est incontestable que MM. Joseph Paquin et Bertholle viennent de fonder à Paris la maison qui n'existait pas encore, la maison où chacun peut satisfaire tous les désirs et toutes les exigences de la mode. Sans prétention et sans heurt, avec un goût très raffiné, ils ont, pour l'homme comme pour la femme, réuni dans un décor somptueux tous les éléments indispensables de ce qui constitue l'élégance.

Dans les sous-sols des magasins sont installés les accessoires sportifs et les jeux de toutes sortes.

La maison Paquin et Bertholle est une nouvelle parure ajoutée à cette merveilleuse et unique promenade des boulevards.

L'origine des boulevards remonte à l'établissement des fossés creusés autour de Paris en 1536 dans le but de repousser les attaques des Anglais qui ravageaient la Picardie et menaçaient la capitale. Les premiers arbres y furent plantés en 1668 ; mais qu'il y a loin de la ceinture entourant ce fossé au boulevard où tout Paris a passé, à la promenade merveilleuse et absolument unique au monde où l'univers entier se donne rendez-vous.

Ce ne fut que vers le milieu du XVIIIe siècle que les boulevards prirent la physionomie d'une promenade publique. Ils ne furent d'abord fréquentés que par quelques passants, qui trouvaient ce chemin plus agréable que celui des voies étroites. Bientôt on prit l'habitude d'y venir ; les oisifs, charmés d'éviter l'encombrement des rues, s'y rendirent assidûment, et le commerce à son tour suivit la foule et chercha à la retenir en ouvrant, çà et là, des établissements publics et des boutiques qui devaient se transformer, peu à peu, en ces magasins actuels tout étincelants de lumière, dont nous venons de voir le luxe et la richesse.

Les boulevards de Paris peuvent être considérés comme la promenade et le rendez-vous du monde entier. « Pour un étranger qui marche au hasard, à bâtons rompus, sans amis et sans guide, les boulevards ressemblent à un miroir immense qui tournoie à la lumière ; c'est une gerbe de feu éblouissante qu'il faut s'habituer à contempler en face, à la manière des aiglons quand ils regardent le soleil. »

IIIᵉ ARRONDISSEMENT

L'ARRONDISSEMENT du Temple se compose des quartiers suivants : Arts et Métiers, Enfants-Rouges, Archives et Sainte-Avoye.

Nous commencerons notre promenade par la partie du boulevard Sébastopol comprise entre la rue Rambuteau et les grands boulevards. Cette partie dépend à la fois des IIᵉ et IIIᵉ arrondissements.

L'ouverture de ce boulevard a fait disparaître un grand nombre de petites

ARTS ET MÉTIERS.

rues, notamment les rues de la *Joaillerie*, des *Trois-Maures*, de *Marivaux*, du *Petit Marivaux*, du *Ponceau*, le passage de la *Longue-Allée* et l'impasse de la *Heaumerie*. Il fut d'abord nommé boulevard du *Centre*, puis *Sébastopol*, en souvenir de la prise de cette ville. Dans la partie qui nous occupe, se trouve le square des *Arts et Métiers*, où nous remarquons une colonne dite de la *Victoire*, élevée en l'honneur des armées de Crimée.

Le Théâtre de la Gaîté, qui fut construit en 1862, square des Arts et Métiers, était situé jadis boulevard du Temple. Il s'appela d'abord du nom de son fondateur, le *Spectacle de Nicolet ;* puis, grâce à l'entremise toute-puissante de la Dubarry, *Théâtre des Grands Danseurs du Roi*. C'est dans la seconde phase de son existence, sous la direction de Ribié, successeur de Nicolet, que, après s'être un instant appelé *Théâtre d'Émulation*, il prit le nom de *Théâtre de la Gaîté*.

En face, se trouve le Conservatoire des Arts et Métiers, dont voici l'origine :

Vaucanson, célèbre mécanicien français, avait compris toute l'utilité dont pouvait être la vue de nombreuses machines pour l'enseignement de la mécanique et pour le perfectionnement des procédés de l'industrie. Dès 1775, il avait formé, à l'hôtel de Mortagne, rue de Charonne, la première collection publique de machines, instruments et outils. En mourant, il légua cette collection au Gouvernement, qui acheta l'hôtel de Mortagne et nomma Vandermonde conservateur de ce premier musée industriel qui alla en grandissant peu à peu. Pendant la Révolution, on trouva dans les châteaux, les couvents, une foule d'objets précieux qu'une commission temporaire des arts nommée par la Convention fit placer à l'hôtel d'Aiguillon, rue de l'Université. Puis la Convention rendit un décret ordonnant qu'il serait formé à Paris le *Conservatoire des Arts et Métiers*. Mais ce ne fut qu'en l'an VI que le Conseil des Cinq-Cents décida que ce Conservatoire serait installé dans les bâtiments de l'ancien prieuré de Saint-Martin-des-Champs, alors occupé par une manufacture d'armes.

Dès le vi^e siècle, il existait à proximité des portes de Paris une abbaye dédiée à Saint Martin, qui fut au ixe siècle détruite par les Normands. Le roi Henri Ier la fit réédifier, et en 1079 le roi Philippe donna à cet ordre de religieux le monastère de Saint-Martin, qu'on appelait « des Champs » à cause de sa situation en dehors de la ville.

Le prieuré de Saint-Martin-des-Champs a conservé son importance jusqu'à la Révolution. L'enceinte formée de solides murailles était défendue par des tours dont l'une subsiste encore dans l'une des maisons de la rue du Vertbois. Le prieuré occupait à peu près l'espace compris entre les rues Réaumur, Turbigo, Volta, Vaucanson, du Vertbois et Saint-Martin. Il jouissait du droit de justice et avait par conséquent bailli, prison et champ clos. La prison située d'abord rue Saint-Martin fut détruite en 1712 et reconstruite à l'angle de la rue du Vertbois. Le champ clos était rue Saint-Martin ; il servait aussi de marché, et c'est là qu'eut lieu en 1326 le dernier duel judiciaire entre Jean de Carrouges et Jacques Legris, que la dame de Carrouges accusait de l'avoir violentée. Legris, vaincu, fut mis à mort par Carrouges, bien qu'il protestât de son innocence, qui fut reconnue quelques années après.

De tous les anciens monastères de Paris, Saint-Martin est le seul dont les constructions subsistent encore presque intégralement. Plusieurs rues ont été ouvertes aux dépens de ses jardins.

La partie de la rue Réaumur qui longe l'église et qui s'appelait naguère rue Royale-Saint-Martin, était une cour du prieuré. La vieille tour constitue certainement un des plus curieux monuments de l'ancien Paris.

L'*Ecole Centrale* est située rue Montgolfier, tout à côté du Conservatoire des Arts et Métiers. Elle fut construite de 1878 à 1885. Lors de sa fondation en 1829, elle avait été installée dans l'hôtel de Juigné, rue Thorigny.

L'église *Saint-Nicolas-des-Champs*, située rue Réaumur, était originairement une chapelle datant du XIIe siècle, bâtie pour les gens de service du prieuré Saint-Martin et pour les habitants qui étaient venus s'installer dans le voisinage.

Le portail méridional est une œuvre élégante du style Renaissance; mais l'architecture intérieure a été gravement altérée par les réparations successives.

En 1797, Saint-Nicolas devint un temple des *Théophilanthropes*, dédié à « l'Hymen ».

Derrière l'église Saint-Nicolas-des-Champs passe la rue Turbigo, qui commence rue Montorgueil pour finir rue du Temple. Elle doit son nom à la victoire de Turbigo remportée sur les Autrichiens en 1859.

Au 39 se trouvait l'ancienne auberge du *Chariot d'Or*, fondée au XIVe siècle et remplacée aujourd'hui par un hôtel.

A peu près sur l'emplacement des maisons portant les numéros 60 à 80, se trouvait l'hôtel de l'Hospital, qui, pendant le Directoire, avait été transformé en bal public : le Bal ou Jardin de *Paphos*.

Ce bal, fondé en 1797, avait été ainsi nommé en l'honneur de Paphos, l'ancienne ville de l'île de Chypre si fameuse dans l'antiquité, qui avait été exclusivement consacrée au culte de Vénus. Les Grecs y avaient construit sur les ruines d'un ancien édifice phénicien un temple magnifique dont quelques vestiges ont subsisté. Ce temple possédait un oracle célèbre dans toute la Grèce. On venait en pèlerinage à Paphos pour se rendre favorable la déesse des amours ; peut-être aussi les belles prêtresses, choisies parmi les plus belles filles de la Grèce et de l'Asie Mineure, n'étaient-elles pas une des moindres causes de ces pèlerinages.

Les temples phéniciens dédiés à Astarté, Mylitta et autres divinités assimilées à Vénus étaient de véritables antres de prostitution, et les traditions phéniciennes s'étaient perpétuées à Paphos. L'encens et les parfums y brûlaient sur de nombreux hôtels, un jour mystérieux favorisait les entretiens des amants : on n'y entendait que des hymnes de volupté et de tendresse.

Que fut ce bal de Paphos dont le nom était prometteur de plaisirs si doux? Il semble n'avoir pas été l'un des plus célèbres parmi les 644 bals qui sévissaient à Paris pendant le Directoire. « La France danse depuis Thermidor, écrivent les Goncourt ; elle danse comme elle chantait autrefois : elle danse pour se venger, elle danse pour oublier ! Entre son passé sanglant, son avenir sombre, elle danse. A peine sauvée de la guillotine, elle danse pour n'y plus croire et, le jarret tendu, l'oreille à la mesure, la main sur l'épaule, la première venue, la France encore sanglante et toute ruinée, tourne et pirouette et se trémousse en une farandole immense et folle. »

Par la rue Turbigo, nous arriverons à la rue Saint-Martin, qui est une ancienne voie romaine. Elle dépend à la fois des IIIe et IVe arrondissements. La partie voisine de la rue de Rivoli, appelée rue de la *Planche-Mibray*, n'était qu'une ruelle descendant directement à la Seine.

On avait disposé, pour arriver aux bords du fleuve, qui étaient souvent peu accessibles, des planches qui traversaient la partie boueuse et qu'on appelait les planches « emmy bray », c'est-à-dire : planches dans la boue.

A la hauteur du numéro 170 de la rue Saint-Martin existait une petite ruelle qu'on appela rue des Jongleurs, puis rue des Ménétriers ou Ménestrels. Les ménétriers et les jongleurs demeuraient presque tous dans cette rue, qui était le siège de leur corporation. Les membres de cette corporation étaient seuls autorisés à prendre part aux fêtes qui avaient lieu à Paris. Ils possédaient un roi qui fut pendant quelque temps un très célèbre violoniste de la cour de Louis XIII nommé Constantin. Cette royauté disparut en 1773.

Au numéro 168 était l'église Saint-Julien-des-Ménétriers, dont il fut donné une très exacte reconstitution au Vieux Paris de l'Exposition de 1900.

En suivant la rue Saint-Martin, nous rencontrons la rue Notre-Dame-de-Nazareth, qui existait déjà au XVe siècle sur l'emplacement du grand égout de la rue Ponceau. On l'appelait autrefois la rue de la Pissotte. On désignait alors par ce nom la réunion de plusieurs échoppes et cabanes.

C'est dans cette rue que se trouve la synagogue israélite du rite allemand. Au numéro 25, nous voyons la maison Robillard, bien connue pour sa fabrication des articles de pêche.

La pêche est d'invention primitive comme la chasse. Aux prises avec les nécessités de la faim, l'homme traqua la bête dans les forêts et poursuivit le poisson sous les flots. Les monuments égyptiens, les cryptes de l'Inde nous donnent la preuve de l'existence des pêcheurs dans la plus haute antiquité. En France, la pêche était, aussi bien que la chasse, comptée parmi les plaisirs des rois de la seconde race. Elle était permise aux religieux, alors que la chasse leur était défendue.

Un peu plus tard, la pêche devint l'un des attributs de la souveraineté féodale. Aucune distinction n'était admise, quant à la propriété du seigneur et au droit de pêche, entre les rivières navigables et celles qui ne l'étaient pas. Il faut d'ailleurs remarquer qu'il n'exista à cette époque aucune juridiction unique et uniforme dans son application. Le premier édit sur la police de la pêche émane de Philippe le Hardi.

Depuis cette époque, jusqu'à nos jours, en passant par la Révolution, qui enleva aux seigneurs l'exercice du droit de pêche dans les petits cours d'eau, diverses ordonnances régirent la pêche fluviale. Cependant, jusqu'en 1875, époque à laquelle une nouvelle ordonnance intervint, cette réglementation laissait beaucoup à désirer et entravait le développement de la pêche, qui a pris un très grand essor, surtout depuis la loi du 20 janvier 1902, en faveur des associations de pêcheurs à la ligne.

MAISON ROBILLARD. — UN ATELIER.

Les sociétés de pêcheurs à la ligne régulièrement constituées peuvent en effet obtenir sans adjudication publique l'affermage de certains lots de pêches sur les fleuves, rivières ou canaux navigables. Le Gouvernement donne des facilités à ces sociétés pour la repopulation des rivières et la répression du braconnage. La surveillance est confiée à des gardes spéciaux, qui doivent empêcher l'emploi de tous engins destructifs. La ligne plombée ordinaire et la ligne flottante sont seules permises.

La maison Robillard fut fondée en 1842 par M. Chapel ; sa succession fut prise par M. Robillard, puis par son fils, qui en est le propriétaire actuel. Celui-ci déploya une très grande activité et sous ses ordres la maison prit un développement considérable. Par suite d'études approfondies, il est parvenu, en combinant un mariage spécial de bois, à fabriquer des cannes d'une rigidité parfaite, qui peuvent rivaliser avec succès contre les articles anglais, qui sont en bois plein des îles. Le fait suivant est extrêmement concluant à ce sujet et nous paraît digne d'être rapporté :

A la récente Exposition de Londres, où la maison Robillard exposa, le jury anglais ne voulut tout d'abord lui accorder qu'un rappel de médaille d'or en disant que les articles français n'avaient aucune valeur pour la pêche de certains poissons. La maison Robillard en appela devant le jury supérieur, qui lui accorda aussitôt un grand diplôme d'honneur.

M. E. Robillard fournit depuis sa création la maison du « Pêcheur Écossais », située rue Joubert.

La ligne, a écrit quelque part un humoriste aussi paradoxal qu'insolent, est un engin commençant par un imbécile et finissant par une bête. N'en déplaise à ce terrible critique, la pêche à la ligne — et il nous serait facile de le prouver par des exemples de noms et de faits — est le plaisir des gens d'esprit. Les têtes vides ne sauraient se suffire à elles-mêmes pendant les longues minutes de contemplation intime et d'observation tenace qu'exige le maniement de la ligne.

Et maintenant, après cette petite digression qui fut évocatrice des jolies rivières aux flots libres et clairs, nous allons revenir à la rue Saint-Martin.

Au XIIIe siècle, cette rue se fermait à la rue du *Grenier-Saint-Lazare*. Ce n'est que quelque 300 ans plus tard qu'elle fut prolongée jusqu'aux boulevards.

La rue du Grenier-Saint-Lazare date de l'an 1250. Elle portait le nom de rue *Garnier de Saint-Ladre*. Elle contient quelques vieilles maisons fort intéressantes. Il existait jadis dans cette rue un jeu de paume.

Non loin, nous trouvons la rue aux *Ours*, qui donne également rue Saint-Martin et qui existait déjà en l'année 1300 sous le nom de rue aux *Oues*, c'est-à-dire rue aux oies, parce qu'il était d'usage à certaines fêtes de dresser un mât de Cocagne au haut duquel était un panier contenant une oie.

La rue aux Oues était spécialement habitée par les rôtisseurs. Le chroniqueur Sauval rapporte qu'en face de la rue aux Oues se trouvait l'église Saint-Jacques-l'Hôpital et qu'en raison des effluves succulentes qui s'échappaient des rôtisseries d'alentour et venaient s'exhaler sur la face de cette église on avait coutume, en parlant d'un gourmand, de répéter ce vieux dicton : « Il a le nez tourné à la friandise comme la façade de Saint-Jacques-l'Hôpital ».

En 1843, cette rue fut prolongée sur l'emplacement du couvent de Saint-Magloire.

Au sujet de la rue aux Oues, on rapporte l'anecdote suivante : en 1418, un soldat suisse ayant frappé de son épée une statue de la Vierge placée au coin de la rue *Salle-au-Comte* et de la rue aux *Oues*, le sang jaillit aussitôt. Le soldat fut arrêté, jugé, condamné et exécuté au lieu même de son crime. La statue avait été portée à Saint-Martin-des-Champs, où on la révérait sous le nom de *Notre-Dame de la Carole*, nom sur l'étymologie duquel les savants ont discuté sans parvenir à se mettre d'accord. Tous les ans, le 3 juillet, on allumait de nombreux cierges au coin de la rue aux Oues, on y brûlait un mannequin costumé en Suisse et préalablement promené dans Paris. Le soir il y avait feu d'artifice et réjouissances populaires. Statue, cierges et mannequin ont duré jusqu'à la Révolution.

La célèbre rue *Quincampoix,* qui commence dans le IVe arrondissement, débouche dans la rue aux Oues. C'est dans la maison qui porte actuellement le numéro 65 que s'installa la banque de l'écossais Law, après avoir été située d'abord rue Vivienne et ensuite place Vendôme.

Le financier Law avait créé une banque au capital de 6 millions, autorisée à escompter des billets au porteur. Il voulut également exploiter la Louisiane et les bords du Mississipi et créa pour cela la Compagnie dite des *Indes Occidentales.*

La rue Quincampoix fut surnommée la rue du Mississipi. L'affluence y fut telle que toutes les boutiques, toutes les maisons furent aménagées en bureaux ; l'on y trafiquait sur les actions et les billets d'État. On raconte qu'un bossu fit une fortune en louant son dos comme pupitre pour écrire aux agioteurs en quête d'une table. On dit aussi qu'un savetier se fit jusqu'à 100 livres par jour en louant des tabourets à l'un et à l'autre. Il y eut des fortunes considérables faites du jour au lendemain jusqu'à la débâcle finale, qui fut effroyable.

La rue Quincampoix est une des plus vieilles rues de Paris, elle est antérieure à l'an 1200. Elle avait, paraît-il, indépendamment de sa dénomination officielle, un surnom populaire emprunté à sa réputation toute spéciale d'avoir comme habitants de nombreux maris trompés. Tallemant des Réaux nous dit : « On l'appelle aussi la rue des Cocus. On la surnommait encore rue des Mauvaises-Paroles, à cause des commères qui s'y trouvaient en grand nombre . »

Suivons à présent la rue Rambuteau, qui fait partie des Ier, IIIe et IVe arrondissements. Elle fut tracée en 1844 et fit disparaître la rue des Ménétriers, la rue de la Chanverrerie, la rue des Piliers-des-Pots-d'Étain. Aux numéros 106 et 108, on voit encore quelques vestiges des grands piliers qui soutenaient les bâtiments construits autour des Halles appelés *Champeaux*.

Ces piliers formaient un demi-cercle irrégulier et avaient différentes dénominations. Sur les terrains occupés par la rue Rambuteau, existait le couvent de Sainte-Avoye, situé près de la rue du Temple et qui disparut en 1840. La rue Rambuteau est traversée par les rues Saint-Martin, de Beaubourg, du Temple et des Archives.

A la place de la rue Beaubourg s'étendait autrefois un joli et gracieux petit village où les Parisiens se rendaient en villégiature. Le charme de son site l'avait fait surnommer *beau bourg*. L'ancienne rue Transnonnain fut absorbée par la rue Beaubourg. (Son nom, autrefois Trousse-Nonnain, venait de ce qu'elle était fréquentée par des femmes galantes.) Dans toutes les rues avoisinantes, l'on peut voir de vieilles et très curieuses maisons.

La rue *Michel-Le-Comte* date du XIIIe siècle. Nous y voyons l'ancien hôtel de Bouligneux, édifié en 1728, dont l'architecture et les sculptures sont fort intéressantes. Il existait dans cette rue un jeu de paume où le *Théâtre du Marais* vint s'installer pendant quelque temps.

En 1673, le théâtre fut démoli, et la troupe du Marais s'installa dans la salle de la rue Mazarine, en face de la rue Guénégaud.

Au numéro 1 se trouve l'ancien hôtel Caumartin et au 19 l'ancien hôtel de Lenoir de Mézières.

Nous remarquons au numéro 21 la maison de Spécialités Pharmaceutiques Simon et Merveau. C'est là qu'habitait en 1774 Verniquet, l'auteur d'un

LIVREURS ET GARÇONS DE MAGASIN DE LA MAISON SIMON ET MERVEAU, 21, RUE MICHEL-LE-COMTE.

plan de Paris très complet dont l'exécution lui demanda, paraît-il, vingt ans de travail (1).

Fondée en 1855 par Marchand au numéro 13 de la rue du Grenier-Saint-Lazare, cette maison fut transportée, en 1900, au 21 de la rue Michel-le-Comte par MM. Monnot, Bartholin et Cie, les successeurs de Marchand. Sous leur habile

VUE PARTIELLE DES MAGASINS DE LA MAISON SIMON ET MERVEAU.

et intelligente direction, cette maison ne tarda pas à se placer à la tête des établissements desservant la pharmacie.

Cédée en 1904 à MM. Simon et Merveau, pharmaciens de 1re classe, elle constitue aujourd'hui une puissante organisation dont les relations commerciales s'étendent dans le monde entier.

Son installation conçue dans l'esprit le plus pratique lui permet de développer ses affaires d'une façon incessante, en apportant dans ses services toutes les améliorations que l'expérience conseille et que le progrès impose.

La maison Simon et Merveau est la plus importante maison de commission et d'exportation de spécialités pharmaceutiques.

Sous l'ancien régime, la pratique de la commission avait été déplorablement

(1) *Dictionnaire des rues de Paris*, par Gustave Pessard.

entravée en France par la tendance du pouvoir royal à transformer en privilèges toutes les branches de l'industrie et du travail. Le privilège des commissionnaires en titre d'office fut entamé par un édit de Turgot, puis disparut définitivement devant les décrets de l'Assemblée Constituante, qui abolirent tous les anciens monopoles et proclamèrent le principe de l'entière liberté de l'industrie et du commerce. C'est à dater de cette époque seulement que la « commission » est rentrée d'une manière normale dans l'ordre des contrats libres et de droit commun. Ce contrat est, en somme, un mandat *sui generis* parfaitement approprié aux nécessités du commerce et qui favorise bien mieux que ne pourrait le faire un mandat ordinaire la promptitude dans les transactions commerciales.

La maison de commission Simon et Merveau prend tous les jours une plus grande extension.

Au 22 de la rue Michel-le-Comte, demeurait le conventionnel Dubois Crancé ; cet ancien mousquetaire, qui fut député de la Convention, vota la mort de Louis XVI et finit par devenir ministre de la Guerre sous le Directoire en remplacement de Bernadotte.

La rue du Temple s'appelait au XIIe siècle la rue de la *Milice-du-Temple*. Au 41, remarquons l'ancien cabaret de l'Aigle d'Or avec cour intérieure ; au 67, l'hôtel de Montmorency, où mourut le connétable Anne de Montmorency ; aux 101 et 103, un hôtel qu'habita le surintendant Fouquet.

Nous voyons, rue du Temple, le square formé sur les terrains occupés jadis par l'enclos, le château et la tour du Temple, appelés ainsi parce qu'ils appartenaient aux Templiers, chevaliers de l'ordre du Temple.

Le Temple était si considérable avec toutes ses constructions qu'au XIIIe siècle on le comparait à une ville. Le principal édifice était l'église, que l'on disait avoir été construite sur le modèle du Saint-Sépulcre, et le donjon, énorme tour quadrangulaire.

Le manoir du Temple, alors en dehors de l'enceinte de Paris, était défendu par des tours et par des murs crénelés. Il paraissait si redoutable et l'entrée en semblait si bien défendue que son séjour était à Paris plus sûr qu'aucun autre. L'on y était plus à l'abri que dans le palais du roi.

Le principal corps de bâtiment de l'ancien château des Templiers se composait d'une tour carrée flanquée de quatre tours rondes. Cette construction se reliait du côté du Nord à un massif de moindres dimensions surmonté de deux autres tourelles beaucoup plus basses ; sa hauteur était d'environ cent cinquante pieds, non compris le comble. A fleur de ce comble et dans l'intérieur des créneaux qui régnaient à l'entour, se trouvait une galerie d'où l'on jouissait de la vue la plus étendue.

Les murs de la grande tour avaient en moyenne neuf pieds d'épaisseur. Divers souterrains très vastes pratiqués par les Templiers rayonnaient de cette forteresse. L'un d'eux aboutissait, dit-on, à la Bastille et l'autre à Vincennes. Au XIVe siècle, la puissance des Templiers était devenue si grande que Philippe le Bel en fut alarmé. Il fit saisir leurs domaines, s'empara de leurs trésors et commença leur procès, qui aboutit à la suppression de l'ordre et à la condamnation des chevaliers.

A partir de Philippe-le-Bel et jusqu'en 1378, les tours du Temple servirent de prison d'État. Au milieu du XVIe siècle, elles furent affectées au dépôt des munitions de guerre qu'on fabriquait à l'arsenal, et en maintes occasions un corps de troupe y tint garnison.

Au XVIIe siècle, le Temple changea absolument de caractère et de physionomie. Il perdit de plus en plus ses traditions militaires et devint une sorte de retraite paisible qui offrait à ses heureux habitants toutes sortes d'avantages pour une vie à la fois retirée et dissipée.

L'enclos du Temple était, malgré ses enceintes crénelées et ses vieilles tours, l'endroit de Paris où l'on était le plus sûr de vivre en liberté. On y jouissait d'ailleurs de privilèges qu'on ne trouvait nulle part : on n'y payait pas d'impôts, on n'y subissait aucune entrave administrative et policière.

La franchise du Temple s'étendait à toutes les industries qui venaient y chercher un asile; tous les commerces y étaient absolument libres, et la Faculté de médecine elle-même n'avait pas le pouvoir de franchir les portes de l'enclos pour arrêter les empiriques qui y vendaient sans contrôle leurs drogues et leurs remèdes secrets, et qui se mêlaient de guérir ou de tuer les malades sans permission. Plus tard, on construisit dans l'enclos des petits hôtels avec leurs dépendances et jardins particuliers qui furent habités au XVIIIe siècle par nombre de personnages de distinction.

Enfin ce fut dans la journée du 13 août 1792, lorsque le malheureux Louis XVI y fut amené prisonnier avec sa famille, que la vieille tour fut rendue à son ancienne destination de prison d'État.

En 1796, après le départ de Madame Royale, la prison du Temple était vide. Dès qu'on apprit cela dans Paris, la curiosité publique fit de cette prison une espèce de pèlerinage, où l'on se rendait avec émotion pour voir les lieux consacrés en quelque sorte par le douloureux martyre de Louis XVI et de sa famille. Rien n'était encore changé dans les deux étages de la tour que les prisonniers royaux avaient occupés. On y cherchait surtout quelques inscriptions que Madame Royale avait crayonnées sur les murailles de sa chambre, entre autres celle-ci : « Oh ! mon Dieu ! pardonnez à ceux qui ont fait mourir mes parents ! »

Le gouvernement fut averti de cette agitation royaliste entretenue par des visites quotidiennes à la tour ; il les fit cesser en défendant de laisser pénétrer personne dans la tour sous aucun prétexte. Deux mois n'étaient pas écoulés que cet édifice redevenait prison d'État.

Après le coup d'État du 18 Fructidor, le Temple avait été tout à coup peuplé de prisonniers politiques qui y séjournèrent plus ou moins longtemps. Les membres royalistes du Conseil des Anciens et du Conseil des Cinq-Cents furent conduits dans cette prison, où ils passèrent quelques jours avant leur départ pour Cayenne, où ils devaient être déportés.

Depuis la journée du 2 Vendémiaire, le Temple était la prison ordinaire des détenus politiques. On y avait assemblé tous ceux qui furent compromis à tort ou à raison dans les complots de Pichegru et de Cadoudal. Il y avait en même temps sous les verrous des républicains et des royalistes, des émigrés et des vendéens, des journalistes et des militaires, tous ceux qui tenaient de près ou de loin à cette armée de conspirateurs répandue dans Paris, armée mystérieuse et louche, composée de Chouans échappés de la guerre civile, d'employés congédiés, de faiseurs de libelles, gens propres à tous les métiers, prêts à toutes les besognes, autour desquels des femmes évoluent : des femmes qui se dévouent ou des femmes qui trahissent, des femmes qui excitent les ambitions, ou des femmes craintives et apeurées qui dénoncent les conspirations, de crainte de voir compromettre ceux qu'elles aiment.

Puis, en 1809, le donjon qui dominait tout le quartier de sa masse sombre et sinistre, fut rasé par ordre de Napoléon qui voulut épargner à Marie-Louise la vue de la prison où Marie-Antoinette avait été enfermée.

La grande tour du Temple devait se trouver exactement à l'endroit où depuis la mairie a été construite en façade sur la rue des Archives.

Lorsqu'en 1814 la duchesse d'Aiguillon revint visiter ce qui restait de la tour, elle ne trouva qu'un amas de pierres noircies et dans ces ruines quelques fleurs entretenues par une main pieuse. Au milieu, elle fit planter un petit saule pleureur et tout autour fit disposer une barrière en bois.

Le *marché du Temple* avait été construit en 1809. Près de ce marché existait jadis un bâtiment appelé la *Rotonde*, qui était une vaste construction avec cour intérieure dont le rez-de-chaussée formait une galerie couverte soutenue par des arcades dans lesquelles étaient établies des boutiques de revendeurs. Cette rotonde était devenue l'accessoire de la halle au vieux linge.

Le marché du Temple formait autrefois quatre carrés : l'un comprenant les effets neufs se nommait le *Palais Royal;* la literie se vendait au *pavillon de Flore*, la vieille ferraille au *Pou Volant* et enfin les vieilles savates à la *Forêt Noire*.

En 1855, tout ce quartier fut transformé et les vieux hangars furent remplacés par une construction élégante où l'air et la lumière circulaient de toutes parts. Un square fut dessiné par Alphand sur l'emplacement de la vieille tour des Templiers, et on y laissa subsister le saule de Madame Royale.

Aujourd'hui le marché du Temple est en partie démoli.

Le marché des Enfants-Rouges, situé rue de Bretagne, à quelques pas du Temple, existe depuis 1615 et doit son nom à l'ancien hôpital des Enfants-Rouges.

La rue des Archives, où se trouve la mairie du IIIe arrondissement, longe les bâtiments des Archives Nationales, dont elle a pris le nom. L'on y voit quelques maisons intéressantes : au 24, l'ancien cloître des Billettes; au 45, l'entrée de l'ancien monastère des Révérends Pères de la Merci. Lorsque ce couvent eut été supprimé en 1790, ses bâtiments servirent à un théâtre dit de la Nation.

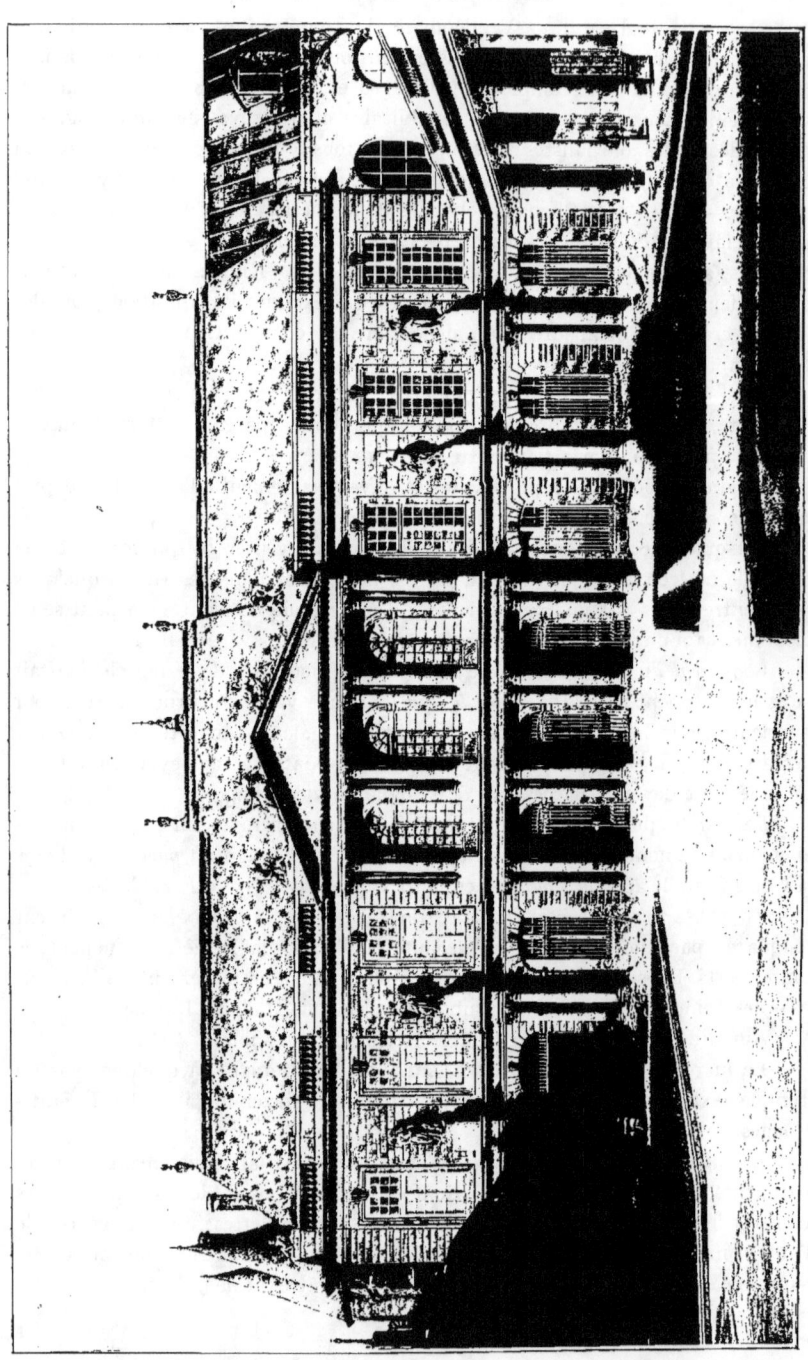

Au 56, ancienne fontaine construite par Charles d'Orsay, pour le prince de Royan-Soubise.

Au 60, hôtel de Choiseul-Beaupré et enfin, au 58, hôtel d'Olivier de Clisson, devenu le palais des Archives Nationales.

L'hôtel ou palais Soubise, qu'occupent les Archives, a succédé à quatre hôtels qui furent réunis entre eux et remplacés en partie par des constructions nouvelles. Le plus ancien était l'hôtel Clisson, bâti en 1371 par le connétable Clisson. Il en subsiste encore la porte d'entrée décorée de deux tourelles.

Après la mort du connétable de Clisson, l'hôtel passa successivement en diverses mains et devint en 1553 la propriété de la famille de Guise, qui y ajouta les deux hôtels voisins de la Roche-Guyon et de Laval. La propriété était ainsi limitée par les rues des Quatre-Fils, du Chaume, de Paradis et Vieille-du-Temple. De cette dernière à la rue de Braque allait une petite ruelle dite de *la Roche*, qui coupait en deux le domaine des Guises et qui fut le quartier général de la Ligue. La dernière duchesse de Guise étant morte en 1696 sans postérité, l'hôtel fut mis en vente et acheté par François de Rohan, prince de Soubise, dont il a pris et gardé le nom. Celui-ci y fit de nombreux agrandissements, et lorsque son frère Gaston de Rohan, évêque de Strasbourg, eut fait construire un édifice du même style sur l'emplacement de l'hôtel de La Roche-Guyon, rue Vieille-du-Temple (dans cet hôtel fut transférée l'Imprimerie Nationale), l'on réunit les deux hôtels par un vaste jardin qui devint promenade publique de 1790 à 1808.

L'intérieur de l'hôtel Soubise était d'une grande magnificence. On y voyait des grisailles de Brunetti, des peintures de Boucher, de Vanloo, etc., des boiseries finement sculptées.

Lors de la Révolution, le palais Soubise devint propriété nationale et fut affecté au service des Archives. Les Archives sont les gardiennes vigilantes et assidues de la véritable tradition historique et constituent en quelque sorte le patrimoine de la nation.

L'Imprimerie Nationale est située, comme nous venons de le dire, à côté des Archives. L'origine de cet établissement remonte à François Ier, qui en 1538 nomma l'imprimeur Conrad Néobar imprimeur royal avec un traitement de cent écus d'or. A ce premier titulaire succéda Robert Estienne.

Mais s'il y avait un imprimeur, il n'y avait pas encore d'imprimerie du roi, et Louis XIII fit installer dans les galeries même du Louvre un atelier de typographie qui fut appelé *Imprimerie Royale* et qui prit beaucoup de développement sous Louis XIV. Louis XV y réunit la fonderie royale.

Au mois de Brumaire de l'an III, l'imprimerie de la République fut installée dans l'ancien hôtel de Penthièvre, occupé ensuite par la Banque de France, puis enfin dans l'hôtel de Gaston de Rohan, qu'on avait appelé le Palais Cardinal.

L'Imprimerie Nationale est chargée d'imprimer tous les actes et documents officiels. Des particuliers peuvent être autorisés à y faire imprimer des ouvrages d'érudition. L'imprimerie est particulièrement riche en caractères orientaux.

Dans la cour de l'établissement, on voit une statue en bronze, de Gutenberg, par David d'Angers, semblable à celle qui se trouve à Strasbourg.

La rue Vieille-du-Temple date du XIIe siècle et se nommait *rue du Temple et de la Porte-Barbette*, parce qu'elle aboutissait à la porte de ce nom. Elle contient de vieilles maisons et une assez jolie tourelle gothique. Au 47 est l'hôtel de l'ambassade de Hollande, anciennement hôtel de Bozeuil, qui possède une très belle cour intérieure avec sculptures. Au 60 était le couvent des hospitalières de Saint-Anastase. Sur l'emplacement du 97, existait un jeu de paume où s'installa le Théâtre du Marais lors de sa fondation.

Voici la description que nous trouvons de ce théâtre dans le *Dictionnaire des rues de Paris*, par M. Gustave Pessard : « Une estrade élevée à l'une des extrémités de la salle formait le théâtre proprement dit, sur lequel deux ou trois châssis de chaque côté représentaient tant bien que mal ce qu'on appelle la scène : le changement de décoration se bornait alors à modifier la toile de fond. Une galerie élevée sur les parties latérales formait les loges ; le milieu et le dessous des loges était le parterre ; on y était debout et sur des dalles en pierre qui pavaient d'ordinaire les jeux de paume. Les places les plus recherchées étaient les banquettes placées contre les coulisses de la scène. »

La rue Vieille-du-Temple nous conduira rue des Francs-Bourgeois, qui se nommait au XIIIe siècle rue des Vieilles-Poulies. (Poulies désignait une sorte de jeu très en faveur à l'époque.) Au XIVe siècle, il fut construit dans cette rue un hôpital destiné à vingt-quatre pauvres bourgeois, « qui donnaient chacun treize deniers en entrant et un denier par semaine ». Ces bourgeois étaient « francs » d'impôts. De là, le nom de la rue.

A chaque pas, nous y rencontrons de vieilles demeures pleines de souvenirs historiques que nous ne pouvons tous énumérer ici. Le plus célèbre parmi ces vieux hôtels est celui de Mme de Sévigné, actuellement Musée Carnavalet.

Les sculptures qui ornent cette demeure sont l'œuvre de Jean Goujon et comptent parmi les plus remarquables du célèbre statuaire. Nulle part il n'a mis plus de grâce que dans les bas-reliefs de la façade; jamais il n'a montré plus de souple vigueur que dans les Saisons colossales taillées en pleine pierre qui ornent les trumeaux du premier étage. « Si les Saisons de l'hôtel Carnavalet, dit Gustave Planche, ne résument pas le génie entier de Jean Goujon, elles peuvent au moins servir à le caractériser nettement. »

C'est Jean de Ligneris, seigneur de Crosne, président au Parlement de Paris, qui fit construire cet hôtel. Il mourut peu de temps après, et l'hôtel fut vendu à M. de Kernevenoy, dont le nom breton s'était adouci en celui de Carnavalet. L'hôtel resta longtemps dans cette famille, qui le vendit en 1660 à M. d'Agauri. Ce dernier fut obligé de le louer, sa charge le retenant en Dauphiné. C'est alors que Mme de Sévigné en fut locataire. Elle avait essayé de toutes les rues du Marais, et elle pensait que cette « *Carnavalette* lui conviendrait à ravir ».

Elle mit deux ans à aménager cet hôtel, qu'elle ne quitta plus; elle en fut l'âme et elle en reste la gloire. Elle habitait les appartements du premier, au fond de la cour, qui ont été convertis en salle de lecture de la bibliothèque. On y accédait par le grand escalier de pierre. La salle actuelle des estampes était le salon de réception. Le marquis de Sévigné, fils de la marquise, habitait sur la rue, et l'abbé de Coulanges s'était réservé l'aile droite, sur la cour.

Sous la Restauration, l'hôtel Carnavalet devint la *Direction de la librairie;* puis il fut occupé par diverses institutions privées jusqu'en 1886, époque à laquelle

MUSÉE CARNAVALET.

la Ville de Paris en fit l'acquisition pour y installer sa bibliothèque et son musée historique.

Au centre de la cour a été placée la statue de Louis XIV, par Coysevox.

En 1896, l'hôtel fut agrandi par l'acquisition de l'hôtel de Lepelletier de Saint-Fargeau, qui lui fut réuni.

Le musée Carnavalet est extrêmement intéressant et très riche en documents sur le Vieux Paris. L'hôtel est un joli spécimen de l'architecture de la Renaissance.

Nous voyons aussi rue des Francs-Bourgeois l'établissement principal du Mont-de-Piété. Cette institution est une fondation pieuse, d'origine italienne, destinée à combattre l'usure. De là vient son nom de Monte de Pieta (banque de piété). Sa création à Paris date de Louis XV. Il fut installé d'abord dans les bâtiments de la Salpêtrière, puis en 1790 dans les bâtiments actuels construits rue des Francs-Bourgeois et rue des Blancs-Manteaux (IVe arrondissement) sur l'emplacement des monastères de Guillemitte, des Bénédictins et du Couvent des Blancs-Manteaux.

La maison du *clou*, que les étudiants et les bohèmes appellent aussi *ma tante*, est une immense bâtisse qui ressemble à une forteresse. « Le premier étage est le quartier « de l'aristocratie », la division des bijoux et des objets précieux ; au deuxième étage commencent les divisions des hardes. Les planchers ploient sous le poids d'un million de nantissements qui viennent s'y entasser chaque année. Partout sont des cases remplies de cartons, de boîtes, de paquets. Sous les combles enfin s'entassent les longues files de matelas, tribut extrême de la misère. »

Il existe plusieurs succursales importantes du Mont-de-Piété dans Paris, ainsi que beaucoup de bureaux auxiliaires, dont tous les services sont centralisés à l'établissement de la rue des Francs-Bourgeois.

A l'extrémité de cette rue, nous trouverons le boulevard Beaumarchais, qui fut créé en 1760 sous le nom de boulevard Saint-Antoine. Nous y voyons au numéro 3 un restaurant à l'enseigne des « Quatre Sergents de La Rochelle ». Dans ce complot fut compromis, puis remis en liberté, le fondateur du restaurant des Quatre Sergents. Au 99 habitait le célèbre Cagliostro.

La rue des Tournelles débouche boulevard Beaumarchais. Elle fut ouverte en 1546 sous le nom de Jean-Beausire. Elle fut appelée plus tard rue des Tournelles, parce qu'elle longeait le palais des Tournelles construit en 1388 par Pierre d'Orgement, chancelier de France, et habité par quelques rois. Sur son emplacement fut formée plus tard la place Royale.

C'est au 28 de la rue des Tournelles que demeurait Ninon de Lenclos, dans l'hôtel construit par Mansart. La célèbre courtisane, qui à l'âge de 70 ans provoqua encore des passions, mourut dans cet hôtel âgée de 91 ans. Elle avait été surnommée *Notre-Dame des Amours* ou *la Belle Mignonne*, et ses adorateurs se faisaient appeler les *oiseaux des Tournelles*. Un soupirant, admis à lui faire sa cour, avait écrit ce couplet :

« Je ne suis plus oiseau des champs,
Mais de ces « oiseaux des Tournelles »
Qui parlent d'amour en tous temps
Et qui plaignent les tourterelles
De ne se baiser qu'au printemps. »

On raconte qu'en 1657 la reine-mère, scandalisée par les mœurs de Ninon, l'envoya chercher pour la mener dans un couvent à son choix. L'incorrigible Ninon choisit les *Pères Cordeliers* ; mais l'exempt n'accepta pas ce choix et la conduisit aux *Madelonnettes*, où elle passa quelques mois.

Après cette petite excursion dans la rue des Tournelles, où plane le galant souvenir de la belle courtisane Ninon, reprenons le boulevard Beaumarchais auquel fait suite le boulevard des Filles-du-Calvaire. Il doit son nom au couvent des Filles-du-Calvaire, qui, supprimé en 1790, était une maison très vaste avec dépendances et jardins qui existait sur l'emplacement de la rue de Bretagne.

L'ancien boulevard du Temple, complètement transformé en 1860 (sur une partie de son emplacement fut formée la place de la République), était un des endroits les plus curieux de Paris.

M. Georges Cain, dans son intéressant volume sur les *Anciens théâtres de Paris*, nous en trace une amusante description. « Cette belle avenue plantée d'arbres était le rendez-vous de la meilleure société et aussi de la pire qui se pressait à la *promenade des Remparts*. Vers quatre heures, les voitures défilaient entre le boulevard des Filles-du-Calvaire et la Bastille, à ce point nombreuses qu'elles ne pouvaient avancer qu'au pas. Les prisonniers de la célèbre forteresse qui jouissaient de la faveur des terrasses ne manquaient jamais de s'y rendre à ce moment choisi... Les cabriolets s'y croisent, les marchandes d'oublies, de gâteaux de Nanterre, de sucre d'orge y circulent, les marchands de coco y débitent leur marchandise, les badauds s'y pressent, les grandes dames y déploient leur grâces et les jolies filles s'y affichent » (1).

Les saltimbanques et les bateleurs vinrent bientôt installer leurs parades en ce lieu si fréquenté, et le boulevard du Temple devint une kermesse perpétuelle, un endroit fort curieux, à l'aspect franchement gai, naïvement joyeux avec ses escamoteurs, ses paillasses, ses faiseurs de tours, ses animaux savants, ses avaleurs de sabre, ses boniments et ses baraques de toutes sortes.

Du milieu du XVIIIe siècle jusqu'en 1860, l'on vit naître et se développer sur le boulevard du Temple une multitude de spectacles. Il recueillit les épaves des grandes foires de Saint-Germain, Saint-Ovide et Saint-Laurent tombées en désuétude.

Les premiers théâtres fondés furent ceux de Nicolet et d'Audinot. Puis ce furent le théâtre des *Funambules*, avec le célèbre Debureau, les *Délassements Comiques*, le théâtre de *Malaga*, le musée de cires, le *Théâtre patriotique*, l'*Ambigu-Comique*, le *Théâtre de Mme Saqui*, les *Variétés Amusantes*, qu'illustra Frédéric Lemaître, le *Panorama dramatique*, le théâtre des *Troubadours*, le théâtre du *Cirque*, le *Cirque Olympique*, le théâtre de la *Gaîté*, où l'on représenta le drame célèbre du *Courrier de Lyon* avec Paulin Ménier, le *Théâtre historique*, fondé par Alexandre Dumas, où l'on vit Mélingue dans la *Reine Margot*, le *Théâtre Déjazet*, etc., etc.

Ce boulevard, où se jouèrent les drames les plus sombres, et où tous les soirs plusieurs assassinats se perpétraient sur la scène, avait pris le nom pittoresque de *boulevard du Crime*, nom qu'il garda jusqu'à sa disparition en 1860.

Depuis, le boulevard du Temple est un endroit triste, bourgeois et quasi provincial. Qui pourrait croire à voir ses larges chaussées désertes qu'il y a cin-

---

(1) *Anciens théâtres de Paris*, par Georges Cain.

quante ans à peine c'était le coin le plus bruyant, le plus agité, le plus vivant de Paris : 8 000 personnes envahissaient tous les soirs les guichets de tous ces théâtres; des centaines de spectateurs faisaient la queue devant ces contrôles entre de longues barrières de bois.

Quelques-uns de ces théâtres émigrèrent ; d'autres, parmi lesquels les Funambules, disparurent complètement par suite de la transformation de leur boulevard.

Traversons la place de la République, qui est partagée entre trois arrondissements.

Elle est située à l'encontre du boulevard du Temple, de l'avenue de la République, de la rue de la Douane et du boulevard Saint-Martin.

Le nom de place du Château-d'Eau qu'elle portait autrefois lui venait de ce qu'elle était décorée en son milieu d'une immense fontaine jaillissante qu'on appelait le Château d'Eau qui s'alimentait des eaux du bassin de la Villette. La construction de ses trois bassins concentriques et superposés et le jeu de ses nappes d'eau présentaient la forme pyramidale. La base avait 13 mètres de rayon et le sommet s'élevait au-dessus du sol à une hauteur de 5 mètres. De là, jaillissait une gerbe volumineuse retombant en trois cascades circulaires. Huit lions accroupis dans le bassin intérieur lançaient des jets d'eau par la gueule. Cette fontaine rappelait un peu la *Fontaine des Lions* de l'Alhambra, dont le souvenir dut certainement inspirer le sculpteur. Lors de l'agrandissement de la place de la République, la fontaine du Château-d'Eau fut transportée dans une des cours des abattoirs de la Villette, où elle se trouve encore. Sur son emplacement fut élevée la monumentale statue de la République, dont l'inauguration eut lieu le 14 juillet 1883.

Aux numéros 1 et 3 de la place, se trouve la Pharmacie Française, créée en 1875. Son fondateur sut mettre à profit toute l'expérience qu'il avait acquise comme gérant de la Pharmacie Normale de la rue Drouot.

Le choix de l'emplacement, au coin de la place de la République et du passage Vendôme, avait été très heureux.

Le passage Vendôme occupe l'emplacement de l'ancienne communauté des Filles du Sauveur fondée par Raveau dans la rue Vendôme, devenue rue Béranger.

La Pharmacie Française fut une grande innovation dans ce quartier, où elle fut admirablement accueillie et où l'on apprécia vivement la modération de ses prix, ses approvisionnements considérables et les soins tout spéciaux apportés chez elle à l'exécution de toutes les ordonnances. Elle eut bien vite une grosse clientèle, tant en province qu'à Paris, clientèle qui n'a fait que s'accroître continuellement.

Le Dr Legros, licencié ès sciences, lauréat des hôpitaux, prit la direction de cette pharmacie en 1884, sous la raison sociale Legros et Cie. Depuis cette époque, la maison n'a cessé d'être l'objet de grands perfectionnements. Certains produits, tels que les granules, les pansements, les extraits spéciaux pour liqueurs ont été spécialisés et ont mérité d'innombrables récompenses à toutes les expositions françaises et étrangères.

PHARMACIE LEGROS.

La Pharmacie Legros et Cie est maintenant hors concours, et son directeur, officier de l'instruction publique, fut nombre de fois membre du jury, et même secrétaire et président d'honneur de nombreuses expositions.

En 1878, lors de l'explosion de la rue Béranger, qui fit de très nombreuses vic-

PHARMACIE LEGROS. — VUE INTÉRIEURE.

times, la pharmacie avait été transformée en véritable ambulance et avait prodigué les premiers soins à tous les blessés.

La rue Béranger fut ainsi nommée parce que le grand chansonnier mourut, dans l'hôtel Bergeret de Trouville, qui était situé dans cette rue. Au numéro 3 se trouve l'ancien hôtel de Brissac et d'Angoulême, occupé par une école de la ville. Un peu plus loin, nous voyons l'entrée du Théâtre Déjazet.

Au numéro 13 de la place de la République, donnant sur la rue du Temple et sur la rue Béranger, se trouvent les magasins de nouveautés du *Pauvre Jacques*.

Ils sont situés précisément en face de la statue de la République, dont la partie sculpturale est l'œuvre de Morice et la partie architecturale est due à Léopold Morice, frère du sculpteur. Le monument a dans sa grandeur beaucoup de simplicité : une large base de pierre dans laquelle sont incrustés des bas-reliefs en bronze représentant différents épisodes de l'histoire, puis un fût autour duquel se détachent les grandes statues de la Liberté, l'Égalité, la Fraternité. La

PAUVRE JACQUES. — VUE GÉNÉRALE.

statue colossale de la République est debout, la main gauche appuyée sur les tables de la Loi et tenant dans la main droite une branche d'olivier.

Les anciens n'avaient pas fait de la République une figure abstraite, une personnification pouvant convenir par la généralité de ses caractères et de ses attributs à toutes les nations ayant une constitution républicaine. Pour les Athéniens, l'image de la République, c'était Athènes elle-même ou mieux encore Minerve, la patronne de la ville. Rome déifiée fut de même la personnification de la République romaine.

Les représentations modernes de la République se rapprochent toutes plus ou moins d'un type de femme à la taille vigoureuse, à la beauté sévère ayant pour attribut principal le triangle ou niveau égalitaire et coiffée du bonnet phrygien.

Le titre des magasins du Pauvre-Jacques a toute une histoire qui vaut d'être contée.

Du temps que la reine Marie-Antoinette jouait à la bergère à Trianon, il se trouvait parmi les femmes attachées au service de la laiterie royale une jeune Suissesse dont on admirait la fraîcheur et la plantureuse santé. Soudain on remarqua qu'elle perdait ses belles couleurs et qu'elle dépérissait de façon inquiétante. On s'informa et l'on apprit que c'était le mal d'amour qui flétrissait sa beauté : elle avait laissé au pays natal un fiancé du nom de Jacques, et le chagrin la minait. La reine, compatissante au désespoir de la petite Suissesse, fit venir le fiancé et maria les deux jeunes gens après les avoir dotés.

PAUVRE JACQUES. — GALERIE DES MODES

En ce temps où l'on raffolait des idylles champêtres et où la sensibilité était à la mode, cet épisode pastoral eut un énorme succès. La marquise de Travanet composa à ce sujet les paroles et la musique d'une complainte qui plus tard, pendant la Révolution, devint une sorte de signe de ralliement entre les royalistes. On adapta même à cet air une sorte d'appel de Louis XVI au peuple français. Voici les deux premiers couplets de la chanson de la marquise de Travanet. On verra que ce sont des vers de mirliton, et si nous la citons ici, c'est en raison de son grand intérêt historique et non pas à cause de sa valeur poétique, dont on pourra juger la complète nullité :

Refrain.

Pauvre Jacques, quand j'étais
près de toi,
Je ne sentais pas ma misère ;
Mais à présent que tu vis loin
de moi
Je manque de tout sur la terre,
Je manque de tout sur la terre.

1er Couplet.

Quand tu venais partager mes
travaux,
Je trouvais ma tâche légère :
T'en souvient-il ? Tous les jours
étaient beaux ;
Qui me rendra ce temps prospère !

PAUVRE JACQUES. — AMEUBLEMENTS ET TAPIS.

2e Couplet.

Quand le soleil brille sur nos guérets,
Je ne puis souffrir sa lumière ;

Et quand je suis à l'ombre des forêts,
J'accuse la nature entière.

On voit que, si la complainte du Pauvre Jacques n'avait pas servi de ralliement aux royalistes, elle n'aurait pas mérité d'être sauvée de l'oubli.

Sous l'Empire, en 1807, deux auteurs dramatiques eurent l'idée de tirer de la chanson du *Pauvre Jacques* une comédie en trois actes portant le même titre que la chanson et qui obtint un très gros succès. C'est vers cette époque que fut ouvert le magasin de nouveautés en question et son fondateur, mettant à profit l'actualité, donna à sa maison le titre de la comédie à la mode. Comme enseigne, il commanda à un peintre de talent un tableau ayant comme sujet le Pauvre Jacques, et dans l'intérieur du magasin il plaça plusieurs panneaux représentant différentes scènes de la pièce.

PAUVRE JACQUES. — GANTS ET PARFUMERIE.

Le nom du fiancé de la petite Suissesse est resté célèbre, et son souvenir a porté bonheur au grand magasin de nouveautés de la place de la République, dont les affaires ont suivi une progression constante.

Aujourd'hui les magasins du Pauvre Jacques sont par excellence une maison de confiance que garantit son ancienneté. L'on est certain d'y trouver des articles du meilleur goût à des prix qui font réaliser de sérieuses économies.

Les rayons de blanc et de toile sont l'objet de soins tout particuliers, et les trousseaux sont une des plus intéressantes spécialités de ce magasin.

Après avoir traversé la place de la République, nous suivrons le boulevard Saint-Martin du côté des maisons portant des numéros impairs, l'autre côté faisant partie du Xe arrondissement. Ce boulevard fut planté en 1668 et achevé seulement en 1705. Nous y découvrirons quelques vieilles maisons datant du XVIe siècle avec des sculptures anciennes très curieuses et qui méritent d'attirer notre attention, notamment aux numéros 31 et 33, où se trouve la grande Fabrique de bijouterie Meyer.

Cette maison, intitulée *A l'Espérance*, a été fondée en 1829 par M. Aron ; elle ne comprenait alors qu'un seul magasin situé au numéro 33, dans l'hôtel qui avait été construit pour la famille d'Osmond.

M. Lambert-Lévy succéda au fondateur et agrandit sa maison en lui adjoignant l'immeuble voisin.

En 1887, M. Meyer reprit la bijouterie, qu'il dirigea avec un associé jusqu'en 1902, époque où il demeura seul propriétaire. Son adroite direction donne à ce commerce un très important développement.

La maison *A l'Espérance* nous offre les articles les plus variés et de l'exécution la plus parfaite en bijouterie, joaillerie, horlogerie de précision, orfèvrerie et bronzes d'art.

L'art du bijoutier se divise en plusieurs branches, dont chacune se subdivise ensuite en diverses spécialités. Il y a d'abord les joailliers qui fabriquent les bijoux où doivent être enchâssés ou sertis des diamants et autres pierres fines. Le grand principe de la division du travail n'est pas moins appliqué dans la bijouterie que dans toutes nos autres industries.

L'orfèvrerie se divise en deux parties principales : la grosserie et la petite partie. Sous le nom de grosserie, on entend la fabrication de la vaisselle, des coffrets, des surtouts, des services à thé, etc. La petite partie, désignée aussi sous le nom de partie du couvert, s'exerce plus spécialement sur les objets de détail.

Si l'orfèvrerie de luxe remonte fort loin dans l'antiquité, il n'en est pas ainsi de la seconde partie de cet art. C'est au Xe siècle que se rapporte la première indication précise sur les couverts, à l'occasion suivante : un des fils d'Orséole, doge de Venise, avait épousé la sœur d'un empereur d'Orient, laquelle, rompant avec la simplicité antique, employait des cuillers et des fourchettes dorés pour porter les aliments à sa bouche. Un tel raffinement causait un grand scandale dans l'âme des assistants; aussi un saint chroniqueur raconte-t-il qu'une telle dérogation aux usages des premiers chrétiens, ne pouvant rester impunie, Dieu appesantit sa main sur les époux pervertis, et que c'est là et non ailleurs qu'il fallait chercher la cause des malheurs qu'ils subirent. La commodité résultant de l'usage des cuillers finit par l'emporter néanmoins.

Nous trouverons à la maison Meyer de fort beaux ouvrages d'orfèvrerie ainsi que des bronzes d'art très remarquables, lampes électriques, appliques, etc.

Les bronzes d'art forment également une des branches de cette importante industrie de la bijouterie. L'alliage employé à cette fabrication est formé de cuivre, d'étain, de zinc et quelquefois de plomb. Chacun de ces métaux lui apporte les qualités qui lui sont propres. Le fondeur doit donc attacher la plus grande importance à la composition des matières qu'il emploie. Nous sommes certains de trouver boulevard Saint-Martin la plus parfaite fabrication.

Nous lisons dans la *Vie privée du Prince de Conty*, par MM. Capon et Yves Plessis, que c'est non loin du boulevard Saint-Martin que se trouvait l'un des prostibules les mieux achalandés de Paris. Il était tenu par les époux Berlier de Montrival. « Ces entremetteurs de condition, vraie noblesse s'il vous plaît, avaient réuni dans leur demeure, magnifiquement meublée, une demi-douzaine de jolies « barboteuses » dont les chroniqueurs du temps nous ont conservé les noms et dont l'aînée n'avait pas plus de vingt ans. La clientèle n'était que de qualité. Ce fut dans cette maison que Louis Armand de Bourbon, l'année qui suivit son mariage, gagna une maladie que les plaisants d'alors nommaient *clou de Saint-Côme*. Le pire est qu'il en fit immédiatement présent à la princesse, sa femme. » Et MM. Capon et Plessis nous racontent que le prince de Conty, voulant se venger, revint

UNE PARTIE DE LA MAISON J. MEYER.

UN DES MAGASINS DE LA MAISON J. MEYER.

dans la maison des Berlier de Montrival et fit subir un épouvantable supplice à l'une de ces malheureuses femmes, qui en mourut. L'affaire s'ébruita, et le marquis et la marquise de Montrival, tenus comme responsables, puisqu'on ne pouvait s'attaquer à un prince du sang, furent fustigés en public et ramenés chez eux, attachés à une charrette, nus jusqu'à la ceinture et, selon le cérémonial ordinaire, coiffés d'un chapeau de paille. Ils furent de plus bannis de Paris pendant neuf ans.

Puisque nous nous sommes attardés boulevard Saint-Martin plus longtemps que nous ne pensions et puisque nous avons musé en chemin, nous voudrions encore signaler à l'attention de nos lecteurs les grands magasins de joaillerie de *la Renaissance*, dirigés par M. Esnest Lévi.

Ils sont situés au 49 du boulevard Saint-Martin, en face des théâtres de la Renaissance et de la Porte-Saint-Martin. A cet endroit la chaussée des boulevards a été tellement baissée, que, depuis la Porte Saint-Martin jusqu'au théâtre de l'Ambigu-Comique, on a dû, de chaque côté, établir une rampe, avec des escaliers de distance en distance. A cet endroit, la chaussée se trouve donc encaissée comme un chemin de fer. Au premier abord cela choque un peu mais on s'y fait, et je dirai plus, cet endroit est devenu un lieu de rendez-vous pour les personnes qui désirent voir passer un cortège ou une cavalcade que l'on sait devoir prendre ce chemin. Car ceux qui sont les premiers appuyés

LA MAISON DE « LA RENAISSANCE ».

contre la rampe se trouvent être parfaitement placés pour tout voir, comme s'ils étaient au spectacle à une première galerie de face ou aux fauteuils de balcon. Les vitrines étincelantes des magasins de M. Ernest Lévi attirent les regards de tous les amateurs. Ceux-ci connaissent de longue date la réputation de cette maison, qui sait varier à l'infini le choix des objets qu'elle soumet à leur appréciation. Nous trouverons chez elle les créations des artistes les plus réputés de Paris. Tous ces joyaux sont de véritables œuvres d'art, grâce aux récentes

UNE PARTIE DES MAGASINS DE « LA RENAISSANCE ».

découvertes de la science qui ont mis sous nos yeux les merveilleux modèles antiques que l'art moderne est parvenu à égaler.

Benvenuto Cellini raconte dans ses *Mémoires* que le pape Clément VII le fit un jour appeler au Vatican pour lui montrer un collier d'or étrusque d'une finesse remarquable que le hasard venait de faire découvrir dans quelque hypogée. « Hélas! dit à cette vue le grand orfèvre répondant au pontife qui lui proposait le chef-d'œuvre comme modèle, mieux vaut pour nous chercher une voie nouvelle que de vouloir égaler l'art des Étrusques dans le travail des métaux ; entreprendre de rivaliser avec eux serait le plus sûr moyen de nous montrer maladroits copistes! »

Depuis ce temps, d'importantes recherches ont été faites qui aboutirent à de véritables révélations sur la joaillerie des anciens ; nous avons pu, à la suite de grands efforts, donner un démenti aux paroles de Benvenuto Cellini et engager victorieusement la lutte avec l'art des anciens.

Dans les magasins de *la Renaissance*, si nous passons à présent dans les rayons d'horlogerie, nous trouverons des montres d'une fabrication supérieure, qui valurent à la maison Lévi de nombreuses commandes de chronomètres pour l'État.

Plus loin, à côté de l'Exposition d'orfèvrerie d'or et d'argent, bien faite pour séduire les connaisseurs, nous admirerons l'un des plus grands assortiments que l'on puisse voir à Paris en fait de bronzes d'art, suspensions de salles à manger, lustres pour salons, appliques et garnitures de cheminées.

Par la diversité des modèles et la modicité des prix, cette collection est réellement des plus intéressantes et mérite une mention toute spéciale.

Il se dessine actuellement dans l'orfèvrerie une tendance à faire de cette industrie un art complet. On veut créer des modèles ayant une grande valeur artistique. Quelques artistes s'inspirent des styles purs, et l'éclectisme le plus complet se fait jour dans certaines tentatives. Deux points distinguent les productions actuelles : d'une part la perfection des détails et, d'autre part, la multiplication des méthodes abréviatives de fabrication.

Jadis l'orfèvre devait tenir boutique ouverte s'il voulait faire usage de son poinçon ; dans le cas de suspension momentanée ou définitive, sa marque de maître était déposée au bureau des orfèvres et gardée sous scellé. Chaque orfèvre devait avoir un poinçon personnel qui portait ses lettres initiales, une devise à son choix, une fleur de lys couronnée et deux petits ronds en forme de grains.

Le temps de l'apprentissage pour passer maître-orfèvre était de huit années. Les enfants des maîtres ne faisaient ni apprentissage, ni compagnonnage, mais ils étaient obligés comme les autres apprentis de produire un chef-d'œuvre avant de passer maîtres.

Il était fait une exception pour les apprentis formés par les ouvriers qui travaillaient à la galerie du Louvre qui étaient reçus sans chef-d'œuvre et sans frais. Les mêmes privilèges étaient accordés aux ouvriers qui avaient travaillé six années aux Gobelins.

L'artiste prétendant à la maîtrise devait prêter serment au Châtelet de Paris, devant les officiers du Roi, qu'il serait fidèle dans son commerce. On l'interrogeait à la cour des Monnaies sur l'emploi des matières d'or et d'argent ; il prêtait une seconde fois serment d'observance des ordonnances du roi et des arrêts de la cour. Sur les conclusions favorables du procureur général, il était reçu maître ; il devait déposer mille livres pour répondre des amendes qu'il pouvait encourir. Le nombre des maîtres-orfèvres, qui était de 300 d'après les anciens règlements, fut porté à 500 en 1781.

Nous terminerons cet aperçu trop rapide par le rappel du plaisant mot de Molière dans *l'Amour Médecin*. On sait que cette fameuse expression : « Vous êtes orfèvre, Monsieur Josse, » est restée quasi proverbiale par la manière pittoresque dont elle caractérise un intérêt qui se cache sous les apparences de conseils salutaires.

IVᵉ ARRONDISSEMENT

Le IVᵉ arrondissement comprend les quatre quartiers de Saint-Merri, Saint-Gervais, de l'Arsenal et de Notre-Dame.

S'il est un coin de Paris qu'on aurait dû respecter par-dessus tous les autres, c'est bien l'île de la Cité, qui fut véritablement le berceau de Paris, cette île où quatorze siècles d'histoire, huit églises, deux abbayes, un dédale de rues, un monde de logis pittoresques où s'était empreinte la vie de nos ancêtres, avaient gravé leur souvenir.

On aurait dû épargner à ce coin qui fut la *chère Lutèce* de Julien tous les « embellissements » successifs qui l'ont si radicalement transformé.

Aujourd'hui dans ce centre de la Cité qui fut le cœur du Paris du moyen âge, nous voyons le Tribunal de Commerce, monument très contesté et certainement très contestable où l'on voulut pasticher le style de la Renaissance sans en respecter l'élégance des lignes et l'harmonie des proportions, et cette immense et lourde caserne « qui regarde effrontément Notre-Dame en face. Mais n'est-il pas vrai qu'un chien regarde bien un évêque? »

Que fut-elle jadis, cette vieille Cité, si curieuse, si intéressante, dont la forme fut si bien symbolisée par le vaisseau des armoiries de la Ville de Paris? Nous allons tâcher d'en donner une idée, et nous allons commencer par étudier le quadrilatère compris entre le pont Notre-Dame et le pont au Change. Nulle part peut-être l'opposition entre le passé et le présent n'apparaîtra plus complète et les changements à vue ne se succéderont plus intéressants. Pourtant, avant de pénétrer dans la Cité elle-même, disons quelques mots du quai de Gèvres, qui va de la place du Châtelet à la place de l'Hôtel de Ville.

De temps immémorial, la grève qui s'étendait sur la rive droite des Planches de Mibray, dont nous avons parlé tout à l'heure, au pont au Change, était abandonnée aux maîtres de la grande boucherie de *l'Apport-Paris*. C'est là qu'ils abattaient les bestiaux, et l'on devine quelles émanations, *plus mais non mieux sentant que roses*, devait exhaler ce limon de sang corrompu et de graisses fétides, chauffé par les ardents rayons du soleil et que les grandes crues d'hiver se chargeaient seules de nettoyer. Des ruelles tortueuses descendant de la grande boucherie et remontant vers la Planche Mibray bordaient ce cloaque. C'étaient les rues du Pied-de-Bœuf, de la Tuerie et de la Vieille-Lanterne, sinistres d'aspect, de nom et de destination. Trois ou quatre passages ouverts dans ces ruelles à travers les masures qui les encombraient aboutissaient à la rivière.

Lorsqu'au XVIIIᵉ siècle on se décida à reconstruire le pont au Change, on pensa non sans raison que l'*écorcherie* contrasterait terriblement avec les constructions nouvelles, et il se trouva un homme avisé pour insinuer au plus influent des courtisans, le marquis de Gèvres, capitaine des gardes du roi, de demander la concession de ce terrain qui appartenait au domaine royal. On proposait d'y élever toute une rangée de maisons de même symétrie : c'était une excellente spéculation et le conseilleur qui se présentait au nom d'un groupe de capitalistes offrait au concessionnaire, le marquis de Gèvres, une grosse part de bénéfice. Malgré l'opposition des propriétaires des forges du pont au Change et des maîtres de la grande boucherie de *l'Apport-Paris*, le marquis de Gèvres obtint la concession. Ce quai fut construit par l'architecte qui avait édifié le pont au Change. Il reposait sur une voûte qui était un travail gigantesque fort admiré jadis et dont la construction hardie et savante faisait le plus grand honneur à celui qui l'avait exécutée. En pénétrant sous cette voûte immense où se répercutaient les mugissements du fleuve et le bruit lointain du roulement des voitures, on se prenait à rêver aux drames sinistres qui avaient dû se passer dans cette caverne isolée du monde au centre même de Paris et qui semblait faite pour servir d'asile aux malfaiteurs. Trois ou quatre passages représentaient les anciennes ruelles de l'Écorcherie et servaient d'égout aux tueries qui ont subsisté jusqu'à la Révolution dans les masures de la rue de la Vieille-Lanterne.

Quai et rue de Gèvres l'on forma sur les parapets de véritables galeries où les marchands « de frivolités » vinrent s'établir et qui furent pendant quelque temps à Paris le domaine du commerce de luxe, quelque chose comme notre actuelle rue de la Paix.

Le pont Notre-Dame ne fut pas le premier pont construit en cet endroit. Selon les déductions les plus probables, il occupait l'emplacement du *Grand Pont* de Lutèce, dont il ne restait plus que quelques vestiges quand, en 1412, la Ville obtint du roi l'autorisation de le reconstruire. Le roi donna au prévôt des marchands la permission d'établir un pont de bois qui partirait du lieu dit de la Planche Mibray à la place de Saint-Denis de la Chartre, et d'y faire construire maisons, moulins et autres édifices dont la pleine jouissance resterait à la Ville.

Une fois le pont construit, la chronique ne tarit pas sur l'élégance, la perfection de cet ouvrage, et néanmoins en 1440 des réparations sont déjà reconnues indispensables. Quelque temps après, une catastrophe entraînait la ruine de ce vieux pont et, d'après les récits des chroniqueurs, ce fut un événement qui émut considérablement l'opinion publique. Sauval prétend qu'il n'y eut que quatre ou cinq victimes et des pertes relativement peu considérables, l'événement étant prévu « et même considéré comme imminent depuis que l'année précédente un certain Robert de Léglie avait poignardé sa mère dans l'une des maisons du pont, ce qui ne pouvait manquer d'attirer sur le lieu du crime le prompt effet de la malédiction divine ».

Le pont Notre-Dame fut reconstruit en l'an 1500, et les chroniqueurs de nouveau vantèrent la perfection de son architecture. Gilles Corrozet nous en a laissé une description émerveillée. « Il a été construit et réédifié tout de pierre de taille faisant six arches égales dont les piles sont fondées sur pilotis et renforcées de deux côtés en triangle faisant une pointe pour empêcher et rompre les glaces. Dessus sont édifiées par symétrie et proportion d'architecture soixante-huit maisons, toutes d'une mesure et même artifice, de pierre de taille et brique.... Et sur chacune est écrit le nombre de son rang en lettres d'or. »

Ce dernier détail mérite d'attirer notre attention, car ce numérotage en lettres d'or dont il est parlé dans ces lignes est certainement le premier essai qui ait été appliqué aux maisons de Paris. Et cet essai nous paraît d'autant plus intéressant qu'il paraît avoir inauguré du premier coup la division en deux séries de numéros, pairs et impairs.

De nombreuses fêtes officielles eurent lieu sur le pont Notre-Dame. Pour l'entrée de Henri II, en 1549, deux arcs de triomphe furent dressés aux deux extrémités du pont. Ces deux arcs étaient de véritables monuments dans le style antique, rehaussés de peintures, de sculptures et de devises latines et grecques.

D'après Félibien, c'est sur le pont Notre-Dame qu'aurait eu lieu l'accident tragi-comique qui attrista la procession de la Ligue de 1590. Le cortège, raconte-t-on, croisant le carrosse du légat, s'arrêta pour recevoir sa bénédiction et le saluer d'une salve de mousqueterie. Et il arriva qu'un de ces soldats novices, en déchargeant son arquebuse, tua raide dans le carrosse même du légat l'aumônier de Son Excellence, « ce qui fit que celui-ci s'en retourna au plus vite pendant que le peuple criait tout haut que cet aumônier était bien heureux d'être tué dans une si sainte action ».

La fête la plus solennelle dont le pont Notre-Dame fut le théâtre est l'entrée triomphale de Louis XIV et Marie-Thérèse en 1660. Pour cette occasion, le pont fut décoré de façon pompeuse. Des cariatides colossales appliquées sur les chaînes de pierre qui séparaient les maisons occupaient toute la hauteur d'un grand étage ; de leurs bras étendus, elles soutenaient deux à deux les médaillons en « bronze feint » de tous les rois de France, depuis Pharamond jusqu'à Louis XIV. Dans son *Paris Ridicule*, Claude Le Petit a beaucoup raillé cette décoration :

« A le voir sur sa gravité,
Dessus ses échasses monté,
Il ferait la nique aux Dons Sanches.

Je crois sans médire de lui
Qu'il a son habit des Dimanches
Ou qu'il est de noce aujourd'hui. »

Très populaire, très fréquenté, le pont Notre-Dame devint lui aussi, au XVIIIe siècle, le centre du commerce de luxe. Vers la fin du XVIIIe siècle, on décréta la suppression de toutes les maisons des ponts de Paris, par mesure d'hygiène et de salubrité publique, et le pont Notre-Dame fut le premier atteint.

Seule la *Pompe Notre-Dame* survécut à ces démolitions jusqu'en 1861.

Amputé d'une arche par la suppression définitive de la voûte du quai de Gèvres, le pont Notre-Dame fut complètement modifié en 1860, et l'on n'y trouve plus aujourd'hui aucun vestige de sa splendeur d'antan.

A la descente du pont Notre-Dame, nous trouvons une des deux grandes artères de la Cité qui, en changeant trois fois de nom sur un parcours de trois cents mètres, unit la rue Saint-Martin à la rue Saint-Jacques. C'est la rue de la Lanterne, de la Juiverie et du Marché Palu, désignée actuellement sous une seule dénomination, celle de rue de la Cité.

Le prieuré Saint-Denis de la Chartre, supprimé en 1790, s'élevait sur l'emplacement qu'occupe aujourd'hui l'angle nord-ouest du Nouvel Hôtel-Dieu. En face de Saint-Denis de la Chartre se trouvait la rue de la Pelleterie, traversant dans son milieu l'îlot compris entre la Seine et la rue de la Vieille-Draperie.

Cette rue de la Pelleterie était à l'origine un quartier juif, comme la rue voisine qui en a conservé le nom et où s'élevait la synagogue. On la désignait sous le nom de *Micra Madiana*. Après l'expulsion des Juifs, le roi Philippe-Auguste disposa de leurs biens et donna un grand nombre de leurs maisons aux pelletiers moyennant une redevance. De là vient le nom de la rue.

Toutes ces ruelles étaient remplies de masures serrées les unes contre les autres, zébrées à tous les étages de balcons de bois en saillie, suspendues sur pilotis apparent, « retroussant pour ainsi dire leur manille pour pénétrer dans le lit du fleuve », qui, lors des grandes crues, coulait sous leurs planchers vermoulus.

Au bout de la rue de la Pelleterie, à gauche, dressant son portail sur la rue nommée depuis la rue de la Barillerie, se trouvait la grande église Saint-Barthélemy. C'était l'ancienne chapelle du palais primitif érigé dans la Cité à l'époque romaine et dont les rois mérovingiens d'abord et après eux les comtes de Paris firent leur séjour avant de l'abandonner à leur parlement.

Presque contigu à Saint-Barthélemy, se trouvait la petite chapelle de Saint-Pierre des Arcis ; puis, un peu plus loin, la chapelle de Sainte-Croix, qui fut probablement érigée au XIIe siècle pour un hôpital d'aliénés frénétiques. Plus tard, on fut obligé de les éloigner du centre de la Cité à cause des hurlements qu'ils poussaient.

L'îlot compris entre la rue de Vieille-Draperie et la rue de la Calandre était occupé pour la plus grande partie par le monastère de Saint-Éloi. On appelait le pourtour de ce monastère la ceinture Saint-Éloi. Cette ceinture était limitée par les rues de la Vieille-Draperie, de la Calandre, des Fèves et de la Barillerie. Tout l'espace qui se trouvait compris entre le couvent et la Seine fut longtemps le Ghetto du Vieux Paris.

Toutes ces vieilles rues étaient extrêmement pittoresques, les unes bourgeoises et commerçantes, avec des boutiques d'orfèvres et de lapidaires, les autres borgnes et honteuses, dernier asile des bouges chassés de tous les coins de Paris. La rue Saint-Éloi entre autres se faisait remarquer par l'excentricité de ses devantures tapageuses, aux vitres dépolies, aux enseignes remplacées par des bouquets peints de roses rouges et blanches. La rue Saint-Éloi n'avait gardé du souvenir de son monastère que la tradition du dérèglement de ses nonnes éhontées.

L'îlot compris entre la rue de la Calandre et le petit bras de la Seine ne contient qu'un seul édifice historique, l'église de Saint-Germain-le-Vieux ; mais, au point de vue topographique, cet îlot offre cet intérêt particulier : à la limite qui était marquée autrefois par les façades des maisons du Pont-Neuf, l'on a reconnu les traces de la muraille gallo-romaine, première enceinte de la Cité.

Le Petit-Pont romain composé de plusieurs arches, et qui s'étendait jusqu'au jardin actuel de l'Hôtel-Dieu, se raccordait en pente douce avec la rue de la Juiverie par la rue dite du Marché-Palu, où de toute antiquité se tint le marché des vivres. Sur la gauche, le remblai du Petit-Pont laissait entre la muraille romaine et la Seine un large bas-fond tantôt couvert par les eaux, tantôt couvert d'une végétation luxuriante que l'on appelait la Grande Orberie.

La Grande Orberie était une promenade silencieuse et discrète, favorable aux galants rendez-vous, mais souvent aussi cloaque impraticable. Au XVIe siècle, elle devint le Marché-Neuf, centre animé vivant et bariolé, rententissant du matin au soir de ces joyeuses et crues plaisanteries gauloises qui faisaient la joie de nos aïeux.

Le Marché-Neuf eut aussi ses jours de gloire. En 1660, lors de la fameuse entrée de Louis XIV et de Marie-Thérèse, le cortège royal traversa le marché dans toute sa longueur. Le Marché-Neuf avait été décoré pour la circonstance d'un magnifique arc de triomphe.

Arrivons à présent sur la place du parvis Notre-Dame, si différente aujourd'hui de ce qu'elle était jadis, mais sur laquelle pourtant il est facile d'évoquer le moyen âge avec ses foules grouillantes et pittoresques.

Le parvis était autrefois clos de murs à hauteur d'appui, de tous les côtés. Il n'était accessible que par quelques portes ouvertes de distance en distance. On y arrivait par des marches. Le sol du parvis fut abaissé à deux reprises, et le sol de la Cité s'est exhaussé, comme il arrive toujours.

Le parvis Notre-Dame jouait un grand rôle dans l'existence de nos ancêtres. C'est là qu'avaient lieu les fêtes, et c'est là aussi qu'avaient lieu les supplices.

Ce fut là qu'on dressa l'échafaud où Jacques Molay et les Templiers furent exposés pour avouer leurs crimes avant d'être conduits à l'île du Pasteur-aux-Vaches, aujourd'hui place Dauphine, pour y être brûlés. La liste serait effroyablement longue de tous les malheureux, qui le cierge de quinze livres à la main vinrent faire amende honorable au parvis Notre-Dame et durent ressentir là comme des frissons avant-coureurs du supplice. Tous les criminels fameux, entre autres, Ravaillac, la Brinvilliers, Cartouche, Desrue, Damiens ont passé en tombereau sur cette place.

Sur le parvis aussi se tenait la foire aux jambons :

« Dans ce parvis où l'on contemple   Jambons croissaient de tous côtés
La face d'un superbe temple,   Ainsi que s'ils étaient plantés. »

Au XIIIe siècle se tenait là le dimanche un marché au pain destiné aux indigents, où l'on vendait au rabais le pain qu'on n'avait pu vendre pendant la semaine.

Notre-Dame faisait en grande pompe avec ses quatre filles — on appelait ainsi les quatre églises relevant de son chapitre : Saint-Étienne-des-Grès, Saint-Merri, Saint-Benoît et le Saint-Sépulcre — les processions des Rogations, et dans le cours de cette cérémonie le clergé portait un immense dragon d'osier contourné, hideux, menaçant, en souvenir sans doute de la bête farouche dont saint Marcel avait délivré Paris. Le peuple s'amusait à jeter des fruits et des gâteaux dans la gueule du monstre. Cet usage ne disparut qu'en 1730.

Sur la place du parvis se trouvait une fontaine devant laquelle était une statue qui jouissait à Paris d'une extraordinaire popularité et que l'on appelait le *Grand Jeusneur*. C'était une statue de plâtre recouverte de plomb, représentant un homme tenant d'une main un livre et de l'autre main s'appuyant sur un bâton autour duquel s'enroulaient des serpents. L'on n'en sut jamais l'exacte signification, et la foule qui cherche en toutes choses le côté pittoresque et saisissant avait été frappée du spectacle de ce bonhomme de pierre exposé depuis tant d'années aux intempéries de l'air. Un vieux couplet nous indique pourquoi on l'avait surnommée le « Grand Jeusneur » :

« Oyez la voix d'un sermonneur,
Vulgairement appelé Jeusneur

Pour s'être vu selon l'histoire
Mil ans sans manger et sans boire. »

Le Grand Jeusneur avait fini par devenir pour ainsi dire un personnage réel. On le faisait parler, agir et protester. Il était en un mot ce qu'est le Pasquin de Rome. A toutes les epoques troublées, à toutes les émeutes, à tous les grands événements, le Grand Jeusneur prenait soi-disant la parole. C'était lui qui rédigeait les feuilles volantes clandestinement distribuées et où l'on frondait le gouvernement. Il était le signataire de tous les libelles qui passionnaient l'opinion publique.

Le Grand Jeusneur, sous le nom de Monsieur Legris, était encore le héros d'une tradition fort en usage. Pour mystifier les jeunes gens à l'air simple et novice, on les envoyait chez M. Legris, le vendeur de gris. Le mystifié, une fois arrivé sur le parvis, demandait aux passants l'adresse de ce marchand célèbre, et l'on riait toujours de cette farce séculaire dont une mazarinade nous a transmis le souvenir :

« Eh ! quoi, Madame la statue,
Avez vous repris la parole
Pour nous venir conter la colle
Depuis que vous vendez du gris
A tous les simples de Paris ? »

L'histoire des premières églises qui furent construites à l'endroit où devait s'élever Notre-Dame n'est point aussi légendaire qu'on se l'imagine volontiers. L'on serait même tenté parfois d'être surpris du nombre de renseignements que l'on est parvenu à obtenir sur l'histoire de ce vieux coin de Paris. Aux documents fournis par les vieilles chroniques, s'est ajouté le témoignage de la cathédrale qui, à chaque fouille nouvelle, nous a livré une partie de son histoire.

En 1711, ce sont les débris de l'autel élevé à Jupiter sous Tibère qui apparaissent sous les pioches des ouvriers ; en 1847, en baissant le sol du parvis, on retrouve les fondations de l'église mérovingienne. L'île de la Cité était déjà un lieu sacré sous les Romains, et les dieux olympiques y furent adorés en même temps que les mystérieuses divinités gauloises. Puis, selon la tradition du christianisme d'édifier ses églises aux endroits mêmes occupés par les temples païens, l'on édifia la cathédrale sur l'emplacement du temple de Jupiter.

Deux basiliques d'abord furent édifiées, celle de Sainte-Marie et celle de Saint-Étienne. En 1160, ces deux églises devinrent insuffisantes, et Maurice de Sully, évêque de Paris, fit construire la cathédrale de Notre-Dame, ce merveilleux cantique de foi.

Ces poèmes de pierre qu'on appelle des cathédrales furent comme des fleurs naturelles, écloses de la foi profonde du moyen âge. « Nées presque toutes ensemble au printemps des jeunes croyances, écloses sous l'enthousiasme brûlant de peuples qui joignaient à des naïvetés d'enfants la vigueur d'hommes robustes, elles s'élancèrent d'un même élan vers le ciel. »

Nous n'essaierons pas de tenter ici la description de Notre-Dame, ce chef-d'œuvre de l'architecture gothique devant lequel nous nous arrêtons, saisis d'une admiration profonde. Nous rapporterons seulement quelques lignes de Victor Hugo, dont le roman sur Notre-Dame est, en même temps que le plus beau commentaire d'une attentive et longue visite à la cathédrale de Paris, la plus pittoresque et curieuse évocation de la vie du moyen âge.

« Il est peu de plus belles pages architecturales que cette façade où successivement et à la fois les trois portails creusés en ogive, le cordon brodé et dentelé des vingt-huit niches royales, l'immense rosace centrale, flanquée de ses deux fenêtres latérales, comme le prêtre, du diacre et du sous-diacre, la haute et frêle galerie d'arcades à trèfle qui porte une lourde plate-forme sur ses fines colonnettes, enfin les deux noires et massives tours avec leurs auvents d'ardoise, parties harmonieuses d'un tout magnifique, superposées en cinq étages gigantesques, se développent à l'œil en foule et sans trouble, avec leurs innombrables détails de statuaire, de sculpture et de ciselure, ralliés puissamment à la tranquille grandeur de l'ensemble ; vaste symphonie en pierre pour ainsi dire ; œuvre colossale d'un homme et d'un peuple, tout ensemble une et complexe comme les *iliades* et les *romanceros* dont elle est sœur ; produit prodigieux de la cotisation de toutes les forces d'une époque, où sur chaque pierre on voit saillir en cent façons la fantaisie de l'ouvrier disciplinée par le génie de l'artiste, sorte de création humaine en un mot, puissante et féconde comme la création divine dont elle semble avoir dérobé le double caractère : variété, éternité. »

L'église à cette époque résumait la vie sociale tout entière. Les fêtes chrétiennes étaient les seules que connût la foule, et ces fêtes avaient pour le peuple l'attrait des représentations théâtrales d'aujourd'hui. Aux grands anniversaires, le pavé de la basilique disparaissait sous une litière de fleurs, d'herbes odoriférantes et de rameaux verts. C'est dans l'église que les chevaliers allaient faire la veillée des armes.

Le peuple, qui savait que l'église était sa maison, s'y conduisait comme chez lui, et, à certaines fêtes, la gaieté énorme du barbare se donnait carrière sous ces voûtes sacrées.

Les deux fêtes les plus célèbres étaient la *fête des Sous-Diacres* et la *fête des Fous*.

La première, qui servait de prélude à la seconde, était nommée par dérision la *fête des Diacres saoûls*. On s'occupait à élire pendant cette cérémonie un évêque des fous, et cela consistait en actions et en paroles grossières et ridicules ; ensuite le nouvel élu, installé sur le siège épiscopal, donnait avec une feinte gravité sa bénédiction aux assistants, bénédiction dont la formule bouffonne était une véritable malédiction.

Photo Neurdein Frères
LE PORCHE NOTRE-DAME.

La fête des Fous commençait le 1er janvier. Le clergé allait en procession chez l'évêque des Fous, le conduisait à l'église, où son entrée était célébrée par le tintamarre des cloches. Arrivé dans le chœur, il se plaçait sur le siège épiscopal et il se passait alors des actions extravagantes et des scènes scandaleuses. Les ecclésiastiques, le visage barbouillé de suie ou couvert de masques hideux, donnaient libre cours à toutes espèces de folies. Ils dansaient, sautaient, se livraient au délire d'une joie grossière et bruyante et offraient l'image des antiques bacchanales. « Les danses lascives, les luttes, les cris, les chansons obscènes composaient les principales actions de cette orgie ecclésiastique, mais n'en étaient pas les seules. On voyait des diacres enflammés par le vin se dépouiller de leurs vêtements et se livrer entre eux à la débauche ». Souvent ces fêtes orgiaques se terminaient par des querelles et par du sang.

Nous trouvons dans les vignettes et autres miniatures des anciens manuscrits, ainsi que dans les motifs sculptés des cathédrales, la représentation de ces scènes licencieuses. Le collier et la ceinture du personnage appelé *la Mère Sotte* étaient composés de plaques de bois sur chacune desquelles étaient sculptées en bas-relief des scènes très variées et très obscènes où figuraient toujours des moines et des religieuses.

S'il fallait raconter ici tous les événements historiques qui se sont passés à Notre-Dame, il y faudrait certes plusieurs volumes, depuis le jour où Charles VIII, sacré à Reims, assista à Notre-Dame à un *Te Deum* d'actions de grâces, en 1484, jusqu'au sacre de Napoléon, en 1804, immortalisé par le tableau de David.

L'archevêché s'élevait au midi de l'église. Il eut longtemps l'aspect d'un château fort avec ses tours et ses murailles crénelées. C'est dans la grande salle de l'archevêché que l'Assemblée Nationale siégea en attendant que la salle du Manège fût prête à la recevoir. L'archevêché fut démoli en 1831.

Notre-Dame était autrefois entourée du côté du Nord d'un groupe d'habitations qu'on appelait le Cloître, et qui comprenait plusieurs rues dont les extrémités étaient garnies de portes qui se fermaient la nuit. Le cloître servait à la résidence des chanoines. Quelques-unes de ces vieilles maisons subsistent encore dans les rues du Cloître-Notre-Dame, des Chantres et des Chanoinesses. Le cloître renfermait deux églises : l'église Saint-Jean-le-Rond et celle de Saint-Denis-au-Pas.

Notre-Dame possédait autrefois un trésor extrêmement riche, contenant nombre d'objets précieux que la Révolution envoya à la Monnaie. Depuis, on a essayé de reconstituer un nouveau trésor, qui est placé dans l'édifice de la sacristie.

L'église fut toujours considérée comme un refuge pour les déshérités du sort, et c'est dans Notre-Dame que l'on venait le plus souvent déposer les enfants abandonnés. En 1552, on construisit près de la cathédrale une maison spécialement destinée aux enfants trouvés.

La maison des Enfants-Trouvés fut réunie par la suite à l'ancien hôpital, qui existait déjà sous le nom d'Hôtel-Dieu depuis le VIIe siècle, et dont on attribue généralement la fondation à l'évêque saint Landry.

Tous les rois de France veillèrent avec sollicitude à la bonne tenue de cet hôpital, qui n'avait pas de budget spécial, mais vécut de libéralités successives. Il eut des alternatives de prospérité et de détresse. On put, dans le courant du XVIIIe siècle, en faire un tableau terrifiant qui est resté dans la mémoire populaire comme étant l'état normal de l'établissement, alors que ce n'était qu'un état momentané. A cette époque, le désordre fut tel qu'on voyait dans un seul lit jus-

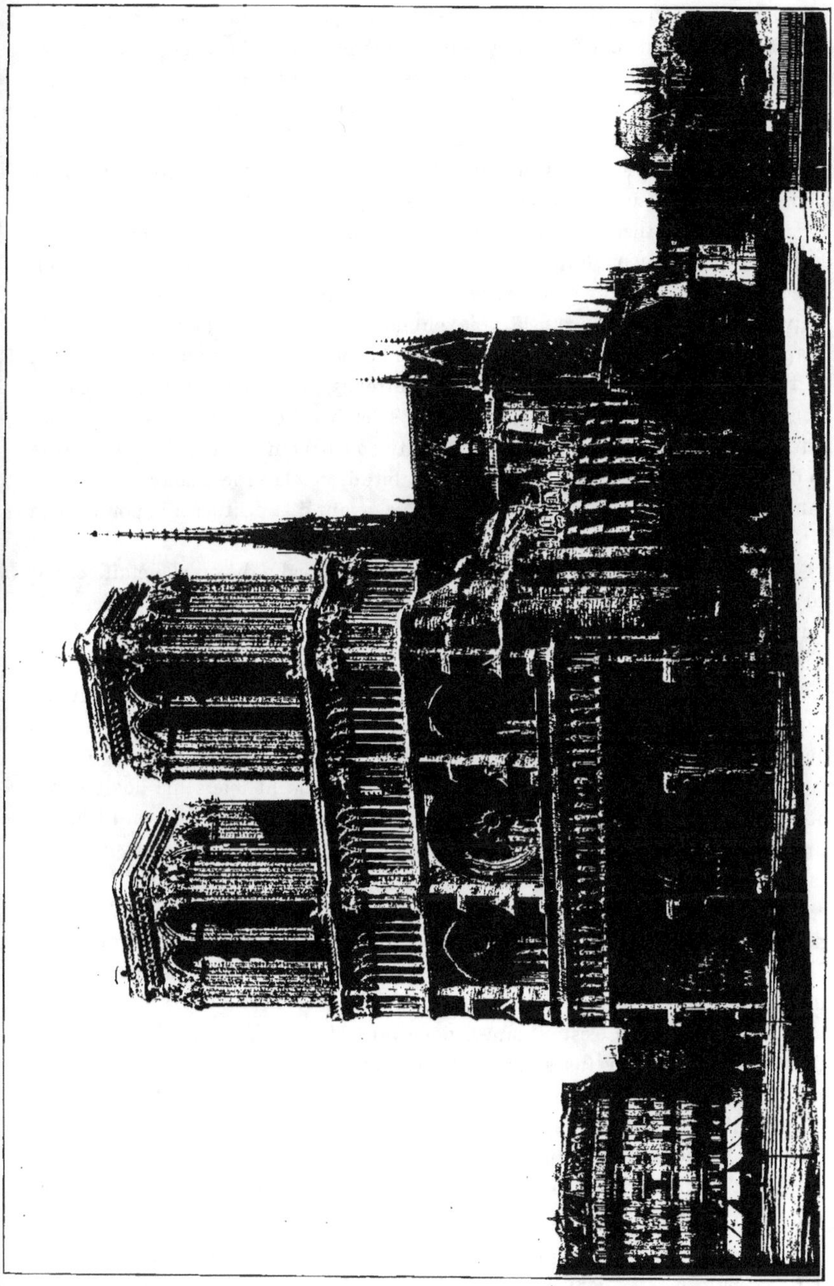

Photo Neurdein Frères.

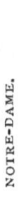

NOTRE-DAME.

qu'à douze malades, parmi lesquels on trouvait parfois un mort et un agonisant. En 1785, on demanda de toutes parts une réforme radicale et prompte, afin d'empêcher à l'avenir « que les moribonds couchassent à côté des cadavres, les fiévreux avec les galeux, les phtisiques avec les aliénés, et que les malades soient entassés et couchés jusqu'à douze dans le même lit ».

L'Hôtel-Dieu, deux fois incendié, fut reconstruit en 1838 à côté de Notre-Dame, à peu près sur l'emplacement ancien (1).

Derrière la cathédrale, à l'extrémité de la pointe de la Cité, sur l'emplacement de l'ancienne promenade que l'on appelait *le Terrain*, s'étend une construction basse et profonde, d'apparence triste et lugubre, destinée à recevoir et exposer les individus trouvés morts sur la voie publique et demeurés inconnus. C'est la Morgue, dont l'étymologie est assez curieuse. Le mot *morgue* signifiait au XVIe siècle un regard attentif, fixe et interrogateur. Autrefois, avant d'écrouer les coupables dans les geôles, on les retenait dans une salle baptisée *morgue*, parce que les gardiens de la prison les regardaient attentivement pour pouvoir les reconnaître en cas d'évasion. Puis peu à peu on prit l'habitude de placer les cadavres inconnus dans cette morgue ou basse geôle. La Morgue, avant d'être située à la pointe de la Cité, se trouvait sur le quai du Marché-Neuf.

Quittons à présent cette île de la Cité, dont Sauval a dit qu'elle était comme un grand navire enfoncé dans la vase et échoué au fil de l'eau vers le milieu de la Seine, et gagnons l'île Saint-Louis.

Au XVe siècle, la Seine baignait cinq îles dans l'enceinte de Paris : l'île Louviers où il y avait alors des arbres ; l'île aux Vaches, l'île Notre-Dame, la Cité et, à sa pointe, l'îlot du Passeur aux Vaches qui s'est abîmé depuis sous le terre-plein du Pont-Neuf. De l'île aux Vaches et de l'île Notre-Dame, toutes deux désertes jadis et faisant partie du fief de l'évêque de Paris, on fit une seule île que nous nommons l'île Saint-Louis, et où nous voyons l'église de Saint-Louis-en-l'Isle, qui fut édifiée en 1679 en remplacement d'une ancienne chapelle qui n'était plus suffisante pour la population.

Le pont Sully nous conduira au quai Henri-IV, construit sur l'emplacement de l'île Louviers et où nous voyons actuellement le laboratoire des Poudres et Salpêtres et les Archives départementales. Rue de Sully, se trouve la Bibliothèque de l'Arsenal.

La caserne des Célestins, située boulevard Henri-IV, occupe l'emplacement de l'ancien couvent des Célestins. Les Carmes avaient abandonné cet emplacement pour aller occuper leur couvent bâti près de la place Maubert, et les Célestins, qui, d'une maison de la forêt de Cuisse, vinrent s'établir à Paris, y firent construire leur couvent. Les Célestins obtinrent de la royauté une quantité de privilèges, et il n'existait pas à Paris de couvent plus avantagé. Leur nom obtint une singulière célébrité. Quand on voulait railler l'orgueil d'un sot, on employait cette expres-

(1) Hôtel-Dieu : Médecins : DIEULAFOY, MUSELIER, BRISSAUD, FAISANS, BALLET, A. PETIT. — Chirurgien : GUINARD. — Ophtalmologiste : DE LAPERSONNE.

sion proverbiale : « Voilà un plaisant Célestin. » Il est probable que ces religieux, fiers de la protection des rois et des bienfaits que ceux-ci leur accordaient, avaient, par de fréquentes preuves de leur orgueil, fait naître ce proverbe.

La rue du Petit-Musc va du quai des Célestins à la rue Saint-Antoine ; elle existait déjà en 1538. Son nom a fait l'objet de différentes explications, entre lesquelles il est bien difficile de prononcer. Citons la plus pittoresque, d'après laquelle le nom de Petit Musc serait une altération de « Pute y muse ». Cette rue aurait été appelée ainsi, parce qu'elle était presque exclusivement fréquentée par des filles publiques.

La rue des Lions donne rue du Petit-Musc. Elle fut ouverte vers 1560 sur une partie des terrains occupés par les jardins de l'hôtel Saint-Paul où étaient enfermés les lions de la ménagerie de Charles V. Au 14 était La Fontaine du *Regard des Lions*. Au 17, se voient quelques vestiges de l'ancien hôtel Nicolaï.

Nous traverserons la rue Saint-Antoine, qui fait suite à la rue de Rivoli, et nous prendrons la rue de Birague, ouverte sur une partie de l'emplacement de l'ancien hôtel des Tournelles, qui nous conduira place des Vosges.

Cette place fut créée en 1604, sous la dénomination de place Royale. C'est la seule place de Paris qui ait conservé absolument intact son aspect historique primitif et toutes les habitations existantes lors de sa création. Elle est par conséquent extrêmement intéressante, et Victor Cousin indiquait jadis aux historiographes qu'il pourrait être fort curieux de consacrer à la place Royale un ouvrage qui constituerait en quelque sorte les annales de cette place célèbre et si remplie de souvenirs. « L'on y trouverait, disait-il, la matière des plus fines recherches ainsi que des descriptions les plus charmantes, et une gloire modeste ne manquerait pas à l'écrivain après quelques années du travail le plus attrayant. » Ce livre souhaité par Victor Cousin fut écrit tout récemment par M. Lucien Lambeau. Ceux que ces quelques lignes rendront désireux de renseignements plus complets feront bien de se reporter à cet ouvrage.

La place Royale fut construite sur l'emplacement de l'ancien Palais des Tournelles, où Henri II mourut le 10 juillet 1559, à la suite de son tournoi avec de Montgommery, capitaine des gardes écossaises. Catherine de Médicis, superstitieuse et craintive, considéra les Tournelles comme un lieu maudit ; elle obtint de son fils l'autorisation de faire démolir le palais des Tournelles et le pavillon du Roy. La démolition du palais, composé d'une infinité de constructions reliées entre elles par des cours et des jardins, demanda plus de quatre ans. En 1569, on établit sur ces terrains un marché aux chevaux, près duquel se forma une nouvelle Cour des Miracles, jusqu'au moment où Henri IV fit édifier la place Royale et ses hôtels qui forme avec toutes les rues avoisinantes le paisible quartier du Marais endormi dans sa gloire ancienne et où « le présent semble moins vivre que le passé ».

La Place, ainsi que l'appelait Mme de Sévigné, fut pendant longtemps l'écho de la vie parisienne, avec ses réceptions et toutes ses réjouissances luxueuses.

Elle fut tout de suite le rendez-vous de ce qu'il y avait de plus aristocrate et de plus mondain dans Paris, et nous n'en finirions pas si nous devions énumérer tous les personnages qui vinrent y habiter. Citons entre autres : Richelieu, Mme de Sévigné, Marion de Lorme, Ninon de Lenclos, le grand Corneille, Mme de Longueville, Cinq-Mars, le prince de Condé, Mme de Boufflers, le marquis de Favras, Victor Hugo, etc., etc.

Au numéro 1 naquit Mme de Sévigné ; au numéro 2, se trouve l'hôtel du marquis de Beaussang ; au 3, l'hôtel d'Etrades ; au 8, l'hôtel Dangeau ; au 9, l'hôtel de Chaulnes ; au 10, l'hôtel de Chélainville ; au 24, l'hôtel de Guiches et de Boufflers ; au 26, l'hôtel de Tresmes ; au 6, qui fut habité par Marion de Lorme, nous voyons aujourd'hui le musée Victor-Hugo installé dans la maison où Victor Hugo logea en 1832 et écrivait notamment *Ruy Blas, les Burgraves, les Feuilles d'automne* et *les Chants du crépuscule*. Ce Musée est une véritable apothéose de Victor Hugo.

Au commencement du XVIIe siècle, un vaste espace carré fut aménagé au centre de la place et circonscrit par des balustrades en bois qui plus tard furent remplacées par une grille de fer forgé décorée d'ornements dorés. Au milieu de cet espace fut élevée une statue de Louis XIII. La statue de ce roi que nous voyons actuellement est l'œuvre de Dupaty et Cortot et fut élevée en 1829.

Bien que la plus haute noblesse y tînt ses quartiers, la place Royale était au XVIIe siècle dans un état d'insalubrité qui laissait fort à désirer, et à ce propos Tallemant des Réaux nous rapporte l'historiette suivante : Mme Pilou, cette fine et spirituelle bourgeoise du Marais qui divertit si fort la société de son époque et fut si recherchée à la cour de Louis XIV, traversait un soir la place Royale pour se rendre au sermon des Minimes, et sa précipitation la fit choir au beau milieu d'un tas de boue. Une autre fût rentrée chez elle, mais Mme Pilou, qui n'était point gênée, jugea que cette boue pouvait lui servir à quelque chose. Elle pensa, en effet, qu'il était tard, que l'église des Minimes allait être pleine et qu'elle aurait bien du mal à y trouver une petite place. « Il faut profiter de ce malheur, se dit-elle, pour écarter un peu les gens serrés. » « Elle était si sale et puante, dit Tallemant, que tout le monde la fuyait et qu'elle eut de la place de reste . »

Des fêtes grandioses eurent lieu sur la place Royale, qui devint le *Camp des Chevaliers de la Gloire*, où se passèrent des luttes, des joutes, des tournois et des carrousels.

La Place fut aussi le théâtre de plusieurs duels tragiques, parmi lesquels celui du marquis de Rouillac, qui « se battit au milieu de la place Royale, à la mi-nuit, un flambeau à la main gauche pour s'éclairer et une espée à la droite pour s'arracher la vie ».

La vie fut intense, diverse et mouvementée sur la place Royale ; il s'y passa des scènes tragiques et des scènes burlesques, des idylles et des scandales.

Au milieu des superbes hôtels s'installa une maison de jeu, celle de la Blondeau, qui *tenait académie* et où l'on jouait un jeu d'enfer. On y vit un jour, raconte-t-on, un joueur qui venait de perdre une très forte somme, quitter précipitamment la table de jeu, descendre l'escalier, remonter aussitôt avec une échelle, l'appuyer contre la tapisserie, et, armé d'une paire de ciseaux, faire sauter le nez d'une superbe Esther qui y figurait en belle place. « Mordieu, s'écria-t-il en redescendant, il y a deux heures que ce chien de nez me porte malheur ! »

Si nous en croyons Tallemant des Réaux, auquel nous laisserons toute la responsabilité de son historiette, la place Royale fut le théâtre de scènes scandaleuses, et nous dédierons l'anecdote suivante à ceux qui se font les censeurs indignés de l'époque actuelle et les louangeurs du temps passé. Que les *laudatores temporis acti* veuillent bien écouter un instant Tallemant des Réaux :

« M. de Candalle avait amené deux ou trois capelets (1) de Venise à Paris ; luy et Ruvigny en trouvèrent une fois un couché avec une garce dans la place Royale. Ruvigny lui dit : « Je te donne un escu d'or si tu la veux baiser demain en plein midi dans la place. » Il le promit, et le lendemain M. de Candalle, Ruvigny et quelques autres firent exprès un grand bruit : toutes les dames mirent la tête à la fenêtre et virent ce beau spectacle. »

Que d'anecdotes libertines, galantes ou burlesques pourrions-nous raconter au sujet de la place Royale, jusqu'à la présidente du Portail qui se vanta d'avoir appartenu suivant l'ordre méthodique des pavillons à tous les habitants de la place !

La place des Vosges est aujourd'hui bien tranquille et ne semble plus se souvenir de tout son galant passé !

C'est pendant la Révolution que commencèrent ses vicissitudes et que vint peu à peu son abandon. Un arrêt de la Commune du 19 août 1792 ordonna que la place Royale prendrait à l'avenir le nom de place des Fédérés. Le 4 juillet 1793, elle reçut le nouveau nom de place de l'Indivisibilité. Enfin un article du 17 Ventôse, an VII, appliqué par le Ministère de l'Intérieur le 26 Fructidor, an VIII, déclara que le nom du département qui au 20 Germinal aurait payé la plus forte partie de ses contributions serait donné à la principale place de Paris. Le département des Vosges l'ayant emporté sur tous les autres comme n'ayant pas d'arriéré, la place Royale devint dès lors la place des Vosges.

En quittant la place Royale, nous prendrons la rue Saint-Antoine, créée en 1227 sous le nom de Grande-Rue et rue de la Porte-Baudet. Tout l'espace occupé aujourd'hui par le faubourg Saint-Antoine était jadis couvert de marécages et de forêts. Là, le druidisme eut ses derniers fervents traqués et bientôt détruits par les légionnaires romains. Sous la domination césarienne, les marais furent desséchés, les forêts défrichées, et à leur place on vit s'élever d'élégantes villas. Puis, lorsque les Francs succédèrent aux Romains, de massives constructions crénelées remplacèrent les villas. Vers la fin du XIIe siècle, un couvent s'y installa, dont le fondateur Foulques de Neuilly s'appliquait surtout à « tirer

---

(1) Les capelets étaient des soldats à la solde de Venise.

des *voies de perdition* les folles femmes qui s'abandonnaient pour petits prix à tous sans honte ni vergogne ». La maison, qui prit le nom de Saint-Antoine-des-Champs et où un grand nombre de Madeleines repentantes ne tardèrent pas à se réfugier, fut convertie par la suite en abbaye royale.

La porte Saint-Antoine faisait partie de l'enceinte de Charles V et se trouvait entre la rue Jean-Beausire et la rue des Tournelles.

En prononçant ce nom de quartier Saint-Antoine, il semble que tout un passé ressuscite. Les sanglantes et glorieuses journées de la Révolution se représentent à nous, et le fantôme de la Bastille apparaît dans le lointain. C'est que le faubourg Saint-Antoine est depuis plusieurs siècles le centre de la population ouvrière. C'était, a dit un historien, le Forum où grondait la colère du peuple avant d'éclater sur le palais des Tuileries ou sur la Convention Nationale. Longtemps le faubourg Saint-Antoine fut un empire de fait, que Napoléon lui-même observait parfois avec inquiétude. Il savait qu'un 13 Vendémiaire eût été difficile ou dangereux dans ce foyer de l'émeute.

Parmi les souvenirs historiques du faubourg Saint-Antoine, il faut signaler le combat qui eut lieu en 1652 entre Turenne et le grand Condé, après lequel ce dernier fut obligé de quitter la France.

Au numéro 5 de la rue Saint-Antoine, ancien 282, nous voyons une inscription qui indique que c'est là que se trouvait jadis la porte de l'avant-cour par laquelle les assaillants pénétrèrent dans la Bastille, le 14 juillet 1789. (Nous verrons dans le XIe arrondissement l'historique de l'ancienne et redoutable forteresse.)

La rue Saint-Antoine comptait beaucoup de grands hôtels et de monuments religieux, parmi lesquels nous citerons l'hôtel des Tournelles, situé vis-à-vis de l'hôtel Saint-Paul où fut tué Henri II, l'hôtel Béthune-Sully encore debout et livré aujourd'hui à des industries diverses ; l'église des Jésuites Saint-Paul-Saint-Louis et leur couvent devenu le Collège Charlemagne, l'ancien couvent de la Visitation Sainte-Marie qui avait reçu ce nom parce que les religieuses visitaient les malades, l'hôtel de Mayenne et d'Ormesson bâti par Ducerceau pour Charles de Lorraine.

Au 117, se trouvait l'ancienne salle Rivoli, qui servit aux violentes réunions politiques présidées par Louise Michel, la *Vierge Rouge*, qui excitait le peuple contre les *bourgeois repus* et faisant appel à ses plus bas instincts criait : *Quand les cochons sont gras, on les tue.*

La rue Saint-Antoine fut le théâtre de nombreux combats meurtriers en 1830 et 1848 ; l'archevêque de Paris, Denis Affre, y fut tué.

Cette rue, qui vit les combats les plus sanglants des Révolutions, prit part à toutes les fêtes et réjouissances populaires. Pendant le Carnaval, elle était le principal lieu de rendez-vous des masques. Le peuple à pied et les seigneurs en carrosse accouraient en foule pour jouir de ce spectacle, et « ils regardaient défiler dans un tohu-bohu inexprimable, dont notre carnaval dégénéré ne peut donner qu'une idée insignifiante, les troupes de joyeux compagnons déguisés en ânes, en mulets, en chiens, en loups ; les chevaux montés sur les taureaux, les taureaux en croupes sur les chevaux, les faux matelots, les faux mousquetaires, les carrosses de masques jetant à pleines poignées des dragées et d'autres choses encore aux dames, à la foule et dans les fenêtres des appartements. Les monstres de toutes sortes, les satyres, les diables, les hommes doubles, les dieux mythologiques, les héros de la fable et de l'histoire, les masques allégoriques, raillant M. Purgon ou Perrin Dandin comme une comédie en action, les bergers et les bergères, les Scaramouches et tous les personnages de la comédie italienne, parmi lesquels circulaient sans cesse les marchands de masques et de gâteaux, couraient, grimaçaient, criaient, s'attaquaient (1) ».

Tous ces masques étaient accompagnés par des musiques composées des instruments les plus divers, fifres, hautbois, violons, flageolets, tambours et trompettes. Ils figuraient souvent la bataille symbolique de Mardi-Gras contre le Carême, bataille dans laquelle Mardi-Gras, escorté de ses suppôts Pansard, Crevard et Saucissois, était vaincu par Carême secondé par Pain-Sec et Hareng-Sauret. Mardi-Gras était jeté à l'eau ou brûlé en grande pompe, au milieu du fracas des casseroles, des bêlements de veaux, des mugissements de bœufs, des grognements de pourceaux. Quelquefois la bataille se changeait en un plaidoyer bouffon à la suite duquel Mardi-Gras était condamné à faire amende honorable à Carême et était banni du royaume pour quarante jours. Le Carême à son tour finissait par être brûlé la veille de Pâques aux applaudissements des bouchers.

Loret, dans sa *Gazette*, a décrit le carnaval de 1665. Il évalue à quatre mille les masques de la Saint-Antoine :

« Les uns ressemblaient des Chinois,
« Des Margajats, des Albanois,
« Des amazones, des bergères,
« Des paysannes, des harengères,
« Des clercs, des sergents, des baudets,
« Des gorgones, des farfadets,
« Des vieilles, des saintes-n'y-touches,
« Des Jean Doucet, des Scaramouches,
« Des gens à cheval, dos à dos,
« Et ce qui causait des extases,
« Des carrosses couverts de gazes
« Après qui couraient des enfants,
« Et des chariots triomphants
« Tout remplis de tendres fillettes... »

Outre la porte Saint-Antoine, le Cours la Reine devint lui aussi un des centres favoris du Carnaval.

Au numéro 28 de la rue Saint-Antoine, ancien 183, s'ouvre l'impasse Guéménée, qui portait autrefois le nom de *Cul-de-Sac Ha! Ha!*, nom étrange que les frères Lazare expliquent par l'exclamation qui échappe à celui qui, entrant dans une impasse, est obligé de rebrousser chemin.

La rue Saint-Antoine a subi depuis quelque temps un changement complet dans son numérotage, ainsi qu'on peut le voir par les anciens numéros que nous avons cités à côté des numéros actuels. Elle a été en quelque sorte absolument retournée.

(1) *Les Rues du Vieux Paris*, par Victor Fournel.

Au 68 de cette rue était l'hôtel de Beauvais, construit en 1654 par Lepautre, pour Mme de Beauvais, femme de chambre de la reine Anne d'Autriche. Mme de Beauvais, raconte la chronique, était d'un âge plutôt mûr et, de plus, laide et borgne, lorsqu'elle fut chargée de l'éducation amoureuse du jeune roi Louis XIV.

L'église Saint-Gervais est au numéro 2 de cette rue. Dès le VIe siècle existait en ce lieu une église qui tombait en ruine au XIIe siècle. On la réédifia une première fois en 1212, puis une seconde fois à la fin du XVe siècle. Toute l'église est de style ogival. En 1616, fut élevé le portail actuel sous les ordres de Salomon Debrosse. Ce portail est une œuvre très intéressante. L'église contenait de très beaux vitraux, dont il reste une partie. Les stalles en bois sculpté placées dans le chœur datent du XVIe siècle.

Il y avait autrefois, en face de l'église Saint-Gervais, un orme sous lequel se rendait la justice et s'accomplissaient certains actes civils. Cet arbre, que l'on pouvait voir encore en 1806 et qui avait plus de trois cents ans d'existence, se trouvait sur la place Saint-Gervais, qui primitivement faisait partie de la rue François-Miron. N'oublions pas, aux environs de l'église Saint-Gervais, les rues pittoresques de Grenier-sur-l'Eau et de Geoffroy-l'Asnier, où s'élevèrent jadis les somptueux hôtels des Breteuil, des La Rochefoucauld, dont il ne reste plus que quelques portes monumentales et quelques sculptures ébréchées.

La Caserne Napoléon, située place Saint-Gervais et rue de Rivoli, fut construite en 1854. Sur l'emplacement qu'elle occupe s'étendait jadis la rue de la Tixéranderie, où demeurait le poète Scarron. C'est là qu'il mourut en 1660 et qu'il laissa sa veuve la belle Françoise d'Aubigné.

Proche de la Caserne Napoléon, se trouve place Baudoyer la mairie du IVe arrondissement qui fut bâtie en 1866, incendiée en 1871 et restaurée en 1884. C'est dans cette mairie qu'est le siège de la *Cité*, la société historique du IVe arrondissement.

Suivons la rue de Rivoli jusqu'à la place de l'Hôtel-de-Ville.

La place de l'Hôtel-de-Ville, qui est aujourd'hui une place vaste et imposante qui s'étend depuis la Seine jusqu'à la rue de Rivoli, peut véritablement être qualifiée de forum parisien. C'est là que l'on venait entendre les harangues d'Étienne Marcel, c'est là que les bourgeois de la Fronde venaient acclamer la duchesse de Longueville ; c'est là qu'en 1789 le peuple vint consacrer la victoire républicaine en créant la garde nationale et en nommant une municipalité émanant du pouvoir populaire.

C'est là que jadis avaient lieu les exécutions et les supplices, et la place de l'Hôtel-de-Ville, désignée primitivement sous le nom de place de Grève parce qu'elle venait jusqu'à la grève de la Seine, mérita bien son surnom de *Buveuse de sang*.

Sur la place de Grève, Anne du Bourg fut brûlé comme hérétique pour avoir osé recommander la clémence envers les protestants ; Montgomery fut exécuté,

HÔTEL DE VILLE.

poursuivi par la haine de Catherine de Médicis pour avoir tué accidentellement Henri II, comme nous l'avons vu tout à l'heure dans le tournoi du palais des Tournelles ; la maréchale d'Ancre, Léonora Galigaï fut brûlée vive ; Ravaillac y subit l'écartèlement ; la célèbre empoisonneuse, la marquise de Brinvilliers, y fut pendue et brûlée ainsi que nous l'a raconté Mme de Sévigné, qui, pour assister à l'exécution, avait loué une fenêtre pour dix pistoles dans une maison du pont Notre-Dame.

« Vers les six heures du soir, on l'a menée nue, en chemise, la corde au cou, faire amende honorable (sur le parvis Notre-Dame), et puis on l'a remise dans le tombereau... Elle monta seule et nu-pieds sur l'échafaud et fut en un quart d'heure mirodée, rasée, dressée et redressée par le bourreau. Ce fut un grand murmure et une grande cruauté. Le lendemain, on cherchait ses os, parce que le peuple disait qu'elle était sainte. Enfin, c'en est fait, la Brinvilliers est en l'air, son pauvre petit corps a été jeté après l'exécution dans un fort grand feu, et ses cendres au vent. »

La Voisin, une autre empoisonneuse, fut également brûlée place de Grève, et Cartouche y fut rompu vif. Damiens, pour avoir tenté d'assassiner Louis XV, y subit l'affreux supplice de l'écartèlement. Mercier nous dit que les femmes se sont portées en foule au supplice de Damiens et qu'elles ont été les dernières à détourner les regards de cette horrible scène.

C'est place de Grève que fut installée, en 1792, la première guillotine, et c'est un nommé Pelletier, assassin et voleur, qui le premier l'inaugura. La guillotine resta dressée place de Grève jusqu'à ce qu'elle fût transportée place de la Révolution.

La place de l'Hôtel-de-Ville est aujourd'hui plus du double de ce qu'elle était autrefois. Elle fut agrandie en 1769, puis en 1853, et ces travaux d'agrandissement firent disparaître plusieurs petites rues.

En 1605, la place de Grève était un lieu tellement désert que des bandes de loups venaient, paraît-il, y rôder, et qu'une fois l'un d'eux y dévora un enfant.

Sur l'ancienne place de Grève domine, imposant et majestueux, l'Hôtel de Ville, qui joua un rôle important dans tous les événements politiques de l'histoire de Paris.

Nous trouvons son origine dans l'association appelée la Confrérie de la Marchandise des marchands par eau, appelée la Hanse de Paris. La première maison connue, où se tenaient les séances de la Hanse de Paris, était située à la Vallée de Misère, près de la place du Grand-Châtelet. On la nomma la « Maison de la Marchandise ». Ensuite le lieu des séances ayant été transféré dans une autre maison peu éloignée de la première et située entre le Grand Châtelet et l'église de Saint-Leuffroi, elle fut nommée le *parlouer aux bourgeois*. Puis cette assemblée s'établit près de l'enclos des Jacobins, dans une espèce de fortification faisant partie de l'enceinte de la ville. Enfin le 7 juillet 1357, les bourgeois de Paris achetèrent une maison située sur la place de Grève, qu'avait acquise Philippe-Auguste et qui portait le nom de maison aux Piliers, parce qu'elle était en partie supportée par une suite de gros piliers. Elle fut aussi appelée maison du Dauphin. C'était une maison fort simple qui ne différait des maisons bourgeoises que par deux tourelles.

En 1530, François Ier voulut faire reconstruire la maison des Piliers; mais, dès que ce bâtiment atteignit un peu plus que le premier étage, on s'aperçut qu'on y serait trop à l'étroit pour y loger les services des bureaux. François Miron, qui sous Henri IV devait présider à l'achèvement du palais, disait que cette construction était bonne à *loger des ribaudes et non des magistrats*.

Le monument fut laissé inachevé, puis repris d'abord par Pierre Chambiges, puis par Andronet du Cerceau. La construction primitive était l'œuvre de Dominique Boccardo, dit Boccador.

La façade de l'Hôtel de Ville était surmontée par un campanile. Les bâtiments étaient mitoyens à l'hospice et à la chapelle du Saint-Esprit. Le pavillon méridional confinait à des maisons qui allaient jusqu'à la rue de la Mortellerie. Dans la cour intérieure était la statue de bronze de Louis XIV, œuvre de Coysevox, transférée depuis au musée Carnavalet.

Avant la Révolution, l'Hôtel de Ville était la résidence du prévôt des marchands, dont le plus célèbre fut le grand citoyen Étienne Marcel. En 1789, il devint le siège de la municipalité parisienne, et ce fut là que s'assembla la Commune de Paris de 1792 à 1794; on l'appelait alors la Maison Commune.

C'est à l'Hôtel de Ville que le 9 Thermidor les sections soulevées conduisirent Robespierre, qui se fracassa la mâchoire d'un coup de pistolet. Rapporté mourant dans la salle des séances, il fut étendu sur une table, qui a été conservée aux Archives Nationales.

Depuis l'Empire, l'Hôtel de Ville est devenu la Résidence du Préfet de la Seine.

En 1848, le gouvernement provisoire s'installa à l'Hôtel de Ville, où il fut remplacé par l'Assemblée Constituante.

En 1871, la Commune s'en rendit maître et s'y installa sous le nom de Comité Central. Ce Comité siégea dans la galerie du bord de l'eau qui longe le Quai de l'Hôtel de Ville. A l'arrivée des Versaillais, la Commune mit le feu au monument, et ce formidable incendie, en dehors des objets d'art et de toutes les richesses amassées dans le palais municipal, dévora plus de 60 000 volumes.

Le nouveau monument, inauguré en 1880, a été reconstruit par les architectes Ballu et Desperthes.

L'ancien bas-relief représentant la statue de Henri IV qui était placée en façade put être sauvée de l'incendie et fut transférée au Musée Carnavalet.

Sur la place, se trouvent les bureaux de l'Assistance Publique, dont l'entrée est avenue Victoria.

En face de l'Hôtel de Ville, au numéro 68 de la rue de Rivoli se trouve la maison de coutellerie Picard, notable commerçant qui, après l'incendie de l'Hôtel de Ville pendant la Commune en 1871, fut l'objet de la curiosité publique.

Une des glaces principales de la devanture avait été brisée du haut en bas en rayons à peu près égaux par la répercussion du choc causé par l'explosion, sans que le reste de la maison ait été nullement endommagé.

Cette glace a été offerte par M. Picard au Conservatoire des Arts et Métiers et resta fort longtemps dans le magasin, où d'innombrables curieux vinrent la contempler. Du souvenir de cet incident, le surnom de *Maison de la Glace Brisée* resta à la Coutellerie Picard.

Cette maison, fondée en 1827, est une des plus anciennes maisons de cou-

MAISON PICARD.

tellerie de Paris. Elle se trouvait primitivement quai Le Pelletier et fut transférée rue de Rivoli, en 1843.

En 1866, les manufacturiers français, entendus dans l'enquête commerciale faite à cette époque, avaient reconnu la supériorité de la main-d'œuvre anglaise. Mais aujourd'hui la coutellerie parisienne défie toute fabrication étrangère. Nos ouvriers, qui dans presque toutes les industries sont justement connus comme les premiers du monde, ont depuis longtemps égalé, sinon surpassé, les meilleurs ouvriers anglais et américains.

La marque déposée de la maison Picard : *Aux Armes de la Ville de Paris*, se trouve sur tous les articles sortant de la maison.

Citons, parmi ces objets où se révèle le goût le plus artistique, une très intéressante collection de couteaux de chasse, des poignards de différents styles, des ongliers à ressort, des petits couteaux genre espagnol, des rasoirs, des ciseaux de formes variées et toute une série de nombreux modèles récents et inédits de couteaux de table, où la nacre, l'ivoire, l'ébène et l'argent se mêlent pour produire les plus heureux résultats.

A titre de curiosité, nous parlerons de deux pièces remarquables qui avaient été conçues par M. Picard en vue de l'Exposition de 1889, où il obtint une médaille d'argent. L'une était un gigantesque couteau qui ne mesurait pas moins d'un mètre de longueur et qui était orné de garnitures ciselées sur pièces ; la lame était décorée de scènes de chasse en gravure dorée sur fond gris. L'autre était un couteau comportant 75 pièces, pouvant se démonter en trois parties et servir ainsi à trois personnes différentes.

M. Léopold Picard, officier d'Académie, fut vice-président de la Chambre Syndicale de la Coutellerie, membre du Jury à l'Exposition du Palais de l'Industrie en 1890, hors concours à l'Exposition de Chicago, et obtint une médaille d'or à l'Exposition Universelle de 1900.

La coutellerie de la place de l'Hôtel-de-Ville a une réputation très grande et très méritée. Tous les objets exposés dans le magasin sont fabriqués à Paris même, avec toutes matières de choix, par les meilleurs ouvriers de la capitale.

La rue du Temple, qui se termine dans le IIIe arrondissement, commence rue de Rivoli, tout près de la place de l'Hôtel-de-Ville. Nous en avons déjà dit quelques mots tout à l'heure ; nous signalerons seulement, aux numéros 14 et 16, l'emplacement de l'hôtel Tanneguy du Châtel et au 17, celui de l'hôtel du fameux connétable Du Guesclin, celui qui fut, dit Michelet, « un intraitable batailleur, bon enfant et prodigue, souvent riche, souvent ruiné, donnant parfois tout ce qu'il avait pour racheter ses hommes, mais en revanche avide et pillard, rude en guerre et sans quartier. Comme les autres capitaines de ce temps, il préférait la ruse à tout autre moyen de vaincre et restait toujours libre de sa parole et de sa foi Avant la bataille, il était homme de tactique, de ressources et d'engin subtil. Il savait prévoir et pourvoir. Mais une fois qu'il y était, la tête bretonne reparaissait, et il plongeait dans la mêlée et si loin qu'il ne pouvait pas toujours s'en retirer. Deux fois il fut pris et paya rançon. Sa vie a été chantée, c'est-à-dire gâtée et obscurcie dans une sorte d'épopée chevaleresque (*Roumant de Bertrand Du Glaicquin*) que l'on composa probablement pour ranimer l'esprit militaire de la noblesse. Nos histoires de Du Guesclin ne sont guère que des traductions en prose de cette épopée, et il n'est pas facile de dégager ce qu'elle présente de sérieux, de vraiment historique ».

Au 51 de la rue du Temple, nous voyons la maison Guillaume fils aîné et Bouton, qui, fondée en 1840, fut formée par la réunion des anciennes maisons Guillaume fils aîné, Massia fils et Goumy à Lyon et Louis Bayard. En dehors de la spécialité de tous les articles nécessaires à la chapellerie, elle a inventé en 1858, les dessous de bras, dont elle a pris quinze brevets et dont elle possède quarante marques déposées.

C'est une maison extrêmement importante, qui fabrique elle-même tout ce qui concerne son industrie.

Elle occupe plus de cinq cents ouvriers, et elle est propriétaire de deux grandes usines ayant chacune leurs attributions particulières et leurs spécialités.

C'est à l'usine de Voiron que se fait le tissage de la peluche, du velours, des galons, organsins, coiffes, brassards, coussins et satins divers.

Les opérations que comprend le tissage sont très nombreuses et très compliquées ; elles se distinguent en opérations préliminaires telles que le bobinage, l'ourdissage, la préparation de la trame, etc., etc., et les opérations relatives au tissage proprement dit, qui est la mise en action du métier employé.

MONTREUIL. — ATELIER MÉCANIQUE D'APPRÊTS.

La peluche noire pour chapellerie, marque brevetée Kallista, qui est une invention de la maison, a une réputation mondiale bien justifiée.

L'usine de Montreuil-

VUE DE L'USINE DE MONTREUIL.

sous-Bois fabrique les spécialités suivantes : les bords en toiles apprêtées à la gomme de laque pure, les toiles apprêtées caoutchoutées et guttées (cette

MAISON GUILLAUME ET BOUTON. — CABINET DE TRAVAIL DÉCORÉ PAR HORACE VERNET.

dernière fabrication est une invention brevetée de la maison), les coiffes adhérentes, les dessous de bras en caoutchouc manufacturé, les cuirs, peaux, conformateurs et outils nécessaires pour la chapellerie et enfin les ressorts pour chapeaux mécaniques.

La maison Guillaume fils aîné et Bouton a obtenu d'innombrables récompenses à toutes les Expositions Universelles qui ont eu lieu depuis 1855, jusqu'à la médaille d'or qui lui fut décernée en 1900 et le Diplôme d'Honneur de la récente Exposition de Londres de 1908.

Prenons à présent la partie de la rue Saint-

MONTREUIL. — L'ATELIER DES CALANDRES A CAOUTCHOUC.

Martin, appelée rue de la Planche-Mibray, et nous y verrons une maison fort curieuse avec un heurtoir de bronze représentant une tête de lion. C'était l'ancien logis des chanoines de Saint-Merry.

L'église Saint-Merry est à côté. Ce n'était au VIIIe siècle qu'une simple chapelle qui avait pris le nom de Saint-Médéric. par abréviation Merri. L'église actuelle a été commencée en 1520 et terminée en 1612 ; une crypte a été ménagée à la place du caveau où se trouvait le tombeau de Saint-Merri.

L'église a subi de nombreuses restaurations qui ont grandement altéré son caractère primitif.

VUE GÉNÉRALE DES ATELIERS DE PRÉPARATION ET DE TISSAGE.

Derrière l'église se trouve la petite rue des Juges-Consuls, qui faisait autrefois partie de la rue du Cloître-Saint-Merri. Elle prit ce nom en souvenir du Tribunal des Juges Consuls, établis autrefois rue Saint-Merri. Ce tribunal était composé de cinq marchands originaires du royaume ; le premier était appelé le Juge, et les

VUE DE L'USINE DE VOIRON.

autres les Consuls. A ce tribunal chacun plaidait pour soi sans avoir besoin d'avocat ni de procureur. On découvrit, il y a quelques années, dans la rue des Juges-Consuls, en opérant des fouilles, des cercueils mérovingiens qui attestent qu'il y avait à cette place avant le VIe siècle un sanctuaire chrétien.

En quittant l'église Saint-Merri, dirigeons-nous vers cette curieuse rue de Venise, qui traverse la rue Saint-Martin et va de la rue de Beaubourg à la rue Quincampoix.

C'est un des coins les plus intéressants qui ait subsisté du Paris du moyen âge. Elle se nomma d'abord rue de la Corroierie, à cause des corroyeurs qui y habitaient. Son nom actuel lui vient de l'enseigne d'un cabaret : *A l'Eau de Venise*.

C'est une petite ruelle étroite et sombre qui a conservé des maisons des XIVe et XVe siècles, qui étaient habitées alors par des usuriers et prêteurs sur gages. On la nommait la ruelle aux usuriers.

M. Georges Cain, dans sa promenade autour de Saint-Merri, où il nous parle de ces ruelles baroques et étroites, sinistres et noires, qui portent les noms bizarres de rue Pierre-au-Lard, rue Taille-Pain, rue Brise-Miche, qui se coupent et s'enchevêtrent formant de pittoresques décors, nous fait de la rue de Venise la description suivante :

« La rue de Venise s'en-

RUE DE VENISE.

tr'ouvre comme une fente pratiquée entre deux murs sombres, plus sinistre encore que tout le reste. On y loge à la nuit dans des hôtels du xviie siècle, mués en tanières de misère ; quatre lanternes raccrocheuses sollicitent les vagabonds et les *purotins* en quête d'un couchage à trente centimes ; un merle encagé siffle entre deux descentes d'évier cabossées ; on y croise d'horribles femmes sans âge avec des têtes maquillées, qui déambulent en chantonnant d'une voix grasse et traînent des savates élimées devant des entrées de bouge où se devinent de gluants escaliers noirs. »

En passant par la rue Rambuteau, nous irons jusqu'au boulevard Sébastopol. Dans la partie qui est comprise dans l'arrondissement de l'Hôtel de Ville, nous trouverons deux enseignes curieuses : l'une est intitulée *Au Clairon de Sébastopol*, l'autre, au numéro 28, est celle d'un chapelier qui dénomma sa maison *A l'Hérissé*. Ce magasin, qui attira tout d'abord l'attention par l'étrangeté de son enseigne, est bien connu aujourd'hui pour sa parfaite fabrication.

Puisque nous nous arrêtons quelques instants dans cette chapellerie, ne pourrions-nous à ce sujet voir d'une façon très rapide ce que furent les différents couvre-chefs de nos aïeux.

L'origine première du chapeau actuel est le capuchon, qui accompagnait la chappe et servait à couvrir la tête ; c'était une simple calotte de velours, de drap ou de feutre qui s'attachait sous le menton par deux cordons. Sous Louis XIII, les *calottes*, les *bonnets* et les *mortiers* disparurent pour faire place au chapeau rond à petits bords, assez semblable à notre chapeau moderne, avec cette différence qu'il était pointu et orné d'une plume, quelque chose sans doute comme les chapeaux que portent les touristes suisses.

François Ier mit à la mode le chapeau à larges bords et à plumes, tandis que, sous Henri III, les hommes portèrent tous un petit chapeau plat orné d'une plume.

Vers la fin du xvie siècle, le chapeau redevint à larges bords. On le portait relevé d'un côté et surmonté d'un panache. Sous le règne de Louis XIII, il fut de nouveau d'une grande richesse : des plumes de prix l'ombrageaient et en faisaient une coiffure somptueuse. Mais bientôt la grandeur des perruques fit du tort au chapeau, qui se transforma en un simple accessoire de toilette qu'on portait le plus souvent sous le bras. On le réduisit peu à peu aux dimensions les plus exiguës, et sous Louis XV, ce n'était plus qu'un tout petit tricorne.

Après une suite de transformations qu'il serait trop long de décrire ici, les chapeaux prirent la forme que nous leur voyons aujourd'hui, celle du fameux *tuyau de poêle*, que le *melon* essaya souvent de détrôner. C'est de l'introduction des chapeaux *Panama* en France, qui sont encore aujourd'hui si fort à la mode, que date l'adoption dans le costume masculin du chapeau mou en feutre.

De nos jours, l'industrie des chapeaux, pratiquée surtout à Aix, Bordeaux, Lyon et Paris, doit aux chapeliers de cette dernière ville ses développements les plus notables. Leur habileté s'est appliquée à la chapellerie de feutre, de soie, et aux chapeaux mécaniques, qui sont d'invention parisienne.

MAISON « A L'HÉRISSÉ »

La maison intitulée *A l'Hérissé*, qui est une des plus anciennes maisons de chapellerie, et dont les affaires suivirent un développement croissant, se signale tout particulièrement par l'excellente qualité de tous ses articles.

Avant de terminer cette promenade dans le IVe arrondissement, revenons un instant sur nos pas et disons quelques mots du passage Charlemagne et de la rue des Jardins, que nous avions omises tantôt. Ces misérables rues, situées près du quai des Célestins, ont été tracées sur des ruines de palais. L'on y découvre encore quelques vestiges d'anciens hôtels.

C'est rue des Jardins que mourut Rabelais, ce philosophe subtil qui fut le type populaire du cynisme bouffon. « C'est à ce titre, dit Gerusez, que sa mémoire est chargée d'une foule de faits plaisants dont il demeure responsable aux yeux de la postérité. Mais ce masque n'est qu'une enveloppe qu'il faut percer pour passer outre et atteindre ce qu'elle recouvre. Or, en dépouillant Rabelais de cet étrange costume, on met à nu l'érudition la plus profonde, la plus variée et la philosophie la plus audacieuse. Rabelais ouvre le XVIe siècle comme Voltaire a fermé le XVIIIe ; c'est la même étendue d'intelligence, la même audace contre l'ordre religieux. Tous deux, armés du ridicule, aiguisé chez l'un par la colère, tempéré chez l'autre par la gaieté, ils font même guerre et tous deux, soit prudence, soit conviction, respectent l'ordre politique et se font de la royauté un rempart contre le ressentiment du clergé. Toutefois Rabelais s'attaquait à plus forte partie, et son siècle, qu'il voulait émanciper, ne l'aurait pas protégé dans une guerre ouverte; la royauté elle-même l'aurait sacrifié, quoique à regret. Ce n'était donc pas assez qu'il fût le courtisan, il fallait encore qu'il se fît le fou du roi et de la nation ; ses témérités ne pouvaient passer qu'à ce prix : le philosophe devait prendre la marotte de Caillette et de Triboulet pour écarter et étourdir ses adversaires. »

Molière, digne descendant de Rabelais, habita lui aussi pendant quelque temps dans la rue des Jardins. C'est là qu'il donna des représentations de « l'Illustre Théâtre » dans le jeu de Paume de la Croix-Rouge.

C'est à cette époque de son existence que celui qui connut et observa le mieux l'humanité fut conduit au Châtelet sur la requête de sieur Antoine Fausser, fournisseur de chandelles de « l'Illustre Théâtre », auquel il devait de l'argent. Le marchand de chandelles fut impitoyable, et Molière connut le funeste séjour du redoutable Châtelet.

C'est également rue des Jardins, à quelques pas de la rue de l'Ave-Maria, que « s'élève la fière silhouette de l'hôtel de Sens. Ce noble logis, encore admirable dans sa déchéance, reste un des plus remarquables spécimens de l'architecture du XVe siècle. Des évêques, des cardinaux, des altesses, dont Marguerite de Valois, — la fameuse reine Margot — l'ont habité ».

Puis, suprême déchéance, l'hôtel de Sens devint le bureau des coches, et l'on prétend même que c'est de là que sortit le fameux *Courrier de Lyon*, immortalisé par un drame célèbre qui fit couler les pleurs de plusieurs générations de spectateurs.

Vᵉ ARRONDISSEMENT

E Vᵉ arrondissement — arrondissement du Panthéon — comprend toute la Montagne Sainte-Geneviève, appelée du temps des Romains Mont Leucotitius, où fut, plus tard, construite l'abbaye de Sainte-Geneviève.

On sait que sainte Geneviève, la patronne de Paris, était une bergère, née à Nanterre en 422, qui, lors de l'invasion des Huns, conduits par Attila, ranima le courage des Parisiens épouvantés. La légende raconte que, pour épargner aux malheureux Parisiens assiégés les horreurs de la famine, sainte Geneviève remonta la Seine jusqu'en Champagne et en ramena onze bateaux chargés de blé. Nous verrons tout à l'heure le culte dont sainte Geneviève fut l'objet de la part des Parisiens reconnaissants.

C'est sur la montagne Sainte-Geneviève que naquit l'Université et ce qui devait être le quartier Latin.

« Le quartier Latin », désignation que tout le monde entend, bien qu'elle soit purement idéale et qu'elle ne se rapporte à aucune des divisions municipales de Paris, comprend la presque totalité du Vᵉ et du VIᵉ arrondissement. C'est le vaste espace qui a pour limites : au nord, la Seine, le quai des Augustins, le quai Saint-Michel ; au midi, le boulevard du Montparnasse ; à l'ouest, la rue Bonaparte ; à l'est, la Halle aux Vins, et qui renferme l'École des Beaux-Arts, l'Institut, la Monnaie, Saint-Germain-des-Prés, Saint-Sulpice, la Charité, le Luxembourg, le palais du Sénat, l'hôtel de Cluny, Saint-Séverin, Saint-Julien-le-Pauvre, Saint-Étienne-du-Mont, l'École de Médecine, les lycées Sainte-Barbe, Henri-IV et Louis-le-Grand, la Sorbonne, le Collège de France, les bibliothèques Sainte-Geneviève et Mazarine, l'École de Droit, le Panthéon, la Pitié, le Jardin des Plantes, l'École Normale, l'Odéon, l'École Polytechnique.

« Nul quartier plus que celui-là n'a été profondément modifié par les travaux qui ont transformé Paris, et nul cependant n'a mieux gardé sa physionomie propre, car il y a en lui une vitalité morale, une pensée, quelque chose comme une âme contre laquelle les marteaux et les pioches ne peuvent rien. »

A côté du Paris joyeux et affairé des boulevards, voici le Paris de l'étude. « Ce Paris nouveau, qui a coulé là comme un fleuve, n'a pu changer en rien le Paris ancien qui touche à ses rives. »

« Il est vrai, écrit déjà Théodore de Banville, qu'on peut désormais parcourir toute la vieille ville située sur la rive gauche de la Seine, sans y rencontrer plus rien des habitudes et des coutumes excentriques dont le caractère était si essentiellement pittoresque. C'est le génie particulier de notre époque de tendre à une inévitable uniformité. Les élèves de nos écoles ne peuvent échapper à cette loi qui nous gouverne tous, et un étudiant de 1830 aurait grand'peine à reconnaître un étudiant d'aujourd'hui.

« Héros de bals échevelés, coureurs d'école buissonnière au temps des lilas, siffleurs de tragédies néo-classiques à l'Odéon, les étudiants d'autrefois savaient aussi écouter respectueusement les cours des professeurs, pâlir sous la lampe, bûcher sur les livres, et enfin se préparer par des études fortes et acharnées à devenir des hommes utiles et purs en même temps de toute cuisine et de toute fraude commerciale. Que le poète parlât, ils répondaient à sa voix avec tout l'enthousiasme des âmes brûlantes ; que l'heure sonnât de secouer une tyrannie, ils s'élançaient parmi les balles, sanglants, joyeux, et leurs voix, habituées à fredonner les chansons d'amour et les chansons à boire, entonnaient avec un sublime appétit de la mort et du sacrifice les strophes d'airain de la *Marseillaise.* »

Et Banville essaye de nous décrire la physionomie toute spéciale du quartier Latin avant les travaux qui l'ont modernisé :

« Deux longues rues noires, étroites, tortueuses, interminables, la rue de la Harpe et la rue Saint-Jacques, à l'Est, mettaient en communication l'île de la Cité, qui fut le berceau de Paris, avec la montagne Sainte-Geneviève, qui fut le berceau de l'Université. A peine avait-il pénétré dans ce quartier, le promeneur bourgeois sentait qu'il n'était plus chez lui et qu'il venait d'entrer dans un domaine particulièrement affecté à un peuple spécial au milieu duquel on ne pouvait pénétrer que comme un étranger ou comme un hôte. Boutiques à auvent, construites sur un modèle gothique, maisons noires et enfumées, rien ne sentait la civilisation moderne, et il était facile de comprendre que l'active circulation n'avait pas pénétré si loin. Les vieux hôtels, les sombres maisons aux balcons de fer forgé laissaient le temps noircir tranquillement leurs nobles façades; quant aux maisons relativement modernes, ventrues, effondrées, appuyées les unes aux autres comme des infirmes, percées de fenêtres irrégulières et parfois sans carreaux, égayées seulement par les enseignes de quelques boutiques bizarres, elles racontaient naïvement et sincèrement la vie de leurs hôtes ; les étudiants qui jetaient sur leur pauvreté le seul manteau qui jamais cacha bien le manque d'argent : la fantaisie insouciante de l'artiste. »

Le quartier latin fut évidemment très profondément modifié, mais il n'empêche que nous allons trouver dans notre promenade à travers le Ve arrondissement bien des coins pittoresques et beaucoup de souvenirs.

Partons du quai Saint-Michel, dont les premiers travaux de terrassement furent commencés par les galériens détenus au Petit-Châtelet, et suivons la rue de la Huchette, demeurée encore aussi pittoresque que les quartiers décrits par Théodore de Banville. Là nous trouverons encore de vieilles maisons branlantes et noires, des boutiques aux enseignes bizarres, des balcons en fer forgé du gracieux style Louis XV, et des portes Louis XII carapacées de gros clous.

La rue de la Huchette avait tiré son nom de l'enseigne d'une maison dite de la Huchette. Les rôtisseurs vinrent s'y installer en foule, et Mercier écrit au XVIIIe siècle : « Il n'y a rien de si agréable à Paris que la rue de la Huchette, en raison des boutiques de rôtisseurs et de la fumée succulente qui s'en exhale. On dit que les Limousins y viennent manger leur pain à l'odeur du rôt. A toute heure du jour on y trouve des volailles cuites ; les broches ne désemparent point le foyer le plus ardent : un tourne-broche éternel qui ressemble à la roue d'Ixion entretient la torréfaction. La fournaise des cheminées ne s'éteint que pendant le Carême. Si le feu prenait dans cette rue dangereuse par la construction de ses antiques maisons, l'incendie serait inextinguible. »

La rue de la Huchette renfermait jadis un des meilleurs hôtels de Paris, et lorsque des étrangers de marque arrivaient dans la ville, on les envoyait tout droit rue de la Huchette, à l'*Hostellerie de l'Ange*, qui devait n'offrir que de lointains rapports avec nos « Palaces » actuels. Au numéro 1 était situé un cabaret fort à la mode appelé le *Petit More* (il en existait un du même nom rue de Seine), où l'on faisait très bonne chère. On y payait — dit l'Estoile — « six écus pour y boire à tire larigot ».

C'est dans une des hôtelleries de la rue de la Huchette que l'abbé Prévost écrivit son roman autobiographique de *Manon Lescaut*. C'est au numéro 10, nous dit M. Georges Cain, à l'endroit où nous voyons aujourd'hui un hôtel meublé avec l'enseigne du *Petit Caporal*, que Bonaparte logea pendant quelque temps dans une chambre qu'il payait trois francs par semaine.

Traversons la rue du Petit-Pont, dans laquelle de récents travaux ont été entrepris, et de laquelle il ne subsistera bientôt plus grand'chose, et prenons la rue de la Bûcherie, qui fait suite à la rue de la Huchette. Cette rue date du XIIe siècle ; on y voyait encore tout dernièrement l'ancienne faculté de médecine, dont nous parlerons plus loin en parcourant le VIe arrondissement.

Donnant dans la rue de la Bûcherie, nous trouvons la rue Saint-Julien-le-Pauvre, autrefois vieux chemin conduisant à l'église Saint-Julien-le-Pauvre, monument des plus anciens et des plus pittoresques.

Le prieuré de Saint-Julien-le-Pauvre avait-il pour patron saint Julien de Brioude, ou saint Julien l'Hospitalier, ou saint Julien évêque du Mans? Les historiens ne sont pas d'accord sur ce point ; mais ce qui n'est pas douteux, c'est la très haute antiquité de ce cloître, et c'est l'hospitalité exercée par les religieux qui le desservaient. Grégoire de Tours nous apprend qu'il y logea en 580.

Le prieuré de Saint-Julien passa, dans la suite des âges, par les mains de beaucoup de possesseurs et subit de nombreuses transformations.

C'est là que, en vertu d'une ordonnance de Philippe le Bel, le prévôt de Paris venait tous les deux ans prêter serment de faire observer fidèlement et d'observer lui-même les privilèges des maîtres et des écoliers. C'est là que jusqu'au XVIe siècle se fit tous les trois mois l'élection des délégués de la Faculté des Arts qui devaient nommer le recteur lui-même. Cette cérémonie fut souvent orageuse, et, en 1534, elle fut l'occasion de sérieux troubles pendant lesquels les portes furent enfoncées et les fenêtres brisées. Effrayés de ce scandale, les religieux s'adressèrent au Parlement et obtinrent que désormais les tumultueuses séances de la Faculté des Arts fussent tenues ailleurs que dans leur couvent.

Pendant la Révolution, le Prieuré de Saint-Julien subit le sort commun à tous les établissements ecclésiastiques : il fut supprimé. L'église seule fut sauvée de la destruction. Les détails de son architecture ont une parfaite analogie avec ceux de la partie ancienne de Notre-Dame. Très simple à l'extérieur, la petite

RUE DE LA BUCHERIE.

église de Saint-Julien fournit un exemple excellent de cette belle école d'architecture du XIIe siècle, dont l'abside de Saint-Germain-des-Prés est à Paris le plus ancien spécimen et dont nous retrouvons des restes à Saint-Denis.

M. Gustave Pessard nous dit qu'il existait auprès de cette église un puits dont l'eau produisait des cures merveilleuses, ainsi que l'atteste une inscription placée dans la chapelle, rappelant que les « gens de la campagne y venaient en foule chercher de cette eau qui *guarissait* tous les maux ».

La rue Galande, qui donne rue Saint-Julien-le-Pauvre, avait été ouverte en 1202 sur le clos Mauvoisin dépendant de la Seigneurie de Galande. Cette rue est également fort curieuse, mais elle tend à disparaître chaque jour sous la pioche des démolisseurs. On y trouve encore quelques vieilles bâtisses à pignons.

Au numéro 42, nous voyons un curieux bas-relief représentant saint Julien le Pauvre. Lors du percement de la rue Dante, on a fait disparaître le cabaret du *Château rouge*, surnommé la Guillotine, sorte de bouge fréquenté par les rôdeurs de nuit, qui faisait partie du programme de la tournée classique, dite des *Grands Ducs*.

A quelques pas de Saint-Julien-le-Pauvre, entre la rue de la Bûcherie et la rue Galande, s'ouvrait, comme elle s'ouvre encore aujourd'hui, la rue du *Fouarre*, rue bien délaissée, mais qui eut jadis ses heures de célébrité. Au XIIIe siècle, elle vit s'élever les premières écoles des Quatre Nations, qui composaient la Faculté des Arts, nations de *France*, de *Normandie*, d'*Angleterre* et de *Picardie*.

Comme les étudiants n'avaient pas d'autre siège qu'un peu de paille répandue à terre, ce mot de paille, ou, selon le langage du temps, de *feurre* ou de *fouarre*, devint le nom de la rue où ces écoles étaient situées. Dante avait assisté là aux leçons de Siger de Brabant, leçons dont ses vers ont perpétué le souvenir.

La rue du Dante, autrefois rue Domat, fut appelée rue du Dante en souvenir du séjour du grand poète italien à Paris. L'on raconte en effet que le Dante, après avoir été banni de sa ville natale, vint se réfugier à Paris, où il habita rue de la Bièvre. « Il prenait alors sa pension chez un Italien de la rue Zaccharie, alors rue *Sac-à-lit*, à cause, prétendent quelques chroniqueurs, des ribaudes qui l'habitaient, et travaillait chez un libraire enlumineur de la rue du Petit-Pont (1). »

En quittant la rue du Dante, nous arriverons devant la rue *Saint-Séverin* qui doit son origine à un oratoire appelé d'abord Saint-Clément et qui prit le nom du solitaire saint Séverin lorsque celui-ci y mourut et y fut enterré au VIe siècle. Le roi Henri Ier donna en 1051 cet oratoire à l'évêque de Paris.

L'église actuelle fut commencée vers la fin du XIe siècle, réédifiée au XVIe, agrandie et dénaturée au XVIIe. Elle est fort curieuse à visiter, et l'on peut y voir quelques beaux vitraux des XVe et XVIe siècles. Quelques parties antérieures de la nef appartiennent au XIIIe siècle. C'est dans cette église que furent placées les premières orgues que l'on entendit à Paris.

Autrefois, l'église Saint-Séverin distribuait chaque année un prix de vertu aux cinq filles les plus sages de la paroisse.

Prenons la rue Saint-Séverin, qui a conservé un peu de son originale physionomie d'autrefois. Pour la dépeindre, nous ne pourrons mieux faire que de reproduire ici le pittoresque tableau que Huysmans en a tracé.

« Le quartier Saint-Séverin fut dès son origine ce qu'il est encore maintenant : un quartier miséreux et mal famé, aussi regorgeait-il de clapiers et de bouges ; son aspect était sinistre à la fois et hilare : il y avait à côté d'auberges de plaisantes mines et d'odorantes rôtisseries pour les étudiants, des repaires pour les bandits, des coupe-gorge accroupis dans la fange des trous punais. Il y avait aussi çà et là quelques anciens hôtels appartenant à des familles seigneuriales, et qui devaient

---

(1) *Dictionnaire des rues de Paris*, par G. PESSARD.

ÉGLISE SAINT-SÉVERIN. — INTÉRIEUR.

s'écarter avec morgue de ces tavernes en fête, lesquelles regardaient certainement à leur tour du haut de leurs joyeux pignons le sanhédrin des bicoques usées, des ignobles cambuses où gîtaient les voleurs et les loqueteux.

« Mais que ces bâtisses fussent jeunes ou vieilles, riches ou pauvres, elles étaient lancées quand même dans le tourbillon cocasse des rues qui les conduisaient au galop de leurs pentes, les jetaient dans des pattes d'oie, dans des tranchées, dans des places plantées de piloris et de calvaires ; et là d'autres maisons s'avançaient à leur rencontre, leur faisaient la révérence, les pieds dans un tas de boue. Puis le cercle de la place se rompait, et les rues repartaient, se faufilaient en de maigres sentes, finissaient par se perdre dans des allées en sueur, dans les tunnels obscurs des grands porches. Au milieu de ce sabbat de chemins égarés et de cahutes ivres, la foule grouillait, harcelée par les cloches qui la conviaient aux offices, arrêtée par des moines qui quêtaient au nom de « Jésus, notre Sire », amusée par les cris des marchands qui se croisaient et lançaient leurs refrains singuliers ».

Parallèle à la rue Saint-Séverin, suivons la rue de la Parcheminerie qui s'appela d'abord rue des Écrivains, puis rue des Parcheminiers. Comme toutes les rues de ce quartier, elle était très fréquentée par les « escholiers et gentes bachelettes » et était renommée pour ses nombreuses tavernes. D'ailleurs, elle n'a guère changé aujourd'hui et est remplie de *mastroquets*.

Quittons ces vieux quartiers parmi lesquels les amateurs de pittoresque ne regretteront certes pas leur promenade, et arrivons boulevard Saint-Germain, devant le *Palais des Thermes* de Cluny.

Au temps où Paris était une ville gallo-romaine, il existait sur la rive gauche de la Seine, vis-à-vis de l'île qui devait être la Cité, un palais entouré de jardins immenses dont les pentes vertes descendaient jusqu'au bord du fleuve.

Ce palais était certainement le même que celui où quelques Césars ont passé, dans les IIIe et IVe siècles, leurs quartiers d'hiver. Il n'est point d'autre édifice à Paris qui, pendant tant de siècles, ait pu résister à l'action destructive du temps.

Trois écrivains de l'antiquité donnent des détails sur ce palais de Paris.

Julien le désigne sans le nommer lorsque, dans son *Misopogon*, il parle de sa chère Lutèce.

L'historien Zozime, en donnant à ce palais la qualification de Basilique, raconte comment des troupes auxiliaires, récemment arrivées des bords du Rhin, et mécontentes d'une expédition lointaine à laquelle on les destinait, résolurent d'élever le César Julien, qui résidait alors à Paris, à la dignité d'Auguste. Impatientées des refus du prince, les troupes se portèrent avec fureur au palais et en brisèrent les portes.

Ammien Marcellin raconte cet événement avec plus de détails et nous apprend que l'édifice des Thermes contenait des appartements secrets ou souterrains, où Julien dut se renfermer pour se dérober aux poursuites des troupes auxiliaires qui finirent par le proclamer empereur malgré lui.

La construction de ce palais, que la tradition attribue à Julien, est due à

Constance-Chlore, qui, pendant le long séjour qu'il fit dans les Gaules, de 292 jusqu'en 306, y aura joui du calme propre à cette entreprise.

Le palais Romain était d'une grande étendue. Les bâtiments et les cours qui en dépendaient s'élevaient du côté du sud jusqu'aux environs de la Sorbonne. D'après le chroniqueur Jean de Hauteville, le palais aurait été situé sur la partie la plus élevée de la montagne, et la salle dite aujourd'hui des Thermes n'aurait été qu'un accessoire du principal édifice. Au delà et du même côté devait être aussi la place d'armes ou le *campus*, désigné par Ammien Marcellin. Au nord, en partant du point où l'on voit actuellement la salle des Thermes, les bâtiments du palais se prolongeaient jusqu'à la rive gauche du petit bras de la Seine. Il paraît que, dans les caves des maisons situées sur cet emplacement, on a trouvé des piliers et des voûtes datant de l'époque romaine.

La salle qui subsiste encore, unique reste d'un palais aussi vaste, offre dans son plan deux parallélogrammes contigus qui forment ensemble une seule pièce. Les voûtes à arêtes et à plein cintre qui couvrent cette salle s'élèvent jusqu'à 42 pieds au-dessus du sol. Elles furent merveilleusement construites, puisqu'elles ont résisté à l'action de quinze siècles.

L'architecture simple et majestueuse de cette salle ne présente que peu d'ornements. Les faces des murs sont décorées de trois grandes arcades. La face du mur méridional a cela de particulier que l'arcade du milieu se présente sous la forme d'une grande niche dont le plan est demi-circulaire. Quelques trous pratiqués dans cette niche et dans les arcades latérales ont fait présumer qu'ils servaient à l'introduction des eaux destinées aux bains. L'emplacement qu'occupait la piscine est encore reconnaissable, et l'on peut voir les restes de canaux qui conduisaient les eaux dans les baignoires.

La haute arcature des voûtes de cette salle aux proportions sévères retombe sur des consoles qui dans leur forme rudimentaire simulent des proues de navires, et il est superflu d'ajouter qu'on a voulu y voir l'origine première de la nef emblématique que Paris porte sur ses armoiries. La brique et la pierre alternativement employées composent l'appareil des murs dont la surface a été noircie par le temps et dégradée de toutes les façons, car cette salle a eu des fortunes diverses et a longtemps servi de magasin à un tonnelier qui y entassait des cercles et des futailles.

Les autres parties de l'édifice ne présentent guère qu'un intérêt archéologique. En sortant de la grande salle que nous avons décrite, on traverse un étroit vestibule, et l'on entre dans le *tepidarium* ; mais ici la voûte a disparu et il n'existe plus que des murailles en ruines.

Après Julien, les empereurs Valentinien et Valens séjournèrent dans le palais des Thermes, qui, après la destruction de l'Empire, fut habité par les rois francs jusqu'à la fin du Xe siècle.

Les invasions normandes le ruinèrent en partie, et l'édifice était sans doute déjà assez mal en point lorsque Philippe-Auguste en fit don à son chambellan

Henri. Bientôt les vieilles constructions et les jardins qui en dépendaient furent morcelés, et, vers le milieu du XIVe siècle, l'évêque de Bayeux vendit les restes du palais des Thermes à Pierre de Châlus, abbé de Cluny. Vers 1450, l'abbé Jean de Bourbon, à côté des Thermes, commença l'édification de l'hôtel de Cluny, qui fut terminé par Jacques d'Amboise en 1490.

Les Thermes furent à ce point abandonnés que Jean de Hauteville nous apprend qu'au XIIIe siècle ses murs devenaient un asile pour le libertinage : « L'ombre des murailles de ce palais, ses réduits obscurs, favorisent les fréquentes défaites d'une pudeur chancelante, et offrent chaque nuit aux jouissances de l'amour un abri contre l'œil de la surveillance. »

« A côté de l'ancien palais des empereurs romains, l'hôtel de Cluny a des apparences de jeunesse, et nous nous sentirons sans doute mieux à notre aise dans un édifice qui n'a pas encore quatre cents ans ». L'hôtel de Cluny est bien de cette « heure charmante où l'art s'adoucit et cherche la grâce, tout en gardant quelque chose de la sévérité du passé ».

L'édifice, avec des fenêtres en croix, se termine par une balustrade ajourée et se décore avec une grâce parfaite de l'ornementation à la mode sous Charles VIII : ce sont partout des clochetons, des gargouilles, des cartouches et des frises finement sculptées où de petits animaux jouent dans des feuillages. Le corps de logis central est orné d'une tour à cinq pans formant saillie qui renferme un escalier en spirale se terminant par une terrasse. Au rez-de-chaussée, l'aile gauche présente une galerie, ou *loggia*, formée d'arcs en ogive. Du côté du jardin, l'édifice est moins orné. Il se compose d'un corps de logis coupé à angle droit par une aile dont le premier étage renferme la chapelle de l'ancien manoir. Au rez-de-chaussée, une salle ménagée au-desssous de la chapelle est réunie à cette chapelle par un escalier tournant enfermé dans une cage en pierre découpée avec une grâce infinie.

Les abbés de Cluny, venant rarement à Paris, prêtèrent souvent leur hôtel à différents personnages. C'est ainsi que Marie d'Angleterre y passa quelques années. C'est également dans une des salles de l'hôtel Cluny que s'installa, en 1579, la première troupe de comédiens faisant concurrence aux Maîtres ou Confrères de la Passion. L'Estoile raconte que ces représentations attirèrent une telle affluence, « que les quatre meilleurs prédicateurs de Paris n'en avaient pas tous ensemble autant quand ils prêchaient ». Sur les réclamations des Confrères de la Passion, un arrêt du Parlement interdit ces représentations en 1584.

Les nonces du pape habitèrent ensuite l'hôtel de Cluny. Les religieux de Port-Royal vinrent également s'y installer en attendant que fût achevé leur monastère du faubourg Saint-Jacques.

En 1790, les Thermes et l'hôtel de Cluny, devenus propriétés nationales, furent concédés à vil prix, et peut-être verrions-nous à cette place aujourd'hui quelque banale maison moderne, si M. Alexandre du Sommerard n'avait acheté en 1833 l'ancienne résidence des abbés de Cluny pour y installer les curiosités

Ve ARRONDISSEMENT

MUSÉE DE CLUNY.

archéologiques, les meubles précieux, les objets d'art du moyen âge qu'il avait pu réunir.

A la mort de M. du Sommerard, la Chambre des Députés adopta, sur le projet de François Arago, un projet de loi qui autorisait le gouvernement à acheter au nom de l'État les collections et l'édifice qui leur servait d'asile. C'est alors que fut fondé le musée des Thermes et de l'hôtel Cluny. Depuis ce jour, la collection primitive s'est considérablement accrue et enrichie par des acquisitions heureuses et la libéralité de nombreux collectionneurs.

Le musée est très riche en monuments de sculpture, en objets d'orfèvrerie, en remarquables ivoires sculptés, en armes anciennes, armures de guerre ou de parade, ciselées et damasquinées par les ouvriers de Milan, casques, bourguignottes, mousquets, hallebardes, etc., en ouvrages de fer forgé, en céramiques, mosaïques, faïences et vitraux.

Dans l'ancien *Frigidarium*, on a recueilli les plus vieux souvenirs de l'occupation romaine à Paris, datant du règne de Tibère : ce sont « des fragments d'autel élevé en l'honneur de Jupiter, qui, après être restés enfouis pendant quatorze siècles, ont été retrouvés en 1711 dans un état de parfaite conservation sous le chœur de Notre-Dame ».

Il existe également au musée des Thermes une statue de l'empereur Julien datant du Bas-Empire.

L'entrée du musée de Cluny est au numéro 14 de la rue du Sommerard, anciennement rue des Mathurins-Saint-Jacques.

Tout à côté du musée, nous voyons, boulevard Saint-Germain, le théâtre Cluny, créé en 1862, sous le nom d'Athénée Musical. Il occupe une partie de l'emplacement de l'ancien couvent des Mathurins, religieux qui poursuivaient le but de racheter des Musulmans les esclaves chrétiens et des chrétiens les esclaves musulmans qu'ils donnaient en échange. Ces moines vivaient d'une manière très austère et ne se servaient que d'ânes comme montures, si bien que le peuple les surnomma bientôt les « Frères aux ânes ». Cet ordre de religieux semble toujours avoir eu la conduite la plus digne ; Rutebeuf, dans sa pièce de vers intitulée *les Ordres de Paris*, leur accorde des éloges qu'il est loin d'octroyer aux autres moines de la ville. Une épitaphe retrouvée sur une pierre scellée dans le mur tend à prouver que les Frères aux ânes se faisaient honneur des travaux les plus serviles :

> « Ci-gist le léal Mathurin,
> Sans reproche bon serviteur,
> Qui céans garda pain et vin
> Et fust des portes gouverneur.
> Paniers ou hottes par honneur
> Au marché volentier portoit ;
> Fort diligent et bon sonneur ;
> Dieu pardon à l'âme lui soit. »

Dans le cloître des Mathurins, on voyait la tombe et les figures gravées au trait sur la pierre, de deux écoliers, nommés Léger Dumoussel et Olivier Bourgeois, qui ayant volé et assassiné des marchands sur un chemin furent poursuivis, arrêtés et pendus par le prévôt de Paris. L'Université se récria de toutes ses forces contre cet acte qui n'était en somme que de bonne justice ; elle fit valoir ses droits et privilèges, menaça de fermer toutes ses écoles et parvint à faire condamner le prévôt de cette ville aux humiliations suivantes : il fut contraint de détacher lui-même du gibet les deux écoliers pendus, de leur donner à chacun d'eux un baiser sur la bouche et de les faire conduire sur un char couvert d'un drap mortuaire à Notre-Dame, puis dans l'église des Mathurins.

Montons le boulevard Saint-Michel, qui doit son nom à l'ancienne chapelle Saint-Michel du Palais, et prenons à notre gauche la rue des Écoles, où nous allons trouver la Sorbonne et le Collège de France. Le percement de la rue des Écoles fut la cause de la démolition de plusieurs édifices, au nombre desquels étaient le Collège de Sens, le Donjon de Saint-Jean-de-Latran et l'église Saint-Benoît, dont l'autel, contrairement à l'usage, était tourné vers l'Occident et qui avait été nommée pour cette raison église de *Saint-Benoît le Bétourné*.

L'église servit de magasin à fourrage pendant la Révolution, puis fut détruite en 1845. Son portail a été conservé et réédifié dans le jardin du musée de Cluny.

Devant le Collège de France, la rue des Écoles forme une place sur laquelle se trouvait anciennement le Collège de Cambrai, où furent d'abord installés les cours du Collège de France, et une partie de la Commanderie de Saint-Jean-de-Latran, fondée en 1171 par les Chevaliers hospitaliers de Saint-Jean de Jérusalem. Près de la Commanderie, s'élevait une tour qui fut dite plus tard *Tour Bichat* et qui servait à héberger les pèlerins se rendant en Terre Sainte.

On raconte que c'est dans l'enclos Saint-Benoît que François Villon assassina Charmoye, « par rivalité d'amour ».

La nouvelle Sorbonne, commencée en 1889 par M. Nénot, architecte, est un très beau et très imposant édifice qui occupe tout un immense emplacement entre la place de la Sorbonne, la rue Cujas, la rue Saint-Jacques et la rue des Écoles. Après avoir visité ces vastes amphithéâtres qui ne doivent rappeler que de fort loin ceux où jadis les malheureux candidats au titre de docteur en Sorbonne devaient le dernier jour de leur thèse « soutenir et repousser les attaques de vingt ergoteurs qui les harcelaient de six heures du matin à sept heures du soir », rappelons en quelques mots les origines de cette institution.

Robert *Sorbon*, chapelain du roi saint Louis, connaissant les difficultés qu'éprouvaient les écoliers sans fortune pour parvenir au grade de docteur, établit, en 1253, une maison qu'il destina à un certain nombre d'ecclésiastiques séculiers, qui, vivant en commun et tranquilles sur leur existence, seraient entièrement occupés d'études et d'enseignement. Saint Louis, approuvant l'idée de son chapelain, voulut participer à cette fondation ; il acheta en 1256 une maison située rue *Coupe-Gueule*, devant le palais des Thermes, puis en 1258 deux autres maisons qu'il fit rebâtir et dont la location devait servir à l'entretien des écoliers.

Le collège de Robert Sorbon prit d'abord la dénomination très modeste de *pauvre maison*, et les maîtres qui enseignaient celle de *pauvres maîtres*. Plus tard, les maîtres du Collège de Sorbonne, enrichis et fortifiés par le temps, oublièrent leur humble origine et troublèrent souvent par leurs décrets l'ordre social. Cette association de docteurs formait un tribunal redoutable, qui jugeait sans appel tous les ouvrages et les opinions théologiques. L'Estoile parle en ces termes peu respectueux des maîtres de Sorbonne : « Trente ou quarante pédans, qui, après grâces traitent des sceptres et couronnes ».

Les anciens bâtiments et la chapelle de la Sorbonne étaient peu remarquables et tombaient de vétusté lorsque Richelieu, toujours préoccupé par la pensée de laisser à la postérité un monument de sa munificence, fit reconstruire ces bâtiments sur un plan plus vaste et leur ajouta une chapelle qui existe encore aujourd'hui et a été enclavée dans les bâtiments de la nouvelle Sorbonne.

La façade de la Chapelle est composée de deux ordres l'un sur l'autre, dont le supérieur est couronné par un fronton. Au-dessus de cette façade s'élève, du centre de l'édifice, un dôme accompagné de quatre campaniles et surmonté par une lanterne. La peinture de la coupole du dôme fut faite par Philippe de Champagne.

La chapelle renferme le tombeau de Richelieu, œuvre de Girardon, qu'on peut y voir actuellement.

La Sorbonne fut supprimée en 1792, et ses bâtiments restèrent vides jusqu'à ce que Napoléon, en 1808, en fît le siège de la Faculté des Lettres, des Sciences et de Théologie.

On sait qu'il ne peut être établi aucun rapport entre l'ancien empire de la Scolastique, qu'était jadis la Sorbonne, et l'institution actuelle, où les savants les plus illustres prodiguent leur enseignement.

En quittant la Sorbonne, nous verrons, tout proche, le Collège de France, édifié sur l'emplacement des collèges de Tréguier et de Cambrai.

L'institution du Collège de France fut fondée en 1529 par François Ier, qui, conseillé par Guillaume *Parvi*, son prédicateur, et par Guillaume *Budé*, avait déjà invité plusieurs savants à venir remplir dans ce collège projeté des places de professeurs. Il y fut d'abord institué deux chaires, l'une de grec et l'autre de langue hébraïque. Comme il n'avait été construit aucun édifice pour ce collège, ces chaires furent établies dans le Collège de Cambrai. Au fur et à mesure que les savants acceptaient l'emploi qui leur était offert, et pour lequel ils recevaient annuellement deux cents écus d'or, de nouvelles chaires étaient créées. Leur nombre s'éleva bientôt jusqu'à douze : quatre pour les langues, deux pour les mathématiques, deux pour la philosophie, deux pour l'éloquence et deux pour la médecine.

Ce collège n'avait aucun bâtiment qui lui fût propre. C'est Henri IV qui eut l'idée de faire construire un édifice particulier au Collège de France ; mais la mort de ce roi suspendit l'exécution de ce projet, qui ne fut repris qu'à la fin du règne de Louis XV. En 1774, le duc de la Vrillière en posa la première pierre, et trois ans après le Collège de France fut terminé. Il présente une grande cour entourée de trois côtés de bâtiments. Dans le corps qui se trouve placé en face de la porte d'entrée est la salle des séances publiques. En 1831, de nouveaux bâtiments y furent ajoutés.

Les professeurs du Collège de France sont nommés par le Chef de l'État, sur la proposition du ministre de l'Instruction publique, faite d'après une double présentation de deux candidats par l'Assemblée des professeurs du Collège, et par celle des académies de l'Institut, à laquelle correspond la chaire vacante.

Michelet, qui professa au Collège de France un cours célèbre, dit que le « Collège de France est la haute école de la vie, alternant des sciences morales aux sciences de la nature, d'elles encore à la morale. Et tout cela est identique. Car nature, c'est encore l'âme. Tout est vie, tout est esprit ».

La rue Saint-Jacques, qui part du boulevard Saint-Germain, traverse la rue des Écoles et aboutit au boulevard du Port-Royal, est, ainsi que nous l'avons déjà vu au commencement de ce chapitre, une des plus anciennes voies de Paris. Pendant l'époque romaine, il existait déjà une voie publique nommée *Via superior*, qui suivait la direction de la rue Saint-Jacques. Cette rue se terminait auparavant rue des Fossés-Saint-Jacques.

Au 143, était l'ancienne église de Saint-Étienne-des-Prés ; au 172, nous voyons une inscription qui rappelle l'existence de la porte Saint-Jacques.

Au 252, remarquons l'église *Saint-Jacques-du-Haut-Pas*. Cet établissement est dû à une colonie de l'hôpital de Saint-Jacques-du-Haut-Pas, situé en Italie. Aussi n'est-ce point la rue Saint-Jacques qui donna son nom à cette église. On conjecture que les religieux de cet ordre devraient leur origine à une association de laïques connue sous le nom de Frères Pontifes ou Frères constructeurs de ponts.

L'époque où fut fondé à Paris l'hôpital Saint-Jacques-du-Haut-Pas est inconnue ; mais il est certain qu'en 1335 ces religieux occupaient déjà cet emplacement, qui était nommé le *Clos du Roi*. La chapelle de la Vierge, située au chevet de cette église, fut construite en 1688. L'église n'offre rien de remarquable, si ce n'est un tableau de grandes dimensions représentant l'ensevelissement de Jésus.

En 1793, cette église était devenue le *Temple de la Bienfaisance*.

Les numéros 21 à 25 de la rue Saint-Jacques occupent l'emplacement de l'ancien couvent des Jacobins.

Ce couvent des Dominicains ou Frères Mineurs, situé rue Saint-Jacques, eut une origine merveilleuse. Saint Dominique, son fondateur, en priant Dieu dans l'église Saint-Jean-de-Latran, fut gratifié d'une vision qui lui apprit sa mission apostolique. Le pape Innocent III fit, dit-on, un rêve qui le détermina à confirmer la mission de Dominique. Ainsi une vision et un rêve furent les motifs de cette institution. Saint Louis vit avec satisfaction prospérer cette nouvelle colonie de religieux mendiants.

Il s'occupa de leur faire construire des bâtiments convenables et choisit pour son confesseur un des religieux de cette maison, frère Geoffroy de Beaulieu, qui, suivant l'usage du temps, le fustigeait avant de l'absoudre.

Saint-Louis établit dans son royaume un grand nombre de couvents de cet ordre, qu'il affectionnait par-dessus tous les autres. En donnant aux religieux jacobins des marques si éclatantes de sa bienveillance, il ne prévoyait pas que dans la suite un moine de ce couvent poignarderait un de ses descendants, le roi Henri III. Ces moines, fiers de la prérogative de prêcher, de confesser et de fouetter les rois, repoussèrent avec indignation les injonctions qu'en 1253 leur fit l'Université, et de là naquit une inimitié constante entre les Jacobins et l'Université, inimitié, qui, à chaque occasion, éclatait par des explosions terribles et toujours scandaleuses.

La fierté de ces moines ne les empêchait pourtant pas d'aller tous les matins solliciter à grands cris la charité des Parisiens et demander l'aumône dans les rues.

Autorisés par la Cour de Rome, eux et les Cordeliers étaient les plus achalandés des confesseurs ; mais ils se faisaient payer très cher leur absolution. Dans un ouvrage du XIVe siècle, on parle d'une femme qui dissipe en folles dépenses les biens de son mari et « les despend en moult manières, tant à son ami qu'à son confesseur qui sera un cordelier ou un jacobin, qui aura une grosse pension pour l'absoudre chaque an, car tels gens ont toujours le pouvoir du pape ».

La dissolution et les désordres s'introduisirent à plusieurs reprises dans ce couvent ; on chassait les moines déréglés et on les remplaçait par d'autres dont les mœurs n'étaient souvent pas plus recommandables.

Il subsista longtemps quelques vestiges de ce couvent, des arceaux gothiques, une maison à tourelles, dont il ne reste plus rien à l'heure actuelle.

Nous voyons enfin rue Saint-Jacques le collège Louis-le-Grand, ancien collège de Clermont, fondé par les moines de la Société de Jésus.

Ces Pères, pour s'établir à Paris, eurent beaucoup d'obstacles à surmonter ; mais les Jésuites n'étaient pas gens à se rebuter. Repoussés par le Parlement, par l'Université, par la Sorbonne et même par l'évêque de Paris, ils persistèrent dans leur tentative avec une telle opiniâtreté, ils intriguèrent tellement auprès de Catherine de Médicis et du roi, son fils, qu'ils parvinrent à faire enregistrer par le Parlement les édits en leur faveur. Dès qu'ils eurent obtenu la permission de s'établir, ils voulurent avoir celle d'enseigner la jeunesse. L'Université, comme bien on le pense, s'opposa vivement à cette entreprise. L'affaire fut plaidée avec éclat, et les Jésuites perdirent leur procès ; mais toujours persistants et confiants dans leurs ressources, ils eurent l'adresse de faire décider par le Conseil du Roi qu'ils auraient le droit d'enseigner la jeunesse sans être incorporés à l'Université.

En 1563, ils établirent leur collège. C'est peut-être à toutes les difficultés qu'ils éprouvèrent et aux efforts qu'ils firent pour les surmonter qu'ils durent cette souplesse de caractère et ce talent pour l'intrigue qui les fit surnommer les *Pères de la Ruse*.

Peu de temps après leur établissement, la tentative de meurtre commise par Jean Châtel sur la personne d'Henri IV fit condamner « tous les prestres et escholiers du collège de Clermont et tous autres soy disants de la Société de Jésus à sortir dans trois jours de Paris et dans quinze jours du royaume, comme corrupteurs de la jeunesse, perturbateurs du repos public, ennemis du Roy et de l'État ».

Après huit ans d'exil, les Jésuites revinrent en 1603, mais ils n'obtinrent qu'en 1618 l'autorisation de s'établir de nouveau à Paris. Ils s'occupèrent alors à la reconstruction de leur collège, qu'ils agrandirent, en faisant l'acquisition d'une ruelle et des collèges de Marmoutiers et du Mans. Louis XIV, qui eut toujours les Jésuites pour confesseurs, exerça sa munificence envers cette maison et l'enrichit de ses dons. Ce fut alors que ces religieux, en habiles courtisans, donnèrent à leur collège le nom de Louis-le-Grand dans la circonstance suivante : En l'année 1674, Louis XIV, invité par ces Pères à venir assister à une tragédie représentée par leurs élèves, s'y rendit, fut satisfait de la pièce qui contenait plusieurs traits à sa louange, et dit à un seigneur qui lui parlait du succès de cette représentation : Faut-il s'en étonner, c'est mon collège. Le recteur, attentif à toutes les paroles du roi, saisit celle-ci. Après le départ du monarque, on fit enlever l'ancienne inscription, qui était :

Collegium Claromontanum Societatis Jesu.

et pendant toute la nuit des ouvriers furent employés à graver sur une table de marbre noir ces mots en grandes lettres d'or :

Collegium Ludivici Magni.

Le lendemain matin, cette nouvelle inscription remplaça l'ancienne.

Les Jésuites furent supprimés en 1762. Le collège Louis-le-Grand, réorganisé sous une forme nouvelle en 1792, reçut le nom de Collège de l'Égalité, puis en 1800 celui de Prytanée. En 1802, on l'appela Lycée Impérial, puis en 1814, on lui rendit son ancienne dénomination de Louis-le-Grand.

La rue Cujas traverse la rue Saint-Jacques. La partie de la rue qui va de la place du Panthéon à la rue Saint-Jacques existait en 1230 et portait le nom concis de *rue qui va de l'église Sainte-Geneviève à celle de Saint-Étienne.* L'autre partie, qui va de la rue Saint-Jacques au boulevard Saint-Michel, portait le nom de *rue des Grès*.

Au numéro 2 de la rue Cujas, nous voyons le collège Sainte-Barbe, qui, d'après une tradition très répandue, aurait eu pour fondateur un docteur en droit appelé Jean Hubert. Mais il a été prouvé que ce collège devait son origine à un maître du collège de Navarre, nommé Geoffroy Normant. De tous les écoliers qui fréquentèrent cette maison célèbre, il faut citer Ignace de Loyola, le premier Père de la Société de Jésus, et son disciple, François Xavier.

Après avoir été fermé pendant la Révolution, le collège Sainte-Barbe fut rouvert en 1800 sous le nom de collège des Sciences et des Arts ; deux ans après, il reprit son ancien nom.

Arrivons à présent place du Panthéon, où nous allons trouver plusieurs monuments. C'est d'abord la mairie du Ve arrondissement, édifiée en 1845. Le Ve arrondissement, autrefois le XIIe, comprend aujourd'hui les quartiers de Saint-Victor, du Jardin des Plantes, du Val de Grâce et de la Sorbonne.

L'École de Droit, située en face de la mairie, fut commencée en 1771 et terminée seulement en 1823. La façade est l'œuvre de l'architecte Soufflot. Avant de posséder leur école, les Maîtres de droit avaient professé un peu partout et même dans Notre-Dame.

Avant de commencer la visite du Panthéon, il nous paraît intéressant de rappeler quelles furent ses origines.

Le monastère de Sainte-Geneviève, où reposait le corps de la sainte patronne de Paris, après avoir été détruit par les Normands, n'avait été qu'imparfaitement rétabli. En l'an 1177, Étienne de Tounay, élu abbé de Sainte-Geneviève, fit réparer les murailles dégradées, reconstruire les voûtes et recouvrir la toiture de lames de plomb. Le chapitre, le cloître, le dortoir, la grande chapelle intérieure de la Vierge furent pareillement rétablis par cet abbé.

L'église, contiguë à celle de Saint-Étienne-du-Mont, s'élevait sur l'emplacement qui se voit au sud de cette dernière église, emplacement sur lequel s'étend aujourd'hui une partie de la rue Clovis et le lycée Henri-IV. L'architecture de cette église était fort simple et offrait quelques analogies avec celle de Saint-Germain-des-Prés. La châsse de sainte Geneviève était l'objet principal du culte de cette église ; on lui attribuait tous les pouvoirs.

Mercier nous en parle en ces termes : « A Dieu ne plaise que je me moque de sainte Geneviève, patronne antique de la capitale. Le petit peuple vient faire frotter des draps et des chemises à la châsse de la sainte, lui demander la guérison de toutes les fièvres et boire en conséquence de l'eau malpropre qui sort d'une fontaine réputée miraculeuse. Mais les échevins, le Parlement et les autres cours souveraines lui demandent bien de la pluie dans la sécheresse, et la guérison des princes. Quand ils agonisent, on découvre alors la châsse par degrés comme pour laisser échapper plus ou moins de vertu efficace selon le danger. Quand il est extrême, alors la châsse est exposée toute nue... Oui, tel savetier meurt d'amour pour sainte Geneviève, la consulte dans ses chagrins, l'invoque dans ses peines, l'appelle dans les afflictions et ressent les transports de la passion la plus enthousiaste. Je voudrais pouvoir jouir comme lui en présence de la châsse de ces voluptés extatiques... Curieux de lire ensuite des billets écrits et appliqués aux colonnes voisines de la châsse, je m'approchai et je lus :

« On recommande à vos prières une jeune femme environnée de séducteurs et « prête à succomber ; »

« On recommande à vos prières un jeune homme qui voit mauvaise com-« pagnie et qui découche ; »

« On recommande à vos prières un homme en danger de la damnation éter-« nelle et qui lit des livres philosophiques. »

PANTHÉON.

Photo Neurdein frères.

Et Mercier ajoute qu'on va construire une magnifique église pour placer cette châsse sous une superbe coupole.

« Elle coûtera bien 12 à 15 millions et au delà. Quelle énorme et inutile dépense qu'on aurait pu appliquer au soulagement des misères publiques ».

L'église Sainte-Geneviève a été démolie en 1807. Le culte de l'église a été transféré à Saint-Étienne-du-Mont.

En 1791, l'église dont parle Mercier, et qui avait été commencée en 1757, d'après les dessins et sous la conduite de l'architecte Soufflot, changea de destination avant d'avoir été inaugurée. Par un décret de l'Assemblée Nationale, elle fut affectée à la sépulture des grands hommes. Antoine Quatremère fut chargé des changements à opérer pour transformer cette église en Panthéon Français. Tous les signes qui caractérisaient une basilique de chrétiens furent remplacés par des symboles de la liberté et de la morale publique. Sa façade et son intérieur éprouvèrent plusieurs changements. La frise porte cette inscription en caractères de bronze :

Photo Neurdein frères.
ÉGLISE SAINT-ÉTIENNE-DU-MONT.

« Aux grands hommes, la Patrie reconnaissante. »

C'est deux jours après la mort de Mirabeau que l'Assemblée Nationale décida d'affecter la chapelle de Sainte-Geneviève à la sépulture des citoyens « qui auraient bien mérité de la Patrie ». Les funérailles du célèbre orateur furent célébrées en grande pompe, et son corps fut déposé dans la crypte du nouveau Panthéon.

Nous n'entreprendrons pas ici la description du Panthéon, qui est un monument d'art fort beau et fort intéressant qu'il faut s'empresser de visiter. Nous ne pouvons seulement nous empêcher de constater que son aspect intérieur serait plus imposant et plus grandiose si les tombes des hommes illustres, au culte desquels il fut consacré, se trouvaient dans les nefs même au lieu d'être placées dans les souterrains.

Nous voici maintenant devant l'église Saint-Étienne-du-Mont, cette fine et délicate merveille de l'art français. Elle a remplacé une ancienne église qui datait du XIIIe siècle. Les premières assises de la nouvelle construction furent posées en 1517. Les travaux durèrent plus de cent ans. L'admirable jubé ne fut commencé qu'en 1600, le grand portail en 1610. La consécration du maître autel et de toute l'église eut lieu en 1626. Il n'est pas nécessaire que nous nous attardions à énumérer les beautés architecturales de ce gracieux sanctuaire, puisque le temps et les hommes l'ont épargné et qu'une simple visite sera préférable à toute description.

Chaque année, dans les premiers jours de janvier, la neuvaine de Sainte-Geneviève y ramène une foule pieuse, venue de tous les quartiers de la ville pour venir prier devant la vieille tombe de pierre de la patronne de Paris.

La bibliothèque Sainte-Geneviève, autrefois placée dans l'abbaye, fut transférée dans un nouveau local construit sur l'emplacement de l'ancien collège de Montaigu.

Le lycée Henri-IV, successivement lycée Napoléon et lycée Corneille, occupe ainsi que nous venons de le dire, l'emplacement de l'ancienne abbaye de Sainte-Geneviève. On voit encore une des tours de l'abbaye enclavée dans les bâtiments du lycée.

Proche de l'église de Saint-Étienne-du-Mont, nous verrons l'École Polytechnique, située rue Descartes et rue de la Montagne-Sainte-Geneviève. Elle fut fondée en 1794. La Convention avait fait table rase de toutes les écoles de divers ordres fondées au temps de la Monarchie. Elle ne tarda pas à s'occuper de les réorganiser sur un plan nouveau. Le 6 Brumaire, an III, le Comité de Salut Public rendait un arrêté pour préparer l'établissement d'une école centrale de travaux publics. Fourcroy fut chargé de présenter un rapport détaillé sur le plan de cette organisation : toutes les propositions notées dans son projet furent votées à l'unanimité. Des hommes comme *Berthollet, Monge, Prieur, Carnot*, associèrent leurs efforts, s'engagèrent à faire les premiers cours, et secondés par *Lamblardie*, chargé officiellement d'organiser la nouvelle école, ils donnèrent bientôt à celle-ci une impulsion qui ne s'est pas ralentie.

Lors de l'expédition d'Égypte, l'École Polytechnique réclama une place auprès de la Commission scientifique qui accompagnait cette lointaine entreprise.

Bonaparte, à son retour d'Italie, s'efforçant de se concilier l'affection des savants et des gens de lettres, visita souvent l'École et assista même plusieurs fois à quelques-unes de ses leçons.

L'École Polytechnique s'installa en 1805, dans l'ancien collège de Navarre, qui avait été fondé en 1304 par Jeanne de Navarre.

Pendant la grande insurrection de juillet 1830, les Polytechniciens se mêlèrent au peuple armé qui en fit ses capitaines. Un d'entre eux, *Vaneau*, fut tué à l'attaque de la caserne des Suisses, rue de Babylone. L'acclamation populaire donna son nom à une rue voisine. Les agitations qui suivirent la Révolution de Juillet eurent quelque retentissement à l'École Polytechnique : plusieurs élèves sortirent de vive force le 5 juin 1832 pour assister aux funérailles du général Lamarque et prirent part à l'insurrection qui suivit.

En février 1848, l'uniforme populaire de l'École reparut pour aider à la tâche difficile du Gouvernement provisoire qui associa l'École Polytechnique en corps, comme l'École Normale et l'École de Saint-Cyr, à toutes les solennités de la République.

Si nous suivons la rue Descartes, nous arriverons rue *Mouffetard*, où l'on pourra facilement se figurer ce qu'était autrefois la vie populaire à Paris. C'est une curieuse et très intéressante évocation qu'une promenade rue Mouffetard, le soir en hiver, à l'heure où les lumières commencent à s'allumer dans Paris. M. Georges Cain nous fait de la rue Mouffetard la description suivante :

« Étroite, tortueuse, bordée de maisons dont beaucoup sont anciennes, la rue Mouffetard est, comme autrefois, hérissée d'enseignes débordantes : *Au Ciseau d'Or, Au Petit Émouleur, Au Soleil d'Or, Aux Enfants d'Auvergne, A la Bonne Source*, etc., etc. Sur les boutiques sont peints des sacs de coke, des têtes de veau, des paquets de pieds de mouton, des piles de cotrets, des litres de vin rouge ou blanc et des effigies de chevaux dorés désignant les nombreuses boucheries hippophagiques...

« On y voit d'innombrables mastroquets, d'opulents assommoirs dont les alambics de cuivre reluisent comme des machines de guerre qui retiennent leur clientèle assoiffée autour « d'apéritifs de premier choix ». Les portes cochères sont habitées : sous les unes, on vend des journaux, sous les autres on retourne des pommes de terre dans la graisse bouillante, ou ce sont les marchandes de lait et de café noir qui versent leur marchandise dans des bols de porcelaine, et les gros pots d'étain reluisent comme des miroirs. Devant les boutiques des fruitières au milieu des salades, des navets et des tomates, d'énormes potirons entr'ouverts flamboient joyeusement, note fulgurante de ce tableau coloré au milieu duquel une fille passe en caraco rayé, une rose au bec, les cheveux fous sur des yeux rieurs. »

Au numéro 141 de la rue Mouffetard, se trouve l'église Saint-Médard, célèbre au XVIIIe siècle par le fameux tombeau du diacre Pâris, dont Mercier nous parle en ces termes :

« Pendant son vivant, il ne se douta guère du genre de célébrité qu'il obtiendrait après sa mort. Le parti des Jansénistes voulut à toute force en faire un saint, et ils allèrent en foule grimacer et convulsionner sur son tombeau. L'enthousiasme communiqué au peuple aurait eu des suites graves sans l'aurore de la philosophie qui dissipa ces extravagances, ridiculisa les novateurs et le thaumaturge et servit le gouvernement assez inquiet sur cette épidémie morale. Les esprits échauffés auraient pu aller loin, tant le délire était universel. Une princesse douairière, que l'âge avait rendue aveugle, acheta pour mille écus les vieilles culottes du diacre pour s'en frotter les yeux... On a dansé sur la tombe du diacre Pâris, on a mangé de la terre de son tombeau... » Près de 800 personnes se dirent atteintes de convulsions. Dès qu'une femme avait touché le tombeau, elle était prise d'une sorte de délire : celles qui gambadaient avaient reçu le nom de *sauteuses;* celles qui hurlaient s'appelaient *aboyeuses* ou *miauleuses*.

Le gouvernement, devant ces scènes ridicules et scandaleuses, ordonna la fermeture du cimetière Saint-Médard. Le lendemain on trouva sur la porte l'épigramme suivante :

« De par le Roy, deffence à Dieu
De faire miracle en ce lieu. »

Au numéro 99 de la rue des Patriarches, on voit le passage et le marché des Patriarches qui existait déjà en 1684 dans la Cour des Patriarches et antérieurement en pleine rue Mouffetard.

La rue Mouffetard aboutit à la rue Claude-Bernard, anciennement impasse des Pénitentes. Nous voyons au numéro 16 l'Institut National Agronomique.

Cette rue conduisait autrefois au couvent des Feuillantines, fondé par Anne Gobelin, veuve d'Estournel. Les Feuillants de Paris, qui d'abord avaient résisté à l'établissement de leurs sœurs, vinrent les accueillir, et au nombre de 30, les escortèrent processionnellement.

L'église qui fut bâtie en 1719 ne contenait rien de remarquable qu'une copie de la « Sainte-Famille » de Raphaël. Ce couvent, supprimé en 1790, est devenu propriété particulière.

La rue d'Ulm nous conduit à l'École Normale, créée en 1794 par un décret de la Convention.

Le rapport du représentant du peuple, Lakanal, précise nettement le but de l'institution : « Dans cette école, dit-il, ce n'est pas les sciences qu'on enseignera, mais l'art de les enseigner. Au sortir de cette école, les disciples ne devront pas être seulement des hommes instruits, mais des hommes capables d'instruire... Pour la première fois, les hommes les plus éminents en tout genre de science et de talent, les hommes qui jusqu'à présent n'ont été que les professeurs des nations et des siècles, les hommes de génie vont être les premiers maîtres d'école d'un peuple... » Le projet fut converti en loi et immédiatement exécuté. Trois mois après, 1 400 élèves choisis et envoyés par les administrations départementales étaient réunis sous la présidence des représentants délégués auprès des écoles normales, Lakanal et Deleyre, en présence des maîtres illustres que leur avait choisis la Convention.

Avant l'installation définitive dans les bâtiments de la rue d'Ulm en 1847, les cours de l'École Normale se donnaient dans l'amphithéâtre du Jardin des Plantes et dans l'ancien collège du Plessis. Mais les bâtiments du Plessis devinrent insuffisants, et l'on acheta pour y établir l'École Normale un terrain connu sous le nom de clos Saint-Joseph, près du jardin du Val-de-Grâce.

Au sortir de l'École Normale, suivons la rue Gay-Lussac ouverte sur l'emplacement d'un camp romain et atteignons la rue de l'Abbé-de-l'Épée, nommée ainsi en l'honneur de l'inventeur de l'alphabet des sourds-muets. Au coin de cette rue et de la rue Saint-Jacques se trouve l'Institution des Sourds-Muets.

VAL-DE-GRACE.

Remontons la rue Saint-Jacques jusqu'au boulevard du Port-Royal, et arrêtons-nous à l'hôpital militaire du Val-de-Grâce, qui occupe un terrain appelé jadis *Fief de Valois* ou *Petit Bourbon*.

Une abbaye royale de bénédictines y fut installée par Anne d'Autriche, qui s'en fit déclarer fondatrice. Cette reine longtemps stérile, et inquiète, après vingt-deux ans de mariage, de ne pouvoir donner un héritier à la couronne, avait adressé des vœux à toutes les chapelles, à toutes les églises où se trouvaient des saints ou des saintes en réputation de rendre la fécondité. Après la naissance de Louis XIV, elle fit reconstruire entièrement, et avec une somptuosité digne de sa reconnaissance, l'église et le couvent du Val-de-Grâce.

Mansard commença à faire construire cet édifice ; mais à la suite des intrigues de cour, il se vit forcé d'en abandonner la direction, qui fut confiée à Mercier.

La façade est composée d'une ordonnance corinthienne couronnée d'un fronton, puis d'une seconde ordonnance du même ordre pareillement couronnée d'un fronton. Le fronton de l'ordonnance supérieure était orné d'un bas-relief où, pendant la Révolution, on avait placé les symboles de la Liberté et de l'Égalité.

L'intérieur de l'église offre une nef séparée des bas-côtés par des arcades et des pilastres corinthiens cannelés. La voûte de la nef est chargée de bas-reliefs et d'ornements avec profusion.

Le dôme a été intérieurement peint par Mignard, dont ce fut le plus bel ouvrage. Molière en a composé un poème pour exalter la gloire du peintre.

En 1790, l'abbaye du Val-de-Grâce fut supprimée et Napoléon en fit plus tard un hôpital militaire. C'est d'ailleurs sa désignation actuelle.

Longeons le boulevard du Port-Royal qui appartient à trois arrondissements différents, que nous verrons par la suite, et, par l'avenue des Gobelins, gagnons la rue Monge. Lors du percement de cette rue, on fit de très intéressantes découvertes de sarcophages, d'armes et d'objets divers de l'époque gallo-romaine.

On mit au jour des arènes romaines datant du IIe ou IIIe siècle. Une partie existe actuellement à ciel ouvert : l'autre partie est encore enfouie sous les bâtiments du dépôt des Omnibus de la rue Monge.

Au numéro 16 de la rue Monge, nous voyons la grande maison de fourrures de MM. Ch. Zachwey et Cie. C'est une fort ancienne maison qui date de l'an-

MAISON ZACHWEY ET Cie. — SALON.

MAISON ZACHWEY ET Cie.

née 1855 et dont la réputation n'est plus à faire. Étant à la fois une maison de gros et une maison de détail, elle a la faculté d'effectuer des achats très importants et de faire un choix spécial en vue de sa clientèle de détail.

MM. Zachwey et Cie sont en relations directes et constantes avec les principaux marchés de fourrure du monde entier. Ils sont en correspondance avec Londres, Leipzig, Nijni-Novgorod, Irbit, etc., etc., et possèdent en outre de nombreux voyageurs qui parcourent ces villes pour y exécuter leurs achats. L'on comprend aisément que, dans ces conditions, ils peuvent se ménager des acquisitions très avantageuses dont ils aiment à faire profiter leur clientèle. Ils sont des mieux placés pour se procurer les plus belles fourrures, et c'est là un avantage que les femmes apprécieront très certainement, aujourd'hui que les exigences de la mode deviennent plus grandes chaque jour et qu'il est extrêmement difficile de se procurer certaines pelleteries de choix.

MM. Zachwey et Cie, qui déploient une très grande activité dans leur commerce et font preuve de connaissances sûres, prennent une part importante à la direction de la mode nouvelle. Ils ont su, par leurs efforts incessants, se concilier la faveur de la clientèle aristocratique parisienne si difficile à contenter. Ils sont également fournisseurs de la Cour d'Espagne et de toute la haute société espagnole. L'on se rend compte, en visitant les salons d'exposition et de vente du numéro 16 de la rue Monge que la maison Zachwey est une maison de premier ordre et tout à fait de confiance.

Dans la rue du Fer-à-Moulin, se trouve l'amphithéâtre d'anatomie, et la clinique de dissection, construite sur l'emplacement de l'ancien hôpital de Coupeaux.

La rue Geoffroy-Saint-Hilaire nous mène au Jardin des Plantes.

L'idée de créer à Paris un Jardin des Plantes est due à Hénouard, médecin de Louis XIII. Guy de la Brosse, qui lui succéda dans le poste de premier médecin du roi, mit ce projet à exécution. Il organisa le jardin et y établit des chaires de botanique et de pharmacie. En 1640, l'établissement fut inauguré.

Toutes les améliorations, tous les agrandissements que subirent par la suite le Jardin des Plantes furent dus successivement à Fagon, Tournefort, les deux Jussieu, de Fay, Geoffroy Saint-Hilaire, Cuvier, Gay-Lussac et surtout Buffon, qui fut aidé dans ses travaux par Daubenton et Lacépède. Pendant la direction de Buffon, les collections s'accrurent considérablement ; on augmenta les galeries et l'amphithéâtre fut construit.

Depuis, des constructions importantes ont été élevées, les serres ont été reconstruites et le Jardin embelli.

Bernardin de Saint-Pierre protégea le Jardin des Plantes pendant la Révolution. La ménagerie fut, paraît-il, construite, avec l'argent des professeurs qui y laissèrent une partie de leur traitement.

En face du Jardin des Plantes, se trouve l'hôpital de la Pitié, dont voici l'origine :

A la suite des longues guerres de religion du XVIe siècle, il s'était formé à Paris une nombreuse population de gens pour qui la mendicité, après avoir été un besoin, était devenue une profession qu'ils exerçaient ouvertement, employant même la menace et la violence pour se faire donner l'aumône. L'autorité royale voulut mettre fin à ces désordres ; un édit de 1612 ordonna que tous les mendiants valides seraient renfermés dans des maisons où ils seraient tenus de travailler.

Par suite de cet édit, la ville acheta successivement des maisons et terrains situés entre les rues de la Clef, Copeau, d'Orléans et du Jardin-du-Roi, et y fit construire un vaste établissement qui prit son nom de sa chapelle, dédiée à Notre-Dame-de-la-Pitié.

Au début, on y logea des mendiants valides. Plus tard, vers 1657, on y reçut des enfants malheureux auxquels on donnait une certaine instruction. C'est à la Pitié que les bourgeois venaient recruter les enfants des deux sexes pour les employer à leur service. On y admettait également des filles et des femmes débauchées qui voulaient faire pénitence.

Pendant la Révolution, des clubs s'y installèrent. En 1809, la Pitié devint annexe de l'Hôtel-Dieu.

L'organisation de la Pitié date de 1813. En 1836, Lisfranc y inaugura une clinique chirurgicale (1).

L'Hôpital de la Pitié est situé 1, rue Lacépède. Cette rue fut ouverte au XIVe siècle sous le nom de rue Coupeau, à cause du moulin des Coupeaulx. Lors

MAISON HARAN. — UN ATELIER.

de la démolition de la vieille prison de Sainte-Pélagie, l'on avait découvert un petit tunnel se dirigeant de l'une des cours de la prison vers la rue Lacépède. M. Augé de Lassus a pu établir, après de longues recherches, que ce tunnel avait été creusé par Blanqui et ses compagnons de captivité en avril 1834 et que c'est par ce tunnel que s'évada le célèbre prisonnier.

Au numéro 12 de la rue Lacépède est située la maison de M. Émile Haran, le fabricant bien connu d'instruments de chirurgie, d'appareils orthopédiques, de membres artificiels, d'instruments en caoutchouc, de bandages de toutes sortes qui sont d'un si

---

(1) L'hôpital de la Pitié possède 696 lits. Il comprend 6 services de médecine, 2 services de chirurgie et 1 service d'accouchement. Médecins : BABINSKI, THIROLOIX, RENON, DALCHÉ, LION, CLAISSE. — Chirurgiens : WALTHER et ARROU. — Accoucheur : POTOCKI.

fréquent usage entre les mains des chirurgiens et des docteurs et dont bon

MAISON HARAN. — VUE GÉNÉRALE, EN TRANSFORMATION.

nombre ont été créés et perfectionnés sur leurs indications. Dans les ateliers de M. Haran, l'on peut voir comment l'on confectionne aujourd'hui avec tant de précision les jambes et les mains articulées, les pieds, les cuissards et les bras artificiels et de quelle façon l'on s'ingénie à remédier aux différents genres d'amputation. La perfection de telles pièces réside surtout dans l'habileté des ouvriers qui sont dirigés par des contremaîtres possédant des connaissances scientifiques et

MAISON HARAN. — ATELIER DE LA GARNITURE.

pratiques. Les prix très modérés de tous ces appareils peuvent être obtenus par suite de la production colossale et de la division admirablement comprise du travail.

Il y a loin des appareils primitifs d'Ambroise Paré à celui qu'imagina récemment le professeur Delorme, directeur du Val-de-Grâce, pour un sujet mutilé de tous les doigts de la main gauche et de quatre doigts de la main droite. Ambroise Paré du reste ne songeait pas à imiter la main ou le bras perdu, mais il se proposait simplement de donner à l'opéré un instrument qui, par le secours du membre sain, pût manier une épée, saisir les rênes d'un cheval ou tenir solidement un objet pesant. Dans ce but, nous lisons dans le journal de *La Nature* qu'il fit construire par un serrurier parisien nommé le *petit Lorrain* une main pourvue d'un mécanisme intérieur très compliqué. Toutefois, depuis le XVIe siècle jusqu'à la fin du XIXe, le remplacement d'un bras mutilé par un appareil mécanique constitua une exception. Aujourd'hui, pour une centaine de francs, un ouvrier peut se faire mettre un bras artificiel qui lui permettra de continuer son travail en dépit de son infirmité. Pour une somme un peu plus élevée, l'on peut même parvenir à dissimuler cette infirmité par le moyen d'un de ces chefs-d'œuvre d'ingéniosité qu'exécutent les constructeurs français.

MAISON HARAN. — UN ATELIER (EN TRANSFORMATION).

Nous devons aussi mentionner que M. E. Haran a pris dans la fabrication du bandage herniaire à ressort une place prépondérante. La construction et l'application de ce bandage ont soulevé de retentissantes controverses. Pour en faire l'historique en quelques mots, notons que ce n'est guère que vers 1665 qu'il en est fait pour la première fois mention.

A cette époque, un chirurgien spécialisé dans l'étude de cette infirmité décrit un appareil pouvant être aux malades du plus grand secours et se composant essentiellement de ce qui constitue encore aujourd'hui le bandage ordinaire.

Dès lors la fabrication du bandage est née et s'organise en industrie. Vers le milieu du XVIIIe siècle, le fabricant Tiphaine y apporta de profondes améliocations ; puis, peu à peu, par la collaboration du docteur et du fabricant, l'on parvint, grâce aux connaissances anatomiques plus exactes et à l'amélioration de la trempe des ressorts, à faire subir aux bandages de notables perfectionnements. *La main de fer dans un gant de velours* trouve alors son application, et le malade, amené à oublier progressivement son infirmité, peut vaquer sans risques ni fatigues à ses occupations.

Et puisque nous avons été conduits au sujet de la maison Haran à citer le nom du célèbre chirurgien Ambroise Paré, nous ne pouvons nous dispenser d'en dire quelques mots. C'est lui qui fut surnommé le *père de la chirurgie moderne*, et c'est lui qui éclaira de sa lumineuse investigation et de ses nombreuses expériences une foule de questions d'anatomie, de physiologie et de thérapeutique. Il ne reconnut dans la doctrine d'Hypocrate, de Galien, d'Albucasis que l'autorité de la maison ; il ramena leurs opinions à l'expérience comme à une preuve nécessaire et comme à la source de la vérité. L'on trouve dans ses écrits la plupart des origines de la chirurgie moderne.

Le quai Saint-Bernard, autrefois Vieux-Chemin d'Ivry, longe la Halle aux Vins, qui occupe les terrains où s'élevait l'ancienne abbaye Saint-Victor. La Halle aux Vins a été instituée dans le but de dispenser les marchands en gros et en détail d'avoir à payer l'octroi sur toutes les boissons qu'ils avaient en magasin.

La première Halle aux Vins fut édifiée en 1664, pour retirer à couvert les vins des marchands forains.

Devenue insuffisante, elle fut reconstruite en 1790, puis en 1868 et agrandie par la suite.

Cet immense entrepôt est divisé en sections et en rues qui portent les noms des grands crus de France : rues de Touraine, de Languedoc, de Bordeaux, de la Côte-d'Or, de Champagne, de Bourgogne, etc.

On présume, et certaines découvertes sont venues à l'appui de cette assertion, que se trouveraient sous la Halle aux Vins des arènes romaines, à peu près pareilles à celles de la rue Monge.

Suivons à présent le quai de la Tournelle, et prenons la rue des Bernardins pour arriver place Maubert.

La rue des Bernardins fut ouverte en 1246, sur une partie du jardin attenant au couvent des Bernardins. L'église de ce couvent passait pour un chef-d'œuvre d'architecture gothique. Le couvent fut supprimé en 1790, et l'église, après avoir été convertie en magasins, fut ensuite démolie.

Quelle est l'origine de ce nom de Maubert, donné à une place et à un quartier. Suivant quelques historiens, le souvenir des leçons d'un professeur célèbre, Albert le Grand, de l'ordre des Jacobins, ne serait pas étranger à cette étymologie. Albert, par altération, serait devenu Maubert. Suivant les autres, la place Maubert aurait appartenu à un évêque de Paris nommé Madelbert ou Madalbert.

La place Maubert était au moyen âge une des plus pittoresques « verrues » de Paris. Les escholiers y ripaillaient avec les gentes ribaudes que Villon a si souvent chantées. « On y dansait pesle-mesle, au son des joyeux flageolets et des douces cornemuses, se rigolant, buvant, faisant grande chère, lampant du Bourgueil, du clairet, du vin pineau, avalant des écuelles de friandes tripes dont on se pourléchait les badingoinces et les flacons d'aller, les jambons de trotter, les gobelets de voler ». C'est Rabelais, qui dans la vie de Gargantua, nous fait cette description de la place Maubert.

Cette place, nous dit Auguste Vitu, fut au moyen âge le véritable forum du quartier de l'Université, rendez-vous des escholiers, des bateliers, des marchands forains et des commères, comme aussi le centre de l'Académie du langage faubourien. On disait d'un homme grossier en ses propos « qu'il avait appris ses compliments à la place Maubert », et, en effet, ce fut le titre du premier catéchisme poissard. Ce carrefour célèbre fut le lieu de scènes tumultueuses et d'exécutions capitales.

C'est là que fut brûlé le célèbre imprimeur, Étienne Dolet ; c'est là également que fut traîné le cadavre de Ramis, massacré en 1572 au collège de Presles.

Sur la place Maubert se trouve actuellement une statue d'Étienne Dolet, fort peu intéressante, et un marché construit sur les ruines du couvent des Carmes. C'est là le dernier souvenir de ce célèbre couvent.

STATUE D'ÉTIENNE DOLET.

VIᵉ ARRONDISSEMENT

IL nous sera loisible de glaner un nombre infini de souvenirs en nous promenant dans le VIᵉ arrondissement. Là, plus encore qu'ailleurs peut-être, dans ce vieux quartier qui fut jadis le centre même de la ville, nous verrons presque à chaque pas tout le passé revivre devant nous. Les amateurs du Vieux Paris feront bien de consacrer quelques heures à errer dans l'arrondissement du Luxembourg ; ils sont certains de rapporter de leur promenade une ample et féconde moisson.

L'arrondissement du Luxembourg est formé de quatre quartiers :
Quartier de la Monnaie ;
Quartier de l'Odéon ;
Quartier de Notre-Dame-des-Champs ;
Quartier de Saint-Germain-des-Prés.

Nous partirons de la PLACE SAINT-MICHEL, dont le nom vient d'une autre place Saint-Michel qui existait à l'extrémité de la rue de la Harpe et qui avait été dénommée ainsi en l'honneur de Michelle, fille du roi Charles VI. On voyait sur cette place une porte de fer, dite Porte Saint-Michel, qui faisait partie de l'enceinte de Philippe-Auguste.

La place actuelle fut formée sur l'emplacement de l'ABREUVOIR MÂCON, proche du château du comte de Mâcon, qui était un lieu de réunion des jolies filles. L'*Abreuvoir Mâcon* fut même désigné en 1367 comme un des lieux qu'auraient le droit d'habiter les prostituées. Les femmes publiques formaient à cette époque une sorte de corporation qui avait un règlement spécial et qui fut de tout temps protégée par les rois de France. Comme les prostituées richement vêtues se répandaient dans tous les quartiers de la ville, on sentit la nécessité de leur assigner des rues et des quartiers spéciaux par cette ordonnance de 1367 qui les menaçait de la prison, puis du bannissement, si elles se permettaient d'habiter des rues autres que celles qui leur étaient désignées.

En 1418, il fut élevé sur cette place une statue à Périnet Leclerc qui avait livré aux Bourguignons les clefs de la Porte de Buci. Cette statue, renversée après le retour de Charles VII à Paris, fut remplacée par une fontaine, elle-même remplacée par la fontaine Saint-Michel actuelle élevée en 1864 par Davioud et qui n'offre rien de bien intéressant.

Le boulevard Saint-Michel part de la place Saint-Michel pour aboutir au boulevard du Port-Royal. Il fait partie à la fois des Vᵉ et VIᵉ arrondissements.

Au numéro 34 se trouve le plus ancien des établissements des Bouillons Boulant, qui date de 1867. Il est situé tout à côté du lycée Saint-Louis, qui fut entièrement reconstruit en 1820 sur l'emplacement des collèges d'Harcourt et de Justice. Le collège d'Harcourt avait été fondé en 1280 par Raoul d'Harcourt, et le Collège de Justice par Jean de Justice, chanoine de Paris, en 1351.

Ce dernier collège, après avoir été supprimé en 1790, servit pendant quelque temps de prison, puis fut démoli.

Tous les terrains occupés actuellement par les numéros 30 à 56 dépendaient autrefois de l'hôtel de Clermont et faisaient partie du domaine des Cordeliers.

Le bouillon-restaurant Boulant jouit d'une réputation très grande et très méritée. C'est le restaurant des étudiants par excellence ; il a vu passer tous les hommes célèbres de notre époque, tous ceux qui s'illustrèrent dans les arts, la science, la littérature ou la politique et qui se souviennent non sans un certain plaisir et quelque regret des joyeuses agapes qu'ils firent dans leur vieux restaurant du boulevard Saint-Michel, alors que leur bourse était très peu garnie et qu'ils n'étaient riches que d'ardeur et d'espérance. Tous ont passé par là durant leurs belles et vibrantes années d'études ; tous ont été heureux de trouver, pour des prix très modiques, une bonne table bien servie dans cet établissement d'une merveilleuse propreté et d'une tenue parfaite.

RESTAURANT BOULANT.

Que nous sommes loin des restaurants réservés jadis aux étudiants ! Que nous sommes loin du Flicoteaux dépeint par Balzac, ce local bas de plafond, imprégné d'odeur de vaisselle où de 1810 à 1848 des générations entières d'étudiants vinrent prendre leurs repas. « On y mangeait, dit Balzac, comme on travaille, activement. Les mets étaient peu variés ; la pomme de terre y était éternelle : il n'y aurait pas eu une pomme de terre en Irlande, elle aurait manqué partout qu'il s'en serait trouvé chez Flicoteaux. »

Les étudiants d'aujourd'hui sont plus favorisés. Pour des prix abordables aux plus modestes d'entre eux, ils trouvent dans les établissements Boulant, un service de premier ordre, une cuisine simple mais extrêmement soignée et des vins de tous les bons crus de France. La cave de cette maison est en effet l'une des plus appréciées.

Les établissements Boulant, en dehors du restaurant du boulevard Saint-

Michel, possèdent plusieurs autres maisons, l'une située boulevard des Capucines, que nous venons de voir dans le IIe arrondissement, l'autre rue de Douai, dont nous aurons l'occasion de parler tantôt et une à l'angle de la rue Montmartre.

La place et la rue Saint-André-des-Arts, où le collège d'Autun était situé, sont à présent tout ce qui rappelle l'ancienne église Saint-André-des-Arts.

Elle avait été bâtie dans le clos de LAAS, que représente à peu près la partie circonscrite par le boulevard Saint-Michel, la rue de l'École-de-Médecine, la rue Dauphine et le quai des Augustins. C'est par une suite d'altérations de ce nom de Laas qu'il faut chercher, si nous en croyons les meilleures autorités, l'origine de ce nom des *Arts* qui lui fut appliqué. Plusieurs historiens ont expliqué l'étymologie de ce nom par le mot *arcubus*, représentant les arcs de l'église Saint-André.

L'église Saint-André-des-Arts n'avait rien de remarquable au point de vue architectural; malgré cela, elle avait été conservée par un décret de l'an 1791. Toutefois, peu de temps après, elle fut fermée, puis vendue comme propriété nationale, puis démolie. En 1809, la Ville de Paris acheta le terrain pour former à l'endroit même où était située l'église, la place Saint-André-des-Arts.

Au 21, de la rue Saint-André-des-Arts, nous voyons une maison que Racine habita pendant quatre ans. Au 27, remarquons un joli balcon de fer forgé datant du XVIIIe siècle. Au 22, en face, une maison moderne a remplacé la maison où logeait le chansonnier Ange Pitou, dont nous avons raconté l'histoire à propos de Saint-Germain-l'Auxerrois. Au 32, la demeure qu'habita le farouche Billaud-Varennes, *le tigre à perruque jaune* dont Lenôtre nous a conté le séjour dans la rue Saint-André-des-Arts dans son second volume de *Vieux papiers, vieilles maisons*. Au numéro 43, se trouve le lycée Fénelon, sur l'emplacement de la maison de Jean Coytier, médecin de Louis XI. Au 61, se trouve le passage du Commerce, qui débouche boulevard Saint-Germain et dont l'entrée, formée autrefois par un vaste porche cintré qui donnait accès dans la maison de Danton, était situé à l'endroit précis où s'élève aujourd'hui la statue du tribun. Le passage du Commerce a gardé un peu de sa physionomie d'autrefois; les maisons y sont fort anciennes, et les boutiques des revendeurs et autres marchands ne sont pas sans quelque pittoresque.

La Cour du Commerce avait été fondée sur l'emplacement d'un *Jeu de paume* établi sur les anciens remparts de Philippe-Auguste. C'est dans la Cour du Commerce que le Dr Guillotin essaya en 1790, sur des moutons, le couperet de sa *philanthropique machine à décapiter*. Il devait plus tard en faire lui-même l'essai!

Au numéro 1 de la Cour du Commerce qui n'existe plus aujourd'hui, puisqu'à cette place passe le boulevard Saint-Germain, habitèrent Danton et Camille Desmoulins. Sur ce même emplacement existait aussi la maison de Marat, où, le 13 juillet 1793, Charlotte Corday, *vêtue d'un déshabillé moucheté et coiffée d'un chapeau à haute forme orné d'une cocarde noire et de trois cordons verts*, vint dans la demeure de *l'Ami du peuple* et, comme elle le proclama, « voulut tuer un homme pour en sauver cent mille ». Et nous évoquons la figure de l'Ami du peuple d'après le portrait qu'a tracé de lui un de ses contemporains : « La disproportion de la grosse tête de Marat et de son tout petit corps le rendait grotesque. Sa marche était saccadée, tout son être était agité par des mouvements convulsifs qui lui faisaient lancer ses bras à droite et à gauche. Son costume débraillé à plaisir rendait l'homme encore plus hideux : carmagnole en loques, manches retroussées, chemise ouverte laissant voir la poitrine, pantalon de velours rapiécé, souliers troués, noués avec des ficelles. Il avait la peau cuivrée, marbrée de taches de bile et de sang, le front fuyant sous un mouchoir sale qui couvrait les cheveux gras attachés par derrière avec une lanière de cuir. Tout un ensemble horrible, qui au premier moment provoquait le rire et au second faisait frissonner. »

Reprenons le passage ou Cour du Commerce, vers le milieu de laquelle s'ouvre une ruelle tortueuse qui nous conduira à la Cour de Rouen ou de Rohan. D'après quelques-uns, ce nom viendrait de l'ancien hôtel des ducs de Rohan ; d'après les autres, cette maison dépendait autrefois de l'Hôtel des Archevêques de Rouen.

Sortons du passage du Commerce et prenons la rue Mazet, autrefois la rue de Contrescarpe, où se dressait jadis la Porte Buci livrée aux Bourguignons, comme nous venons de le voir, par la trahison de Perinet Leclerc. C'est dans la rue Mazet que se trouvait le restaurant Magny, où eurent lieu les fameux dîners littéraires dont parlent les Goncourt dans leur *Journal*. Un peu plus loin, au numéro 5, on pouvait voir, il y a deux ans encore, l'Auberge du Cheval-Blanc, qui était le bureau des coches d'Orléans et de Blois. C'est de cette cour, que l'on se figure encombrée de voyageurs, de commissionnaires, d'amis et de servantes, que partaient les diligences ; c'est là que débarqua, arrivant de sa province, Manon, l'héroïne de l'abbé Prévost. L'on sait que l'histoire de Manon Lescaut est absolument authentique et n'est qu'une autobiographie de l'auteur qu'il transforma en roman par la suite.

Si nous nous engageons maintenant dans la rue de l'Éperon, nous arriverons rue Suger, et nous emprunterons à M. Georges Cain la saisissante description qu'il en a faite dans ses *Nouvelles Promenades dans Paris* : « Les pavés, les murs, les fenêtres y sont d'aspect lugubre et rébarbatif ; deux chats maigres la franchissent et s'enfoncent sous de vieilles portes cochères du xviie siècle, hérissées de clous et encore munies de leurs heurtoirs de fer. Dans cette triste rue qui s'appelait jadis rue du Cimetière-Saint-André-des-Arts, la plus triste maison porte le numéro 13. Elle est close par une porte noire, disloquée, sinistre. Une bande de toile salie par les pluies, plaquée sur des restes de panneaux sculptés, indique que cette masure est à vendre et qu'il faut pour la visiter s'adresser au numéro 5 de la rue de l'Éperon. Là, après nous avoir fait traverser une courette encombrée, la concierge pousse une porte en bois, et nous voici devant un stupéfiant décor de désolation : c'est l'envers de la maison de la rue Suger, c'est ce qui reste de l'ancien cimetière. La haute maison silencieuse, comme morte, apparaît disloquée, croulante ; ses murailles salpêtrées étalent partout de larges plaques de lèpre jaune ; les vitres sont brisées, les volets arrachés, les marches rompues et devant cette ruine, « s'étend un vaste terrain d'environ 50 mètres de largeur sur 53 de profondeur, où jadis étaient les tombes ».

Traversons de nouveau la rue Saint-André-des-Arts — nous ne pouvons nous décider à quitter cette rue tant elle est encombrée de souvenirs — et nous trouverons la rue Gît-le-Cœur, dont le nom singulier semblerait évoquer une étrange étymologie. Quelque macabre histoire serait-elle la raison de cette dénomination ? Il n'en est rien, cette rue portait tout simplement le nom de Gilles-Queux (queux signifiait cuisinier) et après être devenue successivement : Guy-le-Preux, puis Gilles-le-Cœur, a fini par devenir la rue Gît-le-Cœur. Saint-Foix raconte dans ses *Essais sur Paris* qu'il existait rue Gît-le-Cœur un petit palais d'amour que François Ier avait fait bâtir, et qui communiquait avec un hôtel habité par la duchesse d'Étampes, dans la rue de l'Hirondelle. Saint-Foix dit — ses *Essais sur Paris* datent de 1742 — : « Le cabinet de la duchesse d'Étampes sert à présent d'écurie à une auberge qui a retenu le nom d'Hôtel de la Salamandre. Un chapelier fait sa cuisine dans la chambre du lever de François Ier, et la femme d'un libraire était en couches dans son petit salon de délices lorsque j'allais pour examiner les restes de ce palais d'amour (1). »

Prenons la rue Danton, qui est une rue toute récente percée à travers les rues Poitevin et Serpente. La rue Danton ne fut terminée qu'en 1895, et jusqu'à sa formation tout ce quartier plein de masures et de ruelles était resté tel qu'il était autrefois, « avec ses ruelles sinueuses, obscures, dont les masures ventrues, infirmes, se penchaient l'une vers l'autre pour se soutenir, dont le pavé raboteux laissait pousser de minces brins d'herbe, où l'œil percevait au-dessus des gouttières inquiètes des pignons coiffés de toits moussus. Aux angles s'accrochaient des tourelles. Sous des porches énormes, des bancs de pierre rappelaient l'antique hospitalité des propriétaires d'hôtels ». Le percement de cette rue a fait disparaître le collège Mignon et l'hôtel de Thou.

Il serait évidemment exagéré de regretter de parti pris la démolition de tous les anciens quartiers et de déplorer la transformation de petites ruelles obscures et tortueuses en rues larges et aérées ; mais l'on ne peut toutefois s'empêcher d'émettre un timide regret de ne plus voir ces maisons, pitoyables sans doute, mais si vivantes, où vécurent quelques-uns des principaux acteurs de la Révolution.

Nous voyons rue Danton l'*Hôtel des Sociétés savantes*, bâti en 1900, et où de fort intéressantes conférences ont lieu journellement. Sur la façade de l'hôtel, on peut lire cette devise : le Vrai, le Beau, l'Utile.

Nous arrivons boulevard Saint-Germain, devant la statue de Danton, placée comme nous l'avons dit à l'endroit où s'élevait la maison qu'il habitait. Sur le socle sont gravés les mots célèbres : « De l'audace, encore de l'audace et toujours de l'audace ! »

(1) *Dictionnaire des Rues de Paris*, par Gustave PESSARD.

Le boulevard Saint-Germain fait partie des Ve, VIe et VIIe arrondissements. Il fut commencé en 1855, puis prolongé en 1866, absorbant tout un côté de la rue Saint-Dominique, la rue Taranne, la rue Gozlin, la rue des Noyers, la rue des Lavandières, la rue d'Erfurth et la rue Childebert. C'est un des plus beaux boulevards de Paris. Au numéro 201 s'élevait l'ancien hôtel de Chevreuse, construit pour Marie de Rohan Montbazon, duchesse de Chevreuse, fort célèbre à l'époque de la Fronde, à laquelle elle prit une part active. Le prolongement du boulevard Saint-Germain entraîna la démolition de cet hôtel.

Au 83, se trouve la Faculté de Médecine, sur l'emplacement de l'ancien Collège de Bourgogne, fondé en 1331 par Jeanne de Bourgogne.

En 1469, l'École de Médecine n'avait pas encore de local attitré et l'Université décida d'acheter pour cet emploi une vieille maison appartenant aux Chartreux et située rue de la Bûcherie. Les professeurs et les écoliers de cette Faculté, suivant l'ancien usage, étaient ou devaient être prêtres; on les nommait « physiziens », « mires » et quelquefois médecins. Les membres de cette confrérie étaient des chirurgiens à robe longue et les barbiers-chirurgiens, établis en communauté sous la direction de Jean Pracomtal, n'étaient que des *chirurgiens à robe courte*. Les étudiants de cette dernière classe parvinrent à se faire admettre par la Faculté de médecine en qualité d'écoliers. Voici quel était le serment que les professeurs de l'école devaient prêter : « Nous jurons et promettons solennellement de faire nos leçons en robe longue à grandes manches, ayant le bonnet carré de drap noir à mèche écarlate sur la tête, le rabat au cou et la chausse d'écarlate à l'épaule. » En 1474, les médecins de cette école représentèrent au roi Louis XI que plusieurs personnes atteintes de la maladie de la pierre périssaient sans guérir et demandèrent qu'on leur livrât un archer de Meudon affligé de cette maladie et qui venait d'être condamné à mort. Le roi y consentit, et le condamné fut opéré si heureusement qu'au bout de quinze jours il recouvra la santé (1).

En 1776, les bâtiments de cette école menacèrent ruine, et la Faculté fut obligée de les abandonner.

L'ancienne École de Médecine existait encore dans sa construction primitive ; on est en train de la démolir pour édifier à la place la *Maison des Étudiants*.

L'École de Médecine actuelle, située boulevard Saint-Germain et 12, rue de l'École-de-Médecine (2), fut commencée en 1774 sur les dessins du sieur Gondouin. Louis XVI en posa la première pierre. La façade sur la rue offre une ordonnance d'ordre ionique, composée de seize colonnes, dont quatre d'un côté de la principale entrée et quatre de l'autre côté. Ces colonnes décorent les extrémités de deux ailes de bâtiments qui s'avancent jusque sur la rue. Les autres colonnes ornent

---

(1) *Histoire de Paris*, par DULAURE.
(2) Sous la direction de la plupart des professeurs de la Faculté de Médecine, fonctionne un laboratoire. Les professeurs de clinique qui dirigent également un laboratoire sont en outre assistés d'un chef de clinique et souvent d'un chef de clinique adjoint. — Doyen de la Faculté de Médecine : LANDOUZY. — Secrétaire : DESTOUCHES.

la porte d'entrée placée au centre et formant dans les deux intervalles un péristyle à quatre rangs supportant un étage supérieur et laissant apercevoir une cour entourée de magnifiques bâtiments. Au-dessus de la porte d'entrée est un grand bas-relief, dont le sujet nous montre sous des figures allégoriques le Gouvernement accompagné de la Sagesse et de la Bienfaisance protégeant l'art de la Chirurgie.

Dans la cour, un péristyle de six colonnes de style corinthien présente l'entrée de l'amphithéâtre. Sur le mur du fond de ce péristyle se voient les cinq médaillons de Jean Pitard, Ambroise Paré, George Maréchal, François de la Peyronnerie et Jean-Louis Petit. Dans le fronton qui couronne le péristyle, des figures allégoriques représentent la Théorie et la Pratique se donnant la main.

L'amphithéâtre peut contenir 1 200 élèves. Il est décoré de trois grandes peintures à fresques.

Les autres corps de bâtiments contiennent des salles de démonstration, d'administration et une bibliothèque.

L'École Pratique de Médecine située en face de l'École de Médecine occupe l'emplacement de l'ancien *Couvent des Cordeliers*, qui eurent une histoire fort mouvementée. On les appela Cordeliers parce qu'à l'exemple de leur patron saint François ils portaient une corde en guise de ceinture. Ils vinrent s'installer en France sous Philippe-Auguste et eurent beaucoup de peine à obtenir de l'abbaye de Saint-Germain-des-Prés un emplacement. Ils ne l'obtinrent qu'à condition qu'ils en paieraient la location et qu'ils n'auraient ni cloches, ni cimetières, ni autel consacré. Ce n'est qu'à partir de saint Louis qu'ils furent solidement établis. A peine furent-ils tranquilles possesseurs de leur établissement qu'ils entrèrent en lutte avec l'Université, cherchant continuellement à empiéter sur ses droits. Ces luttes, qui s'accompagnèrent plus d'une fois de violences et de coups, ne purent jamais s'assoupir entièrement. Les dissensions s'élevèrent de façon incessante dans le couvent des Cordeliers sous les motifs les plus futiles, et ils en vinrent une fois à une véritable bataille, où il y eut des morts et des blessés. Les mœurs relâchées ou corrompues de ces moines ont souvent nécessité des réformes dans ce couvent ; mais toutes les réformes que l'on essayait d'y apporter n'avaient qu'un effet peu durable : on voyait bientôt les Cordeliers retomber dans leurs habitudes, dans le dérèglement et l'insubordination.

On lit dans le journal de l'Estoile que, en 1577, on découvrit dans le couvent des Cordeliers une belle femme déguisée en homme et qui se faisait nommer frère Antoine. Elle s'était faite la servante de Frère Jacques Berson, qu'on appelait l'*Enfant de Paris*, ou le *Cordelier aux belles mains*. Cette femme fut arrêtée, mise à la question et fouettée dans le préau de la Conciergerie.

Le général de l'ordre vint exprès à Paris pour essayer de réformer le couvent des Cordeliers ; il rencontra une telle résistance que le nonce du pape fit arrêter les religieux les plus récalcitrants, qui furent fustigés dans la prison de Saint-Germain-des-Prés. Quelques mois plus tard, une véritable révolte eut lieu dans le couvent, et la force armée vint mettre un terme à ces scènes scandaleuses. On découvrit de nouveau dans le couvent une femme dont on fit le procès. Jusqu'en 1790, où l'ordre des Cordeliers fut supprimé, le couvent ne cessa d'être le théâtre de séditions, de querelles violentes et de scènes scandaleuses. « Y a-t-il gens plus débordés en vices que les prélats d'église, dit un écrivain de l'époque ? L'habit et les paroles de nos mignards cordeliers et prêcheurs, curés et religieux masqués, représente plutôt des comédiens et joueurs déguisés que des personnages simples, graves et modestes comme leur état le requiert. »

En 1790, Camille Desmoulins installa dans l'ancien couvent le Club des Cordeliers, si fameux pendant la Révolution et où fréquentèrent assidûment Marat et Danton. Le boucher Legendre en était le président. Le corps de Marat, en 1793, y fut transporté et déposé sur l'autel.

Aujourd'hui il n'existe plus rien de ce couvent, si ce n'est cependant le réfectoire où se trouve installé actuellement le *Musée Dupuytren*, qui contient une très intéressante collection d'anatomie pathologique. Le Musée Dupuytren est situé au numéro 10, rue Racine. La rue Racine fut ouverte en 1779 sur l'emplacement de l'hôtel de Condé.

Après avoir traversé la rue Monsieur-le-Prince, appelée ainsi à cause du voisinage de l'hôtel de Monsieur le Prince de Condé, nous arriverons à l'*Odéon*, en suivant la rue Racine.

Sur l'emplacement de l'Odéon actuel qui faisait partie d'un ancien clos appelé *clos Bruneau*, était construit l'hôtel du prince de Condé. Armand de Corbie avait fait bâtir une maison de plaisance sur ce *clos Bruneau* qu'on nomma *séjour de Corbie*. Jérôme de Gondi, duc de Retz, maréchal de France, l'acheta en 1610. Deux ans après, Henri de Bourbon, prince de Condé, fit l'acquisition de cet hôtel et y fit faire de nombreux embellissements. Son fils, le prince de Condé, abandonna cette demeure pour le Palais Bourbon, dont nous étudierons l'histoire par la suite.

En 1779, on résolut de construire un théâtre sur cet emplacement. Il fut ouvert en 1782 sous le nom de Théâtre Français. La salle présentait 1913 places ; aucun théâtre de Paris n'en avait autant. C'était, lors de sa fondation, le plus beau et le plus important théâtre de Paris ; ce fut la première salle qui fut éclairée par des lampes appelées *quinquets*, et cette innovation, qui laissait pourtant encore beaucoup à désirer, était déjà un très sensible progrès.

Après avoir été le Théâtre Français, le futur Odéon devint *Théâtre des Nations*. Il fut brûlé en 1799, puis réparé en 1807 sous la direction de Chalgrin, qui fit plusieurs changements. Il surmonta le fronton de la façade par un attique et, du côté de la rue de Vaugirard, il prolongea le théâtre en ajoutant un rang d'arcades à l'édifice. C'est alors que lui fut donné le nom d'*Odéon*, auquel s'ajouta celui de Théâtre de l'Impératrice, puis celui de second Théâtre Français.

En 1818, l'Odéon devint une seconde fois la proie des flammes et fut restauré l'année suivante.

C'est à l'Odéon qu'eut lieu la première représentation du *Mariage de Figaro*, qui eut un gros succès et fut joué, paraît-il, sept fois de suite, ce qui était alors considérable. Nous sommes loin des soupers de centième et de deux centième actuels. Sous les galeries de l'Odéon qui entourent tout un côté du théâtre, une librairie est installée depuis fort longtemps.

Au 22 de la rue de l'Odéon, remarquons la maison qu'habita Camille Desmoulins et d'où il fut emmené en prison. La plaque commémorative a été par erreur placée au numéro 1.

Avant d'arriver au palais du Luxembourg, jetons un coup d'œil sur la rue de Tournon, une très ancienne rue — elle existait déjà en 1517, sous le nom de ruelle Saint-Sulpice — où nous admirons de fort beaux hôtels.

Au numéro 5, nous voyons la maison où mourut la fameuse cartomancienne, Mlle Lenormand, que Napoléon Ier fit tant de fois appeler chez lui pour la consulter.

Au numéro 6, un bel hôtel construit en 1656, qui fut la demeure de Louis de Bourbon, duc de Montpensier, et où sa femme apprit la mort du duc et du cardinal de Guise, ses frères, assassinés par l'ordre de Henri III. Au rez-de-chaussée, dans une dépendance de l'hôtel, sont installés actuellement les *Concerts Rouge*.

Au numéro 8, l'hôtel où Théroigne de Méricourt avait installé un club que fréquentaient Camille Desmoulins, Danton et Fabre d'Églantine.

Au numéro 10, où est installée la *Caserne de la Garde Républicaine*, se trouvait l'hôtel Garancière, que Louis XII vint habiter pendant que la reine-mère était au Luxembourg. Sous le nom d'*Hôtel des Ambassades Extraordinaires*, il fut réservé aux réceptions officielles, et c'est là que Louis XIV reçut le roi de Siam. On voit que l'idée d'un *Hôtel des Souverains* ne date pas d'aujourd'hui.

Au numéro 20, sur l'emplacement d'un hôtel de la Montespan, a été construit un immeuble moderne qui présente, paraît-il, cette particularité de posséder au huitième étage un véritable jardin.

Sous la Révolution on avait imaginé de donner des repas civiques dans les rues de Paris, et l'on raconte que, dans ces agapes patriotiques, les citoyens de la rue de Tournon se distinguèrent tellement que l'on se vit obligé de faire cesser ces banquets, qui devenaient une cause de scandales publics.

La plupart de ces anciens hôtels se louent aujourd'hui par appartements.

Arrivons à présent au Palais du Luxembourg. On a déjà fait remarquer que les deux plus beaux palais que possède Paris furent construits par la fantaisie de deux femmes et de la même famille des Médicis.

Catherine de Médicis fit édifier les Tuileries; Marie de Médicis, devenue en 1612 régente et maîtresse absolue, résolut de se faire bâtir la somptueuse demeure du palais du Luxembourg. A cet effet, elle acquit d'abord l'hôtel de Piney-Luxembourg, auquel elle joignit de vastes terrains, qui, réunis aux jardins de l'hôtel, formèrent un ensemble d'une cinquantaine d'arpents. Le palais du Luxembourg fut construit par Jacques de Brosse en l'espace de cinq ans. Il doit à cette promptitude d'exécution une unité de style, une homogénéité absolue que bien peu de monuments possèdent au même degré.

Le style en est très large. Sauf un portail et un petit dôme du côté du jardin, toute la décoration extérieure consiste en pilastres couplés d'ordre dorique et toscan.

Le plan du palais est simple et noble. Il se compose d'un principal corps de bâtiments encastré dans quatre pavillons et orné d'un avant-corps en coupole flanqué de deux terrasses. Une suite d'arcades couvertes en terrasses se prolonge sur la rue, et l'entrée monumentale est surmontée d'un petit dôme. Ce palais fut très peu modifié, et son architecture est restée à peu près intacte. L'intérieur seul fut changé lorsqu'il fut affecté au Sénat, et la profondeur du corps du bâtiment principal fut doublée. Lors de cette modification importante, on reproduisit exactement l'ancienne façade en avançant davantage sur le jardin.

Les appartements de la reine Marie de Médicis se trouvaient dans les deux pavillons de droite ; ils étaient décorés avec un luxe inouï. De riches lambris, de magnifiques cheminées sculptées et dorées ornaient les diverses pièces. A la suite de l'appartement, s'ouvrait la grande galerie où Rubens fut chargé de représenter en 24 tableaux toute l'histoire de Maris de Médicis. Cette collection célèbre se trouve actuellement au Louvre.

Marie de Médicis n'eut pas le loisir d'habiter longtemps son palais du Luxembourg, puisqu'elle fut en 1631 proscrite par Richelieu. Elle légua à son second fils, Gaston d'Orléans, le Luxembourg et les jardins y attenant. Mademoiselle de Montpensier, celle qu'on appela *la Grande Mademoiselle*, en hérita ensuite, puis sa sœur Élisabeth d'Orléans. Peu de temps après, le palais du Luxembourg fit retour à la couronne, puis redevint la propriété de la famille d'Orléans. Le régent en fit don à sa fille, la duchesse de Berry, et le palais fut à cette époque le théâtre de nombreuses intrigues galantes et politiques.

Les jardins du Luxembourg furent le lieu des plaisirs et des débauches de la duchesse de Berry. Dans les Mémoires de Duclos, on lit le fait suivant : « La Duchesse du Berry pour passer les nuits d'été dans le jardin du Luxembourg avec une liberté qui avait besoin de plus de complices que de témoins, en fit murer toutes les portes, à l'exception de la principale, dont l'entrée se fermait et s'ouvrait selon l'occasion.

Quant au petit Luxembourg, annexe détachée du domaine, il appartint d'abord à Richelieu, puis à sa nièce la duchesse d'Aiguillon, puis à la maison de Condé. En 1778, les deux domaines se trouvèrent réunis pour former un seul apanage, celui du comte de Provence, qui le posséda jusqu'à la Révolution.

Pendant la Terreur, le Luxembourg servit de prison, où furent détenus le général de Beauharnais et sa femme Joséphine, Danton, Séchelles, Camille et Lucile Desmoulins, le peintre David, ainsi que des milliers d'autres moins célèbres.

Puis le Luxembourg reprend son ancienne splendeur ; le Directoire s'y installe et une grande solennité y a lieu : la réception triomphale de Bonaparte à son retour de la campagne d'Italie.

En 1801, le palais du Luxembroug recevait une destination nouvelle, il

LE LUXEMBOURG.

devenait le palais du Sénat Conservateur, destination qui sous un nom ou sous un autre ne devait plus changer jusqu'à nos jours. (Il fut, de 1814 à 1848, le siège de la Chambre des Pairs.)

De célèbres procès politiques furent jugés au Luxembourg : le maréchal Ney y fut condamné à mort. En 1830, eut lieu le procès des ministres de Charles X, puis le procès de Boulogne, dans lequel le prince Louis-Napoléon fut inculpé, le procès du duc de Praslin, celui du général Boulanger en 1889, enfin le retentissant procès de 1900 devant la Haute Cour où les députés Déroulède et Marcel Habert furent condamnés à dix ans de bannissement.

Le Sénat tient actuellement ses séances dans le Luxembourg. Le petit Luxembourg a été affecté à la résidence du président du Sénat. Depuis 1817, le musée dit du Luxembourg, spécialement destiné aux œuvres des artistes vivants, fut installé dans la grande galerie formant l'aile gauche sur la cour.

Près du petit Luxembourg était le couvent des religieuses bénédictines des Filles du Calvaire, auxquelles Marie de Médicis avait fait bâtir une chapelle et un cloître. Le couvent, supprimé en 1790, devint propriété nationale. Il fut démoli pour cause d'alignement de la rue de Vaugirard ; seul le portail conservé et restauré a été réédifié près de la porte d'entrée du musée du Luxembourg.

Les beaux jardins du Luxembourg furent également dessinés par Jacques de Brosse. Sur cet emplacement, pendant l'époque romaine, existait un camp dont on retrouva les traces en 1836. Les fouilles firent découvrir de nombreux objets, entre autres des armes et des vases. Le couvent des Chartreux s'élevait à cette place jusqu'à l'époque où Marie de Médicis leur acheta une partie de leurs terrains, qui s'étendaient jusqu'à la rue de Vaugirard. Les constructions du monastère qui s'élevaient sur l'emplacement de l'avenue de l'Observatoire furent détruites en 1790, et une grande partie de ces terrains servit à l'agrandissement des jardins du Luxembourg, lorsque le vaste enclos des Chartreux fut devenu propriété nationale.

La fontaine Médicis, qui orne une des entrées du Luxembourg, a été construite en 1620. En 1857, on a adossé à cette fontaine la fontaine de Léda, qui était primitivement située au coin de la rue du Regard et de la rue de Vaugirard.

Les jardins du Luxembourg sont peuplés de statues et de bustes, entre autres la statue de Clémence Isaure, les bustes d'Eugène Delacroix, d'Henri Murger, de Théodore de Banville, de Chopin, etc. Près de la rue de Médicis, se trouve le monument érigé en l'honneur de Leconte de Lisle.

On a empiété sur les jardins du Luxembourg pour tracer plusieurs rues ainsi que l'avenue de l'Observatoire.

Une partie des jardins du Luxembourg, après avoir été en 1780 une des promenades les plus élégantes de Paris, fut abandonnée sous le prétexte d'y établir des salles de danse, des cafés, une foire. Les plus beaux arbres du jardin furent abattus, on raccourcit ses plus longues allées et le terrain fut abîmé, dépouillé de sa verdure, sans que fût même établie la foire projetée.

En sortant des jardins, prenons l'avenue de l'Observatoire. Au carrefour de l'Observatoire s'élève la statue du maréchal Ney, érigée à l'endroit même où il fut fusillé en 1815. Au numéro 80 de l'avenue, se trouve le bal Bullier, jadis *Clo-*

FONTAINE MÉDICIS.

serie des Lilas, dont nous trouvons la description suivante : « A la Closerie des Lilas, la joie est sans mélange ; ces dames n'y vont pas, suivant le mot consacré, faire une affaire. Toute cette folle jeunesse du quartier se donne au quadrille de tel cœur, le plaisir est si bruyant, les déclarations tellement à la hussarde, que les danseuses sont trop payées par le plaisir. Là, saute l'avenir de la France, armée, barreau, science, art et lettres. Par la porte de la Closerie des Lilas, ont passé toutes les célébrités de la peinture, de la poésie, de la médecine, du droit et de la science. Les peintres y dessinent les portraits des Musette, et plus d'un jeune homme qui aspire à la gloire d'Alfred de Musset y rime des couplets pareils à celui-ci :

>Près d'Irma la canotière,
>Plus d'un étudiant
>Songe au plaisir de se taire
>Tout en soupirant.

« La Closerie des Lilas est vraiment un souvenir enchanteur pour les danseuses à qui l'on adresse de si douces poésies ; leurs noms ne sont-ils pas consacrés dans de petites biographies vendues sous les arcades de l'Odéon, mémoires égrillards auxquels a travaillé plus d'un publiciste en renom qui plus tard se souviendra à peine dans sa carrière politique qu'il a signé la biographie de Mlle Louise Voyageur. » Le local de la *Closerie des Lilas* n'a guère changé de destination, puisqu'il abrite aujourd'hui le bal Bullier, qui tâche de continuer les traditions d'antan.

FONTAINE CARPEAUX.

Au bout de l'avenue de l'Observatoire, nous trouvons le boulevard du Montparnasse, qui fut ouvert en 1860 sur l'emplacement de la butte du Mont Parnasse, ainsi nommé parce que les écoliers de l'Université s'y assemblaient pour faire la lecture de leurs œuvres et chanter leurs poésies.

Au numéro 94, existait le *Bal de la Grande Chaumière*, où l'on dansait en plein vent.

Ce bal, qui fit les délices des étudiants, fut fondé en 1787 par le père Lahire.

Au numéro 23 est un petit hôtel qui fut, paraît-il, habité par la Montespan.

Nous trouvons boulevard du Montparnasse la rue Bréa, qui doit son nom à un triste épisode de la Révolution de 1848. Le général Bréa et son aide de camp, l'officier Mangin, prirent une part active à la répression des émeutes. Quelques mois après, comme ils passaient près de la *Maison Blanche*, une ancienne guinguette, le général et son aide de camp furent reconnus par le peuple. Ils furent pris, enfermés dans la salle du poste de la barrière d'Italie, sommairement jugés, puis fusillés.

La rue Bréa après avoir rencontré la rue Vavin, qui était autrefois une grande allée plantée de tilleuls, nous conduit à la rue Notre-Dame-des-Champs.

La rue Notre-Dame-des-Champs s'appelait jadis *le Chemin Herbu*, à cause des herbes folles qui la couvraient. Elle fut nommée aussi plus tard le *Chemin Coupe-Gorge*, sans doute à cause des attaques qui y eurent lieu. Enfin elle reçut le nom moins sinistre qu'elle porte actuellement, parce qu'elle conduisait au monastère de Notre-Dame-des-Champs. La vieille église de Notre-Dame-des-Champs avait été transformée en couvent des Carmélites.

Quelques dévots avaient en effet déterminé la princesse Catherine d'Orléans de Longueville à favoriser l'établissement d'un couvent de Carmélites à Paris. Cette princesse ayant jugé l'église de Notre-Dame-des-Champs propre à cet établissement, négocia avec l'abbé de Marmourier auquel cette église appartenait. On renvoya les quelques moines qui s'y trouvaient afin de recevoir la nouvelle colonie des six carmélites qu'on avait fait venir d'Espagne. A propos de leur installation dans leur couvent, L'Estoile raconte dans son *Journal* cette anecdote : « *Le docteur Duval leur servait de bedeau, ayant le bâton à la main et qui avait du tout la ressemblance d'un loup-garou. Mais comme le malheur voulut, ce beau et saint mystère fut troublé et interrompu par deux violons qui commencèrent à sonner une bergamasque ; ce qui écarta ces pauvres oyes et les fit retirer à grands pas toutes effarouchées, avec le loup-garou, leur conducteur, dans leur église ou, étant parvenues comme en un lieu de franchise et de sûreté, commencèrent à chanter le* « *Te Deum Laudamus* ». L'église des Carmélites était au nombre des églises les plus richement ornées de Paris. Elle était située rue d'Enfer.

L'église actuelle se trouve boulevard du Montparnasse et fut construite sur l'emplacement d'un temple païen.

Au 22 de la rue Notre-Dame-des-Champs, nous voyons le collège Stanislas.

Ce collège était originairement une simple institution fondée par l'abbé Liautard dans l'ancien hôtel de l'abbé Terray. Cette institution fut érigée en collège particulier en 1821, sous le nom de Stanislas, qui était un des prénoms du roi Louis XVIII. En 1847, le collège fut forcé de quitter l'hôtel qu'il occupait ; il alla s'installer rue Notre-Dame-des-Champs dans l'ancien hôtel de Mailly, où il est actuellement.

Au numéro 96, se trouve la grande fabrique de vitraux de M. Charles Champigneulle. Cette maison qui fut fondée à Metz, en 1837, par MM. Maréchal

MAISON CHAMPIGNEULLE.

et Champigneulle, devint très vite célèbre par la beauté de ses travaux.

L'art du vitrail est une industrie fort intéressante qui atteignit toute son apogée au moyen âge et qui, après avoir subi un déclin passager, prend actuellement un nouvel essor.

Après la guerre de 1870, les ateliers de la maison Champigneulle, situés alors à Bar-le-Duc (Meuse), furent transférés à Paris dans ce même immeuble du 96 de la rue Notre-Dame-des-Champs où nous les voyons aujourd'hui. Nous conseillons aux amateurs de l'art du vitrail d'aller visiter ce remarquable établissement de peinture sur verre, où ils trouveront une salle

MAISON CHAMPIGNEULLE.

d'exposition permanente digne de retenir leur intérêt. Parmi les œuvres exposées, nous citerons entre autres trois grandes verrières exécutées d'après les

MAISON CHAMPIGNEULLE.

calques originaux des cathédrales de Bourges et de Chartres, une reproduction du Truand et de la Ribaude, de Jordaëns, et un fort beau vitrail représentant la Jeanne d'Arc exécutée par Albert Maignan pour le concours d'Orléans.

Les Orientaux paraissent avoir été les premiers qui aient employé ce genre de décoration translucide, et il est à présumer que c'est à dater des rapports de Rome avec l'Asie que l'on introduisit en Italie les mosaïques composées de cubes de pâtes de verre colorées. Il est difficile de préciser l'époque à laquelle l'usage des vitres colorées se répandit dans les Gaules ; on sait par Pline que la vitrification existait depuis longtemps dans ces contrées. Toujours est-il que les plus anciens vitraux que nous possédions ne rencontrent pas au delà du XIIe siècle, c'est-à-dire à l'époque où apparaissent les grands monuments.

Parmi les œuvres les plus remarquables exécutées du XII au XVe siècle, nous pouvons citer les vitraux des cathédrales de Rouen, Chartres, Angers, ceux de Notre-Dame-de-Paris, de la Sainte-Chapelle, des églises Saint-Gervais, Saint-Séverin et Saint-Étienne-du-Mont à Paris. Le XVIe siècle fut l'époque de la décadence de cet art ; les vitraux qu'il vit exécuter sont faits avec une délicate finesse, mais ils ne produisent pas cette lumière si douce, si mystérieuse, que l'on rencontre dans les vieilles basiliques chrétiennes du XIIIe siècle. Au XVIIIe siècle Leviel tâcha de ramener les artistes aux grandes traditions ; mais ce fut en vain. Toutefois les secrets ne se perdirent point, et, par la suite, de nombreux artistes eurent l'honneur de contribuer à la renaissance de l'art du vitrail.

M. Champigneulle compte parmi ceux-là, et il sut se signaler par d'admirables travaux de restauration. Les monuments publics, palais, hôtels de ville, la plupart des cathédrales et églises de France, entre autres Notre-Dame, Reims, Chartres, Bourges, Metz, etc., ainsi que de nombreuses cathédrales et églises à l'étranger, renferment de fort beaux vitraux qui sont ses œuvres.

En outre, la maison Champigneulle, qui a obtenu les plus hautes récompenses à toutes les expositions, cherche à approprier le vitrail aux exigences de la vie moderne, à la décoration des édifices et des appartements. Cette tentative a été couronnée du plus grand succès, et l'on sait l'heureux effet produit par ces grandes baies décorées de beaux vitraux.

En s'installant rue Notre-Dame-des-Champs, M. Charles Champigneulle a réuni à sa maison les maisons Coffetier et Avenet.

La rue Notre-Dame-des-Champs débouche dans la rue de Rennes, qui s'étend du boulevard du Montparnasse au boulevard Saint-Germain. Au numéro 50 est l'entrée de la *Cour du Dragon*, sorte de passage d'un aspect extrêmement bizarre, qui occupe l'emplacement de l'ancien hôtel Taranne. Presque toutes les maisons qui s'y trouvent datent du XVIIIe siècle. Dans l'intérieur de la cour, existe un marché. Les boutiques sont presque toutes occupées par des marchands de fer, et c'est là, dit-on, que vinrent s'armer en 1830 les bandes d'insurgés. La façade de l'entrée de la Cour du Dragon est décorée du Dragon légendaire.

Au 76 de la rue de Rennes se trouvait l'ancien hôtel de Chenilly, devenu le *Couvent des Pères de Saint-Joseph*, puis le *Couvent des Dames de l'Adoration perpétuelle du Saint-Sacrement*, supprimé en 1790.

Par la rue du Regard, où nous voyons quelques anciens hôtels, entre autres celui de Châlons, devenu *Maison des Enfants de la Providence*, nous parviendrons à la rue du Cherche-Midi, dont le nom étrange est expliqué de deux façons : on prétend qu'il existait au numéro 19 une enseigne représentant des gens cherchant midi à quatorze heures sur le cadran d'une horloge dont les aiguilles marquaient quatorze heures. Une autre version ferait supposer qu'à une époque très reculée il y aurait eu en cet endroit une forêt si profonde qu'on y aurait vainement cherché le soleil à midi (1). Pour séduisante que soit cette seconde explication pour les amateurs de pittoresque, nous avouons que nous trouvons la première plus vraisemblable.

Dans la rue du Cherche-Midi, où se trouvent plusieurs anciens hôtels et couvents, nous voyons la *Prison Militaire*, qui fut d'abord une *Maison pour les filles débauchées et repentantes*. Les bâtiments de ce couvent, supprimé en 1790, servirent d'abord pour la manutention des vivres de l'armée ; ils furent ensuite démolis puis reconstruits pour remplacer l'ancienne prison militaire, située près de l'église Saint-Germain-des-Prés.

Par la rue Sainte-Placide, revenons rue de Rennes, que traverse la rue de Vaugirard, la rue la plus longue de Paris. Elle commence à la rue Monsieur-le-Prince, longe tous les jardins du Luxembourg et traverse le XVe arrondissement jusqu'à la porte de Versailles. Elle s'appelait autrefois la rue du Val-Girard. Si nous la prenons à partir du Luxembourg, nous voyons au numéro 17 le palais du Petit-Luxembourg, dont nous avons déjà parlé. Au numéro 19 existait jadis le *Couvent des Bénédictines du Calvaire*, et au numéro 70 le couvent des *Carmes déchaussés*, ainsi nommé parce qu'ils marchaient pieds nus. Cet ordre de religieux vint s'installer en France vers 1610.

Il existait déjà à Paris deux maisons de Carmes, celle de la place Maubert et celle de la rue des Billettes. « Une nouvelle colonie de Carmes déchaussés arriva cependant à Paris peu après l'assassinat de Henri IV, envoyés en France par le pape Paul V. Nicolas Vivien, maître des comptes, leur fit don d'un vaste emplacement composé de bâtiments et de jardins. Les nouveaux Carmes firent à la hâte bâtir les logements les plus nécessaires ; ils établirent leur chapelle dans une salle qui avait servi de prêche aux protestants; il est vrai que le nonce du pape avait pris la précaution, ajoute le chroniqueur, de purifier et de bénir la salle avant de la mettre en usage. »

Bientôt après les *Carmes déchaussés*, avec les amples ressources qu'ils trouvèrent, grâce à la compassion des âmes dévotes, firent construire en 1613 un grand et solide bâtiment, puis une vaste église.

Ces moines qui ne portaient point de bas, qui n'avaient que des sandales aux pieds, excitèrent l'enthousiasme des dévots et dévotes de Paris, et les dons qu'ils reçurent furent si abondants qu'ils purent, peu de temps après leur arrivée en France, faire élever dans leur enclos et dans les rues voisines plusieurs grandes

---

(1) *Dictionnaire des rues de Paris*, par M. Pessard.

maisons dont le prix des locations produisait plus de 100 000 francs par an. Ils continuèrent, malgré cela, à envoyer des frères quêteurs dans les maisons et à exploiter la dévotion publique de toutes les façons. Ils possédaient le secret de deux compositions dont ils firent un commerce très lucratif : c'étaient le *blanc des Carmes*, blanc qui donnait aux surfaces des murs qui en étaient enduits le brillant du marbre poli, et *l'eau de mélisse*, dite eau des Carmes. Il n'était point à Paris de petite maîtresse qui ne portât un flacon plein d'eau des Carmes.

Ce couvent, supprimé en 1790, fut vendu. L'acquéreur en conserva tous les bâtiments, dont une société de femmes dévotes se rendit propriétaire en 1808.

Pendant la Révolution, l'église des Carmes servit de prison aux Girondins.

En 1792, un grand nombre de prêtres qui s'étaient refusés à reconnaître la nouvelle constitution s'étaient réfugiés aux Carmes; le 2 septembre, ils furent poursuivis et massacrés dans la chapelle par des bandes armées qui, à la nouvelle de l'arrivée de Brunswick à Verdun, avaient cru à une trahison de la part des aristocrates et des prêtres. Comme nous le verrons plus loin, les prisonniers détenus à l'abbaye Saint-Germain-des-Prés eurent le même sort.

La chapelle de l'église des Carmes a été démolie, mais la crypte est restée, et tous les ans on y dit, paraît-il, une messe anniversaire des massacres de Septembre.

Suivons à présent la rue Madame, qui donne dans la rue de Vaugirard. Nous y découvrirons une ancienne plaque murale qui nous révèle l'ancien nom de cette rue : la *rue du Gindre*, parce qu'elle était particulièrement fréquentée, raconte-t-on, par les garçons boulangers, et que, pour faire cuire le pain, les garçons boulangers ont l'habitude de *geindre*. C'est rue Madame qu'était situé le théâtre Bobino qui eut son heure de célébrité et qui, le premier, donna à Paris ce genre de spectacles qui fût si goûté depuis, la revue de fin d'année.

Engageons-nous, après cela, dans la rue Mézières, qui longeait autrefois les jardins de l'hôtel de Mézières. Elle nous conduira à la mairie du VIe arrondissement, située 78, rue Bonaparte, construite sur l'emplacement de l'ancien hôtel Charrost.

Nous avons devant nous la place et l'église Saint-Sulpice. L'église Saint-Sulpice, qui devait porter le nom de Saint-Pierre, fut commencée au début du XVIIe siècle ; elle ne fut terminée qu'en 1721, grâce à une loterie qui produit l'argent nécessaire.

Saint-Sulpice, par son plan et son système de structure, est encore une église gothique ; on n'a pas cherché à s'écarter des dispositions générales de l'église établies par le moyen âge et qui sont passées à l'état de tradition consacrée. La seule différence qu'offre Saint-Sulpice avec les églises de pur style gothique est la substitution de lourds piliers gênant la vue et la circulation, aux supports grêles des églises du moyen âge, et de berceaux en pierres de taille dont la poussée s'exerce sur toute la longueur des murs, à la place des voûtes si ingénieusement combinées par les maîtres du XIIIe siècle.

En 1795, l'église de Saint-Sulpice fut baptisée *Temple de la Victoire*, et un grand banquet en l'honneur de Bonaparte y fut donné par le Directoire.

SAINT-SULPICE.

Sur la place Saint-Sulpice, nous voyons une très belle fontaine qui fut construite en 1847, d'après les dessins de Visconti.

Formant le coin de la place Saint-Sulpice, au 74 de la rue Bonaparte, nous nous arrêterons à la maison Biais frères et Cie, qui est la première maison du monde et la plus ancienne pour tout ce qui concerne les ornements d'église.

Fondée en 1782 par l'arrière-grand-père des propriétaires actuels, elle était

MAISON BIAIS, FRÈRES ET Cie. — VUE D'UNE PARTIE DES MAGASINS.

située, à cette époque, dans la rue des Noyers, qui disparut en partie lors du prolongement du boulevard Saint-Germain.

La maison, qui se développa peu à peu et de façon incessante, est aujourd'hui admirablement organisée pour tout ce qui se rapporte à son importante industrie. Elle possède à Lyon, 8, rue Pierre-Dupont, une usine électrique outillée en vue de la production de toutes les matières premières qui lui sont indispensables.

La caractéristique de ce commerce est en effet la multiplicité des diverses industries qui s'y rattachent. Nous allons les passer rapidement en revue.

La chasublerie d'église, art dans lequel MM. Biais sont des maîtres incontestés, nécessite des broderies de soie et d'or dont nous verrons chez eux de merveilleux modèles.

MAISON BIAIS.

L'art de la broderie remonte à une époque immémoriale. Tous les peuples anciens l'ont pratiqué avec succès. Les broderies de Babylone étaient recherchées dans tout l'Orient, et celles de la Phrygie ne jouissaient pas d'une moindre réputation. C'est même parce que les plus belles broderies qu'ils connurent venaient de ce dernier pays que les Grecs appelèrent les broderies, des *phrygies*, mot que les Romains traduisirent par *opus phrygium*. Du reste, en Grèce, ainsi qu'à Rome, la mode des vêtements brodés prit une extension si considérable que l'autorité publique essaya à diverses reprises de la réglementer sans pouvoir y réussir. Dans les premiers siècles du moyen âge, la broderie fut surtout employée pour les ornements d'église; mais, à mesure que les arts de luxe se développèrent, on l'appliqua également aux costumes et aux industries laïques.

L'atelier de broderie de la maison Biais, qui exécute les travaux les plus fins pour les vêtements d'église et pour tout ce qui a rapport au culte, est à même de nous offrir, en fait de broderie, de tréfilerie d'or et d'argent, de galons, de passementerie, d'imitation de broderies d'art anciennes et de vieux galons d'or, des articles très intéressants pour l'ameublement. Nous trouverons également dans les magasins de la rue Bonaparte la lingerie d'église la plus fine ainsi que des dentelles de grande valeur.

La maison Biais, qui s'honore de l'ancienneté et de la fidélité de son personnel d'élite, se charge de l'ameublement complet des églises, pour tous objets de bois, pierre, marbre et bronze, de l'agencement de l'éclairage à l'électricité ou au gaz. Elle possède à cet effet des ateliers spéciaux où sont fabriqués les statues, chandeliers, lustres, flambeaux, etc., etc.

La manufacture d'orfèvrerie est une des branches les plus importantes de son industrie. Elle comprend la fabrication des vases sacrés et de tous les précieux ornements des églises en or, vermeil et argent, la reproduction des plus belles pièces des trésors des musées et des cathédrales, dont certaines sont des modèles courants de la maison.

On sait que c'est dans la fabrication des objets consacrés au culte que l'art de l'orfèvrerie prit tout son essor. Au moyen âge, c'est en vue de la seule décoration religieuse que les artistes orfèvres déployèrent les ressources de leur talent. A mesure que l'on vit approcher la date redoutable de l'an mil, le nombre de reliquaires, de retables d'autel, de chandeliers, de croix, de crosses, de ciboires et de châsses augmenta dans des proportions incroyables : la peur de ce moment réputé fatal inspira des œuvres merveilleuses, que nous copions encore aujourd'hui. Sous l'empire de l'affolement religieux, tous les objets précieux furent offerts à l'Église et conçus pour elle.

La maison Biais, qui fut le fournisseur de tous les souverains depuis Charles X et qui fut appelée bien souvent aux Tuileries pour les dons aux églises, exécute tous les aménagements et pavoisements nécessaires pour les fêtes religieuses. Elle est connue dans le monde entier pour la perfection et la richesse de ses travaux. La maison a d'ailleurs de nombreux représentants et plusieurs succursales, entre autres à Bruxelles, 65, rue Lebeau, à Montréal, 8, rue Saint-Jacques, à Québec, rue du Roi, et à New-York. Elle a obtenu des récompenses à toutes les Expositions qui ont eu lieu depuis 1827 et, depuis plus de vingt ans, n'a cessé, à toutes les Expositions Universelles, d'être hors concours ou d'obtenir les Grands Prix.

Descendons à présent la rue Bonaparte, qui a été formée en 1852 par la réunion des trois rues, des Petits-Augustins, de Saint-Germain-des-Prés et du Pot-de-Fer-Saint-Sulpice. C'est rue Bonaparte qu'était situé le noviciat des Jésuites, qui disparut en 1790.

Au numéro 8 de la rue Bonaparte habita Napoléon Ier.

Nous arrivons boulevard Saint-Germain, devant la place Saint-Germain-des-Prés, après y avoir vu la statue de Diderot. Nous allons visiter l'église de Saint-Germain-des-Prés qu'on appelle *l'aïeule des églises parisiennes* et qui dépendait autrefois de l'abbaye Saint-Germain-des-Prés. Situé autrefois hors de Paris, ce monastère possédait son enceinte fortifiée, ses fossés et des portes avec ponts-levis. De la primitive église, il ne reste plus que certains fûts de colonnes en marbre replacés au XIIe siècle dans le chœur. La nef fut rebâtie pendant le XIe siècle, puis de nouveau au XVIIe siècle, puis enfin restaurée au commencement du XIXe siècle. Le chœur et la partie occidentale appartiennent au milieu du XIIe siècle. L'abside est fort remarquable ; mais l'ensemble architectural de l'église, trop de fois remaniée, manque d'ensemble et paraît quelque peu étrange.

ABSIDE DE SAINT-GERMAIN-DES-PRÉS.

Cette abbaye, fondée par Childebert, avait été bâtie sur l'emplacement d'un ancien autel païen consacré à Isis. Ainsi que nous aurons par la suite l'occasion de le constater, l'on retrouve que presque toujours sur l'emplacement des églises se trouvaient jadis des temples païens.

Des bâtiments qui composaient l'abbaye Saint-Germain, il ne resta en 1790 que la prison abbatiale qui fut transformée en prison militaire et qui fut témoin de toute l'horreur des massacres de Septembre. M. Lenôtre, dans son *Paris Révolutionnaire*, nous a tracé une minutieuse description de ces effroyables massacres. Les prêtres, nous dit-il, étaient réunis dans une chapelle abandonnée de la prison de l'abbaye, et ils espéraient que leur présence serait oubliée. Ils savent que l'on massacre les prêtres dans Paris, et ils entendent le tocsin sonner dans toutes les églises.

« Vers onze heures, subitement de grands coups ébranlent la porte : à ce bruit sinistre tous les prêtres se lèvent d'un bond. Affolés, d'un mouvement de terreur irréfléchi, ils se précipitent vers la fenêtre, s'élancent sur la stalle qui se trouve au-dessous, se hissent, se tirent, se bousculent. Blessés, déchirés, les mains en sang, ils roulent les uns sur les autres dans une étroite cour, sorte de puits fermé de toutes parts, et tandis qu'ils se débattent dans l'ombre, la porte de la salle cède... » On entraîne les malheureux prêtres à moitié morts de terreur, pitoyable et lugubre troupeau ; on les conduit à travers les cours et une partie du jardin, on les pousse dans une chambre basse de l'ancien quartier des hôtes et tout de suite commence l'interrogatoire, immédiatement suivi des coups de sabre, des coups de pique qui les abattent l'un après l'autre dans une sauvage tuerie.

D'après M. Lenôtre, c'est dans la cour du jardin de l'abbaye que ces massacres eurent lieu, à l'endroit précis où la rue Bonaparte débouche aujourd'hui sur la place Saint-Germain-des-Prés.

Allons jusqu'à la rue des Saints-Pères, où se trouvait l'*Académie de médecine*. La rue des Saints-Pères s'appelait autrefois la *rue aux Vaches*, parce qu'on y menait paître les troupeaux.

L'*Académie de médecine* est un lieu d'examen et de discussion. Composée d'hommes éminents dans la pratique, de médecins illustres, elle est officiellement chargée de répondre aux questions que le Gouvernement lui adresse sur la santé publique, d'examiner et de propager les remèdes nouveaux (1).

(1) L'Académie de médecine est composée de 100 membres titulaires, divisés en onze sections et de 10 membres associés.
Membres du bureau de 1909 : LABBÉ, *président ;* DIEULAFOY, *vice-président ;* JACCOUD, *secrétaire perpétuel ;* WEISS, *secrétaire annuel ;* HANRIOT, *trésorier ;* membres annuels : MAGNAN, PORAK.
Membres résidants : D'ARSONVAL ; BALZER ; BAR ; BARRIER ; BÉCLÈRE ; BÉHAL ; BENJAMIN ; BESNIER ; BLANCHARD ; BOUCHARD ; BOUCHARDAT ; BOURQUELOT ; BUCQUOY ; BUREAU ; CADIOT ; CAVENTON ; CHAMPETIER DE RIBES ; CHANTEMESSE ; JOANNÈS CHATIN ; CHAUFFARD ; CHAUVEAU ; CHAUVEL ; DASTRE ; DEJERINE ; DEBOVE ; DELORME ; DIEULAFOY ; DOLÉRIS ; DUGUET ; DUPLAY ; EMPIS ; FARABEUF ; FERNET ; FOURNIER ; FRANÇOIS-FRANCK ; GALIPPE ; GARIEL ; GAUTIER ; GILBERT ; GLEY ; GRÉAUT ; GUÉNIOT ; GUIGNARD ; GUYON ;

L'Académie de médecine, située aujourd'hui rue Bonaparte, possède de curieuses archives ainsi qu'une nombreuse bibliothèque.

Les bâtiments de l'*Hôpital de la Charité* comprennent tout l'emplacement compris entre la rue Jacob et le boulevard Saint-Germain. C'est la reine Marie de Médicis qui installa rue des Saints-Pères les frères de Saint-Jean-de-Dieu. Leur hôpital prit le nom de Charité qu'on donnait à leur ordre. Pendant la Révolution, cet hôpital s'appela Hôpital de l'Unité.

Le monument qu'occupait l'Académie de médecine avait été affecté sous l'empire à une chaire de clinique interne qui fut donnée au Dr Corvisart, le médecin de Napoléon Ier.

Si nous reprenons la rue Bonaparte, nous trouverons la rue Visconti, qui va de la rue Bonaparte à la rue de Seine. La rue Visconti, anciennement rue des Marais-Saint-Germain, est une des plus curieuses rues de Paris, et si l'on veut se donner une idée des rues d'autrefois, il ne sera certes pas sans intérêt d'aller se promener quelques instants dans la rue Visconti, restée absolument intacte, et qui nous offre, avec ses maisons inclinées et ses entrées voûtées, une sorte de reconstitution du vieux Paris.

Voici la description que nous en fait M. Georges Cain dans ses *Promenades dans Paris*, si amusantes et pittoresques : « Cette vieille rue existe encore, gluante, humide et sombre et à ce point étroit que les balayeurs la « font » d'un seul coup de balai. Elle apparaît comme une manière de ruelle provinciale où une voiture passe difficilement... Ce sont surtout des tenanciers de garnis, des gargotiers et des charbonniers qui y ont aujourd'hui élu domicile. »

Certes, il n'en était pas de même jadis, et cette sombre et misérable petite rue renferme quelques demeures de personnages illustres, désignées à notre attention par leurs balcons de fer forgé qui s'arrondissent au-dessus de porches du XVIIe siècle.

Aux numéros 13 et 15 était le couvent de la Visitation des Filles de Sainte-Marie, en face duquel se trouvaient les hôtels de Lauvencourt et de Saint-Simon.

Au 17, où nous voyons encore aujourd'hui une imprimerie, Balzac vint s'installer en 1825 et voulut se faire lui-même son éditeur. La description qu'il a donné de cette imprimerie dans les *Illusions perdues* est encore exacte : « Le rez-de-chaussée formait une immense pièce éclairée sur la rue par un vieux vitrage et par un grand châssis sur une cour intérieure. »

Le pauvre Balzac perdit dans cette imprimerie beaucoup d'*illusions* et beau-

HALLOPEAU; HANRIOT; HAYEM; HENNEGUY; HÉRARD; HUCHARD; HUTINEL; JACCOUD; JUNGFLEISH; KAUFMANN; KELSCH; KERMOGAN (Frédéric); KIRMISSON; LABBÉ (Léon); LANCEREAUX; LANDOUZY; LANNELONGUE; LAVERAN; LE DENTU; LEREBOULLET; LE-TULLE; LUCAS-CHAMPONNIÈRE; MAGNAN; MALASSEZ; MARTY; MÉNARD; MONOD (Ch.); MONOD (Henri); MOTET; MOUREN; NETTER; PÉRIER; PERRIER; PEYROT; PINARD; PORAK; POUCHET; POZZY; QUÉNU; RAILLET; RANVIER; RAYMOND; RECLUS; REGNARD; REYNIER; RIBEMONT-DESSAIGNES; RICHELOT; RICHER; RICHET; ROBIN; ROUX; SÉE (Marc); THOI-NOT; TROISIER; VAILLARD; VALLIN; VINCENT; WEISS; WIDAL; YVON.

coup d'argent. Il se vit forcé de liquider en 1828, en abandonnant à ses créanciers tout le matériel, et en leur souscrivant 40,000 francs de billets.

MM. Hanotaux et Vicaire, dans leur étude sur la *Jeunesse de Balzac*, nous ont décrit l'effroyable lutte qu'il eut à soutenir à cette époque troublée de son existence.

Au-dessus de l'imprimerie de Balzac, se trouve un atelier où travaillèrent quelques peintres célèbres : entre autres Paul Delaroche et Eugène Delacroix.

Au numéro 19, nous lisons une plaque commémorative, conçue en ces termes : « Hôtel de Ranes, bâti sur l'emplacement du Petit Pré-aux-Clercs. Jean Racine y est mort le 22 avril 1699, et Adrienne Lecouvreur en 1730. Il a été aussi habité par la Champmeslé et par Hippolyte Clairon. »

Que de célébrités théâtrales virent les murs de cette maison. M. Georges Cain va nous dire ce qu'il reste à l'intérieur des somptueux appartements d'autrefois.

« L'escalier orné jadis d'une rampe de fer forgé n'existe plus, et de récents aménagements ont fait disparaître les dispositions anciennes du second étage, où devaient demeurer le poète et ses sept enfants ; au premier s'ouvraient les appartements de réception. On y retrouve un vaste salon, quelques boiseries et les vieilles dalles de parquet sur lequel glissèrent les hautes mules et les talons rouges des jolies femmes et des gens de goût qui fréquentèrent chez le « divin Racine ».

Puis nous voyons les vestiges morcelés des jardins de Racine, « ces jardins ombreux dont les grands arbres se confondaient avec ceux de Saint-Germain-des-Prés, qui plus tard abritèrent Adrienne Lecouvreur et la Clairon ».

C'est de cette maison qu'on emporta furtivement, pendant la nuit, le cadavre d'Adrienne Lecouvreur, morte d'un mal mystérieux et subit entre les bras du maréchal de Saxe. C'est M. de Laubinière, ami du maréchal de Saxe et de Voltaire, qui emporta le corps de la comédienne et la fit enterrer dans une fosse creusée à la hâte dans un terrain vague de la rue de Grenelle, sur l'emplacement duquel un hôtel fut construit par la suite.

Dix-huit ans plus tard, la Clairon vint demeurer dans la maison où moururent Racine et Adrienne Lecouvreur. Elle raconte dans ses mémoires qu'elle fut justement attirée par ces souvenirs du temps passé. « J'avais besoin, écrit-elle, d'un peu de calme pour ma pauvre santé fort ébranlée... On me parla d'une petite maison rue des Marais-Saint-Germain, et l'on me dit que Racine y avait demeuré... C'est là que je veux vivre et mourir... »

La rue des Marais-Saint-Germain fut, nous dit M. Pessard, dans son *Dictionnaire des rues de Paris*, la seule rue dont les habitants calvinistes échappèrent à la Saint-Barthélemy.

Le nom de Visconti lui fut donné en 1864 en l'honneur de Visconti, l'architecte du tombeau de Napoléon 1er aux Invalides.

Presque en face de la rue Visconti, nous voyons l'École des Beaux-Arts, située rue Bonaparte et quai Malaquais.

L'École des Beaux-Arts occupe l'emplacement du couvent des Petits Augustins, fondé par Marguerite de Valois. En 1790, le couvent fut supprimé et affecté à la conservation des tableaux et sculptures recueillis dans les couvents et les églises. En 1820, les architectes Debret et Dauban commencèrent la construction de l'école actuelle.

Dans la cour de l'École des Beaux-Arts se trouve une des merveilles de la Renaissance : la façade du château d'Anet, commencé en 1548, par ordre de Henri II, pour Diane de Poitiers. Nous voyons aussi une partie de la façade du château de Gaillon et une partie de celle du château de la Trémoille.

L'École Nationale des Beaux-Arts, créée pour l'enseignement gratuit des Beaux-Arts en France, contient la reproduction des chefs-d'œuvre les plus célèbres du monde entier. Elle est fort intéressante à visiter.

Chaque année, sont exposées dans la salle qui donne sur le quai Malaquais les œuvres des concurrents pour le prix de Rome. Les premiers prix sont envoyés pendant quatre ans en Italie aux frais de l'État.

La porte d'entrée de l'École des Beaux-Arts par le quai Malaquais est située au numéro 17. C'est l'ancienne porte du couvent des Théâtins qui occupait autrefois cet emplacement et dont nous parlerons par la suite.

Le quai Malaquais, qui s'étend à présent de la rue des Saints-Pères à la place de l'Institut, s'appelait autrefois le quai de la Reine-Marguerite, parce que Marguerite de Valois, femme répudiée de Henri IV, s'était fait bâtir rue de Seine un palais dont les jardins s'étendaient de ce côté jusqu'à la rue des Saints-Pères. Elle y avait enclavé même la rue des Petits-Augustins, devenue depuis la rue Bonaparte.

Voici l'histoire que nous conte L'Estoile, dans son *Journal*, à propos de la construction de ce palais : Saint-Julien, le mignon adoré de la reine Marguerite, fut assassiné à ses côtés en 1606, devant l'hôtel de Sens qu'elle habitait. La reine jura de ne plus boire ni manger avant que justice soit faite, et le lendemain elle assista à l'exécution du meurtrier à l'endroit où avait été commis le crime, devant l'hôtel de Sens. Ces deux horribles scènes qui s'étaient passées devant son palais le lui firent prendre en horreur, et c'est alors qu'elle se fit construire cet hôtel quai Malaquais.

Après la mort de la reine Marguerite, on reprit la partie des terrains qui formait la rue des Petits-Augustins, et l'on vendit tout le reste.

Le numéro 9 du quai Malaquais était autrefois un des pavillons de cet hôtel. Cette demeure, aujourd'hui contiguë à l'École des Beaux-Arts, a toute une histoire que nous conte avec détails M. Léo Mouton, dans son opuscule intitulé : *l'Hôtel de Transylvanie*. C'est à cet ouvrage que nous allons recourir pour retracer cette chronique à nos lecteurs.

Lors de la vente de l'hôtel de la reine Marguerite avec les dépendances, un sieur Jacques de Hillerin acheta le lot qui forme précisément le coin du quai Malaquais et de la rue Bonaparte. Après la mort de Jacques de Hillerin, cet hôtel passa à son neveu Pierre de Hillerin, qui n'habita pas l'hôtel et le loua au comte de

Tallard. Le duc d'Albret en fut ensuite le locataire, jusqu'à ce qu'il fût occupé par François Rakoczi, prince de Transylvanie, qui arriva à Paris en 1713 avec une suite fort nombreuse de gentilshommes compromis et ruinés. François Rakoczi était doté d'une pension de 100,000 livres par an. Il logea toute sa suite à l'*Hôtel du Pérou*, qui se trouvait rue Jacob, et qui fut bientôt transformé en une maison de jeu par toute cette bande de gentilshommes sans ressources.

Le prince de Transylvanie, après avoir logé chez le duc de Luxembourg, loua l'hôtel du quai Malaquais et le donna comme nouveau domicile à sa suite. Il loua pour lui-même une petite maison à Clagny, pendant que l'hôtel de Transylvanie était devenu une véritable maison de jeu.

En 1716, il fut passé un bail de neuf ans pour la maison, dite hôtel de Transylvanie, au nom de Geoffroy Sinet. On pense que ce Geoffroy Sinet n'était qu'un prête-nom pour quelque seigneur qui profita de ce que l'hôtel de Transylvanie était connu et achalandé comme maison de jeu pour y continuer cette lucrative exploitation. Il est possible, d'ailleurs, écrit M. Mouton, que Sinet ait été le gérant de ce tripot qui ne semble pas avoir duré longtemps et qui fut peut-être transformé par la suite en hôtel garni. C'est à cette époque que remontent les faits racontés par l'abbé Prévost dans son roman de *Manon Lescaut*, et qui sont, comme nous venons de le dire, les aventures galantes de l'auteur lui-même.

« Le principal théâtre de mes exploits, raconte l'abbé Prévost, devait être l'hôtel de Transylvanie, où il y avait une table de Pharaon dans une salle et divers autres jeux de cartes et de dés dans la galerie. Cette académie se tenait au profit de M. le prince de Rakoczi, qui demeurait alors à Clagny, et la plupart de ses officiers étaient de notre société. »

C'est donc bien dans l'hôtel de Transylvanie que se passa la fameuse scène où des Grieux vient se procurer en trichant l'argent nécessaire à sa maîtresse.

En 1720, l'hôtel de Transylvanie fut vendu et quitta sa destination de maison de jeu. Il appartint successivement au comte de Fontaine, à la duchesse de Grammont qui y fit de nombreuses améliorations, au vicomte de Lautrec, aux La Fontaine de Biré et à M. Péan de Saint-Gilles.

Signalons que dans cet hôtel habita Mme de Blocqueville en 1869, et qu'elle y reçut toute l'élite de la société parisienne. On raconte que, pendant la Commune, la marquise de Blocqueville fut prévenue qu'elle allait recevoir la visite d'un officier de fédérés qui viendrait lui demander la clef d'un soi-disant souterrain qui aurait existé sous la Seine pour faire communiquer l'hôtel avec le Louvre. La marquise reçut, paraît-il, somptueusement les fédérés et leur expliqua l'inanité de la légende du souterrain.

Après la guerre, les salons de la marquise de Blocqueville furent célèbres : Claude Bernard, Widor, Lizt, Planté, Louis Enault, Caro, le commandant Rivière et tant d'autres y fréquentaient assidûment. L'on dit même que ce salon littéraire et artistique servit de modèle à Pailleron pour sa pièce du *Monde où l'on s'amuse*.

Les fameux salons de l'hôtel de Transylvanie sont aujourd'hui restés tels qu'ils étaient à l'époque.

Aux numéros 15 et 17, occupés maintenant par l'École des Beaux-Arts, s'élevait en 1688 l'hôtel de la Basinière, où vint habiter Henriette de France, veuve de Charles Ier. Il devint la propriété de M. Pellaprat, puis de sa fille la princesse de Chimay, avant d'être annexé aux bâtiments, dont l'ensemble forme l'École des Beaux-Arts.

Avant d'arriver à l'Institut, arrêtons-nous devant la statue de Voltaire, œuvre du sculpteur Caillé, érigée en 1885.

Le palais de l'Institut est construit à peu près sur l'emplacement du grand et du petit *Hôtel de Nesles*, et, avant de nous occuper de l'Académie, nous dirons deux mots de cette fameuse Tour de Nesles, qui eut le don d'inspirer si souvent les imaginations des romanciers et qui est peut-être plus célèbre encore dans la légende que dans l'histoire. Aussi bien ne sait-on pas exactement la limite qui sépare la légende de la réalité.

En 1308, le primitif *Hôtel de Nesles*, appartenant à Amaury de Nesles, fut vendu à Philippe le Bel, moyennant la somme de *cinq mille bons petits parisis*.

Devant l'hôtel il y avait une « saulsaye à l'ombre de laquelle les habitants s'allaient promener et rafraîchir en été ». Mais, pendant l'hiver, la Seine montait et envahissait les bâtiments, et Philippe le Bel, pour protéger l'hôtel, fit construire le premier quai qui existât à Paris.

L'hôtel de Nesles, après être devenu la propriété de Philippe le Long, passa à sa femme Jeanne de Bourgogne, et c'est à elle que la tradition attribue les crimes qui ont donné à la Tour de Nesles une lugubre célébrité. On raconte qu'elle appelait les jeunes gens qui passaient sous ses fenêtres, se donnait à eux, les retenait toute la nuit et le lendemain matin les faisait jeter à la Seine.

Brantôme, cependant, n'ose pas affirmer le fait. Il parle bien d'une « reyne qui se tenait à l'hôtel de Nesles à Paris, laquelle faisait le guet aux passants, et ceux qui lui revenaient et agréaient le plus, de quelque sorte de gens que ce fussent, les faisait appeler à venir et soy, et après en avoir tiré ce qu'elle voulait, les faisait précipiter du haut de la tour et les faisait noyer ». Brantôme ajoute cependant : « Je ne puis dire que cela soye vrai, mais le vulgaire, au moins la pluspart de Paris, l'affirme et n'y a si commun qu'en lui montrant la tour seulement et en l'interrogeant, que de lui-mesme il ne le die. »

Villon est plus catégorique que Brantôme et affirme la chose en ces trois vers :

> « Semblablement où est la reyne
> « Qui commanda que Buridan
> « Fut jeté en un sac en Seyne. »

On croit que les crimes qui furent commis à la Tour de Nesles doivent être attribués à trois princesses, Marguerite, Blanche et Jeanne de Bourgogne. Elles ont à cet égard, il faut l'avouer, des droits égaux devant l'histoire ; mais c'est sur la mémoire de Jeanne de Bourgogne surtout que la tradition a fait peser, sans doute avec une grande part de vérité, cette terrible accusation de luxure et d'assassinat.

Plus tard, entre les mains de Jean, duc de Berri, l'hôtel de Nesles devint une demeure extrêmement somptueuse. Il fut successivement la propriété des divers rois de France. Il était divisé en deux parties, le grand Nesles, qui comprenait l'hôtel proprement dit et appartenait au roi, et le petit Nesles qui comprenait la tour, la porte et le fossé, qui avait été donné à la Ville de Paris.

Henri II, ayant besoin d'argent, vendit le grand Nesles. Le duc de Nevers en fit l'acquisition et fit commencer la construction d'un immense palais qui ne fut jamais achevé.

La tour et les portes subsistèrent jusqu'au XVIIe siècle.

On a retrouvé les pilotis de la tour de Nesles en agrandissant le quai Conti, en 1851.

N'oublions pas sur le quai Malaquais un souvenir sinistre : l'hôtel où Fouché et Savary, dans les appartements des Créqui et des Lauzun, décachetèrent les mystères de leur police.

Le *Palais de l'Institut*, qui s'appelait jadis collège Mazarin ou des Quatre-Nations, est situé au 23 du quai de Conti. Le cardinal Mazarin, en mourant, avait fait un testament ordonnant qu'il serait fondé après sa mort un collège sous le titre de *Mazarini*, destiné à 60 gentilshommes ou principaux bourgeois de Pignerol et son territoire, d'Alsace et pays d'Allemagne, de Flandre et de Roussillon. Ces nations étant seules admissibles dans ce collège, on lui avait donné le nom de *Quatre-Nations*. Ces 60 jeunes gens devaient être gratuitement nourris, logés, instruits dans la religion, dans les belles-lettres, devaient apprendre à faire des armes, à monter à cheval et à danser. Mazarin légua sa bibliothèque à ce collège, ainsi qu'une somme de deux millions pour subvenir aux frais de sa construction. Louis XIV ordonna l'exécution du testament.

Les exécuteurs testamentaires, ayant acheté ce qui restait encore des bâtiments de l'hôtel et du séjour de Nesles, ainsi que plusieurs maisons voisines, firent jeter les fondations de ce collège, qui fut élevé d'après les dessins de Levau.

La façade du collège est placée sur le quai. Son plan forme une portion de cercle terminée à l'une et l'autre extrémité par une face en ligne droite qui s'unit à un gros pavillon. Au centre est le portail de l'église faisant avant-corps, composé d'une ordonnance corinthienne et couronné d'un fronton. Au-dessus s'élève un dôme dont une lanterne et une croix formaient l'amortissement.

Ce dôme, qui présente à l'extérieur une forme circulaire, a dans l'intérieur une forme elliptique. Dans l'espace que laissent entre elles ces deux formes, on a pratiqué quatre escaliers à vis qui communiquent à des tribunes et à la toiture de l'édifice.

Dans l'église, à droite du sanctuaire, se présentait le tombeau du cardinal de Mazarin, œuvre de Coysevox. Sur un sarcophage de marbre noir, orné de supports de bronze doré, était la figure en marbre blanc de ce cardinal, représenté les mains jointes. Derrière lui, on voyait la figure d'un ange tenant des faisceaux. Le tombeau s'élevait sur deux marches de marbre blanc. Il a été transporté au Musée de Versailles.

En 1806, les bâtiments du collège Mazarin furent destinés aux séances et à la bibliothèque de l'Institut. Vaudoyer, architecte, fut chargé alors de transformer l'église du collège en une salle propre aux séances de l'Institut. Plusieurs parties de l'édifice ont subi des changements. On a ouvert, à l'extrémité de chacun des pavillons qui s'avancent vers la Seine, un passage pour les piétons, fort commode en cet endroit où la route est étroite.

Il est remarquable que le plan du Louvre se trouve en harmonie avec celui du collège Mazarin ; cette correspondance, d'ailleurs, n'est pas l'effet du hasard et a été combinée. On a complété les rapports qui existaient entre les plans de ces deux édifices en établissant le pont des Arts, qui forme pour ainsi dire la communication entre leurs deux façades.

La bibliothèque de ce collège avait été composée par le savant Naudé; elle fut en partie dispersée pendant la Fronde. L'Institut possède aujourd'hui une très riche bibliothèque contenant des ouvrages donnés par des savants des différentes parties du monde.

« L'Institut, a écrit Renan, est une des créations les plus glorieuses de la Révolution, une chose tout à fait propre à la France. Plusieurs pays ont des académies qui peuvent rivaliser avec les nôtres par l'illustration des personnes qui les composent et par l'importance de leurs travaux ; la France seule a un Institut, où tous les efforts de l'esprit humain sont comme liés en faisceau, où le poète, le philosophe, l'historien, le philologue, le critique, le mathématicien, le physicien, l'astronome, le naturaliste, l'économiste, le jurisconsulte, le sculpteur, le peintre, le musicien peuvent s'appeler confrères. » Les hommes qui avaient conçu cette fondation avaient compris que toutes les productions de l'esprit humain se tiennent et sont solidaires l'une de l'autre.

Dans son organisation actuelle, l'Institut se compose de cinq académies :

L'Académie française, fondée en 1635 par Richelieu ;

L'Académie des Inscriptions et Belles-lettres, fondée en 1663, par Colbert ;

L'Académie des Sciences, fondée en 1666 par Colbert ;

L'Académie des Beaux-Arts, comprenant les académies de sculpture, de peinture, de musique et d'architecture ;

L'Académie des Sciences morales et politiques.

Donnons, pour terminer, l'origine du *fauteuil* à l'Académie française. L'on sait que, bien que les membres de l'Académie française comme ceux des autres classes de l'Institut siègent, du moins pendant les séances publiques, sur de simples banquettes, l'usage a conservé la locution traditionnelle de *fauteuil*. Primitivement, dans les réunions de chaque semaine, les académiciens étaient assis sur des chaises ; seuls le directeur, le chancelier et le secrétaire avaient des fauteuils. Cette particularité gênait les cardinaux académiciens et les empêchait d'assister aux séances ordinaires. En 1713, le cardinal d'Estrées, qui désirait venir voter au sujet de l'élection de M. de la Monnoye, parla de son embarras aux cardinaux de Rohan et de Polignac, et ce dernier se chargea d'en parler au roi. C'est alors que Louis XIV, afin de ne pas créer un précédent fâcheux, fit porter dans la salle de l'Académie 40 fauteuils exactement semblables les uns aux autres. « La succession de ces fauteuils est différemment indiquée dans plusieurs ouvrages. Cette différence tient à ce qu'on a voulu établir entre l'Académie de l'ancien régime et la classe de l'Institut redevenue en 1816 Académie française une continuité qui n'existe pas et ne peut pas exister. L'ancienne Académie a cessé complètement d'exister en 1793. Il y a là deux séries ou, plus exactement, deux institutions bien distinctes que le bon plaisir d'un prince restauré a voulu couvrir d'une dénomination commune en donnant autant que possible à la nouvelle les règles de l'ancienne. »

A la suite de l'Académie, nous voyons l'hôtel de la Monnaie, situé quai Conti et rue Guénégaud. Il fut édifié en 1775. L'ancien hôtel de Nevers et de Conti, qui appartenait au ministre Guénégaud, fut démoli pour la construction du nouvel hôtel de la Monnaie.

Auparavant l'hôtel de la Monnaie était situé rue de la Vieille-Monnaie, près du Châtelet.

La Monnaie est le monument parisien qui possède le plus d'inscriptions latines. Il y en a deux du côté de la rue Guénégaud qui expliquent le rôle des quatre éléments dans la fabrication de la monnaie. Une autre se voit au-dessus de la porte centrale qui annonce et garantit les soins minutieux du contrôle. De chaque côté de la porte se trouvent quatre bustes représentant les quatre souverains qui se sont le plus occupés de la question monétaire : Henri II, Louis XIII, Louis XIV et Louis XV.

Turgan, dans un ancien ouvrage sur Paris, fait quelques amusantes considérations après une visite à la Monnaie : « Théophile Gautier nous a dit souvent : « Je suis dégoûté de l'argent depuis que j'ai découvert qu'il servait à payer. » « Nous qui n'avons jamais estimé beaucoup les espèces modernes, excepté pour en faire immédiatement usage, nous avons été réellement navrés en voyant le sansfaçon peu respectueux avec lequel était traité le divin argent, *sancta pecunia*, cette chose si merveilleuse pour ceux qui en ont peu. On ne devrait pas laisser voir aux profanes comment on frabrique cette représentation de Dieu sur la terre ! Comment, après l'avoir vu laminé, poussé, tripoté de tant de façons, peut-on encore vénérer comme on le doit cette base de la société moderne, cette représentation de toutes choses, depuis le pain jusqu'à l'absinthe, depuis la stalle à la comédie jusqu'à la chaise à l'église. »

Le quai Conti, construit en 1662, fut appelé d'abord quai de Nesles.

Au numéro 3, nous remarquons une maison qui possède une ancienne gargouille avec mascaron. C'est là que se trouvaient les joailliers de la Couronne, qui vendirent le fameux collier destiné à Marie-Antoinette.

Au coin de la rue Guénégaud et du quai Conti se trouvait le célèbre théâtre des Marionnettes, établi par le bateleur italien nommé Briocci ou Brioche.

Celui-ci avait eu l'idée de déguiser son singe Fagotin en Cyrano de Bergerac et de le faire parader ainsi. Cyrano de Bergerac prit mal la plaisanterie ; il se battit en duel avec le singe et naturellement le tua.

Rostand n'a pas fait allusion à cet épisode de la vie de son héros.

Après la mort de Molière, sa troupe vint s'installer dans l'hôtel Guénégaud.

Le quai des Grands-Augustins, qui fait suite au quai Conti, doit son nom au couvent des religieux Grands-Augustins, qui s'établirent en France, sous le règne de saint Louis. Nous trouvons sur ce quai deux hôtels fameux, l'hôtel de Luynes, et l'hôtel d'Hercule, qui appartenait en 1573 à Antoine Duprat, seigneur de Nantouillet.

A son propos, M. Pessard, dans son *Dictionnaire des rues de Paris*, nous rapporte l'édifiante anecdote suivante : « En 1573, le roi Charles IX ordonna au prévôt de Nantouillet de lui donner une collation dans son hôtel de la rue des Augustins ; il fallait obéir. Le roi s'y rendit avec son frère le duc d'Anjou qui fut Henri III, et le roi de Navarre qui fut Henri IV, accompagné de courtisans qui saccagèrent l'hôtel et pillèrent l'argenterie ; Nantouillet y perdit plus de 50 000 livres. Le motif de cette agression était que le prévôt de Nantouillet avait refusé d'épouser Mlle de Châteauneuf, maîtresse du duc d'Anjou. »

Revenons à présent sur nos pas pour gagner la rue Mazarine, qui passe derrière l'Institut. Aux 12 et 14 de la rue se trouvait le Jeu de Paume des Métayers, où Molière commença avec les Béjart les destinées de son *Illustre Théâtre*. Au 42, était l'ancien *Jeu de Paume de la Bouteille*, où l'Opéra vint donner des représentations.

Le jeu de paume fut très en faveur à Paris pendant un certain temps, et il y avait dans la ville un très grand nombre de ces établissements qui servirent pour la plupart, par la suite, de salle de spectacle. C'est entre les rues Mazarine et de Seine que se trouvaient le plus grand nombre de jeux de paume. Outre les deux que nous venons de citer, l'on voyait encore celui des Trois-Cygnes, du Soleil-d'Or, etc., etc.

Au 26 de la rue de Seine, existait le cabaret du Petit-More, où mourut, dit-on, le poète Saint-Amand.

Au 45, nous remarquons le passage du Pont-Neuf, dont l'entrée donnait autrefois accès à l'ancienne Comédie-Française.

Le prolongement de la rue Mazarine est devenu la rue de l'Ancienne-Comédie dans laquelle nous remarquons, au numéro 17, 19 et 21, la grande maison de fourrure Pfeiffer-Brunet, située non loin de l'immeuble où habitait le fameux docteur Guillotin, que nous avons vu tout à l'heure se livrer à ses expériences dans la « Cour du Commerce ». Cette rue fut ainsi nommée parce que la Comédie-Française y résida de 1689 à 1770.

En 1680, une ordonnance signée de Louis XIV et contre-signée par Colbert ordonna la réunion de la troupe qui jouait à l'hôtel de Bourgogne avec l'ancienne troupe de Molière, qui jouait rue Mazarine, au théâtre Guénégaud. Une nouvelle lettre de cachet en 1681 fixa le nombre des acteurs et des actrices à vingt-sept ; c'est le premier règlement du Théâtre-Français. Nous citerons, parmi les artistes de la création, la Champmeslé, Baron, Hauteroche, Poisson, etc. Un an après, le Théâtre-Français reçut une subvention de douze mille livres, dite alors *pension royale*. En outre, une nouvelle ordonnance autorisa les comédiens français à prélever leurs frais journaliers sur les recettes du théâtre avant toute répartition pour les auteurs. Cette ordonnance fut confirmée plus tard. Le Théâtre Français, dès lors constitué, joua le vieux répertoire et accueillit en outre les œuvres nouvelles avec une extrême condescendance.

En 1687, le théâtre fut obligé d'abandonner l'hôtel Guénégaud et de chercher un nouveau local. Après une longue hésitation, les comédiens se décidèrent à acheter le Jeu de Paume de l'Étoile et deux maisons adjacentes ; le tout était situé rue des Fossés-Saint-Germain-des-Prés.

Ce fut là que le Théâtre-Français prit pour la première fois le nom de *Comédie-Française*, d'où le nom de rue de l'Ancienne-Comédie qui demeure encore aujourd'hui attaché à la vieille rue où il s'installa.

La maison Pfeiffer-Brunet est certainement l'une des plus anciennes maisons de fourrures de Paris. Elle a été fondée en 1803, à l'enseigne du *Manteau d'Her-*

UN DES SALONS DE LA MAISON PFEIFFER-BRUNET.

MAISON PFEIFFER-BRUNET.

mine. M. Th.-L. Corby en est le propriétaire-directeur actuel et a su, par son initiative et sa compétence, lui donner un développement considérable. Nous trouvons chez lui les plus jolis assortiments de magnifiques fourrures fines pour corbeilles de mariage.

Nous visiterons avec intérêt les spacieux salons de la maison Corby, où nous admirons toute une superbe collection de zibelines. La zibeline, qui joue un rôle si considérable dans la pelleterie, fournit des fourrures de luxe fort recherchées non seulement en Europe, mais dans tout l'Orient, et jusqu'en Chine. En Turquie, elles tiennent lieu de galons et de broderies et sont l'insigne du haut rang et de

UN DES SALONS DE LA MAISON PFEIFFER-BRUNET.

l'opulence. On a bien souvent cherché à donner artificiellement aux zibelines de qualité inférieure l'apparence des beautés qui leur manquent. Mais il est un mérite que l'on ne peut parvenir à imiter, c'est la souplesse des poils et leur propriété de se courber dans quelque sens qu'on les pousse. Les zibelines les plus recherchées sont celles qui viennent de la Sibérie et surtout de Vitimski.

Nous en trouverons les plus beaux spécimens dans la maison de fourrures de la rue de l'Ancienne-Comédie, ainsi que de riches étoles d'hermine, de renards noirs naturels, de renards bleus et argentés, etc., etc.

Puis ce sont les manteaux du soir, qui attirent notre attention, les jaquettes, les somptueuses sorties de bal, où les femmes s'enveloppent d'un charmant geste frileux,

La maison Pfeiffer-Brunet, après avoir reçu de nombreuses récompenses aux diverses Expositions universelles, a obtenu le Grand Prix en 1900. Elle fut hors concours et son directeur fut nommé membre du Jury aux Expositions de Saint-Louis 1904, Liége 1905, Bordeaux 1907, Saragosse 1908, et fut enfin Président de la Classe de la Fourrure et de la Pelleterie à l'Exposition Franco-Britannique de 1908.

Au numéro 13 de la rue de l'Ancienne-Comédie, arrêtons-nous un instant au café Procope, si célèbre jadis. Il doit son nom à son fondateur, le Silicien François Procope, qui, au XVIIe siècle, ouvrit à la foire Saint-Germain un établissement auquel la vogue s'attacha bientôt. Procope y débitait du café, alors que cette boisson venait à peine d'être introduite en France. Encouragé par le succès, Procope ouvrit en 1689, dans la rue des Fossés-Saint-Germain, en face du Théâtre Français, un café, qui devint bientôt le rendez-vous favori des écrivains, des artistes et des gens du monde. Citons, parmi les plus célèbres habitués du Café Procope, Voltaire, Piron, Jean-Baptiste Rousseau, Lamotte, Marmontel, Sainte-Foix, Duclos, Mercier, Palissot, Saurin, Dorat et tant d'autres.

« C'était au Café Procope que se montaient les cabales, que se fabriquaient les épigrammes, que se formulaient les jugements sur les pièces. Le Café Procope était un véritable journal de Paris, journal du matin, journal du soir, journal spirituel et charmant. »

C'est là que Beaumarchais attendit avec des amis le résultat de la première représentation à l'Odéon du *Mariage de Figaro*, après laquelle il dut faire trois jours de prison.

Gambetta fréquenta beaucoup au Café Procope. La bohème littéraire s'y réunit bien souvent autour de Vallès qui, « les cheveux et la barbe incultes, la lèvre inférieure épaisse d'amertume, présida ce cercle de *Réfractaires*, comme il les appela par la suite ».

Au numéro 12 de la rue habitait le doux poète Fabre d'Églantine.

Nous ne quitterons qu'à regret ce VIe arrondissement qui nous offre tant d'intéressants souvenirs, souvenirs que nous sommes loin d'avoir encore épuisés. Nous avons voulu parler des choses les plus saillantes et nous nous estimerons heureux si nous avons donné à nos lecteurs le désir de venir parfois flâner dans ces quartiers tout envahis par l'ombre du passé.

VIIe ARRONDISSEMENT

PÉNÉTRONS à présent dans le VIIe arrondissement — l'arrondissement du Palais-Bourbon — qui comprend les quatre quartiers de Saint-Thomas-d'Aquin, Invalides, École-Militaire et Gros-Caillou. Suivons la merveilleuse promenade que nous offrent les quais au bord de la Seine, les quais chers encore aux bibliophiles, bien que les étalagistes y soient de jour en jour moins nombreux. « On ferait un gros tome, écrit Jules Janin, des belles choses sauvegardées par les bouquinistes propriétaires légitimes des parapets de la Seine, jusqu'au Pont Royal en passant par la Grève, où ces papiers imprimés nous rappellent les poètes, les libraires et les livres. Grâce aux chers bouquins qui vont disparaissant chaque jour de ces quais privés de leur gloire, le bibliophile était sûr de passer, pour peu que le ciel fût limpide et le soleil bienveillant, une heureuse, une charmante journée. Il se levait de bonne heure ; il prenait à la hâte son pain et son fruit de la matinée, et tout en bouquinant il déjeunait.

« Passant du grave au doux, du plaisant au sévère. »

Grandeur et décadence des livres qui viennent échoir sur les quais peu de temps après leur apparition en librairie et qui, avec leurs couvertures encore neuves et leurs pages non coupées, viennent étaler aux yeux du passant leurs pauvres dédicaces flatteuses adressées à un ingrat qui les a déjà vendus !

Le quai Voltaire était l'ancien chemin qui longeait le *Pré-aux-Clercs*.

A l'ouest de l'Abbaye de Saint-Germain et du bourg de Saint-Germain étaient de vastes prairies qui s'étendaient depuis la rue des Saints-Pères jusqu'à l'Esplanade des Invalides. Les clercs — ce nom s'appliquait alors aussi bien aux ecclésiastiques qu'aux étudiants de l'Université de Paris — avaient l'habitude de venir s'y promener et de s'y livrer à toutes leurs fantaisies. Dès l'année 1163, une grande discussion s'était élevée entre les moines de Saint-Germain et les écoliers au sujet du Pré-aux-Clercs, discussion qui occasionna de longs débats sur lesquels on n'a que fort peu de détails. En 1192, on voit les écoliers de Paris qui regardaient ce pré comme leur propriété y commettre de nombreux excès. Ces excès furent le prélude de troubles assez graves : les habitants du bourg Saint-Germain voulurent repousser les clercs et dans cette bagarre un écolier fut tué et d'autres grièvement blessés. Ces événements provoquèrent une querelle entre les écoles de Paris et l'Abbaye de Saint-Germain. Comme la législation de cette époque laissait grandement à désirer, les deux partis en furent réduits à invoquer l'autorité du pape, qui d'ailleurs ne prononça rien.

Toutefois il paraît avéré par un règlement de l'an 1215 que les écoliers de l'Université avaient sinon la propriété de ce pré, du moins la faculté d'en jouir en s'y promenant. Et les clercs usèrent largement de ce privilège. La *Société de la Basoche*, qui certes a grandement contribué au développement du théâtre en France, donnait ses jeux en plein air dans le domaine du Pré-aux-Clercs, avant d'avoir obtenu de Louis XII la permission de jouer sur la grande table de marbre du Palais de Justice dont nous avons parlé plus haut. Les *montres* de la Basoche sont demeurées célèbres. Sous prétexte d'annoncer le spectacle, le *cri* venait souvent accroître encore les hardiesses de la *montre* et donner le dernier trait à la satire. Ces cavalcades, ces processions par les rues dans tout l'appareil des attributs basochiens, constituèrent probablement d'abord toute la représentation. Par la suite, même après qu'elle fut entrée en possession de la table de marbre, la Basoche n'en continua pas moins ces brillants cortèges qui la mettaient plus directement en contact avec le peuple et qu'elle organisait non pas seulement comme une sorte de prologue avant chaque représentation, mais comme un spectacle suffisant par lui seul qui avait lieu à certaines occasions solennelles, sous le titre de *montre générale*. La procession, composée de tous les suppôts et sujets du roi de la Basoche, se mettait en marche à travers les rues, guidée par les tambours, les trompettes, les fifres et les hautbois (1).

Le Pré-aux-Clercs, qui bien que considérablement diminué a subsisté jusque sous Louis XIV, fut toujours un théâtre de tumulte, de galanterie, de combats, de duels, de débauche et de sédition. En 1555, les écoliers, pour défendre leurs droits sur le petit Pré-aux-Clercs, sur lequel les moines avaient fait bâtir quelques maisons, voulurent se faire rendre justice en commettant des voies de fait. Ils affichèrent des placards tendant à former un attroupement ; ils se portèrent en armes au Pré-aux-Clercs, mirent le feu à trois maisons voisines et tuèrent un sergent qui essayait de mettre un frein à leurs violences. Peu après, l'émeute des écoliers prit de telles proportions que le roi fit clore de murailles le Pré-aux-Clercs, qui cessa pour quelque temps d'être le théâtre de ces tumultueux exploits. En 1558 ce lieu prédestiné aux révoltes vit naître des séditions religieuses, et les protestants, jusqu'à ce qu'intervînt une défense du roi, s'y réunirent pour chanter leurs psaumes.

En 1609, Marguerite de Valois acheta une partie du petit Pré-aux-Clercs à l'Université pour y bâtir son hôtel. Vers la fin du règne de Henri IV, le petit Pré-aux-Clercs était entièrement couvert de maisons et d'hôtels avec jardins. Le grand Pré-aux-Clercs, séparé du petit Pré-aux-Clercs par un canal nommé Petite-Seine, ne tarda pas à subir le même sort. L'Université demanda et obtint la permission de le vendre et bientôt à la place des prairies et des clos l'on vit des couvents, des rues et des maisons.

Avant la Révolution, le quai Voltaire faisait partie du quai Malaquais,

---

(1) *Les Rues du Vieux Paris*, par Victor FOURNEL.

anciennement *Quai des Théatins*. En 1791, on lui donna le nom de Voltaire parce que Voltaire était mort en 1778 dans l'ancien hôtel de Bragelonne, trésorier de France sous Louis XIV, qui porte le numéro 27 du quai Voltaire et fait le coin de la rue de Beaune. A deux reprises et chez deux hôtes différents, Voltaire avait habité cette maison. On sait que, comme La Fontaine et quelques autres privilégiés, Voltaire eut cette grâce singulière de trouver toute sa vie le moyen d'être hébergé, distrait et entretenu par de grands seigneurs et même par le roi de Prusse. Il demeura longtemps au numéro 1, rue de Beaune, dans l'hôtel du Président Bernières. Il devait soi-disant payer son loyer, mais en réalité « Madame la Présidente, son amie, s'arrangeait en sorte qu'on ne le lui réclamât pas ». Voltaire cependant n'était pas toujours satisfait de ce logis, quoiqu'il ne lui coutât en somme que le soin de plaire à la belle Présidente, et l'on peut s'étonner de le voir écrire qu'il était malheureux dans « cette maudite maison d'où l'on a une belle vue, mais où l'on sent le fumier comme dans une crèche, où les charrettes et les carrosses font un bruit d'enfer, où pendant l'hiver il fait froid comme au pôle et où le suisse fait de sa loge un méchant cabaret où il vend du mauvais vin à tous les porteurs d'eau d'alentour. » En 1618, Voltaire trouva un nouvel amphitryon, Mme de Fontaine-Martel, qui poussa la complaisance jusqu'à lui faire construire un théâtre, pour qu'il pût y faire répéter ses tragédies. « J'ai perdu une bonne maison dont j'étais le maître, dit-il lorsqu'elle mourut, et 40 000 francs de rente qu'on dépensait à me divertir. » C'est alors qu'il habita pendant plus de quinze ans chez *sa divinité*, la belle Mme du Châtelet, jusqu'à ce qu'il fût hébergé à la Cour du Grand Frédéric, celui que familièrement il avait surnommé Luc ! Nous citons ce surnom sans risquer un commentaire : il est des sujets sur lesquels il vaut mieux ne pas insister.

Lorsque Voltaire revint à Paris après avoir séjourné en Prusse et à Ferney, il revint dans la maison du Président Bernières qui nous occupe actuellement et qui appartenait alors au marquis de Villette qui, de même que son prédécesseur, fut trop heureux d'avoir l'honneur d'héberger jusqu'à sa mort le *patriarche de Ferney*.

A la place des maisons qui occupent aujourd'hui les numéros 15 à 25 s'élevait jadis le couvent des *Théatins*. Quelques-uns de ces religieux, fondés en Italie en 1524 par l'archevêque de Théate, furent appelés à Paris par le cardinal Mazarin. Il acheta pour les établir une maison située sur le quai Malaquais, qu'il fit disposer pour une communauté religieuse où ils obtinrent la permission de s'installer en 1648. Mazarin leur avait légué 300 livres pour construire une église. Cet argent ne leur suffit pas et le roi autorisa les Théatins à faire une loterie dont le produit servirait à la continuation de l'église. La haine que le peuple portait à Mazarin rejaillit sur les religieux qu'il avait fondés et ils eurent toujours l'opinion publique contre eux. Leur couvent fut supprimé vers 1790 et, un peu plus tard, le bâtiment de l'église fut disposé en salle de spectacle : on n'y donna jamais d'ailleurs aucune représentation, mais on y organisa des bals et des fêtes et en 1815 on y établit le *café des Muses* qui disparut en 1822.

Au numéro 1 du quai Voltaire, nous voyons l'hôtel de Sassuage où moururent le sculpteur Pradier et le général Bugeaud. Aux numéros 9 et 11 s'élevait l'hôtel de Beauffremont, où demeurèrent successivement Perrault, la duchesse de Portshmouth, Michel de Chamillart, Fouché, Denon, Gustave Droz et Ingres.

Entre le quai Voltaire et le quai d'Orsay, en face du Pont Royal, commence la rue du Bac, chère à Mme de Staël.

Au milieu des splendeurs de sa résidence de Coppet, elle regrettait « son petit ruisseau de la rue du Bac ». On sait qu'elle passa vingt années de sa vie dans un exil causé par son génie orgueilleux et ses prétentions ambitieuses ou peut-être par l'autocratie ombrageuse de Napoléon Ier.

Elle paraissait jouir de son exil avec une fierté hautaine ; mais le regret perçait souvent sous ces dehors trompeurs : « Je suis l'Oreste de l'exil, écrit-elle. La fatalité me poursuit... on est presque mort quand on est exilé. » Malgré son imagination ardente, Mme de Staël était avant tout amie du vraie. Elle ne pouvait souffrir que l'on cherchât à lui faire illusion sur ses sentiments par des mots. C'est ainsi qu'un jour, étant à Coppet, quelqu'un ayant voulu lui faire valoir le plaisir qu'elle devait goûter à contempler ce paysage enchanteur où l'on entendait le murmure des ruisseaux, elle répondit : « Ah ! il n'y a pas pour moi de ruisseau qui vaille celui de la rue du Bac! » Et le petit ruisseau de la rue du Bac, comme le Simoïs que regrettait Andromaque, est resté symbolique pour exprimer tout le regret que laisse dans le cœur la patrie absente.

La rue du Bac est une des voies les plus importantes du « noble faubourg Saint-Germain ». Elle a d'ailleurs conservé une allure très particulière, et les nombreuses maisons religieuses qu'on y rencontre lui donnent un caractère spécial. Ouverte en 1610, elle doit son nom à un bac établi dès 1550 sur la Seine pour mettre en communication le Pré-aux-Clercs et les Tuileries alors en construction, afin d'y amener les matériaux provenant des carrières de Notre-Dame-des-Champs et de Vaugirard. Ce bac, établi par la *Confrérie des Frères Passeurs*, a été remplacé par le Pont Royal.

Au numéro 15 de la rue du Bac se trouvait la caserne des Mousquetaires Gris. Les Mousquetaires, rendus si populaires par le roman d'Alexandre Dumas, étaient les soldats d'un corps de cavalerie formant dans la Maison du Roi deux compagnies, distinguées l'une de l'autre par la couleur de leurs chevaux. Les chevaux de la première compagnie étaient gris ou blancs ; ceux de la deuxième compagnie étaient noirs. Les Mousquetaires Gris logeaient rue du Bac et les Mousquetaires Noirs au faubourg Saint-Antoine dans les belles casernes que Louis XIV leur avait fait construire. Orgueilleux de leur bonne tenue, de leur discipline, de leur noblesse, les Mousquetaires déployaient le plus grand luxe ; leur nom était synonyme d'élégance et de courage. Les cadets des plus grandes familles étaient glorieux de servir dans ces compagnies d'élite qui, du reste, en maintes occasions, méritèrent par leur bravoure les faveurs dont on les comblait.

Tout l'emplacement compris entre les numéros 27 et 35 de la rue du Bac était occupé par l'hôtel de l'Université de Paris.

Aux numéros 41 et 43 se trouve la maison Gaildraud, qui appartient aujourd'hui à M. Detrois et qui est certainement la plus ancienne maison de haute couture à Paris.

Elle fut fondée en 1855 dans ces superbes immeubles de la rue du Bac qui, au point de vue historique, sont d'un intérêt si particulier et si captivant. Ils ont conservé toute leur splendeur et tout leur prestige de jadis. Les vastes et

MAISON DETROIS. — VUE INTÉRIEURE.

somptueux appartements, d'une élévation de plus de 6 mètres, valent la peine d'être visités. On y verra de merveilleuses boiseries sculptées datant du milieu du XVIIIe siècle et qui sont d'une inestimable valeur.

Au premier étage, où l'on accède par de larges escaliers de pierre, nous admirerons notamment un fort beau salon Louis XV où les glaces, les boiseries dorées, les trumeaux, les sculptures évoquent en notre esprit tout le faste des siècles passés.

Au rez-de-chaussée, de grands et confortables salons d'essayage ont été aménagés dans une grande serre attenant à un joli petit jardin très ombragé, situé en retrait, tout contre l'église de Saint-Thomas-d'Aquin.

Cette église était jadis la chapelle d'un des couvents des Jacobins. Le couvent principal de cet ordre de religieux occupait tout le terrain compris entre l'emplacement actuel du boulevard Saint-Michel, l'ancienne rue de Grès, aujourd'hui rue Cujas, la rue des Cordiers, la rue Saint-Jacques et la rue Soufflot, percée, en partie sur les dépendances du couvent. Il y a quelques années, des parties considérables de cet établissement célèbre subsistaient encore ; l'église transformée en maison d'école était restée presque intacte. Ces vestiges du moyen âge ont disparu lors des transformations effectuées pour dégager les abords du boulevard Saint-Michel. Les jacobins possédèrent à Paris deux autres couvents, l'un rue Neuve-Saint-Honoré, que nous avons vu tantôt, et l'autre au faubourg Saint-Germain.

A la Révolution, tandis que le couvent du quartier Saint-Honoré devenait le siège du fameux Club des Jacobins qui joua un rôle si considérable, celui du vieux faubourg devenait un musée d'artillerie. L'église Saint-Thomas-d'Aquin,

MAISON DETROIS. — UN SALON.

bâtie en 1682 par l'architecte Pierre Bullet, fut érigée en paroisse après le Concordat sous le vocable de Saint-Thomas-d'Aquin.

La congrégation des Jacobins était propriétaire des immeubles portant les numéros 39 à 43 qu'elle louait à des gentilshommes de la cour. A la Révolution les religieux en furent dépossédés et ces hôtels devinrent *biens nationaux*, affectés à la Municipalité de Paris. En 1791, ces hôtels furent mis en adjudication. L'un, celui du 41, qui était loué à M. de Beaufort et à Mme de Mérode de Deink, fut acheté par un nommé Raymond Girard à la Municipalité, au profit des Caisses du Domaine national (actes de mai et juin 1791).

C'est sous le second Empire que la maison Gaildraud s'est installée dans ces immeubles dont elle occupe aujourd'hui la totalité avec ses immenses salons de vente et d'essayage, sa manutention et ses ateliers.

Elle se développa très rapidement et acquit très vite une grande notoriété par le succès qu'obtint la création de ces amples vêtements appelés *dolmans* et des vestes militaires, dites d'État-Major, qui firent fureur sous Napoléon III. Toute l'aristocratie, la Cour et les Ambassades s'habillaient alors chez Gaildraud.

Plus tard la maison s'agrandit encore et se fit une nouvelle réputation en lançant les costumes tailleur pour dames qui depuis obtinrent une si grande vogue.

L'industrie du tailleur était demeurée jusqu'au milieu du XIXe siècle ce qu'elle était au bon vieux temps des échoppes, des jurandes et de Maître Patelin, sauf cependant les charges et coutumes corporatives, c'est-à-dire qu'elle s'exerçait d'une façon toute locale, exécutant le travail d'une manière individuelle, ignorant les procédés de grande fabrication, la mode changeant peu, la clientèle étant restreinte et l'usage des vêtements de drap n'appartenant qu'à certaines classes.

Le temps est loin de tout cela, et les costumes tailleur pour dames sont si bien passés dans les mœurs que les Parisiennes d'aujourd'hui ne sauraient plus s'en passer.

Le fondateur de la maison Gaildraud mourut en 1882, étant maire du VIIe arrondissement de Paris et laissant sa maison en pleine prospérité. M. Lagrange-Gaildraud, son neveu, lui succéda. La maison à ce moment mit à la mode des tissus spéciaux, très riches, créés tout particulièrement pour sa clientèle à Roubaix et à Lyon. En 1901, M. Detrois, déjà gérant de la maison, l'acheta et en prit la direction. Il sut considérablement accroître ses relations avec l'étranger et il compte aujourd'hui de très nombreuses clientes de la haute société américaine.

Les femmes apprécient en M. Detrois le talent d'un véritable artiste qui sait donner à ses créations une note très originale, très parisienne et d'un goût parfait. Pour composer ses modèles, qui sont toujours d'une distinction si raffinée, il s'inspire du style des âges d'autrefois qu'il sait moderniser pour le ravissement des élégantes qui ont toute confiance en son habile crayon.

C'est parce que la maison a su toujours être très personnelle et apporter une note d'art toute spéciale que nous voyons les grands noms de la noblesse, de la diplomatie, de la magistrature, de la colonie étrangère à Paris, et des plus hauts fonctionnaires de l'État lui demeurer fidèle.

Nous devons ajouter que depuis quelques années, la maison a obtenu de grands succès aux expositions, notamment à la récente exposition de Londres, et qu'elle s'est fait une nouvelle réputation en donnant une grande extension à la vente des riches et somptueuses fourrures.

Après avoir traversé le boulevard Saint-Germain, nous voyons, au 85 de la rue du Bac, la maison qui fut le Concert du Pré-aux-Clercs. M. Pessard (1) nous dit

---

(1) *Dictionnaire des rues de Paris.*

que c'est certainement une des maisons les plus curieuses de cette rue par les nombreuses transformations auxquelles elle a donné lieu. Ancien monastère des Filles de l'Immaculée-Conception, ou Récolettes, que la Révolution supprima, elle fut transformée en salle de spectacle qui prit le nom de Théâtre des Victoires Nationales. Peu de temps après, le théâtre fut remplacé par un bal public, dénommé le Salon de Mars. On en fit ensuite le bal du Pré-aux-Clercs; puis l'immeuble fut successivement occupé par un magasin de nouveautés, un magasin de roulage, un bazar et un marchand de vin aux tonneaux.

Aux 118 et 120 est le bel hôtel qui appartenait avant la Révolution aux Clermont-Tonnerre et où mourut Chateaubriand en 1848. Les portes de cet hôtel furent dessinées par Toro et sont d'une merveilleuse sculpture.

La rue du Bac finit rue de Sèvres.

Revenons maintenant au quai d'Orsay, qui fut créé en 1707 sous le nom de quai de la Grenouillère.

Son nom venait-il des marécages qui s'étendaient près de la Seine où l'on entendait coasser les grenouilles, ou bien des cabarets situés en cet endroit où l'on venait *grenouiller*, autrement dit s'enivrer?

C'est Charles Boucher, seigneur d'Orsay, qui fit prolonger ce quai et lui donna son nom. Sa prolongation fut prise en partie sur les jardins des vieux hôtels de la rue de Lille, qui s'étendaient jusqu'aux bords de la Seine. Parmi ces anciens hôtels nous pouvons citer : l'hôtel du comte Réal, l'hôtel de Tessé, l'hôtel de Créquy, l'hôtel du duc de Brancas-Lauraguais ; l'hôtel du Président Duret ; l'hôtel du prince de Monaco-Valentinois, l'hôtel du marquis de Mouchy, l'hôtel de Roure, l'hôtel de Villeroy, l'hôtel de Béthune-Charost, l'hôtel de Lannion ; l'hôtel du duc de Maine, occupé actuellement par l'ambassade d'Allemagne ; l'hôtel de Montmorency.

Le merveilleux hôtel Forcalquier occupait l'emplacement des numéros 119 à 123 ; il fut complètement détruit lors du percement du boulevard Saint-Germain ainsi que l'hôtel d'Humières où mourut la célèbre Clairon.

Aux numéros 1 et 3 du quai d'Orsay, se trouve la *Caisse des Dépôts et Consignations*, installée dans l'hôtel que le maréchal de Belle-Isle, petit-fils du surintendant Fouquet, avait fait construire en 1720. Autrefois s'ajoutait à l'hôtel une terrasse longeant les quais. Au numéro 5, nous voyons la gare d'Orléans Terminus, construite en partie sur l'emplacement de la *Cour des Comptes* incendiée pendant la Commune en 1871 et en partie sur l'emplacement de l'ancienne caserne de cavalerie, dite *Caserne d'Orsay*, dont Napoléon III avait fait la caserne de ses Cent-Gardes. Au numéro 1 existait jadis le café d'Orsay, fameux sous l'Empire et fréquenté par toute une élite d'officiers, de gens de lettres et d'artistes.

Nous voyons en passant la rue de Bellechasse, dans laquelle avait été édifié par un nommé Barbier un couvent destiné à des religieuses appelées CHANOINESSES RÉGULIÈRES DE L'ORDRE DU SÉPULCRE DE JÉRUSALEM. Ce couvent avait été construit sur un terrain dénommé *clos de Bellechasse*.

Arrêtons-nous à présent devant le palais de la Légion d'Honneur, situé sur le quai d'Orsay et au numéro 1 de la rue Solférino.

LE PALAIS DE LA LÉGION D'HONNEUR fut construit en 1786 par l'architecte Rousseau d'après les ordres du prince Frédéric de Salm-Kyrbourg, qui voulait en faire sa résidence et qui ne le posséda qu'un petit nombre d'années. Ce prince parut d'abord embrasser la cause de la Révolution, puis il passa en Hollande où il se donna comme un agent de la France. Sa conduite équivoque et les fautes qu'il commit le rendirent suspect. Il fut arrêté, condamné à mort et exécuté en 1794. Son hôtel devint alors propriété nationale. Il servit d'abord aux réunions d'un club, puis tomba entre les mains d'un aventurier qui se faisait passer pour le marquis de Boisregard et qui se nommait en réalité Liauthraud. Liauthraud, qui menait grand train, fut mêlé à un procès politique, puis arrêté comme faussaire et condamné aux travaux forcés. Le palais de la Légion d'Honneur était décidément funeste à ceux qui l'habitaient. Sous le Directoire Mme de Staël y demeura, puis fut éloignée de Paris par les ordres du Premier Consul.

En 1803, Napoléon Ier fit acheter par l'État l'hôtel de Salm et en fit le palais de la Chancellerie de la Légion d'Honneur. L'entrée du palais est au 70 de la rue de Lille ; elle est monumentale. La cour est entourée de portiques à colonnades. La façade sur le quai est assez simple et ne répond pas à la somptuosité de l'entrée. Un grand salon fait saillie sur la ligne des bâtiments qu'il domine par une coupole décorée de statues. Sur le devant du palais s'étend une terrasse. Ce monument est joli et d'un aspect assez gracieux ; mais le style en est bizzare et, somme toute, assez hétéroclite.

Après le palais de la Légion d'Honneur, le Palais-Bourbon s'offre à nos yeux.

Le terrain sur lequel a été bâti le palais du Corps Législatif semblait voué par la destinée aux luttes et aux dissensions, puisqu'il faisait partie du fameux Pré-aux-Clercs dont nous venons de conter l'histoire. Les discussions de jadis ont trouvé un écho dans la salle des séances du Palais-Bourbon.

L'emplacement sur lequel se trouve actuellement le Palais-Bourbon fut acheté par la duchesse douairière de Bourbon, à qui déplaisait l'hôtel de Condé. En 1822, elle y fit bâtir une habitation à proximité de la Seine, habitation qu'elle vint habiter après la mort de son mari, Louis de Bourbon. Élevé d'un seul étage, ce monument était couronné par une balustrade dont les acrotères servaient de piédestaux à des groupes d'enfants. La façade du côté de la Seine était ornée de ces groupes et de colonnes corinthiennes. Plus tard le prince de Condé, voulant embellir ce palais qui était déjà fort somptueux, y fit élever un arc de triomphe dont les sculptures furent confiées à Guillaume Coustou.

Par décret de la Convention, le palais de « ci-devant Bourbon » devint propriété nationale et, après avoir été affecté à la Commission des travaux publics puis à l'École Polytechnique, fut destiné à devenir le siège des séances du Conseil des Cinq-Cents. Les architectes Gisors et Lecomte furent chargés de l'appropriation ;

PALAIS BOURBON.

ils conservèrent quelques parties de l'ancienne construction, murèrent les croisées et ajoutèrent au centre un avant-corps décoré de six colonnes et surmonté d'un vaste fronton où l'on voyait la Loi punissant les crimes et protégeant l'innocence. C'est en 1807 que fut construite la façade actuelle. Louis Ulbach fait assez plaisamment la description du Palais Bourbon tel que nous le voyons aujourd'hui : « Quand on arrive au Palais-Bourbon par le chemin des cortèges triomphaux qui est aussi le chemin des révolutions, c'est-à-dire en passant sur ce fameux pont de la Concorde pavé d'intentions séditieuses et dont chaque pierre est un débris de la Bastille, on a devant soi la façade nord qui fait pendant à l'église de la Madeleine et qui représente sans autre prétention un portique imité du frontispice de Néron. Elle est séparée du quai par une grille en fer, que bordent quatre piédestaux surmontés des statues de Sully, de Colbert, de L'Hôpital et de d'Aguesseau. Ces personnages regardent, impassibles, couler l'eau, l'espace et la foule, tournant le dos sans colère au Corps Législatif. Malgré leurs dimensions colossales, ils ne font peur à personne et pourtant il est arrivé plusieurs fois que des orateurs Prométhées les ont touchés d'une étincelle et les ont animés. Un jour le général Foy s'adressant à M. de Serres, ministre de la justice, l'apostropha en ces termes : « Pour toute vengeance, pour toute punition, je vous condamne, Monsieur, à tourner les yeux, lorsque vous sortirez de cette enceinte, sur les statues de L'Hôpital et de d'Aguesseau. »

On atteint le portique en gravissant le grand escalier au bas duquel s'élèvent les statues de Minerve et de Thémis. Sous Louis-Philippe, le *Charivari* se permit de dire que les députés laissaient la Sagesse et la Justice à la porte ! »

Les journaux actuels n'ont pas laissé que de continuer les plaisanteries du *Charivari*, et il faut bien avouer qu'elles sont souvent justifiées !

La grande salle actuelle des séances fut construite en 1833 par l'architecte Joly. Les séances des Assemblées républicaines, la Constituante et la Législative de 1848 à 1851 avaient eu lieu dans une salle provisoire appelée la Salle de Carton, qui avait été construite en toute hâte dans la cour du Palais, à cause des dimensions trop étroites de l'ancienne. Elle fut démolie en quelques heures le matin du Coup d'État du 2 décembre. C'est du haut de l'escalier de la façade que l'Assemblée constituante proclama la République le 4 mai 1848.

L'hôtel de Lassay, actuellement hôtel de la Présidence de la Chambre des Députés, avait été réuni autrefois à l'hôtel Bourbon par une merveilleuse galerie. Nous en trouvons la description suivante : « Le jardin abondait en bosquets, en treillages, en boulingrins ; il aboutissait à de petits appartements avec salle à manger, salle de billard, boudoir et galerie de tableaux. Dans la coupole du salon, Callet avait peint *Vénus à sa toilette* : des nymphes cueillaient des fleurs pour la parer, des génies attelaient des colombes à son char, tandis qu'Adonis partait pour la chasse, escorté de divinités champêtres. Au milieu des nuages qui planaient sur cette composition mythologique était cachée une tribune où, les jours de fête, se plaçaient d'invisibles musiciens. Quand le maître du logis le désirait,

LES INVALIDES.
Photo Neurdein Frères.

une mécanique artistement combinée faisait disparaître toutes les fenêtres que remplaçaient instantanément des glaces de mêmes dimensions. Le salon ne recevait alors le jour que par le vitrage central de la coupole. »

Sous Napoléon III, le duc de Morny, président de la Chambre des Députés, voulut embellir encore sa résidence et l'enrichit d'une belle galerie de tableaux.

En quittant le Palais-Bourbon, nous nous dirigerons vers l'esplanade des Invalides qui s'étend entre le quai d'Orsay, la rue de Constantine et la rue Fabert.

En 1804, l'on avait érigé au milieu de l'esplanade le Lion de Saint-Marc, apporté de Venise par Napoléon Ier. Repris par les alliés en 1815, le Lion fut brisé dans les travaux de déplacement. Vers 1820 on avait fait dresser au milieu de la place une immense fleur de lis dorée. Autrefois l'esplanade était entièrement ombragée par de beaux arbres qui furent presque tous détruits lors de l'Exposition de 1900.

« L'hôtel des Invalides, a écrit Montesquieu, est le lieu le plus respectable de la terre. J'aimerais autant avoir fait cet établissement, si j'étais prince, que d'avoir gagné trois batailles. » Les *Invalides* sont un des monuments qui excitent au plus haut degré l'intérêt, la curiosité et l'admiration des étrangers. A vrai dire le tombeau de Napoléon Ier, si merveilleusement placé, si imposant dans son émouvante simplicité, n'en est pas un des moindres attraits, et nous avons vu récemment les fils de l'empereur d'Allemagne, aussitôt débarqués à Paris, venir faire en quelque sorte un pèlerinage à la mémoire du grand empereur.

Charlemagne avait déjà songé à la situation malheureuse des vieux soldats se nourrissant d'aumônes et, sous le nom d'*oblats*, il les avait mis à la charge des abbayes et des prieurés. Philippe-Auguste s'était préoccupé de fonder des établissements spéciaux pour ces vieux serviteurs. Ses successeurs ne réalisèrent qu'en partie ces projets, et les choses n'étaient guère plus avancées que du temps de Charlemagne lorsque Richelieu fit commencer les travaux de la maison de guerre que devaient occuper les militaires hors de service. Malgré l'urgence d'un tel établissement, l'Hôtel des Invalides, dont la construction avait été retardée pour diverses raisons, ne fut définitivement terminé qu'en 1674. L'inauguration en fut faite en très grande pompe ; deux soldats presque centenaires qui avaient assisté aux batailles d'Arques et d'Ivry tenaient la tête du cortège.

La fameuse histoire de l'Invalide à la tête de bois, qui « n'a jamais existé », dit sérieusement un *Guide de l'étranger à Paris*, date des premières années de la fondation de la maison. Le manuscrit de la bibliothèque de l'Arsenal en parle en ces termes : « Comme il se présente pour visiter l'hôtel, des gens de toute espèce, quelques soldats badins ont inventé une bonne mystification à faire à l'adresse de ceux qu'ils croient faciles à attraper et qu'ils instruisent de ce qu'il y a de curieux et d'intéressant à voir : ils leur recommandent surtout de ne pas quitter la maison sans s'être fait montrer l'invalide à la tête de bois. Quand la proposition est agréée, ils indiquent son corridor et sa chambre, et comme les camarades sont prévenus, ils font faire aux badauds plusieurs voyages dans l'établissement pour chercher l'homme à la tête de bois, les renvoyant d'étage en étage et de chambre en chambre où il leur est dit : « Il était là il n'y a qu'un instant, il est allé se faire raser et ne va pas tarder à revenir. »

En 1772, une femme fut admise à l'hôtel des Invalides. Elle avait pris les armes de son mari, tué à ses côtés sous l'uniforme de dragon. Elle comptait : sept années de service, sept campagnes et trois blessures.

Tout l'édifice des Invalides présente un caractère de simplicité sévère, presque rigide. C'est l'architecte Libéral Bruant qui construisit l'Église des Invalides dédiée à Saint-Louis, ainsi que le reste de l'édifice ; le Dôme est l'œuvre de Mansard. L'arcade centrale donne entrée dans la cour, autrefois Cour Royale, aujourd'hui Cour Napoléon, entourée de deux étages de portiques, sorte de cloître militaire dont l'aspect est très grandiose. Le portail de l'édifice, se développant sur une étendue de 55 mètres et s'élevant au-dessus d'un perron de 15 marches, présente dans sa partie inférieure une ordonnance dorique et dans sa partie supérieure une ordonnance corinthienne.

Les Invalides contiennent les tombeaux de François d'Ormoy, premier gouverneur des Invalides, de Turenne, de Vauban, et de Duroc et Bertrand enterrés à côté de Napoléon Ier.

C'est le 15 décembre 1840 que les cendres de Bonaparte furent ramenées de Sainte-Hélène par le prince de Joinville, fils de Louis-Philippe.

Pour la construction du tombeau, une crypte fut creusée au-dessous du sol, à 6 mètres de profondeur. Le tombeau est placé au milieu d'une ouverture pratiquée dans le pavé, au centre même du Dôme. Tout autour règne une galerie couverte, supportée par des piliers carrés auxquels sont adossés 12 figures de Victoires sculptées par Pradier. Sous les voûtes sont suspendues des lampes funéraires. L'entrée est fermée de portes en bronze devant lesquelles on voit des statues colossales représentant la Force civile et la Force militaire. A droite et à gauche du tombeau sont groupés des drapeaux pris à l'ennemi. Au milieu de la crypte s'élève le bloc monolithe en granit rouge dans lequel repose le corps de Napoléon.

Aujourd'hui l'Hôtel des Invalides est peu à peu transformé. Il perd sa primitive destination pour être exclusivement affecté à l'État-Major et aux détachements de la brigade coloniale, dès qu'auront disparu les derniers soldats invalides.

Un *Musée de l'Armée* fort intéressant y a été installé.

Des Invalides, nous nous rendrons à l'École Militaire, avenue de La Motte-Picquet. L'École Militaire fut fondée par Louis XV pour y élever 500 gentilshommes. Après avoir été plusieurs fois supprimée, puis rétablie, elle servit de quartier général à Bonaparte. De nombreux agrandissements y ont été effectués pendant le Second Empire.

Tout près de l'École Militaire, nous voyons la *Galerie des Machines* située avenue de Suffren, avenue de La Bourdonnais et avenue de La Motte-Picquet, et la *Tour Eiffel*. Ces monuments, créés pour les dernières Expositions Universelles, sont à la fois trop récents et trop connus des Parisiens pour que nous puissions nous y attarder. Il n'en sera pas de même pour le *Champ de Mars*, que l'on vient de transformer en un parc et qui fut jadis le théâtre d'événements mémorables.

C'est au Champ de Mars, appelé alors *Champ de la Réunion*, que s'est accomplie la grande fête de la Fédération à laquelle assistèrent plus de 600 000 personnes. Paris avait invité la France et la reçut dignement. Le temps avait fait défaut pour les préparatifs ; l'on avait constaté que 20 000 ouvriers n'y suffiraient pas, et toutes les classes de la société se mirent à la besogne ; les femmes elles-mêmes s'en mêlèrent. 150 000 hommes devenus tout à coup terrassiers s'employèrent à niveler le Champ de Mars ; ils travaillèrent pendant près d'un mois au son du tambour et des chants patriotiques. La fête fut merveilleuse de grandeur et d'enthousiasme. Placé à côté du Roi, sans intermédiaire, suivant la condition acceptée du programme, le président temporaire de l'Assemblée Constituante prêta le serment civique, aussitôt redit par les députés, par les fédérés, par les gardes nationaux, et l'âme de la France vibra dans une immense clameur de foi. « Vive le Roi ! Vive la Reine ! Vive le Dauphin ! Vive la Nation ! » Mais cette belle fête ne devait pas avoir de lendemain ! Un an plus tard le sang coulait au Champ de Mars. Le peuple de Paris s'était réuni en foule pour signer une pétition tendant à faire proclamer la déchéance du Roi. Bailly, maire de Paris, fut tué dans la bagarre.

Et les solennités nationales se succèdent au Champ de Mars : c'est, en 1804, Napoléon Ier qui distribue à ses soldats et à ses officiers les insignes de la Légion d'Honneur et qui, plus tard, au retour de l'île d'Elbe, y tient ce qu'on appela le *Champ de Mai*.

Puis la face du monde a changé et Louis XVIII fait distribuer les drapeaux blancs !

Aujourd'hui le Champ de Mars a rompu avec tous ses souvenirs et tend à devenir les « Champs-Élysées de la rive gauche ».

Revenons par l'avenue de la Bourdonnais et l'avenue Duquesne jusqu'à l'église Saint-François-Xavier, construite sur l'emplacement d'une chapelle des Missions Étrangères.

La rue de Babylone nous conduira à l'*Hôpital Laennec*, qui fut d'abord un hospice d'incurables des deux sexes. Il reçut le nom d'Hôpital Laennec en mémoire du Dr Laennec, auteur du *Traité de l'auscultation* (1).

Par la rue Barbet-de-Jouy nous arriverons rue de Varenne, où l'on peut voir une infinité d'anciens hôtels, entre autres l'hôtel de La Rochefoucauld-Doudeauville, l'hôtel du président Novion, l'hôtel de Narbonne-Pelet, l'hôtel de Chimay,

---

(1) L'hôpital Laennec, situé 42, rue de Sèvres, possède 612 lits. Il comprend 4 services de médecine, 1 service de chirurgie et 1 service ophtalmologique. — Médecins : LANDOUZY, THAON, HALBRON, THOINOT, BARIE, BOURCY. — Chef de laboratoire : LABBÉ. — Chirurgien : PIERRE DELBET. — Ophtalmologistes : ROCHON-DUVIGNEAUD, ONFRAY, CAILLAUD.

TOMBEAU DE L'EMPEREUR.

Photo Neurdein Frères.

l'hôtel de Castries, l'hôtel de Béthune-Sully, l'hôtel du maréchal de Montmorency, occupé par l'« Ambassade d'Autriche », l'hôtel qu'Aubry fit construire pour la tragédienne Desmares occupé par le *Ministère de l'Agriculture.*

La rue de Grenelle, qui conduisait à l'ancien village de Grenelle, tient son nom d'une *garenne* appartenant à l'abbaye de Saint-Germain. Le mot *garenne* en passant par diverses formes serait devenu par altération : Grenelle. Il existait autrefois dans le village un *Château de Garnelle* qui appartenait à la famille des sires de Craon. Une poudrerie y fut installée en 1792 par le chimiste Chaptal, et une terrible explosion y eut lieu. La plaine de Grenelle servit très longtemps aux exécutions capitales ; la dernière fut celle du général La Bédoyère, en 1819.

Il existe également rue de Grenelle ainsi que rue de l'Université de nombreux hôtels très beaux et très somptueux qui datent pour la plupart des XVIIe et XVIIIe siècles.

Le *Ministère du Commerce* est installé dans l'ancien hôtel d'Argenson. Le *Ministère des Postes et Télégraphes* occupe l'hôtel de La Marche. Sur l'emplacement du *Ministère de l'Instruction publique* existaient des jardins dépendant de l'abbaye des Religieuses de Bellechasse. Le *Ministère de la Guerre* occupe au 73 de la rue de l'Université l'ancien hôtel d'Aiguillon. Le *Ministère des Affaires étrangères*, d'un côté au 130 rue de l'Université et, de l'autre, quai d'Orsay, fut bâti de 1845 à 1853.

Mentionnons la Mairie du VIIe arrondissement, située rue de Las-Cases et rue Casimir-Perier. Elle fut installée dans l'hôtel de Villars qui, après avoir appartenu au duc de Villars, devint successivement la propriété du duc de Noailles et du comte de Cossé-Brissac.

La rue Casimir-Perier se trouve derrière l'église Sainte-Clotilde, qui fut élevée sur un terrain provenant du couvent des Carmélites. La construction de cette église avait été décidée pour remplacer l'église *Sainte-Valère*, faisant partie de la *Communauté des Filles Pénitentes*, supprimée en 1790.

VIIIe ARRONDISSEMENT

L E VIIIe arrondissement — arrondissement de l'Élysée — comprend les quatre quartiers suivants : Champs-Élysées — Faubourg-du-Roule — La Madeleine — Quartier de l'Europe.

Nous partirons de la place de la Concorde, qui est peut-être la plus belle place du monde. Nous ne croyons pas qu'il existe nulle part une perspective pareille à celle qui s'étend du Louvre à la place de l'Étoile. C'est une merveilleuse promenade, une sorte d'allée triomphale qui part de l'imposant Palais du Louvre et traverse les Tuileries pour aboutir, comme dans une apothéose, à cette place de l'Étoile où sur les bas-reliefs de l'*Arc de Triomphe de la Grande Armée*, la Marseillaise ailée entonne son chant de victoire.

L'emplacement qui forme aujourd'hui la place de la Concorde était encore au XVIIIe siècle un terrain coupé de sentiers irréguliers et bourbeux où l'on voyait quelques jardins et où des maraîchers cultivaient des choux et des salades. Cette place formait de véritables marécages, et il était rare que l'on puisse y passer à pied.

L'étonnement fut grand à Paris lorsque Louis XV, désignant lui-même l'endroit où devrait s'élever sa statue, voulut qu'elle fût placée entre le quai et le fossé qui borde le jardin des Tuileries. Le monument élevé en l'honneur de Louis XV, le Bien-Aimé, lui fut offert par les Prévôts des Marchands et les Échevins parisiens. Au centre se voyait la statue équestre de Louis XV, œuvre de Bouchardon, entourée des principales vertus qui avaient été sculptées par Pigalle.

Comme en France la critique ne perd jamais ses droits, le monument avait bien vite donné lieu à ce distique :

« O ! la belle statue ! O ! le beau piédestal !
Les Vertus sont à pied et le Vice à cheval ! »

La place de la Concorde, tracée sur les dessins de l'architecte Gabriel, ne fut achevée qu'en 1772. Gabriel avait dessiné des parterres et des fossés entourés de balustrades ; il avait édifié les deux monuments entre lesquels s'ouvre aujourd'hui la rue Royale : d'un côté l'ancien Garde-Meuble occupé maintenant par le ministère de la Marine; de l'autre côté, au numéro 4, l'hôtel de la marquise de Coislin, occupé par le Cercle de la rue Royale; au numéro 6, l'hôtel qui appartint d'abord à Rouillé de Lestang, puis à la marquise de Plessis-Bellières, où s'est ins · tallé l'Automobile-Club; enfin, au numéro 10, l'hôtel de Crillon récemment mis en vente et démoli afin d'être transformée en hôtel de voyageurs. La façade seule a été respectée et est demeurée intacte.

A la fin du XVIIIe siècle, la place Louis-XV était devenue la promenade à la mode ; l'on y voyait défiler les seigneurs, les fermiers généraux, les grandes dames et les filles d'Opéra. Un jour la Duthé, par sa toilette et son équipage, provoqua un scandale et se fit interdire de sortir désormais en un pareil costume. Voici la description qu'un journal de l'époque nous fit de sa toilette :

« Sur une conque dorée, doublée de nacre, soutenue par des tritons en bronze, conduite par des chevaux blancs ferrés d'argent, harnachés d'or, reposait la Duthé, à demi couchée, en maillot de taffetas couleur chair, recouvert d'une chemisette d'organdi très clair et coiffée d'un chapeau de gaze noire *à la caisse d'escompte*, c'est-à-dire sans fond. »

En 1770, une catastrophe s'était produite sur la place lors du feu d'artifice qui avait été donné pour les fêtes du mariage du Dauphin et de Marie-Antoinette. Un commencement d'incendie avait provoqué une panique folle où plus de trois cents personnes avaient trouvé la mort.

Un peu plus tard, on installa place Louis-XV la foire de Sainte-Ovide qui se tenait précédemment place Vendôme. Mais cette foire ne retrouva pas, en cet endroit, la vogue qu'elle avait eu jadis. En 1777, un incendie détruisit toutes les baraques.

En 1788, la place de l'architecte Gabriel se transforma, pour un instant, en terrain de chasse en la circonstance suivante : Une biche lancée à Villers-Cotterets par le comte d'Artois avait suivi la route de Paris, traversé les Champs-Élysées et, suivie par toute la meute, avait été forcée place Louis XV. La curée aux flambeaux se fit devant le pont tournant des Tuileries.

Puis la Révolution commença et la future place de la Concorde devint le théâtre d'événements tragiques. Elle se couvrit de sectionnaires et d'hommes armés de piques et le carrosse de la Duthé fut remplacé par le char de la Déesse Raison. La statue de Louis XV vit la statue de la Liberté lui succéder et la place se nomma place de la Révolution.

Le 21 janvier 1793, la guillotine est dressée, pour la première fois, place de la Révolution et Louis XVI en montant sur l'échafaud proclame qu'il meurt innocent.

Et la guillotine reste dès lors dressée en permanence, 2 790 victimes succèdent à Louis XVI, parmi lesquelles Charlotte Corday, Mme Roland, Fabre d'Églantine, Robespierre, Saint-Just, Camille Desmoulins, Danton, Marie-Antoinette, etc., etc.

L'effroyable liste commence par Louis XVI et finit par Carrier et ses complices. Nous emprunterons à M. Georges Cain le récit de la mort de Danton et de Robespierre :

« La mort de Danton fut épique. Le jour tombait : il monta le dernier sur l'échafaud fumant et rouge du sang de tous ses amis exécutés avant lui. Sa taille athlétique se détacha de toute sa hauteur sur l'or empourpré d'un soleil couchant ;

PLACE DE LA CONCORDE.

redressant sa tête formidable, il contempla longuement la place immense ; il paraissait défier le couperet du bourreau. Sous ce ciel mourant, l'indomptable révolutionnaire semblait plutôt surgir du tombeau qu'attendre le coup de guillotine qui allait le foudroyer et un grand frisson tragique passa sur la foule frémissante.

« La fin de Robespierre fut atroce. C'est sous les huées, les insultes, les crachats de toute une ville que cet homme devant qui tous tremblaient et rampaient la veille fut traîné, plus qu'à moitié mort, couvert de boue, les vêtements en loques, la tête enveloppée dans des toiles raides de sang, au pied de l'échafaud dont il avait été le plus sinistre pourvoyeur. Avant de le pousser sous le couperet, le bourreau lui arracha le bandeau qui soutenait sa mâchoire fracassée et Robespierre, sous cette torture dernière, poussa un tel rugissement de douleur que l'immense place tout entière en tressaillit... »

Enfin la Terreur est passée ! En 1795 on abat l'échafaud et on restaure la statue de la Liberté. Dans le globe que la statue de la Liberté tenait à la main, on découvrit, symbole de paix, un nid de colombes.

La place de la Révolution est devenue la place de la Concorde.

C'est en 1836, sous le règne de Louis-Philippe, que l'obélisque de Louqsor, rapporté d'Égypte par Champollion fut érigé sur l'emplacement de la statue de la Liberté. Les deux fontaines qui décorent le milieu de la place furent dessinées par Hittorf. Les statues représentant les villes de France furent exécutées par Pradier, Hittorf, Cortot, Callouet et Patitot. C'est devant la statue de Strasbourg, couverte de couronnes en 1870, sur la proposition de Déroulède, qu'eurent lieu tant de manifestations patriotiques.

Les deux chevaux ailés, placés à l'entrée des Tuileries et représentant Mercure et la Renommée, sont l'œuvre de Coysevox ; les deux monuments élevés à l'entrée de l'avenue des Champs-Élysées furent sculptés par Coustou et ont reçu le nom de chevaux de Marly, parce qu'ils décoraient, autrefois, le château de Marly-le-Roy.

C'est Marie de Médicis qui, en 1616, fit planter entre le jardin des Tuileries et l'allée des Veuves une promenade à laquelle on donna le nom de Cours-la-Reine. Ce fut pendant un temps le lieu de rendez-vous de tous les jeunes seigneurs et de toutes les grandes dames de la cour.

Plus tard, en 1670, Louis XIV fit planter et dessiner par Le Nôtre ce grand espace nu qui du faubourg Saint-Honoré rejoignait les bords de la Seine et qu'on appela dès lors les Champs-Élysées.

Avant d'être la merveilleuse promenade qu'ils sont aujourd'hui, les Champs-Élysées offraient un aspect peu réjouissant. « Du côté du faubourg Saint-Honoré, dit la Bédollière, ce n'étaient que des petites allées malpropres et marécageuses où les eaux de pluie séjournaient et croupissaient à plaisir. Près de la place de la Concorde, au milieu d'un terrain en contre-bas, s'élevaient trois cafés placés en triangle qui avaient été construits sur des dessins donnés par Jean-Jacques Rousseau. Le principal avait reçu le nom de café des Ambassadeurs à cause du voisinage de l'hôtel de Crillon, où logeaient les diplomates étrangers. »

Plus tard, le café des Ambassadeurs fut reconstruit entièrement et transformé en pavillon ; il devint le concert et le restaurant des Ambassadeurs. Autour de ces cafés s'étaient groupés des cabarets et des guinguettes qui étaient devenus des sortes de bouges, refuges des escarpes et des filles.

Les Goncourt nous diront ce qu'étaient les Champs-Élysées sous le Directoire :

« Ces Champs-Élysées, ce faubourg verdoyant qui sera le faubourg Saint-Germain du XIXe siècle, ce vaste jardin public, le long duquel se rangent les hôtels qui ne peuvent plus, comme par le passé, avoir chez eux un jardin public, les Champs-Élysées ont gagné à la Révolution. Ce cours, où Paris s'aventurait peu, est devenu une promenade courue. Les arbres, ci-devant taillés en mur le long de la grande allée, et cintrés en dôme au-dessus des contre-allées, poussent en liberté et donnent toute l'ombre et tout l'agrément qu'on peut demander à des arbres de trente ans. Les tertres gazonnés, disparus depuis, appellent et convient, comme des tapis garés du soleil, les jeux de l'enfance. Une armée folle et rieuse de garçonnets, tout à l'heure moutonnés jusqu'à la jarretière, aujourd'hui en carmagnole de siamoise rayée, un petit bonnet de police sur la tête, s'ébat sur la pelouse ; et dans les chemins tracés les parents traînent, fiers de leur fardeau, leurs marmots couchés dans de petites voitures au milieu de leurs joujoux. Ces amusements, ces joies enfantines et ces bonheurs paternels animent et peuplent ces Champs-Élysées, bientôt montés à de plus hauts destins, bientôt l'arène des coquetteries équestres. Il est, en ces Champs-Élysées, des recoins de verdure, des aspects de campagne qui surprennent et distraient l'œil. L'allée des Veuves, avec ses baraques en planches aux toits de chaume, ses treillages boiteux, ses clôtures à moitié mangées par les plantes grimpantes, semble une petite Thébaïde normande. Mais l'illusion d'être si loin de Paris, si près de Paris, ne reste pas longtemps au rêveur, et ce ne sont là qu'apparences rustiques ; les jeux clandestins se cachent sous les frondées, dortoirs de gueux et de gueuses pendant les étés de la Révolution.

« Les cafés brillent le soir par toute cette campagne civilisée depuis les hauteurs de l'Élysée jusqu'à la place de la Révolution. Depuis le citoyen Renault, qui tient un dépôt de glaces de Velloni, auprès de l'avenue Marigny, jusqu'à Corazza, qui, son café du Palais-Royal cédé à Peyron, vient de s'établir au Garde-Meuble.

« Les Champs-Élysées, cette forêt parisienne, sont remplis de limonadiers et de traiteurs, d'amphitryons aimables du passant. »

Les Champs-Élysées se divisent en deux parties : l'une qui s'étend de la place de la Concorde au Rond-Point et qui est un jardin ombragé de grands arbres, rempli de massifs de fleurs, de verdure, de fraîcheur et de parfums et l'autre qui s'étend du Rond-Point à la place de l'Étoile et où se trouvent quelques-uns des plus beaux hôtels de Paris.

En 1800 il n'existait encore que six maisons sur toute l'étendue de l'avenue.

Aujourd'hui s'alignent les façades correctes et solennelles des hôtels particuliers, des maisons de rapport et des *Palaces*.

Au 25, se trouve l'ancien hôtel de la Païva, célèbre courtisane du second empire, qui avait un salon politique et littéraire. Il fut question de transférer, dans cet hôtel, la mairie du VIIIe arrondissement, puis ce projet fut abandonné. Le restaurant Cuba s'y installa pendant quelque temps, puis l'immeuble fut occupé par un cercle.

Au numéro 63 de l'avenue des Champs-Élysées, nous remarquerons la maison

MAISON MUHLBACHER (VUE D'UN DES ATELIERS).

Muhlbacher, maison de carrosserie de luxe. C'est une très ancienne maison qui, depuis l'époque déjà fort lointaine de sa fondation, a toujours été dirigée par

MAISON MUHLBACHER (CARROSSERIE).

la même famille. Elle a été fondée vers 1780 par M. Geoffroy Muhlbacher, au numéro 14 de la rue de la Planche, qui est devenue actuellement la rue de Varennes.

AVENUE DES CHAMPS-ÉLYSÉES.

MAISON MUHLBACHER (LA FAÇADE).

La maison Muhlbacher dut, par conséquent, à cette époque de 1780, fournir les carrosses de la Cour. Les carrosses de cérémonie, ceux qui servaient pour les sacres des rois, pour les ambassadeurs des divers pays, furent toujours l'objet d'un grand luxe. Le carrosse du sacre de Charles X est au nombre des curiosités du Musée de Versailles.

Le passage suivant du Journal de Barbier montre quel luxe on déployait dans ces voitures d'apparat :

« On fait ici des carrosses superbes pour l'entrée du duc de Nivernais, ambassadeur de France, dans la ville de Rome. Ces carrosses ont été placés dans une grande loge de planches que l'on a construite dans la

MAISON MUHLBACHER (SALLE L'EXPOSITION).

cour du Carrousel, vis-à-vis le Louvre, pour les laisser voir au public. Il y a trois

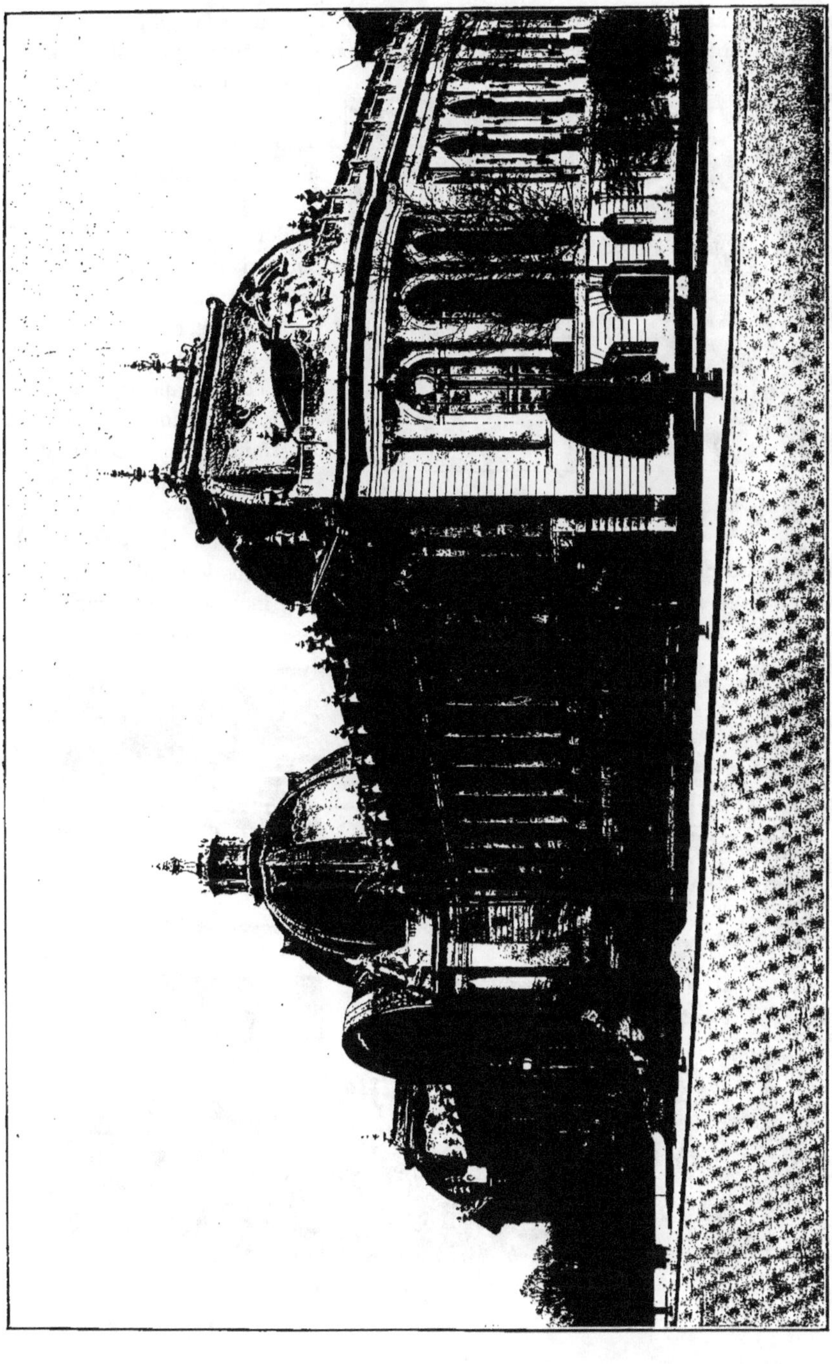

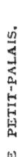

LE PETIT-PALAIS.

carrosses ; mais surtout les deux premiers sont de la dernière magnificence. Ils sont d'abord d'une grandeur considérable ; la caisse, parfaitement sculptée et dorée, aussi bien que les roues ; les panneaux, d'une très belle peinture ; les mains de ressort et boucles de soupente travaillées au mieux et dorées en or moulu. L'un, en dedans, est garni d'un velours cramoisi tout relevé en bosses d'or et d'une très belle broderie, avec les galons et les franges ; l'autre est tout en bleu et or, caisse et train, velours bleu tout brodé d'or. On dit qu'on n'en a point vu d'aussi grand goût. Aussi a-t-on mené les deux beaux carrosses bien couverts à Choisy, dans le dernier voyage du roi, pour les lui faire voir, et on doit les embarquer incessamment pour les envoyer à Rome ». Ce n'est qu'en 1863 que la carrosserie Muhlbacher s'installa

MAISON MUHLBACHER (SALLE D'EXPOSITION).

MAISON MUHLBACHER (UNE PARTIE DU PERSONNEL).

PONT ALEXANDRE.

au numéro 63 de l'avenue des Champs-Élysées où, à l'heure actuelle, nous voyons encore ses magasins qui sont parmi les plus beaux de l'avenue. A partir de cette époque, la maison prit une grande extension et se trouva bientôt à l'étroit dans les locaux qu'elle occupait. C'est alors qu'en 1881 elle réunit ses divers ateliers dans l'usine qu'elle fit construire à Passy, 17 et 19, rue Mesnil et 48, rue Saint-Didier. Quelques années plus tard, elle établit ses chantiers de bois à Neuilly-sur-Seine, 23, rue Borghèse, où elle possède également une remise à voitures. A partir de cette époque, elle sut toujours conserver le premier rang dans la carrosserie de luxe, grâce à la bonne construction, à l'élégance parfaite et au fini irréprochable de ses voitures. Depuis la première Exposition de Paris, en 1865, elle a toujours obtenu les plus belles récompenses, à toutes les Expositions suivantes, tant en France qu'à l'étranger, jusqu'aux expositions récentes où M. Muhlbacher fut hors concours et membre du Jury. C'est à cette occasion qu'il obtint les décorations suivantes : en 1883, l'Ordre du Cambodge; en 1888, Chevalier de la Légion d'honneur, et en 1893, officier de la Légion d'honneur.

La maison Muhlbacher sut comprendre une des premières quel était le développement qu'allait prendre les automobiles et, tout en conservant sa renommée obtenue dans la construction des voitures à chevaux, elle fit de très belles carrosseries automobiles. En l'année 1885, la voiture à vapeur Bollée, qui figurait à l'exposition rétrospective de 1900, sortait des ateliers de la rue Mesnil. La maison Muhlbacher fut aussi la première à faire comprendre aux fabricants de châssis l'utilité d'augmenter la longueur des châssis afin de permettre une entrée latérale. La maison est actuellement dirigée par M. Albert Muhlbacher.

Au 90 de l'avenue des Champs-Élysées, se trouvait l'ancien hôtel de la duchesse d'Uzès, récemment acheté et démoli par M. Dufayel, qui fit construire à la place l'hôtel que nous voyons actuellement.

Au coin de l'avenue des Champs-Élysées et de la rue de La Boëtie se trouve l'hôtel du duc de Massa, séduisante demeure qui est certainement la plus jolie habitation de toute l'avenue.

C'est aux Champs-Élysées que s'établirent tant de bals célèbres, *Mabille* la *Closerie des Lilas*, le *Château des Fleurs*, le *Jardin Marbeuf*, le *Moulin-Rouge*, *Idalie*, etc. Dans un ouvrage sur les mœurs pendant le Directoire, voici la description qui nous est donnée sur les bals qui avaient lieu dans les allées ombreuses des Champs-Élysées :

« Dans ce lieu enchanté cent déesses parfumées d'essences, couronnées de roses, flottent dans des robes athéniennes, exercent et poursuivent tour à tour les regards de nos Incroyables à cheveux ébouriffés, à souliers à la turque, et ressemblants, d'une manière si frappante, à cette piquante et neuve gravure qui porte leurs noms, que je ne saurais en vérité la regarder comme une caricature.

« Là, les femmes sont nymphes, sultanes, sauvages ; tantôt Minerve ou Junon, tantôt Diane ou bien Eucharis. Toutes les femmes sont en blanc, et le blanc sied à toutes les femmes. Leur gorge est nue, leurs bras sont nus.

« Les hommes, par contraste, sont trop négligés. Ils rappellent quelquefois, à ma vue, ces laquais qui, dans l'ancien régime, dansaient au salon une fois l'année, le jour du mardi-gras à minuit, vingt minutes avant le coucher des maîtres. Ils dansent d'un air froid, morose : on dirait qu'ils rêvent à la politique, ils ne rêvent à rien, ou bien ils font des plans d'agiot.

« Les femmes sont plus décidément au plaisir de la danse, mais sans trop d'abandon. Si l'on entend quelques paroles, elles sont rares et ne sortent que de la bouche du rigaudonier, despote armé de son archet, qui affecte la gronderie et la mauvaise humeur, qui régente tous les distraits, au milieu de deux cents femmes dont la danse silencieuse est certes une singulière exception chez les Français. Elles se recueillent véritablement pour préciser davantage leurs mouvements divers. »

En face de l'avenue Marigny, à l'endroit où jadis s'élevait le Palais de l'Industrie, s'étend aujourd'hui la merveilleuse perspective qui s'étend des Champs-Élysées jusqu'aux Invalides. De chaque côté de l'avenue Nicolas-II, s'élèvent les deux palais qui furent construits pour l'Exposition Universelle de 1900.

A droite se trouve le Grand-Palais, destiné à recevoir le Concours Hippique, les Salons de peintures et les diverses expositions qui se succèdent toute l'année. A gauche nous voyons le Petit-Palais, qui est une merveille d'architecture et qui abrite des collections d'art.

Le pont Alexandre-III relie le Cours-la-Reine au quai d'Orsay. Il est formé d'une seule arche et présente une admirable construction.

Quatre groupes dorés le décorent à ses deux extrémités et sont précédés de groupes taillés dans la pierre. Le pont est décoré de motifs de bronze.

L'ensemble composé par le pont Alexandre et l'avenue Nicolas, encadrée de ses deux palais, est véritablement grandiose et a contribué encore à embellir les Champs-Élysées.

Cette promenade fut l'asile de tous les plaisirs, le centre de toutes les fêtes. Revues, illuminations, réjouissances publiques s'y succédèrent à l'envi. Les Champs-Élysées ont vu passer des gouvernements dans toute leur pompe et des révolutions dans tout leur tumulte. Une partie des troupes de l'invasion, le fusil à l'épaule

PILIER DU PONT ALEXANDRE.

et traînant leurs canons entra dans Paris par la grande avenue des Champs-Élysées, et les cosaques du Don y campèrent comme en pays conquis.

Plus tard, au milieu d'un concours effrayant de population et sous les rigueurs d'un hiver implacable, l'avenue assista au défilé du cortège qui, sous la conduite du prince de Joinville, ramenait de Sainte-Hélène le corps de l'empereur. Puis elle vit pendant toute une journée marcher les bataillons de la garde nationale qui allaient prêter serment à la République dont les représentants siégeaient à l'ombre de l'Arc de Triomphe. Peu de temps après elle fut ébranlée par la marche des cuirassiers qui servaient d'escorte au prince Louis-Bonaparte qui allait prendre possession des Tuileries.

Plus tard, encore, en 1871, les Prussiens y défilèrent au milieu d'un silence tragique et désolé. « La solitude était complète dans les Champs-Élysées... Les hussards éclairèrent les rues jusqu'à la place de la Concorde ; à neuf heures s'avança la première colonne d'état-major précédée de tambours et de fifres. Le régiment s'arrêta au Palais de l'Industrie. L'état-major poussa jusqu'à la place de la Concorde ; à la hauteur de la fontaine, à gauche, sept ou huit citoyens s'avancèrent jusque sous la tête des chevaux, criant : Vive la République ! La statue de Strasbourg, pendant la nuit, avait été voilée d'un crêpe. Toutes les boutiques étaient fermées et portaient cette inscription : *Fermé pour cause de deuil national.* »

Parallèle aux Champs-Élysées s'étend la promenade du Cours-la-Reine, fondée, comme nous venons de le voir, par une fantaisie de Marie de Médicis.

Réservé d'abord pour le seul usage de la Reine et de sa cour, le Cours-la-Reine s'ouvrit peu à peu au public, qui s'y rendit avec d'autant plus d'empressement qu'en ce temps-là les grands espaces libres étaient rares et que le Cours-la-Reine était, en somme, la première promenade plantée d'arbres de Paris.

Jusqu'à la veille de la Révolution le Cours-la-Reine ou le Cours, ainsi que l'on disait alors, resta en faveur et ne perdit rien de sa vogue.

« Il y avait, dit Victor Cousin, fort peu de piétons ; les dames y allaient en voiture découverte montrer la richesse et le bon goût de leur équipage et de leur toilette et surtout s'y montrer elles-mêmes. Les hommes étaient à cheval, rivalisant de légèreté et de grâce, paradant aux portières et complimentant les dames de leur connaissance. La promenade se prolongeait assez avant dans la soirée ; puis au retour la haute compagnie allait se reposer et faire collation au jardin de Renard, situé à la porte de la Conférence et à l'extrémité des Tuileries. » Ce Renard, dont parle Victor Cousin, tenait au bout de la terrasse des Tuileries un cabaret fréquenté par les dames et seigneurs revenant du Cours-la-Reine. Anne d'Autriche s'y arrêtait volontiers, et les écrivains du XVIIe siècle font de très fréquentes allusions à ce lieu à la mode. La Bruyère constate « que l'on se donne à Paris sans se parler comme un rendez-vous public, mais fort exact, tous les soirs au Cours ou aux Tuileries pour se regarder au visage et se désapprouver les uns les autres ». En somme le Cours-la-Reine était autrefois ce qu'est pour nous, aujourd'hui, l'allée des Acacias.

Les endroits se modifient, changent souvent de décors, mais les usages restent à peu près les mêmes et ne se transforment pas davantage que les hommes qui sous des costumes différents gardent toujours leurs mêmes qualités et leurs mêmes défauts.

C'est au Cours-la-Reine, au coin de la rue Bayard, que se trouve la maison de François Ier, qui fut élevée en 1572 à Moret, dans la forêt de Fontainebleau, pour servir de rendez-vous de chasse.

Elle fut transportée à Paris, pierre par pierre, en 1826. L'on y trouve l'em-

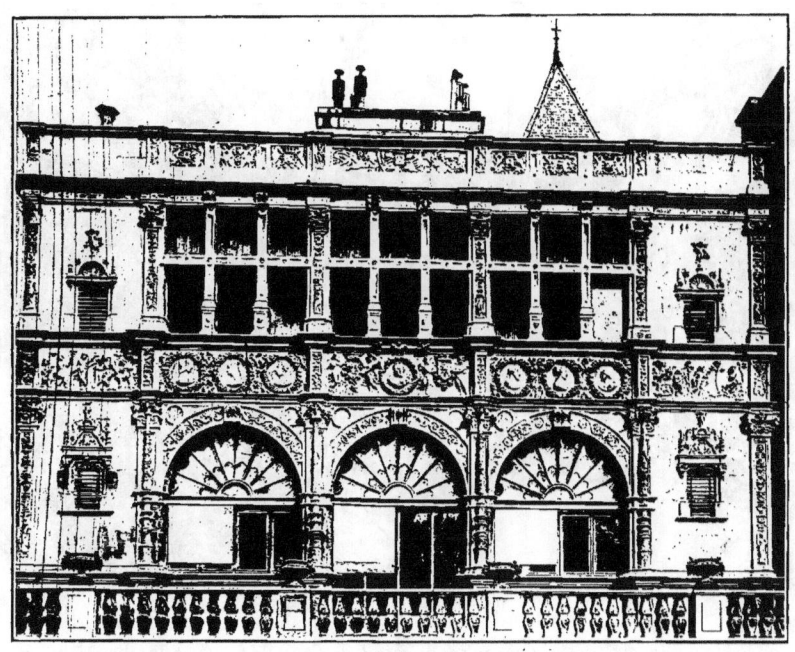

MAISON DE FRANÇOIS Ier.

blème de la salamandre qui est, en quelque sorte, la signature de toutes les maisons construites pour François Ier. Il faut de bons yeux pour le voir. Il n'est ni dans la frise où se déroule si délicatement une scène de vendanges, ni dans les médaillons, ni sur les montants si déliés qui divisent les ouvertures, mais au-dessus d'une petite porte, derrière la maison.

Prenons à présent l'avenue d'Antin, qui nous ramènera au Rond-Point en passant derrière le Grand-Palais des Champs-Élysées. Elle fut plantée d'arbres par les soins du duc d'Antin, surintendant des bâtiments du roi. C'est là que se trouvaient jadis le bal de Flore, le bal d'Isis, le bal des Nègres.

Le Jardin de Paris était situé, avant l'exposition de 1900, sur l'emplacement qu'occupe aujourd'hui le Grand-Palais. Au 45 de l'avenue d'Antin, au coin du rond-point des Champs-Élysées, nous verrons la maison Roduwart, très connue pour sa spécialité de selles et harnais de tous styles.

Elle fut fondée en 1797, pendant cette époque brillante du Directoire dont nous venons de parler et, depuis cette époque, elle a compté parmi sa clientèle nombre de personnages célèbres.

Ce sont les Arabes qui introduisirent en France l'usage des selles. La selle d'armes du moyen âge ne se distinguait guère de la selle arabe : elle était accom-

RODUWART FRÈRES (VUE INTÉRIEURE).

pagnée des *flançois*, de la *cervicalle*, du *girel* qui enveloppaient le cheval bardé ; elle était à haut *troussequin* et à *sautoir*. Jusqu'en 1630, la grosse cavalerie conserva ces sortes de selles, puis on adopta, pour la cavalerie, une selle dite *française* ou *des manèges*, propre à porter le paquetage, la fonte et les outils. Quand les Hongrois apportèrent en France la selle *à la hussarde*, sans harnais, demi-barbare, elle fut admise malgré le peu d'estime que lui témoignaient les écuyers classiques. Les écuyers qui formaient alors la Garde impériale en modifièrent la forme. Aujourd'hui la différence entre la selle de hussards et celle des autres corps de cavalerie est assez peu sensible ; quant à la selle employée en dehors de l'armée, elle a toujours eu le plus grand rapport avec cette dernière. M. Roduwart, sellier-harnacheur, se charge des fournitures de tout ce qui concerne les harnais, ustensiles d'écurie, fouets, cravaches, équipages de vénerie. Il est particulièrement connu pour ses harnachements destinés aux attelages de luxe. Il a obtenu de

RODUWART FRÈRES.

nombreuses récompenses à toutes les expositions ; en 1900, il fut hors concours et membre du Jury. Il est fournisseur breveté des cours de Russie et a été particulièrement remarqué pour son équipement des attelages de gala du sacre de l'empereur Nicolas II.

Le luxe des équipages date principalement du XVIe siècle. Avant cette époque il ne consistait guère que dans la beauté des chevaux et l'éclat des armures. Nous voyons dans les Mémoires d'Olivier de La Marche que ce genre de luxe fut porté très loin à cette époque, principalement à la cour des ducs de Bourgogne.

La rue Jean-Goujon aboutit avenue d'Antin. Aux numéros 15 et 17 s'élève une chapelle commémorative en souvenir de l'effroyable incendie du bazar de la Charité.

Suivons la rue François-Ier, jolie rue large et claire, qui nous mènera avenue Montaigne, l'ancienne *Allée des Veuves*, où jadis le bal Mabille rayonnait d'illuminations. Il était situé sur l'emplacement des immeubles qui portent les numéros 53 et 55. Ce n'était au début qu'un bal champêtre sans grande importance et qui ne différait pas de tous ceux qui existaient alors aux Champs-Élysées. Il prit une très grande extension à partir du jour où l'on inaugura le système de faire payer deux francs d'entrée pour un cavalier et sa dame au lieu de faire payer *à la contre-danse* comme cela se faisait alors. Le bal Mabille connut alors le succès grandissant et inventa les affiches sensationnelles tant perfectionnées depuis.

Lors de la disparition du bal Mabille, tous les accessoires et appareils d'illumination qui décoraient le jardin furent vendus à l'ancien Élysée-Ménilmontant aujourd'hui disparu et à l'Élysée-Montmartre devenu théâtre Victor-Hugo.

L'avenue Montaigne, aujourd'hui bordée de très beaux hôtels, fut bien longtemps, sous le nom d'Allée des Veuves, un chemin désert, triste et silencieux. Jusqu'à la fin du XVIIIe siècle, c'était une allée plantée d'une double rangée d'ormes, où l'on voyait quelques guinguettes. Elle s'appelait Allée des Veuves, parce que, raconte-t-on, « les veuves qui n'eussent point osé paraître en grand deuil aux promenades publiques allaient pleurer leurs maris dans cette allée sombre et solitaire ».

C'est le caprice de Mme Tallien qui mit l'Allée des Veuves à la mode. Elle habitait près de la Seine une maisonnette d'aspect rustique qu'on appelait *La Chaumière* et où dès le lendemain de la Terreur la *jeunesse dorée* et les *collets noirs* accoururent en foule. Ils se pressèrent à l'envi aux fêtes que donnait Mme Tallien.

Puis l'Allée des Veuves fut de nouveau délaissée et passa pour un des coins des plus déserts et les plus dangereux de Paris, jusqu'au moment où, pendant le second empire, le prince Napoléon, cousin de Napoléon III, y fit édifier sa maison pompéienne, décorée d'après les meilleurs modèles antiques et inaugurée en 1860 par une fête merveilleuse où assistaient l'empereur et l'impératrice. A cette occasion le prince Napoléon fit interpréter par Madeleine Brohan, Mme Favart, Samson, Got et Geffroy, *la Femme de Diomède* et *le Joueur de Flûte* d'Émile

L'ARC DE TRIOMPHE.

Augier. Le programme portait en tête : *Théâtre de Pompéi rouvert après une relâche de dix-huit cents ans pour cause de réparations.*

Cette intéressante et jolie construction fut démolie et sur son emplacement s'élève actuellement l'hôtel de Porgès.

Au 27 existait jadis le passage du Marais-des-Gourdes ainsi nommé à cause des cultures maraîchères environnantes. Aux 50 et 52 se trouve l'hôtel de Lariboisière.

Au milieu des beaux immeubles de l'avenue Montaigne, l'on voit encore quelques maisons basses et misérables qui sont des vestiges de l'ancienne Allée des Veuves. Citons ces quelques lignes extraites des *Promenades dans Paris*, d'Édouard Fournier, pour montrer ce que fut un moment la physionomie de l'avenue Montaigne.

« Regardez cette longue suite de petits cafés, de restaurants, au milieu desquels brille l'enseigne mouvante du Petit-Moulin-Rouge. On est bien loin du temps où le promeneur altéré ne trouvait un peu de bière aigre et de piquette que chez le Suisse de la grille du Cours-la-Reine ; bien loin de l'époque où Jean-Jacques Rousseau donnait le plan du Café des Ambassadeurs, le seul qui se trouvât alors aux Champs-Élysées ; bien loin même des premières années de la Révolution alors qu'il n'y avait guère dans toute la promenade qu'un seul traiteur, celui chez lequel eut lieu, en juillet 1792, la sanglante rixe des Marseillais et des soldats licenciés. Voici maintenant, à l'extrémité de la ligne des restaurants de l'avenue Montaigne, le fameux bal Mabille, avec sa monumentale entrée, le soir rayonnante d'illuminations. Je voudrais vous y faire entrer, vous mettre en connaissance avec les trois frères qui sont les propriétaires et les directeurs de ce fantastique pandémonium de la danse échevelée... Je passe aussi, en ne lui donnant qu'un regard, devant ce merveilleux *Jardin d'Hiver* où tout devait venir finir en serre chaude, les fleurs et les talents,... puis c'est le dernier reste de ces grands jardins Marbeuf, de cette Idalie, comme on les appelait, où toutes les âmes sensibles du Directoire sont venues s'ébattre en de grande fêtes et de petites orgies. »

L'avenue Montaigne vient aboutir à la Seine. C'est à cet endroit que se forme la place de l'Alma, où s'élevait autrefois la pompe à feu de Chaillot.

Le pont de l'Alma fut inauguré en 1846.

L'avenue de l'Alma est une très belle voie que relie la Seine aux Champs-Élysées. L'Hippodrome s'y élevait jadis ; il fut remplacé par des hôtels particuliers. Entre l'avenue de l'Alma, l'avenue Montaigne et les Champs-Élysées se trouvent les rues Marbeuf, Boccador, Trémoille, Clément Marot, qui font partie du quartier désigné sous l'appellation générale de quartier Marbeuf. Le comte de Marbeuf possédait sur ces terrains des jardins et des cultures potagères attenant à son hôtel. La rue Marbeuf s'appelait autrefois ruelle des Marais, puis rue des Gourdes. C'est le comte de Marbeuf qui fit admettre Napoléon Bonaparte à l'École de Brienne.

La rue Pierre-Charron porta sous l'Empire le nom de Morny en l'honneur du

BAS-RELIEF DE L'ARC DE TRIOMPHE.

duc de Morny. Celui-ci habitait aux Champs-Élysées un petit hôtel que l'on désignait sous le nom de *Niche à Fidèle*.

Rue Pierre-Charron, se trouve le musée Brignole-Galiéra, entouré par les rues

Brignole et Galiéra ouvertes en 1879 sur les terrains appartenant à la marquise Brignole-Galiéra. Ce musée est une sorte de Salon d'Art Industriel. Il fut construit par l'architecte Ginain et inauguré en 1895.

L'avenue Marceau porta primitivement le nom d'avenue Joséphine et s'étend de la Seine à la place de l'Étoile, qui fut ainsi nommée à cause des douze avenues qui viennent y aboutir. Elle fut formée sur l'emplacement de l'ancien promenoir de Chaillot et s'appelait, avant l'annexion de 1860, barrière de l'Étoile.

La merveilleux Arc de Triomphe situé au centre de la place fut élevé par ordre de Napoléon Ier pour consacrer le souvenir des victoires des armées françaises. Sa construction fut confiée à l'architecte Chalgrin et la première pierre en fut posée le 15 août 1806. Les travaux furent interrompus en 1814, repris sous la Restauration et achevés seulement en 1844. Ce fut Marie-Louise qui, en 1810, passa la première sous l'Arc de Triomphe, alors à peine ébauché. Pour la circonstance, il avait été provisoirement élevé en bois et recouvert de toile peinte.

Les quatre groupes de sculpture qui ornent les grands piliers sont : le *Départ* de Rude, le *Triomphe* de Cortot, la *Résistance* et la *Paix* par Etex. Les bas-reliefs sont les *Funérailles de Marceau* par Lemaire; le *Passage du pont d'Arcole* par Feuchère, la *Bataille d'Aboukir* par Seurre, la *Prise d'Alexandrie* par Chaponnière, la *Bataille d'Austerlitz* par Gechter, la *Bataille de Jemmapes* par Marochetti. La grande frise représentant le départ et le retour des armées fut exécutée par tous les sculpteurs qui travaillèrent au monument.

En 1885, le corps de Victor Hugo fut exposé sous l'Arc de Triomphe, et nous trouvons dans un article de Jules Claretie datant de cette époque la description du défilé des funérailles de la place de l'Étoile au Panthéon. « Voici du haut de l'avenue des Champs-Élysées l'immense déroulement du cortège, entre deux murailles humaines; au loin, vers la place du Carrousel, le fourmillement des êtres, l'éclat ruisselant des casques... C'était stupéfiant, ces entassements d'hommes, de femmes, le long de l'avenue, ces silhouettes sur les toits, ces hommes grimpés dans les marronniers comme des insectes énormes... L'armée, superbe, avec ses drapeaux, ses soldats au port d'arme, complétait sur la place de la Concorde, avec les statues voilées de crêpe et les faisceaux de drapeaux, un tableau inoubliable... Puis là-bas, au bout de la rue Soufflot, par une ascension triomphale, c'est le Panthéon drapé de noir avec ses deux trépieds géants envoyant au vent leurs flammes vertes. Il y a là tout un peuple... Et nous nous retournons pour voir déboucher le noir corbillard, simple et saisissant : tous les fronts se découvrent. Une clameur le suit, le précède, l'enveloppe comme d'une acclamation... »

Et puisque nous venons de prononcer le nom de Victor Hugo, citons, pour terminer, ces quelques mots sur l'Arc de Triomphe, ces vers du poète qui sut le mieux chanter la gloire de la Grande Armée :

« Arc triomphal, la foudre en terrassant ton maître
« Semblait avoir frappé ton front encore à naître.
« Par nos exploits nouveaux te voilà relevé !

PARC MONCEAU.

« Car on n'a pas voulu dans notre illustre armée
« Qu'il fût de notre renommée
« Un monument inachevé !

« Dis aux siècles le nom de leur chef magnanime ;
« Qu'on lise sur ton front que nul laurier sublime
« A des glaives français ne peut se dérober.
« Lève-toi jusqu'aux cieux, portique de victoire,
« Que le géant de notre gloire
« Puisse passer sans se courber ! »

En quittant la place de l'Étoile, suivons l'avenue Hoche qui fut créée en 1854 sous le nom de boulevard de Monceau et qui nous mène au parc Monceau ou de Mousseau.

M. Georges Cain, dans ses *Nouvelles Promenades dans Paris*, nous rapporte une conversation de Rosa Bonheur décrivant ce qu'était le parc Monceau il y a quelque temps, et ce tableau est si pittoresque, si différent de ce que nous pouvons voir aujourd'hui dans ce quartier de la plaine Monceau, l'un des plus riches de Paris, que nous ne croyons pas sans intérêt de le reproduire ici :

« Vous ne sauriez avoir une idée de ce qu'était alors ce quartier si élégant, si luxueux aujourd'hui, le boulevard de Courcelles, l'avenue de Villiers, la place Malesherbes, l'avenue de Messine ; c'était la campagne, la vraie campagne. On y voyait des cultures maraîchères, des laiteries, des fermes, des étables de nourrisseurs, des guinguettes où, les jours de fortune, on allait manger une omelette sous les acacias en fleurs ; les vaches, les chèvres, les moutons y paissaient dans les champs ; mon père et moi y faisions des études de mousses, de fougères, de troncs d'arbres... Il existe un tableau de Cabat qu'on croirait peint dans le Morvan : c'est le boulevard Haussmann en 1835, derrière l'hôpital Beaujon. Monceau abandonné n'était plus qu'une ruine grandiose, envahie par les herbes, les lianes, les bardanes, les fleurs sauvages ; les arbres échevelés s'y emmêlaient comme en une forêt vierge, le petit lac était un marais, et les colonnes de la Naumachie gisaient pour la plupart dans l'herbe. Quelques artistes avaient dressé leurs chevalets dans ce coin charmant. Je me souviens d'un élève de Drowling qui y sonnait du cor entre deux études. J'y peignais des animaux et les modèles ne manquaient pas. »

Monceau était un village existant au temps des Carlovingiens ; on y cultivait la vigne, et Charles le Chauve, en l'an 850, donna aux moines de Saint-Denis les vignes de Mousseau « afin qu'ils en boivent quotidiennement le produit à leurs repas ».

Au XVIIIe siècle, Monceau dépendait de la seigneurie de Clichy et fut vendu par Grimod de la Reynière, fermier général, à la famille d'Orléans.

Monceau ou Mousseau, dont le nom viendrait peut-être de lieu mousseux, fut planté, en 1778, par Carmontelle sous les ordres de Philippe d'Orléans, duc de Chartres, qui, sous la Révolution, devait devenir le citoyen Égalité et voter la mort de Louis XVI.

Dès 1785, Mousseau était un lieu enchanteur : on y voyait une « rivière sillonnant de vastes prairies, un temple chinois, une cascade, un temple de marbre blanc, des tombeaux cachés dans un petit bois, un lac dormant au milieu duquel se dressait un obélisque de granit chargé d'hiéroglyphes, des maisons rustiques, des cabarets, etc. ; rien n'y manquait, pas même les fausses ruines si fort à la mode au XVIIIe siècle ».

On a beaucoup discuté, sans parvenir à s'entendre, sur l'origine de la colonnade qui entoure la pièce d'eau, connue sous le nom de *Naumachie*. Quelques-uns prétendent qu'elle vient de l'ancien château du Raincy ; d'autres affirment que cette colonnade faisait partie d'une annexe de Notre-Dame-de-la-Rotonde, construite à Saint-Denis pour le mausolée de Henri II, par les ordres de Catherine de Médicis, et qui aurait été l'œuvre de Philibert Delorme et de Germain Pilon.

A côté de la Naumachie, se trouve la grande arcade renaissance qui provient de la cour de l'ancien Hôtel de Ville, vestige sauvé de l'incendie de 1871.

Dans son poème des *Jardins*, l'abbé Delille, que le spirituel Chamfort avait traité de *moulin à vers*, célébra ainsi les splendeurs du Parc Monceau :

« J'en atteste, ô Monceau, tes jardins toujours verts :
« La rose apprend à naître au milieu des glaçons,
« Et les temps, les climats, vaincus par des prodiges,
« Semblent de la féerie épuiser les prestiges. »

Philippe d'Orléans fit des prodigalités sans nombre pour sa *Folie de Chartres*. Il y donna des fêtes superbes. Il y reçut Joseph II, empereur d'Autriche, et Paul Ier, empereur de Russie.

C'est là qu'il fit faire les premières expériences magnétiques de Mesmer, qui devaient, par la suite, faire courir tout Paris. C'est également à Monceau que, dans le fameux souper des évocations, Cagliostro fit apparaître les ombres de Ninon de Lenclos, d'Aspasie, de Marie Stuart, de Diane de Poitiers et de Mlle de La Vallière. Le duc de Chartres était, comme on le voit, très amateur de magnétisme et d'occultisme.

La maison d'habitation s'ouvrait rue de Monceau à peu près sur l'emplacement de la grille dorée, forgée par Moreau ; elle contenait des merveilles.

C'est là, paraît-il, que La Fayette et Bailly déjeunaient, le 14 juillet 1789, lorsqu'on entendit le canon tonner et qu'on vint leur annoncer la prise de la Bastille.

Après la mort de Philippe Égalité décapité en 1793, le parc Monceau devint propriété nationale. La Convention le loua à Ruggieri, qui y organisa des fêtes et des feux d'artifices ; puis vinrent successivement s'y établir un restaurateur, un loueur de cabriolets, des menuisiers et des marchands de poissons.

Puis Monceau tomba dans un état de délabrement complet. Sous l'Empire, Napoléon le donna à Cambacérès, qui le lui rendit quelque temps après, effrayé des dépenses considérables qu'il fallait y faire. En 1815, Louis XVIII le rendit à la famille d'Orléans.

En 1848 on y installa des ateliers nationaux. Rendu à l'État en 1852, la banque Pereire en devint acquéreur pour une partie et la ville pour l'autre.

Depuis 1870, le parc, resté un délicieux jardin, appartient tout entier à la Ville. Plusieurs statues y ont été placées, entre autres celles de Guy de Maupassant, d'Ambroise Thomas.

Ce séjour des Jeux et des Ris, dit M. Georges Cain, est entouré aujourd'hui d'hôtels superbes et de villas. « Les champs qui le bordaient autrefois, après avoir été la petite Pologne, un réceptacle de misère, un repaire de chiffonniers, sont devenus de somptueuses avenues, d'imposants boulevards. Moins d'un siècle a suffi pour qu'un des quartiers de Paris les plus misérables devînt un des plus luxueux. »

STATUE DE GUY DE MAUPASSANT.

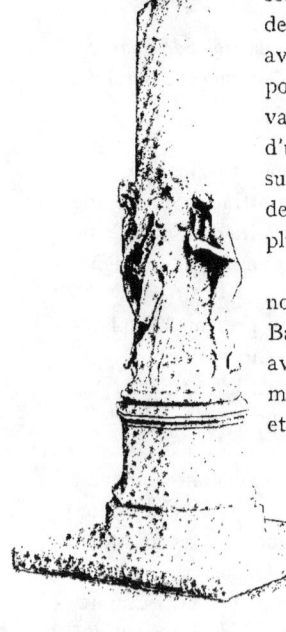

STATUE D'ARMAND SILVESTRE.
AVENUE DU COURS-LA-REINE.

Par la rue Daru, où se trouve l'église russe, prenons le faubourg Saint-Honoré. Nous rencontrons la rue Balzac. Au numéro 12 de cette rue, le grand romancier avait son hôtel qu'il habita fort peu de temps et où il mourut. La rue Balzac, s'appelait alors l'avenue Fortunée et l'hôtel de Balzac portait le numéro 22.

A l'endroit où la rue Balzac rejoint l'avenue Friedland, a été élevé, à l'occasion du centenaire de Balzac, une statue de l'auteur de *la Comédie Humaine*. Ce monument est l'œuvre de Falguière.

C'était une statue de Rodin qui devait être érigée en cet endroit et qui avait été commandée au sculpteur dans ce but. Rodin exposa son œuvre au Salon de la Société

Nationale des Beaux-Arts de 1899. Par sa puissante et excessive originalité, cette œuvre déconcerta le public et fut l'objet des polémiques les plus vives.

Descendons l'avenue Friedland, peuplée de très beaux immeubles, et continuée par le boulevard Haussmann.

Ce dernier fut commencé en 1857 et prolongé en 1868.

Nous ne disons pas terminé, car le boulevard Haussmann, qui doit être continué jusqu'au boulevard des Italiens, attend toujours son achèvement. Cette question revient bien souvent à l'ordre du jour, mais ne sera sans doute pas solutionnée de sitôt.

Ce boulevard doit son nom au baron Haussmann, préfet de la Seine sous le second Empire, auquel on doit une très grande partie des embellissements de Paris.

C'est lui qui fit exécuter, entre autres travaux, la reconstruction des Halles, le percement du boulevard de Strasbourg, du boulevard Saint-Michel, l'aménagement du parc Monceau, du bois de Boulogne, de la place de l'Étoile, etc.

Jules Ferry écrivit contre le baron Haussmann une brochure intitulée *les Comptes fantastiques d'Haussmann*, qui obtint un succès retentissant.

A la jonction du boulevard Haussmann et de l'avenue de Messine a été élevée la statue de Shakespeare.

Au numéro 125 du boulevard Haussmann, nous voyons la maison d'orfèvrerie et de joaillerie Lucien Tesson, qui fut fondée en 1893, rue Cambon. A ce moment, elle prenait la suite d'une vieille maison qui avait été jadis très réputée au moment de la splendeur du Palais-Royal, la maison Daux, qui avait été fondée en 1812, dans les galeries de l'ancien Palais-Cardinal. M. Tesson fut pendant plus de vingt ans le principal collaborateur de Froment-Meurice et il associa son nom à des travaux célèbres. Par la suite, il passa plusieurs années à la maison Boin-Taburet.

Au sujet de Froment-Meurice, voici l'article que nous trouvons dans le *Larousse* :

« L'orfèvrerie française a compté, de nos jours, des artistes de premier ordre. A leur tête s'est placé Froment-Meurice, dont il nous suffira de rappeler quelques chefs-d'œuvre : un ostensoir, un calice et un encrier pour le pape ; une épée et un coffret pour le comte de Paris, d'après les dessins de Paul Delaroche et Visconti; un superbe milieu de table, composé par Jean Feuchères et représentant le globe porté par des géants et entouré de figures allégoriques et mythologiques ; une toilette pour la duchesse de Parme, etc... Ce dernier morceau consiste en une table à pieds d'argent richement décorés ; la surface de la table est en argent niellé de fleurs de lis, soutenue par des anges ; des coffrets de forme gothique, ornés de figures émaillées, une aiguière de la forme la plus élégante et de la décoration

MAISON TESSON.

la plus riche complètent ce bel ensemble, où l'orfèvre a réuni tout ce que son art peut créer de plus magnifique et de plus varié. »

C'est M. Tesson qui exécuta les magnifiques couronnes en argent destinées aux obsèques de Carnot et d'Alexandre III, offertes par Casimir Perier, alors président de la République ; par l'école de Saint-Cyr ; par l'école Polytechnique ; par l'école Monge et par la ville de Versailles. Le président Félix Faure lui commanda également une très belle couronne pour le Panthéon. M. Tesson a exécuté pour la Ville de Paris, pour les Sociétés de steeple-chase de France et pour de nombreuses sociétés de sports ou de tir, de très beaux objets d'art, destinés aux prix fondés par ces sociétés. M. Tesson exécute tous les jours de nouvelles créations et se signale par une très grande originalité et par un très grand art

Nous trouverons dans la maison de M. Tesson, dont la visite est un régal pour l'amateur, des porcelaines anciennes

MAISON TESSON.

de toute beauté, des bibelots précieux, des gravures de différentes époques, des reproductions de pièces d'orfèvrerie ancienne et, particulièrement, du XVIIIe siècle.

Puis, dans ce cadre exquis qu'est la maison d'orfèvrerie du 125 boulevard Haussmann, nous voyons, en outre, des créations personnelles de M. Tesson, où il a su déployer un goût très particulier et très rare.

Au numéro 158, nous nous arrêtons devant un hôtel merveilleux, véritable demeure princière qui appartient à la veuve du banquier André.

Au numéro 134, nous voyons la maison Sutton, fondée en 1824. Cette maison s'est acquis, depuis de longues années, dans le monde entier, une réputation incontestable, qui est due, non seulement au choix de ses fournitures irréprochables, mais encore, et principalement, à l'exécution parfaite de toutes les livrées ordinaires, des livrées de gala modernes ou anciennes. Elle possède à ce sujet une innombrable quantité de documents, et c'est peut-être la seule maison qui puisse, grâce à la

MAISON SUTTON.

richesse de ses renseignements, reconstituer, de façon absolument authentique, les belles et somptueuses livrées qui se portaient à la cour, au temps des rigoureuses étiquettes impériales et royales.

La maison Sutton a su conserver les traditions impeccables ; elle était d'ailleurs le fournisseur attitré des cours de Charles X et de Napoléon III. Puis, par la suite, elle fut le fournisseur des ambassades étrangères en France aussi bien que de nos ambassades à l'Étranger. Elle fournit aujourd'hui la maison du Président de la République Française.

La maison Sutton exécute des vêtements de soirées et de ville de coupe irréprochable. En outre, elle s'est fait également une spécialité des vêtements de cheval et des tenues de véneries ; à ce sujet, elle possède encore les documents exacts de la plus grande partie de nos équipages. Nous devons ajouter que la

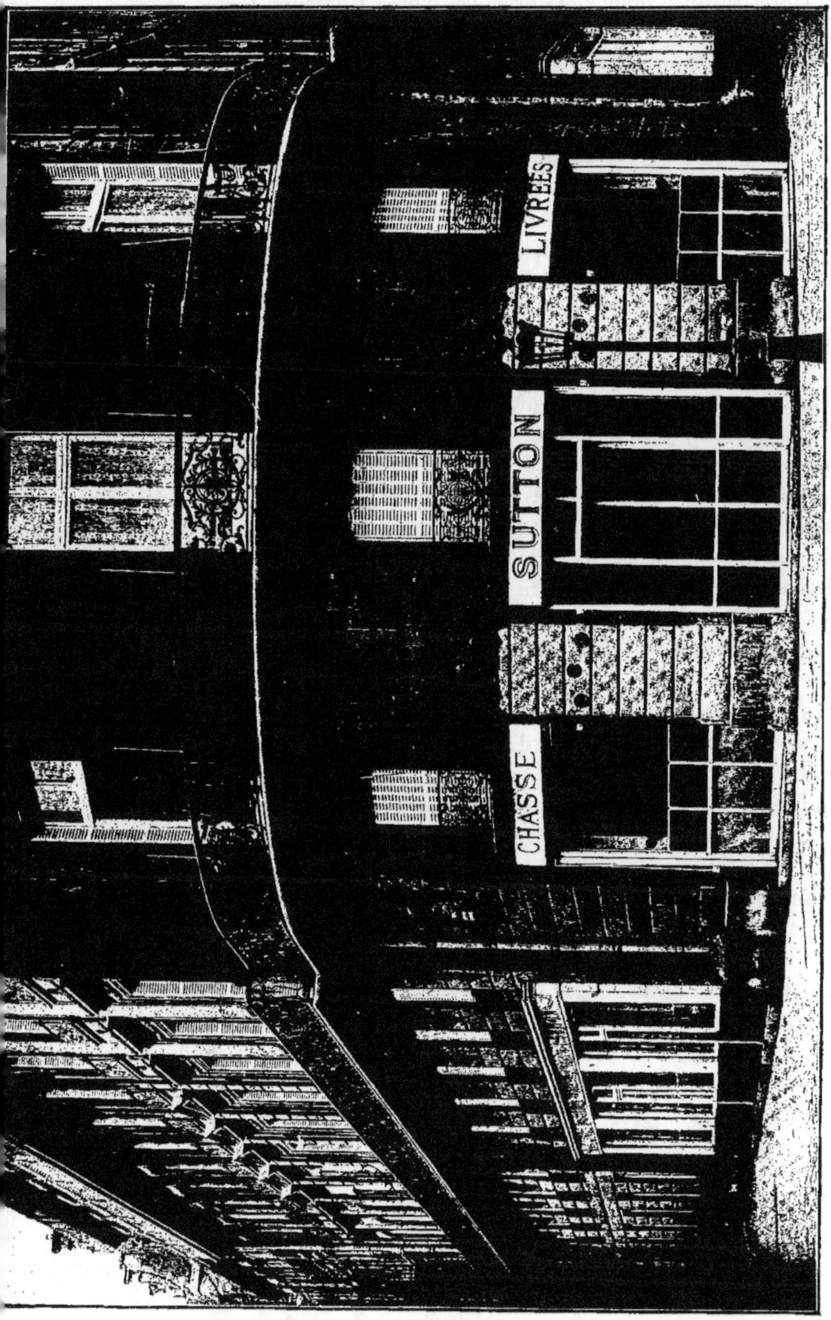

MAISON SUTTON.

maison Sutton a obtenu des médailles d'or et d'argent à toutes les expositions et la plus haute récompense à l'exposition de 1900 ; cela est justifié pleinement par le mérite artistique de cette maison de premier ordre.

De nombreuses rues viennent aboutir boulevard Haussmann. Nous citerons seulement ici :

La rue de Courcelles, très ancienne voie qui se nommait chemin de Villiers ; la rue de Miromesnil, créée en 1776 sous le nom de rue Guyot et baptisée du nom qu'elle porte actuellement en l'honneur du garde des sceaux, Miromesnil, qui contribua beaucoup à l'abolition de la torture en France.

La rue de la Boétie et la rue de la Pépinière.

La rue de la Boétie, primitivement désignée sous le nom de *Chemin du Rouleaux-Percherons*, fut ouverte en partie sur l'ancienne pépinière du Roi.

Au numéro 14 nous voyons la maison de couture Buzenet, qui a transformé en un véritable temple du goût le joli petit hôtel qui fait le coin de la rue de la Boétie. Depuis quelque temps, dans les réunions mondaines, aux premières représentations, aux courses, dans tous les endroits où se retrouve l'élite du Paris élégant, ce nom de Buzenet est bien souvent prononcé et revient dans un grand nombre de conversations. C'est que Buzenet a le don de créer, pour ses jolies clientes, de délicieux modèles ; ils se reconnaissent tous à deux signes caractéristiques : le goût sobre et l'originalité distinguée.

La maison Buzenet, autrefois maison Kerteux sœurs, a, depuis quelque temps, transféré ses salons au numéro 14 de la rue de la Boétie.

Une visite s'y impose en vérité et, tout en admirant la luxueuse installation des grands salons de vente et des jolis salons d'essayage, nous voyons défiler toute la série des costumes tailleur d'un chic tout spécial, des manteaux somptueux qui parent d'un si aimable attrait la grâce légère des femmes, des toilettes du soir qui dessinent si parfaitement les lignes et en font mieux valoir la beauté : ce sont ces robes de soirées qui sont le triomphe de Mme Buzenet, et c'est surtout en ce genre qu'elle réalise de véritables merveilles. Avant de quitter ce salon où tant de jolies choses attirent notre attention, jetons encore un coup d'œil sur ces précieuses fourrures et sur tout le luxe discret de la lingerie.

Après avoir porté le nom de Chemin du Roule, la rue de la Boétie fut nommée pendant quelque temps rue d'*Angoulême-Saint-Honoré*, puis, en 1865, rue de *Morny*. Le duc de Morny était le fils naturel du général de Flahaut et de la reine Hortense et, par conséquent, frère utérin de Napoléon III. Voici le portrait qu'a tracé de lui le comte d'Alton Shée, pair de France, qui fut son compagnon de jeunesse :

« Sans être véritablement beau, dit-il, Morny avait la physionomie fine et bienveillante, de l'élégance, de la distinction ; il était admirablement proportionné, fort adroit à tous les exercices, un de nos meilleurs gentlemen-riders. Ami, parfois rival heureux, du duc d'Orléans, il avait obtenu près des femmes de nombreux et éclatants succès. Instruit pour un mondain, ayant le goût de la

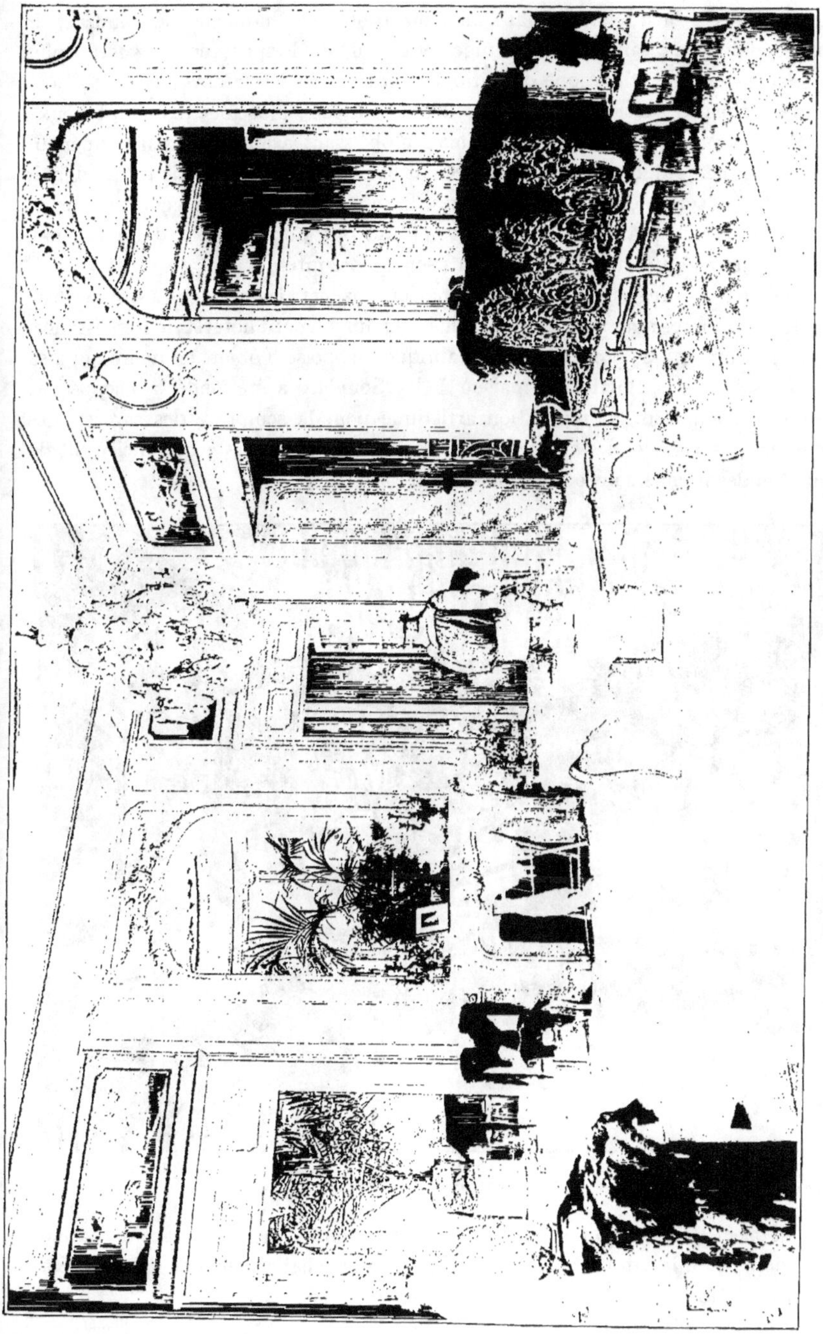

MAISON BUZENET.

paresse et la faculté du travail, une foi absolue en lui-même, de l'audace, de l'intrépidité, du sang-froid, un jugement sain, de l'esprit, de la gaieté ; plus capable de camaraderie que d'amitié, de protection que de dévouement ; amoureux du plaisir, décidé au luxe ; prodigue et avide ; plus joueur qu'ambitieux ; fidèle à un engagement personnel, mais n'obéissant à aucun principe supérieur de politique ou d'humanité, rien ne gênait la liberté de ses évolutions ; il joignait à tout cela certaines qualités princières, la dissimulation, l'indulgence, le mépris des hommes. Il pratiquait la souveraineté du but, non au profit d'une religion, d'un système ou d'une idée, mais dans son propre intérêt. »

Quittons à regret les salons de la maison Buzenet et continuons à suivre la rue la Boétie et nous remarquerons, au numéro 37, un joli petit hôtel style Renaissance.

Au numéro 32, nous verrons la fabrique dieppoise d'objets en ivoire qui a sa succursale rue la Boétie. La maison Félix Souillard a été fondée à Dieppe par Auguste Souillard. Sa réputation artistique pour la sculpture des camées, des christs, des vierges, des statuettes représentant des Amours genre ancien, fit de lui l'un des premiers négociants de la ville.

MAISON SOUILLARD.

Son fils Félix, qui lui succéda en 1887, transporta la maison place du Casino, où, depuis, on le vit à la cheville, entouré de ses collaborateurs et ouvriers. Son commerce fut toujours extrêmement florissant.

MAISON SOUILLARD.

Depuis les temps anciens, l'on a exécuté en ivoire de véritables chefs-d'œuvre. Les peuples de l'antiquité employaient l'ivoire pour orner leurs maisons et leurs temples ainsi que pour sculpter les images de leurs dieux. On exécutait en ivoire toutes sortes d'ustensiles qu'on ornait de plaques d'or. La quantité d'ivoire, employée à Rome est vraiment prodigieuse. On fit notamment exécuter en ivoire une statue de Jules César. Les portes d'un temple d'Apollon élevé par Auguste en action de grâces de la victoire d'Actium étaient entièrement en ivoire.

En 1364, les Dieppois équipèrent deux vaisseaux qui s'en allèrent sur les côtes d'Afrique. Ils en revinrent chargés d'une énorme quantité d'ivoire, et c'est alors que vint aux Dieppois l'idée de fonder des fabriques d'ivoire.

L'ivoirerie de Dieppe fut extrêmement florissante jusqu'en 1694, époque à laquelle les Anglais bombardèrent la ville. L'activité reprit dans les fabriques à partir de 1816 et, aujourd'hui, c'est à Dieppe que l'on trouve les meilleurs ouvriers.

En 1902, la maison Souillard quitta Dieppe pour s'installer à Paris, 32, rue la Boétie. Sa clientèle marchande et bourgeoise la suivit fidèlement et l'atelier de la rue la Boétie, où l'on travaille l'ivoire, est bien connu des Parisiens. Depuis son séjour à Paris, la maison Souillard a encore perfectionné et transformé l'art de l'ivoire selon le goût moderne ; elle est réputée pour la fabrication de toutes les statuettes et objets d'art, médailles, croix de berceaux, pour les garnitures de toilettes, boîtes à poudre, ongliers, billes de billards, etc... Les collectionneurs, qui recherchent si avidement les ivoires anciens, en trouveront de fort curieux à la maison Souillard, qui se charge de toutes les réparations anciennes et modernes et travaille à façon les ivoires bruts, rapportés par les explorateurs.

Au numéro 44 de la rue la Boétie se trouve un hôtel où logeait la comtesse de Lavalette lorsqu'elle partit à la Conciergerie pour obtenir, de la façon miraculeuse que l'on sait, la délivrance de son époux.

La rue de la Pépinière traversait autrefois les terrains de la Pépinière Royale du Louvre. La caserne de la Pépinière, située avenue Portalis et rue de la Pépinière, fut édifiée en 1770 et reconstruite en partie sous Napoléon III.

Le square Louis XVI, dit de la Chapelle-Expiatoire, est placé entre le boulevard Haussmann, la rue Pasquier, la rue d'Anjou et la rue des Mathurins.

Ce titre de Chapelle Expiatoire donné au monument provoqua si souvent les discussion des partis qu'il fut plusieurs fois question de démolir la chapelle. Elle fut élevée, par les ordres de Louis XVIII, à la mémoire de Louis XVI et de Marie-Antoinette, pour consacrer le lieu où ils furent inhumés après leur exécution. Leurs corps furent placés en effet dans le cimetière de la Madeleine, où ils restèrent jusqu'en 1823, époque à laquelle ils furent transférés dans la Chapelle de Saint-Denis. L'historien Lenôtre nous donne quelques détails précis au sujet de ce monument.

L'autel de la crypte s'élève à l'endroit précis où l'on découvrit, en 1815, les ossements du roi et de la reine. Le cimetière de la Madeleine n'était autre, en 1793, qu'un terrain de forme assez irrégulière, enclos de murs, s'ouvrant sur la rue d'Anjou et bornant au nord l'immense potager des religieuses de la Ville-l'Évêque. Les premiers corps qui y furent inhumés étaient ceux des trois cents victimes de l'accident survenu le 6 juin 1770, place Louis-XV, à l'occasion des fêtes données pour le mariage du dauphin. Toutes les victimes de la Révolution, guillotinées place de la Concorde, furent inhumées dans ce cimetière. C'est grâce à Desclozeaux, propriétaire d'une maison rue d'Anjou, que la place où reposaient les restes de Louis XVI et de Marie-Antoinette put être précisée. Il avait acquis le terrain où les corps des souverains avaient été déposés, et il avait planté à cet endroit deux saules pleureurs, entourés d'une haie de charmille. Au moment de la Restauration, il mit ce terrain à la disposition de la famille royale.

La chapelle, construite par Percier et Fontaine, renferme le groupe de Louis XVI et de son confesseur, par Bosio, et celui de Marie-Antoinette et de la Religion, sculpté par Cortot.

La rue d'Anjou possède de fort beaux hôtels qui datent, pour la plupart, du XVIIe siècle.

« Ils portèrent d'abord de fort beaux noms à leur frontispice. C'étaient, au numéro 11, l'hôtel de Créqui ; au numéro 9, l'hôtel de Contades, puis les hôtels d'Espagnac, de Beaufremont, de Nicolaï, de la Belinaye, etc...

« La Révolution vient, et qui trouvons-nous dans cette rue dépeuplée par l'émigration? Chabot, l'ex-capucin, qui se prélasse au numéro 19. Pendant le Consulat, Moreau habita l'hôtel placé sous le numéro 28 ; Bernadotte l'occupa ensuite ; Napoléon, qui l'avait acheté après la condamnation de Moreau, le lui avait donné, et il est encore aujourd'hui la propriété de la reine douairière de Suède. Pendant la Restauration, nous trouvons, rue d'Anjou M. Crawfurth, dont la magnifique galerie de tableaux prouvait le bel emploi qu'il fit de sa fortune, le marquis d'Aligre, et deux des grands noms du libéralisme militant, Benjamin Constant et Lafayette ; l'un mourut au numéro 15, l'autre dans l'hôtel qui porte le numéro 6. »

La rue des Mathurins fut percée sur le terrain dépendant de la ferme des Mathurins, les fameux *pères aux ânes*.

Au numéro 32 se trouvait l'hôtel de François de Beauharnais, mari de Joséphine ; on dit que c'était dans cette rue que se trouvait l'habitation de Tristan l'Hermite, le grand prévôt de Louis XI.

La rue Pasquier porta d'abord le nom de rue de l'Abreuvoir-l'Évêque ; elle fut ouverte sur des terrains qui appartenaient à M. de Montessuy.

Au numéro 3 nous voyons le merveilleux étalage de la célèbre maison de bijouterie et d'orfèvrerie de Boin-Taburet. Elle a été fondée en 1837 et, depuis cette époque, a toujours été la plus réputée pour les travaux fins d'orfèvrerie, de bijouterie et de joaillerie. Les objets exécutés chez elle sont de véritables œuvres d'art ; nous y voyons les plus belles pièces d'orfèvrerie de table, d'objets de toi-

MAISON BOIN-TABURET.

lette et d'objets d'art copiés et inspirés du xviiie siècle. L'orfèvrerie du xviiie siècle produisit des ouvrages charmants. A cette époque, au lieu de suivre de loin l'architecture, ainsi qu'elle l'avait toujours fait par le passé, l'orfèvrerie la devança dans les transformations de l'art qui a marqué le commencement du xviiie siècle.

La nouvelle école déploya l'imagination la plus vive et la plus féconde dans l'exécution de certains objets qui sont des chefs-d'œuvre de grâce et d'éclat, où se marient, de la façon la plus heureuse, les ors de plusieurs couleurs, l'argent, la nacre et les émaux.

La maison Boin-Taburet a exécuté, en ce gracieux style du xviiie siècle, des œuvres qui sont de pures merveilles.

En bijouterie et joaillerie, elle a exécuté des objets d'un travail très fin, ornés d'émaux et de pierres précieuses.

La maison Boin-Taburet s'est, en outre, spécialement distinguée dans la vente d'objets anciens, de meubles, de porcelaines, de bronzes, de gravures, de tableaux Louis XIV, Louis XV et Louis XVI, ainsi que d'objets de vitrines de tous styles, dont on trouve chez elle le plus grand assortiment.

Suivons à présent la rue de Rome, qui commence boulevard Haussmann.

Au numéro 14 de la rue de Rome, formant le coin de la rue Saint-Lazare, nous trouvons la grande maison de couture Levilion.

Cette maison fut fondée en 1866, boulevard Malesherbes et, au moment de l'extension de ses affaires, s'installa à l'endroit qu'elle occupe actuellement, en face la gare Saint-Lazare.

MAISON LEVILION.

MAISON LEVILION.

VIIIᵉ ARRONDISSEMENT

Elle occupe cette installation depuis 1872 ; c'est Mme Levilion qui avait fondé cette maison de couture, et ses enfants lui succédèrent.

Depuis 1905 M. Dacheux et Mme Ory, qui étaient depuis fort longtemps des employés de la maison, succédèrent à la famille Levilion.

Depuis cette époque, ils ont accru considérablement le développement de leurs affaires et la maison Levilion a pris, sous leur direction, une grande notoriété.

Dans leurs jolis salons, tout nouvellement aménagés, nous prenons plaisir à voir défiler ces délicieuses robes de soirées, ces toilettes de ville, ces manteaux élégants et tout ce luxe de lingerie.

Depuis quelque temps la maison Dacheux et Ory s'est agrandie d'un rayon spécial de costumes tailleur où l'on trouve de fort jolis modèles ; l'on sait la vogue que ce genre obtient actuellement près des femmes, et celles-ci trouveront à la maison Levilion de nombreuses créations bien faites pour leur plaire.

Rue de Rome se trouve le lycée Racine, lycée de jeunes filles, dont l'entrée est au numéro 26 de la rue du Rocher.

La loi du 21 décembre 1880 a organisé en France l'enseignement secondaire des jeunes filles et a créé des lycées, des collèges et des cours.

C'est en 1867 que M. Duruy posa nettement dans une circulaire au recteur la question de l'enseignement secondaire des filles. Il déposa, dans ce sens, un projet de loi qui rencontra, comme il fallait s'y attendre, de vives oppositions.

La Chambre finit par adopter la proposition de M. Duruy et les lycées et collèges de filles furent créés.

Afin de pourvoir les lycées d'un personnel de professeurs femmes capable de donner le nouvel enseignement, la loi de 1881 a créé à Sèvres une école normale supérieure d'enseignement secondaire des filles.

Tout à côté du lycée Racine, nous voyons l'orfèvrerie J. Garnier, 21-23, rue de Rome.

Fondée en 1893, au n° 23, devant l'extension croissante de son commerce, M. J. Garnier dut s'adjoindre, en 1904, le magasin mitoyen, satisfaisant ainsi au désir de sa nombreuse clientèle.

La maison J. Garnier est, en effet, la seule en son genre, dans cette partie du VIIIᵉ arrondissement, desservant tout le quartier de la gare Saint-Lazare, de l'Europe, de l'avenue de Villiers et de la banlieue ouest de Paris.

Par son goût très sûr et par le choix de ses articles en horlogerie, bijouterie, orfèvrerie, etc., la maison J. Garnier se recommande à son élégante clientèle.

M. Garnier se recommande aussi de son titre d'horloger de la marine de l'État. Il a voulu également se spécialiser dans l'exécution de la bijouterie et de l'orfèvrerie de style. Il profita des agrandissements de sa maison pour s'adjoindre le précieux concours de M. André Royer, ex-élève de l'école des Arts décoratifs qui expose au Salon des Artistes français, au musée Galliera et qui collabore à de nombreuses publications, entre autres à *l'Art français*.

C'est ainsi qu'à dater de cette époque la maison Garnier prit un nouvel essor en exécutant des travaux de ciselure et de joaillerie de tous styles, reproductions de l'ancien, transformation de bijoux, travaux à façon, cuivre martelé et repoussé, porcelaines et poteries d'art montées en ciselure d'argent, etc., etc.

M. Garnier créant sans cesse de l'inédit a voulu donner à sa maison un cadre digne de ses productions ; il a fait exécuter l'installation intérieure et extérieure

MAISON GARNIER.

de ses magasins en noyer massif du plus pur style gothique par le maître sculpteur V. Aimone.

Et puisque nous venons de parler de cette grande maison de bijouterie et d'horlogerie de la rue de Rome, disons quelques mots sur l'ancienne corporation des horlogers. — Ceux-ci formaient sous l'ancien régime une corporation à laquelle Louis XI donna ses premiers statuts en 1483.

Ces statuts furent successivement confirmés par François Ier, Henri II, Charles IX, Henri IV et Louis XIV.

Jusqu'au règne de ce dernier, les horlogers furent subordonnés aux orfèvres.

En 1643, ils furent affranchis de cette subordination ; mais ils durent graver leurs noms sur les boîtes des montres qu'ils vendaient.

VIIIe ARRONDISSEMENT

MAISON GARNIER.

MAISON GARNIER.

Dans la corporation des horlogers, qui avaient pour patron saint Éloi, l'apprentissage était de huit ans ; le brevet coûtait 54 livres et la maîtrise 900.

Au numéro 41 se trouve la pharmacie Lachartre, dirigée actuellement par M. Alexandre. Cette pharmacie est l'une des plus anciennes de Paris ; elle a été fondée en 1847 par Lachartre et se plaça de suite au premier rang non seulement par l'excellence de ses produits, mais aussi par la modération de ses prix et l'exécution consciencieuse de toutes les préparations qui lui étaient confiées.

En 1870 Pillas, élève et gendre de Lachartre, succéda à son maître et, sous sa direction, la maison poursuivit ses heureuses destinées; sa réputation s'étendit dans tous les quartiers de Paris, et son chiffre d'affaires devint considérable.

En 1881, Pillas passa la maison à M. Alexandre, qui en est aujourd'hui le titulaire actuel. M. Alexandre a modernisé sa pharmacie, il a su soutenir et affermir la réputation de la maison, maintenir ses habitudes de conscience et de loyauté commerciales, si bien qu'aujourd'hui un médicament sortant de la pharmacie Lachartre est accepté les yeux fermés par le corps médical.

La pharmacie de la rue de Rome possède un laboratoire important qui lui permet de fabriquer elle-même tous ses différents produits et de ne débiter que des médicaments conformes au *Codex* et préparés avec des substances de première qualité.

C'est en 1887 que la pharmacie, se trouvant trop à l'étroit rue des Mathu-

MAISON LACHARTRE.

rins, se transféra au numéro 41 de la rue de Rome, à l'angle de la rue de Vienne. Elle possède là de vastes locaux et peut donner entière satisfaction à sa clientèle, qui s'est étendue dans le monde entier. Parmi ses produits ayant obtenu les plus hautes récompenses à l'Exposition internationale de 1900, citons : le Phénol Bobœuf, au sujet duquel l'Académie a décerné un prix Montyon ; l'Hamameline-Roya, qui a été reconnue comme un médicament surprenant : ses vertus curatives dans les affections du système circulatoire sont véritablement extraordinaires.

Redescendons maintenant la rue de Rome et nous traverserons le quartier de l'Europe, formé en partie sur l'emplacement de la Petite-Pologne et en partie sur les terrains dépendant des jardins Tivoli.

Le quartier de la Petite-Pologne, dont nous aurons l'occasion de parler encore tout à l'heure, était un quartier perdu dans les champs et les terrains vagues, habité par des vagabonds et des chiffonniers. Cette partie de Paris était couverte de moulins. A l'angle de la rue du Rocher et de la rue de Madrid se trouvait le *Moulin de la Marmite* ; en face celui des *Prunes* ; sur l'emplacement du pont de l'Europe, le *Moulin de la Pologne* ; un peu plus loin les moulins des *Prés* et le *Moulin Boute*.

Au 61 de la rue du Rocher, au milieu des champs de la Petite-Pologne, se trouvait la maison qu'un financier du XVIIIe siècle avait fait construire pour les sœurs Grandis, de l'Opéra, dont il était l'amant. Il possédait à la fois les faveurs des deux sœurs. Par la suite, Joseph Bonaparte, puis Mme Lætitia Bonaparte habitèrent cette maison. C'est le maréchal Gouvion Saint-Cyr qui lui succéda.

En haut de la rue du Rocher était, en 1794, le cimetière des Errancis, où furent enterrés les suppliciés de la guillotine pendant la période qui s'écoula du 25 mars au 13 juin 1794. C'est là que furent jetés Danton, Camille Desmoulins, Mme Élisabeth, Robespierre, Couthon, Saint-Just, Charlotte Corday, etc. Plus tard, sur l'emplacement de ce cimetière, s'éleva un cabaret où l'on donnait des bals joyeux.

Les jardins de Tivoli, qui connurent jadis une gloire considérable, eurent trois emplacements successifs.

Le premier jardin Tivoli, qui fut de beaucoup le plus célèbre, était situé à la fois dans le VIIIe et le IXe arrondissement. Il occupait l'espace compris dans l'angle des rues Saint-Lazare et de Clichy et s'enfonçait en diagonale dans le quartier de l'Europe en suivant la rue de Londres. Il avait été créé par un ancien trésorier de la marine du nom de Boutin, propriétaire d'un immense terrain sur lequel il s'était fait construire une demeure dénommée la *Folie-Boutin*. Ce jardin, merveilleusement aménagé, par la suite, sous les ordres de Ruggieri, fut le rendez-vous de toute la société élégante et connut sa période la plus brillante sous le Directoire. Nous voyons dans l'ouvrage des Goncourt intitulé *la Société Française sous le Directoire* une amusante description des endroits de plaisir de l'époque et nous ne résistons pas au plaisir de la citer :

« A Paris, cinq heures sonnent, les voitures roulent, traînant les Parisiens aux Amathontes. A six heures Paris est émigré : les rues n'ont plus de promeneurs ; la ville est déserte ; plus un ouvrier aux ateliers, plus un marteau battant l'enclume. Et la bourgeoise, et la grisette, et tout le monde de s'amuser aux lampions sous les arbres. Rue de Varennes, Biron a un instant la vogue ; mais il ne la garde pas : son jardin est coupable d'être un jardin français et de n'avoir ni pont, ni torrent, ni bosquet en façon de forêt vierge. Et d'ailleurs la mode est à la rive droite de la Seine.... Et les Goncourt énumèrent les différents jardins de Paris, ceux de la Chaussée d'Antin, du Faubourg du Roule, le jardin de Virginie, Monceaux « où la Folie agite ses grelots ». Au faubourg Saint-Honoré, l'hôtel de Beaujon a été loué à des entrepreneurs par la duchesse de Bourbon ; c'est devenu un jardin merveilleux où des « ifs de lumière et des transparents sont échafaudés à côté des beaux groupes de marbre ».

Les Goncourt poursuivent leur description : « Ces glaces où se mira Mme de Pompadour reflètent une cohue payante. Les danseurs se pressent dans la salle de danse qui termine le rond-point du jardin. Les élégants et les élégantes emplissent les chaises à triple rang de la terrasse, causant et devisant.

« Le jardin unique, le jardin où l'on va, le jardin où l'on dit avoir été, est rue Saint-Lazare, au numéro 374. Ces quarante arpents tout verts, à l'angle des rues Saint-Lazare et de Clichy, c'est Tivoli, le Tivoli du receveur général, le Tivoli de l'ancien trésorier de la marine, le Tivoli du guillotiné Boutin. Le voilà public, livré aux pas de tous, ce jardin qu'autrefois les étrangers et les amateurs briguaient de visiter. Plantes rares, parterre où la flore de la Hollande était réunie, serres où le feu arrachait à la terre les fruits des Antilles, de la Chine et de l'Hindoustan, vous êtes tombés à distraire les incroyables des deux sexes. Sous ces allées banales aujourd'hui, se promenait à petits pas cette société charmante, la société des Vendredins, dont M. Boutin faisait partie sous le nom de Lenôtre et que charmait l'esprit de la célèbre Quinault. Qui songe à cela ? L'illumination est du meilleur goût. Sous la tente, un orchestre harmonieux provoque à la danse, le café regorge, le jeu de bague ne cesse de tourner. Dix mille personnes s'amusent. A peine un groupe morose passe-t-il dans toute cette joie, murmurant : Pauvre Boutin, c'est sa maison d'Albe qui l'a perdu ! »

Mais l'on n'en finirait pas si l'on voulait raconter l'histoire de tous les changements de direction de Tivoli.

« Tivoli, réunissant trois jardins en un, offre à Paris le bouquet de tous les plaisirs. Etes-vous passé sous les voûtes de feuillages ?... Pénétrez-vous au cœur du jardin et au fin fond de son pittoresque anglais, c'est une Arcadie de verres de couleur : là-haut, sur des montagnes improvisées, ce ne sont que groupes aimables de pâtres assis et de troupeaux paissants et de danses villageoises, images enrubannées de la vie champêtre ; plus loin, sauteurs, chansonniers escamoteurs, cabrioles, refrains, bonne aventure, tintamarres de foire, mariés aux musiques d'intruments par écho. Et la farce, la farce, comédie populaire où Mme Angot se bat avec le diable qui la jette à bas de son cabriolet. Qui pourrait, comme dit Polyphile en l'île de Vénus, qui pourrait peindre tous les amusements de ce délicieux séjour ? S'enfonçait-on dans les bosquets, c'étaient de nouveaux jeux et de nouvelles scènes. Ici, un coin de Trianon : les Champs-Élysées et la laiterie où l'on boit du lait. Puis, tandis que deux orchestres luttent d'harmonie, l'un menant les contredanses, l'autre guidant les valses, les fusées s'élancent, c'est le feu d'artifice : les cascades de Tivoli surmontées du temple d'Hercule, dont les gerbes de flamme retombent sur le temple magnifique, la rotonde, le salon de verdure. »

Le second Tivoli fut ouvert sur l'emplacement où se trouve aujourd'hui le Casino de Paris ; enfin le troisième et dernier était situé sur les terrains occupés aujourd'hui par la rue Nouvelle, la rue Blanche, la rue Ballu, les rues de Bruxelles, de Calais, de Douai, de Vintimille, qui font partie du IXe arrondissement.

Prenons la rue d'Amsterdam qui fut ouverte en 1826 et dont le côté des numéros impairs seul est compris dans le VIIIe arrondissement.

Du numéro 97 jusqu'à l'angle de la place Clichy se trouvent les Grands Magasins de la Place Clichy, qui ont été fondés il y environ quarante ans, à

VUE D'UN DES HALLS DE LA PLACE CLICHY.

une époque où, ainsi que nous l'avons indiqué tout à l'heure, le quartier de Paris où ils sont situés était bien différent de ce qu'il est aujourd'hui.

Actuellement, la place Clichy, située à quelques pas de la gare Saint-Lazare et tout près de la butte Montmartre, forme le point de jonction des grands quartiers de l'Europe, de la plaine Monceau, de Saint-Georges d'un côté, du quartier des Batignolles et de Montmartre de l'autre. C'est un des centres les plus animés, les plus vivants de Paris. Les magasins de la place Clichy ont suivi la même transformation et les mêmes embellissements que le quartier où ils se trouvent. Ils sont devenus l'un des plus importants de la capitale : nous y trouvons les nouveautés de tous genres : tout ce qui compose la toilette, le vêtement de la femme, de l'homme et des enfants.

Ces magasins ont en outre une grande spécialité pour le mobilier, l'installation générale des appartements, les hôtels et villas.

Mais, c'est dans une des branches particulière de l'activité commerciale que les Grands Magasins de la Place Clichy ont acquis une renommée qui est devenue, pour ainsi dire, mondiale. Ils ont joué un rôle important dans l'histoire du tapis en Europe. Les premiers, ils ont songé à doter l'art décoratif appliqué au bien-être des merveilleuses ressources offertes par les productions de l'Orient. Les tapis, qui entraient pour une grande part dans le luxe fabuleux des palais asiatiques depuis la plus haute antiquité, étaient chez nous d'une rareté relative, et réservés aux amateurs particulièrement fortunés. Les fondateurs de la Place Clichy projetèrent de les vulgariser. Ils établirent, dès lors, de solides relations sur les marchés de l'Asie Mineure, de la Perse, de l'Inde, faisant parcourir les coins les plus reculés, dirigeant vers les ports une profusion de tapis amenés par caravanes et expédiés

SPÉCIMEN DE L'AFFICHE CÉLÈBRE DE LA PLACE CLICHY.

à Paris, où ils sont dispersés en quantités innombrables, à des prix incomparables permis par les avantages du système d'achat dans les localités d'origine.

La Place Clichy n'a acquis sa renommée que par de longs efforts méthodiques, datant de plus d'un quart de siècle. Ils lui assurent l'incontestable supériorité d'être la première maison du monde pour ses importations orientales et de fournir les plus beaux tapis aux prix les plus avantageux.

L'industrie française des tapis trouve aussi, à la Place Clichy, un champ d'action renommé. Elle a un choix incomparable de toutes les carpettes françaises, moquettes, tapis d'escalier, linoléum, etc., qui en fait un véritable musée toujours intéressant à consulter.

VUE D'ENSEMBLE DES GRANDS MAGASINS DE LA PLACE CLICHY.

Une visite à ses rayons fera apprécier la profusion de ses modèles, leurs qualités et leurs coloris.

La partie de la rue d'Amsterdam aboutissant à la gare Saint-Lazare ne fut terminée qu'en 1843.

Au carrefour formé par les rues Saint-Lazare, du Rocher, de la Pépinière et de l'Arcade, se trouvait, au XVIIIe siècle, le cabaret du Petit-Ramponeau, qui fut une imitation du célèbre Ramponeau, situé dans le XXe arrondissement, et qui formait, pour ainsi dire, le centre de la Courtille.

Le cabaretier Ramponeau avait acquis une vogue extraordinaire par sa jovialité, sa face rubiconde, sa rotondité de Silène ; il avait eu l'idée de vendre son vin moitié moins cher que ses concurrents ; aussi sa réputation devint-elle si extraordinaire qu'on avait fait de son nom le verbe *ramponner*, qui signifiait boire outre mesure, et que Gaudron, montreur de marionnettes, lui proposa douze francs par jour à la condition de paraître pendant trois mois sur son théâtre. Ramponeau eut l'honneur d'être célébré par la poésie et la peinture. Des grandes dames et des grands seigneurs se rendirent en foule dans sa guinguette, et sa gloire lui survécut puisqu'il fut reproduit comme un type consacré dans de nombreuses chansons et dans plusieurs vaudevilles.

Le cabaret de Ramponeau était primitivement une espèce de caveau décoré à l'extérieur d'une treille peinte et d'une enseigne intitulée : « Au Tambour royal » où était représenté le maître de l'établissement à califourchon sur un tonneau. Avant de devenir un restaurant à la mode, ce cabaret n'était meublé à l'intérieur que de bancs de bois et de tables boiteuses. Des dessins grotesques couvraient les murs et furent respectés par tradition quand vint l'époque de la splendeur. On trouve de vieilles estampes reproduisant l'ancien Ramponeau.

L'année 1770, dit Grimm, est marquée dans les fastes des *badauds en Parisis* par la réputation soudaine et éclatante de Ramponeau. La Cour et la ville se ruèrent chez le cabaretier dont l'établissement devint un restaurant à la mode sans cesser pour cela de recevoir son ancienne clientèle. Il en résultait, dit une vieille chanson, maintes réjouissantes aventures :

> « C'qui doit apprendre à ben des filles
> Qui vont chez Ramponeau pour faire les gentilles
> A n'pas mépriser les p'tit' gens
> D'peur d'y rencontrer d'leurs parents. »

La vogue de ces cabarets cessa quelques années avant la Révolution.

Au numéro 8 de la rue du Havre se trouve le lycée Condorcet, qui occupe le bâtiment de l'ancien couvent des Capucins de la Chaussée d'Antin.

La rue Tronchet lui fait suite : elle fut formée en 1824 sur l'emplacement de l'ancien couvent de Notre-Dame-de-Grâce de la rue de la Ville-l'Évêque et reçut le nom de l'avocat Tronchet, défenseur de Louis XVI, à cause du voisinage de la chapelle expiatoire.

Au numéro 7, nous remarquons l'hôtel Pourtalès, bâti dans le style de la Renaissance italienne.

Aux numéros 33 et 35, nous voyons la grande maison de porcelaines, cristaux et faïences, Ch. Lecerf. Cette maison fut fondée, en 1850, par M. Chanut; elle répondait à un véritable besoin et conquit de suite la faveur de la clientèle par le souci d'art qui présidait au choix des articles vendus chez elle. Le neveu de M. Chanut reprit la suite de la maison et sut lui donner un très grand développement.

Après l'avoir très notablement accrue, il la vendit à M. Primard, qui, en 1894,

MAISON LECERF.

la céda à son tour à M. Lecerf. C'est à partir de cette époque que la maison atteignit à son apogée. La nouvelle direction lui donna une impulsion nouvelle ; une note artistique, très personnelle et très originale, distingua particulièrement les marchandises exposées dans les magasins. Tout ce que la céramique ou la verrerie présentent de véritablement intéressant se trouve rue Tronchet.

Citons au hasard : les cristaux de Gallé, de Quézal, de Legras, les grès si appréciés de Wedgwood, de Moorcroft, les délicates et gracieuses porcelaines de Saxe, des faïences de Minton, de Lunéville, les porcelaines de Limoges, les porcelaines du Japon. Tous ces différents genres sont représentés rue Tronchet par leurs plus jolis spécimens.

Au Salon du mobilier 1905 et 1908, la maison Ch. Lecerf exposa quelques-unes

LA MAISON LECERF.

de ses plus belles pièces et obtint un considérable succès : des séries nouvelles de Gallé, entre autres, furent particulièrement remarquées.

Tout récemment la maison Ch. Lecerf a exposé, chez elle, une nouvelle série : les *Mures*, cristaux décorés à l'acide qui produisirent de merveilleux effets, inconnus jusqu'alors.

On voit que la maison Ch. Lecerf a su se faire une réputation très particulière et très justifiée.

Après la mort de M. Lecerf, Mme Lecerf, aidée de ses deux fils, a su maintenir la maison au rang où elle s'était placée et augmenter encore sa réputation artistique.

La rue Tronchet nous conduira à la Madeleine.

Cette église fut construite d'après le Panthéon d'Agrippa, à Rome, sur les

LA MADELEINE.

plans choisis par Napoléon Ier. L'édifice avait été destiné à devenir le Temple de la Gloire en l'honneur des soldats de la Grande-Armée.

L'église de la Madeleine, en dépit de son attribution religieuse, n'est autre chose, extérieurement, qu'un véritable temple antique, assez semblable à la Maison Carrée de Nîmes. L'édifice est entouré de colonnes d'ordre corinthien, surmontées de riches chapiteaux. A l'intérieur, des colonnes supportent également la voûte. De chaque côté de l'église court au-dessus une double rangée de tribunes, et dans les bas-côtés des portiques on a taillé des niches renfermant des statues. Le fronton méridional porte une grande composition sculpturale due au ciseau de Lemaire. Les sculptures de la voûte sont l'œuvre de Rude, Fayatier et Pradier. La porte principale est ouverte sous le fronton méridional. Elle est en bronze ciselé, et ses ciselures, œuvre de Triquetti, représentent des scènes tirées des commandements de l'Écriture Sainte.

Extérieurement, l'église de la Madeleine est un beau temple antique ; intérieurement, c'est une splendide salle à deux galeries; mais on s'aperçoit bien vite que l'on n'a jamais eu l'intention, en la construisant, d'en faire un monument religieux ; on est bien loin d'y sentir la foi ardente qui présida à l'édification de nos vieilles cathédrales gothiques.

Le boulevard Malesherbes, qui va jusqu'aux portes de Paris, commence à la Madeleine. Le début seul fait partie du VIIIe arrondissement. Nous trouvons au numéro 20 la maison Damon, intitulée *Au Vase étrusque*. On sait que l'art de mo-

MAISON DAMON.

deler l'argile a été cultivé en Étrurie dès la plus haute antiquité. De bonne heure la poterie étrusque fut très recherchée par les Romains. Pline, Juvénal, Martial, nous apprennent que de leur temps la poterie rouge d'Arezzo était préférée à toutes les autres pour le service de la table, et Perse signale comme une preuve du luxe effréné de ses contemporains la substitution de la vaisselle d'or aux vases d'argile fabriqués en Étrurie.

MAISON DAMON.

Cette poterie d'Arezzo, remarquable par sa légèreté et ses formes gracieuses, mais ayant une teinte unie, était la poterie usuelle. Les vases les plus recherchés étaient les vases peints, les vases de luxe, *cette merveille de l'art antique*, suivant l'expression de Winckelmann.

La maison Damon a été fondée en 1863, elle s'est surtout spécialisée dans la reconstitution, d'après des documents, des services anciens en verrerie, faïences, porcelaines. Elle s'est appliquée, avec un très grand souci d'art, à choisir dans les musées et collections françaises et étrangères les pièces les plus intéressantes et les plus belles pour en faire de très belles et très exactes reconstitutions.

Proche de la Madeleine se trouve le quartier de la Ville-l'Évêque, sur l'emplacement du village de ce nom. Du temps de Philippe-Auguste, l'évêque de Paris possédait déjà en cet endroit une propriété qui s'appelait *Culture de la Ville-l'Évêque*, autour de laquelle se forma un bourg qui fut englobé dans Paris sous le règne de Louis XV.

La rue de la Ville-l'Évêque formait la voie principale de ce village.

Entre la rue de la Ville-l'Évêque et la rue de Suresnes, était le couvent des Bénédictines de la Ville-l'Évêque, que l'on appelait le Petit Prieuré de Montmartre, et qui avait été fondé, en 1613, par Catherine d'Orléans de Longueville.

Au coin de la rue de Suresnes et de la rue des Saussaies, se trouve une des importantes succursales de la Société Bordelaise et Bourguignonne

SOCIÉTÉ BORDELAISE ET BOURGUIGNONNE. — SUCCURSALE DE LA RUE DES SAUSSAIES.

gnonne, dont la maison principale et les entrepôts sont situés 21, quai de Bercy, à Charenton.

Cette société possède des approvisionnements considérables et, par son service de livraison admirablement organisé, elle est à même de satisfaire toujours sa clientèle. Elle livre à domicile les plus petites commandes.

La rue de Suresnes, qui s'appelait autrefois le chemin de Suresnes, fut ouverte en 1672. Elle nous conduira jusqu'à la rue Cambacérès, que l'on avait nommée la rue du Chemin-Vert.

Au numéro 3, nous remarquons une maison construite dans le style renaissance, c'est le siège du Ministère de l'Intérieur, dont l'entrée est située place Beauvau (rue du Faubourg-Saint-Honoré), il s'étend jusqu'à la rue Cambacérès, sur toute la partie comprenant les numéros 7 et 13.

Au numéro 31 de la rue Cambacérès, formant le coin de la rue de la Boétie, nous voyons un charmant petit hôtel, dont on aperçoit de la rue le merveilleux aménagement. C'est là que sont exposés les meubles créés par M. Forest.

La visite de cet hôtel est aussi intéressante que celle d'un musée. Nous y voyons des meubles de style garnis de splendides tapisseries, des objets d'art,

MAISON FOREST.

MAISON FOREST.

vases anciens, groupes de bronze et de marbre d'une admirable exécution, lustres et appliques, tableaux de maîtres, enfin tout ce qui constitue la décoration intérieure des plus luxueux appartements.

La maison Forest a su réunir depuis vingt-cinq ans qu'elle existe, les plus beaux éléments des musées et collections particulières afin de renouveler en tenant compte toutefois de nos exigences modernes, l'ameublement des temps passés et en faire des ensembles harmonieux de style et de couleur.

En même temps que la façade de cette importante maison, nous reproduisons deux gravures donnant un simple aperçu des richesses que renferme cet écrin qu'est l'établissement Forest, richesses dignes en vérité des Riesner et autres maîtres des siècles passés.

A deux pas de la rue Cambacérès se trouvent, rue d'Astorg 29 *bis*, les immenses ateliers de la maison Forest, qui occupent l'immeuble tout entier et que l'on est tout surpris de rencontrer dans un des quartiers les plus riches de Paris.

Les éléments de la grande décoration y sont exécutés sous l'œil du maître, ici se créent des groupes, des statues, des vases en marbre et bronze, puis c'est la grande menuiserie où se fabriquent les lambris et les escaliers, à côté l'ébénisterie, là encore, les salles de sculpture et de modelage où se trouvent une collection incomparable de modèles de bronzes anciens de toutes sortes et de tous styles.

En un mot, l'art complet de l'ameublement ancien est traité d'une façon re-

MAISON FOREST.

marquable sous la direction de M. Forest dont le goût et la compétence lui ont valu les plus hautes récompenses.

Nous pourrons voir en outre rue la Boétie, au rez-de-chaussée de l'hôtel de M. Forest, une galerie où se trouve une très belle exposition de vieux meubles, antiquités, bibelots rares, tapisseries et étoffes anciennes, curiosités qui feront certainement la joie des collectionneurs.

Revenons maintenant par la rue de Suresnes à la place de la Made-

MAISON EYDALEINE.

leine, qui comprend tout l'emplacement situé autour de l'ancien temple de la gloire.

Cette place fut formée, en 1815, sur une partie des terrains dépendant de l'ancienne église de la Madeleine. Nous voyons aujourd'hui sur la place de la Madeleine la statue de Jules Simon élevée tout près de la demeure qu'il habitait.

Sa maison était située au numéro 10, où sont installés actuellement les salons de coiffure de M. P. Eydaleine. Cette maison fut fondée il y a de nombreuses années par M. Alexandre.

M. Paul Eydaleine, ancien élève de M. Alexandre, reprit la maison et sut

MAISON EYDALEINE.

lui donner un développement très considérable par son travail et par son talent.

Il a aménagé récemment des salons extrêmement somptueux, organisés avec tout le luxe et le confort désirables et sur cette brillante place de la Madeleine son magasin attire tout spécialement l'attention.

Dans les salons de coiffure de M. Paul Eydaleine se rencontre le Tout-Paris mondain et la clientèle étrangère semble s'y donner rendez-vous.

Un peu plus loin, boulevard de la Madeleine, nous nous trouvons devant les jolies fleurs exposées à la devanture de la maison Vaillant-Rozeau. Cette maison existe depuis cinquante ans. Elle fut fondée au 41 boulevard des Capucines, et en 1900 elle fut transférée dans les jolis magasins qu'elle occupe aujourd'hui au numéro 16 du boulevard de la Madeleine. C'est certainement l'une des plus grandes maisons de Paris. Elle se recommande tout particulièrement pour la beauté de ses fleurs.

L'art du fleuriste est l'un de ceux qui pare de la plus jolie manière les fêtes et les réunions. Cet usage d'ailleurs nous vient des anciens. On sait le rôle important qu'ils attribuaient aux fleurs dans la plupart des actes de leur vie. Ils avaient fait de la profession de bouquetière un art difficile et très estimé. « Dans le commencement, dit Pline, une branche d'arbre tenait lieu de couronne à celui qui

MAISON VAILLANT-ROZEAU.

avait remporté le prix dans les Jeux Sacrés. Dans la suite on décerna au vainqueur des couronnes de fleurs diverses, qui au mélange même ajoutaient l'agrément du parfum et relevaient l'éclat des couleurs.

Cet usage commença à Sicyone et prit naissance dans l'imagination du peintre Pausias et de la bouquetière Glycère, que ce peintre aimait beaucoup et dont il se plaisait à reproduire les bouquets. Elle de son côté, comme pour le défier, faisait toujours quelque chose de nouveau, de sorte qu'il y avait entre eux le combat de la nature et de l'art. On voit encore aujourd'hui les tableaux de cet artiste et l'on remarque particulièrement celui qu'on appelle : la *Stéphaneplokos*, où il peignit Glycère elle-même.

Il n'était presque pas de circonstances dans la vie romaine où les fleurs ne fussent employées. Après le sacrifice, c'était dans les repas qu'elles jouaient le plus grand rôle.

MAISON VAILLANT-ROZEAU. — VUE INTÉRIEURE.

La rue Royale part de la place de la Madeleine pour arriver à la place de la Concorde. Elle fut ouverte en 1757 sous le nom de rue Royale-des-Tuileries pour la distinguer des autres rues Royales. Elle porta également par la suite le nom de rue de la Concorde.

Au numéro 1 de la rue, nous voyons le Cercle de la rue Royale fondé en 1852, et, en face, au numéro 2, l'entrée du Ministère de la Marine.

La rue Royale est devenue aujourd'hui une rue extrêmement commerçante. De nombreux magasins de luxe, attirés par l'incessant mouvement de la ville vers l'Ouest, sont venus s'y établir.

Au numéro 8, se trouve le chemisier Véron. Cette maison a été fondé een 1860 par M. Ralley. M. Véron lui a succédé il y a quelques années et a su attirer chez lui toute une clientèle extrêmement raffinée.

La devanture du chemisier Véron attire les regards par son bon goût et sa suprême élégance.

Au numéro 10, nous ne pourrons faire autrement que d'entrer chez le fleuriste

MAISON A. VÉRON.

Lachaume où les fleurs merveilleuses et tentantes nous séduiront infiniment.

Nous venons de parler de ce joli usage que nous ont légué les anciens de faire servir les fleurs à toutes les occasions de la vie.

La maison Lachaume, une des plus brillantes de Paris, a été fondée en 1845.

MAISON LACHAUME.

au 46 de la rue de la Chaussée-d'Antin. Le commerce des fleurs était alors très différent de ce qu'il est aujourd'hui.

M. Gabriel Debrie, qui prit la suite de la maison Lachaume en 1877, était fils et petit-fils d'horticulteurs et de fleuristes-horticulteurs justement célèbres. Il se fit très vite remarquer dans le monde des fleuristes parisiens par l'art d'arranger les fleurs et de tirer de leur assemblage de merveilleux effets artistiques, tout en mettant précieusement en valeur la beauté naturelle de chacune d'elles. Ses compositions originales ne tardèrent pas à conquérir la faveur du grand public et bientôt le nom de Lachaume, que M. G. Debrie avait conservé à sa maison, devint celui d'une marque recherchée dont le renom et la valeur se sont accrus chaque jour depuis plus de vingt-cinq ans.

La Maison Lachaume, qui fut transférée en 1890 dans les luxueux magasins devant lesquels tout Paris s'arrête, est un des grands triomphateurs des expositions annuelles de la Société Nationale d'Horticulture de France. La liste des médailles d'or et des prix d'honneur qu'elle y remporta est bien trop longue pour

VIIIe ARRONDISSEMENT

MAISON LACHAUME.

que nous puissions la reproduire ici ; disons seulement qu'elle obtint la médaille d'or aux expositions universelles de 1889 et de 1900. Ses succès à l'étranger n'en sont pas moins marquants : aux expositions internationales d'horticulture de Saint-Pétersbourg en 1899, de Gand en 1903 et en 1908, de Dresde en 1907 et de Berlin en 1909, en enlevant les premiers prix, elle manifesta victorieusement la suprématie de l'art floral français.

M. Gabriel Debrie a été un innovateur dans la disposition et le mode d'emploi des fleurs : celles-ci sont désormais utilisées avec un art tout spécial.

A titre documentaire, nous voulons rappeler que M. G. Debrie lança la rose *La France*, dont les fleuristes ont fait depuis une si grande consommation.

Dans la direction de son joli magasin, M. Debrie est secondé depuis plusieurs années par M. Sauvage, secrétaire général de la Chambre syndicale des fleuristes, dont M. Debrie est le président.

Fondateur de la Fédération nationale des syndicats horticoles de France, M. G. Debrie a consacré, depuis deux ans, à cette œuvre tout ce qu'il était en son pouvoir de lui donner.

En nommant en 1903 M. Debrie Chevalier de la Légion d'honneur et en le faisant en 1908 Commandeur du Mérite agricole, le Gouvernement de la République a voulu à la fois reconnaître le mérite de l'artiste qui rénova l'art floral français et le récompenser des éminents services qu'il rend à l'horticulture nationale.

En face, au numéro 9, habita pendant longtemps le duc de La Rochefoucauld.

Au numéro 11, nous voyons le grand tailleur portugais Amieiro, qui a ouvert dernièrement ses beaux salons, si luxueusement aménagés. Tous les élégants connaissent bien ce grand faiseur qui, après avoir donné la loi du bon goût et de la mode à Lisbonne, où il est établi depuis vingt ans, est venu en France continuer sa tradition de maître irréprochable parmi les meilleurs tailleurs européens.

MAISON AMIEIRO.

M. Amieiro dirige toujours lui-même ses ateliers, surveille ses coupeurs et donne ses ordres à un personnel d'élite très recherché.

Nous avons visité ses magnifiques salons et admiré ses modèles aux lignes correctes et élégantes. Amieiro ne copie pas la mode des tailleurs londoniens ; il

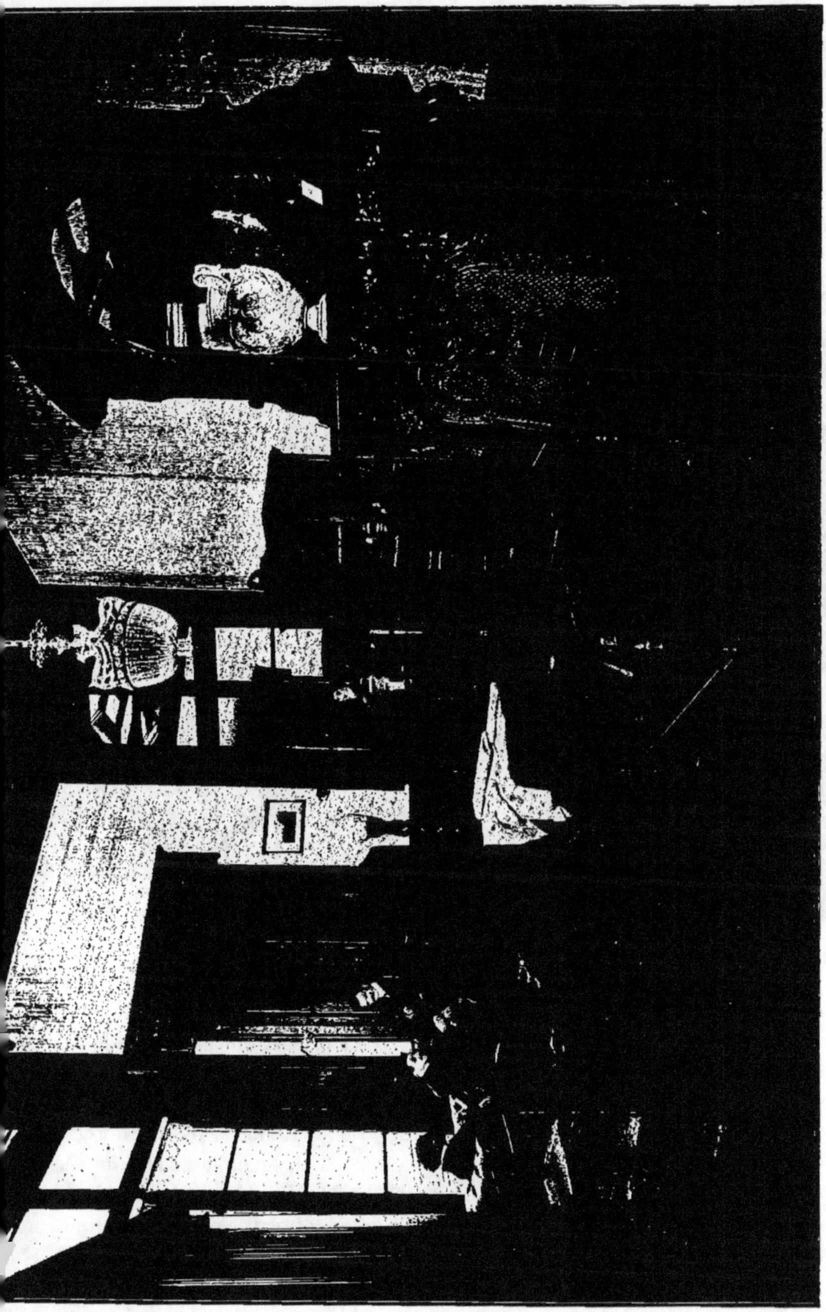

VIIIe ARRONDISSEMENT

MAISON AMIEIRO.

sait créer lui-même ses modèles, et un habit de soirée qui sort de chez lui est, en quelque sorte, un véritable chef-d'œuvre. C'est lui qui a toujours habillé les membres de la Cour du Portugal; il compte parmi ses clients à Paris de nombreux membres des cercles de l'*Epatant*, de l'*Union*, du *Jockey-Club*, de nombreux diplomates, des aristocrates, des banquiers et des sportsmen, en un mot, tous les gens d'une élégance très raffinée.

Au numéro 16, à l'angle de la rue Saint-Honoré, nous voyons la maison de bijouterie et de joaillerie Robert. A cet endroit précis, se trouvait la porte Saint-

MAISON ROBERT. — VUE INTÉRIEURE.

Honoré, construite de 1631 à 1633, lors de l'élargissement de l'enceinte, sous Louis XIII, pour remplacer l'ancienne porte, située primitivement près de la rue des Pyramides. Elle était construite en briques et moellons. Cette porte disparut en 1823.

La maison de joaillerie Robert a été fondée rue de Rome en 1880. En 1900, elle s'établit rue Royale, pour suivre tout le commerce de luxe. La maison qu'elle occupe aujourd'hui avait été complètement brûlée et dévastée pendant la Commune. C'était une boutique de marchand de vin qui se trouvait alors en cet endroit. Les Versaillais arrivèrent par le faubourg Saint-Honoré et la boutique fut criblée de balles.

MAISON ROBERT.

La reconstruction de l'immeuble date de cette époque. La maison Robert réunit chez elle tous les objets d'orfèvrerie, de joaillerie, de bijouterie, d'horlogerie. Elle possède dans son joli magasin tous les articles que l'on peut désirer, depuis les prix les plus modestes jusqu'aux prix les plus élevés. Son atelier d'artistes lui permet d'exécuter tout spécialement des pièces de goût et de style en joaillerie, en émail et en or ciselé. Les modèles de la maison se distinguent par un travail très fin et très artistique.

La partie de la rue Royale située entre la rue Saint-Honoré et le boulevard de la Madeleine s'appelait autrefois la rue du Rempart. A cet endroit, au numéro 27 de la rue Royale, juste en face la Madeleine, nous voyons l'un des grands restaurants de Paris, le restaurant Larue, très universellement connu et des mieux acha-

MAISON LARUE.

landés. L'ouverture du restaurant Larue remonte à l'année 1886 ; il fut complètement transformé en 1901, et on y trouve aujourd'hui le déploiement d'un très grand luxe. Toute la haute société s'y rencontre et les souverains étrangers ne manquent pas de s'y rendre lorsqu'ils sont en voyage à Paris. Leurs Majestés et Leurs Altesses le roi de Suède, le roi d'Espagne, le roi d'Angleterre, le prince de Galles, les Grands Ducs y sont venus bien souvent.

La faveur qu'obtient ce restaurant se trouve très pleinement justifiée par l'excellente cuisine et le choix si parfait des menus.

Le restaurant Larue est dirigé actuellement par MM. Nignon et Vaudable. Avant de prendre la direction du restaurant Larue, M. Nignon était l'un des chefs de cuisine les plus célèbres de Paris, Londres, Moscou et Vienne. Il possède le secret des meilleures recettes culinaires françaises et russes.

Il pourrait prendre comme devise cet axiome de Brillat-Savarin : La découverte d'un mets nouveau est plus précieuse pour l'univers que la découverte d'une étoile.

Le restaurant Larue continue dignement les traditions des grands cuisiniers français, parmi lesquels il faut citer le fameux Carême, qui fut d'abord maître-d'hôtel du prince de Talleyrand, puis, ayant quitté ce dernier pour des raisons politiques, fut successivement au service du prince régent d'Angleterre, qu'il quitta parce qu'il ne comprenait pas assez les recherches culinaires; de l'empereur de Russie, Alexandre Ier, dans l'empire duquel il faisait trop froid; du prince Bagration, fin connaisseur mais gastralgique; du prince de Wurtemberg, mangeur vulgaire; de Lord Stewart, qui n'était qu'un glouton et qui mourut étranglé par un os.

Ce fut enfin chez Rothschild que Carême inventa et exécuta les chefs-d'œuvre culinaires dont il se montra le plus fier, « heureux d'avoir enfin trouvé un Mécène qui sût comprendre ce qu'il y a de difficultés à vaincre et de merveilles à créer dans le service d'une grande table ».

Carême était un véritable savant en son art; il passa de longues années à étudier l'ancienne cuisine romaine, et il conclut que les mets servis sur les tables de Lucullus, de Pompée et de César étaient foncièrement mauvais et atrocement lourds. Cependant l'on nous en a raconté des merveilles.

Les satiriques grecs nous disent que les fonctions de cuisinier avaient une grande importance; elles étaient confiées non à des esclaves, mais à des artistes véritables qui se promenaient fièrement sur la place publique, attendant qu'on vînt requérir leurs services, toisant d'une façon impertinente celui qui voulait les engager et refusant d'aller chez lui s'ils le jugeaient homme de trop petite dépense; ce qui pouvait excuser leur vanité était leur habileté sans égale : a l'aide des sauces, des piments et des épices dont ils faisaient un grand usage, ils étaient arrivés à modifier si bien le goût des choses qu'ils servaient que les plus fins y étaient trompés.

Mais Carême devait pourtant avoir raison et la cuisine des modernes doit être supérieure à celle des anciens. Que de ressources en effet possédons-nous aujourd'hui ! Que de délicatesses et de raffinements autrefois ignorés !

La rue Saint-Honoré vient aboutir à la rue Royale. Au numéro 273, demeurait, pendant la Révolution, Sieyès, sur lequel Mme de Staël a porté le jugement suivant :

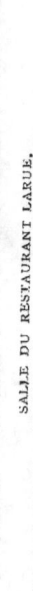

SALLE DU RESTAURANT LARUE.

« Au premier rang du côté populaire, on remarquait l'abbé Sieyès, isolé par son caractère, bien qu'entouré des admirateurs de son esprit. Il avait mené jusqu'à quarante ans une vie solitaire, réfléchissant sur les questions politiques et portant une grande force d'abstraction dans cette étude ; mais il était peu fait pour communiquer avec les autres hommes, tant il s'irritait aisément de leurs travers et tant il les blessait par les siens ! Toutefois, comme il avait un esprit supérieur et des façons de s'exprimer laconiques et tranchantes, c'était la mode dans l'Assemblée de lui montrer un respect presque superstitieux. Mirabeau ne demandait pas mieux que d'accorder au silence de l'abbé Sieyès le pas sur sa propre éloquence ; car ce genre de rivalité n'est pas redoutable. On croyait à Sieyès, à cet homme mystérieux, des secrets sur les constitutions, dont on espérait toujours des effets étonnants quand il les révélerait. »

Au numéro 277, nous trouvons la maison des bottiers Costa, qui fut fondée en 1887 au numéro 404 de la rue Saint-Honoré. C'est M. Costa qui a lancé à ce moment la chaussure à *bout dur*, innovation qui lui a permis de faire la chaussure plus longue et, partant, d'une ligne plus élégante et plus gracieuse. Cette nouveauté eut une très grande vogue, et l'on peut dire que la bottine Costa est universellement connue. Les Argentins, les Cubains, les Brésiliens, les Mexi-

MAISON COSTA. — INTÉRIEUR.

MAISON COSTA.

cains, les Colombiens forment une très nombreuse partie de sa clientèle.

A la mort du fondateur, en 1901, la suite de la maison fut reprise par ses fils, qui ont tenu à conserver les mêmes traditions.

Cependant la maison Costa, tout en conservant le genre qui a établi sa renommée, tient à faire savoir qu'elle ne s'y arrête pas exclusivement et qu'elle est à la disposition de ses clients pour tous les genres de formes qui pourraient leur plaire.

C'est sur l'emplacement occupé aujourd'hui par le numéro 275 que se trouvait la maison de Héron, chez lequel Marat se cacha pendant quelque temps.

Au numéro 281, où nous voyons aujourd'hui la cordonnerie Robat, habitèrent Lamourette et Couthon.

L'amitié de Mirabeau et les principes qu'il affichait donnèrent à Lamourette

MAISON ROBAT. — VUE INTÉRIEURE.

une certaine popularité ; aussi, en 1791, il fut nommé évêque constitutionnel de Rhône-et-Loire, puis député à l'Assemblée législative. Déplorant les divisions qui déchiraient cette Assemblée, il fit, par un discours pathétique (7 juillet 1792) opérer un rapprochement d'un jour entre le côté droit et le côté gauche, dont les principaux membres se donnèrent ces accolades fraternelles restées célèbres sous le nom dérisoire de *baiser Lamourette*.

MAISON ROBAT

VIIIᵉ ARRONDISSEMENT

Aujourd'hui ces mots *Baiser Lamourette* servent à qualifier les réconciliations éphémères, peu sincères, et ils forment une des expressions les plus curieuses et les plus originales de la langue française.

Le conventionnel Couthon, membre du Comité de Salut public, a été souvent traité de cul-de-jatte, parce qu'il avait entièrement perdu l'usage de ses jambes, à la suite d'une nuit passée dans un endroit glacial et humide pour ne point compromettre la femme qu'il aimait.

On peut voir au musée Carnavalet la petite voiture dont Couthon se servait pour circuler.

Son exécution offrit cette particularité horrible et peu connue que le bourreau ne put parvenir, à cause de ses infirmités, à l'étendre sur la planche à la manière ordinaire. Après lui avoir fait subir inutilement les plus douloureuses contractions, il fut obligé de l'attacher tourné sur le côté pour lui donner le coup fatal.

La maison Robat a été fondée en 1894; elle exécute des chaussures de luxe en tous genres, des chaussures de chasse, des bottes écuyères et *Chantilly*. Elle est le fournisseur des principales cours étrangères.

De l'autre côté de la rue Royale, commence la rue du Faubourg-Saint-Honoré, où nous allons trouver des hôtels fort intéressants.

Nous rencontrerons d'abord la rue Boissy-d'Anglas, qui était primitivement divisée en trois parties portant les noms de rue des Champs-Élysées, rue de la Madeleine, de l'Abreuvoir-l'Évêque et rue de la Bonne-Morue, à cause d'un restaurateur fameux dans l'art de préparer ce poisson. Cette rue reçut en 1865 le nom de Boissy-d'Anglas, le président de la Convention.

Du numéro 1 au numéro 7 de la rue Boissy-d'Anglas, nous voyons l'ancienne et splendide demeure du fermier général des postes, Grimod de la Reynière, qui fit construire cette demeure en 1735. Après avoir abrité l'Ambassade de Turquie, puis celle de Russie, l'hôtel de l'ancien fermier général fut occupé par le Cercle des Mirlitons formé par la réunion du Cercle Impérial et du Cercle de l'Union Artistique. Ce cercle, qui possède une merveilleuse terrasse sur l'avenue Gabriel, a été surnommé l'*Épatant*.

Le numéro 6 fut habité par Junot, duc d'Abrantès ; sa femme, la duchesse d'Abrantès, a laissé une longue description de la maison dans son ouvrage intitulé : *Les Salons de Paris*.

Au nord de la rue Boissy-d'Anglas, nous trouvons la rue de l'Arcade, où était jadis une petite-maison du prince de Soubise.

Au numéro 22, s'élevait l'hôtel de Soyecourt.

Reprenons maintenant le faubourg Saint-Honoré. Au numéro 6 demeurait le conventionnel Pétion, maire de Paris, qui fut chargé de ramener le roi après son arrestation à Varennes.

Au numéro 9 nous remarquons un magasin qui est certainement l'une des plus anciennes maisons de commerce de Paris, puisque sa fondation remonte vers 1760.

Aux Montagnes Russes, telle est l'enseigne originale due à l'ancien voisinage d'un jeu célèbre à cette époque, établi sur une partie de l'emplacement actuel de la rue Boissy-d'Anglas.

AUX MONTAGNES RUSSES. — UN SALON.

Ce jeu des Montagnes Russes, qui existe encore de nos jours, légèrement modifié, était au XVIII⁰ siècle le rendez-vous des élégants et des élégantes.

1760 ! Un siècle et demi ! En pénétrant dans ces magasins, dont les dernières transformations remontent à 1830, nous songeons à toutes celles qui en franchirent les portes : marquises poudrées de la cour de Louis XV, beautés triomphantes des Pompadours altières, charmantes compagnes de Marie-Antoinette qui veniez de jouer à la bergère à Trianon, vous faisiez arrêter vos carrosses devant la porte des *Montagnes Russes* pour y commander de délicates parures !

Puis ce sont les citoyennes de la Révolution qui, venant choisir de frais linons ornés de précieuses dentelles, succèdent à celles qui viennent de périr si tragiquement...

AUX MONTAGNES RUSSES. — LA GALERIE DU 1ᵉʳ ÉTAGE.

Et résistant aux crises qui bouleversèrent la capitale, les *Montagnes Russes*, après avoir vu briller à Versailles puis aux Tuileries leurs somptueuses toilettes, font encore admirer chaque jour leurs

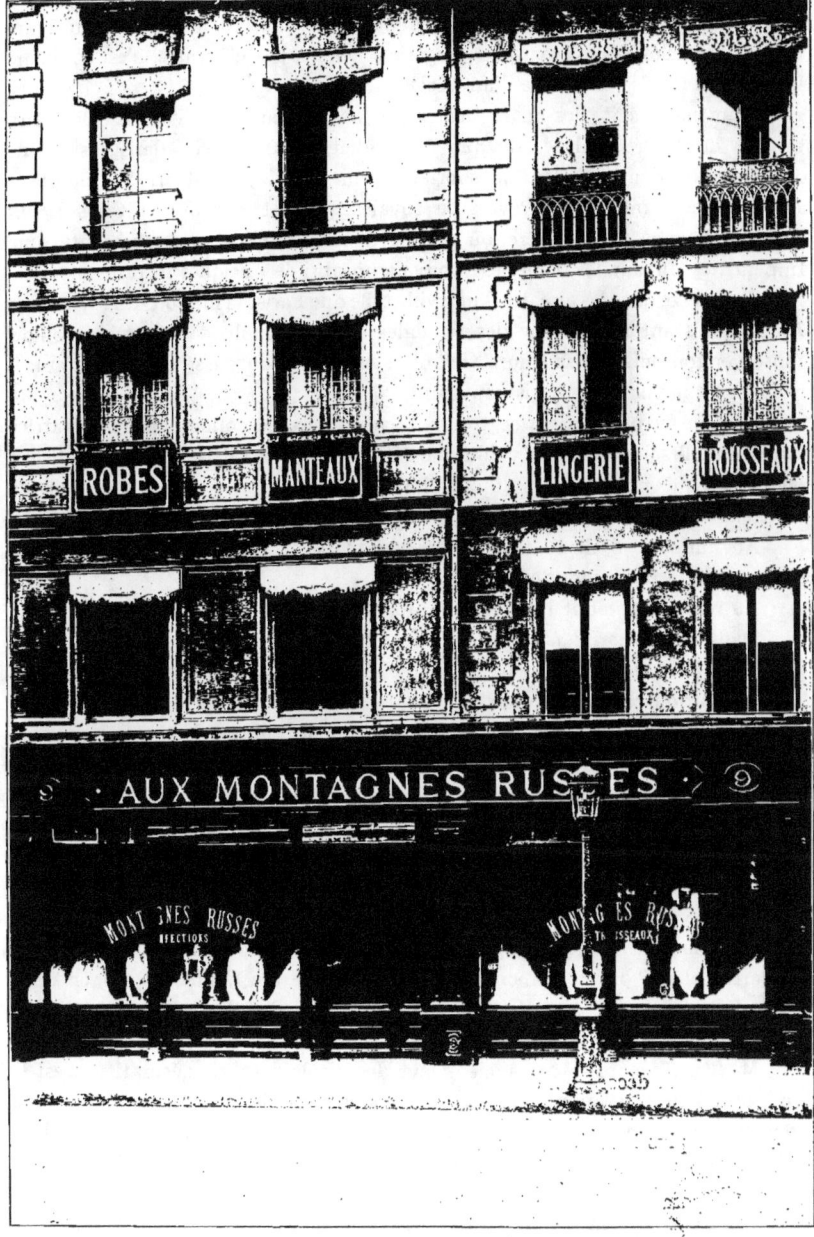

AUX MONTAGNES RUSSES.

délicates créations à Paris, dans nos soirées de gala et nos réceptions diplomatiques, ainsi qu'à l'étranger dans les palais royaux. Et partout, pour leurs vieilles dentelles, leurs luxueuses lingeries, leurs robes élégantes, c'est le même succès qu'a fait la renommée d'un siècle.

L'aménagement des magasins frappe le visiteur. Un vieil escalier aux rampes de chêne sculpté, du plus bel effet, donne accès dans les salons où tout est d'un luxe dont la sobriété même fait la grandeur. Se reportant aux époques d'antan, l'on revoit de royales silhouettes choisissant les riches brocarts dans ce décor sévère, où plus tard, lors de sinistres événements, une Impératrice, fuyant les Tuileries, trouvait un abri de quelques instants.

Chose rare dans les annales d'une ville telle que Paris, la maison des *Montagnes Russes,* résistant à la pioche des vandales et des démolisseurs, semble vouloir conserver toujours sur ses murs vieillots l'empreinte du passé du Paris d'autrefois au sein même de ce Paris nouveau.

A côté, au numéro 75, se trouvait jadis Félix, le coiffeur de l'impératrice Eugénie. Celle-ci n'avait pas voulu que cette maison portât le numéro 13, et c'est pour cela que nous voyons aujourd'hui les numéros 11 et 15 à côté l'un de l'autre.

Au numéro 30, demeura Guadet, député de la Gironde à la Convention Nationale, qui fut guillotiné en 1794.

Au numéro 19 était l'hôtel de Cambacérès.

Dans le *Mémorial de Sainte-Hélène,* Cambacérès est représenté comme un homme capable et habile, mais fort attaché aux préjugés de l'ancien régime et aux institutions aristocratiques.

On peut ajouter qu'il fut un de ces hommes libres de toute conviction dont on peut admirer le talent, mais dont il est bien difficile d'honorer le caractère public. Comme jurisconsulte, il avait plus de science que de génie et d'originalité ; mais il mit fort judicieusement à profit les travaux des maîtres et particulièrement ceux de Pothier. La part considérable qu'il eut à la rédaction du Code Civil est restée son principal titre de gloire.

Au numéro 18 se trouve la maison de joaillerie d'art et d'orfèvrerie de M. Paul Liénard. Celui-ci ouvrit d'abord un salon de vente rue Cambon ; puis, en 1907, il s'installa faubourg Saint-Honoré dans son magasin actuel, qui est fort joliment disposé.

M. Paul Liénard est un ancien élève de l'École des Arts décoratifs ; c'est là qu'il étudia la décoration dans ses applications multiples et qu'il se perfectionna tout particulièrement dans l'art si intéressant du Bijou. Celui de ses maîtres dont il goûta le plus l'enseignement est M. Eugène Grasset, dont il fut l'élève attentif et assidu.

Il exposa pour la première fois au Salon des Artistes Français en 1907 et y obtint une troisième médaille.

BIJOUTERIE LIÉNARD. — LA FAÇADE.

Paul Liénard compose et dessine tous ses bijoux ; il en surveille l'exécution avec un soin extrême. Il s'est beaucoup attaché aux reconstitutions de bijoux égyptiens et assyriens, ainsi qu'à ces pièces d'art moderne où les délicats émaux translucides, les perles baroques et les pierres très simples, mais de couleurs et de formes heureuses, forment de très originales parures.

La joaillerie classique, fine et légère comme une dentelle, aux pures lignes

BIJOUTERIE LIÉNARD. — VUE INTÉRIEURE.

de style, est également pour M. Paul Liénard l'objet de recherches incessantes et minutieuses.

Il est difficile en réalité de faire un choix et de savoir où doit se diriger notre admiration en contemplant ces précieuses vitrines du faubourg Saint-Honoré où sont exposées ces créations ingénieuses et ces fidèles reproductions.

Au numéro 22 du faubourg se trouvait autrefois la maison des Dominicains. C'est là que nous voyons aujourd'hui la maison Lanvin, maison de modes et maison de couture. Elle fut fondée par Mme Jeanne Lanvin en 1890 et se fit connaître tout d'abord par ses délicieux chapeaux de style, qui obtinrent un succès de très bon aloi.

Bientôt, Mme Lanvin, sur le désir exprimé par sa clientèle qui appréciait beaucoup ses idées neuves et originales, adjoignit à sa maison de modes un rayon spécial pour les toilettes d'enfant. Elle sut créer dans ce genre de véritables petites merveilles et se spécialisa toujours dans les gracieux articles qui concernent l'habillement des enfants.

Dans la suite, Mme Lanvin agrandit encore sa maison et se mit à exécuter des costumes tailleur pour dames, des toilettes de soirée d'une ligne parfaite, des manteaux du soir, des blouses et tout ce qui constitue en somme le costume féminin.

MAISON LANVIN. — SALON D'EXPOSITION.

La vogue de la maison Lanvin s'accroît davantage chaque jour. Un goût parfait caractérise tous les modèles créés par Mme Lanvin. Nous verrons chez elle un choix extrêmement varié de toilettes qui ont un cachet distinctif de grande élégance.

Qu'est-ce en somme que la véritable élégance? C'est une chose très subtile et très précieuse que beaucoup de femmes possèdent en naissant et qui donne mille fois plus de prix à la beauté.

MAISON LANVIN. — SALON D'ESSAYAGE.

Le mot *elegans* est souvent employé chez les Latins pour exprimer un homme ou un discours poli. Ils opposaient *elegans signum* à *signum rigens*; la première ex-

MAISON LANVIN. — LA FAÇADE.

pression signifiait une figure proportionnée dont les contours arrondis étaient exprimés avec mollesse, la seconde une figure trop raide et mal terminée. L'élégance est constituée par l'harmonie parfaite des lignes.

Une femme élégante doit savoir toujours adapter ses toilettes au genre particulier de sa beauté. L'élégante n'est élégante qu'à la condition de paraître sans prétention.

La coquette manque souvent aux règles du savoir-vivre, l'élégante jamais; la première exagère le ton, les modes et les rend absurdes, la seconde sait toujours les approprier à son charme.

Nous verrons dans les salons de Mme Jeanne Lanvin des créations exquises et toujours originales que les femmes apprécieront beaucoup.

Il faut visiter ces magasins du faubourg Saint-Honoré qui sont parmi les plus jolis que l'on puisse voir.

MAISON LANVIN. — SALLE DE VENTE.

La vogue de la maison Lanvin n'a cessé de s'accroître davantage chaque jour, et l'on ne peut faire autrement que de reconnaître que cette mode est très parfaitement et très pleinement justifiée.

Nous conseillons vivement à nos lectrices d'aller admirer tant de jolies choses.

Au 27, se trouve un hôtel construit en 1740 qui appartint au marquis de Feuquières. Au 29, un hôtel construit en 1719 pour la duchesse de Rohan-Montbazon. Au 33, est un hôtel construit par le Président Chevalier en 1714, puis habité par le prince Egmont et ensuite par l'ambassade de Russie. Il fut acquis par le baron Nathaniel de Rothschild.

Le numéro 39, occupé actuellement par l'ambassade d'Angleterre, avait appartenu d'abord à Charost en 1720, puis en 1810 à Pauline Borghèse. Cette seconde sœur de Bonaparte, fort belle et séduisante, resta célèbre pour sa vie mouvementée et ses innombrables aventures. Elle aimait les lettres et les arts, le luxe et les plaisirs. Sa prodigalité épuisa tellement ses ressources qu'après la chute de l'Empire elle vécut de la générosité de son mari, avec lequel elle se réconcilia lors d'une grave maladie. Elle se fit remarquer en outre par une inépuisable bienfaisance.

Au numéro 51, aujourd'hui disparu pour le percement de la rue de l'Élysée, se trouvait l'hôtel Sébastiani, où la duchesse de Choiseul-Praslin fut assassinée par son mari, sombre drame dont on ne parvint jamais à éclaircir le mystère.

Tous ces hôtels, dont l'entrée est faubourg Saint-Honoré, possèdent des jardins qui vont jusqu'à l'avenue Gabriel. La plupart de ces jardins sont fort beaux, entre autres celui de l'ambassade d'Angleterre presque aussi grand que celui de l'Élysée.

Aux numéros 55 et 57 du faubourg se trouve le palais de l'Élysée, qui fut élevé sur un vaste terrain dont Louis XV fit don en 1718 à Henri de la Tour d'Auvergne, comte d'Évreux, qui y fit construire par l'architecte Mollet une des plus délicieuses résidences de Paris. Ce palais fut habité ensuite par Mme de Pompadour et après elle par son frère le marquis de Marigny.

En 1774, l'ancienne demeure de la favorite devint la propriété de l'abbé Terray, contrôleur des finances.

L'abbé Terray vendit sa propriété de l'Élysée à Beaujon, banquier de la Cour. En 1786, le roi fit racheter le palais de l'Élysée et le destina exclusivement à servir de résidence aux princesses et princes étrangers que leurs voyages amèneraient dans la capitale, ainsi qu'aux ambassadeurs extraordinaires.

Sous l'Empire, Murat habita l'Élysée avant son départ pour Naples. Il l'avait acheté à Mlle Hovyn, et, avant de partir pour l'Italie, il en fit don au domaine impérial.

Napoléon prit en affection cette demeure où il se rendit souvent. C'est là qu'il se retira après Waterloo, et, c'est là que le 22 juin 1815 il signa son abdication en faveur de son fils.

Pendant la restauration, la duchesse de Bourbon revenant de l'étranger revendiqua la propriété de son ancien hôtel. Ses droits furent reconnus, mais on lui fit accepter à titre d'échange l'hôtel de Monaco, situé rue de Varennes, qui fut habité depuis par Cavaignac.

Jusqu'en 1820, où le duc de Berry fut assassiné, le duc et la duchesse de Berry firent leur résidence de l'Élysée. Ce furent les derniers hôtes fixes du palais, qui dès le règne de Louis-Philippe fut de nouveau affecté aux princes étrangers en voyage à Paris.

Lorsque Louis-Napoléon eut été élu président de la République, l'Élysée lui fut attribué comme résidence. C'est là que fut arrêté entre Louis-Napoléon, le duc de Morny et quelques autres, le plan du coup d'État du 2 décembre 1851.

Depuis 1871, le palais de l'Élysée a été successivement occupé par sept présidents de la République :

M. Thiers, du 17 février 1871 au 21 mai 1873 ;

Le Maréchal de Mac-Mahon, du 23 mai 1873 au 27 janvier 1879 ;

M. Grévy, du 30 janvier 1879 au 2 décembre 1887 ;

M. Carnot, du 2 décembre 1887 au 25 juin 1894 ;

MAISON DU CROISSANT D'ARGENT. — UN DES HALLS DU 1ᵉʳ ÉTAGE.

M. Casimir Périer, du 27 juin 1894 au 15 janvier 1895 ;
M. Félix Faure, du 17 janvier 1895 au 16 février 1899.
M. Émile Loubet, du 18 février 1899 au 18 février 1906 ;
M. Armand Fallières, né à Mézin en 1841, actuellement Président, a été élu le 17 janvier 1906. Il a pris possession de ses pouvoirs le 17 février 1906. M. Fallières fut d'abord avocat à Nérac, puis conseiller municipal, maire, conseiller général, député en 1876, sénateur en 1890, sous-secrétaire d'État en 1881, ministre de l'Intérieur en 1882, Président du Conseil en 1883, plusieurs fois ministre de la Justice et de l'Instruction publique, président du Sénat en 1899 et enfin Président de la République en 1906.

Au numéro 142 se trouvent les grands magasins de nouveautés du Croissant d'Argent situés à l'angle de la rue la Boétie.

Ce fut d'abord en 1853 une maison de mercerie. Elle subit des agrandissements successifs, et en 1901 M. Duru, l'un des directeurs, le transforma en un magasin de nouveautés. Elle fut de nouveau considérablement agrandie sous la direction Duru frères, et elle est appelée très certainement au plus brillant avenir, car elle est la seule maison de ce genre existant dans le quartier des Champs-Élysées.

L'idée était excellente de fonder un magasin de nouveautés à l'angle du faubourg et de la rue la Boétie, et celui-ci nous semble destiné à prendre de très grandes proportions. Nous y trouvons toutes les nouveautés élégantes, rubans, modes, dentelles, corsages, blouses, parfumerie, ganterie, voilettes, etc., etc.

MM. Duru, dont la compétence en la matière est bien connue, surveillent eux-mêmes constamment leurs magasins et s'efforcent de toujours satisfaire leur élégante clientèle. M. Léon Duru est Président de la Chambre-Syndicale de la mercerie, secrétaire du Syndicat général du Commerce et de l'Industrie et administrateur du Syndicat de garantie contre les accidents du travail. La maison du *Croissant d'Argent* est une maison de confiance.

MAISON DU CROISSANT D'ARGENT. — REZ-DE-CHAUSSÉE.

MAISON DU CROISSANT D'ARGENT.

En face du magasin de nouveautés s'élève l'église de Saint-Philippe-du-Roule, construite en 1769 par Chalgrin sur l'emplacement de la chapelle d'une léproserie dite *Hôtel du Bas-Rolle*.

Au numéro 166 se trouvait l'hôtel Dupetit-Thouars qui avait servi de maison de campagne à Mme de Maintenon.

Au 208 est l'hôpital Beaujon, édifié en 1780 par le fameux conseiller d'État Beaujon sur l'emplacement d'une de ses *folies* (1).

Au numéro 233 est située la maison Equy, selliers-harnacheurs. C'est une très vieille maison qui fut fondée en 1750 au 52 de la rue de l'Arbre-Sec. Elle s'est installée récemment faubourg Saint-Honoré. Elle se charge de la fourniture de tout ce qui concerne les harnais, selles, accessoires, articles d'écurie, etc., etc., et s'est spécialisée dans les harnachements de luxe.

La maison Equy a été formée par la réunion des deux maisons Le Guevellou et Remière, auxquelles elle a succédé en les absorbant.

La rue du Faubourg-Saint-Honoré, appelée originairement Chaussée du Roule conduisait au village qui comprenait Neuilly et Sablonville.

On sait quel luxe se déploie journellement dans les équipages. La coutume des somptueux attelages remonte au xvie siècle. Il y a loin des carrosses qui servirent à l'usage des rois de France à partir de cette époque, aux chars traînés par des bœufs dans lesquels se promenaient les rois de la première race. « On ne sait guère, dit Sauval, quelle sorte de voiture était ce « carpentum » dont parle Eginhard, attelé de quatre bœufs et conduit par un gros bouvier du village, où d'ordinaire nos derniers rois de la première race se faisaient traîner une fois l'an lorsqu'ils allaient se montrer à leurs peuples et recevoir leurs présents ; car on ne peut dire si c'était ou carriole, ou manière de tombereau, ou charrette. »

Quoi qu'il en soit, l'usage des carrosses ne date que du xvie siècle ; jusqu'à ce moment les hommes se servirent uniquement du cheval, les dames des litières, des mules et des palefrois. Cette mode des carrosses nous vint d'Italie, et c'est dans ce pays qu'ils restèrent le plus longtemps comme l'expression dernière de l'élégance et la marque la plus certaine de la richesse.

Nous déployons aujourd'hui moins de faste peut-être qu'autrefois dans nos équipages ; mais nous atteignons à une réelle perfection dans les harnachements de luxe tels que la maison Equy sait les exécuter.

---

(1) L'Hopital Beaujon possède 608 lits. Il comprend 4 services de médecine, 3 services de chirurgie et 1 service d'accouchement. Médecins : Debove, Troisier, Lacombe, Robin. — Chirurgiens : Bazy, Truffier, Michaux. — Accoucheur : Ribemont-Dessaigne.

LA MAISON EQUY.

IXe ARRONDISSEMENT

E IXe arrondissement — Opéra — comprend les quartiers : Saint-Georges, Chaussée-d'Antin, Faubourg Montmartre, Rochechouart.

Nous commencerons par l'Opéra et le quartier qui l'environne.

Il était écrit, dit Édouard Fournier dans son livre intitulé *Chroniques et Légendes des rues de Paris,* que l'Opéra existerait un jour à l'endroit où il existe aujourd'hui.

« Il y a tantôt un siècle que Sophie Arnould, la chanteuse, et Mlle Guimard, la danseuse, avaient, pour ainsi dire, marqué la place future de ce temple de la danse et du chant.

« L'une s'était rêvé, sur une partie de l'espace maintenant déblayé, dans la rue de la Chaussée-d'Antin, une coquette et poétique maison, qu'en l'honneur de la muse dont elle était la prêtresse on aurait appelée le *Temple d'Euterpe.*

« Mlle Guimard, plus heureuse que Mlle Arnould, avait pu se faire construire dans le quartier de la Chaussée-d'Antin, devenu tout à coup à la mode, la maison charmante dont elle caressait depuis longtemps le rêve.

« Danseuse, elle voulut la consacrer à sa muse, et l'appela le *Temple de Terpsichore.* C'était une merveille d'élégance et de grâce galante. « Figurez-vous, » disait un écrivain du temps, encore sous le charme de cette merveille, « l'assemblage « le plus heureux et le plus brillant de tous les arts. Ils se sont réunis ici pour se « surpasser. »

« Il décrit ensuite, en quelques mots, la façade de la maison ou plutôt du temple, décorée par le sculpteur Le Comte, d'un charmant groupe représentant *Terpsichore couronnée sur la terre par Apollon.*

« Les médisants trouvaient un peu d'insolence dans cette apothéose que Mlle Guimard s'adjugeait à elle-même. Ils eussent voulu, pour sa maison, une moins flatteuse enseigne. »

Le même chroniqueur nous fait en ces termes la description de l'intérieur de l'hôtel :

« Dans un petit espace, cette demeure offre toutes les commodités et tous les agréments. Ce qui n'est pas présenté par la vérité est suppléé par le prestige. Il n'y a pas jusqu'au jardin qui, bien que spacieux, ne charme et n'étonne par son goût tout nouveau. »

Les Goncourt, dans leur ouvrage sur *la Guimard*, ont aussi décrit longuement l'hôtel de la danseuse. On y trouvait une petite salle de spectacle qui était, paraît-il, un chef-d'œuvre dans son genre.

Le théâtre de Mlle Guimard n'était pas desservi par des talents d'amateurs ; les artistes les plus en renom de la Comédie-Française, de la Comédie-Italienne et de l'Opéra y venaient jouer et chanter à tour de rôle.

Vainement M. de Richelieu et les autres gentilshommes de la Chambre s'y étaient opposés, lors de l'inauguration de cette bonbonnière lyrique et comique, au mois de décembre 1772 ; M. le prince de Soubise, qui protégeait la danseuse, l'avait emporté sur eux.

Non seulement Mlle Guimard eut un théâtre à Paris où jouaient les acteurs qui formaient l'élite des trois grandes scènes de Paris, mais elle en eut encore un autre, desservi de même, à sa maison de campagne de Pantin.

On jouait sur les deux théâtres de Mlle Guimard *les agréables ordures* qui composent le théâtre grivois de Collé.

Pour être plus près du temple, où l'on faisait fête à ses obscénités, Collé s'était venu loger, en 1781, dans la rue de la Michodière, percée depuis trois ans (*Correspondance inédite de Collé*, publiée par Honoré Bonhomme, 1864).

La rue de la Chaussée-d'Antin n'était autrefois qu'un chemin sinueux, allant de la porte Gaillon au village des Porcherons, situé aux environs de l'avenue du Coq. Elle se nomma rue de l'Hôtel-Dieu, puis, en 1791, rue Mirabeau, parce que le grand orateur était mort, au numéro 42 de cette rue. Après sa mort on apposa sur sa maison une plaque portant ces deux vers d'André Chénier :

« L'âme de Mirabeau s'exhala en ces lieux.
Hommes libres, pleurez ; tyrans, fermez les yeux. »

La rue de la Chaussée-d'Antin commence au boulevard des Italiens, en face de la rue Louis-le-Grand, et aboutit à la rue Saint-Lazare.

Le marécage formé de lambeaux de prairies, où passaient des ruisseaux, est devenu une rue qui est aujourd'hui très commerçante et qui était autrefois extrêmement galante. Sous la Régence, en effet, elle était réservée aux Petites-Maisons. Ce lieu fut un moment ce qu'avait été le Pré-aux-Clercs pour les raffinés de la Ligue, un théâtre de duels et de débauches.

Au bout de ce marécage s'élevait le village des Porcherons. Les roués et les maîtres de la mode prirent, en quelque sorte, sous leur protection, la nouvelle rue de la Chaussée-d'Antin. De très nombreux hôtels y furent élevés.

Le cardinal Fesch, oncle de Napoléon Ier, s'y fit construire une habitation La Chaussée-d'Antin avait à cette époque une telle réputation que l'on conte à ce propos l'anecdote suivante :

« La fréquentation de ce quartier trop galant était à elle seule une impiété. Sous l'empire encore, un prêtre eût rougi d'y loger ; aussi cria-t-on beaucoup lorsque le cardinal Fesch se fut construit un palais au bout de la Chaussée-d'Antin, sur l'emplacement de l'hôtel de Montfermeil. Il comprit que l'empereur lui-même y trouverait à redire. Prenant les devants sur ses reproches, il lui écrivit, le 14 août 1807 : « Votre Majesté doit savoir que, si j'ai préféré la Chaussée-d'Antin « à tout autre quartier, c'était pour y ranimer par de bons exemples le feu sacré « de la religion. Il eût été avantageux de multiplier les secours spirituels en faveur « d'un quartier qui en est presque totalement privé ; et je me serais fait un « plaisir de mettre à la disposition des habitants ma chapelle, toute petite qu'elle « eût été, en pratiquant une entrée séparée et extérieure par la rue Saint-Lazare. » L'empereur répondit le jour même : « La Chaussée-d'Antin n'est pas un quartier « convenable pour un cardinal. »

Le théâtre du Vaudeville se trouve au coin de la Chaussée-d'Antin et des boulevards. Ce théâtre, fondé en 1792, occupa longtemps une salle de danse, située dans l'ancienne rue de Chartres. Puis, après un incendie qui détruisit la salle, la troupe du Vaudeville se réfugia au café-spectacle du boulevard Bonne-Nouvelle, où elle resta jusqu'en 1840.

La salle de la Chaussée-d'Antin a été construite en 1867 sur l'emplacement d'un petit hôtel appartenant au duc de Montmorency. Parmi les grands succès du Vaudeville, on peut citer *la Dame aux Camélias*, *les Faux Bonshommes*, *le Roman d'un jeune Homme pauvre*, *la famille Benoiston*, *Madame Sans-Gêne*, *Maman Colibri*, etc., etc.

Au numéro 26 de la rue de la Chaussée-d'Antin, au coin du boulevard Hausmann, nous trouvons la *Compagnie Russe*, la grande maison de fourrures Ruzé et Cie.

Cette maison depuis 1897 s'est énormément développée ; elle a repris la maison Labroquère, déjà fort importante et fort honorablement connue. Cette maison a adopté le principe de vendre avec un petit bénéfice des fourrures établies avec des peaux de la plus belle qualité. Prises en pleine saison, dans les meilleurs pays de production, elles sont achetées directement à l'état brut, pour éviter les droits de douane et les frais d'intermédiaire.

La fabrication et la mise au point des fourrures sont surveillées avec la plus grande vigilance et une attention extrêmement soutenues. *La Compagnie Russe* est, certainement, l'une des maisons de fourrures où se fait le travail le plus artistique et le plus soigné.

La clientèle de la maison Ruzé et Cie sait apprécier les garanties absolues et la complète sécurité que présentent les articles qui lui sont fournis. Les commandes sont exécutées avec une scrupuleuse attention. En outre, la maison s'applique à trouver chaque saison une nouveauté.

L'installation de la maison Ruzé et Cie est très somptueuse, et nous voyons chez eux une merveilleuse abondance de fourrures précieuses : renard, chinchilla, zibeline naturelle de Sibérie, hermine, breistchwantz. Le stand de la *Compagnie Russe* a obtenu un véritable triomphe à la récente exposition de Londres, où

COMPAGNIE RUSSE. — MAISON RUZÉ ET Cie.

a été tout particulièrement remarquée une riche étole de skungs dont le travail tout spécial fut une révélation pour les connaisseurs et permit aux élégantes de

GALERIE D'EXPOSITION DE LA MAISON RUZÉ ET Cⁱᵉ.

porter cette fourrure jusqu'alors délaissée. M. Ruzé a été nommé expert du jury et rapporteur de la classe de la fourrure.

L'Opéra est entouré par les rues Gluck, Halévy, Meyerbeer, le boulevard Haussmann, la rue Scribe et la rue Auber.

Le théâtre de l'Opéra, appelé Académie Royale de Musique sous l'ancienne monarchie, fut installé d'abord rue Mazarine, à l'endroit où s'ouvre aujourd'hui le passage du Pont-Neuf. Il remplaçait un ancien jeu de paume, qui se nommait Jeu de Paume de la Bouteille. L'abbé Perrin et le compositeur Lambert en furent les premiers directeurs.

Lulli, directeur de la musique du roi, obtint, en 1672, le privilège de l'Opéra ; il abandonna le Jeu de Paume de la Bouteille et fit élever son théâtre au Jeu de Paume du Bel-Air, rue de Vaugirard, près du Luxembourg. Il l'inaugura par la représentation des *Fêtes de l'Amour et de Bacchus*, suivie bientôt de *Cadmus* et d'*Alceste*.

Après la mort de Molière, Louis XIV autorisa Lulli à prendre possession du théâtre du Palais-Royal, et c'est là que fut installée l'Académie Royale de Musique jusqu'au 6 avril 1703.

Lulli fit des prodiges d'activité pour donner à son théâtre un très grand

FAÇADE DE L'OPÉRA.

attrait. Il fut à la fois directeur, régisseur, chef d'orchestre, musicien, maître de chant, maître de danse, et forma lui-même les acteurs, les décorateurs et les machinistes.

Les œuvres de Lulli obtinrent un engouement extrême, et l'Opéra était le spectacle le plus à la mode. Il fut cependant l'objet de nombreuses critiques de la part des écrivains de l'époque, et La Fontaine à ce sujet traça les vers suivants :

« Des machines d'abord le sur-
[prenant spectacle
Éblouit le bourgeois et fit crier
[miracle ;
Mais la seconde fois, il ne s'y
[pressa plus ;
Il aima mieux le *Cid*, *Horace*,
[*Héraclius*.
Aussi de ces objets l'âme n'est
[point émue,
Et même rarement ils conten-
[tent la vue.

Quand j'entends le sifflet, je ne
[trouve jamais
Le changement si prompt que
[je me le promets ;
Souvent au plus haut char le
[contre-poids résiste ;
Un dieu pend à la corde et crie
[au machiniste ;
Un reste de forêt demeure dans
[la mer,
Ou la moitié du ciel au milieu
[de l'enfer. »

GROUPE DE LA DANSE, OPÉRA.

Sous la Régence, l'Opéra prit une plus grande place encore dans la vie des grands seigneurs, avec ses fameux bals.

L'une des raisons qui firent la brillante célébrité de l'Opéra, fut le succès qu'obtinrent ce qu'on nommait à l'époque les *Filles d'Opéra*. Elles furent d'abord repoussées avec mépris par les femmes de la société élégante, puis elles finirent par être admises et même recherchées au XVIIIe siècle par les plus grandes dames. On raconte que Marie-Antoinette consultait et écoutait avec respect les avis de la Guimard sur toutes les choses de la toilette. Le Régent et Louis XV

FOYER DE L'OPÉRA.

avaient donné l'exemple en choisissant leurs maîtresses parmi les étoiles de l'Académie de Musique.

Les bals masqués obtinrent une vogue incroyable. Le Régent, dont les appartements du Palais Royal communiquaient avec l'Opéra, y vint souvent dans un état d'ivresse honteux avec ses courtisans, le consciller d'État Rouillé et le duc de Noailles.

La Révolution ne fut pas une époque malheureuse pour l'Opéra, qui trouva de grands succès dans des pièces de circonstance et des airs patriotiques.

La direction en fut donnée d'abord à Hébert, puis à Francœur, à Cellerier, à Morel. Sous le régime populaire, les artistes de l'Académie nationale de Musique furent mis à contribution pour toutes les fêtes et toutes les cérémonies ; les chants révolutionnaires, *la Marseillaise, le Chant du Départ, la Carmagnolle*, retentirent bien souvent sous les voûtes du théâtre de la Porte-Saint-Martin, où était installé alors l'Opéra. Un décret de l'an III, ayant déclaré propriété nationale, le théâtre de la Montausier, l'Opéra quitta la Porte-Saint-Martin et vint prendre possession de cette salle.

GROUPE DE LA MUSIQUE, OPÉRA.

L'assassinat du duc de Berry, en 1820, provoqua la destruction du théâtre de la place Louvois. L'Opéra resta fermé pendant deux mois, et c'est alors qu'on choisit, pour le reconstruire, l'emplacement de l'hôtel Choiseul, rue Lepelletier, la salle fut inaugurée en 1821. L'Opéra demeura rue Lepelletier jusqu'à l'incendie de 1873, et c'est alors qu'on installa provisoirement l'Académie nationale de Musique à la salle Ventadour, en faisant alterner ses représentations avec celles

ESCALIER DE L'OPÉRA.

Photo Neurdein Frères.

des Italiens, jusqu'à ce que le splendide immeuble, construit par Charles Garnier, pût ouvrir ses portes au public.

L'Opéra occupe une surface de près de 12 000 mètres carrés et a coûté environ 36 millions de francs. Les huit statues qui ornent la façade sont : *le Drame* par Falguière, *le Chant* par Dubois et Vatrinelle, *l'Idylle* par Anzelin, *la Cantate* par Chapu, *la Musique* par Guillaume, *la Poésie lyrique* par Jouffroy, *le Drame lyrique* par Perrault, et *la Danse* par Carpeaux.

On sait le scandale que provoqua ce dernier groupe, qui est un véritable chef-d'œuvre par la beauté des attitudes et du mouvement. On l'accusa d'indécence, et un fanatique alla jusqu'à briser une bouteille d'encre sur l'œuvre de Carpeaux, espérant la maculer à jamais.

Au numéro 5 de la rue Auber, nous remarquons la maison d'orfèvrerie et coutellerie anglaise : Kirby, Beard and C°, qui s'est admirablement accréditée auprès du public parisien. C'est une maison extrêmement ancienne. La fabrique Kirby, Beard and C° a été fondée à Birmingham, il y a cent soixante-cinq ans, en 1743, et depuis cette époque elle s'est fait toujours une réputation de loyauté dans les affaires et de parfaite fabrication qui n'a fait que s'accroître sans cesse. Sa renommée est pour ainsi dire devenue universelle.

Ce ne fut qu'en 1850 que devant l'extension considérable qu'avait pris ses affaires avec la France que la maison de Birmingham se décida à fonder une succursale à Paris ; il fallait satisfaire aux demandes de plus en plus nombreuses que lui adressait sa clientèle.

La maison du 5 de la rue Auber prospéra dans des proportions inouïes et sut attirer de très nombreux clients par le choix de ses articles et la diversité de ses nouveautés originales, intéressantes, et toujours extrêmement pratiques. En contemplant ses jolis étalages, que connaissent bien tous les Parisiens, nous ne pouvons que constater que la popularité que Kirby, Beard and C° se sont acquise n'est que la juste récompense d'une suite ininterrompue d'efforts.

Rien n'est plus joli et plus tentant que cette vitrine de Kirby, Beard and C°, rue Auber, devant laquelle les passants sont invinciblement attirés et s'arrêtent pour ainsi dire malgré eux. Nous admirons la netteté et la commodité pratique de tous ces articles charmants d'orfèvrerie qui séduisent l'acheteur : ce sont les services d'orfèvrerie anglaise, la papeterie de luxe, les jolis bibelots de bijouterie, enfin tous les mille articles divers que nous ne saurions énumérer ici, mais que tous les Parisiens connaissent pour s'être arrêtés plus d'une fois devant ce joli magasin de la rue Auber où tout est combiné pour le plaisir des regards et où l'on n'a véritablement que l'embarras du choix.

La rue Boudreau donne dans la rue Auber. Elle fut tracée en 1779 et prolongée en 1858. Au numéro 7 existait, en 1882, l'Eden, magnifique salle de spectacle construite dans le genre hindou. L'Eden obtint un très grand succès avec le fameux ballet de *l'Excelsior*, puis avec les premières représentations à Paris du *Tannhauser* de Richard Wagner, dirigées par Charles Lamoureux. Au 9 de la rue Boudreau

MAISON KIRBY, BEARD AND Cº.

se trouvait l'hôtel d'Inécourt, devenu, sous Napoléon III, la propriété du directeur du Creusot, Schneider, propriété dont les jardins s'étendaient presque jusqu'à la rue de la Chaussée-d'Antin.

La grande tragédienne Rachel habita quelque temps rue Boudreau.

Au numéro 3, nous voyons aujourd'hui le joli petit hôtel occupé par la maison de couture de Mme Blanche Lebouvier.

Cette maison fut fondée en 1889 par Mme Blanche Lebouvier, qui s'installa,

MAISON BLANCHE LEBOUVIER. — UN DES SALONS.

à cette époque, dans l'hôtel qui lui appartenait rue Boudreau et qui ne se composait alors que de trois étages. La maison de couture prit bientôt un très grand développement et se distingua par le goût exquis de ses créations.

Bientôt, en raison de l'extension croissante de ses affaires, Mme Blanche Lebouvier fit surélever son hôtel de trois étages, et les salons de ventes et d'essayage ainsi que les ateliers occupent actuellement l'immeuble tout entier. Nous verrons chez elle les plus gracieuses toilettes du soir, de somptueux manteaux de cour, ainsi que de charmants petits costumes tailleur d'un chic tout spécial.

Mme Blanche Lebouvier s'honore d'avoir la clientèle la plus aristocratique et la plus raffinée, qui sait apprécier la note très originale et très personnelle de ses délicieux modèles.

MAISON BLANCHE LEBOUVIER.

Il est rare de savoir créer des choses vraiment originales et de ne pas retomber dans la banalité. La variété très grande des modèles est l'une des caractéristiques de Mme Lebouvier, qui déploie beaucoup d'imagination et un très grand art pour satisfaire sa nombreuse clientèle, assurée de trouver toujours dans ses ravissantes créations une marque distinctive d'élégance exquise et de bon goût. Les femmes se pressent dans les salons de ce joli petit hôtel de la rue Auber, où pour augmenter leur séduction Mme Lebouvier combine tant de jolies et gracieuses choses.

ENTRÉE DE LA MAISON BLANCHE LEBOUVIER.

En quittant l'hôtel de Mme Lebouvier, nous gagnerons la rue Caumartin qui fut créée en 1778. Au numéro 1, se trouve le pavillon de Saint-Foy, trésorier de la Marine. C'est là qu'habitait Mirabeau, avant d'aller s'installer rue de la Chaussée-d'Antin. Voici l'histoire de la fondation de ce pavillon qui nous est racontée par M. Édouard Fournier :

« En 1780, il y avait à Paris un Marseillais fort riche, qui était bien le plus grand original qui se pût voir. La gêne lui était si odieuse que, pour se débarrasser du chapeau qu'on portait alors sous le bras et de la petite épée qu'on devait avoir au côté, il avait fait peindre un chapeau-claque sur le flanc gauche de son habit et s'était fait organiser, avec ressorts et charnières, une sorte de petite brette qui ne tenait pas plus de place qu'un couteau. Lorsqu'il courait les rues, il la portait dans sa poche ; arrivé aux endroits où il allait en visite, il faisait jouer les ressorts, adaptait la poignée, se passait le tout au côté et entrait. Il n'était venu à Paris que pour trois mois, et il y resta trois ans. Sa famille était toujours à Marseille. Il fallait donc prendre un parti, aller la rejoindre ou lui dire de venir. Il hésitait ; un de ses amis lui dit : « *Décidez-vous à tête ou pile*. Il jeta un écu en l'air : *Tête pour Marseille!* La pièce en tombant présenta l'écusson. *Va donc pour Paris!* cria-t-il, et il écrivit à tout son monde d'arriver. Il fallait le loger, il ne s'en mit pas longtemps en peine. En passant sur le boulevard, il voit un homme qui colle une affiche au coin de la rue Caumartin nouvellement percée. C'est un terrain à vendre, et l'affiche est posée sur la palissade même qui l'enclôt. Il n'a donc pas une longue course à faire pour l'aller voir ; il y jette un coup d'œil, se rend cher le propriétaire, demande le prix. On lui dit 200 000 livres ; il répond 50 000 écus et donne jusqu'au lendemain à midi. A l'heure dite, le propriétaire arrive et l'affaire est faite. Elle fut très bonne pour l'expéditif acquéreur. » Il fit bâtir, revendit le tout, à l'exception d'une maison où il était logé et où il avait plusieurs locataires.

Il lui resta, tous les frais d'achat et de bâtiments remboursés, cette maison et 17 000 livres de rentes assises sur ce terrain.

Si nous suivons maintenant le boulevard des Capucines, nous verrons au numéro 24 les salons de vente et d'exposition de la maison Siot-Decauville, qui

MAISON SIOT-DECAUVILLE.

sont bien plutôt un musée qu'un magasin et dont la visite est extrêmement intéressante.

Cette maison a été fondée il y a fort longtemps par M. Siot-Decauville et elle a pris, sous son habile direction artistique, un très considérable développement.

Située précédemment boulevard des Italiens, elle a été récemment installée boulevard des Capucines, dans un cadre merveilleux, admirablement approprié à l'exposition de toutes les œuvres qu'elle édite.

Les superbes bronzes d'art que nous voyons chez elle sont d'une infinie diversité.

Les patines obtenues par M. Siot-Decauville sont des plus remarquables et ajoutent un plus grand charme aux œuvres d'artistes tels que Gérôme, Boucher,

512　LA VILLE LUMIÈRE

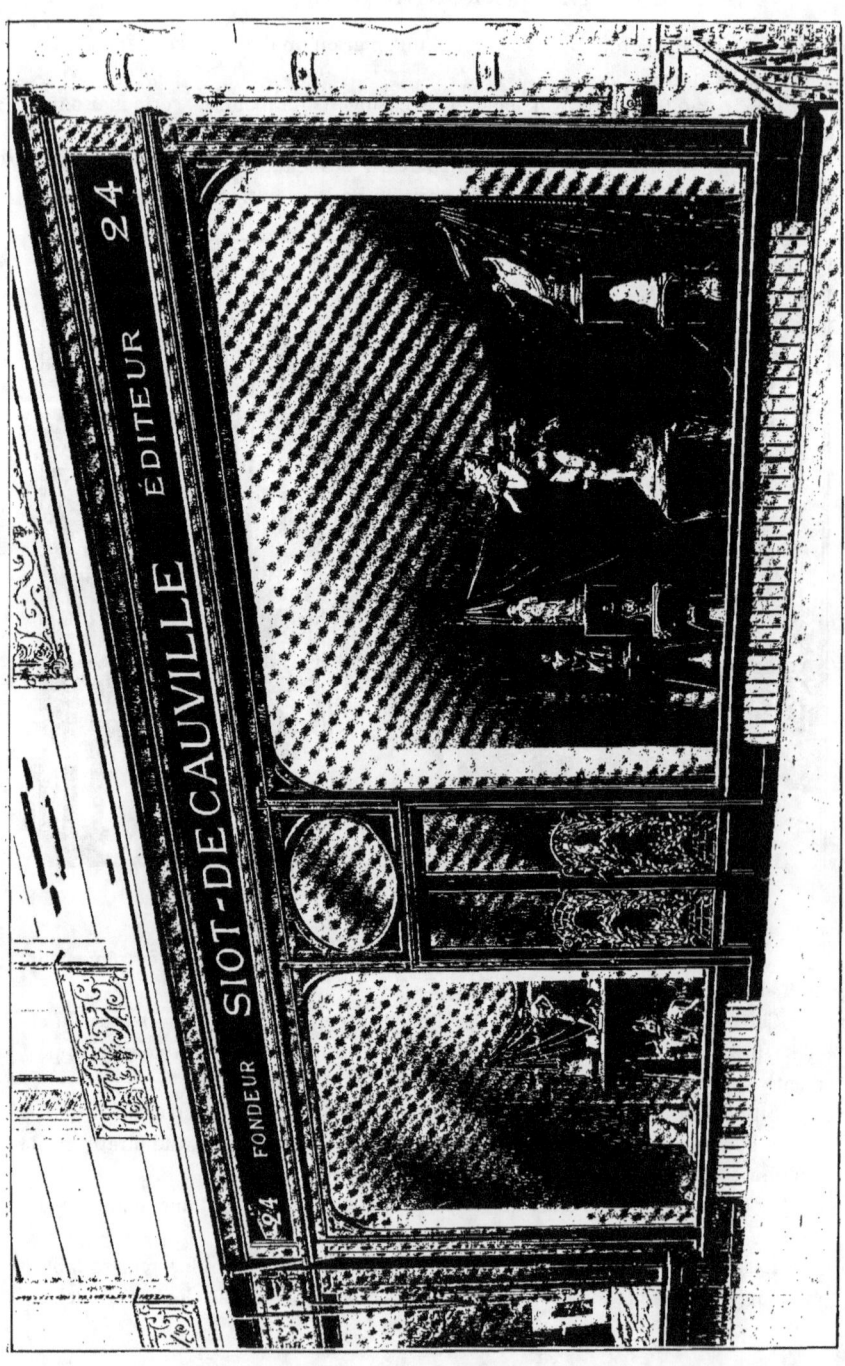

Gardet, Carlès, Mercié, Larche, Injalbert, Hugues, Marqueste, Bartholomé, Valton, Clerget, Meissonier, Michel, Desbois, Baffier, etc., etc.

On sait quels sont les progrès réalisés dans l'industrie des bronzes et l'on sait que, dans cet art, la prééminence de la France est indiscutée.

La maison Siot-Decauville travaille selon les grands principes de l'art antique. Toutes les œuvres qu'elle édite, et que les amateurs se plaisent à aller admirer dans ses salons d'exposition, sont d'une très belle facture et d'une parfaite exécution.

Elles sont fort bien en valeur dans ce somptueux décor des magasins du boulevard des Capucines dont nous donnons ici l'un des aspects.

A toutes les Expositions Universelles, notamment à Paris en 1900, à Bordeaux, à Liége, à Bruxelles, à Saint-Louis, la maison Siot-Decauville s'est vu décerner des Grands Prix, et ces hautes récompenses sont un témoignage probant des succès toujours croissants qu'elle a su remporter.

Dans la même maison du 24, boulevard des Capucines, se trouve la grande chapellerie Delion, qui fut créée en 1847 au numéro 15 du passage Jouffroy. Delion possède encore aujourd'hui sa maison du passage Jouffroy, qui est demeurée son siège social après avoir été considérablement agrandie, puisqu'elle comprend les numéros 15, 17, 19, 21, 23 et 25 du passage.

Delion a ouvert depuis quelque temps cette somptueuse succursale boulevard des Capucines dans ce quartier qui est l'un des plus beaux et des plus riches du commerce parisien.

MAISON DELION. — INTÉRIEUR BOULEVARD DES CAPUCINES.

Il serait fort intéressant, à propos d'une chapellerie aussi importante que la chapellerie Delion, qui étend son commerce dans toute l'Europe et presque dans le monde entier, de faire une histoire complète du chapeau aux différentes époques de l'histoire. Nous verrions toutes les formes bizarres par lesquelles a passé cet accessoire indispensable de la toilette qui a cette spécialité de tenir une grande part dans l'éducation et de justifier en somme cette paraphrase de l'axiome de Buffon : Le style, c'est l'homme! Le chapeau, c'est l'homme, peut-on dire également, et n'est-il pas exact d'affirmer que le chapeau joue un rôle prépondérant dans la toilette masculine !

A-t-on jamais essayé de rechercher quelles furent toutes les multiples coiffures des hommes des différents âges? Il y aurait certes, un travail assez curieux à faire. L'on pourrait voir également quelle a été l'évolution de l'industrie de la chapellerie où s'illustra jadis la ville de La Rochelle et où maintenant la

MAISON DELION. — EXTÉRIEUR PASSAGE JOUFFROY.

grande maison Delion réalise de véritables merveilles exposées dans ses superbes magasins du passage Jouffroy et du boulevard des Capucines.

La chapellerie Delion occupe, dans son usine d'Yvetot, un personnel de plus de quatre-vingts ouvriers et ouvrières; elle fournit la plus grande partie des bonnes chapelleries d'Allemagne, d'Autriche, de Russie et de nombreuses villes d'Amérique.

Aux différentes Expositions Universelles, elle a obtenu de très nombreuses récompenses et s'est vu décerner le Grand Prix à l'Exposition Franco-Britannique de Londres. La maison Delion s'est attiré la faveur de toute

MAISON DELION. — INTÉRIEUR DU PASSAGE JOUFFROY.

IXᵉ ARRONDISSEMENT

MAISON DELION — BOULEVARD DES CAPUCINES.

la clientèle élégante sûre de trouver chez elle les articles les plus soignés et de la plus parfaite fabrication. La chapellerie du boulevard des Capucines a une influence prépondérante sur la mode dans la coiffure masculine.

Tout à côté de la maison Delion, nous voyons, au numéro 28, le Music-Hall de l'Olympia.

Nous reviendrons maintenant par la rue Caumartin à la rue Saint-Lazare, sur l'emplacement de l'ancien village des Porcherons.

Les Porcherons étaient le nom d'un ancien hameau qui fut fort à la mode pendant le XVIIIe siècle. Il était situé à peu près au coin de la rue Saint-Lazare et de la rue de Clichy. Ce quartier se trouvait alors en pleine campagne. De nombreux cabarets s'y installèrent et les Porcherons devinrent un lieu de plaisir.

« Honnêtes gens de tous métiers,
Cordonniers, tailleurs, perruquiers,
Harangères et ravaudeuses,
Écossaises et blanchisseuses,
Servantes, frotteurs et laquais,
Mignons du port ou portefaix,
Par-ci, par-là, soldats au garde,

Et leurs commères les poissardes,
Qui, n'ayant crainte du démon,
Vous plantent là tout le sermon
Pour galoper à la guinguette,
A gogo, boire et riboter,
Farauder, rire et gigoter. »

La société élégante fréquenta beaucoup les Porcherons et aimait à s'y rendre incognito :

« Si le mousquetaire et la grisette, la petite ouvrière et le garde-française se pressaient par groupes sous les treilles du bonhomme Grégoire, dit le marquis de Bièvre, le carrosse de la marquise et le vis-à-vis de la demoiselle du monde ne craignaient pas davantage de s'aventurer dans ces régions...

Que venait faire là, parmi cette populace en goguette, cette jolie présidente en compagnie de ce jeune conseiller, cette hautaine duchesse mollement appuyée sur le bras de cet abbé pimpant et tout rosé, cette chanoinesse replète qu'escorte ce petit chevalier au sourire libertin? Boire le vin du bonhomme Grégoire apparemment ; il serait odieux de supposer autre chose ; mais il fallait que ce diable de petit vin eût une vertu attrayante bien souveraine pour attirer tout ce beau monde au milieu des boues et des chalands débraillés. »

Toutes ces guinguettes étaient installées autour d'un ancien château en ruines, situé sur l'emplacement de la rue de Clichy actuelle, sur la porte duquel on lisait ces mots : *Hôtel du Coq.*

C'était une construction du style du moyen âge dont on voyait encore les créneaux et les tourelles.

Aujourd'hui l'église de la Trinité a remplacé le village des Porcherons. La façade de l'église, élevée sur un rempart qui domine un jardin orné d'une fontaine, présente un aspect assez satisfaisant. Toutefois il semble que la façade soit un peu trop surchargée d'ornements relativement à la nudité des murailles latérales.

Suivons la rue de Clichy, originairement chemin de Clichy, puis rue du Coq,

LA TRINITÉ.

Elle suit à peu près le tracé de l'ancienne voie romaine allant de Paris au Havre.

Aux 68 et 70 se trouvait l'ancien hôtel du baron Saillard, qui avait été transformé en 1826 en prison pour dettes; les créanciers qui faisaient emprisonner leurs débiteurs étaient forcés de payer pour eux une pension de 45 francs par mois. La prison pour dettes a disparu vers 1860.

Voici la page que M. Jules Simon écrivait en 1867 sur la prison de Clichy : « La prison de Clichy ou la Dette, pour l'appeler par son nom officiel, construite de 1826 à 1828, s'étale en façade sur la rue de Clichy, ce qui oblige beaucoup d'honnêtes gens à faire de longs détours pour se rendre à la place Vintimille. Pour moi, Clichy n'est pas un épouvantail, c'est un anachronisme. Quand il m'arrive d'écrire une lettre après avoir passé par là, je crains toujours de la dater de 1466, ce qui ne serait pas sans inconvénient. C'est pourtant une belle prison, si l'on en croit M. Moreau-Christophe, qui fut, dans son temps, inspecteur général des prisons de la Seine. Les femmes y ont dix-huit chambres à cheminées, bien éclairées, bien chauffées, avec une salle de bains, un parloir, un chauffoir, un préau, une tribune haute, dans la chapelle, pour assister aux offices sans être vues. Les hommes n'y sont guère moins bien traités. Indépendamment de leur jardin, ils ont un promenoir fermé pour l'hiver, un café, une cantine ; il y a bien aussi une infirmerie très confortable, mais seulement pour le décorum, et par un scrupule exagéré de l'administration : le moyen d'être malade dans une maison si bien tenue ! M. Moreau-Christophe a connu un détenu, M. Swan, qui était riche et qui était resté vingt-trois ans pour dettes à Sainte-Pélagie. Sa femme et ses enfants avaient voulu, à plusieurs reprises, désintéresser ses créanciers ; mais il menaçait de déshériter sa famille si elle lui causait ce préjudice. Il sortit avec tout le monde et bien malgré lui en juillet 1830, et il faisait déjà des démarches pour être réintégré, quand il mourut. Cependant, quoique très agréable, le séjour de Sainte-Pélagie était loin, suivant M. Moreau-Christophe, d'offrir les mêmes avantages que Clichy, et M. Swan est mort, malheureusement pour lui, et pour la gloire de l'administration, avant d'avoir mis le pied sur la terre promise. M. Moreau-Christophe, un très galant homme, a sans doute raison ; et c'est en rendant, comme lui, justice aux beaux escaliers, aux bonnes chambres, au joli jardin et à toutes les ressources d'agrément de la prison pour dettes, que je la déclare une prison sinistre et que je demande avec tous les gens sensés qu'elle soit rasée jusqu'à la dernière pierre. Malgré mon amour pour les monuments historiques, je suis prêt à faire pour la prison pour dettes la même exception que pour la Bastille. »

En passant par la rue de Bruxelles, où demeurait Zola, nous arrivons place Vintimille, qui fut ouverte sur l'emplacement d'un des jardins Tivoli. En 1850 avait été placé dans le square qui occupe le milieu de la place une statue de Napoléon Ier, représenté complètement nu, la main droite posée sur la tête d'un aigle, dont elle comprimait l'essor. Une nuit, de mauvais plaisants imaginèrent d'habiller la statue en couleurs, trouvant sans doute que le costume était un peu primitif.

Rue de Douai, nous verrons l'un des établissements Boulant, le restaurant de la Butte-Montmartre, fréquenté par les artistes et par tous les Montmartrois.

Situé entre la place Pigalle et la place Blanche, il est placé près de tous les théâtres et les music-halls de Montmartre. C'est un établissement fort luxueux.

MAISON BOULANT.

La rue Blanche était jadis un chemin conduisant aux carrières de Montmartre ; son nom vient d'un cabaret portant l'enseigne de la Croix-Blanche. La place Blanche s'appelait autrefois place de la barrière Blanche ; on y voyait également de nombreux cabarets, où, ainsi que le dit Vadé, « tout Paris courait, galopait, à la guinguette où se grenouillait la piquette ».

C'est au numéro 23 de la rue Blanche, à proximité de la Trinité, dans un hôtel particulier aménagé autrefois par le sculpteur Dantan, que depuis une dizaine d'années le Dr Félix Allard a organisé un établissement médical modèle, le premier qui ait pu réunir d'une façon méthodique et complète toutes les applications des agents physiques à la thérapeutique et à l'hygiène.

SALLE DE CULTURE PHYSIQUE.

Dans le vestibule de l'hôtel, le jardin et son portique, on retrouve encore la décoration et le style pompéiens que Dantan avait donnés à son *home*.

Le couloir qui dessert le service d'hydrothérapie est encore orné d'une série de masques modelés par le sculpteur, portraits frappants de ressemblance de ses contemporains célèbres.

Le grand hall que Dantan avait fait construire comme atelier et salle d'exposition a été transformé, de la façon la plus heureuse, en salle de gymnastique ; c'est là que se pratiquent les exercices de développement physique, la gymnastique des surmenés et des sédentaires.

APPAREIL DE MÉCANOTHÉRAPIE.

Mais pénétrons avec notre guide dans les divers services de l'Institut :

Voici d'abord les *agents thermiques*, qui comprennent un service complet d'*hydrothérapie* : douches mobiles ou fixes, froides, chaudes ou mitigées, écossaises, alternatives, douches locales, dorsales, circulaires, périnéales, bain de siège, etc.

A côté, *les sudations* avec le merveilleux appareil Berthe, qui permet d'obtenir la chaleur sèche, la vapeur sèche ou humide, la vapeur térébenthinée, les fumigations aux pins résineux, etc., etc.

Les bains locaux et généraux d'air sec surchauffé, la douche d'air sec et chaud, le massage sous l'eau (douche d'Aix et de Vichy).

Le *service d'électrothérapie* comprend les courants galvaniques, faradiques, ondulatoires et sinusoïdaux, en applications locales ou sous forme de bains électriques. L'électricité statique, les courants de haute fréquence de D'Arsonval; les inhalations d'ozone, l'électro-aimant, etc., etc.

Les bains de lumière blanche, rouge, bleue ou violette, les bains locaux et généraux de chaleur radiante lumineuse (appareils Dowsing). Enfin les rayons X appliqués au

BAINS LOCAUX ET GÉNÉRAUX HYDRO-ÉLECTRIQUES.

diagnostic et à la thérapeutique. Les *agents mécaniques* comprennent la gymnastique hygiénique, française et suédoise, les cours de culture physique, la gymnastique médicale et orthopédique, la mécanothérapie.

Les massages suédois manuel et vibratoire électrique, la mécanothérapie. qu'on nous pardonne cette rapide énumération, mais il nous faudrait un volume pour décrire tout cet arsenal thérapeutique. Ce qui fait le grand intérêt de cette installation moderne, c'est la possibilité de pouvoir combiner les effets de tous ces moyens physiques dans le traitement des affections chroniques et dans les cures hygiéniques diverses.

Les maladies du sys-

SALON DE GYMNASTIQUE MÉDICALE SUÉDOISE.

tème nerveux, les paralysies, la neurasthénie, les névralgies diverses, celles de *la digestion* (dyspepsies, constipations, entérites), celles de *la nutrition* (arthritisme, rhumatisme, gouttes), sont au plus haut point justiciables de cette médication externe.

A côté trouvent leur place :

Le *traitement orthopé-*

BAIN DE LUMIÈRE.

dique par la gymnastique médicale, la mécanothérapie, le massage et l'électricité des ankyloses, des attitudes vicieuses, des déformations des membres et du tronc.

Les traitements des *affections gynécologiques* par l'électrothérapie, les bains de lumière, l'hydrothérapie.

Puis les *cures d'amaigrissement* par les

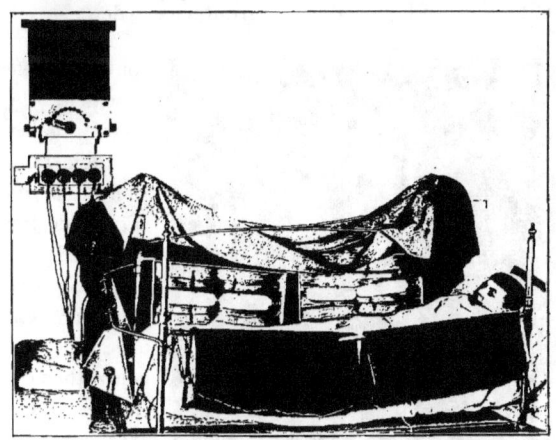
BAIN DOWSING GÉNÉRAL. — CHALEUR LUMINEUSE.

COURANTS DE HAUTE FRÉQUENCE : D'ARSONVALISATION.

exercices physiques dosés, les massages (suédois et vibratoires), associés aux bains de lumière et à l'hydrothérapie. Enfin le *développement physique* des enfants et des adolescents. L'entraînement aux sports et à la préparation au service militaire, l'*hygiène des sédentaires et des surmenés*.

Nous reproduisons le dispositif des *courants de haute fréquence* suivant la méthode du professeur d'Arsonval. On sait les services que rend cette méthode dans le traitement de l'hypertension artérielle et de l'artériosclérose. Chez les nerveux hypertendus, il est facile de ramener la pression à la normale sans aucun danger pour l'organisme et d'éviter de ce fait l'évolution de l'artériosclérose. Chez les artérioscléreux confirmés, il est possible de réduire la pression et d'écarter les accidents graves qui menacent le cœur et le cerveau. En plus de cette action merveilleuse, les courants de haute fréquence augmentent les combustions organiques ; ils sont donc indiqués dans le traitement de

MASSAGE VIBRATOIRE ÉLECTRIQUE.

toutes les affections dues à un ralentissement de la nutrition (obésité, goutte, diabète, arthritisme). De plus, en augmentant l'activité de la circulation de la peau, ils diminuent les sensations de froid si pénibles à beaucoup d'arthritiques.

L'*électricité statique*, dont le dossier ci-contre montre le dispositif, est appliquée surtout dans le traitement de la neurasthénie et des fatigues nerveuses en général. Elle constitue le tonique par excellence du système nerveux sans être un excitant, tout au moins sous

ÉLECTRICITÉ STATIQUE.

forme de bain et de douche ; sous son influence sédative et tonique, le sommeil s'améliore, le malade reprend possession de sa volonté et peut chasser ses idées tristes ou ses phobies ; les douleurs de tête s'atténuent rapidement, la sensation de fatigue également. Chez les déprimés, on ajoute à l'action du bain et de la douche statique les étincelles et les frictions électriques, qui augmentent l'activité circulatoire et la force musculaire et permettent de combattre l'atonie gastrique et intestinale, si fréquentes chez ces malades.

Par ce trop rapide exposé et la reproduction des quelques vues qu'il nous a été permis de saisir au hasard, au cours de cette rapide visite, nous avons voulu signaler l'importance de cette installation, qui marque une étape nouvelle dans l'art de prévenir les maladies et de les guérir. Sa place était toute désignée dans une description complète de la *Ville Lumière*.

L'église Notre-Dame-de-Lorette était autrefois une petite chapelle appelée Notre-Dame-des-Porcherons, située rue Coquenard, aujourd'hui rue Lamartine. L'église actuelle fut construite en 1836 et a quelque peu la forme d'une basilique romaine. Elle est située rue de Châteaudun ; c'est sur une partie de l'emplacement même de la rue de Châteaudun que se trouvait l'hôtel de Napoléon Ier, dont l'entrée était rue de la Victoire, ancienne rue Chantereine. Dans un intéressant article de M. Gustave Bord, intitulé l'*Hôtel Chantereine et ses habitants*, nous découvrons sur l'hôtel de Bonaparte les renseignements suivants :

« La société du XVIIIe siècle, dans ses éléments les plus brillants, a joué son rôle dans ce petit coin de la rue Chantereine, où la Révolution passa, où la gloire impériale naquit ! »

« La destinée voulut que, construit par Julie Careau, l'hôtel de la rue Chantereine ait vu défiler le vicomte de Ségur et le comte Louis de Narbonne, Mlles Contat et Saint-Huberty, Lauzun, Mirabeau, Condorcet, Dumouriez et les Girondins, Talma et Dugazon, Mme Roland et Mlle Candeille, David et Houdon, Lemercier et Lenoir, avant que Bonaparte y vînt apposer son empreinte. »

« Après avoir été le centre de la famille du Premier Consul, le petit hôtel de la rue de la Victoire devint le quartier général des victoires amoureuses de l'Empereur.

« A côté de l'hôtel Bonaparte vinrent habiter Madame Mère et le cardinal Fesch, Leclerc et Paulette, Louis et Hortense ; il n'y avait qu'un mur à franchir pour arriver à l'hôtel Saint-Chamans, où mourut la comtesse Walewska ; il n'y avait que la rue à traverser pour faire visite à Mlle Georges.

« L'hôtel Bonaparte, après avoir passé par les mains du général Lefebvre-Desnouettes, fut habité par le fidèle Bertrand, puis par Jacques Coste, le fondateur du *Temps*.

Il reste de tout cela aujourd'hui quelques murs de clôture et deux arbres au fond d'une cour. »

La rue a rasé l'hôtel, et des immeubles de rapport recouvrent les jardins et les dépendances !

« Et, cependant, jamais petit coin de terre ne semble avoir été plus prédestiné que l'hôtel de Mlle Julie. Lorsque Bonaparte y entra dans les premiers jours de l'an IV, il y était attendu par un aigle d'or oublié par Talma et par une prophétie de Ségur, le prédécesseur du grand tragédien dans les bonnes grâces de Mlle Careau.

« Quelques jours après la prise de la Bastille, le vicomte de Ségur, à la veille de rejoindre son régiment à Pont-à-Mousson, était venu prendre congé de son amie ; cet adieu voulait être une rupture. Comme il descendait les marches de la véranda, un tourbillon d'orage arracha la dernière page d'un manuscrit qu'il avait sous le bras et la poussa jusque dans le salon. Julie la ramassa, et la parcourant, elle lut d'une voix légèrement émue : « La véritable cause de nos malheurs est l'étonnante médiocrité qui égalise tous les individus. Si un homme de génie paraissait, il serait le maître. »

L'emplacement de l'hôtel Chantereine se trouvait à la hauteur du 49 actuel de la rue de Châteaudun.

Au numéro 41 se trouve la maison Herzog, située au coin de la rue de Châ-

MAISON HERZOG. — UNE SALLE D'EXPOSITION.

MAISON HERZOG. — ANNEXE.

teaudun et de la rue Taitbout. Le fondateur de cette maison, Auguste Herzog, débuta modestement en 1869, dans un petit magasin de la rue Sainte-Anne, d'où il fut exproprié pour le percement de l'avenue de l'Opéra. En 1880, il vint s'installer au 42 de la rue de Châteaudun, et quelques années après il fut de nouveau exproprié par l'État, qui fit de cet immeuble le bureau de chemin de fer des Charentes. C'est alors qu'il s'installa au 41 de la rue de Châteaudun, et c'est à partir de cette époque que ses affaires prirent un très large essor. Il sut réunir chez lui des objets d'art extrêmement curieux qu'appréciait sa clientèle mondaine. Il devint le fournisseur de S. A. R. Monseigneur le comte de Flandre. De nombreux princes des différentes cours d'Europe s'adressèrent au célèbre antiquaire, lorsqu'ils voulaient découvrir un bibelot rare et précieux.

MAISON HERZOG.

Le fondateur de la maison mourut en 1891; ses fils lui succédèrent et modernisèrent, en quelque sorte, le commerce de leur père. Chercheurs infatigables de belles occasions artistiques, ils les entassèrent dans leur magasin qui bientôt devint trop étroit. Ils prirent alors en face de leur maison principale un immeuble entier, qu'ils transformèrent en une vaste annexe pour l'ameublement de style et les installations complètes d'appartements.

La maison Herzog obtint à différentes expositions de très hautes récompenses : Médaille d'or à Bruxelles, Berlin, Londres, Rome, Grand Prix à Copenhague et le Grand Prix d'Honneur à l'Exposition Universelle de Paris en 1900.

Dans la rue de Châteaudun, donne la rue Saint-Georges, créée en 1734 et prolongée en 1824. Talma demeura longtemps au numéro 4.

Les immeubles portant les numéros 13 et 15 de la rue Saint-Georges, où sont installés aujourd'hui la rédaction et les services de *L'Illustration*, furent édifiés par Bellanger entre 1785 et 1787. Bellanger, premier architecte du comte d'Artois, frère de Louis XVI, était aussi, avant la Révolution, le premier architecte de la mode. Les encyclopédies nous rappellent qu'il eut un prix à l'Académie dans un concours d'architecture et qu'il était chargé de l'organisation de la plupart des fêtes publiques et des spectacles donnés par la cour. Pour le comte d'Artois, son maître, il dessina les jardins de Bagatelle. Pour quelques actrices en vogue et bien pourvues, il créa une cité nouvelle en couvrant de cottages et d'élégantes constructions ce verger bourbeux qu'était alors la chaussée d'Antin.

«L'ILLUSTRATION.»

Mlle Dervieux, une jolie danseuse, qui faisait, en ce temps-là, tourner toutes les têtes de la cour et de la ville et qui comptait au premier rang de ses amis et protecteurs le comte d'Artois en personne, demanda à Bellanger de lui élever l'hôtel qu'occupent aujourd'hui les numéros 13 et 15 *bis* de la rue Saint-Georges. Au numéro 15 actuel, sur des terrains achetés en grande partie à Mlle Dervieux, sa cliente, Bellanger édifia pour lui-même un troisième hôtel, avec fronton et avec cintres sur les fenêtres. Apparemment, l'architecte et la danseuse vécurent en des termes d'excellent voisinage, car, après s'être trouvé rapprochés, plus encore, dans la même prison révolutionnaire, ils se hâtèrent, dès leur libération, de contracter mariage.

Dans la suite, les maisons 13 et 15 furent successivement occupées par divers personnages qui jouèrent un rôle dans notre histoire politique ou littéraire contemporaine. On doit citer : Émile de Girardin et Sophie Gay, sa femme ; Boitelle, préfet de police sous Napoléon III ; Armand Marrast, et la rédaction du *National* ; Mme Sarah-Bernhardt et enfin, Me Chaix d'Est-Ange, le célèbre avocat.

L'Illustration, fondée en 1843, a été installée rue Saint-Georges en 1880. Elle occupe actuellement les numéros 13 et 15 de cette rue, ainsi que les numéros 40 et 42 de la rue de la Victoire. L'hôtel de la rue Saint-Georges a conservé toutes ses boiseries et sculptures anciennes des hôtels Dervieux-Bellanger, et les salons de *L'Illustration* ont été reconstitués tels qu'ils avaient été décorés par le fastueux architecte.

PORTE D'ENTRÉE DE « L'ILLUSTRATION ».

L'Illustration a pris, depuis quelque temps, un développement prodigieux. Nous aurons donné une idée de son importance lorsque nous aurons dit que ses ateliers occupent 285 ouvriers. Son tirage hebdomadaire, qui était de 13 000 exemplaires en 1880 et de 50 000 en 1903, est aujourd'hui de 108 000 exemplaires.

Le journal illustré est devenu aussi indispensable au public que le journal d'informations. Le lecteur qui veut tout savoir veut aussi tout voir. Le journal illustré a la tâche de tout lui montrer, de lui donner par des photographies habilement prises ou des dessins scrupuleusement documentés la reproduction exacte, sincère et en même temps artistique de tous les événements d'actualité. Une pareille tâche n'est certes pas à la portée de toutes les publications. *L'Illustration* est assez puissamment outillée pour s'en acquitter de la manière la plus complète, pour s'assurer des correspondants dans le monde entier, pour envoyer ses photographes, ses dessinateurs et ses rédacteurs partout où il se passe quelque chose. Les grands événements récents en ont fourni la démonstration éclatante. De tous temps, *L'Illustration* fut célèbre par ses reportages, dont personne n'oubliera les plus sensationnels : L'Incendie du Bazar de la Charité, le Voyage de Nansen, le Cataclysme de la Martinique, les Voyages présidentiels en Russie, la Guerre Russo-Japonaise, la Campagne Marocaine, la Destruction de Messine et tant d'autres.

D'autre part, l'existence courante est pleine de faits dignes d'intérêt qui nous amusent ou nous passionnent. Ce sont, sous tous leurs aspects, et dans tous leurs cadres de printemps ou d'hiver, les sports qui ont pris tant de place

UN SALON DE « L'ILLUSTRATION ».

dans la vie moderne ; ce sont les mondanités les plus sensationnelles, les grands mariages, les grandes réceptions de cour, les grandes chasses ; ce sont, bien entendu, les arts dans toutes leurs manifestations et dans toutes leurs résurrections ; ce sont aussi les élégances, les modes, considérées comme caractéristiques d'une époque ou comme tentatives d'une évolution esthétique ; ce sont enfin tous les faits divers de la science, soit qu'un aéroplane nous ouvre hardiment les routes de l'espace, soit qu'un diamant étincelle soudain au fond d'un creuset.

L'Illustration réserve une place à tous les genres et n'omet rien de ce qui est susceptible d'intéresser les esprits cultivés.

D'où les nombreux et si divers suppléments de ce luxueux journal, qui, tous, sont envoyés aux abonnés sans aucune augmentation de prix : suppléments d'actualité, suppléments artistiques tirés en couleurs, romans inédits des meilleurs écrivains, publiés en petit format et délicieusement illustrés, numéros de Noël et du Salon, et enfin les suppléments de théâtre qui ont pris, depuis quelques années, une importance très grande.

Lire chez soi, aussitôt après leur première représentation, les œuvres dramatiques nouvelles, c'est un des plus grands plaisirs intellectuels que l'on puisse éprouver.

Le journal qui le procure à ses lecteurs ne saurait, en vérité, leur offrir une plus belle prime gratuite.

L'Illustration publie toutes les œuvres dramatiques représentées sur les théâtres de Paris, et que leur succès ou leur valeur littéraire recommandent à l'attention de ses lecteurs.

Nous arriverons maintenant boulevard Haussmann, et nous remarquerons au numéro 13 la maison Rouff située au coin de la rue du Helder.

MAISON ROUFF.

La maison Rouff occupe dans sa presque totalité ce bel immeuble, avec ses vastes et luxueux salons de vente, ses confortables salons d'essayage et ses grands ateliers.

Cette grande maison de couture a une très ancienne réputation, réputation qui se justifie tous les jours par la ligne impeccable et l'intéressante variété de ses nouvelles créations. Nous admirerons chez elle les toilettes du soir, ondulantes et souples, les costumes tailleur à la coupe parfaite, les gracieuses blouses de dentelles, les fourrures précieuses et les riches manteaux.

M. Rouff sait donner à ses modèles une note originale et très artistique. Il

MAISON ROUFF.

s'honore d'avoir une clientèle des plus élégantes qui lui témoigne toujours son entière confiance.

Il fait d'ailleurs tous ses efforts pour continuer à mériter sa faveur et son approbation.

MAISON ROUFF.

La parfaite exécution des commandes est assurée, à la maison Rouff, par un très nombreux personnel.

Il sait combiner pour les femmes les toilettes les plus jolies et les plus seyantes et celles-ci savent bien qu'elles sortiront des salons de ce grand couturier du boulevard Haussmann avec des parures infiniment gracieuses, qui les rendront plus charmantes et ajouteront un attrait de plus à leur beauté. M. Rouff a un goût parfait et très sûr, il fait de la toilette féminine un ensemble admirablement harmonieux au point de vue de la ligne de l'élégance, de l'assemblage délicat des couleurs. N'est-ce pas l'harmonie qui constitue la véritable beauté et n'est-ce pas à réaliser cette beauté que doit prétendre tout l'art du couturier.

MAISON ROUFF.

MAISON MARGAINE-LACROIX

La rue du Helder tient son nom d'une victoire remportée sur les Anglais par le maréchal Brune, à Helder, ville de Hollande.

Aux numéros 7 et 9 se trouvaient *l'hôtel du Helder le fameux restaurant du Lion-d'Or* qui eut son heure de grande célébrité et au Lion-d'Or se rencontrèrent tous les écrivains de l'époque ; nombre de personnages célèbres vinrent y manger le fameux *ragoût Théodora*, lancé au moment où Sarah-Bernhardt obtint un éclatant succès dans le drame de Sardou. Dans le premier acte du drame, une vieille sorcière prépare sur un tréteau un plat composé de riz et de pois-chiches. Un spectateur eut l'idée de faire préparer ce plat par le propriétaire du Lion-d'Or, M. Reignard, et de lui donner le nom de *ragoût Théodora*. Ce plat eut un tel succès que, trois fois par semaine, on venait de tous les coins de Paris au Lion-d'Or pour le savourer. L'hôtel du Helder a seul subsisté et le restaurant du Lion-d'Or a été remplacé par une Banque. Il ne sera peut-être pas sans intérêt de rappeler à ce propos quelle est l'origine de ce nom de Lion-d'Or, donné en France à tant d'hôtelleries et, par suite, à tant de restaurants. On aimait beaucoup autrefois trouver une enseigne qui fût un jeu de mots, et les hôtels du Lion-d'Or inscrivaient leur enseigne de la façon suivante : *Au lit on dort.*

Au numéro 19 du boulevard Haussmann, nous trouvons la grande maison de couture Margaine-Lacroix, qui fit tant parler d'elle ces temps derniers et révo-

MAISON MARGAINE-LACROIX.

lutionna, pour ainsi dire, la mode par la création de ces fameuses robes tanagréennes. Comme toutes les innovations, ces robes furent d'abord très décriées, et l'on se souvient encore du scandale que produisit aux courses d'Auteuil l'apparition de ces toilettes sensationnelles. Mais les critiques tombèrent bien vite devant la ligne si gracieuse des robes Tanagra et les femmes les adoptèrent. Elles acquirent rapidement droit de cité dans la ville, ces toilettes que l'on avait tant blâmées, et elles sont encore aujourd'hui en pleine vogue. Une mode aussi charmante ne pouvait, en effet, qu'obtenir un grand succès, et Mme Margaine-Lacroix fut bien inspirée en créant ses modèles d'après l'antique.

L'on sait d'ailleurs que Mme Margaine-Lacroix, peintre de grand talent, est douée de rares qualités artistiques et qu'elle possède le sens si précieux de la couleur et de la ligne. Elle a créé également les fameuses robes *sylphides*, qui se portent sans corset, et les brassières *sylphides*, si réputées, qui laissent à la femme toute la liberté et toute la souplesse des mouvements.

La maison Margaine, sous la direction de Mme Margaine-Lacroix, fille de M. Margaine, fut créée en 1868. Elle a pris une très grande extension vers l'année 1899 et a obtenu de hautes récompenses aux expositions de Paris en 1900 et de Milan en 1906. A la récente Exposition Franco-Britannique, la maison Margaine-Lacroix eut un éclatant succès avec ses robes sylphides et ses robes Tanagra, qui évoquent la grâce des statuettes antiques.

La rue Taitbout a été créée en 1773 par le marquis de Laborde, sur un terrain acquis aux religieux Mathurins, et ce nom de Taitbout est celui d'un des greffiers de la ville. Au coin du boulevard et de la rue Taitbout, se trouvait le fameux Tortoni, remplacé aujourd'hui par un marchand de chaussures.

Tortoni était, pour ainsi dire, le centre de ce qu'on a appelé pendant fort longtemps le boulevard de Gand et à ce propos nous ne résisterons pas au plaisir de citer cette brillante description d'Alfred de Musset, que M. Adolphe Brisson a reproduite dans l'un de ses feuilletons :

« L'espace compris entre la rue Grange-Batelière et celle de la Chaussée-d'Antin n'a pas, comme vous savez, Madame, plus d'une portée de fusil de long. C'est un lieu plein de boue en hiver et de poussière en été. Quelques marronniers qui y donnaient de l'ombre ont été abattus à l'époque des barricades. Il n'y reste pour ornement que cinq ou six arbrisseaux et autant de lanternes. D'ailleurs, rien ne mérite l'attention, et il n'existe aucune raison de s'asseoir là plutôt qu'à toute autre place du boulevard, qui est aussi long que Paris.

« Ce petit espace, souillé de poussière et de boue, est cependant un des lieux les plus agréables qui soient au monde. C'est un des points, rares sur la terre, où le plaisir est concentré. Le Parisien y vit, le provincial y accourt ; l'étranger qui y passe s'en souvient comme de la rue de Tolède, à Naples, comme autrefois de la Piazzetta, à Venise. Restaurants, cafés, théâtres, bains, maisons de jeu, tout s'y presse ; on a cent pas à faire : l'univers est là. De l'autre côté du ruisseau, ce sont les Grandes-Indes.

« Vous ignorez sûrement, Madame, les mœurs de ce pays étrange qu'on a nommé boulevard de Gand. Il ne commence guère à remuer qu'à midi. Les garçons de café servent dédaigneusement quiconque déjeune avant cette heure. C'est alors que les dandys arrivent ; ils entrent à Tortoni par la porte de derrière, attendu que le perron est envahi par les barbares, c'est-à-dire les gens de la Bourse. Le monde dandies, rasé et coiffé, déjeune jusqu'à deux heures, à grand bruit, puis s'envole en bottes vernies. Ce qu'il fait de sa journée est impénétrable : c'est une partie de cartes, un assaut d'armes ; mais rien n'en transpire au dehors, et je ne vous le confie qu'en secret.

« Il n'en faut pas moins remarquer la taille fine de la grisette, la jolie maman qui traîne son marmot, le classique fredon du flâneur, le panache de la demoiselle qui sort de sa répétition. A cinq heures, changement complet : tout se vide et reste désert jusqu'à six heures. Les habitués de chaque restaurant paraissent peu à peu et se dirigent vers leurs mondes planétaires. Le rentier retiré, amplement vêtu, s'achemine vers le café Anglais avec son billet de stalle dans sa poche ; le courtier bien brossé, le demi-fashionable vont s'attabler chez Hardy ; de quelques lourdes voitures de remise débarquent de longues familles anglaises, qui entrent au café de Paris, sur la foi d'une mode oubliée ; les cabinets du café Douix voient arriver deux ou trois parties fines, visages joyeux mais inconnus.

« Devant le club de l'Union illuminé, les équipages s'arrêtent ; les dandies sautillent çà et là avant d'entrer au Jockey. A sept heures, nouveau désert. Quelques journalistes prennent le café pendant que tout le monde dîne. A huit heures et demie, fumée générale ; cent estomacs digèrent, cent cigares brûlent ; les voitures roulent, les bottes craquent, les cannes reluisent, les chapeaux sont de travers, les gilets regorgent, les chevaux caracolent...

« Le monde dandy s'envole de nouveau. Ces messieurs sont au théâtre et ces dames pirouettent. La compagnie devient tout à fait mauvaise. On entend dans la solitude le crieur du journal du soir. A onze heures et demie, les spectacles se vident ; on se casse le cou chez Tortoni pour prendre une glace avant de s'aller coucher. Il s'en avale mille dans une soirée d'été. A minuit, un dandy égaré reparaît un instant ; il est brisé de sa journée ; il se jette sur une chaise, étend son pied sur une autre, avale un verre de limonade en bâillant, tape sur une épaule quelconque en manière d'adieu, et s'éclipse. Tout s'éteint. On se sépare en fumant au clair de la lune. Une heure après, pas une âme ne bouge ; et trois ou quatre fiacres patients attendent seuls devant le café Anglais des soupeurs attardés qui n'en sortiront qu'au jour.

« Si je vous dis, Madame, que pour un jeune homme il peut y avoir une extrême jouissance à mettre une botte qui lui fait mal au pied, vous allez rire. Si je vous dis qu'un cheval d'allure douce et commode, passablement beau, restera peut-être entre les mains du marchand, alors qu'on se précipitera sur une méchante bête qui va ruer à chaque coin de rue, vous me traiterez de fou. Si je vous dis qu'assister régulièrement à toutes les premières représentations, manger des fraises avant qu'il y en ait, prendre une prise de tabac au rôti, savoir de quoi l'on parle et quelle est la dernière histoire d'une coulisse, parier n'importe sur quoi le plus cher possible et payer le lendemain, tutoyer son domestique et ignorer le nom de son cocher, sentir le jasmin et l'écurie, lire le journal au spectacle, jouer le distrait et l'affairé en regardant les mouches aux endroits les plus intéressants, boire énormément ou pas du tout, coudoyer les femmes d'un air ennuyé avec une rose de Tivoli à sa boutonnière, avoir enfin pour maîtresse une belle dame qui montre pour trois francs au parterre ce qu'il y a de plus secret dans tout son ménage ; si je vous dis que c'est là le bonheur suprême, que répondrez-vous ?

« Une botte qui fait mal va presque toujours bien ; un méchant cheval peut être plus beau qu'un autre ; à une première représentation, s'il n'y a pas d'esprit dans la pièce, il y a du monde pour l'écouter ; rien n'est si doux qu'une primeur quelconque : une prise de tabac fait trouver le gibier plus succulent ; rire, parier et payer sont choses louables et permises à tous ; l'odeur de l'écurie est saine et celle du jasmin délectable ; tutoyer les gens donne de la grandeur ; l'air ennuyé ne déplaît pas aux dames ; et une femme qui vaut la peine qu'on aille au parterre, quel que soit le prix de la place, est assurément digne de faire le bonheur d'un homme distingué... Nous ne nous comprenons pas, n'est-il pas vrai ?... C'est ce qui fait, Madame, que je n'essaierai pas de vous expliquer les charmes du boulevard de Gand et que je suis obligé de m'en tenir à ce que je vous ai dit tout à l'heure : c'est un des lieux les plus agréables qui soient au monde... »

A l'intersection du boulevard des Italiens et du boulevard Montmartre, se trouve la rue Drouot.

Au numéro 1 était autrefois l'hôtel de la duchesse de Grammont.

Au numéro 19 nous voyons la Pharmacie Normale. Cette pharmacie fondée en 1855, a opéré une véritable révolution dans la consommation pharmaceutique. Elle a été la première à commercialiser ses prix, en restant, malgré cela, toujours fidèle aux vieilles traditions et aux lois qui régissent l'exercice de la profession et qui veulent que toutes les préparations pharmaceutiques, toute la pharmacie galénique, soient faites dans le laboratoire du pharmacien et sous la surveillance immédiate du praticien diplômé.

Le laboratoire de la rue Drouot a été souvent visité par le corps médical ainsi que par la clientèle de la pharmacie, qui peuvent ainsi se convaincre par eux-mêmes des soins méticuleux apportés à toutes les préparations. Le public a bien vite compris ces avantages tant au point de vue du prix que de la sécurité pour la qualité des médicaments que lui vendrait la Pharmacie Normale, et c'est pour cela qu'il lui a accordé, de suite, une confiance et une sympathie qui n'ont fait que s'affirmer tous les jours. La Pharmacie Normale est fière de posséder la faveur du public et s'efforce de la mériter chaque jour davantage.

Il n'existe certes pas, dans le monde entier, une pharmacie de détail outillée plus scientifiquement, occupant un personnel plus nombreux et réalisant un chiffre d'affaires plus important que celui de la Pharmacie Normale.

Ses laboratoires de manipulation peuvent être considérés comme des laboratoires modèles. Son laboratoire d'analyses est abondamment pourvu de tous les appareils que peuvent nécessiter les analyses chimiques médicales, micrographiques, biologiques et industrielles.

La Pharmacie Normale se met à la disposition de ses clients et de tout le corps médical pour faire visiter son laboratoire.

Il est spécialement dirigé par un des directeurs, ancien préparateur des tra-

PARTIE D'INTÉRIEUR DE LA PHARMACIE NORMALE.

vaux chimiques de l'École Supérieure de Pharmacie de Paris et ancien chef de Laboratoire de la Faculté de médecine.

Dans ce laboratoire sont essayés et analysés tous les produits chimiques et toutes les matières premières achetés pour le service de la Pharmacie Normale.

Elle a obtenu toutes les plus hautes récompenses aux récentes expositions et a été notamment membre du jury et hors concours à l'Exposition Universelle de 1900 et à l'Exposition Franco-Britannique de Londres.

La Pharmacie Normale tient à honneur de ne pas s'écarter de ses traditions et de justifier toujours sa vieille renommée, par son attention et sa volonté de donner par tous les moyens possibles satisfaction à sa clientèle.

IXe ARRONDISSEMENT

PHARMACIE NORMALE.

L'ancien hôtel de Choiseul occupait l'emplacement du numéro 3 actuel de la rue Drouot. Il s'étendait d'un côté jusqu'à la rue Lafayette et, de l'autre, au delà de la rue Favart, sur la presque totalité du terrain où plus tard on construisit l'Opéra-Comique. Lors de la construction de ce théâtre, M. de Choiseul fit don de son parc et d'une somme de huit cent mille francs, à la condition expresse qu'il lui serait réservé pour toujours, à lui et à ses descendants, une loge faisant face à celle du roi. Le duc de Choiseul avait accès à cette loge par un souterrain qui, partant de son hôtel, conduisait directement au théâtre, en passant sous les boulevards.

Lors de l'incendie de l'Opéra-Comique, en 1887, les héritiers du duc de Choiseul ayant été privés de la jouissance de leur loge, pendant treize ans, jusqu'à la réédification de la salle, qui ne fut terminée qu'en 1900, plaidèrent contre la ville et obtinrent trente mille francs à titre d'indemnité.

La mairie du IXe arrondissement est située au numéro 6 de la rue Drouot, dans l'ancien hôtel du banquier Aguado de Las Marimas ; et au numéro 24 nous voyons le fameux restaurant Lapré, dirigé aujourd'hui par M. Maurice. Ce restaurant est célèbre dans le monde des théâtres et dans celui de la finance ; il est bien connu pour ses déjeuners et ses dîners, qui ont acquis une très grande vogue. En dehors de ses salles de restaurant, il possède de grands et de petits salons particuliers, toujours fréquentés par la clientèle la plus élégante.

UN DES SALONS DE LA MAISON LAPRÉ.

MAISON LAPRÉ.

Le restaurant Lapré, dont la cuisine et la cave furent toujours extrêmement appréciées, a la grande spécialité d'huîtres fines que l'on vient savourer chez lui en les arrosant d'un bon petit vin.

Il y a quelques années, le restaurant Lapré fut célèbre par une aventure qui fit jaser tout Paris ; c'est là, en effet, l'on s'en souvient peut-être, que le financier Boulaine, après avoir eu quelques petits démêlés avec la justice, était venu s'offrir un bon dîner en compagnie des deux agents affectés à sa surveillance; le brave et joyeux financier n'eut rien de plus pressé que de semer ses gardiens, qui restèrent au restaurant Lapré, alors que Boulaine avait été rejoindre sans doute quelque galante amie.

Reprenons maintenant le boulevard Montmartre. Nous avons déjà vu l'historique de ce boulevard, qui est resté l'endroit le plus parisien de la ville.

Au numéro 16 est le cercle que l'on a familièrement dénommé : *Cercle des Ganaches*. A l'angle du boulevard Montmartre et du boulevard Poissonnière se trouve l'hôtel Brébant, qui, à l'époque de l'Exposition de 1867, fut le rendez-vous du Tout-Paris.

Brebant avait été, nous dit le *Dictionnaire des Rues de Paris*, le plus parisien des restaurants. En 1867, époque où il était en pleine vogue, Brebant possédait plus de quatre-vingt mille bouteilles de vins dans ses caves. C'était alors le rendez-

UN SALON DE LA MAISON BREBANT.

MAISON BREBANT.

MAISON BREBANT.

vous du Tout-Paris littéraire, et les journalistes qui fréquentaient cet établissement avaient surnommé le patron : *Le père des lettres*.

A ce moment, c'était l'un des rares retraits où l'on mangeait la nuit. Dans un article sur *les grandes cuisines et les grandes caves de Paris*, M. A. Luchet nous dit : « La cuisine, bellement faite en son rez-de-chaussée vaste, travaille néanmoins toujours sur marchandises de premier choix. La casserole n'a donc rien à masquer : c'est une garantie. La cave, souvent faite et refaite, est forte de quatre-vingt mille bouteilles. On y signale un vin de Laffitte de 1846, les quatre grands châteaux de 1848, un Pichon-Longueville 1857, avec bouchon du propriétaire, des Chambertin de 1842 et 1858, Romanée 1846, 1854, 1858, Clos de Tart, Pomard, Volnay-Santenot et Beaune des Hospices, 1858. De plus, quelques vins d'Hermitage et de Côte-Rôtie de 1849. Si c'est bien pur, c'est bien attirant ! »

L'hôtel Brebant a été tout récemment aménagé avec le plus grand confort. Citons à côté de l'hôtel Brebant le tailleur Mazella, dont l'habileté est bien connue et très appréciée de tous les Parisiens. L'art du tailleur consiste surtout dans la coupe et le prestage, qui se fait avec des fers nommés carreaux et qui donne au vêtement la forme élégante, durable, qu'il doit avoir. Cette dernière opération très délicate suffit à elle seule pour qu'un vêtement ait bonne ou mauvaise façon, selon la manière dont elle est exécutée, pour gâter une pièce très bien coupée et pour en améliorer une dont la coupe serait défectueuse.

MAISON MAZELLA.

Le métier du tailleur est lié à celui du drapier, et tout d'abord la partie la plus importante de sa profession dut être la taille quand on commença à porter des vêtements ajustés. Au moyen âge, ces vêtements devaient présenter des difficultés assez grandes, lorsqu'ils étaient collants et dessinaient absolument les formes. Il est vrai que certaines pièces du vêtement étaient tricotées dans un grand nombre de cas. Les tailleurs étaient aussi des « chaperonniers »; ces derniers avec le temps et grâce aux modes formèrent une profession spéciale et devinrent les chapeliers. Les costumes de Mazella sont parfaitement exécutés.

Au numéro 4 du boulevard Poissonnière existe l'hôtel de l'abbé Saint-Phar, fils naturel de Philippe d'Orléans.

Suivons maintenant la rue Rougemont, la rue Bergère, où se trouve le Conservatoire de Musique et de Déclamation. La première école de chant fut créée par Lulli, en 1672. En 1781, une école de déclamation fut créée par les acteurs Molé et Dugazon. Parmi les élèves de cette école, se trouva celui qui devait être le grand tragédien Talma. Cette école fut l'origine du Conservatoire. En 1784, on décréta qu'une école de chant serait établie à l'endroit même où se trouve aujourd'hui le Conservatoire, qui était alors l'hôtel des *Menus Plaisirs du Roi*.

Le Conservatoire fut supprimé pendant la Révolution, puis rétabli le 18 Brumaire, an III. L'école de déclamation ne fut ajoutée qu'en 1806.

Xᵉ ARRONDISSEMENT

L E Xᵉ arrondissement, enclos Saint-Laurent, comprend les quartiers de Saint-Vincent-de-Paul, de la porte Saint-Denis, de la porte Saint-Martin et de l'hôpital Saint-Louis. La mairie, située rue du Faubourg-Saint-Martin et rue du Château-d'Eau, est un véritable palais : elle a été reconstruite en 1892 et inaugurée par Félix Faure. L'ancienne mairie occupait l'emplacement d'une caserne de la garde qui avait été saccagée et incendiée en 1848.

Lors des travaux de reconstruction de la rue du Château-d'Eau, dont le nom vient de l'ancienne fontaine de la place de la République, on mit à jour une arche de pont en parfait état de conservation qui est restée dans les fondations de la nouvelle mairie. Il existait à cet endroit une rivière qui, après avoir traversé les Champs-Élysées, allait se jeter dans la Seine. C'est dans la rue du Château-d'Eau qu'avait été construite la salle Barthélemy, qui fut un bal public très en vogue sous Napoléon III : on allait y voir danser la « fille du bourreau ». La famille de Sanson possédait, depuis 1789, une maison peinte en rouge située non loin du bal Barthélemy, au 31 de la rue des Marais. On sait que ce fut Charles Sanson qui guillotina toutes les illustres victimes de la Révolution ; son fils, Henri Sanson, qui l'avait assisté pendant la Terreur, trouva original, étant criblé de dettes, de faire saisir la guillotine.

La rue du Faubourg-Saint-Martin part de la porte Saint-Martin pour aboutir boulevard de la Villette : sous la Révolution, on l'appela faubourg du Nord. Vers le VIᵉ siècle, une chapelle dédiée à saint Martin existait entre le terrain compris entre l'église Saint-Martin et la Seine lorsque les Normands, au IXᵉ siècle, détruisirent cette portion de Paris ; au siècle suivant, on reconstruisit le faubourg. Le nouveau quartier longeait la rivière entre la place de Grève et la rue Saint-Denis et était traversé par la rue Planche-Mibray et la rue des Arcis. Tout au bord du fleuve se trouvait la grande place au Veau et la Tuerie ; plus haut, la Triperie et la grande Boucherie derrière le Châtelet.

Ce quartier, qui faisait partie déjà de la première enceinte de Paris, fut incorporé dans celle de Philippe-Auguste dès le commencement du XIIIᵉ siècle. La porte de l'enceinte se trouvait devant la rue aux Oies et s'appelait porte Saint-Martin. De 1220 à 1368, une population nombreuse s'agglomera autour du prieuré de Saint-Martin-des-Champs, et c'est ainsi que se forma la seconde partie de la rue Saint-Martin. En 1674, la porte de l'enceinte de Philippe-Auguste fut renversée et, sur son emplacement, s'éleva l'Arc de Triomphe actuel, nommé porte Saint-Martin. Le faubourg qui se forma derrière ce monument s'appela d'abord faubourg Saint-Laurent, mais changea bientôt son nom contre celui du faubourg Saint-Martin. De nombreuses constructions y furent faites et, dès la fin du XVIIIe siècle, il avait l'importance qu'il a conservée actuellement. Au 62 du faubourg Saint-Martin se trouvait jadis le théâtre des Délassements-Comiques ancien théâtre de Mme Saqui, qui fut fondé boulevard du Temple, puis transféré rue d'Angoulême. Au 119, se trouve l'église Saint-Laurent : dès le VIe siècle, il existait près de Paris, sous le nom de Saint-Laurent, une abbaye qui fut dévastée par les Normands. L'église actuelle date du XVe siècle ; en 1795, elle fut concédée aux Théophilanthropes, qui en firent le temple de la Vieillesse. Au 148, se trouvait l'hospice des Incurables, dits Récollets, devenu aujourd'hui l'hôpital militaire des Récollets. Sous Louis XV, le duc de Lorges possédait à cet endroit une immense propriété qui s'étendait jusqu'aux Buttes Chaumont et où le Régent venait parfois chasser.

Nous suivrons à présent le canal Saint-Martin, dont les travaux coûtèrent près de quinze millions. Ce canal a plus de quatre mille mètres de parcours, du bassin de la Villette au boulevard Morland ; il a été tracé dans la partie qui va de la Bastille à la Seine dans les fossés même de l'ancienne forteresse. Le canal Saint-Martin fait suite au canal de l'Ourcq ; de chaque côté du canal s'étendent les quais de Jemmapes et de Valmy, qui portent les noms de deux victoires remportées pendant la Révolution par Dumouriez et Kellermann.

Au numéro 169 du quai de Valmy, nous voyons les ateliers de la grande maison de photographie Demaria-Lapierre, dont nous avons vu tantôt la salle d'exposition et de vente, rue des Pyramides. A ce propos, il nous semble intéressant de visiter l'usine où se construisent tous les appareils de la maison : ce sont des ateliers très importants et admirablement organisés. Les matières dont sont composés les appareils photographiques entrent dans les usines à l'état brut : bois simplement équarris, métaux en planches, en tubes ou en pièces fondues, verres d'optique en plaques informes, peaux diverses destinées au gainage ou à la confection de soufflets, etc., etc., pour en ressortir ensuite sous la forme de véritables instruments de précision, à la fois élégants et pratiques, qui sont de plus en plus les appareils préférés de tous les connaisseurs. Les principaux bois utilisés pour la fabrication sont l'acajou, le teck de Java, le noyer, le poirier et l'aulne de France. Ces bois, tous de choix, ne peuvent être employés qu'après avoir été conservés pendant de longues années dans des séchoirs à air libre, installés dans ce but. Le travail mécanique de la partie ébéniste des appareils se fait dans le grand hall de l'usine du quai de Valmy, où un grand nombre de machines-outils sont actionnées par une force motrice puissante à laquelle coopèrent la vapeur et l'électricité. Certains de ces outils marchent avec une vitesse de près de trois mille tours à la minute, découpant, entaillant ou creusant le bois avec une netteté parfaite. Les ferrures sont fabriquées par milliers ; elles sont généralement en cuivre, en acier ou en aluminium chaque fois que cela est possible, la faible densité de ce métal permettant de diminuer d'autant le poids des appareils et de les rendre ainsi plus légers. Les soufflets sont fabriqués par des ouvrières, et cette fabrication exige de grands soins, car l'étanchéité du soufflet doit être absolue. La construction des obturateurs de toutes les parties mécaniques, de même que celle des montures d'objectifs, est faite par des ouvriers spécialement compétents en ce genre de travail qui exige des soins tout particuliers.

La partie optique a été l'objet d'études approfondies et de perfectionnements incessants. L'on pourra se rendre compte que les appareils Demaria-Lapierre présentent une absolue perfection. Les appareils d'amateurs ont été disposés, chaque fois que cela a été possible, pour l'emploi simultané des plaques et des pellicules.

La maison Demaria-Lapierre est la seule fabrique, aussi bien en Europe qu'en Amérique, dont la fabrication comprenne réellement en entier toutes les parties qui constituent l'appareil photographique. Ses nombreux modèles d'appareils, ses anastigmats, ses lanternes de projection et d'agrandissement, ainsi que tous ses accessoires, sont connus et appréciés des savants et praticiens les plus réputés.

La raison sociale actuelle est : Société anonyme des établissements Demaria-Lapierre, au capital de 1 100 000 francs.

Cette société est le fournisseur des ministères et d'un grand nombre d'établissements scientifiques, militaires ou industriels de France et de l'étranger ; elle a obtenu les plus hautes récompenses à toutes les expositions et fut hors concours et membre du jury à Paris en 1900, à Hanoï en 1902 et Milan en 1906. Elle possède des succursales dans plusieurs villes d'Europe, et notamment à Londres, à Bruxelles et à Dresde.

Quai Jemmapes, nous rencontrerons la rue de l'Hôpital-Saint-Louis. L'hôpital Saint-Louis fut édifié sous le règne de Henri IV pour le traitement de la peste. Vers le milieu du XVIIIe siècle, sa destination s'étendit à toutes les maladies qui, sans être épidémiques, étaient néanmoins contagieuses (1).

Suivons le quai de Valmy jusqu'à la rue du Temple, très ancien chemin qui conduisait au village de Belleville et avait été créé sur le territoire dénommé le clos de Malevart, connu depuis sous le nom de la Courtille.

Il existait jadis de nombreux clos dans Paris : on désignait sous ce nom les clôtures à l'aide desquelles les habitants essayaient de protéger contre les attaques ennemies leurs biens situés en dehors des murs de la ville ; les guerres privées, les révoltes et les brigandages des seigneurs exposaient en effet les produits de la culture des terres à des ravages continuels, et on avait senti la nécessité d'enclore de murs les terres cultivées.

Au 129 du faubourg du Temple se trouvait jadis le fameux cabaret de Gilles Desnoyers.

Traversons la place de la République et suivons du côté des numéros pairs

(1) Hôpital Saint-Louis. — Médecins : Hallopeau, Danlos, Balzer, De Beurmann, Gaucher, Brocq, Thibierge. — Chirurgiens : Demoulin, Beurnier, Rochard. — Accoucheur : Boissard.

ÉTABLISSEMENT DEMARIA-LAPIERRE. — MAGASINS DU QUAI VALMY.

les boulevards Saint-Martin, Saint-Denis et Bonne-Nouvelle. Nous trouvons le théâtre des Folies-Dramatiques, qui avait été fondé sur le fameux boulevard du Crime. Dans la salle de ce théâtre furent représentés des succès fameux tels que *l'Œil crevé, le Petit Faust, Chilpéric, la Fille de Mme Angot*, etc., etc.

Au coin de la rue de Bondy et du boulevard Saint-Martin, nous voyons le théâtre de l'Ambigu, qui fut primitivement un théâtre de marionnettes, fondé par Audinot ; incendié en 1827, il fut reconstruit à la place même qu'il occupe encore aujourd'hui. C'est là que Pixéricourt avait donné, en 1797, le fameux mélodrame intitulé *Victor ou l'Enfant de la Forêt*. Les auteurs, à cette époque, étaient bien loin d'être payés comme ils le sont aujourd'hui : ils vendaient leurs ouvrages pour une somme infime aux directeurs des théâtres, et Pixéricourt écrivit lui-même sur un de ses ouvrages, avec beaucoup d'amertume sans doute, cette phrase : « Ce drame a été vendu à Cotte, directeur, deux louis, et cet homme a gagné deux millions avec mes pièces ! » C'est à l'Ambigu que furent représentés tous ces drames fameux parmi lesquels nous citerons *Les Mousquetaires*, d'Alexandre Dumas, avec Mélingue dans le rôle de d'Artagnan, *le Juif Errant* d'Eugène Süe avec l'acteur Chilly qui traça du rôle de Rodin une inoubliable silhouette ; *Fanfan la Tulipe*, avec Dumaine ; *le Crime de Faverne*, avec le célèbre Frédérick Lemaitre ; *Roger la Honte, les Deux Gosses*, ouvrage qui rapporta à son auteur certainement davantage qu'au malheureux Pixéricourt. Puisque nous sommes à l'Ambigu, dans le royaume du mélodrame, rappelons qu'Alfred de Musset fit l'apologie de ce genre dramatique dont le peuple de Paris est toujours si friand :

« Vive le vieux roman, vive la page heureuse
Que tourne sur la mousse une belle amoureuse !
Vive d'un doigt coquet le livre déchiré,
Qu'arrose dans le bain le robinet doré !
Et que tous les pédants frappent leur tête creuse,
Vive le mélodrame où Margot a pleuré !

Oh ! oh ! dira quelqu'un, la chose est un peu rude !
N'est-ce rien de rimer avec exactitude ?
Et, pourquoi mettrait-on son fils en pension,
Si, pour unique juge, après quinze ans d'étude,
On n'a qu'une cornette au bout d'un cotillon ?
J'en suis bien désolé, c'est mon opinion. »

Tout près de l'Ambigu, nous voyons le théâtre de la Porte-Saint-Martin, qui fut construit pour remplacer celui qui avait été incendié pendant la Commune. Il fut édifié en soixante-quinze jours par l'architecte Lenoir, pour servir de salle provisoire à l'Opéra. A cause de la rapidité des travaux, on croyait la salle peu solide et, pour l'essayer, on eut cette idée extraordinaire d'inaugurer par une représentation populaire gratuite la salle de l'Opéra, au risque de tuer les malheureux qui y assistaient. Frédérick Lemaitre et Melingue jouèrent aussi sur la scène de la Porte-Saint-Martin dans *Trente ans ou la Vie d'un Joueur*, pièce dans laquelle Frédérick Lemaitre remporta l'un de ses plus grands succès. C'était à la Porte-Saint-Martin qu'avait eu lieu la première représentation de *Marion Delorme* et de *Lucrèce Borgia*. M. Georges Cain nous raconte ainsi ces premières représentations dans son ouvrage sur les *Anciens théâtres de Paris*.

« On sait la curieuse histoire de Marion Delorme : la pièce distribuée et répétée au Théâtre-Français, l'intervention de la censure, le veto de M. de Martignac et celui de M. de Polignac, et Victor Hugo allant lui-même soumettre à Charles X le quatrième acte qui causait ce grand tapage. Le grand poète, dans *les Rayons et les Ombres*, nous a conté cette poignante entrevue :

... « Entre le poète et le vieux roi courbé.
De quoi s'agissait-il? D'un pauvre ange tombé
Dont l'amour refusait l'âme avec son haleine ;
De Marion, lavée ainsi que Madeleine,
Qui boitait et traînait son pas estropié,
La censure, serpent, l'ayant mordue au pied.
Le poète voulait faire un soir apparaître
Louis XIII, ce roi sur qui régnait un prêtre,
Tout un siècle, marquis, bourreaux, fous, bateleurs ;
Et que la foule vînt et qu'à travers des pleurs,
Par moments, dans un drame étincelant et sombre,
Du pâle cardinal on crût voir passer l'ombre. »

Charles X fut charmeur, aimable, gracieux... mais, après avoir lu l'acte, eut le regret de ne pouvoir autoriser la représentation, et *Marion Delorme* fut ajournée. Cet ajournement devait être de courte durée, la Révolution de 1830 ayant supprimé la censure et le théâtre ayant reconquis sa liberté dans la liberté générale. Le Théâtre-Français réclamait de nouveau *Marion Delorme* ; Victor Hugo refusa : il sentait l'hostilité du Théâtre-Français à cet art romantique dont il était le chef incontesté. M. Taylor seul lui était acquis, mais les pouvoirs du commissaire royal étaient limités,... et il accorda la pièce à M. Crosnier, le successeur de M. Jouslin de La Salle, à la Porte-Saint-Martin.

Ce fut le 11 août 1831, un peu plus de trois mois après *Antony*, que fut donnée la première représentation de *Marion Delorme*. Mmes Dorval et Bocage furent admirables. Gobert, qui ressemblait tant à Napoléon, obtint un franc succès dans le personnage si complexe de Louis XIII, et Provost, Chéri et Serres furent applaudis ; ils représentaient l'Angely, le marquis de Saverny et le Gracieux.

Marion Delorme fut fort discutée. Stendhal écrit au baron de Mareste : « *Marion Delorme* a fait un demi-fiasco, non que cela vaille moins qu'Hernani, au contraire, mais on est si peu amusable aujourd'hui ! Point de ces fureurs comme l'année passée, le public bâille ou ne vient pas. Toute la littérature tombe en quenouille, les vers principalement. » Le premier acte réussit. Le second fut accueilli froidement... Mais Mme Dorval entra, il y eut une telle effusion, une telle douleur et une telle vérité, que tous les hommes battirent des mains et que toutes les femmes pleurèrent. A la chute du rideau, il y eut une bordée de sifflets. Mais les applaudissements en grande majorité eurent le dessus et saluèrent énergiquement le nom de l'auteur. »

A la Porte Saint-Martin, Sarah-Bernhardt joua tout le répertoire de Sardou, entre autres la *Tosca* et *Théodora*, qui obtinrent une si grande vogue.

En 1895, Coquelin aîné prit la direction de la Porte-Saint-Martin et, en 1897, créa, avec le succès que l'on sait, le rôle de Cyrano de Bergerac. Lorsque parut la brochure de la pièce, Rostand écrivit sur la première page cette dédicace : « C'est à l'âme de Cyrano que je voulais dédier ce poème; mais, puisqu'elle a passé en vous, Coquelin, c'est à vous que je le dédie. »

Le théâtre de la Renaissance fut construit en 1872, sur l'emplacement de l'ancien restaurant Deffieux, connu pour ses repas de noces ; on y joua d'abord l'opérette, puis il devint théâtre Sarah-Bernhardt. Il reprit ensuite son nom de théâtre de la Renaissance, sous la direction de Guitry.

Le boulevard de Strasbourg part du boulevard Saint-Denis pour aboutir à la gare de l'Est ; il fut créé en 1852 sur l'emplacement de l'ancienne foire Saint-Laurent.

Les foires les plus célèbres de Paris furent celles de Saint-Lazare, de Saint-Laurent, de Saint-Germain, des Jambons et de Saint-Ovide.

Bon nombre de comédiens ambulants s'établirent dans les foires de Saint-Laurent et Saint-Germain et s'y maintinrent malgré les Confrères de la Passion et les acteurs de l'hôtel de Bourgogne, auxquels ils furent seulement tenus de verser une redevance annuelle de deux écus.

On avait commencé par des théâtres de marionnettes et le fameux Brioché eut des imitateurs nombreux.

En 1661, le sieur Raisin, organiste des rois, était venu montrer à la foire Saint-Laurent une épinette à trois claviers, dont l'un paraissait répéter tout seul les airs que l'on jouait sur les deux autres. Le roi, charmé et effrayé en même temps, voulut connaître le secret de ce prodige : c'était tout simplement le fils cadet de Raisin qui était placé dans l'intérieur de l'épinette. Louis XIV, amusé, accorda à Raisin la permission de jouer la comédie avec une troupe qui serait désignée sous le nom de troupe du Dauphin. Le théâtre de la troupe de Raisin fut fermé après quelques années d'une vogue extraordinaire, et Molière obtint un ordre du Roi pour enlever le jeune Baron à la veuve Raisin.

D'excellents auteurs travaillèrent pour les théâtres de la foire ; on vit éclore sur ses tréteaux une foule de divertissements : arlequinades, pantomimes, prologues, etc., auxquels travaillèrent Le Sage, Fuselier, Favard, Dominque, Piron, Vadé, Sedaine et nombre d'autres. Les frères Parfaict ont écrit l'*Histoire du Théâtre de la Foire Saint-Laurent et de la Foire Saint-Germain*, dont l'influence a été considérable sur notre littérature dramatique.

Boulevard de Strasbourg, nous rencontrerons le théâtre Antoine, ancien théâtre des Menus-Plaisirs.

GARE DE L'EST.

Le boulevard Magenta fut ouvert en 1855. C'est au numéro 24 que se trouve le restaurant Véry, où eut lieu un attentat anarchiste en 1892. Le boulevard Magenta forme, sur son parcours, la place de Valenciennes ouverte en 1827, où nous trouverons le boulevard Denain, autrefois rue de la Barrière-Saint-Denis.

Au numéro 12 du boulevard Denain est situé l'hôtel Terminus-Nord. C'est une très ancienne maison qui a été fondée à Paris depuis plus de cinquante ans. Tout dernièrement, l'hôtel a été reconstruit en entier et aménagé avec le plus parfait confort moderne. L'hôtel Terminus-Nord, qui appartient à MM. Brossard, Levaique, Camax et Cie, est l'hôtel le plus important du quartier de la gare du Nord ; il possède trois cents chambres, salons, salles de bains, fumoirs, etc.

TERMINUS-NORD.

A droite et à gauche de l'hôtel, au rez-de-chaussée, se trouvent deux grands restaurants, admirablement installés, l'un à prix fixe et l'autre à la carte. Nous ne devons pas oublier de dire qu'un excellent orchestre joue tous les jours pendant le dîner, et l'on sait combien cet usage ajoute aux restaurants d'agrément, de charme et de gaîté. L'hôtel Terminus-Nord offre aux voyageurs le plus grand confortable, et c'est à cela qu'il doit d'avoir considérablement accru son chiffre d'affaires depuis quelque temps. Il joint à tous ces avantages le privilège d'une excellente situation.

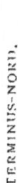

TERMINUS-NORD.

Le boulevard Denain nous conduit à la gare du Nord, tout près de laquelle nous voyons l'hôpital Lariboisière, situé sur l'emplacement de l'ancien clos Saint-Lazare, qui fut, durant les journées des 24 et 25 février 1848, un des principaux théâtres de l'insurrection. Les insurgés, à l'abri d'énormes barricades qu'ils avaient formées avec les matériaux apportés là pour servir à la construction de l'hôpital, tinrent tête, pendant longtemps, à l'armée régulière. L'hôpital Lariboisière fut inauguré en 1854 (1).

La rue Saint-Vincent-de-Paul nous conduit à l'église du même nom, qui fut construite, sur le plan de M. Lepère, pour remplacer la chapelle provisoire située rue Montholon.

La rue de Dunkerque nous conduit à la rue du Faubourg-Saint-Denis, par laquelle nous reviendrons sur les boulevards.

La rue du Faubourg-Saint-Denis, qui conduisait de Paris à l'abbaye Saint-Denis, est une voie très ancienne. Au numéro 107, nous voyons la prison Saint-Lazare, construite sur l'emplacement d'un vieux monastère, qui devint un hôpital réservé au traitement des lépreux. C'est pour cette raison que l'on mit cet hôpital sous l'invocation de Saint-Ladre ou Saint-Lazare, le lépreux de l'Évangile. C'était la foire Saint-Lazare qui subvenait aux frais de la maladrerie. La maison de Saint-Lazare fut pillée et saccagée sous la Révolution; elle fut transformée, en 1793, en prison d'État, et André Chénier y fut enfermé. La maison de Saint-Lazare sert aujourd'hui de prison pour les femmes. Récemment, en procédant à des fouilles, on découvrit, sous la prison, les restes d'une ancienne crypte, dont les sculptures étaient en parfait état de conservation.

Revenus boulevard Bonne-Nouvelle, nous trouverons le théâtre du Gymnase, ancien théâtre de Madame, à cause de la duchesse de Berry, qui prenait grand plaisir à ce genre de spectacle. Au Gymnase furent jouées la plupart des pièces d'Alexandre Dumas fils, entre autres, *le Demi-monde*, *le Fils naturel*, *le Père prodigue*, etc., etc. Parmi les acteurs qui eurent le plus de succès au Gymnase, nous citerons : Bressant, Dumas, Geoffroy, La Fontaine, Mmes Rose Chéri, Pasca, Céline Montalan, Blanche Pierson. Rachel avait débuté au Gymnase en 1837.

Au numéro 12 du boulevard Bonne-Nouvelle, nous voyons la pharmacie Vigier, dont l'historique vaut la peine d'être rapporté. Cette pharmacie fut fondée en 1765 par M. Charlard, qui devint prévôt du collège de pharmacie, à titre de pharmacien de Monseigneur le duc d'Orléans. En 1779, il fut chargé, par Lenoir, lieutenant général de police, d'un travail sur la recherche chimique de l'étain, et c'est d'après ses conclusions que l'on a substitué l'étain au plomb et au cuivre dans la fabrication des vases et ustensiles divers, ainsi que pour les comptoirs des marchands de vin. De 1792 à 1794, le ministre de la Guerre, Carnot, confia à

---

(1) Hôpital Lariboisière. — Médecins : Tapret, Brault, Gaillard, Legendre, Launois. — Chirurgiens : Marion, Chaput, Picqué.

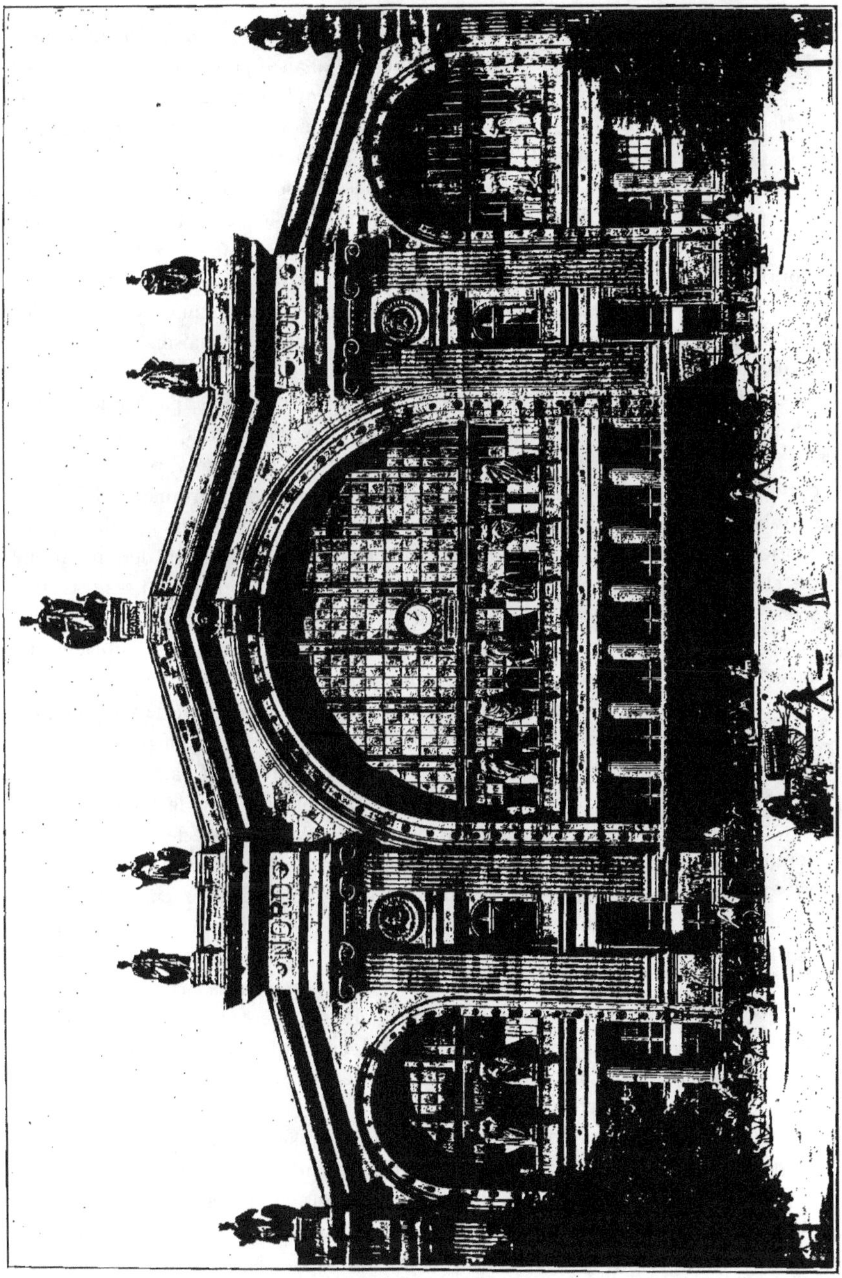

GARE DU NORD.

Charlard la fourniture des médicaments aux troupes des armées de la République : il s'acquitta de cette fonction avec un grand zèle, mais il perdit une grosse partie de sa fortune, car le Directoire et le Consulat ne voulurent pas reconnaître cette dette. Charlard mourut en l'an VI, laissant à son neveu un établissement prospère et un nom honorable. Ce dernier dirigea la pharmacie de 1798 à 1820 ; il accrut la réputation de sa maison, fut nommé membre de l'Académie royale de médecine et s'occupa de toutes les institutions dont le but est de secourir les malheureux ; il fut chargé de l'expertise de drogues destinées aux hôpitaux. Il mourut en 1822, et son gendre, M. Boutron-Charlard, lui succéda. Ce dernier, membre de l'Académie de médecine et membre du Conseil municipal, publia de nombreux travaux fort intéressants. En 1835, il céda sa maison à son élève Guillemette. Il publia un ouvrage avec notes sur Mlle de Scudéry et entretint de cordiales relations avec nombre de littérateurs et de poètes, particulièrement avec Casimir Delavigne. Guillemette fit des travaux importants, notamment sur l'opium : il céda sa pharmacie à M. Vigier, qui, aujourd'hui encore, est à la tête de cet important établissement et en continue la tradition. M. Ferdinand Vigier est membre de nombreuses sociétés savantes ; il a été plusieurs fois appelé à faire partie des jurys de concours pour les hôpitaux et pour l'examen de validation des stagiaires en pharmacie ; il consacre les rares loisirs que lui laissent ses travaux scientifiques à ses fonctions d'adjoint au maire du Xe arrondissement. La pharmacie Vigier a joui toujours d'une excellente réputation auprès du public et du corps médical ; elle s'est efforcée de tenir constamment des produits de qualité irréprochable, conçus suivant les progrès scientifiques. Au nombre de ses produits préparés selon les lois de la plus stricte hygiène, remarquons les savons hygiéniques et médicamenteux, ainsi que la poudre dentifrice Charlard.

Suivons à présent la rue du Faubourg-Poissonnière, dont le nom vient de ce qu'elle conduisait à la poissonnerie des Halles. Au XVIIe siècle, cette voie se nommait Chaussée de la Nouvelle-France, à cause de la caserne de ce nom, bâtie en 1722. Au numéro 42, nous voyons une vieille maison assez curieuse, et au numéro 69, le bourreau Sanson possédait une petite maisonnette avec jardin ; au numéro 10 s'élevait, avant la guerre de 1870, le café-concert de l'Alcazar d'Hiver, où Thérésa, la chanteuse populaire, obtint un énorme succès. Le passage Violet va de la rue d'Hauteville au faubourg Poissonnière ; nous remarquons au numéro 6 un joli petit pavillon, orné de colonnes, qui fut construit en 1840.

Au numéro 10, il existe une des plus anciennes maisons du quartier, l'hôtel Violet, dont M. Castrop est le propriétaire.

Cet hôtel est connu pour sa position tranquille sur le passage Violet ; il est fréquenté par les plus gros fabricants et commerçants de l'Univers. Sa situation est tout à fait privilégiée, puisqu'il est situé tout près des gares de l'Est, du Nord et de Saint-Lazare, et qu'il est en même temps à proximité des boulevards.

L'hôtel Violet possède une cuisine et une cave renommées qui sont très appréciées des amateurs et des gourmets. On sait que l'art culinaire fut toujours

PHARMACIE CHARLARD-VIGIER

particulièrement en faveur en France ; les nombreux ouvrages publiés sur la cuisine, depuis *le Ménagier de Paris*, qui est le plus ancien et qui date de Charles V, l'attestent suffisamment. Parmi les plus célèbres, nous citerons : *le Souper de la Cour*, par Menou ; *l'Art de la Cuisine au XIX° siècle*, par Carême ; les ouvrages de Grimod de la Reynière, *la Physiologie du Goût*, livre dans lequel Brillat-Savarin enseigne l'art de jouir des plaisirs de la table ; *la Gastronomie*, aimable badinage où Berchoux a célébré en vers gracieux tout l'at-

HÔTEL VIOLET. — UN SALON

trait d'une bonne cuisine, attrait qui constitue parfois le premier fondement de la fortune et de la réputation de ceux qui veulent jouer un rôle dans la société.

Les amateurs de bonne chère savent qu'ils feront à l'hôtel Violet des repas succulents. M. Castrop, propriétaire et directeur de l'hôtel, a la préoccupation constante du plus grand bien-être de ses clients, qui lui restent toujours fidèles. Mentionnons également qu'à l'hôtel Violet on parle toutes les langues étrangères.

Un peu plus loin, nous trouvons la rue Lafayette, ancienne rue Charles-X, où se trouvaient les jardins dépendant de l'hôtel de la reine Hortense. Tous ces terrains appartenaient à MM. de Rothschild, qui les ont vendus à des Sociétés immobilières. Aujourd'hui s'élèvent sur leur emplacement de grands immeubles de rapport. La rue Pillet-Will a été tracée sur une partie de l'emplacement des jardins et va de la rue Laffitte à la rue Lafayette.

HÔTEL VIOLET.

XIᵉ ARRONDISSEMENT

LE XIᵉ arrondissement — Popincourt — comprend les quartiers de la Folie-Méricourt, de Saint-Ambroise, de la Roquette et de Sainte-Marguerite. La mairie, construite en 1865, est située place Voltaire. Cette place fut créée en 1877, sous le nom de place du Prince-Eugène, nom que portait aussi le boulevard Voltaire, tracé également en 1877. La statue du prince Eugène de Beauharnais, fils de Joséphine, était située jadis en face de la mairie. On peut voir, boulevard Voltaire, en face du concert de Bataclan, la statue du sergent Bobillot.

La rue de la Roquette traverse la place Voltaire ; elle fut ouverte en 1801, entre la place de la Bastille et la rue des Murs-de-la-Roquette ; plus tard, on la prolongea à travers le terrain de l'ancien couvent des Sœurs hospitalières de la Roquette. Le territoire sur lequel a été percée cette rue était, sous le règne de Henri III, un lieu de plaisance, et se nommait de la « Rochette ». Jusqu'en 1900, le dépôt des condamnés, appelé aussi Grande-Roquette, était situé au numéro 168 ; cette prison était composée de vastes bâtiments entourés d'un mur d'enceinte. C'était l'une des plus redoutées des criminels. En face de l'emplacement de cette prison est située la prison des jeunes détenus ou Petite Roquette.

De 1851 à 1900, toutes les exécutions capitales eurent lieu devant la prison de la Roquette, sur une petite place circulaire bordée par les terres-pleins environnants. Cinq larges pierres, formant un carré et présentant une surface plane au niveau des pavés, étaient destinées à recevoir les énormes pièces de bois, servant de base à l'échafaud que, dans l'argot des prisons, on appelle de ce nom expressif : « l'Abbaye de Monte à Regret ». La guillotine y était dressée pendant la nuit ; mais, malgré l'heure matinale à laquelle les exécutions avaient lieu, un grand nombre de curieux furent toujours attirés par ce spectacle. Entre autres criminels guillotinés sur la place de la Roquette, nous citerons : Verger, l'assassin de l'archevêque de Paris ; Orsini, le principal auteur de l'attentat du 14 janvier 1858, le cocher Colignon, le médecin empoisonneur La Pommerais, Troppmann, Billoir, Eyraud, Pranzini, Marchandon, Vaillant et Henry, les anarchistes.

Une grande partie de la rue de la Roquette se trouve sur l'emplacement de la Folie-Régnault, dont nous parlerons à propos du Père-Lachaise.

La rue de la Roquette nous conduit à la place de la Bastille, qui était à la fois une sorte de château fort et une prison d'État. Elle fut construite en 1370, et Hugues Aubriot, prévôt des Marchands, en posa la première pierre. Dans la suite, on y ajouta deux autres tours qui furent réunies aux deux premières par de puissantes murailles. Sous Charles VI, le nombre des tours fut porté à six ; enfin, au XVIe siècle, la forteresse fut complétée par la construction de deux dernières tours : la Bastille était ainsi l'une des plus puissantes citadelles du monde. La porte principale faisait face à la rue des Tournelles, elle était surmontée des statues de Charles VI, d'Isabeau et de Saint-Antoine. L'horloge de la Bastille était célèbre et le chroniqueur Linguet l'a décrite dans ses Mémoires. Comme château fort, la Bastille a joué un rôle beaucoup moins considérable que comme prison d'État. Les prisons étaient situées dans la tour divisée en cinq étages voûtés, dont chacun comprenait une chambre octogone, percée d'une seule fenêtre étroite ; la muraille avait six pieds d'épaisseur. Les cachots s'enfonçaient jusqu'à six mètres sous terre. Le séjour, néanmoins, n'en était pas plus redouté que celui des « Calottes », qui étaient situées au sommet des tours et où les prisonniers souffraient terriblement de la chaleur et du froid. Les appartements aménagés dans les bâtiments qui reliaient les tours entre elles étaient un peu plus vastes et un peu plus confortables : c'était là qu'on enfermait les personnages de distinction. Les prisonniers étaient conduits à la Bastille par des exempts, sur une simple lettre de Cachet. Ils étaient secrètement introduits à la Bastille sans que personne puisse voir leur visage, même pas les soldats de garde ; ils étaient soumis ensuite à de fréquents interrogatoires, où l'on tâchait de leur arracher leurs secrets. Le plus souvent, les prisonniers étaient incarcérés sans connaître le motif de leur arrestation ; on les soumettait au secret le plus sévère, et on les livrait sans jugement à la brutalité des geôliers.

« L'histoire de la Bastille, prison d'État, dit M. Mongin, comprendrait, à la rigueur, tout le mouvement intellectuel et politique de la France. Dans ses cachots, ont comparu tour à tour Hugues Aubriot lui-même, fondateur de la Bastille, qui expia, par une détention perpétuelle, sa prétendue hérésie et ses relations d'amour avec une juive ; et Jacques d'Armagnac, duc de Nemours, en 1475 ; et tant de hauts et puissants barons, au temps de Louis XI et de Richelieu. Là ont comparu le maréchal de Biron, et Fouquet, le surintendant des finances, et les empoisonneurs de qualité, sous Louis XIV. Les dernières résistances de la féodalité et de l'aristocratie sont allées mourir là ; ensuite, c'est le tour du peuple. A la place des martyrs du passé, viennent s'asseoir, sur les dalles de la Bastille, les martyrs de la Révolution, les précurseurs de la République à venir. Lors de la révocation de l'Édit de Nantes, la Bastille s'encombra de protestants. Là ont été ensevelis les Jansénistes et les convulsionnaires de Saint-Médard, et la pauvre épileptique Jeanne Lelièvre, accusée de convulsions, et le vieillard plus que centenaire, avec la petite fille de sept ans ! Là a souffert, jusqu'à l'échafaud, le brave gouverneur de l'Inde, Lally, coupable d'offense envers les courtisans... » Ajoutons à ce martyrologe les noms de Lenglet-Dufresnoy, de Voltaire, de Linguet, de Latude, cette populaire victime de la Pompadour, du Masque de fer, de La Bourdonnais, de La Chalotais, de Richelieu, Le Maistre de Sacy, et d'une infinité d'autres appartenant à toutes les classes de la société.

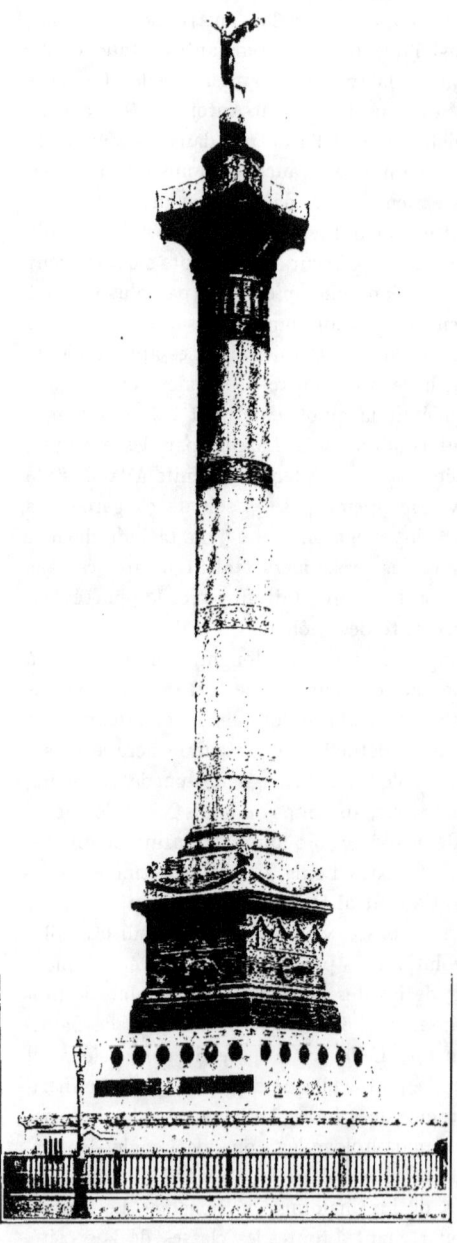

COLONNE DE JUILLET.

Le 14 juillet 1789, le peuple, entraîné par l'éloquence de Camille Desmoulins, partit du jardin du Palais Royal et se porta en masse sur la terrible forteresse : il délivra les prisonniers, massacra le gouverneur De Launay, tua le maire Flesselles et se rendit maître de la prison abhorrée qui choquait les regards, disait Mercier.

Avec les matériaux de la Bastille, on construisit une partie du pont de la Concorde : L'entreprise des travaux de démolition fut confiée à un maçon, nommé Palloy, qui tira de très gros bénéfices en vendant aux municipalités de France des reproductions du château fort taillées dans les pierres mêmes provenant de sa démolition. A l'endroit où s'élevait la Bastille, on plaça un écriteau portant ces mots : « Ici, on danse. » Actuellement, au milieu de la place, s'élève la Colonne de Juillet, érigée en 1840, en l'honneur des combattants de 1830.

Le boulevard Richard-Lenoir part de la place de la Bastille pour rejoindre les quais Jemmapes et Valmy. Suivons le faubourg Saint-Antoine où était situé la maison de santé dans laquelle était enfermé le général Mallet, lorsqu'il organisa sa fameuse conspiration.

Au numéro 210, se trouvait la brasserie du général Santerre, chef des vainqueurs de la Bastille et commandant de la Garde nationale à l'attaque des Tuileries. En 1800, Bonaparte lui fit servir une pension. Lors des guerres de Vendée, il avait été révoqué pour son incapacité.

La rue de Charonne part du faubourg Saint-Antoine, c'était l'ancien chemin qui conduisait au village de Charonne, petit hameau qui prit une certaine importance en 1643, lorsque vint s'y installer une devineresse que l'on venait consulter de tous les coins de Paris.

Au numéro 98 se trouvait le couvent des Filles de la Croix, fondé par le prince de Condé et le maréchal d'Effiat : c'est dans ce couvent que fut enterré Cyrano de Bergerac.

Au numéro 161, se trouve la maison de santé du Dr Belhomme, dont M. Lenôtre nous a raconté l'histoire dans la troisième série de son ouvrage intitulé *Vieilles Maisons, Vieux Papiers*. Nous la résumerons ici, d'après son étude très documentée.

« Belhomme était un médecin qui, en 1787, installa dans cette demeure confortable, isolée parmi les vignes, sur les hauteurs de Charonne, une maison de retraite et de santé. L'établissement prospéra vite. Il n'était pas inauguré depuis deux ans, que déjà il comptait quarante-six pensionnaires, dont seulement neuf « reclus de bonne volonté ». Parmi ceux-ci se trouvait Ramponeau, le fameux Ramponeau, l'ancien farceur de la guinguette des Porcherons, qui avait eu son heure de vogue folle et qui, âgé, ennuyé, dolent, s'était retiré là pour y finir tranquillement ses jours. Au nombre des trente-sept fous étaient quelques femmes, une dizaine de provinciaux et plusieurs prêtres, dont l'un, l'abbé François-Thimothée de Lambour, avait, pour maladie spéciale, l'idée fixe d'être un acteur fameux et s'épuisait à déclamer des tragédies entières sans prendre le temps de respirer. »

Quand survint la Révolution, le Dr Belhomme, libéral, comme bien des médecins, fut nommé capitaine de la compagnie de Popincourt ; il eut l'heureuse idée d'offrir à la section son hôtel pour y loger — moyennant pension, et sous prétexte de rhumatismes à soigner ou de fièvre quarte à guérir — les suspects riches à qui n'agréait pas le séjour d'une prison vulgaire. Le docteur était en relations avec quelques hommes puissants du nouveau régime ; sa proposition fut acceptée, et l'on vit bientôt arriver, de toutes les geôles de Paris, des détenus copieusement rentés qui, bien qu'aristocrates, se procuraient cette faveur à force de pourboires.

La maison de Charonne devenait, dans l'esprit des suspects traqués, une oasis enviée, dont la mort, partout ailleurs menaçante, n'approchait pas. Dans les autres prisons, on parlait à l'égal d'un paradis de cette geôle où l'on était sûr de dormir sans crainte du brutal appel des aboyeurs, faisant la provision de l'échafaud, et le bruit courait que Belhomme avait obtenu pour sa maison « une sauvegarde tacite » très lucrative pour tout le monde.

Il avait, disait-on, passé marché avec l'accusateur public, Fouquier-Tinville ; celui-ci s'engageait à ne point tracasser les locataires de l'établissement ;

Belhomme, en revanche, faisait à Fouquier-Tinville une forte remise sur chacune des pensions qu'il percevait, pensions énormes, d'ailleurs, que les détenus acquittaient volontiers, comme on pense : les choses allaient bien tant que l'argent ne manquait pas aux prisonniers ; mais les échéances étaient laborieuses, et bon nombre se trouvaient souvent dans l'impossibilité de satisfaire à l'avidité croissante de leur geôlier. A la fin de chaque mois, il fallait régler les comptes et fixer la pension du mois suivant. Chaque détenu venait alors marchander sa vie dans le cabinet de Belhomme, car celui « qui ne payait pas », était immédiatement expédié dans une prison moins favorisée, la Conciergerie ou Sainte-Pélagie qui, elles, n'étaient pas à l'abri des foudres de Fouquier-Tinville.

On vit successivement arriver à la maison de Belhomme la duchesse d'Orléans, le comte et la comtesse du Roure, la veuve de Petion, Linguet, qui laissa chez Belhomme toute sa fortune et sortit de chez lui pour être condamné à mort, Mlle Lange, la jolie actrice du Théâtre-Français, Mlle Mézerai. On se disputait les places vacantes à la pension de Charonne ; la maison de santé ne suffisait plus à recevoir ses hôtes, le bon docteur avait loué un hôtel voisin, l'hôtel Chabanais, avec lequel on communiquait par de vastes jardins. Les deux cents locataires de Belhomme vivaient campés, pêle-mêle, avec les quelques aliénés, ses anciens pensionnaires que Belhomme n'avait pu expulser, mais qu'il avait relégués dans des galetas ; au promenoir, on se heurtait à quelque folle que tout ce remueménage agitait, à Ramponeau, taciturne et morose, ou à l'abbé de Lambour qui, se croyant devenu Garrick ou Lekain, déclamait les tirades de *Mérope*.

C'était chose curieuse d'entendre le pratique docteur traiter d'affaires avec les grandes dames. « En vérité, lui disait un jour la duchesse du Châtelet, avec les formes un peu apprêtées de l'ancienne cour, en vérité, Monsieur de Belhomme, vous n'êtes pas raisonnable, et il m'est, à mon vif regret, impossible de vous satisfaire. — Allons, ma grosse, répondait Belhomme, sois bonne fille, je te ferai remise d'un quart ! ».

Même à ce taux, la duchesse du Châtelet ne put continuer à payer la pension ; elle dut quitter l'établissement, et peu de jours après elle mourait sur l'échafaud. Cette catastrophe répandit la consternation chez Belhomme : lui-même s'y montra sensible, tout en faisant remarquer, pour l'exemple, « que cette dame périssait victime d'une économie mal entendue ! ».

La rue de la Roquette débouche boulevard de Ménilmontant, auquel fait suite le boulevard de Belleville, qui portait sur son parcours les différents noms de boulevard des Trois-Couronnes, boulevard de Belleville et chemin de Ronde de Ramponeau. Belleville était autrefois une montagne inculte, que l'on appelait le fief de Savie. Les rois mérovingiens y possédaient des maisons de plaisance. Sous Charles VI, il y eut sur cette montagne un petit pays que l'on appelait « Poitrouville » ; le nom de Belleville lui fut substitué et s'explique par la jolie situation de ce pays.

Avant de terminer cette promenade dans l'arrondissement de Popincourt, disons un dernier mot de la rue du Chemin-Vert, qui relie le boulevard Beaumarchais au boulevard de Ménilmontant : en 1650, cette rue existait déjà sous le nom de rue Verte, à cause des marais et des herbages sur lesquels elle avait été tracée. Il paraît qu'un jour Jean-Jacques Rousseau, revenant d'une promenade sur la colline de Ménilmontant, où il avait été herboriser, fut renversé dans la rue Verte par un gros chien danois appartenant à M. Le Pelletier de Saint-Fargeau. Relevé sans connaissance, l'auteur de la *Nouvelle Héloïse* fut transporté dans une maison de la Haute-Borne. On avait donné à cet endroit le nom de Haute-Borne, en souvenir d'un menhir (pierre druidique) qui y avait été découvert.

Photo Neurdein frères

ÉGLISE SAINT-AMBROISE.

XIIe ARRONDISSEMENT

Le XIIe arrondissement — arrondissement de Reuilly — comprend une grande partie de l'ancien VIIIe arrondissement de Paris, ainsi que le village de Bercy.

Bercy existait déjà au XIIIe siècle, mais ne prit d'importance que vers la fin du XVIIIe siècle, quand le commerce des vins et eaux-de-vie y créa un vaste entrepôt pour l'approvisionnement de la ville.

En 1820, un immense incendie ruina en partie cet entrepôt : il se releva aussitôt de ce désastre, qui lui coûta plus de 10 millions.

Bercy possédait un fort beau château dont on pouvait voir encore les restes avant l'annexion, en 1860. Ce château, qui avait été édifié sur le plan de Le Vau et auquel attenait un parc fort étendu, planté de magnifiques arbres, avait appartenu à Charles-François Olier, marquis de Nointel, ambassadeur de France à Constantinople.

Entamé par les fortifications, détruit pour l'agrandissement de la gare de Lyon, le château de Bercy n'a laissé aucun vestige.

Ce fut en octobre 1861 que le pic et la pioche attaquèrent de tous côtés cette magnifique résidence. Le château du Bercy avait été construit sur les dessins de Mansart pour M. Le Malou, président au Parlement de Paris. Le parc, environné de beaux jardins et bordé, le long de la Seine, par une magnifique terrasse, contenait plus de 150 hectares ; il avait été dessiné par Le Nôtre. Pendant la Révolution, le château de Bercy fut fermé et ses dépendances louées à différentes personnes : les unes firent abattre les arbres, les autres labourèrent les allées du parc pour y semer du blé. Toutefois, l'intérieur des appartements fut respecté, et, lors de la démolition du château, les boiseries seules furent vendues plus de 200 000 francs. On peut juger par ce chiffre de ce qu'était la richesse des ornementations.

Le village de Bercy se reliait à Paris par la Râpée, longue file de maisons qui aujourd'hui forme le quai de la Râpée, la *Vallée de Fécamp* et la *Grande Pinte*; cette dernière dénomination provenait d'une auberge qui se trouvait en ces lieux.

La *Vallée de Fécamp* et la *Grande Pinte* ont été confondues dans la rue de Charenton.

On suppose que ce nom de Bercy viendrait, par corruption, de la *Grange aux Merciers*, qui était un marché situé près de la barrière. Toutefois il semble préférable de faire venir ce nom de Bercy du vieux mot *Bercil*, qui signifiait bergerie : le village de Bercy servait de pâturage aux bestiaux.

XIIe ARRONDISSEMENT

L'arrondissement de Reuilly comprend quatre quartiers :

Quartier de Bel-Air ;
Quartier de Picpus ;
Quartier de Bercy ;
Quartier des Quinze-Vingts.

Nous partirons de la place de la Nation, qui se dénommait anciennement place du Trône, à cause d'un trône qui y fut élevé lors du mariage de Louis XIV avec Marie-Thérèse d'Autriche.

En 1793, la place du Trône, devenue la *place du Trône renversé*, servit aux exécutions capitales : pendant quelque temps, la guillotine fut dressée en permanence et c'est là, entre autres victimes, qu'André Chénier fut décapité. Les cadavres étaient transportées au cimetière de Picpus. « Ce cimetière, raconte M. Pessard, était tellement rempli pendant la Révolution, que pour prévenir une épidémie et atténuer les miasmes méphitiques qui s'échappaient de cette fosse à ciel ouvert, il y fut établi un plancher sur lequel on pratiqua des trappes pour les besoins du service ». On avait établi, sur la place du Trône renversé, un trou destiné à recevoir le sang des suppliciés, sang qu'on allait déverser ensuite dans la fosse de Picpus.

Actuellement nous voyons au centre de la place le groupe du *Triomphe de la République*, œuvre du sculpteur Dalou, qui fut inauguré en 1899.

Nous voyons encore place de la Nation les bâtiments qui servaient d'octroi à la barrière du Trône avant 1860. Ils se composent de deux vastes bâtiments symétriques et de deux colonnes.

La barrière du Trône, qui devint la barrière de Vincennes, était un des principaux monuments qui formaient les barrières de Paris et qui dataient de 1788. Voici dans quelles circonstances ils avaient été édifiés :

Les fermiers généraux, pour arrêter les progrès de la contrebande et assujettir au droit d'entrée un plus grand nombre de consommateurs, obtinrent en 1784, du ministre Calonne, l'autorisation de renfermer Paris dans une vaste muraille. Les travaux commencèrent au mois de mai de la même année du côté de l'hôpital de la Salpêtrière. Malgré les oppositions de quelques personnes puissantes dont les intérêts étaient lésés, on continua l'exécution de ce projet et on enserra les boulevards neufs.

Lorsqu'en 1786 l'enceinte du midi de Paris fut terminée et que l'on eut entrepris celle du côté du Nord, qu'on eut englobé les villages de Chaillot, du Roule, de Monceau, de Clichy et qu'on attaqua le territoire de Montmartre, les habitants et l'abbesse de ce village firent de vives réclamations qui obligèrent les entrepreneurs à faire subir à la ligne de circonvallation un angle rentrant qui se remarque entre les barrières de Clichy et de Rochechouart. Lorsqu'à la fin de l'année on s'occupa de jalonner du côté du village de Picpus, un propriétaire, le fils du peintre Restout, s'opposa tant qu'il put à cette usurpation. Quand il demanda de quel droit on lui enlevait sa propriété, un maître des requêtes, nommé Colonia, lui répondit que c'était par le *droit canon*. Et la muraille fut continuée.

Les Parisiens, s'apercevant qu'on les emprisonnait, firent alors, comme ce fut de tout temps leur habitude, éclater leur mécontentement par des vers, des chansons et des bons mots. On fit le vers connu :

Le mur murant Paris rend Paris murmurant ;

et entre autres épigrammes la suivante :

> Pour augmenter son numéraire
> Et raccourcir notre horizon
> La ferme a jugé nécessaire
> De mettre Paris en prison.

Tout cela, il faut l'avouer, n'était pas bien méchant !

Les portes ou barrières d'entrée furent élevées sur les dessins de l'architecte Ledoux avec une magnificence très déplacée. Pour les bureaux, il n'était nul besoin, en effet, de vastes édifices, de temples ni de palais. De plus, cette magnificence était du moins intempestive à une époque où les finances de l'État se trouvaient dans une situation déplorable ; elle devenait insultante pour le peuple qui se voyait forcé de fournir les frais des instruments de son supplice et d'en admirer les formes. Ce ne fut qu'un cri contre les fermiers généraux et contre le ministre. On adressa des suppliques au roi et le 7 septembre un arrêt du Conseil ordonna la suppression des travaux. Le nouveau ministre qui avait succédé à Calonne promit de faire démolir la muraille de Paris, puis se ravisa, prétendant que les travaux étaient trop avancés.

TRIOMPHE DE LA RÉPUBLIQUE.

Les barrières, qui étaient au nombre de soixante, existèrent jusqu'au moment de l'annexion (1860). A cette époque les bâtiments et les murs de l'octroi furent pour la plupart démolis et les barrières rétablies aux portes des fortifications. Il ne reste aujourd'hui des anciens bâtiments d'octroi que la rotonde Saint-Martin à la Villette, les bâtiments de la barrière du Trône, la barrière d'Italie et la rotonde de Chartres au Parc Monceau.

Il existe actuellement 56 portes de Paris.

De la place de la Nation rayonnent les rues et avenues suivantes :

L'avenue du Trône qui faisait partie de l'ancienne place du Trône ;

Le boulevard de Picpus, jadis en dehors des murs d'octroi. Nous trouvons dans le *Dictionnaire des rues de Paris* une singulière étymologie de ce mot de Picpus, qui viendrait d'une épidémie qui s'était répandue à Paris, et qui couvrait les bras des enfants qui en étaient atteints de cloques semblables à celles produites par les piqûres ;

La rue des Colonnes du Trône ;

L'avenue du Bel-Air ;

La rue Fabre-d'Églantine, créée en 1888 ; elle fut appelée ainsi en l'honneur du gracieux poète, qui donna des noms si poétiques aux mois républicains ;

La rue Jaucourt ;

Le boulevard Diderot, précédemment appelé boulevard Mazas.

La rue de Picpus, qui traverse le boulevard Diderot, part de la rue du Faubourg-Saint-Antoine pour arriver boulevard Poniatowski, tout près du Bois de Vincennes. Sur l'emplacement des maisons portant actuellement les numéros 8, 10 et 12 de la rue de Picpus, où nous voyons aujourd'hui la Maison de Santé de Picpus, dirigée par le Dr Pottier, se trouvait jadis un pavillon qui servait de rendez-vous de chasse au roi Henri IV. Tout à côté du pavillon du « Vert-Galant », s'élevait une demeure qui servit pendant quelque temps de maison de campagne à Ninon de Lenclos. Sur ces terrains, M. Sainte-Colombe fonda, en 1777, une maison de santé, spécialement destinée au traitement des maladies mentales et nerveuses. M. Sainte-Colombe

MAISON DE SANTÉ DU DOCTEUR POTTIER. — SALON ET HALL.

MAISON DE SANTÉ DU DOCTEUR POTTIER. — SALON.

MAISON DE SANTÉ DU DOCTEUR POTTIER. — PARLOIR.

eut pour successeurs M. Cabin-Saint-Marcel, le Dr Bourdoucle en 1845, le Dr Couderc en 1854, puis les Drs Michéa et Dassonneville.

En 1889, l'établissement fut repris par le Dr Pottier, ancien interne des Asiles de la Seine et lauréat de la Faculté de médecine avec sa remarquable thèse, devenue classique, intitulée : *Étude sur les aliénés persécuteurs*. Dès le début de ses études de médecine, M. Pottier se sentit porté vers les maladies mentales, où sa prédilection pour les sciences philosophiques et la psychologie trouvait une application directe et féconde. Après plusieurs années passées en qualité de médecin-adjoint à la Maison de Santé de Vanves, en collaboration et en communion scientifique avec MM. Fabret et Cotard, le Dr Pottier, devenu directeur et propriétaire de la Maison de Santé de Picpus, faisait bientôt de cette maison un établissement modèle, qui est aujourd'hui réputé pour ses ressources thérapeutiques aussi bien que pour le régime essentiellement familial offert aux malades qui y sont traités d'après les idées nouvelles. Le signe distinctif de la médication qui y est pratiquée est l'extrême bonté, c'est-à-dire l'observation patiente du malade, jointe aux procédés de douceur, de distraction, d'hygiène physiologique et morale qui peuvent le mieux ramener le malade à la santé. Nous sommes loin du fameux cabanon de fous décrit au siècle dernier par Pinel,

MAISON DE SANTÉ DU DOCTEUR POTTIER. — PAVILLON CHARCOT.

et des chaînes que dut briser le populaire créateur de la science aliéniste française. Et pourtant, dans la masse du public, quand on parle d'internement, la maison de santé reste encore non un hôpital, mais une prison. Cette idée absurde disparaîtra bientôt, une fois que l'on aura visité la maison de santé du Dr Pottier. Dans un parc de plusieurs hectares, ombragés d'arbres séculaires, s'élèvent des bâtiments spacieux, dans lesquels l'air et le soleil pénètrent à profusion.

L'établissement se divise en plusieurs parties distinctes, où les malades sont classés suivant leur état et les nécessités du traitement qu'ils suivent. La division des maladies aiguës comprend elle-même deux sections : une pour les femmes et une pour les hommes. Chacune de ses sections possède ses pavillons, ses jardins séparés, ses salles de réunion, ses vérandas couvertes. Aussitôt que leur état le permet, les malades passent dans la division des convalescents, où ils ont alors à leur disposition un immense parc de 9 000 mètres. Ils peuvent s'y promener tout à leur aise, recevoir leurs parents et leurs amis sous une surveillance discrète, qui prouve à quel point le directeur actuel de la maison témoigne de sollicitude aux malades qui lui sont confiés.

Le Dr Pottier a de plus adjoint à son établissement un pavillon d'observation, avec une entrée spéciale 138, boulevard Diderot : c'est le « Pavillon Charcot », créé pour recevoir les malades névropathes, en dehors des aliénés. Ce pavillon possède une installation hydrothérapique unique à Paris.

Le Dr Pottier est membre de la Société médico-psychologique et membre de la Société d'hypnologie et de psychologie. Officier de l'Instruction publique, il est l'auteur d'articles littéraires et de poésies très remarqués. Il fait partie du Conseil administratif du Patronage des aliénés indigents de la Seine, complétant ainsi son œuvre scientifique par sa collaboration assidue à une œuvre d'une haute portée sociale où peuvent s'exercer son activité et sa philanthropie.

Toute la partie du boulevard Diderot qui est en face la gare de Lyon était autrefois la prison de Mazas, aujourd'hui transférée à Fresnes.

C'est sur l'emplacement du boulevard Diderot que se trouvait une maison habitée par la Brinvilliers ; lorsque cette maison fut démolie pour édifier à la place une nouvelle construction, on découvrit trois squelettes. Ces squelettes étaient sans doute ceux des deux frères et de la sœur de la marquise de Brinvilliers, qui avaient été empoisonnés par elle.

Cette maison était située elle-même sur l'emplacement d'un ancien *hôtel de Reuilly*, qui avait été construit, dit-on, par le roi Dagobert.

La caserne des Sapeurs-Pompiers occupe boulevard Diderot les immeubles portant les numéros 57 à 63.

La rue du Faubourg-Saint-Antoine, le boulevard Voltaire, l'avenue Philippe-Auguste, l'avenue de Bouvines et l'avenue de Taillebourg qui partent de la place de la Nation sont compris en grande partie dans le XXe arrondissement.

Au numéro 100 du faubourg Saint-Antoine, nous remarquons la grande maison de meubles Mercier frères, qui a été fondée en 1828 sur ce même emplacement qu'elle occupe encore aujourd'hui. C'est certainement la plus ancienne maison d'ameublement, comme c'est aussi l'une des plus importantes.

Sa réputation et sa prospérité toujours croissantes sont dues au souci qu'elle a toujours montré de n'employer que des matériaux de premier choix. La fabrication de ses meubles est irréprochable, tant pour la sculpture, l'ébénisterie, l'ajustage, que pour une finition et une mise en couleur dont elle a le secret. Dans les meubles riches comme dans les meubles courants, apparaît toujours chez la maison Mercier frères ce soin parfait et cette préoccupation constante de satisfaire sa clientèle.

UN COIN DU VIEUX FAUBOURG SAINT-ANTOINE.

Ses nouveaux magasins, qui ont été construits sur le même emplacement, occupent les huit étages d'un immeuble somptueux, où un choix important et varié permet aux visiteurs de trouver toujours ce qu'ils désirent. Une innovation hardie, qui fait de l'immeuble du faubourg Saint-Antoine une véritable curiosité, est la création d'une série de cinquante pièces diverses, chambres à coucher, salons, salles à manger, bureaux, salles de bains, entièrement installées avec boiseries, décorations, tapis, tentures, en un mot meublées complètement, et que l'on peut acheter telles quelles, après avoir pu juger à loisir de leur effet d'ensemble. Il faut avouer que c'est là une idée très heureuse et qui sera fort appréciée de toutes les personnes désireuses de choisir un ameublement.

La maison Mercier frères s'occupe de tout ce qui constitue l'ameublement en général, c'est-à-dire aussi bien des meubles, sièges, literie, tentures, que de la menuiserie, des boiseries, installations de magasins, restaurants, etc., etc.

Depuis 1828, elle a obtenu aux Expositions Universelles de nombreux Grands Prix et a été plusieurs fois Hors Concours.

M. Mercier est Chevalier de la Légion d'honneur.

Prenons l'avenue de Saint-Mandé, qui nous conduira à la rue Michel-Bizot, où se trouve l'hôpital Trousseau, situé auparavant rue du Faubourg-Saint-Antoine.

Nous arrivons à l'avenue Daumesnil, ouverte en 1859 sous le nom de boulevard de Vincennes. Elle traverse le XIIe arrondissement dans toute sa longueur. Elle forme la place Daumesnil à l'endroit où elle rencontre la rue de Reuilly. Au milieu de cette place se trouve la *Fontaine aux Lions*, qui décorait autrefois la place du Château-d'Eau, maintenant place de la République.

Avenue Daumesnil, se trouve la mairie du XIIe arrondissement, construite par Hénard en 1877.

Au numéro 166 de l'avenue Daumesnil, nous voyons la maison Limonaire frères, la grande manufacture française d'orchestrophones, orgues, pianos, carrousels, etc. Cette maison, fondée en 1840, a obtenu les plus hautes récompenses à toutes les Expositions.

C'est vers la fin du XVIIIe siècle que Barberi de Modène imagina les orgues automatiques, que le peuple appela, par corruption ou par jeu de mots, des *Orgues de Barbarie*. L'étymologie est assez curieuse. Un peu plus tard, ces instruments et leurs diminutifs, connus sous le nom de *serinettes* ou *merlines*, parce qu'ils servaient à apprendre des airs aux oiseaux, acquirent une grande vogue dans toute l'Europe, et aujourd'hui même, bien que leur mode ait beaucoup baissé, on en construit encore dans le département des Vosges, à Mirecourt, ainsi qu'aux environs de Neufchâteau et d'Épinal. Sur ces machines, en tournant une manivelle, l'on met en mouvement un cylindre muni de pointes en cuivre plus ou moins allongées qui lèvent les touches d'un clavier. A ces dernières, correspond un mécanisme de soupapes actionnant une série de jeux dont les tuyaux résonnent sous l'action d'une soufflerie et peuvent reproduire par conséquent n'importe quel air. Un déplacement longitudinal de l'axe du cylindre à pointes inaugure

LIMONAIRE FRÈRES.

une nouvelle série de notes et constitue le passage d'une mélodie à une autre.

Malheureusement, la musique des orgues de Barbarie laisse quelque peu à désirer et, en outre, une dizaine de morceaux composent le répertoire des plus perfectionnées.

Pour remédier aux défauts de ces instruments forains, MM. Limonaire ont imaginé les orchestrophones qui imitent dans la perfection le jeu d'un orchestre complet et dont le programme varie à l'infini, puisque chaque morceau est

MAISON LIMONAIRE FRÈRES.
ATELIER DE PERFORAGE DES CARTONS.

transcrit sur des cartons perforés se pliant en forme de livres peu embarrassants et que l'on change à volonté. Avant de sortir des ateliers Limonaire, un modèle quelconque d'orchestrophone, destiné soit aux établissements forains, soit à des salles de concert ou de chorégraphie, soit à des appartements d'amateurs,

MAISON LIMONAIRE FRÈRES. — ATELIERS DE MONTAGE.

exige la collaboration de plus de cent spécialistes habiles. Il faut des musiciens expérimentés, puis des menuisiers, des ébénistes, des peaussiers, des ajusteurs, des tourneurs sur bois et sur métaux, des sculpteurs, des doreurs, des décorateurs et des accordeurs. En outre, les bois employés à la confection des tuyaux d'orgue doivent être très secs et d'une essence choisie. On recherche surtout le sapin d'Autriche, à cause de sa sonorité. En sortant de l'atelier des menuisiers, les tuyaux passent dans les mains d'un véritable artiste, qui, à leur partie inférieure taillée en sifflet, exécute le minutieux travail de l'embouchage, devant donner à chaque tuyau sa tonalité.

On fabrique actuellement de nombreux modèles d'orchestrophones qui, par la composition et la variété de leurs jeux, se rapprochent de tous les timbres de l'orchestre et imitent de façon parfaite les parties de clarinettes, barytons, flûtes, pistons, saxophones, violoncelles, violons et trombones. Mais la plus grande originalité des orchestrophones réside dans ce fait qu'ils peuvent exécuter automatiquement des morceaux spécialement écrits pour eux par des compositeurs de talent.

La maison Limonaire frères, qui fabrique également des chevaux de bois,

MAISON LIMONAIRE FRÈRES. — ATELIERS DE MÉCANIQUE.

des manèges de vélocipèdes, des balançoires et tous autres jeux forains, possède plusieurs agences, entre autres à Londres, Bruxelles, Barcelone et Lyon.

Suivons la rue de Reuilly, qui part de la place Daumesnil pour aboutir au faubourg Saint-Antoine. C'était jadis un chemin conduisant au château de Reuilly. Nous voyons dans cette rue la caserne de Reuilly, construite sur l'emplacement d'une manufacture de glaces. La manufacture royale de glaces fut transférée en 1846 à Saint-Gobain. La caserne de Reuilly peut contenir 2 500 hommes.

Non loin, se trouve l'hôpital Saint-Antoine, qui occupe les bâtiments de l'ancienne abbaye royale de Saint-Antoine-des-Champs, fondée pour y placer des femmes qui « avaient mal usé et abusé de leur corps » et qui s'étaient converties (1).

C'est à l'abbaye Saint-Antoine qu'on amenait d'abord le corps des souverains lorsqu'ils venaient à décéder hors Paris. Ils étaient transportés de là à Notre-Dame et à Saint-Denis.

En 1795, la Convention affecta les bâtiments de l'abbaye à un hôpital. Derrière l'abbaye était un endroit qu'on avait surnommé le *Fossé des Trahisons*, parce que Louis XI y avait conclu une trêve dite du *Bien Public* avec les princes qui s'étaient armés contre lui et que cette trêve avait été violée.

La rue de Citeaux fut créée sur l'emplacement des jardins de l'abbaye.

La rue de Charenton nous conduira à l'hospice des Quinze-Vingts, fondé en 1260 par Louis IX, pour 300 chevaliers laissés en otage aux Sarrasins, auxquels ceux-ci avaient crevé les yeux.

En 1854, l'hospice des Quinze-Vingts fut l'objet de travaux de restauration et d'agrandissement.

La rue de Lyon longe l'hospice des Quinze-Vingts ; elle a absorbé une partie de la rue Treilhard. Au n° 18 se trouvait autrefois le Grand-Théâtre qui avait été fondé par Alexandre Dumas ; il y fit représenter le drame des *Forestiers*. La salle du Grand Théâtre fut convertie en café-concert. Aux numéros 70 à 78, nous trouvons la maison J. Lutz, aussi connue sous le nom de Grande Horlogerie de Genève. Cette maison, qui a été fondée en 1878 se recommande tout spécialement pour la très grande diversité d'objets de bijouterie, d'horlogerie et d'orfèvrerie qu'elle peut offrir à sa clientèle. La maison Lutz est réputée dans tout le quartier comme possédant l'un des plus grands choix que l'on puisse trouver en fait de garnitures de cheminée ; l'on trouve toujours dans ses magasins les derniers modèles parus.

Toutes les montres, pendules ou réveils vendus par la Grande Horlogerie de Genève sont d'excellente fabrication et ne sont livrés qu'après un très minutieux repassage et réglage.

L'on songe aux immenses progrès que l'art de l'horloger a réalisés, depuis qu'un Italien nommé Dominique Balcetri travailla sous les ordres de Galilée et de son fils à la première horloge à pendule. Dans les appareils de précision que

---

(1) Hôpital Saint-Antoine. — Médecins : Hayem, Siredey, Béclère, Vacquez, Jacquet, Le Noir, Mosny, Mathieu, Legry. — Chirurgiens : Lejars et Ricard. — Oto-rhino-laryngologiste : Lermoyez.

l'on construit aujourd'hui, la certitude et l'exactitude de la marche sont absolument prodigieuses. L'application des procédés mécaniques à la fabrication des pièces d'horlogerie a eu la part principale dans ces améliorations. Les régulateurs sont de deux sortes : le pendule et le balancier à ressort spiral, dont l'emploi est dû au célèbre Huygens qui, en 1673, publia son fameux et savant traité intitulé : *De horlogio oscillatorio*.

La maison Lutz ne vend que des appareils exécutés avec l'art le plus parfait. La garantie donnée sur chaque facture est rigoureusement observée.

En outre, la maison Lutz, achetant de première main les brillants, perles fines et pierres précieuses et les faisant monter sous son contrôle, est à même de faire réaliser à ses clients de sérieuses économies. Elle se charge de plus des réparations de toutes sortes qu'elle exécute avec tout le soin et toute la célérité nécessaires.

La Grande Horlogerie de Genève est située sous les arcades du chemin de fer de Vincennes (près de la place de la Bastille).

MAISON LUTZ. — VUE D'UNE PARTIE DE L'INTÉRIEUR DES MAGASINS.

De la rue de Charenton, ainsi nommée parce qu'elle conduisait au village de Charenton, nous passerons au boulevard de la Bastille, ancien *boulevard de Contrescarpe* et au *quai de la Râpée*.

Ce quai doit son nom à une « folie » qu'y avait fait construire M. de la Râpée, commissaire général des troupes de guerre sous Louis XIV.

XIIe ARRONDISSEMENT

MAISON LUTZ.

Le quai de la Râpée, où l'on ne voit aujourd'hui que des caves et des chantiers de bois, avait été jadis très fréquenté et eut son heure de gloire. C'était un lieu de plaisir où l'on allait en été prendre des bains froids et manger une friture en compagnie de quelque grisette. Vadé, dans le *Déjeuné de la Râpée* ou *Discours des Halles et des Ports*, nous montre un marquis au sortir de l'Opéra qui se rend en nombreuse compagnie chez Chapelot, à la Râpée.

Le quai de la Râpée a bien changé, et l'idée d'y aller faire quelque partie de plaisir ne saurait à présent venir à l'esprit.

Le quai de Bercy lui fait suite, qui était jadis renommé pour ses excellents restaurants.

Proche des entrepôts de Bercy, située boulevard Diderot, nous voyons la gare de Lyon, qui fut presque entièrement reconstruite en 1900 lors de la démolition de Mazas.

LA GARE DE LYON.

Photo Neurdein Frères.

XIIIᵉ ARRONDISSEMENT

LE XIIIᵉ arrondissement — les Gobelins — comprend les quartiers suivants : La Salpêtrière, La Gare, Maison-Blanche, Croulebarbe.

La mairie du XIIIᵉ arrondissement est située place d'Italie. Elle occupe un des anciens bureaux d'octroi construits en 1782 par l'architecte Ledoux, au moment de la construction de toutes les barrières de Paris dont nous avons parlé à propos de la barrière du Trône.

Avant la division de Paris en vingt arrondissements, on disait que les liaisons passagères se célébraient à la mairie du XIIIᵉ. « O! souvenirs insoucieux ! ô caprices de la main gauche ! ô Musette ! ô Mimi Pinson ! Le XIIIᵉ à lui seul mériterait une histoire spéciale si l'on voulait raconter les drames et les comédies qu'il voyait défiler.

« La mairie du XIIIᵉ était un singulier édifice : il se composait tout juste d'une fenêtre, celle par laquelle on jetait son argent, celle par laquelle aussi s'envolaient les échos des rires joyeux et des chansons printanières. »

Actuellement, l'on a reconstruit ce singulier monument un peu plus loin et il a changé de nom : il s'appelle la mairie du XXIᵉ.

La place d'Italie se nommait autrefois barrière Mouffetard et barrière de Fontainebleau.

De la place d'Italie rayonnent six grandes artères : l'avenue et le boulevard d'Italie, le boulevard de la Gare, le boulevard de l'Hôpital, l'avenue de Choisy et l'avenue des Gobelins.

Le boulevard d'Italie est la réunion des boulevards Saint-Jacques et de la Glacière. Aux numéros 101 et 103 se trouvait l'hôtel de l'abbé Terray, qui fut contrôleur général des finances sous Louis XV. Aux numéros 18 et 24 nous voyons l'École Estienne et le Musée du Livre. La rue Corvisart débouche boulevard d'Italie ; l'on y remarque une vieille maison ornée de statues et de colonnettes qui est l'ancienne *Maison du Clos-Payen*. A l'endroit où la rue Corvisart rencontre la rue Broca, s'élève l'hôpital Broca, nommé anciennement hôpital de Lourcine et qui ne prit le nom de Broca, célèbre chirurgien français, qu'en 1892 (1).

L'hôpital de Lourcine fut fondé en 1829, comme maison de refuge pour les mendiants infirmes, sur ce qui restait des bâtiments de l'ancien couvent des Cordelières fondé en 1283 par la reine Marguerite de Provence, femme de Louis IX.

---

(1) L'hôpital Broca affecté au traitement des maladies de la peau et des maladies vénériennes est réservé aux malades du sexe féminin. — Médecins : Darier, Jeanselme. — Chirurgien : Pozzi.

Supprimé en 1790, le couvent fut vendu, avec réserve de l'ouverture de deux rues qui sont les rues *Pascal* et *Julienne*.

Depuis 1836, les mendiants infirmes furent transférés ailleurs, et l'hôpital Lourcine fut spécialement affecté aux femmes malades.

L'avenue des Gobelins faisait autrefois partie de la rue Mouffetard. Elle longe les bâtiments de la Manufacture des Gobelins. Au numéro 73 se trouve le théâtre des Gobelins.

Au numéro 17 de la rue des Gobelins qui donne dans l'avenue des Gobelins, se trouve une maison qui a conservé le nom de *Logis de la Reine Blanche*. Il existait là jadis un hôtel dit de la reine Blanche qui fut habité par la reine Blanche de Castille, mère de Saint-Louis. Cet hôtel subsistait encore sous Charles VI, et c'est là qu'en 1392 eut lieu le *Bal des Faunes* ou *Bal des Ardents*, où le roi faillit être brûlé vif, ainsi que nous le raconte Juvénal des Ursins. Nous ne transcrirons pas textuellement cette histoire, car le vieux français du chroniqueur en question est un peu pénible : « Il fut ordonné une fête au soir en l'hôtel de la reine Blanche, à Saint-Marcel, près Paris, d'hommes costumés en sauvage. Leurs habillements étaient adhérents à leur corps, faits de lin ou d'étoupes, enduits de résine. Ainsi vêtus, ils vinrent danser dans la salle où il y avait des torches allumées. Et l'on commença à jeter parmi les torches des bottes de fouarre (paille). Le feu prit sur les habillements qui étaient si bien lacés et cousus et ce fut grande pitié de voir ainsi les personnes embrasées, parmi lesquelles se trouvait le roi. Et il y eut une dame, la duchesse de Berri, qui avait un manteau dont elle affubla le roi et le feu fut si bien étouffé qu'il n'eut aucun mal. Quelques-uns de ces hommes sauvages furent si brûlés qu'ils moururent piteusement. L'un se jeta dans un puits, l'autre se jeta dans la rivière. Et fut la chose moult piteuse. Et pour l'énormité du cas, il fut ordonné que le dit hôtel où advinrent les choses ci-dessus rapportées serait abattu et démoli. »

Cet accident porta le dernier coup à la raison chancelante de Charles VI.

Au 21 de la rue des Gobelins est la ruelle des Gobelins dont Huysmans trace l'intéressante description suivante :

« C'est le plus surprenant coin que Paris recèle. C'est une allée de guingois, bâtie à gauche de maisons qui lézardent, bombent et se cahotent. Aucun alignement, mais un amas de tuyaux et de gargouilles, de ventres gonflés et de toits fous. Les croisées grillées bambochent ; des morceaux de sac et des lambeaux de bâche remplacent les carreaux perdus ; des briques bouchent d'anciennes portes... Puis la ruelle élargit ses zigzags et le vieux bâtiment bosselé d'un fond de chapelle que des vitraux dénoncent sourit avec ses hautes fenêtres dans le cadre desquelles apparaissent les ensouples et les chaînes, les modèles et les métiers de la haute lisse. A droite, la ruelle est bordée d'étables qui trébuchent sur une terre pétrie de frasier et amollie par des ruisseaux d'ordures. Çà et là de grands murs, rongés de nitres, fleuronnés de moisissures, rosacés de toiles d'araignée, calcinés comme par un incendie ; puis d'incohérentes chaumines sans étages, grêlées par des places de clous, jambonnées par des fumées de poêle; et le soir, les artisans qui logent dans ces masures prennent le frais sur le pas des portes, séparées par des barres de fer emmanchées dans des poteaux de bois mort, de l'eau en deuil qui, malade, sent la pierre et le fleuve. Sans doute cette étonnante ruelle décèle l'horreur d'une misère infinie; mais cette misère n'a ni l'ignoble bassesse, ni la joviale crapule des quartiers qui l'avoisinent, c'est une misère ennoblie par l'estampe des anciens temps; ce sont de lyriques guenilles, des haillons peints par Rembrandt, de délicieuses hideurs blasonnées par l'art. A la brune, alors que les réverbères à huile se balancent et clignotent au bout d'une corde, le paysage se heurte dans l'ombre et éclate en une prodigieuse eau-forte; l'admirable Paris renaît avec ses sentes tortueuses, ses culs-de-sac et ses venelles, ses pignons bousculés, ses toits qui se saluent et se touchent; c'est dans une solitude immense la silencieuse apparition d'un improbable site dont le souvenir effare lorsqu'à trois pas, le long des casernes neuves, la foule déferle sous des becs de gaz et bat, sur les trottoirs, en gueulant, son plein. »

La manufacture des Gobelins fut fondée par Colbert en 1667 sur les terrains occupés par les ateliers de teinturerie de la famille des Gobelins. Les Gobelins, une fois annoblis, abandonnèrent l'industrie de la teinture. La trop célèbre marquise de Brinvilliers appartenait à cette famille; elle était la femme d'Antoine Gobelin, marquis de Brinvilliers.

Avant la manufacture des Gobelins, les rois de France avaient déjà établi des manufactures de tapis : François Ier à Fontainebleau; Henri II à l'hôpital de la Trinité de Paris; Henri IV dans les bâtiments des jésuites de la rue Saint-Antoine et, après la rentrée des jésuites, à la place Royale; et enfin Louis XIII dans les ateliers de la famille Gobelin.

Le premier directeur des Gobelins fut le peintre Lebrun, secondé par le peintre de batailles Van der Meulen, Blin de Fontenay et Baptiste Monnoyer, peintres de fleurs, par les décorateurs Francart et Angnier. La manufacture ne cessa de pourvoir aux nombreuses prodigalités de Louis XIV; elle exécuta des tentures de haute et basse lisse pour une valeur de plus de dix millions d'aujourd'hui. Mignard succéda à Lebrun dans cette direction.

Le travail des tapisseries, tel qu'il se pratique aux Gobelins sur des métiers à chaînes verticales ou à *hautes lisses*, est d'une exécution fort lente et nécessairement très coûteuse, les ouvriers étant obligés de se servir d'une seule main pour conduire la navette entre les fils qu'écarte l'autre main. Soufflot et après lui Vaucanson apportèrent des perfectionnements aux métiers à chaînes horizontales ou à *basses lisses*, et ces métiers furent adoptés à Beauvais. Mais c'était un point d'honneur aux Gobelins que de travailler sur des métiers à *hautes lisses*. Les fils des maîtres jouissaient seuls du privilège de s'essayer à ce travail; cela rendait autrefois le recrutement des ouvriers fort difficile. Au milieu des nombreuses vicissitudes administratives que la manufacture eut à subir, Chevreul poursuivit ses belles études théoriques et pratiques sur le contraste simultané des couleurs.

Dans son *Dictionnaire des rues de Paris*, M. Pessard nous raconte que c'était une croyance assez répandue que les préparations de couleurs faites aux Gobelins pour la teinture des laines exigeaient l'emploi de l'acide urique. Et cette croyance venait, paraît-il, de ce que dit Rabelais dans son *Pantagruel* lorsqu'il raconte l'aventure d'une dame « qui avait à ses trousses 600 000 et 14 chiens qui compissarent si bien la porte de sa maison qu'ils y firent un ruisseau de leurs urines, auquel les canes eussent bien nagé ; et c'est cetuy ruisseau qui de présent passe à Saint-Victor, auquel Guobelins tenait l'écarlate pour la vertu spécifique de ces chiens ». Et l'on crut longtemps aussi, ajoute M. Pessard, qu'il y avait à la manufacture des hommes spéciaux dont l'unique emploi était de boire continuellement, afin, comme a dit Molière, de déverser dans des récipients *ad hoc* « le superflu de leur boisson ». En 1823, un condamné à mort demanda au directeur de la prison où il était enfermé « de se soumettre au régime imposé aux teinturiers des Gobelins, ajoutant qu'il pouvait facilement boire vingt bouteilles de liquide par jour et que par conséquent... ».

La Manufacture des Gobelins, après avoir été obligée d'interrompre ses travaux en 1797 parce que les ouvriers n'étaient plus payés et se virent forcés de mendier pour vivre, recommença à travailler sous le règne de Napoléon Ier.

La manufacture fut brûlée en 1871 pendant la Commune, et de nombreuses tapisseries formant une collection merveilleuse furent détruites dans cet incendie.

Le boulevard de Port-Royal tient son nom de l'ancienne abbaye de Port-Royal qui appartenait à l'ordre de Citeaux. Ce monastère avait été fondé au commencement du XIIIe siècle.

Au XVIIe siècle, le célèbre Arnaud obtint pour une de ses filles, Jacqueline, âgée de sept ans, le titre d'abbesse de cette communauté. Son autre fille, âgée de cinq ans, devait avoir l'abbaye de Saint-Cyr.

Quelque temps après, à cause du manque de salubrité de cet endroit, les religieuses de Port-Royal quittèrent leur couvent pour une maison du faubourg Saint-Jacques et quelques *solitaires*, parmi lesquelles Pascal, Arnaud et Antoine Arnaud vinrent reprendre possession du couvent de Port-Royal, que l'on nomma *Port-Royal-des-Champs* pour le distinguer du Port-Royal de Paris. Ce fut là qu'un grand nombre d'hommes illustres par leur savoir, leurs talents et leurs vertus, vinrent se réfugier pour se soustraire aux persécutions des jésuites, dont Louis XIV était l'aveugle instrument.

En 1664, l'archevêque de Paris, accompagné du lieutenant de police, d'exempts et de 200 gardes, vinrent au couvent de Port-Royal de Paris, assiégèrent les religieuses sans défense et en enlevèrent 12 qu'ils répartirent dans différentes communautés où elles furent traitées comme des prisonnières. Quelques mois après, on enleva et on traita de même 4 autres religieuses ; on corrompit celles qui restaient dans la maison. L'année suivante, ces malheureuses filles arrachées de leur couvent furent renvoyées dans le monastère de Port-Royal-des-Champs, où l'on plaça en même temps une garnison de soldats chargés de les empêcher de communiquer au dehors et même d'aller dans le jardin : ces soldats séjournèrent là pendant quatre ans et s'y conduisirent comme dans un corps de garde. Les religieuses qui les avaient remplacées au couvent de Port-Royal de Paris se mirent au nombre des ennemis de leurs sœurs séparées et leur intentèrent en 1707 un procès qui eut beaucoup d'éclat et peu de succès. Les religieuses de Port-Royal-des-Champs, toujours persécutées par les jésuites parce qu'elles ne partageaient pas leur doctrine, furent en 1709 enlevées de leur maison par le lieutenant de police d'Argenson, escorté d'une troupe nombreuse, qui ne leur accorda qu'un quart d'heure pour se disposer à se rendre dans divers couvents du royaume; où elles furent séquestrées.

Le monastère de Port-Royal-des-Champs fut démoli à cette époque.

Le *Port-Royal* de Sainte-Beuve, qui est une étude sur les *solitaires* qui se réfugièrent à Port-Royal, est un des plus beaux ouvrages de critique littéraire.

Le boulevard de l'Hôpital qui fut ouvert en 1761 doit son nom à l'hôpital de la Salpêtrière.

Au temps de Louis XIII s'élevait sur cet emplacement le *Petit Arsenal*, dit la *Salpêtrière* à cause du salpêtre qu'on y faisait. Or, en 1656, il parut un édit de Louis XIV portant établissement en cet endroit d'un hôpital général « pour le renfermement des pauvres mendiants de la ville et des faubourgs de Paris ». Grâce à la munificence royale et à de nombreuses libéralités, les divers corps de bâtiment de l'Arsenal furent changés en retraite des pauvres, et deux constructions nouvelles s'ajoutèrent aux premières bâtisses. En 1669, l'église fut bâtie par ordre du roi. Vers 1684, on construisit au centre de l'hôpital la prison de la Force, où étaient détenues les femmes de mauvaise vie.

Manon Lescaut fut détenue dans cette prison. Mme de Lamotte y fut enfermée pour l'affaire du collier. Elle devait y revenir plus tard en 1792 dans des circonstances plus tragiques ; elle y périt lors des massacres de Septembre.

Ce n'est qu'en 1801 que la prison de la Force fut évacuée et « ses hôtesses impures envoyées à Lourcine ». Les enfants furent transférés aux *Orphelines* et les ménages aux *Petites Maisons*.

La Salpêtrière depuis cette époque fut uniquement affectée aux femmes aliénées ou atteintes de maladies nerveuses.

La Salpêtrière a été le berceau de la psychiatrie et la plus féconde pépinière de médecins aliénistes. C'est le docteur Charcot, fameux par ses études sur les aliénés, qui réorganisa les services de cet hôpital tels qu'ils le sont actuellement.

A la Salpêtrière fut séquestrée jadis, au XVIIIe siècle, Mme Douhault, personnage mystérieux dont on ne put jamais reconnaître l'identité. C'est là que fut enfermée la veuve et complice du fameux empoisonneur Desrues. C'est à la Salpêtrière enfin que mourut Théroigne de Méricourt, après avoir passé là dix-huit années d'exaltation maniaque.

Au coin du boulevard Walhubert et du boulevard de l'Hôpital se trouve la gare d'Orléans.

Le boulevard de la Gare qui mène au quai de Bercy a englobé le boulevard d'Ivry, le chemin de ronde de la Gare et le chemin de ronde d'Ivry.

L'avenue de Choisy conduit directement au village de Choisy, où Mlle de Montpensier avait fait construire par Mansard un château qui prit le nom de Choisy-Mademoiselle. Plus tard, Louis XV ayant considérablement agrandi et embelli ce château lui donna le nom de Choisy-le-Roi.

L'avenue d'Italie était primitivement la Route Nationale de Paris à Fontainebleau. La rue de Tolbiac la traverse et parcourt le XIIIe arrondissement dans toute sa longueur.

Photo Neurdein Frères.

PLACE D'ITALIE. — LE SQUARE.

XIVᵉ ARRONDISSEMENT

Le XIVᵉ arrondissement — Observatoire — comprend les quartiers de Montparnasse, de la Santé, du Petit-Montrouge, de Plaisance.

La mairie est située place Montrouge et a été élevée en 1851.

Par la rue Gassendi, nous arrivons au cimetière du Sud, ou Petit-Montparnasse, qui fut établi en 1826, lors de la suppression des cimetières de Vaugirard, Clamart et Sainte-Catherine. « Le cimetière Montparnasse, dit Jules Noriac, n'offre rien de remarquable aux yeux, mais est peut-être le plus intéressant à visiter en détail.

« Placé, par un caprice du sort, près de la rue de la Gaîté, ce champ de repos est le seul aux approches duquel le visiteur sent son cœur serré. Pour quelques sépultures coquettement arrangées, on y voit, entre des milliers de tombes froides et austères, celles de Bories, Goubin, Pommier et Raoulx, les quatre sergents de la compagnie de la Liberté, celles de Dumont-d'Urville, de Rude, d'Auguste Dornès, tué en juin sur une barricade ; d'Hégésippe Moreau et de Bocage.

Dans un coin, non loin de la tombe des quatre sergents, est un lieu couvert par de hautes herbes ; c'est là, dit-on, que sont ensevelis Fieschi et les assassins du général Bréa, mais rien n'indique leur dernière demeure, nul n'est venu pleurer sur eux, nul n'a voulu marquer leur place ; l'humanité a fait pour eux tout ce qu'elle pouvait faire, elle les a oubliés. »

En 1849, le cimetière du Montparnasse fut le théâtre des profanations commises par un nommé Bertrand, qui, toutes les nuits, s'introduisait dans l'intérieur du cimetière, y déterrait les cadavres des femmes et des jeunes filles nouvellement enterrées, il leur arrachait les entrailles et en dispersait les morceaux. Lorsqu'il fut arrêté, il avoua avoir mutilé jusqu'à dix et douze cadavres de femmes en une nuit.

En quittant le cimetière Montparnasse, nous suivrons le boulevard Raspail, qui a été commencé en 1789, sous les noms de boulevard de Montrouge et de boulevard d'Enfer. Il était composé de six parties distinctes, qu'on ne parvint que peu à peu à réunir l'une à l'autre. Il est actuellement en voix d'achèvement. Ce nom d'Enfer lui venait, paraît-il, de ce qu'il conduisait au château de Vauvert, que l'on disait hanté par les suppôts de Satan.

François-Vincent Raspail fut un homme politique et un chimiste distingué, que l'on peut considérer comme un des précurseurs de Pasteur.

A l'angle du boulevard Raspail et du boulevard Montparnasse, se trouvait autrefois le bal de la Grande-Chaumière, fréquenté par les étudiants.

La Grande-Chaumière, fondée en 1787, a été l'un des plus célèbres bals publics de Paris. Elle a jeté son plus grand éclat sous la direction du père Lahire.

Sur le boulevard Montparnasse, presqu'à l'angle du boulevard d'Enfer, une maison d'apparence assez pauvre, pour mériter ce nom de chaumière, fort à la mode comme on sait, à la fin du XVIIIe siècle, au temps de Trianon, portait, sur sa façade, le nom de l'établissement. Une grille contiguë donnait accès dans un vaste jardin, planté de grands arbres. A peu près au centre du jardin se trouvait l'espace sablé consacré à l'orchestre et aux danseurs. Ajoutez une longue galerie couverte où l'on dansait les jours de pluie, des arbustes et des fleurs sans profusion, un éclairage discret, et vous aurez une idée suffisante de ce lieu de plaisir. Comparée au jardin Mabille, la Chaumière était d'une simplicité primitive, et son plus grand charme consistait précisément dans l'aspect inculte de ses bosquets, dans ses vieux arbres non émondés, dans ses pelouses non ratissées. On n'avait pas encore imaginé de mettre des becs de gaz dans les touffes de gazon, on n'embrasait pas les jardins, il y avait de l'ombre quelque part, et tout le monde ne s'en plaignait pas.

Les étudiants délaissèrent un beau jour le bal de la Grande-Chaumière pour la Closerie des Lilas. Le vide se fit peu à peu dans les jardins qui avaient vu tant de folies. Vainement le père Lahire lutta contre cette désertion inexplicable et rivalisa de luxe avec son heureux voisin. Rien n'y fit, sa vogue était passée et ne devait plus revenir. Le père Lahire, découragé, vendit son établissement à un marchand de boutons.

Sur la place Denfert-Rochereau, que nous rencontrons entre le boulevard Raspail et l'avenue du parc Montsouris, a été érigé le fameux monument du « Lion de Belfort », œuvre du sculpteur Bartholdi. C'est la reproduction exacte du lion placé sur les remparts de Belfort.

De la place Denfert-Rochereau rayonnent : l'avenue d'Orléans, précédemment route nationale de Paris à Orléans ; la rue Denfert-Rochereau, dont le nom de rue d'Enfer fut transformé en celui qu'elle porte aujourd'hui, en l'honneur du colonel Denfert-Rochereau ; le boulevard Saint-Jacques, qui a englobé l'ancien boulevard Saint-Jacques, une partie du boulevard d'Enfer et le boulevard de la Santé ; l'avenue du parc Montsouris, traversée par la rue d'Alésia, autrefois « Chemin de la Justice » ou des « Bœufs ».

Nous verrons ensuite la clinique des aliénés de Sainte-Anne, située 1, rue Cabanis.

L'asile clinique, commencé dans les derniers mois de 1863 et achevé vers la fin de 1866, a été inauguré en janvier de la présente année. Son nom lui vient de ce qu'il doit être non seulement un refuge pour les aliénés indigents, mais encore un centre d'instruction pratique pour les maladies mentales.

Situé dans le XIVe arrondissement, près de la Glacière et du boulevard Saint-Jacques, le nouvel asile est bâti sur l'emplacement de la ferme Sainte-Anne, ancienne succursale de Bicêtre, où, depuis l'année 1833, environ cent

MONUMENT DU LION DE BELFORT.

soixante-dix aliénés paisibles et convalescents, étaient occupés à des travaux agricoles. Afin de consacrer le souvenir de cette institution, due à l'initiative du Dr Ferrus, le nom de cet éminent médecin a été donné à la rue qui mène vers l'entrée de l'établissement.

L'aspect de cet établissement n'éveille, en aucune manière, l'idée de sa destination spéciale. Point de hautes murailles, point de grilles, point de barreaux aux fenêtres. Les constructions régulières, élégantes, correctes, en pierre de taille blanche et polie, percées de larges croisées et couvertes de toits de briques rouges, n'ont rien qui serre le cœur ni qui attriste la vue, rien qui rappelle la réclusion ou qui annonce la contrainte.

Le parc de Montsouris a été dressé, en partie, sur l'emplacement du hameau de Montsouris, qui dépendait autrefois de la commune de Montrouge et qui était peuplé surtout de guinguettes.

Montsouris fut longtemps un quartier mal famé sur lequel couraient de sinistres légendes. Son nom lui vint de l'innombrable quantité de souris qu'attirait autrefois le blé que l'on accumulait en cet endroit pour le service de nombreux moulins.

Le parc de Montsouris est divisé en deux parties par le chemin de fer de Sceaux; on y remarque la statue de Voltaire et un groupe de la mission Flatters, qui fut massacrée par les Touareg, en 1881, dans une expédition au Sahara.

Par l'avenue Reille, nous atteignons la rue de la Santé, ancien chemin vicinal allant de la barrière de la Santé à Arcueil.

A l'angle de la rue Méchain et de la rue de la Santé, se trouvait un emplacement appelé le Champ-des-Capucins, où l'on fusillait autrefois les gardes-françaises, condamnés à mort pour désertion ou autre crime. On avait élevé à l'angle de ce champ une croix de la Sainte-Hostie, qui a disparu pendant la Révolution.

Au numéro 10 de la rue de la Santé se trouve l'hôpital Cochin (1), fondé en 1779 par l'abbé Jean-Denis Cochin, curé de Saint-Jacques-du-Haut-Pas, qui subvint de ses propres deniers aux frais de l'établissement de cet hôpital destiné à recevoir les malades de son quartier. A côté de l'hôpital Cochin, se trouve la maison d'accouchement ou l'hospice de la Maternité (2), situé au 123 boulevard de Port-Royal.

Puis nous arriverons à l'Observatoire, situé rue Cassini. Il fut construit sous le règne de Louis XIV, par un ordre de Colbert, qui chargea Claude Perrault de donner le dessin de l'Observatoire royal. Perrault se mit à l'œuvre, et ses plans ayant été adoptés, les fondations du nouvel édifice furent jetées en 1667.

L'Observatoire fut achevé en 1672, en même temps qu'arrivait d'Italie Dominique Cassini, que Colbert avait fait venir.

L'Observatoire, tel que le construisit Perrault, subsiste encore aujourd'hui dans son entier. Mais, toutefois, il a été agrandi une première fois par ordre de François Arago, puis en 1834. Il a été successivement dirigé par Dominique Cassini, par son fils Jacques, son petit-fils César-François, son arrière-petit-fils Jacques-Dominique. Ensuite Lalande, Bouvard, Arago, Leverrier et Delaunay en furent les directeurs.

Depuis sa fondation jusqu'à la Révolution, cet établissement fut une dépendance de l'Académie, qui y installa ses astronomes.

Le Bureau des Longitudes, fondé par un décret de la Convention, le 7 thermidor an III, fut installé à l'Observatoire; puis en 1834 il fut transporté à l'Institut.

---

(1) Hôpital Cochin. — Médecins : Chauffard, Widal. — Chirurgiens : Schwartz, Quénu, Faure.

(2) Maternité. — Accoucheurs : Maygrier, Macé.

XVe ARRONDISSEMENT

E XVe arrondissement, Vaugirard, comprend les quartiers Saint-Lambert, Necker, Grenelle et Javel. Il occupe tout l'emplacement de l'ancien village de Vaugirard.

Vaugirard a une histoire distincte de celle de Paris, histoire qui remonte au xiie siècle environ. A cette époque, on commença à élever sur les terrains alors incultes qui en composaient le territoire quelques étables à bœufs.

Il y avait d'ailleurs, dans ce village, de splendides pâturages, et Vaugirard devait fournir tout l'approvisionnement de bestiaux de la capitale. De là vient le premier nom sous lequel on le désigna, *Valboistron* ou *Vauboistron*, des mots latins *Bos* et *Stare*, qui indiquent en effet les installations de bœufs, c'est-à-dire des étables.

Par altération, ce nom devint *Val Boistron* puis *Val Gérard*, et enfin Vaugirard.

Vaugirard relevait de l'abbaye de Saint-Germain-des-Prés comme dépendances du village d'Issy. Le premier bienfaiteur du lieu fut l'abbé de Saint-Germain, qui y fit construire une vaste maison à l'usage des religieux convalescents.

En 1342, Vaugirard fut érigé en paroisse à charge de payer redevance à la cure d'Issy.

En 1350, ce pays n'était encore qu'un tout petit hameau, et un proverbe a longtemps été populaire pour désigner une personne qui se trouve dans un grand embarras : *Il ressemble au greffier de Vaugirard*. Ce proverbe avait pris cours, parce que le greffier était logé tellement à l'étroit que personne ne pouvait pénétrer dans sa cellule sous peine d'obstruer le jour et la lumière indispensables à son ministère.

Jusqu'à François Ier, Vaugirard ne dut avoir qu'une très mince importance, puisque ce roi ne manquait jamais, lorsqu'il écrivait à Charles-Quint, qui se qualifiait orgueilleusement de cent titres pompeux, de se dire simplement *roi de France et comte de Vaugirard*. Cette raillerie resta célèbre.

Au xviie siècle, Vaugirard n'était guère composé que de cabarets. Plusieurs événements historiques se passèrent dans ce village. C'est dans les plaines de Grenelle et de Vaugirard que campèrent les Gaulois lorsqu'ils livrèrent combat à Labienus, lieutenant de César.

Plus tard, lors du séjour de l'empereur Julien dans le Palais des Thermes, le camp s'étendait jusqu'à l'emplacement de Vaugirard. Plusieurs objets de l'antiquité romaine, trouvés depuis dans des fouilles, déterminent d'ailleurs, à n'en pas douter, le dernier passage des armées romaines.

Pendant la Révolution, c'est à Vaugirard que le peuple arrêta Cléry, le valet de chambre de Louis XVI, en 1794.

C'est vers cette époque que la poudrière de Grenelle, dirigée par le chimiste Chaptal et qui approvisionnait presque seule les armées de la République, fit explosion ; toutes les maisons de Vaugirard tremblèrent sur leur base.

En 1830, ce fut là qu'eut lieu l'arrestation du cardinal de Rohan. Le célèbre cabaret de la mère Saguet se trouvait à Vaugirard et fut fréquenté, en 1830, par tous les artistes, littérateurs et peintres de l'époque.

Au numéro 70 de la rue de Vaugirard, se trouve l'ancien couvent des

HÔPITAL INTERNATIONAL DE PARIS. — UNE DES SALLES D'OPÉRATIONS DU Dr BILHAUT.

Carmes. La rue de Vaugirard est la plus longue rue de Paris ; elle était remplie de couvents, parmi lesquels le couvent des Sœurs-de-Charité, de la Présentation, de la Visitation, le couvent des Sœurs-de-Sainte-Marie-de-Lorette, dites *Oblates*.

Au numéro 30 demeura longtemps Jules Janin.

Au numéro 180, a été organisé l'Hôpital International de Paris, dans un immeuble de belle apparence, haut de quatre étages, sur sous-sol et disposé entre rue et jardin. Un grand jardin planté d'arbres, avec des allées sablées, est

HÔPITAL INTERNATIONAL DE PARIS FONDÉ PAR LE Dr BILHAUT.

réservé aux convalescents. Une vaste porte métallique, ajourée, donne accès aux différents locaux de la polyclinique et à la partie réservée à l'hospitalisation comprise sous le nom d'Hôpital International de Paris.

Cet établissement est des plus intéressants, il est organisé dans des conditions de confortable et de bien-être tout à fait remarquables.

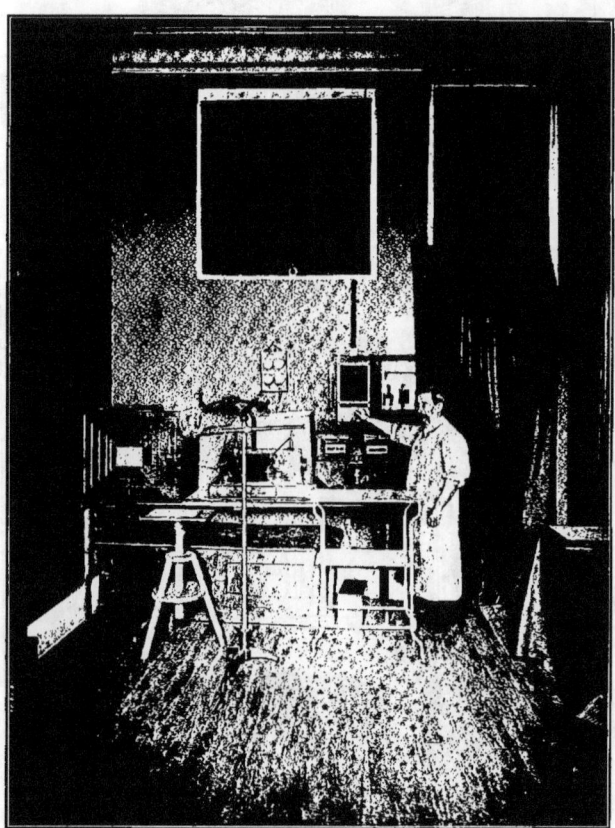

HÔPITAL INTERNATIONAL DE PARIS. — SERVICE DES RAYONS X.

Les règles de l'hygiène ont été partout très rigoureusement observées, et elles ont présidé à la construction et à l'achèvement de l'immeuble. Son aération, l'élévation des étages, la profusion de la lumière du jour, l'aération large de toutes les pièces de cette maison en font un modèle du genre. Elle constitue, à l'heure présente, un type bien défini de la maison à la fois consacrée aux soins à donner aux malades venant aux consultations, et à ceux qu'il est nécessaire, au contraire, d'hospitaliser pour un laps de temps plus ou moins long. C'est après plusieurs essais et de nombreuses tentatives que les organisateurs actuels, bien pénétrés des difficultés à résoudre, ont pu mener à bien leur tâche difficile. L'Hôpital International de Paris est actuellement placé sous la direction scientifique du Dr Bilhaut, dont on connaît la compétence, et d'un directeur administratif, chargé de la gestion financière et de l'ordre intérieur. Il est spécialement consacré aux opérations chirurgicales. Nulle part ailleurs on ne trouve un matériel plus complet d'opérations et d'explorations cliniques.

Un interne est toujours présent dans la maison, ainsi qu'une surveillante dont l'éducation a été particulièrement dirigée vers cet ordre de service. Le personnel est exclusivement laïque ; il est appelé à assurer la bonne tenue de la maison, à prodiguer des soins aux malades à toutes les heures du jour et de la nuit.

Le but que l'on a voulu atteindre en fondant cet hôpital, a été de prouver qu'une maison de ce genre, organisée à la manière des hôpitaux américains, peut et doit se suffire par les ressources qui proviennent des malades. Pour qu'il en soit ainsi, il est nécessaire, avant tout, de parer aux frais de premier établissement et de mise en marche. En outre, en raison même du caractère à donner à l'enseignement spécial et à la multiplicité des services à organiser, il a fallu grouper un certain nombre de médecins acceptant de parer

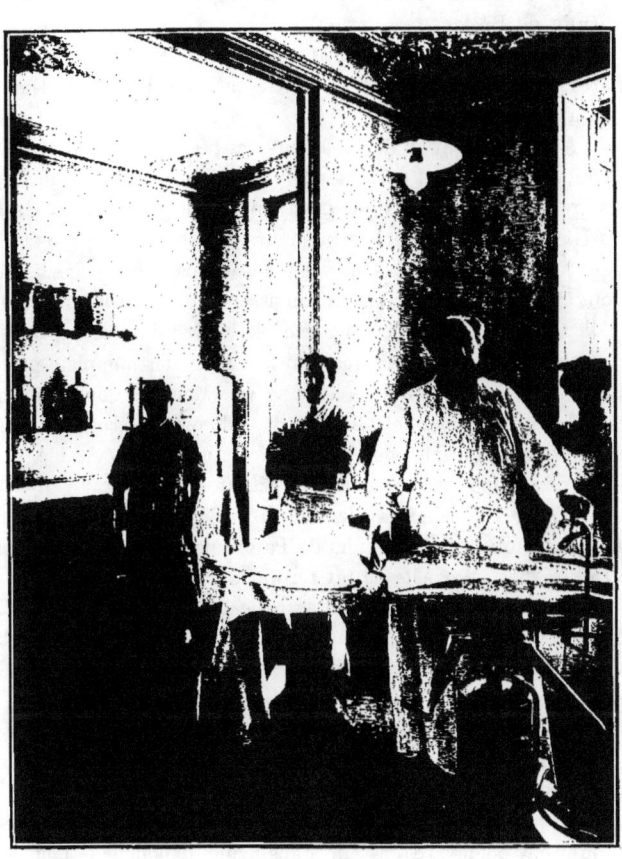

MAISON BILHAUT.

aux frais divers et d'assurer le bon fonctionnement de la maison, en faisant abnégation du temps à consacrer à l'œuvre. Toutes ces conditions se sont trouvées réunies pour l'organisation parfaite de l'Hôpital International. Deux étages ont été particulièrement affectés au service de l'hospitalisation, où sont admis les malades de toutes catégories, à l'exclusion de ceux qui sont atteints d'affections contagieuses et de ceux qui souffrent de maladies mentales qui seraient capables, par là même, de troubler le repos nécessaire aux autres, le plus grand calme étant en effet indispensable à tous les malades et surtout à ceux qui sont atteints d'affections chirurgicales. Cette partie constitue l'Hôpital International de Paris, et l'ensemble des consultations forme la polytechnique de l'Hôpital International de Paris.

La rue Lecourbe est parallèle à la rue de Vaugirard. C'était, en 1672, le grand chemin de Bretagne.

La rue de la Convention qui la traverse est une rue toute récente, dont une partie fut ouverte en 1888 et l'autre en 1896. La rue de Dantzig nous conduira aux abattoirs.

Avant la création des abattoirs, les bestiaux étaient tués dans l'intérieur des villes, et nous avons parlé des *tueries* et des *écorcheries* du Châtelet. On conçoit les graves inconvénients que devait présenter un tel usage dans une ville comme Paris. C'était un spectacle répugnant. Mercier écrit en 1783 : « Le sang ruisselle dans les rues, il se caille sous vos pieds et vos souliers en sont rougis. En passant, vous êtes tout à coup frappé de mugissements plaintifs, un jeune bœuf est terrassé, et la tête armée est liée contre la terre avec des cordes, une lourde massue lui brise le crâne, un long couteau lui fait au gosier une plaie profonde. Le sang qui fume coule à gros bouillons avec sa vie. Mais ces douloureux gémissements, ces muscles qui tremblent et s'agitent dans de terribles convulsions, ces abois, les derniers efforts qu'il fait pour s'arracher à une mort inévitable, tout annonce la violence de ses angoisses et les souffrances de son agonie. »

Tous les bouchers avaient le droit de tuer les animaux devant leur porte. La construction des abattoirs de Paris fut ordonnée par Napoléon Ier, le 10 novembre 1807. Mais elle ne fut terminée qu'en 1818.

La ville de Paris possède actuellement trois abattoirs : Villette, Villejuif et Vaugirard, et un autre dit *abattoir des Fourneaux*, réservé à la charcuterie, qui fut ouvert en 1848, dans la rue Falguière. Les abattoirs offrent des avantages immenses pour la sûreté et la salubrité des villes.

Suivons maintenant la rue Brancion, puis la rue Morillon, ouverte en 1662, sur un lieu appelé *Morillon*, parce qu'on y récoltait des petits raisins noirs qu'on appelait ainsi.

La rue Labrouste et la rue Falguière, anciennement rue des Fourneaux, nous conduiront boulevard Pasteur, dans lequel débouche le boulevard de Vaugirard, qui part de la place du Maine.

L'Institut Pasteur est situé entre la rue Dutot et la rue Falguière. L'on sait quelles merveilleuses études y furent faites et sont poursuivies tous les jours dans le Laboratoire du Dr Roux.

Le Dr Roux, qui s'illustra notamment par sa découverte du sérum antidiphtérique, peut être mis au nombre des bienfaiteurs de l'humanité.

L'avenue du Maine reçut ce nom à cause du voisinage du château du Maine. Le fils légitime de Louis XIV et de Mme de Montespan, le duc du Maine, avait

INSTITUT PASTEUR.

là son rendez-vous de chasse. Ce château était construit à l'extrémité de ses chasses de Sceaux.

Au numéro 46 se trouve la cité du Maine. Au numéro 15, nous voyons la grande manufacture d'orgues Cavaillé-Coll. Les origines de cette maison, la plus réputée du monde entier dans ce genre d'industrie, remontent à plus de trois siècles. Ce fut Aristide Cavaillé-Coll qui fonda la maison de Paris et en fut le chef pendant soixante ans. Il était le fils de Dominique Cavaillé-Coll, déjà très connu comme organier dans le Languedoc, et petit-fils de Jean-Pierre Cavaillé, l'auteur des orgues de Sainte-Catherine et de la Merci de Barcelone. En 1834, à la suite d'un concours où il fut choisi pour construire le grand orgue de la basilique de Saint-Denis, Aristide Cavaillé transféra ses ateliers à Paris. Des travaux effectués

MAISON CAVAILLÉ-COLL. — RÉGLAGE D'UNE PIÈCE DE MÉCANIQUE.

dans la basilique avaient retardé l'installation de l'orgue, qui ne fut terminé qu'en 1841. Mais l'instrument renfermait alors tous les perfectionnements et toutes les innovations dus au génie du constructeur et qui ont depuis servi de base à la facture moderne, notamment : 1º le nouveau système de soufflerie à diverses pressions ; 2º les sommiers à doubles soupapes ; 3º le levier pneumatique de Barbier ; 4º les jeux harmoniques. Et ces progrès furent suivis de beaucoup d'autres.

UN DES ATELIERS DE LA MAISON CAVAILLÉ-COLL.

En 1840, Cavaillé-Coll présentait à l'Académie des Sciences le résultat de ses *Etudes Expérimentales sur les Tuyaux d'Orgue*, puis sur le *Ton normal*, sur l'*Orgue et son Architecture*, sur la longueur des tuyaux par rapport à leur intonation, sur la soufflerie de précision, et c'est encore lui qui inventa le moteur pneumatique à double action pour vaincre les résistances de frottement, et le nouveau système de régulateurs de l'air comprimé.

Une des œuvres les plus considérables de sa longue carrière est l'orgue monumental de Saint-Sulpice, inauguré le 26 avril 1862. Cet instrument est le plus remarquable et le plus important qui existe en France. M. A. Cavaillé-Coll est aussi l'auteur du premier projet présenté pour l'édification d'un grand orgue dans la basilique de Saint-Pierre à Rome.

Des causes d'ordres divers n'ont pas permis à M. Cavaillé-Coll de donner corps au rêve qu'il avait fait, et les dernières années de sa vie en furent attristées. Après

MAISON CAVAILLÉ-COLL. — VESTIBULE D'ENTRÉE.

une existence toute de désintéressement et d'abnégation au cours de laquelle environ sept cents orgues sont sorties de ses ateliers, M. Cavaillé-Coll, comblé d'honneurs mais resté pauvre, dut se retirer en 1898, en cédant la direction de sa maison à l'un de ses meilleurs élèves, M. Ch. Mutin.

L'honneur d'une telle succession ne laissait cependant pas que d'être lourd à porter ; mais M. Mutin est de ceux dont l'énergie de volonté ne recule pas devant les difficultés : s'inspirant de l'exemple du maître, il s'est imposé le devoir de conserver intactes, en les continuant, les traditions de soixante années d'un labeur prodigieux, et il ne faillira certes pas à la tâche. Sans nous étendre sur la valeur des trois cents instruments sortis de la maison depuis que M. Mutin en est le chef, nous citerons cependant les orgues de trente-deux pieds de Saint-Vaast d'Armentières (Nord), de Saint-Augustin et de Saint-Philippe-du-Roule, à Paris, de la nouvelle église Saint-Pierre, de Neuilly-sur-Seine ; du Conservatoire de Moscou, de Guebwiller et Sarreguemines, de la basilique de Lujan, de Sainte-Marie-du-Transtevère, à Rome, de la cathédrale de Popayan, des orgues de concert ou de salon, exécutées pour les salles Gaveau, de l'Union, de Berlioz, pour le baron de l'Espée, la comtesse de Béarn, le comte de Miramon, pour Mme Marsh, pour Alex. Guilmant, pour deux théâtres de Buenos-Ayres, etc., etc.

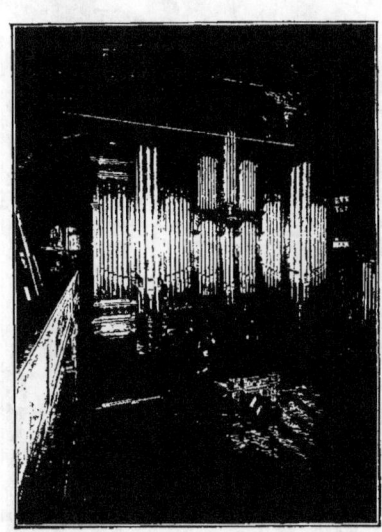

GRAND ORGUE DU HALL DES CONCERTS
DE LA MAISON CAVAILLÉ-COLL.

Enfin consécration suprême de son talent et de la valeur artistique de la maison Cavaillé-Coll, M. Mutin vient d'être chargé de la construction de l'orgue monumental pour la basilique Saint-Pierre, à Rome. Cet instrument, dont l'idée première revient à Aristide Cavaillé, laissera loin derrière lui tout ce qui s'est fait dans ce genre. Une partie décorative grandiose, 160 jeux, 12 000 tuyaux, dont les plus gros auront 14 mètres de hauteur et plus de 2 mètres de circonférence, 115 à 120 milliards de combinaisons harmoniques, telles sont, sans entrer dans les détails plus techniques, les caractéristiques de cette machine la plus invraisemblablement compliquée qui ait jamais été conçue.

L'avenue de Suffren fait suite au boulevard Pasteur. Elle a été commencée en 1770 et prolongée en 1884.

Le boulevard Garibaldi a été formé, comme tous les boulevards extérieurs, par les Fermiers Généraux, ainsi que le boulevard de Grenelle, qui s'étend jusqu'à la Seine.

AVENUE DU BOIS DE BOULOGNE.

XVIᵉ ARRONDISSEMENT

LE XVIᵉ arrondissement comprend les quartiers d'Auteuil, de la Muette, de la Porte-Dauphine et de Chaillot. De la place de l'Étoile part l'avenue du Bois-de-Boulogne, ouverte en 1854 sous le nom d'avenue de l'Impératrice. Cette avenue à triple voie, dont les bas-côtés sont bordés d'hôtels qu'on pourrait, à vrai dire, appeler des palais, forme comme un trait d'union entre Paris et le Bois de Boulogne, auquel nous réserverons tout à l'heure un chapitre spécial. Suivons l'ancienne rue des Biches, actuelle rue des Belles-Feuilles, ainsi nommée à cause d'un immense parc dont elle longeait les murs, et nous arriverons avenue Victor-Hugo, précédemment avenue de Saint-Cloud, puis avenue d'Eylau.

Au numéro 121 de l'avenue (qui était alors le numéro 22 de l'avenue d'Eylau) mourut Victor Hugo en 1885. Nous trouvons à ce sujet dans le *Dictionnaire des rues de Paris* la nomenclature des différents appartements où vécut l'auteur de la *Légende des Siècles*. Il habita au numéro 24 de la rue de Clichy, puis au numéro 12 de la rue des Feuillantines, habitation dont il nous a laissé une longue description. En 1813, nous le trouvons rue des Vieilles-Tuileries, actuelle rue du Cherche-Midi, puis 10 rue de Mézières, en 1821. Il demeura ensuite 11 rue Notre-Dame-des-Champs. Puis après être resté quatre ans au numéro 90 de la rue de Vaugirard, il vint habiter la rue Jean-Goujon, qu'il quitta en 1832 pour la place Royale, actuelle place des Vosges, où il demeura quinze ans. En 1848, il logea rue d'Isly, puis rue de la Tour-d'Auvergne. C'est de là qu'il partit en exil. A son retour, il habita successivement dans un hôtel de la rue de Rohan, puis rue de Clichy, ensuite rue Pigalle et enfin 22 avenue d'Eylau, dans le petit hôtel qui a été démoli il y a quelques années.

La place Victor-Hugo s'appelait autrefois le rond-point de la Plaine. Au centre de la place a été érigé le monument de Victor Hugo, qui est l'œuvre de Barrias. L'avenue Malakoff part de l'avenue de la Grande-Armée, pour aboutir place du Trocadéro. Elle a été nommée ainsi en souvenir de la prise du bastion qui décida de la victoire de Sébastopol. Au numéro 145 est l'impasse Malakoff. Aux numéros 130 et 132 se trouve le siège de la *Société anonyme des papiers Abadie*, dont les établissements sont universellement connus.

Cette maison est l'une des plus anciennes papeteries qui se sont consacrées spécialement à la fabrication et au façonnage des papiers à cigarettes.

Elle a apporté dans cette industrie des perfectionnements considérables ; ayant égard aux exigences toujours croissantes des fumeurs, elle est parvenue à

MAISON ABADIE.

UN ATELIER DE LA MAISON ABADIE.

STATUE DE VICTOR HUGO.

leur offrir des papiers à cigarettes à la fois très minces et résistants, dont la combustion est pour ainsi dire intégrale.

Les établissement Abadie, qui ont toujours apporté des soins minutieux à la confection de leurs produits, fournissent actuellement aux fabriques du monde entier des papiers en rames et en bobines. Ils viennent de faire tout récemment à Londres une exposition qui fut particulièrement remarquée et dans laquelle figuraient des papiers à cigarettes filigranés avec la dernière perfection, ainsi qu'une collection admirable de tubes de tous genres et de toutes dimensions. On trouvait à cette exposition, depuis la petite feuille mince comme une pellicule, jusqu'au papier épais de pure paille de blé qui convient aux fumeurs de certains pays.

La *Société des papiers Abadie* possède trois usines mues par la force hydraulique et par la vapeur au Théil, à Masles et à Avezé. Ces usines occupent plus de deux cent cinquante ouvriers. Les établissements de façonnage à Paris occupent un nombre égal d'employés.

La *Société des papiers Abadie* qui produit annuellement 600 000 kilogrammes de papiers à cigarettes, qu'elle écoule soit en France soit par voie d'exportation, a obtenu les plus hautes récompenses dans toutes les grandes expositions auxquelles elle a pris part.

La place du Trocadéro avait été nommée place du Roi-de-Rome, par Napoléon Ier, qui eut l'intention d'y faire construire un palais pour son fils.

Cette place occupe le terrain où était situé le couvent de la Visitation-de-Sainte-Marie, fondé en 1652 par Henriette de France, dans une maison qui avait eut successivement pour propriétaire Louis XI, Philippe de Commines, Catherine de Médicis, le maréchal de Bassompierre.

C'est de ce couvent que, le 16 novembre 1669, Bossuet prononça l'oraison funèbre d'Henriette de France, dans laquelle éclata, pour la première fois, toute la puissance de son talent. Mais la reine si imposante dont Bossuet avait fait l'éloquente apologie n'avait été, en réalité, pendant la plus grande partie de sa vie, qu'une exilée, attisant de toutes ses forces une guerre civile qu'elle avait contribué à soulever par sa faute. La femme que Bossuet se plaisait à nous dépeindre comme ornée de toutes les vertus épousa, dans un âge avancé, un de ses anciens amants, un des favoris de sa jeunesse.

Le couvent de la Visitation fut supprimé en 1790, puis vendu et démoli.

En 1815, après le désastre de Waterloo, les troupes alliées avaient campé sur les hauteurs du Trocadéro.

Dans les jardins du Trocadéro, adossés aux rochers du côté de la rue Franklin, ont été placés un fragment de la façade des Tuileries et un fragment de l'ancien Hôtel de Ville. Le Palais du Trocadéro a été élevé pour l'Exposition de 1878. Nous ne nous y attarderons pas plus longuement, car l'architecture est indigne des autres monuments de Paris.

LE TROCADÉRO.

THE BALTIMORE HOTEL.

XVIᵉ ARRONDISSEMENT

L'avenue Kléber portait le nom du boulevard de Longchamp et de Passy, puis ensuite d'avenue du Roi-de-Rome.

Au numéro 18 est située l'ambassade des États-Unis d'Amérique.

Au numéro 92, à l'angle de la rue Saint-Didier, se trouve une jolie maison avec tourelles.

Au numéro 88 *bis*, nous remarquerons Baltimore-Hôtel, qui a été fondé, il y a quelque temps, par M. Guttierrez, qui en est le propriétaire actuel. L'hôtel est aménagé avec le dernier confort et tout le luxe que l'on peut désirer : nous y comptons cent onze chambres et salons, trente-six salles de bains, une salle de restaurant, un fumoir, etc., etc.

La clientèle de Baltimore-Hôtel est tout à fait choisie et lui reste toujours fidèle, car elle est certaine de rencontrer dans cette maison tout le confortable rêvé.

Nous ajouterons que les prix de Baltimore-Hôtel sont très modérés et que sa cuisine et sa cave ont une réputation bien établie et largement justifiée.

Par sa jolie situation, dans un des quartiers les plus aérés et les plus chic de Paris, par son aménagement parfait, Baltimore-Hôtel est vraiment l'un des meilleurs hôtels que l'on puisse recommander.

Suivons l'ancienne rue du *Cœur-Volant*, qui tenait ce nom bizarre d'une enseigne de cabaret. Elle s'appelle maintenant rue Boissière, à cause d'une *croix boissière* appliquée sur le champ où elle fut ouverte.

On nommait *boissières* les croix auxquelles on allait attacher du buis le jour des Rameaux

Cette rue nous mènera place d'Iéna, où se croisent l'avenue du Trocadéro, l'avenue d'Iéna et la rue Pierre-Charron, qui fut percée en 1777 sous le nom de rue d'Agoulême-Saint-Honoré.

C'est dans la rue Pierre-Charron qu'est situé le si intéressant musée Galierra Brignole.

Ne quittons pas Auteuil sans conseiller à nos lecteurs de faire une visite à Notre-Dame-d'Auteuil, place de l'Église, qui était, comme son nom l'indique, la paroisse du village d'Auteuil, réuni à Paris en 1860. La tour date du XIᵉ ou XIIᵉ siècle, ce qui ferait remonter à cette époque l'origine de l'église, reconstruite au XVIIᵉ siècle.

La place qui s'étend en avant est formée, en partie de l'ancien cimetière. On y voit une espèce d'obélisque en marbre rouge, avec socle en marbre blanc. C'est le tombeau du chancelier d'Aguesseau et de sa femme Anne Lefèvre d'Ormesson. Une inscription gravée sur le socle constate que ce monument fut restauré par ordre du gouvernement, en l'an IX

Au numéro 2 se trouve un hôtel que le comte d'Artois avait fait bâtir pour Mlle Louise Contat, la célèbre actrice de la Comédie-Française, née à Paris en 1760 et décédée en 1813.

Au numéro 63 se trouve l'hôtel Gallia, qui possède une merveilleuse situation

HÔTEL GALLIA.

et dont les fenêtres donnent sur toute l'avenue des Champs-Élysées. Cet hôtel est admirablement installé avec tous les perfectionnements modernes. Il a été fondé en 1900, au moment de l'Exposition, par M. Brunel, et, depuis sa fondation, le développement de ses affaires a suivi une progression constante.

L'hôtel Gallia ne se composait primitivement que de quatre étages; en 1902, il fut surélevé de deux étages et agrandi sur l'emplacement d'une partie d'une maison qui donnait sur l'avenue des Champs-Élysées. C'est ainsi que l'on a pu prolonger le grand hall d'entrée par un charmant petit salon de lecture en forme de rotonde, décoré de panneaux peints et aménagé avec beaucoup de

HÔTEL GALLIA.

HÔTEL GALLIA.

luxe et beaucoup de goût. L'hôtel possède deux belles salles de restaurant sur la rue Pierre-Charron. La cuisine et la cave jouissent d'une grande réputation.

Nous visiterons quelques-uns des appartements privés de l'hôtel Gallia qui nous frapperont par leur excellente disposition, par leur gaieté et par leur merveilleux confortable. Ils sont, pour la plupart, pourvus de balcons d'où la vue peut s'étendre sur l'avenue des Champs-Élysées.

L'hôtel Gallia est actuellement dirigé par Mme Vve Brunel

Suivons à présent cette belle voie ombragée qui s'appelle l'avenue Henri-Martin, qui passe à côté du petit cimetière de Passy. Au numéro 71 se trouve la mairie du XVIe arrondissement, élevée en 1877. A l'intérieur de la mairie, dans la Salle des Fêtes, ont été inscrits les noms de personnages célèbres qui ont habité Passy, entre autres : Molière, La Fontaine, Boileau, Chénier, Béranger, Jules Janin, Lamartine, Rossini, Desborde-Valmore, etc., etc.

La Muette, à laquelle nous conduira l'avenue Henri-Martin, est l'emplament d'un ancien château qui avait appartenu à Charles IX, qui avait placé là ses *muettes*.

On appelait ainsi les maisons destinées à garder les mues de cerf et à mettre les oiseaux de fauconnerie au temps de la mue.

Ce château appartint successivement à Marguerite de Valois, femme de Henri IV, à Louis XIII en 1610, puis à Fleuriau d'Armenonville. Ce dernier le vendit à la duchesse de Berry, fille du Régent, qui y mourut en 1719.

Le château de La Muette devint ensuite la propriété de Louis XVI, qui y logea avec Marie-Antoinette au commencement de son mariage.

Pendant la Révolution, le château de La Muette, devenu propriété nationale, fut vendu à Sébastien Érard, le célèbre facteur de pianos.

La première course de chevaux qui se fit en France eut lieu dans les jardins de La Muette en 1651. Les chevaux qui prirent part à la course appartenaient au duc de Joyeuse et au comte d'Harcourt.

Passy est un nom commun à plusieurs villes de France et paraît désigner : un pas, un défilé près d'une rivière.

Il y a des villes portant les noms de Passy-sur-Marne, Passy-en-Valois, etc.

Philippe le Bel avait un château à Passy. Plus tard, Charles V accorda aux habitants de Passy de chasser dans les bois environnants.

Le financier Samuel Bernard, le marquis de Boulainvilliers, le fermier La Popelinière, possédèrent successivement la seigneurie de Passy, où de nombreux hôtels furent construits

Un peu plus loin, nous voyons le village d'Auteuil, qui fut le séjour favori de beaucoup d'hommes célèbres. Cette commune possède des eaux minérales froides, ferrugineuses, connues dès 1628 et qui émergent par une source du terrain tertiaire.

L'ancien village d'Auteuil ne fut annexé à Paris qu'en 1862. La rue d'Auteuil est une maison construite sur l'emplacement de la maison de campagne que possédait Molière.

Dans le livre de Jules Loiseleur, intitulé *les Points Obscurs de la Vie de Molière*, nous trouvons des indications très précises sur la demeure du poète. Nous les reproduisons ici :

Cette maison, qui appartenait à Jacques de Grou, écuyer, sieur de Beaufort, porte-manteau du frère de Louis XIII, Gaston d'Orléans était quelque chose comme une gentilhommière, avec colombier à pied.

Elle formait l'angle de la rue des Planchettes, aujourd'hui rue François-Gérard, et de la grande rue d'Auteuil. La partie de cette dernière voie sur laquelle sa façade s'étendait a porté longtemps, et jusqu'en ces dernières années, le nom de rue Molière, et ne comprenait à droite, en venant de la Seine, que cinq maisons, toutes aujourd'hui démolies.

Sur cette rue Molière, dont il ne reste plus que l'emplacement, la maison de Beaufort, beaucoup plus vaste que les quatre autres, portait le numéro 2. C'est sur cette rue aussi qu'ouvrait sa porte principale, presque en face du vaste hôtel de Preslin, où l'on a élevé une sorte de Temple à Molière, avec un colombier tout moderne et où l'on persiste, sans raisons solides, à placer le pavillon qu'il habita. Celui où il résida réellement était de l'autre côté de la rue et s'adossait à l'habitation principale occupée par le sieur de Beaufort, à laquelle on accédait du jardin par un large perron devant lequel s'étendaient plusieurs bassins. A la suite venait une sorte de parc, touchant, par son extrémité, à une partie des jardins qui ont issue maintenant sur l'avenue Boudon. Le colombier féodal s'élevait au fond des communs.

Cette vaste propriété, d'une superficie d'environ 14500 mètres, portait originairement le nom de fief Baudouin et appartenait en 1789 à Du Plessis Duvernay, légataire de Mlle de Longpré, dernière héritière des Grou de Beaufort. Achetée en 1836 pour le prix modique de 60 000 francs, par Marie-Joseph Farina, l'un des descendants du célèbre inventeur de l'eau de Cologne, cette propriété fut vendue par ses héritiers, au mois de mars 1867, à la ville de Paris, qui fit démolir les bâtiments pour le percement de la voie nouvelle qui doit continuer la rue de la Municipalité.

Les communs étaient dans la censive de l'abbaye de Sainte-Geneviève, tandis que l'hôtel et le parc relevaient de la censive de Saint-Germain-l'Auxerrois.

L'appartement que Molière avait loué dans cette maison, au prix de quatre cents livres par an, et dont il eut la jouissance jusqu'à la mort, cet appartement, situé au rez-de-chaussée, était des plus simple : une cuisine, une salle à manger, une chambre à coucher, deux chambres en mansarde au second étage et le droit de se promener dans le parc ; c'était tout. Molière y avait joint pourtant une chambre d'ami, dépendant du principal corps de logis et louée à part, moyennant vingt écus par an.

Rien dans le modeste appartement d'Auteuil, assez confortablement meublé cependant, ne rappelait la vie de théâtre. Molière venait s'y reposer et y recevait ses amis. Chapelle y avait sa chambre. L'auteur du *Misanthrope* aimait à réunir chez lui de gais convives au milieu desquels il oubliait sa tristesse et ses chagrins. Chapelle était le convive indispensable, le bout-en-train de ces joyeuses parties ; il mystifiait La Fontaine, persiflait Molière, et enivrait Boileau, qui lui prêchait la continence.

Nous citerons au sujet de la vie de Molière à Auteuil cette amusante anecdote.

Boileau, Lulli, de Jonsac, Nantouillet, conduits par Chapelle, étaient venus demander à souper à Molière dans sa retraite d'Auteuil ; Molière, qui était souffrant et obligé de garder la chambre, pria Chapelle de faire les honneurs de sa table. Ce souper eut lieu sans doute dans cette chambre d'ami dont nous avons parlé et qui était dans un autre corps de logis que l'appartement de Molière. Les convives ne tardèrent pas à avoir la tête fort échauffée ; puis la conversation tomba sur la morale et s'assombrit insensiblement. Ils s'appesantirent sur cette maxime des anciens, que « le premier bonheur est de ne point naître et le second de mourir promptement ». Ils l'approuvèrent d'un commun accord et résolurent d'en finir sur-le-champ avec l'existence. La rivière était proche ; ils prirent le parti de s'y aller noyer. Ils auraient mis ce projet à exécution, si le jeune Baron n'avait averti Molière, qui fut obligé de descendre pour les arrêter. Voyant qu'ils n'étaient pas en état d'entendre les conseils de la raison, il leur dit qu'il avait à se plaindre de leur manque d'amitié : « Que leur avait-il donc fait pour qu'ils voulussent se noyer sans lui, si c'était là un aussi excellent parti à prendre qu'ils le prétendaient ? »

Chapelle convint que l'injustice était criante :

« Viens donc avec nous, lui dit-il.

— Oh ! doucement, répliqua Molière ; une si belle action ne doit pas s'ensevelir dans les ténèbres de la nuit. Demain, au grand jour, bien à jeun, parfaitement de sang-froid, nous irons, en présence de tout le monde, nous jeter dans l'eau, la tête la première. »

L'héroïsme de la nouvelle proposition enleva tous les suffrages, et Chapelle prononça gravement : « Oui, messieurs, ne nous noyons que demain matin, et, en attendant, allons boire le vin qui nous reste. »

Il n'est pas besoin de dire que le lendemain matin ils ne songeaient plus à se débarrasser des misères de la vie.

Je crois bien, entre nous, que les buveurs arrivés au bord de la rivière auraient bien trouvé d'eux-mêmes quelque bonne raison de remettre la partie à une autre fois.

XVIIᵉ ARRONDISSEMENT

E XVIIᵉ arrondissement — arrondissement de Batignolles-Monceau — est formé depuis 1860, c'est-à-dire depuis l'annexion des communes suburbaines, par suite de la suppression des barrières des boulevards extérieurs et l'agrandissement de Paris jusqu'aux fortifications.

Le XVIIᵉ arrondissement comprend quatre quartiers :

Les Ternes ;
Plaine-Monceau ;
Batignolles ;
Épinettes.

Une grande partie de cet arrondissement fut créée pendant le second empire, sous la direction du baron Haussmann. Le boulevard Malesherbes fut percé à travers les steppes du quartier qu'on appelait la *Petite-Pologne*, ce qui aida à mettre en valeur les immenses terrains de l'Europe et de la Plaine-Monceau.

Si parfois l'on peut regretter les travaux de démolition et de reconstruction qui sont accomplis journellement dans Paris, ce ne peut être, certes, pour ce quartier dont la plus grande partie consistait en champs et en terrains vagues.

La transformation de Paris par le baron Haussmann a eu ceci de bon qu'elle a transformé des quartiers affreux en rues larges, saines et aérées. « Il est incontestable, dit M. A. Callet, dans l'ouvrage sur *Paris au XIXᵉ siècle*, que Paris a gagné aux vastes travaux qui l'ont transformé de fond en comble ; il y a gagné un aspect grandiose et monumental, résultant d'un plan d'ensemble, il y a gagné de l'air, de la lumière et de l'espace. » On aurait pu cependant acheter ce bienfait moins cher qu'on ne l'a fait, au prix de tant de chefs-d'œuvre du moyen âge qu'on a détruits, de tant de souvenirs du vieux Paris qu'on a fait disparaître pour les remplacer par des édifices d'une monotonie désespérante. Depuis quelques années surtout, l'intrusion de l'art nouveau en architecture a produit toute une série de monuments remarquables par leur mauvais goût.

M. Callet nous fait remarquer que cette transformation de Paris sous le second empire avait un quadruple but : « Rejeter au loin la population ouvrière, lui donner du travail, apporter de l'air et de la lumière dans la ville et enfin embrasser Paris, la ville des Révolutions où les pavés se levaient tout seuls, dans un vaste réseau stratégique artistement conçu. Ce que l'on a appelé les embellissements de Paris n'est au fond qu'un système général d'armement offensif et défensif contre l'émeute. Qu'on étudie sur un plan le réseau général des voies nouvelles du Paris Impérial : on voit facilement qu'il a été conçu dans le but de dégager les monuments qui peuvent devenir des forteresses, de les relier par des larges voies où l'armée peut se déployer, où le canon peut tirer à pleine volée. »

Et cette phrase nous fait songer que le XVIIe arrondissement fut le théâtre de faits militaires importants que nous raconterons.

Nous partirons de la place de l'Étoile et nous suivrons l'avenue de la Grande-Armée, précédemment avenue de la Porte-Maillot. C'est en 1864 qu'elle reçut le nom de la grande armée de Napoléon Ier.

Au numéro 24, nous remarquons une construction assez singulière avec un pavillon Louis XVI; au numéro 65, l'hôtel du Touring-Club, célèbre dans les annales judiciaires parce qu'il fut habité jadis par Thérèse Humbert. Tout le monde se souvient de cette escroquerie, la plus fantastique qu'il soit possible d'imaginer.

L'avenue de la Grande-Armée est aujourd'hui entièrement envahie par les constructeurs d'automobiles et de cycles. Il n'est presque pas un seul magasin dans cette avenue dont le commerce ne se rapporte pas, plus ou moins directement, au sport de l'auto.

La rue Saint-Ferdinand, qui part de l'avenue de la Grande-Armée, fut ainsi nommée à cause de la proximité de l'église Saint-Ferdinand

Cette église est une église sans prétentions, construite en 1844 par M. Lequeux, chargé de la construction de toutes les églises de la banlieue. Il ne faut pas la confondre avec la chapelle funéraire de Saint-Ferdinand élevée près de là, sur la route de la Révolte, à l'emplacement de la maison où mourut, le 12 juillet 1842, des suites d'un accident, le duc d'Orléans, fils aîné du roi Louis-Philippe.

L'église Saint-Ferdinand est située rue d'Armaillé. Cette rue fut ouverte en 1840 sur la propriété du marquis d'Armaillé.

La rue des Acacias, tracée sur des terrains plantés d'acacias, la traverse à l'endroit où elle rencontre l'avenue Carnot, voie qui fut créée en 1854 sous le nom d'avenue d'Essling. Ce n'est qu'en 1880 qu'elle fut appelée avenue Carnot, en souvenir de Lazare Carnot, membre du Comité du Salut public, qui fut chargé de la direction des armées pendant la Révolution et s'acquitta si glorieusement de sa tâche que la République lui décerna le nom d'*organisateur de la Victoire*.

La rue Montenotte, précédemment *rue de la Plaine*, relie l'avenue Carnot à l'avenue Mac-Mahon. Montenotte est le nom d'une victoire remportée par Bonaparte en Italie ; il est singulier de voir cette rue si éloignée de toutes les autres voies qui portent des appellations empruntées aux victoires de la Campagne d'Italie.

L'avenue Mac-Mahon s'appelait jadis l'avenue du prince Jérôme. Nous n'y voyons rien de bien intéressant à noter, et nous reviendrons rue de Tilsitt pour nous engager de là dans l'avenue Wagram.

Cette avenue se nommait auparavant boulevard de l'Étoile. Elle part de la place de l'Étoile pour aboutir boulevard Pereire. C'est certainement la voie la plus populeuse de toutes celles qui rayonnent autour de l'Arc de Triomphe.

Nous rencontrons, en suivant l'avenue, la place des Ternes formée sur l'emplacement des boulevards extérieurs et chemins de ronde de l'ancienne barrière des Ternes

L'avenue des Ternes porta d'abord le nom de route de Saint-Germain, puis de route de la *Montagne du Bel-Air*

Il existait à cet endroit l'ancien village des Ternes, qui, même au XVIIe siècle, ne possédait encore qu'une grande ferme et quelques rares habitations isolées. Gilles Boileau, le frère de Nicolas Boileau, y possédait une propriété.

GRAND RESTAURANT NIEL ET DU TOURING-CLUB.

Le marché des Ternes est situé entre les rues Torricelli, Bayen et Faraday.

Il exista sous l'Empire, avenue des Ternes, un bal qui eut son moment de célébrité : c'était le bal Dourlans, qui servit souvent aux réunions publiques.

La rue Bayen était anciennement la rue de l'Arcade, à cause d'un pavillon formant arcade situé au centre de cette rue.

L'avenue Niel donne dans l'avenue des Ternes ; elle fut créée, en 1867, sous le nom d'avenue du Prince-Jérôme.

Au numéro 1, se trouve le *Grand Restaurant Niel et du Touring-Club*, qui forme le coin de l'avenue des Ternes et de l'avenue Niel. Ce restaurant, dirigé par M. Augouvernaire, est composé d'une grande salle très bien aménagée et extrêmement gaie et de plusieurs salons et cabinets particuliers. La grande salle du rez-de-chaussée a été décorée dans le style Louis XVI. Les déjeuners, les dîners et les soupers du restaurant Niel sont des plus suivis. L'on sait que sa cuisine et sa cave sont très renommées et que, pendant les dîners et les soupers, un excellent orchestre fait entendre une musique entraînante. Tout cela n'a pas peu contribué au succès et à la prospérité de cet établissement qui est aujourd'hui en pleine vogue.

Le boulevard de Courcelles part de la place des Ternes. Il occupe à peu près l'emplacement de l'ancien chemin de ronde qui longeait le village de Courcelles. Le chemin de ronde était une route qui entourait Paris à l'intérieur des murs et où les commis d'octroi, les *gabelous*, faisaient des rondes pour empêcher de frauder le fisc. Ces chemins de ronde étaient toujours sombres et déserts et fort dangereux à parcourir la nuit

Le boulevard des Batignolles lui fait suite et, comme lui, fait à la fois partie de deux arrondissements, le VIIIe et le XVIIe.

En 1814, Batignolles ne se composait que de quelques rares maisons, puis, peu à peu, les petits rentiers de Paris se décidèrent à passer la barrière et à venir s'installer dans le quartier des Batignolles, à peu près comme maintenant l'on se retire à la campagne. « Passer pendant trente ans seize heures par jour dans une boutique, loger à l'entresol en un étroit réduit, amasser péniblement 4 000 à 5 000 francs de rente en 5 p. 100 et se retirer aux Batignolles », tel était, vers 1840, le rêve des petits négociants de Paris.

La fondation d'une maison de santé par le Dr Lermercier contribua à amener des habitants dans ce quartier.

Il paraît que, pendant longtemps, Batignolles fut fort connu pour ses pensions bourgeoises.

Nous remarquons, au numéro 45, le *Collège Chaptal*, précédemment installé rue Blanche, et, au 78, le *Théâtre des Batignolles*, actuellement surnommé *Théâtre des Arts*.

Voyons à présent quelles sont les rues qui viennent aboutir boulevard de Courcelles et boulevard des Batignolles. En dehors de quelques petites rues très récentes qui, pour la plupart, portent les noms des anciens propriétaires des terrain qu'elles occupent et qui n'offrent rien d'intéressant, nous trouvons :

La rue de Courcelles, autrefois chemin de Villiers, puis rue de Chartres, du temps où le parc Monceau appartenait au duc de Chartres, fils du duc d'Orléans

La rue de Prôny ;

La rue Legendre, autrefois rue d'Orléans, dans laquelle se trouvait un ancien couvent des Barnabites, construit sur l'emplacement du vieux château de Clichy ; au numéro 61, est située l'église Sainte-Marie-des-Batignolles.

Cette église fut édifiée en 1829, un peu à l'imitation d'un temple grec

La rue de Lévis, qui était un ancien chemin conduisant de la gare Saint-Lazare au village de Monceau ;

RESTAURANT NIEL.

La rue de Rome, établie, en 1850, entre la rue Saint-Lazare et le boulevard des Batignolles. En 1862, elle fut prolongée à travers la cité Routhier jusqu'à la rue Cardinet

La rue Boursault, ouverte sur les jardins du sieur Boursault, qui, après avoir été comédien, puis directeur de théâtre, fut représentant du peuple à la Convention, puis fermier des jeux de Paris ;

La rue des Batignolles, où se trouve la mairie du XVIIe arrondissement, bâtie, en 1849, sous la direction de Lequeux. A propos de cette rue, nous citerons les deux explications que l'on a données pour expliquer l'étymologie de ce nom de *Batignolles*. Quelques chroniqueurs ont prétendu que le mot Batignolles venait du val de *Bactillon* ou *Bastillone*, situé près de Luzarches ; mais le village de Bastillonne était fort loin des Batignolles, et il nous semble préférable, quant à nous, d'accepter l'autre explication qui consiste à rechercher l'origine de ce nom dans les sortes de batailles ou exercices militaires qui se donnèrent, jusque sous Louis XVIII, dans les terrains environnant la plaine des Ternes. Ces petites batailles avaient reçu le nom de *Batignolles*, du latin *Batagliola* ;

La rue Biot, ouverte en 1855 sous le nom de rue d'Antin.

La place Clichy, située à l'extrémité du boulevard des Batignolles, appartient à trois arrondissements, le IXe, le VIIIe et le XVIIe.

Elle a été formée sur l'emplacement des anciens bâtiments de la *Barrière de Clichy*, qui, en 1793, avait été surnommée *Barrière Fructidor*.

La place Clichy, véritable carrefour, où tant de rues viennent déboucher, est un des endroits les plus encombrés, les plus populeux et les plus bruyants de Paris.

Le monument qui se trouve au milieu de la place est dû au sculpteur Doublemart. Il représente le maréchal Moncey au milieu d'un groupe de combattants et commémore la défense héroïque de Paris, en 1814, contre les troupes alliées ayant à leur tête le général Blucher. Nous trouverons dans le remarquable ouvrage de M. Henri Houssaye intitulé *1814*, le récit de cet admirable fait d'armes :

« Moncey voit l'ennemi menacer l'enceinte de Paris. Lui vivant il n'y entrera pas sans combat. Le maréchal organise la défense, il fait rassembler les hommes, avancer les canons, il distribue les postes, harangue les officiers et les gardes dont le départ du roi Joseph déjà connu et les progrès trop visibles de l'armée alliée ont ébranlé les courages. « Il faut nous défendre, dit le vieux soldat. Même si nous «sommes réduits à céder à la fin aux forces énormes de l'ennemi, du moins devons-«nous lui offrir une énergique résistance pour obtenir une capitulation honorable. » Les chaleureuses paroles de Moncey, leur accent de sincérité raniment les miliciens. Les volontaires se présentent en foule pour aller prendre position à la tête de Batignolles. Telle est leur exaltation qu'ils refusent de s'embusquer dans les maisons selon les ordres de Moncey. « Nous n'avons pas peur, disent-ils, nous ne «voulons pas nous cacher. » Paroles d'hommes qui n'ont jamais fait la guerre, mais qui sont capables de la bien faire. « Croyez-vous, s'écrie Allent, que le doyen des

« maréchaux puisse vous conseiller une lâcheté ! » Alors ils se mettent à l'abri des balles.

« La barrière de Clichy semble le point le plus menacé. Moncey s'y établit. Aux autres barrières, ses aides de camp coururent par son ordre exhorter les miliciens à combattre. Partout les officiers du maréchal trouvèrent les hommes bien disposés. Aux Ternes, à Batignolles, au Roule, à l'Étoile, des volontaires tiraillaient à 500 mètres au delà de l'enceinte avec les fourrageurs ennemis. Un détachement de la quatrième légion qui occupait la barrière de Monceaux était moins déterminé. L'aide de camp de Moncey, voyant dans la plaine deux escadrons français serrés de près par les Russes, invita les gardes nationaux à se porter au secours de cette cavalerie...

« Cependant les premiers bataillons de Langeron délogent du faubourg de Batignolles les chasseurs et les grenadiers de la garde nationale qui se replient en deçà de la barrière de Clichy. Là, tout le monde prend son poste sous l'œil vigilant du maréchal Moncey. Les invalides avancent les canons dans les embrasures du tambour; les meilleurs tireurs se placent aux créneaux; d'autres s'embusquent aux fenêtres et sur la plate-forme du grand bâtiment du rond-point ; la masse des gardes se range de deux côtés de la rue de Clichy. Moncey, craignant qu'avec quelques boulets les Russes n'aient facilement raison du tambour en charpente, ordonne de construire un second retranchement en arrière du premier. Charettes, madriers, pavés s'amoncellent ; des hommes venus en curieux, des femmes mêmes et des enfants aident ardemment au travail sous les balles qui commencent à siffler. Un peu plus bas, des ouvriers et quelques sapeurs-pompiers de garde à la caserne du Mont-Blanc ébauchent sans ordres une autre barricade. Un feu nourri et sûr accueille la tête de colonne ennemie. La défense s'annonce de façon à contenter le vieux soldat de Marengo et de Saragosse, « qui n'attend pas tant des gardes nationaux ». Mais les généraux russes n'ont pas l'ordre de donner l'assaut ; ils ont au contraire l'ordre formel du tsar de ne point aborder les barrières. Rudzewitsch et Langeron lui-même s'élancent sous la nappe de plomb au-devant de leurs hommes ; ils les arrêtent. Les Russes se postent dans les maisons des faubourgs et sur les premières pentes, d'où ils continuent à tirailler avec les miliciens.

« L'insulte de la barrière de Clichy termina cette bataille, qui ne fut qu'une suite de combats engagés sans ensemble par les assaillants et soutenus sans direction par les défenseurs. La bataille de Paris, dont les conséquences politiques ont été si grandes, fut la plus importante et la plus meurtrière de toutes celles de la campagne de France. »

Le pavillon de la barrière de Clichy a disparu en 1860 au moment où le village de Clichy fut annexé à la ville.

Comme souvenir de cette héroïque journée il restait encore le restaurant du *Père Lathuile*, qui datait de 1790. C'était une guinguette de barrière fréquentée surtout par les artistes. Ce restaurant servit de quartier général à Moncey et pendant longtemps on montrait aux visiteurs un boulet ennemi logé dans le comptoir.

L'avenue de Saint-Ouen fait suite au boulevard des Batignolles. C'est l'ancienne route départementale qui traversait le village de Saint-Ouen.

Suivons l'avenue de Clichy, qui fut plantée d'arbres en 1705 aux frais de la marquise Marguerite de Bauton — l'endroit où l'avenue de Clichy se croise avec l'avenue de Saint-Ouen s'appelle *la Fourche* — et voyons un peu les petites rues silencieuses qui débouchent sur l'avenue. Nous voyons entre autres :

La rue Dautencourt, nommée ainsi en l'honneur du général Dautencourt, qui prit part à la défense de Paris que nous venons de raconter ;

La rue des Moines, dont le nom vient, suppose-t-on, des moines de Saint-Denis ;

La rue Balagny, qui porte le nom d'un ancien maire des Batignolles. Cette rue était autrefois l'ancien *chemin aux Bœufs* ;

La cité des Fleurs toute bordée de jardins ;

La rue la Condamine, appelée précédemment *rue de la Paix* ;

La rue des Dames, qui était autrefois un chemin conduisant à l'abbaye des Dames de Montmartre. Elle se termine rue de Lévis.

Au numéro 98 de l'avenue de Clichy, nous voyons la maison Benoist et Cie, *Au Compas d'Or*. Cette maison fut fondée en 1840 et transférée avenue de Clichy en 1872. C'est une importante maison de quincaillerie, et ce mot seul indique la diversité des articles que nous trouverons à la maison Benoist. Le *Dictionnaire Larousse* dit qu'il n'existe pas, dans la langue française, de mot dont l'application soit d'une élasticité comparable à celle dont jouit le mot *quincaillerie*. Sous cette dénomination se trouvent rassemblés les objets les plus multiples. Le fer — acier, tôle, fonte, fer-blanc, fer battu — est la base de la quincaillerie. A ce métal est venu se joindre, dans une assez forte proportion, le cuivre rouge, puis le laiton et enfin le zinc, qui a remplacé le fer-blanc dans la plus grande partie de ses emplois. La majeure partie des industries et des arts sont tributaires de la quincaillerie ou lui fournissent leurs produits. La maison du *Compas d'Or* est connue pour l'excellente fabrication de tous ses articles.

Dans la rue Cardinet, nous rencontrons la rue Nollet, jadis rue Saint-Louis, la rue Truffaut, la rue de Rome, et la rue Dulong, où se trouve une chapelle protestante.

Nous arrivons devant le lycée Carnot, ancienne *École Monge*, qui fut fondée en 1869 par d'anciens élèves de l'École Polytechnique. Les bâtiments du lycée s'étendent sur tout l'emplacement compris entre les rues Cardinet, le boulevard Malesherbes, la rue Viète et l'avenue de Villiers.

Le boulevard Malesherbes était autrefois une route départementale. Il a absorbé les terrains où se trouvaient l'hôtel de la Rivière, l'hôtel de la marquise de Créquy, et l'hôtel Moreau, qui appartint par la suite à Bernadotte, futur roi de Suède.

MAISON BENOIST ET Cie.

Au numéro 46, nous voyons l'église Saint-Augustin.

Cette église était d'abord une chétive et misérable église en planches bâtie en 1851 sur la place Laborde. L'éfidice actuel commencé en 1860 sous la direction de M. Baltard, sur un terrain dont la configuration a dû gêner l'architecte, offre des lignes bizarres et un assemblage de styles discordants. Le monument est surmonté d'un dôme trop peu important.

La partie du boulevard Malesherbes où est située cette église appartient au VIIIe arrondissement ; le boulevard ne commence à être compris dans cet arrondissement qu'après avoir traversé le boulevard de Courcelles.

Nous remarquons au 131 du boulevard Malesherbes un très bel hôtel qui appartint au peintre Meissonier. Au 108, se trouve celui des Hautes Études Commerciales.

La place Malesherbes est un vaste emplacement sur lequel ont été construits de superbes immeubles. Elle a été créée en 1858 sur une partie des terrains qui dépendaient d'un parc de Mme de Guingamp. Une grande partie de la plaine Monceau a d'ailleurs été formée sur l'emplacement de ce parc.

Nous y voyons l'hôtel Gaillard, réduction du château de Blois.

Sur la place, se trouve la statue d'Alexandre Dumas, inaugurée en 1883. Elle a été exécutée par Gustave Doré. De l'autre côté de la place, celle d'Alexandre Dumas fils.

L'avenue de Villiers traverse la place Malesherbes. L'on y voit de gracieux hôtels particuliers, de style renaissance, gothique ou flamand, qui font de cette avenue une des plus jolies de Paris.

La place Wagram est située à la rencontre du boulevard Malesherbes et du boulevard Pereire. L'on y voit la statue du peintre d'histoire, Alphonse de Neuville, œuvre du sculpteur François de Saint-Vidal.

Le boulevard Pereire a été créé en 1853, le long du chemin de fer d'Auteuil dont M. Peirere était concessionnaire. La famille Pereire a contribué au percement et à l'édification des immeubles de la plaine Monceau.

A ce propos nous trouvons dans un article du *Figaro* du 9 février 1859 le récit de l'inauguration de l'hôtel Pereire. « La fête commençait en face de l'église de la Madeleine par trois files de voitures qui avançaient toutes les minutes d'une longueur de cheval. Au coupé, prenant la file dans la rue Royale, il ne fallait pas plus de quarante-cinq longueurs pour déposer son homme sur les marches du péristyle. Le vestibule franchi, on pénétrait dans les salons en traversant une galerie... Des salons immenses décorés dans le style des appartements de Versailles...

La salle à manger est la pièce la plus belle et la plus originale. C'est beau, c'est grand, c'est complet, comme la salle d'Apollon et l'hôtel Lucullus. La galerie de tableaux qui manque peut-être de jour n'offre que des toiles d'une incontestable aristocratie. Tous les grands Flamands sont là, Terburg, Van Ostade, David Téniers, Gérard Dow et un splendide Hobbéma. Parmi les modernes,

ÉGLISE SAINT-AUGUSTIN.

Diaz, François Picot, Paul Delaroche et Fleury, le *Charles-Quint*. Le défilé des le magnifique tableau de Robert invités dure une heure et demie.
La littérature est représentée par MM. Émile Augier et Dumas fils ; le *Constitutionnel*, par M. Amédée Renée ; le *Journal des Débats*, par MM. de Sacy et Xavier Raymond ; le *Siècle* par MM. Louis Jourdan et Edmond Texier ; la souscription Lamartine par M. Ulbach ; et le *Roi Voltaire* par Arsène Houssaye...

Reprenons notre promenade un instant interrompue et suivons le boulevard Pereire jusqu'au boulevard de Gouvion-Saint-Cyr.

Le boulevard de Gouvion-Saint-Cyr fut créé à la hâte en 1750 sous le nom de *route de la Révolte*, sur l'emplacement d'un ancien chemin conduisant à Saint-Denis. Cette route avait été tracée pour permettre à Louis XV de se rendre au palais de Saint-Cloud en passant par Neuilly, dans le cas d'une révolte à Paris

Une partie de cette route de la Révolte est devenue le boulevard de Gouvion-Saint-Cyr, la seconde partie, qui se prolonge dans Levallois-Perret, a conservé son ancien nom.

STATUE...

Le boulevard Berthier, sur lequel ont été construits récemment des riches hôtels, lui fait suite. Au 23 *ter* a été édifiée une maison gothique

Le boulevard Bessières, qui continue le boulevard Berthier, termine pour le XVIIe arrondissement la voie qui entoure Paris.

XVIIIᵉ ARRONDISSEMENT

LA Butte Montmartre est formée par une chaîne de collines calcaires, qui se continue en s'abaissant jusqu'à Passy. Comme le plateau de Sainte-Geneviève et le Mont Valérien, qui sont avec Montmartre les points les plus élevés qui bornent l'horizon de Paris, une grande partie de la Butte, que les Montmartrois aiment à dénommer la *Butte Sacrée*, était consacrée jadis à la célébration des cultes ; il est fort probable que sur l'emplacement du Sacré-Cœur existait jadis un temple à Mercure.

C'est une vérité constatée que les cultes se sont succédé, ont changé d'objet, mais n'ont point changé de place. Sur l'esprit du vulgaire, la routine a plus d'empire que les croyances religieuses. Les chrétiens, lorsqu'ils eurent, à l'instar des païens, organisé des cérémonies et adopté l'usage des temples, établirent les objets de leur culte dans les lieux mêmes où le paganisme avait célébré les siens (1). Saint Grégoire recommandait expressément aux chrétiens de ne point détruire les temples des idolâtres, mais « de se borner à détruire les idoles qui s'y trouvent, à faire des aspersions avec de l'eau bénite et à y construire des autels où seront placées les reliques des saints, afin que le peuple, voyant qu'on ne détruit point les temples, entraîné par ses habitudes, s'y rende volontiers et adore le vrai Dieu dans les lieux mêmes où il adorait de fausses divinités ». Cette adroite condescendance obtint plus de succès que les emportements du fanatisme.

Le nom de Montmartre vient de « Mons Martyrum ». C'est en effet à Montmartre que saint *Denis*, saint *Rustique* et saint *Eleuthère*, étant venus prêcher l'Évangile dans les Gaules, y furent martyrisés, fouettés au pied de l'idole de Mercure et conduits au supplice. En souvenir du martyre de leurs saints, les chrétiens donnèrent le nom de Mont des Martyrs au Mont de Mercure. Tout porte à croire qu'il existait un temple de Mercure sur la Butte Montmartre. En 1737, des fouilles furent pratiquées, et l'on découvrit les restes d'un bâtiment sur lequel les savants ont longuement disserté. On découvrit aussi dans Montmartre des fragments de poterie romaine et un petit buste décrit et gravé dans l'ouvrage sur *la Religion des Gaulois*, par dom Martin. De ces découvertes, il faut conclure qu'il existait sur le revers et au bas de cette montagne quelques maisons de campagne bâties et habitées par des Romains ou quelques établissements antiques dont le temps a effacé les traces.

En 886, Charles le Gros, marchant au secours de Paris assiégé par les Nor-

---

(1) Dulaure, *Histoire de Paris*.

mands, campa sur la Butte. En 978, l'empereur Othon II, en guerre contre Lothaire, après avoir ravagé les environs, entonna un Alléluia sur la cime de Montmartre. Mais bientôt la Butte fut reprise par Hugues Capet et Henri de Bourgogne. Louis le Gros y créa un couvent de Bénédictines qui prit le nom d'*Abbaye de Montmartre*. Investie du droit de haute et basse justice, l'abbaye avait un tribunal qui siégeait à Paris, rue de la Heaumerie, près de la tour Saint-Jacques et qui avait nom le For des Dames.

Ces religieuses acquirent d'abord une grande réputation de sainteté, et leur monastère fut visité par un grand nombre de pèlerins qui leur firent des présents considérables. Sa richesse apporta chez elles le relâchement des mœurs, et les archevêques de Paris, malgré tous leurs efforts, ne parvinrent point à réprimer le désordre du couvent

Le 8 mai 1590, Henri IV salua les Parisiens du feu de six pièces d'artillerie ; deux de ces pièces étaient placées sur la butte Montmartre, et le siège en règle commença. Il établit son quartier général sur la Butte, s'installa dans les appartements de l'abbesse du couvent, et les chroniqueurs de l'époque rapportent qu'il y mena joyeuse vie en compagnie des religieuses. En 1611, l'abbesse Marie de Beauvilliers fit rétablir les parties du couvent qui avaient le plus souffert pendant la guerre et qui renfermaient la chapelle du Martyre, comprise dans l'enclos de la communauté. Au cours des travaux accomplis, on découvrit une crypte souterraine, au fond de laquelle se trouvait un autel, et l'on supposa que c'était le véritable oratoire de saint Denis et des premiers fidèles. Cette découverte fit beaucoup de bruit, et la reine Marie de Médicis vint elle-même visiter le tombeau des Martyrs.

Sous Louis XIV, un autre couvent remplaçant la vieille abbaye fut édifié à l'endroit qu'occupent actuellement les rues Gabrielle et des Trois-Frères. Ce couvent fut détruit en 1791 ; les religieuses en furent chassées ; on brûla les bancs, les confessionnaux et les chaises. Les objets de métal et les vases sacrés furent envoyés à la Monnaie pour y être fondus. L'église, une fois qu'elle fut complètement saccagée, servit alors à des fêtes patriotiques en l'honneur de Marat.

L'arrondissement de Montmartre est divisé en quatre quartiers : Grandes-Carrières, Clignancourt, Goutte-d'Or et La Chapelle.

Nous trouvons tout au début de cet arrondissement le Cimetière Montmartre, situé avenue Rachel. La rue Caulaincourt traverse sur un pont une partie du cimetière. Dans cette rue est le square Caulaincourt, formé en 1797, et au numéro 1 l'Hippodrome.

Le cimetière du Nord, ou cimetière Montmartre, fut d'abord appelé Champ de Repos, lorsqu'il fut établi en 1804. Il est remarquable par sa situation pittoresque. Placé au pied de la Butte, il domine Paris et offre dans certains endroits de très beaux points de vue. On y remarque les tombes de Godefroy Cavaignac, œuvre du sculpteur Rude, celle d'Armand Marrast, président de l'Assemblée Nationale, du Marquis de Ségur, de Manin, de Stendhal, de l'amiral Baudin, de

RUELLE A MONTMARTRE.

Paul Delaroche, de Greuze, du sculpteur Pigalle, d'Halévy, de Soumet, de Murger, de Mme de Girardin, de Waldeck-Rousseau.

En sortant du cimetière Montmartre, nous prendrons la rue Lepic, une des rues les plus tortueuses et les plus raides de Paris. Formée en 1840, on la nommait Route Départementale n° 40, puis elle devint la *Rue de l'Empereur* (Napoléon III), puis enfin la rue Lepic, du nom du général Louis Lepic qui contribua à la défense du quartier en 1814. Au numéro 78, l'on voit le fameux bal du MOULIN DE LA GALETTE, ancien Moulin Debray. Debray, qui en était le propriétaire, fut tué en 1814, à la batterie de la barricade de la *Fontaine du But*.

Dès le XVIIe siècle, la butte était couverte de moulins à vent ; les plus fameux étaient le Moulin de la Lancette, appartenant à l'Abbaye, le Moulin de But-à-Fin, le Moulin de la Galette, les Moulins de la Grande-Tour, de la Vieille-Tour, du Palais, du Paradis, de la Béquille.

Les carrières de Montmartre qui fournissaient du plâtre en abondance ne sont plus exploitées actuellement.

La rue du MONT-CENIS, que nous trouvons ensuite, est une rue fort ancienne. C'était une des voies principales du village de Montmartre, et son nom vient, paraît-il, de sa situation très abrupte. Au numéro 2, se trouve l'église Saint-Pierre-de-Montmartre. A la place de l'église qui existait en ce lieu dès les premiers temps du christianisme, fut bâtie une chapelle qui appartenait, au XIIe siècle, au monastère de Saint-Martin-des-Champs, et auquel s'ajouta plus tard le couvent des Bénédictines.

De tous ces bâtiments, la vieille église est seule demeurée. Pendant la Révolution, le Comité de Salut Public ayant décrété d'urgence la création des postes et télégraphes entre Paris et la frontière du Nord, Chappe fut chargé de l'organisation de ce nouveau service et voulut établir sur l'abside une tour en maçonnerie. Mais les voûtes du XIIe siècle, ne pouvant soutenir un tel poids, s'affaissèrent.

L'église Saint-Pierre-de-Montmartre mérite la visite attentive des archéologues, bien que la restauration en ait été mal faite. Au midi de l'église se trouve une sorte de jardin appelé le *Calvaire*, où l'on voit quelques débris provenant de l'ancien monastère.

A côté de Saint-Pierre de Montmartre, se dresse la Basilique du Sacré-Cœur, merveilleusement située et dont l'imposante masse blanche domine Paris. On la voit admirablement de certains endroits, notamment de l'avenue Montaigne et du boulevard des Italiens, à l'angle de la rue Laffitte.

Cette église, dont Zola a tracé, dans son œuvre intitulée *Paris*, une très intéressante description, a été construite à l'endroit même où Napoléon Ier, en 1809, avait conçu le projet d'élever le TEMPLE DE LA PAIX.

Le culte du Sacré-Cœur est une pratique assez récente. On en a attribué l'invention à un prêtre d'Oxford nommé Thomas Godwin. Quoi qu'il en soit, la nécessité du nouveau culte fut révélée, dit-on, à la religieuse Marie Alacoque par Jésus-Christ lui-même. Le jésuite La Colombière se chargea de promulguer cette

LE SACRÉ-CŒUR ET LE FUNICULAIRE.

nouvelle aux fidèles et, appuyé par l'ordre des jésuites, il fit tous ses efforts pour répandre la dévotion du Sacré-Cœur de Jésus. En France le clergé et la magistrature se montrèrent hostiles à cette innovation. Les jansénistes l'attaquèrent et plusieurs dignitaires de l'Église se prononcèrent contre ce culte. Le parlement de Paris interdit, en 1775, au curé de Saint-André-des-Arts de célébrer la fête du Sacré-Cœur ; mais plus tard Languet, curé de Saint-Sulpice, frère du biographe de Marie Alacoque, eut toute liberté pour prêcher ce culte dans sa paroisse, et plusieurs ecclésiastiques suivirent son exemple. Les jésuites s'efforcèrent de le faire autoriser à Rome. Benoît XIV, dans son ouvrage sur la canonisation des saints, raconte les sollicitations multipliées qu'on fit à Rome pour obtenir l'établissement d'une fête du Sacré-Cœur. Enfin, après trois refus, Clément XIII autorisa, en 1765, la fête, non du cœur matériel de Jésus, mais du cœur symbolique, c'est-à-dire de son amour pour les hommes. Le culte du Sacré-Cœur prit une nouvelle extension en 1871. Le clergé organisa des pèlerinages à Paray-le-Monial où Marie Alacoque avait eu, disait-elle, ses « colloques amoureux » avec Jésus-Christ, qui lui avait demandé son cœur et l'avait mis dans le sien.

Ce fut à cette époque que la construction à Montmartre d'une église en l'honneur de ce culte fut déclarée d'utilité publique. La première pierre de l'église du Sacré-Cœur, appelée par le peuple de Montmartre église de Notre-Dame-de-la-Galette, fut posée en grande cérémonie le 16 juin 1875.

Auprès du Sacré-Cœur existait jadis le bal de Tivoli-Montmartre, qui eut un moment de grande célébrité.

Reprenons la rue du Mont-Cenis, et nous trouverons au numéro 59 une grande propriété avec tourelle, occupée par une manufacture de porcelaine qui avait été établie sous le patronage de Monsieur, frère de Louis XVI. Au numéro 67, au coin de la rue Marcadet, nous voyons une vieille bâtisse qui, au dire de quelques-uns, serait un ancien vestige de la chapelle de la Trinité, construite en 1479 par Jacques Ligier, seigneur de Clignancourt.

Nous passons devant la mairie du XVIIIe Arrondissement au 117, rue Ordener. Anciennement 14, place des Abbesses, elle fut construite rue Ordener, en 1888. Elle est le siège de la Société Historique *le Vieux Montmartre*.

Après avoir traversé le boulevard Ornano (son nom vient de Philippe-Antoine, comte d'Ornano, qui fit brillamment toutes les campagnes du premier Empire), la rue du Mont-Cenis nous mène rue Championnet, où se trouve la *Compagnie Générale des Omnibus*. Il serait peut-être intéressant à ce propos, aujourd'hui que les moyens de transport subissent une telle évolution et que les énormes omnibus de la Compagnie nous paraissent être des voitures d'un autre âge, il serait peut-être intéressant, disons-nous, de remonter à l'origine de ce privilège. Nous nous reporterons pour cela à l'étude très complète et très documentée faite par Ducoux, sur les voitures publiques à Paris, dans l'ouvrage intitulé « *Paris-Guide*, par les principaux écrivains et artistes de la France ».

Nos aïeux construisaient des chars destinés non seulement à leurs besoins

LE SACRÉ-CŒUR.

domestiques, mais encore à leurs faits de guerre. Tout le monde connaît le terrible char gaulois, hérissé de lances, de faux, de dards et autres engins de destruction. Ces chariots étaient traînés par des bœufs. Dans les combats, on les poussait dans les rangs ennemis, ou bien l'on s'en faisait un rempart contre les assaillants.

L'art de la carrosserie à cette époque, et sous les rois de la première race, était à peu près inconnu. Dans les premiers temps de la monarchie française, les chars furent peu usités comme moyens de transport appliqués aux personnes. Lorsque, plus tard, l'usage commença à s'en répandre, ce fut un privilège exclusivement réservé aux rois, aux princes et à quelques seigneurs. Le progrès fut insensible, car plusieurs siècles après le règne du premier roi de France, ses successeurs en étaient toujours aux chariots gaulois et, comme le dit Boileau :

« Quatre bœufs attelés, d'un pas tranquille et lent,
Promenaient dans Paris le monarque indolent. »

Ce n'est que sous Philippe-Auguste que les rues de la capitale furent pavées, et cela suffit pour propager le goût des chars avec une rapidité telle que dans une ordonnance de 1294, contre ce qu'il appelait les «superfluités», Philippe le Bel crut devoir restreindre l'usage des chars aux dames de distinction. Ces chars n'étaient alors que des litières découvertes. Quant aux carrosses proprement dits, l'usage en est beaucoup plus moderne, puisque sous François Ier l'on n'en comptait, paraît-il, que deux : l'un pour la reine et l'autre pour Diane de Poitiers. Vers le tiers du XVIIe siècle, la mode des carrosses envahit la Cour, la magistrature et même la bourgeoisie. Jusque-là, le moyen de transport aristocratique avait été la chaise à bras, dont l'usage était extrêmement répandu à la fin du XVIe siècle. L'exploitation de cette industrie constituait un privilège au profit de dames et de seigneurs de la Cour. La première concession fut donnée en 1317.

A la fin du règne de Louis XIII, et après une foule de perfectionnements successifs, un sieur Dupin inventa les chaises à deux roues, dites *brouettes*, pour lesquelles il sollicita l'autorisation royale. En 1679, le roi Louis XIV autorisa les brouettes et en donna l'exploitation exclusive à Dupin, à condition que lesdites brouettes seraient tirées par des hommes seulement. Lorsque ce véhicule fut mis définitivement en usage, son apparition sur les places et dans les rues de Paris donna lieu à des manifestations qui troublèrent pendant quelques jours l'ordre public : ce nouveau mode de transport venait inquiéter les vieilles industries. Pourtant la brouette triompha de la malveillance des concurrents et resta longtemps à la mode parmi les dames de la noblesse, les bourgeoises et les filles en vogue.

Le perfectionnement du carrosse fut beaucoup moins rapide que celui des chaises. Du temps de Henri IV, le carrosse n'était encore qu'une lourde machine mal suspendue, où l'on entrait par des portières formées de rideaux mobiles en cuir. Les carrosses à glace parurent beaucoup plus tard. Le premier que l'on connut fut amené de Bruxelles en 1630 par le prince de Condé.

Jusqu'à ce moment les intendants et les seigneurs avaient seuls pu jouir de la faculté de se faire transporter en carrosse. En 1650, un sieur Sauvage, logé dans un hôtel de la rue Saint-Martin portant pour enseigne *A l'image de Saint-Fiacre*, eut l'idée d'entretenir des chevaux et des carrosses pour les louer à ceux qui se présenteraient. Le nom du Saint est d'ailleurs resté aux voitures qui ont succédé à celles du sieur Sauvage. Le public fit un grand succès à cette innovation, et bientôt un grand nombre de carrosses publics parurent dans les carrefours de Paris.

Aussitôt les gens de cour se mirent en quête d'un privilège ; le sieur Charles Villerme aida Sauvage de sa bourse et de son crédit et obtint la permission exclusive d'établir dans la ville de Paris de grandes et petites carrioles, des litières et des brancards pour la commodité publique.

Cette entreprise, naturellement, en fit naître d'autres, et quelques seigneurs demandèrent au roi la permission d'établir dans Paris des carrosses publics, à l'instar des coches de la campagne, qui feraient toujours le même trajet pour un prix très modique, et qui partiraient à heure réglée, quelque petit nombre de personnes qui s'y trouvassent.

Si l'on en croit quelques chroniqueurs de ce temps, la première idée de ces voitures omnibus appartient à Pascal. En 1663, Louis XIV accorda le susdit privilège aux demandeurs. « Je me souviens, dit un contemporain, d'avoir vu le premier carrosse de louage qu'il y eut à Paris et qu'on appelait carrosse à cinq sous parce qu'il ne coûtait que cinq sous par place. Il contenait six personnes et avait une lanterne au bout d'une tige en fer, au coin de l'impériale et à la gauche du cocher. » L'usage des carrosses à cinq sous se généralisa bien vite et fut un grand bienfait pour la population de Paris.

L'abolition du privilège des carrosses fut décrétée par l'Assemblée Nationale, comme conséquence logique de ses principes ; mais l'expérience ne tarda pas à démontrer que la rigidité du principe doit quelquefois fléchir lorsqu'il s'agit d'une exploitation ayant pour objet un service d'utilité générale. La voie publique fut littéralement encombrée de tombereaux, tapissières, chariots, luttant entre eux de malpropreté, de délabrement, et conduits par des hommes non seulement inexpérimentés, mais dangereux. En 1797, une loi imposa aux entrepreneurs des formalités qui eurent pour effet de restreindre cette industrie.

C'est en 1854 que les différentes voitures omnibus desservant l'intérieur de Paris furent fusionnées en une Compagnie anonyme privilégiée. Ce privilège expirera en 1910.

Verrons-nous enfin, à cette époque, disparaître de la circulation ces effroyables autobus qui troublent la sécurité et le sommeil des Parisiens ? Ceux-ci pourraient, avec plus de raisons encore, rééditer les plaintes de Boileau :

> Qui frappe l'air, bon Dieu, de ces lugubres cris ?
> Est-ce donc pour veiller qu'on se couche à Paris ?

Que dirait Boileau s'il entendait le tonnerre de nos autobus? Verrons-nous enfin adopter des voitures plus petites et plus légères, qui rendront les moyens de communication plus faciles et mieux appropriés aux besoins actuels?

Nous traverserons maintenant le quartier de la Chapelle, dont une grande partie est occupée par la gare de marchandises de la Chapelle.

La rue de la Chapelle était la principale rue de l'ancienne commune Chapelle-Saint-Denis, bourg fortifié entouré de murs et de fossés. A l'extrémité de la rue de la Chapelle, sur la route de Saint-Denis, se tenait, du temps de Philippe-Auguste, le lendemain de la Saint-Barnabé, une foire importante créée par Dagobert, qui s'appelait, et qui s'appelle encore aujourd'hui la FOIRE DE LENDIT. C'est là que les écoliers de l'Université de Paris s'approvisionnaient de parchemin. Au numéro 96, nous voyons l'église de Saint-Denis-de-la-Chapelle, qui fut construite au XIIIe siècle. Elle remplace une ancienne chapelle dite des ARDENTS, où sainte Geneviève, patronne de Paris, avait coutume de venir prier avec ses compagnons. Quelques chroniqueurs prétendent également que Jeanne d'Arc, se rendant de Reims à Paris, en 1429, s'arrêta dans cette chapelle pour y faire ses oraisons.

Nous suivrons la rue Ordener et la rue Marcadet, anciennement chemin des Bœufs, pour revenir jusqu'au boulevard Barbès et à la rue de Clignancourt.

Remarquons au 112 de la rue Marcadet l'emplacement de l'ancien hôtel de Trétaigne, appelé jadis la FOLIE AGIROUY, ou la MAISON DE LA BOULE D'OR, construite en 1771, par Jacques Agirouy de Corsé.

Le BOULEVARD BARBÈS fut dénommé ainsi en souvenir d'Armand Barbès, ardent révolutionnaire français, qu'on avait appelé le *Bayard de la Démocratie*.

Armand Barbès, né à la Pointe-à-Pitre, en 1809, est mort en 1870 en Hollande où il s'était volontairement expatrié.

Barbès emprisonné en 1849 fut rendu à la liberté en 1854 seulement.

En 1709, le village de Clignancourt, devenu la propriété de Mme de Bellefond, abbesse de Montmartre, fut cédé tout entier au duc de Mayenne pour la somme de 5 500 francs.

Au numéro 39 de la rue de Clignancourt, se trouve la maison de *la Cloche d'Or*, grande fabrique d'horlogerie, de joaillerie et d'orfèvrerie. Cette maison, dont MM. Moniet et Péguret sont les propriétaires, a été fondée en 1850 et a pris très vite un grand développement. Elle est aujourd'hui extrêmement connue pour son horlogerie de précision et pour sa parfaite exécution de bijoux de tous les genres. Elle possède un atelier spécial pour les réparations d'horlogerie et de bijouterie.

La maison de *la Cloche d'Or*, qui expose de fort belles pièces d'orfèvrerie, fait également un commerce actif de diamants et toutes pierres précieuses. Les amateurs seront certainement très intéressés par la jolie devanture du magasin de la rue Clignancourt, dont le titre *la Cloche d'Or* nous rappelle les enseignes d'autrefois.

A LA CLOCHE D'OR.

Sur l'emplacement des maisons occupant les numéros 42 à 52, se trouvait, jusqu'en 1872, le *Bal du Château-Rouge*

Le Château-Rouge, construit en briques rouges comme toutes les habitations d'alors, avait été bâti par Henri IV pour servir de maison de campagne à Gabrielle d'Estrées, dont l'hôtel à Paris était situé rue des Francs-Bourgeois. En 1824, le Château-Rouge fut occupé par le roi Joseph, frère de Napoléon Ier, qui y présida le Conseil de Défense de Paris. En 1845, les jardins furent convertis en bal, dit du « Château-Rouge »

Le 21 mai 1871, c'est au Château-Rouge que furent conduits les généraux Clément Thomas et Lecomte, avant d'être fusillés sur la Butte Montmartre.

Avant de quitter le XVIIIe arrondissement, remarquons encore, à l'angle du boulevard Rochechouart et de la rue des Martyrs, l'emplacement de l'ancien BAL DE LA BOULE-NOIRE, devenu aujourd'hui le Concert de la Cigale.

Photo Neurdein frères.

PARC DES BUTTES-CHAUMONT. — LE PONT SUSPENDU ET LE LABYRINTHE.

XIXᵉ ARRONDISSEMENT

L E XIXᵉ arrondissement — Buttes-Chaumont — comprend les quartiers de la Villette, du Pont-de-Flandre, d'Amérique et du Combat. La Villette formait, avant l'annexion, une commune suburbaine de l'arrondissement de Saint-Denis. Là se trouvent de nombreuses et importantes usines, ainsi que le bassin qui reçoit les eaux du canal de l'Ourcq et alimente le canal Saint-Martin. C'est à la Villette qu'ont été transportés les marchés aux bestiaux de Passy et de Sceaux, à côté des Abattoirs. Puisque nous avons déjà parlé, tout à l'heure, des Abattoirs de Vaugirard, ce XIXᵉ arrondissement, qui est surtout consacré aux ateliers et aux usines, ne pourra nous retenir bien longtemps. Nous ne voyons que deux choses susceptibles de nous intéresser : le parc des Buttes-Chaumont et la rue de Belleville, fameuse par la descente de la Courtille.

Le parc des Buttes-Chaumont est l'un des parcs les plus pittoresques de Paris ; il a été tracé par l'ingénieur Alphand, qui en a dirigé les importants travaux. C'est lui qui a créé le lac, les ponts suspendus, les grottes et le « Temple de la Sibylle », placé sur le point culminant. Les Buttes-Chaumont s'appelaient autrefois le lieu du Mont-Faucon, parce que les faucons venaient sur ce mont dévorer les cadavres. Le gibet, en effet, y était situé ; on l'avait entouré de murs afin d'empêcher que l'on vienne, la nuit, voler les corps des suppliciés. Au-dessous du gibet était placé un grand trou, sorte de charnier. Mont-Faucon passe pour avoir été élevé par Enguerrand de Marigny, premier ministre de Louis X. Cependant ce gibet existait au XIIIᵉ siècle, puisqu'il en est fait mention dans le roman de « Berthe aux grands Piés ». Enguerrand de Marigny ne fit que reconstruire les fourches patibulaires dont il fut d'ailleurs la première victime. Après avoir été accusé de malversation, il fut jugé et pendu en 1315. Son innocence fut reconnue peu de temps après.

Après le massacre de la Saint-Barthélemy, on transporta au Mont-Faucon les restes de l'amiral Coligny; « ils furent hissés, raconte un chroniqueur, à l'aide de cordes sur le gibet, et la populace, après avoir allumé un grand feu, se mit à danser tout autour pendant que les chairs se détachaient et tombaient en lambeaux. Pendant plusieurs jours, toute la cour, y compris Catherine de Médicis et le roi Charles IX, y vint en foule insulter le cadavre du malheureux amiral et, comme les courtisans se bouchaient le nez à cause de l'odeur, se rappelant le mot de Vitellius, après la défaite d'Othon, le roi s'écria : « Le corps d'un ennemi, Messieurs, sent toujours bon. »

Pourtant ce sinistre spectacle du gibet de Mont-Faucon n'empêcha pas que les environs fussent remplis de cabarets ou « courtilles », dans l'un desquels François Villon place une scène de ses *Repues Franches*. Mont-Faucon fut abandonné comme lieu de supplice vers l'année 1625 ; mais les Buttes-Chaumont restèrent longtemps une sorte de voirie, un véritable dépottoir. La purification complète de Mont-Faucon et des environs ne s'effectua qu'en 1850. Les Buttes-Chaumont ont été le théâtre d'un grand combat, livré en 1814, contre les Alliés, par les marins de la Garde et les élèves de l'École Polytechnique.

La mairie du XIXe arrondissement est située place Armand-Carrel, à côté du parc des Buttes-Chaumont. C'est une construction de style flamand, assez intéressante, œuvre de Davioud. Par la rue Manin et la rue Bolivar, nous arriverons à la rue de Belleville, qui s'appelait autrefois « Courtille » à cause des nombreuses « courtilles » qui y étaient installées.

Avant que la Courtille devienne un lieu de plaisir, ce fut une culture qui appartenait aux religieux desservant l'hôpital Saint-Gervais. Un ruisseau creusé par eux descendait de la hauteur et entretenait dans ce lieu une fraîche verdure. Vers la fin du XVIIe siècle, de nombreux cabarets s'y installèrent, et les promeneurs s'accoutumèrent bien vite à prendre le chemin de Belleville. Les grands seigneurs eux-mêmes prirent goût aux plaisirs de la Courtille, et l'on vit des dames de la cour, entre autres Mme de Parabère et Mme de Prie, venir faire des conquêtes au cabaret des « Marronniers ». Les poètes de l'époque ont chanté les courtilles ; l'un d'eux, Grandval, en a fait une description lyrique :

> « Dans le nombre infini de ces réduits charmants,
> Lieux où finit la ville, où commencent les champs,
> Il est une guinguette, au bord d'une onde pure,
> Où l'art joint ses soins à ceux de la nature.
> . . . .
> Dans ces lieux fortunés où règne l'allégresse,
> Les vins les plus exquis font naître la tendresse,
> Et, mêlant les plaisirs, on entend dans les airs
> Les sons harmonieux des bachiques concerts.
> Là, mille amants couchés aux pieds de leur maîtresse
> Trouvent un prompt remède à l'ardeur qui les presse ;
> Ici le désirable et charmant appétit
> A l'autel de Comus par la main les conduit.
> C'est le charmant réduit qu'on nomme la Courtille,
> Lieu fatal à l'honneur de mainte et mainte fille. »

Vadé a dit à son tour :

> « Voir Paris sans voir la Courtille,
> Où le peuple joyeux fourmille,
> Sans fréquenter les Porcherons,
> Le rendez-vous des bons lurons,
> C'est voir Rome sans voir le Pape. »

La Courtille dut principalement sa réputation au fameux Ramponneau

BUTTES-CHAUMONT.

qu'entouraient les cabarets du « Coq-Hardi », du « Bœuf-Rouge », du « Sauvage », de l' « Épée-de-Bois ».

La Courtille résista aux révolutions, aux changements de gouvernement, à l'invasion, aux épidémies. Nous en trouvons le tableau suivant dans un ouvrage intitulé *La Vie publique et privée des Français*.

« Nous voici arrivés à la Courtille, par laquelle, entre cent guinguettes, on arrive sur la hauteur de Belleville. Dans cette large et longue rue, empire éternel de la joie, on distingue la grande guinguette de l'immortel Desnoyers, et quelques autres dont les salles immenses se remplissent, l'hiver, de milliers de familles, et les jardins, en été, de danseurs et de danseuses qui n'ont pas reçu les leçons des professeurs du Conservatoire... C'est un spectacle vraiment curieux, dans la soirée d'un dimanche du printemps ou de l'été. Tout est confondu dans la rue de Paris, depuis la barrière jusqu'auprès de l'entrée du bourg. Ouvriers, bourgeois, militaires, hommes décorés, femmes en bonnet, femmes en chapeau, marchandes de fruits, de petits pains, tout circule, tout monte ou descend confusément, sans se presser, sans se heurter ; et chacun cherche, sans être troublé, l'enseigne de la guinguette où l'on vend de bon petit vin à dix ou douze sous le litre, de bon veau, de l'excellente gibelotte de lapin, de l'oie, soit en daube, soit rôtie, etc. En entrant dans les grandes guinguettes, on est d'abord frappé de la quantité de ragoûts et de rôtis qui garnissent un long et large comptoir, et de l'activité prodigieuse de plusieurs femmes de service et de deux ou trois cuisiniers. Sous une vaste cheminée, trois ou quatre broches, les unes sur les autres, chargées de dindons, de poulets, de longes de veau, de gigots de mouton, tournent incessamment devant un grand feu, dont la chaleur se fait sentir au loin. A quelque distance de là, le vin coule à grands flots des brocs dans les bouteilles, dont une n'est pas plus tôt remplie qu'elle est remplacée par une autre. Au milieu de cette affluence d'acheteurs, les personnes qui débitent les comestibles et le vin conservent un sérieux imperturbable, une présence d'esprit comparable à celle d'un bon général d'armée. C'est à la Courtille que se donnent presque tous les repas de noces de la petite bourgeoisie, des petits marchands et des ouvriers des quartiers de la capitale qui avoisinent cette barrière, et même de ceux qui s'étendent jusqu'à la rive droite de la Seine. »

La scène la plus curieuse du Carnaval était la descente de la Courtille. Le mercredi des Cendres, après que tous les bals de Paris avaient fermé leurs portes, une horde de masques avinés descendait des hauteurs de Belleville. Les pierrots livides, les bergères titubantes, les arlequins bariolés, les laitières, les marquis, les débardeurs, dévalaient la rue de Belleville avec des cris rauques. L'avalanche se formait aux environs du « Grand-Saint-Martin », le bal le plus populaire de Belleville. Les curieux se joignaient aux masques et, le flot, toujours grossissant, arrivait devant le restaurant des « Vendanges de Bourgogne ». C'était là que se réunissaient les viveurs élégants dont le roi était lord Seymour.

Nous ne pouvons mieux faire pour donner une idée de ce qu'était la Descente de la Courtille que de reproduire, ici, la description animée et vivante qu'en a faite M. Victor Fournel, dans son ouvrage sur les rues du Vieux Paris.

« Le règne de Louis-Philippe fut d'ailleurs l'âge d'or du carnaval. C'est de cette époque que datent la grande vogue et la renommée *sui generis* de la descente de la Courtille. Les masques populaires, qui avaient passé la nuit du Mardi-Gras dans tous les cabarets et les bals de Belleville, particulièrement chez Desnoyers, aussi fameux en son genre que jadis Ramponneau, descendaient tumultueusement à Paris le matin du mercredi des Cendres, au petit jour, et les curieux venaient assister à ce spectacle hideusement pittoresque, à ce Longchamp du carnaval. Pendant deux ou trois heures, tout le long du faubourg du Temple, le flot infect coulait sans interruption. C'était comme un débordement d'égout, un déballage immense d'oripeaux en haillons, un vomissement de masques avinés, débraillés, sauvages, les uns à pied, les autres en voitures découvertes, ou juchés sur le siège et sur le haut des voitures, comme sur un piédestal d'où ils insultaient les passants. Les disputes ignobles, les cris dégoûtants, les ripostes poissardes, les chansons obscènes, les hurlements, les vociférations de tout genre s'élevaient de cet océan fangeux de pierrettes, de laitières, de vivandières, de marquises, de bergères, de paillasses, de chiffonniers, de turcs, de débardeurs, de chicards, de flambards, d'arlequins, enfarinés, souillés de vin et de boue, coiffés de perruques en étoupe ou en filasse, de casques, de toquets, de claques prodigieux, de plumets gigantesques, de panaches ondoyants, remué tout à coup par des houles profondes et où les sergents de ville plongeaient parfois pour en rapporter une cauchoise écrasée, un polichinelle ou un troubadour dont la poitrine venait d'être trouée d'un coup de couteau.

« Les folies du riche et excentrique Anglais lord Seymour sont demeurées légendaires. Tout ce qu'on en raconte est loin sans doute d'être parfaitement authentique : on avait fini par lui attribuer toutes les extravagances qui se produisaient, et les chroniqueurs ne se faisaient pas faute d'en ajouter de nouvelles, qui n'existaient que dans leur imagination. Mais on ne prête qu'aux riches. Bien qu'on ait prétendu, parfois, que le héros de ces mascarades fût un valet de chambre qui ressemblait à son maître, il est certain qu'il figura lui-même, à diverses reprises, dans les salons de Desnoyers, où il s'amusa une nuit à distribuer des cigares détonants, puis dans des descentes de la Courtille et dans des divertissements carnavalesques où la foule se groupait autour de sa voiture, et où on le vit un jour jeter aux badauds des pièces d'or brûlantes qu'il avait fait chauffer dans la cuisine de l'établissement. Il donnait le branle à une bande d'étourdis comme lui, qu'il entraînait à sa suite et qui rivalisaient de folies.

« Les histoires qu'on rapporte sur son compte sont tellement innombrables et si peu édifiantes que nous nous bornerons à en choisir un petit nombre qui suffiront à donner une idée des autres.

« Un jour, dit-on, lord Seymour eut l'idée d'atteler à six chevaux un immense break, où il entassa des moutons ornés de faveurs multicolores, et il parcourut toute la ligne des boulevards en cet équipage. Il conduisait lui-même, en habit noir et cravate blanche, avec le plus imperturbable sérieux.

« Un autre jour, il se déguisa en cocher de fiacre, et, dans cet équipage, s'en vint, un matin de Mardi-Gras, au Café Anglais. Là, il s'approcha de la caissière, et, changeant sa voix, demanda un verre de vin sur le comptoir. Si bien grimé qu'il fût, la caissière le reconnut, mais elle dissimula.

« Donnez un verre de vin à ce brave homme, » dit-elle au garçon.

« Lord Seymour avala son verre, déposa trois sous sur le comptoir.

« Pardon, fit la caissière en souriant, c'est cent francs, mylord... pour les garçons ! »

La descente de la Courtille n'est plus à présent qu'un lointain souvenir. Le règne du joyeux carnaval est passé depuis longtemps ; ce legs du paganisme, cette émanation des bacchanales et des saturnales échevelées se réduit maintenant à quelques bandes de gamins et d'ivrognes qui parcourent les rues avec quelques malheureux sacs de confettis. Faut-il le déplorer, faut-il regretter cette Majesté défunte avec sa licence et ses folies? Peut-être, car ainsi que le disait l'auteur d'un opéra-comique intitulé le *Carnaval de Venise* :

> « Les moments que l'on passe à rire
> Sont les mieux employés de tous. »

Il faut rire avant d'en avoir envie, avait dit La Bruyère, de peur de mourir sans avoir ri.

VUE SUR LE CANAL SAINT-MARTIN.

XXᵉ ARRONDISSEMENT

LE XXᵉ arrondissement, *Ménilmontant*, fait partie des quartiers excentriques de Paris.

Ménilmontant était autrefois la pleine campagne, et si nous y découvrons quelques rares demeures historiques, ce ne sera que les maisons de plaisance des seigneurs qui avaient leur hôtel dans Paris et s'étaient fait construire à Ménilmontant leur habitation d'été.

Nous trouvons l'origine du mot de Ménilmontant dans le vieux mot « Mesnil », qui signifiait autrefois hameau, village, habitation. « Maudan » était, paraît-il, le nom d'un des importants propriétaires du village. « Mesnil Maudan » serait devenu, par altération, Ménilmontant, et ce dernier nom serait en quelque sorte justifié par la position élevée du village.

Avant 1777, le rempart touchait à la naissance du chemin de Ménilmontant. Ce chemin porta longtemps trois dénominations différentes désignant trois portions distinctes : la première, comprise entre le boulevard et les rues Folie-Méricourt et Popincourt, s'appelait rue du Chemin-de-Ménilmontant ; la deuxième, se terminant à la rue Saint-Maur, où se trouvait autrefois une barrière, était nommée rue de la Roueltte ; enfin la troisième portait le nom de la « Haute-Borne ». Au XVIIIᵉ siècle, la Haute-Borne n'était guère qu'une réunion de guinguettes et de cabarets assez mal famés.

Les bals du « Galant Jardinier » et des « Barreaux Verts » étaient très fréquentés par des artisans en quête de prétendues. Quant un cavalier entrait aux « Barreaux Verts », on lui remettait une rose artificielle qu'il mettait à sa boutonnière et qu'il présentait à la danseuse qu'il voulait engager.

Presque toutes les rues du XXᵉ arrondissement sont récentes ; nous en trouvons quelques-unes aux dénominations très bizarres et qui ne méritent d'être citées qu'à ce seul titre. Entre autres, nous voyons :

La RUE DE LA CHINE. On suppose que ce nom lui fut donné en raison de l'endroit éloigné où elle était située, parce que familièrement « aller en Chine », est synonyme d'aller au bout du monde.

La RUE DES PRAIRIES, dénommée ainsi à cause de sa situation champêtre.

La RUE DES MARONITES. On est surpris de voir le nom d'une secte catholique du rite syrien, affecté à une rue de Ménilmontant, et l'historien en donne l'explication suivante : la rue des Maronites est située non loin de la rue du Liban, et les Maronites habitaient les vallées du Liban. Nous donnons cette explication pour ce qu'elle vaut; il faut bien s'en contenter, puisqu'à notre connaissance il n'y en a pas d'autre.

La RUE DES ENVIERGES, dont nous ne parvenons pas à découvrir l'étymologie.

La RUE DE LA BIDASSOA, appelée du nom de ce petit fleuve qui sépare la France de l'Espagne, à cause de son voisinage avec la rue des Pyrénées.

La RUE DES BALKANS. Est-ce par sa situation montagneuse ou pittoresque, qu'elle a mérité le nom d'une chaîne de montagnes?

La RUE DE MONTE-CRISTO. Le propriétaire de la rue, sans doute hanté par les souvenirs romanesques des œuvres d'Alexandre Dumas, lui donna ce nom d'un des romans du prodigieux conteur.

Le XXe arrondissement se compose de quatre quartiers : Belleville, Saint-Fargeau, le Père-Lachaise et Charonne.

Nous commencerons notre promenade dans cet arrondissement par la visite du cimetière du Père-Lachaise, dont nous rappellerons l'histoire.

L'évêque de Paris possédait jadis, dans les quartiers qui sont devenus aujourd'hui l'arrondissement de Ménilmontant, un très vaste emplacement appelé CHAMP DE L'ÉVÊQUE. Un riche épicier, du nom de Regnault, s'en rendit acquéreur et y fit construire une magnifique habitation entourée de vastes jardins. La somptuosité de cette demeure lui fit donner le nom de *Folie Regnault*. (Une Folie devenue un cimetière!) A ce propos, nous ne pouvons nous empêcher de constater une fois encore combien Victor Hugo disait avec raison que Paris était plein de contrastes; des contrastes, écrivait-il, « qui ressemblent à de la pensée dans le hasard ».

En 1652, Louis XIV acheta la Folie-Regnault et fit construire à la place le *Mont-Louis*, qu'il donna comme retraite au Père Lachaise, son confesseur, qui s'y installa avec les Jésuites dont il était le supérieur. C'était un homme de bien que ce Père Lachaise. Il existe sur son caractère trois certificats qui ne peuvent être discutés :

« C'était un homme doux, dit Voltaire; avec lui les voies de conciliation étaient toujours ouvertes. »

Et le jugement de Voltaire n'est pas susceptible de parti pris envers un membre de la Société de Jésus !

Saint-Simon juge le Père Lachaise « un esprit médiocre, mais d'un bon caractère, juste, droit, sensé, sage, doux et modéré ».

D'Aguesseau dit de lui que « c'était un bon gentilhomme qui aimait à vivre en paix et à y laisser vivre les autres ». Il est certain toutefois que, sans le cimetière qui porte son nom, la mémoire de ce bon gentilhomme qui aimait à vivre en paix reposerait de même.

C'est en 1804 que la ville de Paris acheta l'enclos de Mont-Louis pour y établir un cimetière, qui est le plus vaste et le plus beau de tous les cimetières parisiens.

XXe ARRONDISSEMENT

AVENUE DU PÈRE-LACHAISE.

Après l'avenue principale, se trouve l'avenue de l'Orangerie : les orangers de la Folie-Regnault et ceux du Mont-Louis ont été remplacés par des tombes. Le cimetière est peuplé d'arbres séculaires : les saules, les platanes, les sycomores, les peupliers et les cyprès qui l'ombragent en font un parc merveilleux. Son site est heureux et varié : une partie, en plaine, occupe la hauteur du plateau ; l'autre partie, en pente, descend jusqu'au bas du coteau et forme plusieurs inégalités pittoresques. La vue dont on y jouit s'étend sur une grande partie de Paris et sur les campagnes environnantes.

L'on y voit des monuments funéraires remarquables : les uns ont la forme

TOMBEAU DE LA FONTAINE.

de temple, de chapelles sépulcrales, de caveaux funèbres, de pyramides, d'obélisques, de cippes ou de colonnes ; d'autres se composent d'une table de pierre ou de marbre, terminée en forme circulaire ou en forme d'autel antique, plantée verticalement en terre, inclinée ou couchée horizontalement ; d'autres encore sont surmontés de bustes ou de statues. Chaque tombeau est protégé par une enceinte en bois ou en fer plus ou moins vaste : les unes sont spacieuses, les autres n'ont à peu près que les dimensions de la fosse.

Jules Noriac écrit : « Le cimetière du Père-Lachaise est pour celui qui le visite un grand enseignement. Là sont ensevelies, dans le silence de la mort, toutes les gloires du siècle. Des ennemis irréconciliables se coudoient, des républicains, des socialistes, des légitimistes, des bonapartistes reposent en paix les uns contre les autres ; des bouffons et des princes, des traîtres et des vaillants, des savants et des millionnaires, des reines et des saltimbanques dorment du grand sommeil dans l'égalité de la mort. »

Sur les pierres se trouvent inscrits, par milliers, des noms dont le pays s'honore à des titres profondément divers. Citons au hasard : Molière, Boileau, La Fontaine, Bernardin de Saint-Pierre, Ney, Nansouty, Mortier, Macdonald, Masséna, Kellermann, Davoust, Suchet, Delille, Ledru-Rollin, Talma, Rachel, Casimir Delavigne, Arago, Mlle Lenormand, Scribe, Baour-Ormian, Mlle Mars, Debureau, Geoffroy Saint-Hilaire, Dupuytren, Manuel, Saint-Simon, Benjamin Constant, le général Hugo, Chénier, Balzac, Musset, non loin de Danton, Chéru-

TOMBEAU D'HÉLOÏSE ET D'ABEILARD.

bini, Hérold, les présidents de la République, Thiers et Félix Faure, et tant d'autres noms illustres.

Les deux tombes qui attirent toujours le plus de visiteurs sont celles d'Alfred de Musset, avec le saule qui l'abrite et les vers célèbres qui y sont gravés :

> « Mes chers amis, quand je mourrai,
> Plantez un saule au cimetière,
> J'aime son feuillage éploré,
> La pâleur m'en est douce et chère
> Et son ombre sera légère
> A la tombe où je dormirai. »

et celle des deux amants fameux par leur amour et leurs infortunes : *Héloïse et Abeilard*. Leurs cendres reposent en cet endroit, après avoir subi de nombreuses vicissitudes. Abeilard inhumé au prieuré de Saint-Marcel de Châlons-sur-Marne, fut ensuite, le 11 avril 1143, porté furtivement au Paraclet. Le corps d'Héloïse fut réuni en 1163 à celui de son amant, et c'est alors qu'on construisit le monument qu'on voit actuellement au cimetière du Père-Lachaise. En 1497, on sépara les deux corps et on leur érigea un tombeau à chacun. Puis Marie de La Rochefoucauld, abbesse du Paraclet, fit placer les deux tombes dans la chapelle de la Trinité. Plus tard ils furent de nouveau réunis dans le même cercueil, et après avoir été transportés successivement à Nogent-sur-Seine, au Musée des Antiquités nationales, dans l'église Saint-Germain-des-Prés, ils furent inhumés définitivement au Père-Lachaise avec le monument primitif placé sur leurs tombes.

Au bout de l'avenue principale du Père-Lachaise, arrêtons-nous devant l'admirable MONUMENT AUX MORTS, de Bartholomé, une des œuvres les plus belles et les plus profondes de la sculpture moderne.

On a installé depuis quelque temps un four crématoire au Père-Lachaise.

En quittant le cimetière, rappelons ce mot plus ou moins authentique qui nous revient à la mémoire. Une Anglaise qui voulait visiter le cimetière du Père-Lachaise, ne se souvenant plus du nom qu'on lui avait indiqué, demandait où se trouvait le cimetière du *Papa Fauteuil ?* « Se non è vero, è bene trovato ». (Si ce n'est pas vrai, c'est bien inventé.)

Non loin du Père-Lachaise, sur la place Gambetta, se trouve la mairie. A l'endroit où se célèbrent actuellement les mariages de l'arrondissement de Ménilmontant, se nouèrent sans doute jadis beaucoup de tendres idylles, puisque la mairie occupe l'emplacement de l'ancienne ILE D'AMOUR, bal et guinguette champêtre qui connut une très grande vogue vers 1830 et où les Mimi Pinson de l'époque, chères à Paul de Kock, venaient en partie de plaisir avec leurs amoureux. En revenant des bois de Romainville, elles s'arrêtaient à la célèbre ILE D'AMOUR, en chantant le gai refrain :

> C'est un amour d'île,
> Le vrai séjour
> Du gai troubadour :

TOMBEAU DE JULES MICHELET.

> Flâneurs du faubourg,
> Flâneurs de la ville
> Vont à l'Ile d'Amour.

Derrière la mairie du XX°, se trouve l'hôpital Tenon, au numéro 4 de la rue de la Chine. Cet hôpital fut fondé en 1878, sous le nom d'hôpital de Ménilmontant ; l'année suivante, on lui donnait le nom d'hôpital Tenon en souvenir du Dr Tenon, l'auteur de remarquables mémoires sur les hôpitaux (1).

Suivons à présent l'avenue Gambetta qui nous conduira au parc et au lac Saint-Fargeau. Ce parc faisait partie d'une très grande et très belle propriété qu'on appelait Château de Ménilmontant, et qui appartenait à la famille Lepelletier de Saint-Fargeau, dont nous avons déjà eu l'occasion de parler. On raconte qu'on a longtemps supposé que le corps du conventionnel Lepelletier de Saint-Fargeau, tué au Palais-Royal, reposait dans une petite île se trouvant au milieu du lac de Saint-Fargeau.

Plusieurs rues ont été créées sur l'emplacement d'une partie de l'immense parc du Château de Ménilmontant, entre autres la rue Haxo, dans laquelle, en 1871, les fédérés de la Commune fusillèrent les 63 prisonniers qu'ils avaient gardés comme otages, et la rue des Tourelles, dont le nom vient des deux tourelles d'un pavillon du parc Saint-Fargeau.

Rue du Télégraphe, se trouvent le cimetière de Belleville et, non loin, un hospice de vieillards.

En suivant la rue du Télégraphe, qui doit son nom à un télégraphe aérien Chappe, qui y était établi, nous arrivons à la rue de Ménilmontant, intéressante à plus d'un titre.

C'est au sommet de Ménilmontant, à l'angle de la rue de Ménilmontant et de la rue des Partants que s'était installée la secte des Saints-Simoniens, association philanthropique fondée en 1848 par le comte de Saint-Simon. Celui-ci professait que le christianisme, tel que l'enseignent les prêtres catholiques et les ministres protestants, n'étant plus d'accord avec nos mœurs et nos besoins, on doit lui substituer un christianisme nouveau dirigeant toutes les forces sociales vers l'amélioration morale et physique de la classe la plus nombreuse et la plus pauvre et ayant pour prêtres les hommes les plus capables d'y contribuer par leurs travaux.

Dans ses ouvrages, Saint-Simon joint à la ferveur de l'apôtre l'exaltation du théosophe : c'est ainsi qu'il raconte qu'au fort de la Révolution, pendant une nuit de sa détention au Luxembourg, Charlemagne, dont il croyait descendre, lui était apparu et lui avait prédit, en l'appelant son fils, que ses succès comme philosophe égaleraient ceux du monarque comme militaire et comme politique.

Les plus célèbres des adeptes de Saint-Simon furent : le père Enfantin,

---

(1) L'hôpital Tenon possède 977 lits. Il comprend 8 services de médecine, 3 services de chirurgie et 1 service d'accouchement. — Médecins : Menetrier, Klippel, Florand, Caussade, Parmentier, Lamy, Hudelo, Besançon. — Chirurgiens : Thiéry, Souligoux, Legueu. — Accoucheur : Démelin.

Fournel, Flachat, Émile Pereiro, Michel Chevalier, Félicien David, Louis Jourdan et Guéroult.

Après un procès retentissant contre Saint-Simon, la maison des Saint-Simoniens fut licenciée, et les adeptes de cette secte rentrèrent dans la vie privée.

Au 119 de la rue de Ménilmontant, existait autrefois un hôtel du XVIIIe siècle, appartenant à l'auteur dramatique Favart, dont l'œuvre la plus célèbre fut la *Chercheuse d'Esprit*.

Ménilmontant, comme Belleville, fut célèbre par ses guinguettes et ses bals, dont les plus fameux sont : LE GRAND SAINT-ÉLOI, LA BARQUE A CARON, LE JARDIN DES ALCIDES.

Nous voyons aussi le cabaret des DEUX PISTOLETS, où, en 1721, le célèbre Cartouche, surnommé le Roi des Voleurs, termina sa carrière. C'est là, en effet, qu'il fut arrêté, en même temps que le propriétaire du cabaret accusé de complicité, avant d'être rompu vif sur la place de Grève en vertu d'une sentence du Parlement. Il fut impossible de prouver la complicité du propriétaire du cabaret qui fut relâché.

Cartouche, le fameux bandit, qui fournit le sujet d'un drame en cinq actes à d'Ennery et Dugué, était le fils d'un marchand de vins de la Courtille qui fut enlevé tout jeune par des bohémiens dans le bois de Romainville. Ce fut un aimable gredin, intéressant et sensible, que ce Cartouche si malheureusement roué en place de Grève, maître ès filouterie, virtuose à qui l'on n'a pas la force d'en vouloir, tant il chante effrontément sa gamme à M. le lieutenant de police, tant il mystifie ingénieusement le guet. C'était, en un mot, le bandit qui convenait parfaitement à cette époque de la Régence, roué au moral comme il le fut au physique, au demeurant, aurait dit Clément Marot, le meilleur fils du monde.

L'histoire de sa vie et de ses amours a eu un nombre considérable d'éditions.

Lorsqu'il fut enfermé au Châtelet, la Cour et la Ville en assiégèrent les portes pour voir cet illustre chef de bande dont on citait tant de hauts faits et tant de bons mots. Nous rapporterons, entre autres, son histoire avec la maréchale de Boufflers. Une nuit, celle-ci aperçut, à la lueur de sa veilleuse, un homme qui s'était introduit dans sa chambre par la fenêtre laissée entr'ouverte. « Pas un cri, pas un mouvement, madame, avait dit l'intrus. Je suis Cartouche, c'est vous en dire assez. La rue est cernée, mais on ne m'a pas vu grimper à votre balcon. Je suis donc sauvé si vous ne parlez pas ; et vous ne parlerez pas, ajouta-t-il en tirant deux pistolets de sa ceinture. » La maréchale de Boufflers eut un redoublement d'effroi. Cependant elle accéda au désir du bandit, qui la pria de lui faire servir un excellent souper. Elle sonna ses valets, prétextant une fringale, et fit apporter un poulet accompagné de quelques fruits et d'une bouteille de champagne. Le drôle s'empressa d'y faire honneur, puis, après avoir mangé, il réclama quelques heures de sommeil tranquille. La maréchale fut forcée de lui céder son lit. Lorsque le jour parut, Cartouche s'éveilla et prit congé de son hôtesse qui, comme bien on le pense, n'avait pas fermé l'œil de la nuit.

Au moment même où Cartouche, avant son arrestation, était le sujet des craintes et des conversations de tout Paris, le Théâtre-Français représenta une pièce qui renfermait tout ce qu'on avait appris des ruses, des ressources et des aventures du personnage qui fut, en somme, la première incarnation de ce type populaire, du bandit sympathique, auquel nous devons tous les Arsène Lupin d'aujourd'hui.

Prenons à présent la rue des Pyrénées qui traverse le XXe arrondissement dans toute sa longueur. Là aussi, on peut présumer que c'est sa situation montagneuse à travers Ménilmontant qui valut à cette rue le nom d'une chaîne de montagnes.

Si nous la redescendons, elle nous conduira à la rue Bagnolet et à la rue des Orteaux.

Il existait jadis, en cet endroit, un village et un château de Bagnolet entouré de vastes jardins.

La rue des Orteaux était une avenue conduisant au château de Bagnolet. Son nom semble venir de *Hortus*, signifiant jardin.

Et maintenant que nous sommes arrivés au terme de cette promenade, il ne nous reste qu'un regret, c'est de n'avoir pu nous attarder davantage dans ces vieux quartiers qui racontent si éloquemment l'histoire de la ville. Que de choses intéressantes nous resteraient à dire sur cette histoire de Paris, si vivante et si profonde. « C'est un microcosme de l'histoire générale, » a dit Victor Hugo ; elle épouvante par moments la réflexion. Cette histoire est, plus qu'aucune autre, spécimen et échantillon. Le fait local y a un sens universel. Cette histoire est, pas à pas, l'accentuation du progrès. Rien n'y manque de ce qui est ailleurs. Elle résume en soulignant. Tout s'y réfracte, mais tout s'y réfléchit. Tout s'y abrège et s'y exagère en même temps. Pas d'étude plus poignante. L'histoire de Paris, si on la déblaye, comme on déblayerait Herculanum, vous force à recommencer sans cesse le travail. Elle a des couches d'alluvions, des alvéoles de syringe, des spirales de labyrinthe. Disséquer cette ruine à fond semble impossible. Une cave nettoyée met à jour une cave obstruée. Sous le rez-de-chaussée, il y a une crypte, plus bas que la crypte une caverne, plus avant que la caverne un sépulcre, au-dessous du sépulcre le gouffre. Le gouffre, c'est l'inconnu celtique. Fouiller tout est malaisé. Gilles Corrozet l'a essayé par la légende, Malingre et Pierre Bonfons par la tradition, Du Breul, Germain Brice, Sauval, Béquillet, Piganiol de la Force par l'érudition, Hurtaut et Marigny par la méthode, Jalliot par la critique, Félibien, Lobineau et Lebœuf par l'orthodoxie, Dulaure par la philosophie ; chacun y a cassé son outil.

Prenez les plans de Paris à ses divers âges. Superposez-les l'un à l'autre concentriquement à Notre-Dame. Regardez le XVe siècle dans le plan de Saint-Victor, le XVIe dans le plan de tapisserie, le XVIIe dans le plan de Bullet, le XVIII⁰ dans les plans de Gomboust, de Roussel, de Denis-Thierry, de Lagrive, de Bretez, de Verniquet, le XIX⁰ dans le plan actuel, l'effet de grossissement est terrible. Vous croyez voir, au bout d'une lunette, l'approche grandissante d'un astre.

Nous nous estimerons très heureux si nous avons pu parfois intéresser nos lecteurs et leur donner le désir de connaître mieux, et plus intimement, la ville où viennent aboutir tous les efforts du monde et que Victor Hugo a si merveilleusement décrite.

La seule nomenclature des ouvrages sur Paris remplirait un volume : nous n'avons pu, au cours de cet ouvrage, en citer que quelques-uns, auxquels on pourra se reporter avec profit. Tous les sujets ont été traités : il n'est pas un recoin de la grande ville qui n'ait sa chronique spéciale et documentée.

En dehors des écrivains sérieux, de nombreux auteurs fantaisistes ont décrit Paris au point de vue pittoresque, et nous trouvons nombre de vers burlesques sur les différents aspects de la ville, depuis Claude le Petit, Scarron, Boileau (qui rougit, sans doute, de se trouver en telle compagnie !) jusqu'aux poèmes humoristiques de M. Amédée Pommier, paru en 1866, et dans lequel on trouve d'amusants tableaux.

Et, pour terminer, nous citerons ces jolis vers du poète Louis Bouilhet, déplorant la disparition des souvenirs du passé, des vieilles maisons, des vieilles rues :

> Ah ! pauvres maisons éventrées
> Par le marteau du niveleur,
> Pauvres masures délabrées,
> Pauvres nids qu'a pris l'oiseleur !
>
> Quand vos cloisons mal affermies
> Livrent aux regards insultants
> Les secrètes anatomies
> Du foyer qui vécut cent ans !
>
> Et qu'on voit au long des murailles,
> Sous les morsures des grappins,
> Flotter, ainsi que des entrailles,
> Vos vieux lambeaux de papiers peints !
>
> Mon cœur frémit, ma foi s'écroule
> Devant les manœuvres impurs
> Dont la cognée ouvre à la foule
> La conscience des vieux murs !
>
> Voici la mansarde fidèle
> Où le poète, pauvre encor,
> Confiait au nid d'hirondelle
> Le secret de ses rêves d'or !
>
> Ah ! douloureuses gémonies !
> Ils ont tout mis sous l'œil du jour,

Depuis la chambre aux agonies
Jusqu'aux alcôves de l'amour.

Pour les couvrir, montez, ô lierres,
Brisez l'asphlate des trottoirs !
Jetez sur la pudeur des pierres
Le linceul de vos rameaux noirs !

Cercueils froids que le sage envie,
J'ai vu votre ombre et vos lambeaux :
Mais ces sépulcres de la vie
Sont plus mornes que les tombeaux.

Louis Bouilhet aimait lui aussi les « verrues » et les « taches » que chérissait Montaigne, et il aurait pu dire comme lui : « Paris a mon cœur dès mon enfance et m'en est advenu comme des choses excellentes... »

Photo Neurdein frères.

CHEMIN DE FER MÉTROPOLITAIN, LIGNE N° 2 NORD DAUPHINE-NATION. — TABLIER DU VIADUC DE LA GARE "ALLEMAGNE".

Nous ne pouvons pas terminer cette promenade sans dire quelques mots du Bois de Boulogne, ainsi que des environs de Paris où l'on trouve des sites charmants et des endroits délicieux aux portes mêmes de la Capitale. L'ami de la nature qui parcourt ces campagnes y rencontre à chaque instant des points de vue nouveaux, des perspectives inattendues. « Il y a un air de gaîté répandu sur tout le paysage, un aspect de grâce accorte et de bonne humeur. La nature est souvent plus admirable, mais son plus frais sourire est ici. » Et notre seul regret sera de ne pas pouvoir nous y attarder plus longtemps et de ne pas pouvoir, car la place nous fait maintenant défaut, raconter l'histoire de villes qui offrent un aussi grand intérêt que Versailles, Marly, Saint-Germain-en-Laye, Saint-Cloud, Meudon, Bellevue, etc., etc.

LE BOIS DE BOULOGNE

LE Bois de Boulogne a été pendant longtemps désigné sous le nom de forêt de Rouvray à cause des chênes rouvres qui y poussaient en toute liberté, abritant quelques huttes de bûcherons et de charbonniers. Au XIVe siècle, des bourgeois de Paris, revenant d'un pèlerinage à Boulogne-sur-Mer, demandèrent au roi la permission d'élever sur les bords de la Seine une église pareille à celle qu'ils venaient de visiter. Cette autorisation leur fut accordée, et Philippe le Long, en 1314, posa la première pierre de l'église de Notre-Dame-de-Boulogne, située dans le hameau de Menus-lès-Saint-Cloud, qui devint le village de Boulogne-sur-Seine. Après la construction de l'église, la forêt de Rouvray devint le *bois de Notre-Dame-de-Boulogne*, puis enfin le *bois de Boulogne*.

L'ancienne forêt ne devait cependant être transformée en promenade publique que sous le règne de Napoléon Ier, qui la dota de plantations nouvelles et de belles avenues. Mais en 1814, lors de l'invasion étrangère, les soldats de Wellington et les cosaques campèrent sous ses ombrages et les ravagèrent. Le Bois de Boulogne fut en partie dévasté.

En 1840, le bois fut notablement diminué par la construction des fortifications. En 1852, il fut distrait du régime forestier, et l'État le céda à la ville de Paris. C'est à cette époque que de grands travaux y furent faits sous la direction de M. Alphand : aujourd'hui le Bois de Boulogne avec ses larges avenues, ses lacs, ses îles, ses grottes et ses cascades est devenu l'une des plus belles promenades du monde. Il est enclos de murs et fermé par onze grilles : la porte Maillot, les portes de Neuilly, de Saint-James, de Madrid, de Bagatelle, de Longchamp, de Boulogne, des Princes et trois autres portes qui font communiquer le bois avec les villages d'Auteuil et de Passy ; celle qui donne sur Passy s'appelle la Muette.

Dans le bois de Boulogne se voyait autrefois le château de Madrid, construit par François Ier à son retour d'Espagne où Charles-Quint l'avait gardé en captivité à la suite de la bataille de Pavie. François Ier avait remarqué l'ornementation des châteaux et palais d'Espagne, où l'on employait alors force émaillures de

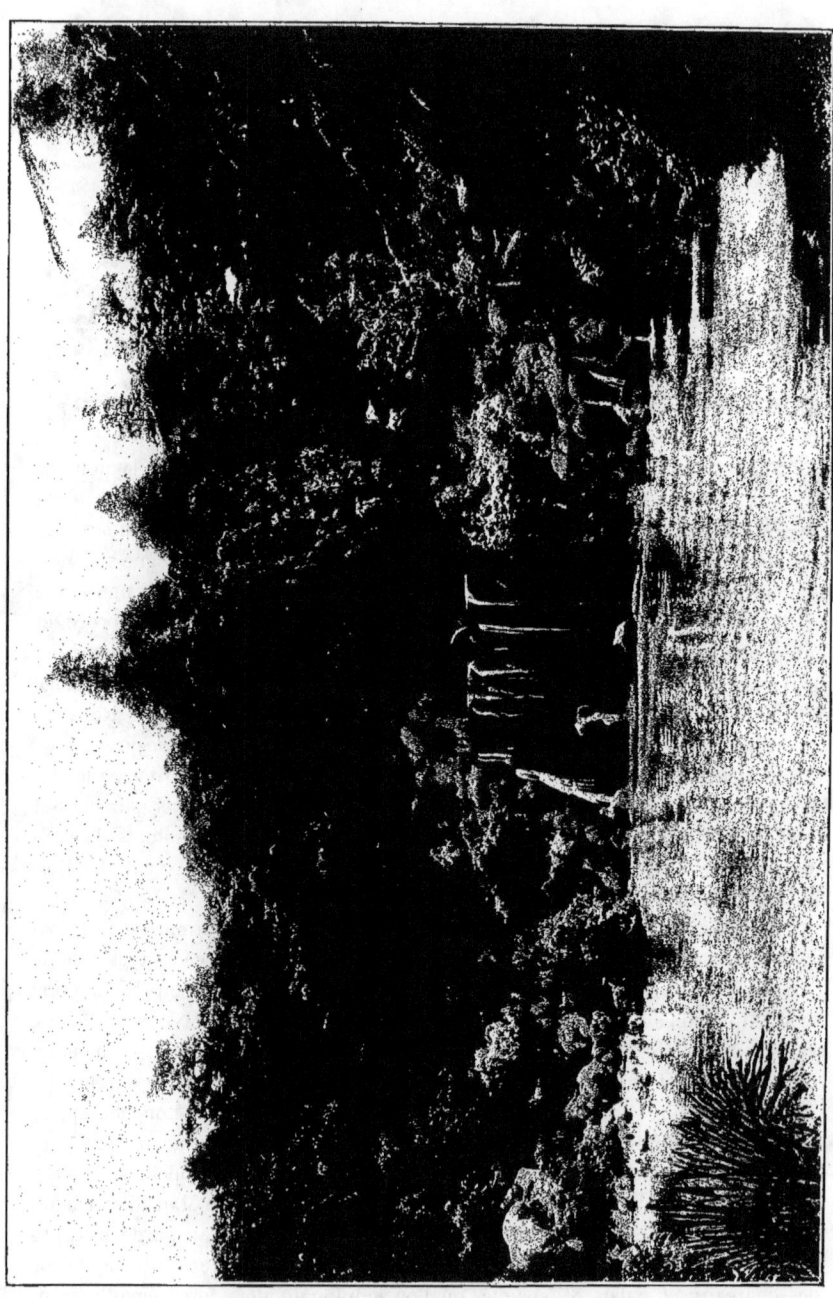

LA CASCADE DU BOIS DE BOULOGNE.

diverses couleurs sur toute l'étendue des façades, et il voulut se faire édifier un palais qui aurait la même ornementation. Le château du Bois de Boulogne n'eut d'ailleurs que ce seul rapport avec les palais d'Espagne.

De cette charmante habitation, il ne reste aujourd'hui que les *azulejos*, ornements d'émail exécutés par l'Italien Della Robbia, qui ont été conservés, comme reliques, au-dessus de la porte du restaurant construit sur une partie de l'emplacement du palais de François Ier.

Non loin du château de Madrid, se trouve le délicieux palais de Bagatelle, que le comte d'Artois fit construire, en soixante-quatorze jours, pour Marie-Antoinette, à la suite d'un pari. On lisait sur la porte en guise d'épigraphe : *Parva sed apta*. Pendant la Révolution, la propriété de Bagatelle servit à des fêtes publiques ; elle était louée à des entrepreneurs. Rendue au comte d'Artois sous la Restauration, elle prit le nom de *Babiole*. Après avoir été la propriété de Richard Wallace, Bagatelle appartient aujourd'hui à la ville de Paris.

Continuons notre promenade dans le Bois de Boulogne. A La Muette, nous passerons devant l'emplacement du rendez-vous de chasse de Charles IX, en face duquel se trouve le Ranelagh, qui fut créé en 1774, sur les terrains où était situé l'ancien bal champêtre du Ranelagh. Ce bal avait été établi dans le même genre que celui qui existait aux environs de Londres sous le patronage de lord Ranelagh ; il fut célèbre pendant de longues années et était en pleine vogue sous la Restauration. Le Ranelagh passa de mode au moment de la création du Pré-Catelan.

En 1856, le Pré-Catelan n'était qu'un amas de sable et de cailloux, une lande effondrée et marécageuse mesurant 4 hectares qui furent concédés à M. Nestor Roqueplan pour une période de quarante années à la condition d'y faire un établissement public. En trois mois, et moyennant 400 000 francs, on improvisa un éden sur cette terre désolée. Huit mille arbres des essences les plus rares et du plus beau feuillage y furent plantés, et l'on y vit bientôt de vertes pelouses, d'immenses corbeilles de fleurs, des massifs, des châlets, des pavillons, des théâtres, des cafés, des restaurants, etc., etc. La concession, qui n'était primitivement que de 4 hectares, s'étendit à plus de 100 000 mètres.

L'origine de ce nom de Pré-Catelan a été souvent contestée et l'on en a donné plusieurs explications. Voici quelle est la légende historique le plus souvent rapportée à ce sujet : Arnauld de Catelan, troubadour provençal de la cour de Béatrix de Savoie, fut envoyé au roi Philippe le Bel. Le roi chargea une escorte d'aller au-devant du poète ; mais le bruit s'était répandu que le troubadour apportait, de la part de la comtesse de Savoie, des bijoux précieux ; il fut tué, dit-on, par ceux mêmes qui avaient mission de le protéger et qui ne trouvèrent sur lui que des parfums et des liqueurs. Des recherches ordonnées par le roi firent découvrir le cadavre dans les broussailles, et l'on supposa qu'il avait été attaqué par des brigands. Cependant, à quelque temps de là, le capitaine de l'escorte coupable de l'assassinat du poète, se présenta devant le roi les cheveux embaumés d'une essence inconnue à la cour de France. Une perquisition amena la décou-

LES TRIBUNES DE LONGCHAMP.

verte d'une foule d'objets provenant d'Arnauld de Catelan. Les assassins du troubadour furent brûlés vifs, et Philippe le Bel éleva à la mémoire de ce dernier la pyramide qui existe toujours à l'entrée du Pré-Catelan.

Entre Boulogne et le pont de Suresnes s'étend la plaine de Longchamp, où a été créé, en 1854, le vaste hippodrome bien connu de tous les Parisiens. Ces derniers ont eu de tous temps une prédilection marquée pour Longchamp, qui, depuis le règne de Louis XV est une promenade célèbre.

Au XIIIe siècle, Longchamp était une forêt située près d'un tout petit village et c'est là qu'Isabelle de France, sœur de Saint-Louis, construisit un couvent qui prit le nom d'abbaye de Longchamp. Les premières religieuses de Longchamp vécurent dans la plus grande humilité, mais vers le milieu du XVIe siècle; elles se relâchèrent singulièrement de l'austérité de la règle de Saint-François. Henri IV, venu à l'abbaye pour y faire ses dévotions, tomba éperdûment amoureux d'une jeune religieuse nommée Catherine de Verdun et en fit sa maîtresse. Le scandale fut considérable, et à quelque temps de là saint Vincent de Paul se plaignit vivement de la licence de l'abbaye. « Les parloirs, dit-il, sont ouverts au premier qui se présente, même aux jeunes gens non parents ; les religieuses accourent quand il leur plaît, le plus souvent malgré les ordres de l'abbesse... Les frères mineurs, recteurs du monastère, n'arrêtent point le mal ; bien plus, ils l'aggravent, car ils avouent hautement qu'ils s'y introduisent la nuit à des heures indues pour s'y entretenir avec des sœurs. L'un d'entre ces frères a été trouvé la nuit dans une cellule où il avait été introduit par une des plus jeunes religieuses... » Ces désordres avaient éloigné de Longchamp les vrais dévots, mais l'abbaye acquit un autre genre de célébrité : on s'y rendait en foule à certains jours pour y entendre la musique, on allait là comme on va au théâtre, et les femmes rivalisaient d'élégance.

Pendant la Révolution, l'abbaye fut vendue, mais Longchamp retrouva sous le Consulat et sous l'Empire tout son faste d'autrefois. Sous Napoléon III, avec le baron Haussmann, Longchamp reçut l'affectation qu'il conserva depuis.

Après ce rapide historique du Bois de Boulogne, disons quelques mots des nombreux restaurants où, pendant la belle saison, s'empresse toute la foule élégante.

L'un des mieux situés est le *Pavillon-Royal*, qui se trouve dans la plus jolie partie du bois, tout auprès de ce lac qui forme l'un des plus gracieux paysages que l'on puisse voir. Cet établissement occupe l'une des premières places ; sa construction, son aménagement et sa situation idéale réalisent, en quelque sorte, la perfection.

Restaurant de grande carte, qui offre ce rare mérite d'offrir une cote de prix dénuée des exagérations habituelles, il est fréquenté par toute la société mondaine, française et étrangère. Au retour des courses, il est le rendez-vous favori des sportsmen qui aiment à venir s'y reposer en écoutant l'entraînante musique d'un incomparable orchestre.

PAVILLON-ROYAL.

Le *Pavillon-Royal* est véritablement le centre de ce Bois de Boulogne où toutes les élégances, tous les plaisirs et tous les luxes viennent se mêler.

Les dîners sont délicieux dans ce site enchanteur.

« Le soir, écrivait M. Amédée Achard, serait peut-être l'heure la plus aimable du Bois. Au printemps et en été surtout, lorsque la température est tiède et la nuit sereine, les environs du lac ont des aspects charmants qui invitent aux longues rêveries. La grande nappe d'eau prend aux clartés de la lune des proportions infinies dans lesquelles le regard aime à se perdre ; des senteurs balsamiques se dégagent des bois de chêne trempés de rosée. La brise chante dans les sapins, le grand murmure de la cascade

PAVILLON ROYAL.

LE LAC DU BOIS DE BOULOGNE.

CAFÉ-RESTAURANT DU TOURING-CLUB.

retentit dans l'ombre ; il semble qu'un enchanteur, ami des solitudes, ait fait disparaître Paris. »

De l'autre côté du Bois, près de la porte Maillot, nous voyons le restaurant du *Touring-Club*, qui jouit à l'heure actuelle d'une si grande vogue. Les promeneurs s'y réunissent en foule, les gens de sport viennent s'y reposer de leurs longues randonnées, tandis qu'un excellent orchestre les égaye et les divertit.

Le café-restaurant du *Touring-Club*, placé à la porte même du Bois de Boulogne, possède une situation privilégiée ; l'on y fait des repas succulents, et tout cela ne suffit-il pas pour justifier et mériter la grande faveur du public ?

Balzac avait raison quand il parlait du brillant avenir réservé aux *limonadiers*, et il est certain que cette mode n'a fait que croître depuis que le premier café fut établi en France, à Marseille en 1654. En 1785, Dulaure disait dans son livre des *Curiosités de Paris* : « Rien n'est plus commode, plus satisfaisant pour un étranger que ces salons proprement décorés, où il peut, sans être tenu à la reconnaissance, se délasser de ses courses, lire les nouvelles politiques et littéraires, s'amuser à des jeux honnêtes, se chauffer gratis en hiver et se rafraîchir en été à peu de frais, entendre la conversation quelquefois curieuse des nouvellistes, y participer et dire librement son avis sans crainte de blesser le maître de la maison. »

Qu'aurait dit le chroniqueur s'il avait vu les délicieux restaurants du Bois ?

NEUILLY

Nous sortirons du Bois de Boulogne par la porte de Neuilly. C'est dans l'avenue de Madrid que se trouvait l'ancienne Folie-Saint-James, construite par un trésorier général de la marine nommé Beaudard et surnommé Saint-James.

Beaudard fit, en réalité, des *folies* pour sa nouvelle propriété : nous citerons simplement ce détail qu'un rocher qu'on édifia dans le jardin ne coûta pas moins de 1 500 000 francs à son propriétaire. Beaudard fit quelque temps après une faillite de 20 millions et mourut dans la misère après avoir passé par la Bastille.

La princesse Borghèse posséda la Folie-Saint-James. En 1815, le duc de Wellington y résida. Puis une grande partie de la propriété fut livrée à la spéculation ; l'on y tailla des jardins et l'on y éleva des maisons ; bientôt un village naquit des ruines de la Folie-Saint-James.

Neuilly n'était à son origine qu'un gué ou port sur la Seine, vis-à-vis des chemins qui conduisent à Nanterre et à Bezons. On le nommait *Portus Lulliaci*, puis *Luniaci* et enfin *Nulliaci*, qui devint *Neuilly*.

En 1224, les moines de Saint-Denis autorisèrent, au profit de l'abbaye, l'établissement d'un bac dans cette partie de la rivière. Ce bac fut remplacé par un pont plusieurs siècles après, à la suite d'un accident qui faillit coûter la vie à Henri IV et à la reine Marie de Médicis, qui, en revenant de Saint-Germain avec leur suite, entrèrent dans le bac sans sortir de leur carrosse; les deux derniers chevaux, tirant trop de côté, tombèrent dans l'eau et entraînèrent la voiture. Les gentilshommes de l'escorte royale parvinrent à grand'peine à tirer de là Henri IV et la reine. Henri IV donna aussitôt des ordres pour qu'un pont de pierre remplaçât le bac malencontreux. La création de ce pont facilita tellement la circulation et le commerce que beaucoup de marchands des villages d'alentour vinrent s'installer à Neuilly.

Ce pont fut réparé en 1638, puis reconstruit sous Louis XV, en 1768. Commencé sur les dessins de Perronnet, il fut livré au public en 1772. C'est le premier pont sans courbure qui ait été édifié en France.

Depuis ce moment, Neuilly ne fit que s'accroître et devint bientôt commune indépendante, puis chef-lieu de canton. C'est aujourd'hui une jolie petite ville, très bien construite, surtout dans la partie qui borde la grande avenue de Neuilly où une nouvelle église fut édifiée en 1824.

L'avenue du Roule, à Neuilly, part de la porte des Ternes, faisant suite à

LA STATUE DE J.-R. PERRONET.

l'avenue des Ternes. Au numéro 30 de l'avenue du Roule, tout près de la porte des Ternes et de la porte Maillot, se trouve l'Institution de Notre-Dame-de-Sainte-Croix, dirigée actuellement par l'abbé Ch. Litter, chanoine honoraire, docteur en théologie, licencié ès lettres.

Cette institution, fondée en 1850, dans l'ancien château des Ternes et transférée, en 1866, sur l'avenue du Roule, occupe un vaste et magnifique local, dont les constructions ont été faites pour leur destination spéciale, avec cours spacieuses et ombragées. Elle est placée à l'entrée de l'ancien parc de Neuilly, dans un site extrêmement aéré et par suite très favorable à la santé des enfants.

Elle est située à quelques pas seulement des lignes du Métropolitain, du chemin de fer de ceinture et de nombreux tramways.

Le but de l'institution est de donner une éducation chrétienne aux enfants

L'INSTITUTION DE NOTRE-DAME-DE-SAINTE-CROIX. — ENTRÉE SUR L'AVENUE DU ROULE.

INSTITUTION NOTRE-DAME-DE-SAINTE-CROIX. — PARTIE DE LA FAÇADE.

de bonnes familles, en aidant et au besoin en remplaçant les parents dans cette tâche. Les familles peuvent compter sur le dévoûment religieux le plus complet de la part des maîtres, tant ecclésiastiques que laïques, qui sont non seulement des professeurs, mais des éducateurs. La présence de nombreux professeurs laïques, mêlés amicalement aux ecclésiastiques et formant avec eux comme une famille pourrait, au besoin, être une preuve de l'esprit large et libéral de l'école.

L'instruction qu'on y donne est à la hauteur des exigences de l'enseignement officiel et conforme essentiellement aux programmes actuels. Les professeurs ont tous les grades et toutes les qualités que l'on peut justement exiger d'eux. L'institution peut admettre de tout jeunes enfants ; des dames sont spécialement chargées des classes enfantines.

Les récréations au grand air, les jeux obligatoires, la gymnastique, les bains chauds en hiver, les bains froids et les exercices de natation en été, entretiennent et développent la santé des élèves. Une infirmerie, complètement

INSTITUTION NOTRE-DAME-DE-SAINTE-CROIX.

isolée de l'école reçoit les élèves indisposés ou malades. Un médecin attaché à l'école y vient faire ses visites régulièrement.

A la tête de l'Institution est placé le directeur, M. l'abbé Litter. C'est à lui qu'appartient la direction générale et l'administration de l'école.

Il se fait seconder par un préfet qui est chargé spécialement de ce qui concerne les études et de la surveillance générale. Le préfet est en rapport constant avec le directeur ; il l'assiste et le remplace en cas d'empêchement ou d'absence. C'est le directeur principalement et le préfet qui donnent aux parents les renseignements concernant le travail et la conduite des enfants.

L'enseignement religieux est donné à tous les élèves selon l'âge, la classe et les besoins particuliers de chacun d'eux. On prépare tous les ans à la première communion les enfants qui ont l'âge requis. Cette préparation est faite avec le plus grand soin ; elle devient de plus en plus sérieuse à mesure que le jour de la cérémonie approche.

INSTITUTION NOTRE-DAME-DE-SAINTE-CROIX. — PETIT HOTEL SUR LES JARDINS.

Le programme des différentes classes de l'enseignement classique est rigoureusement conforme au nouveau plan d'études des lycées et prépare aux différents examens des baccalauréats de l'enseignement secondaire. Une part importante est faite à l'étude des langues vivantes. De plus, un cours de sciences appliquées à l'électricité, la mécanique et l'automobile et de préparation à l'école supérieure d'électricité a été récemment organisé. Pour l'enseignement des différents arts, des maîtres particuliers sont attachés à l'établissement.

L'émulation est entretenue par un système de récompenses proportionnées au mérite. Les bulletins hebdomadaires permettent aux parents de suivre de très près le travail et la conduite de leurs enfants.

Les élèves qui se préparent au baccalauréat subissent à partir du mois de novembre des examens particuliers faits par des professeurs spéciaux, et les notes de ces examens sont envoyées aux familles.

Dans l'historique que nous avons fait tout à l'heure de cette jolie petite ville de Neuilly, nous avons omis de dire que pendant la Commune, en 1871, l'artillerie versaillaise, à la suite de l'insurrection du 18 mars, détruisit presque complètement les maisons qui bordaient l'avenue de Neuilly et fit éprouver de grands dommages à cette localité en essayant de reconquérir Paris sur les troupes de la Commune. Le calme rétabli, Neuilly ne tarda pas à réparer ses pertes, et une dizaine

INSTITUTION NOTRE-DAME-DE-SAINTE-CROIX.

d'années après la guerre toutes les maisons démolies avaient été reconstruites.

C'est à Neuilly que se trouvait le château de la famille d'Orléans, et c'est là que se rendait le duc d'Orléans lorsqu'il fut tué dans un accident de voiture en 1842.

Le château était entouré d'un immense parc ; il fut construit en 1668 et appartenait alors à la famille de Gontaut-Biron. Il devint successivement la propriété de Lassenage, de Nointel, du comte Voyer d'Argenson, de M. Radix de Sainte-Foix, de Murat et de la princesse Borghèse. En 1818, Louis XVIII donna au duc d'Orléans la terre de Neuilly.

De grands travaux furent faits pour réunir les diverses parties de cette vaste propriété composée des châteaux de Neuilly et de Villiers avec toutes leurs dépendances. Ce magnifique domaine fut dévasté en 1848, puis morcelé et mis en vente.

LE BOIS DE VINCENNES

 L'ENDROIT même où la Seine s'échappe de Paris, dit M. Amédée Achard, dans un article sur le Bois de Vincennes, on rencontre le Bois de Boulogne à l'ouest. A l'endroit même où la Marne se jette dans la Seine, avant que le fleuve n'ait gagné l'enceinte de Paris, elle rencontre le Bois de Vincennes à l'est. Ainsi le premier rayon du soleil levant éclaire le donjon de Vincennes et les dernières lueurs de l'astre à son déclin, l'arc de l'Étoile. Paris est une capitale prise entre deux forêts. Mais si l'on arrive à l'une par une avenue grandiose toute semée de monuments et de palais, on arrive à l'autre par les sinuosités d'un faubourg dont toutes les maisons appartiennent au travail. »

Aujourd'hui Vincennes est un chef-lieu de canton avec une population agglomérée d'environ trente mille âmes. C'est la forteresse qui a fait la ville. Le donjon qui reste seul debout de la citadelle commencée par Philippe de Valois et terminée par Charles le Sage sur les ruines du château royal dont Philippe-Auguste avait fait son rendez-vous de chasse, était autrefois accompagné de huit tours jumelles groupées autour de ses murailles comme des vassaux autour de leurs seigneurs. Le temps et les révolutions les ont emportées dans leur cours.

Aujourd'hui le château de Vincennes est une forteresse, une caserne, un arsenal et principalement une école de tir. C'est à Vincennes que se font les expériences se rattachant au perfectionnement des armes à feu. C'est à Vincennes qu'a été formé par le duc d'Orléans, fils de Louis-Philippe, le premier bataillon des chasseurs à pied, l'un des plus célèbres de notre armée.

L'histoire de Vincennes n'est en somme que celle de son château. Le village s'est formé peu à peu et n'offre aucun souvenir particulier digne d'attention, sinon sa promenade et son bois qui est une des plus anciennes forêts de France.

En 1274, Philippe le Hardi acquit du prieur de Saint-Mandé une portion de territoire qu'il réunit au bois, dont la superficie n'était encore que de deux cents arpents. Le Bois de Vincennes fut coupé en 1419 pour subvenir au chauffage de la population parisienne éprouvée par un redoutable hiver. Sous Louis XI, Olivier le Daim y fit planter trois mille pieds de chêne. Henri II y fit couper le bois qui servit à construire la charpente nouvelle de la Sainte-Chapelle, puis le fit ensuite replanter. Sous Louis XV, le bois de Vincennes, dont l'étendue avait atteint 1 467 hectares, fut de nouveau coupé et replanté.

Le Bois de Vincennes, avant les travaux qui l'ont complètement transformé, n'était, en somme, qu'une forêt coupée par de grandes routes pavées qui n'offraient que des alignements droits, d'un aspect monotone, lorsqu'en 1858 on eut l'idée de faire pour lui ce qu'on avait fait pour le Bois de Boulogne. Le creusement du lac des Minimes, du ruisseau qui l'alimente et l'établissement des nouvelles routes qui l'entourent furent les premiers travaux entrepris au Bois de Vincennes. Un second lac fut ensuite creusé à Saint-Mandé. Tout le bois fut sillonné de spacieuses allées soigneusement entretenues, par des sentiers perdus sous les ombrages et enfin par de nombreux cours d'eaux qui égayent le paysage en entretenant la fraîcheur.

Afin de conserver la vue splendide que l'on a du Bois de Vincennes, la ville de Paris a acquis toute la colline qui sépare les anciennes limites du bois de la route de Saint-Maurice à Saint-Maur. Elle a en outre transformé l'ancienne et aride plaine de Bercy, qui maintenant se trouve réunie, elle aussi, au Bois de Vincennes.

Parmi les nombreux souvenirs qui se rattachent à l'histoire du château de Vincennes, rappelons les très fréquents séjours que venait y faire Saint Louis. Joinville rapporte qu'il rendait la justice sous un grand chêne que Sauval, dans son ouvrage sur les *Antiquités de Paris*, affirme avoir vu encore debout. C'est dans le château de Vincennes que Saint Louis, à son arrivée de Sens, fit mettre en dépôt la couronne d'épines, et c'est de là qu'il la transporta, pieds nus, à Notre-Dame.

Parmi les prisonniers illustres qui furent enfermés au donjon de Vincennes, citons le duc de Beaufort, le Grand Condé, Diderot, Jean-Jacques Rousseau et Mirabeau, qui y resta pendant trois ans sur la demande de son père. Durant sa captivité, il composa sa traduction de *Tibulle*, son ouvrage contre les lettres de cachet et ses admirables *Lettres à Sophie*.

C'est à Vincennes que le duc d'Enghien fut conduit pour y être sommairement jugé puis fusillé.

Rappelons enfin, pour finir, l'héroïque défense de Vincennes en 1814 et en 1815, par le général Daumesnil, surnommé *La Jambe de Bois*. Ce fut seulement lorsque Daumesnil eut acquis la certitude que tout était perdu et que Napoléon avait terminé son rôle qu'il conclut une capitulation dont les conditions glorieuses furent dictées par lui-même.

ENGHIEN

ALEXANDRE DUMAS, dans ses *Mémoires*, appelle Enghien la perle de la vallée ; il aurait pu ajouter : perle richement enchâssée, car si la beauté de son site, le charme de son lac, l'excellence de son climat en font une terre promise, les environs offrent aux baigneurs des promenades ravissantes et pleines de souvenirs.

CASINO MUNICIPAL D'ENGHIEN-LES-BAINS.

Enghien est située dans une vallée qui s'étend depuis le contrefort formé par les coteaux de Montmorency et se continue d'un côté jusqu'à la Seine et de l'autre jusqu'aux collines de Sannois et d'Argenteuil.

L'altitude de la ville est de 44 mètres au-dessus du niveau de la mer et de 21 mètres au-dessus du niveau de la Seine. Le climat est remarquablement sain et la température modérée; abritée des vents du sud-ouest par les buttes d'Orgemont, des vents du nord par les coteaux de Montmorency, la ville ne reçoit que les vents d'ouest et d'est, direction qui permet le mieux la purification de l'air par son renouvellement.

Des milliers de visiteurs qui dès les premiers jours du printemps envahissent Enghien, combien peu connaissent l'origine et les phases du développement de cette coquette et ravissante petite ville. C'est cependant une histoire fort intéressante et que nous croyons devoir résumer ici que celle de ce hameau qui, grâce à ses eaux sulfureuses et aux sites délicieux dont il est entouré, est devenu le rendez-vous du grand monde parisien.

Le P. Cotte, oratorien et curé de Montmorency, fut le premier à signaler les sources d'Enghien. Depuis longtemps la fausse rivière du Moulin laissait échapper par les interstices des pilotis une eau fétide qui lui avait valu le nom de *ruisseau puant*. Le P. Cotte avait lu les ouvrages des médecins et des savants qui venaient de créer deux nouvelles sciences : la chimie et l'application des sources thermales à la thérapeutique. Il eut l'idée d'utiliser pour les malades cette eau sulfureuse et, après plusieurs essais et quelques cas de guérison, il adressa, en 1766, un mémoire à l'Académie des Sciences.

L'abbé Nollet, physicien distingué, fut chargé du rapport, et le chimiste Macquer, de l'analyse; tous deux constatèrent la nature sulfureuse des eaux, et la nouvelle source fut concédée en 1781, par le prince de Condé, à Levieillard, propriétaire des eaux ferrugineuses de Passy, qui fit simplement construire un bassin de pierre pour la recevoir et une voûte pour les protéger.

Mais, en dépit de ses efforts, le préjugé qui n'attribuait qu'aux sources des Pyrénées les précieuses qualités des eaux sulfureuses persistait toujours, et ce fut au hasard, à une supercherie d'un malade vis-à-vis de son médecin, que les eaux d'Enghien ont dû le succès qui a consacré le témoignage des savants.

Le Journal de Paris, dans son numéro du 24 mai 1787, publie une lettre du Dr Antoine Petit, qui constate les faits suivants :

« A la suite d'une maladie, accompagnée des accidents les plus graves, qui durait depuis six ans, M. Lambert, secrétaire des commandements de S. A. S. le prince de Condé, se trouvant dans l'état le plus fâcheux, nous appela, M. Duchanoy et moi; nous fûmes effrayés du marasme et du dépérissement du malade.

« Nous prescrivîmes les eaux de Barèges coupées avec le lait de chèvre; mais leur usage, dans lequel le malade persiste trois jours, ayant occasionné de violentes coliques, il leur substitua, à notre insu, les eaux sulfureuses d'Enghien. La fièvre et tous les accidents ont promptement disparu; le malade a repris ses forces, son embonpoint et ses couleurs : il est parfaitement guéri, de sorte que nous pouvons certifier que M. Lambert a obtenu des eaux sulfureuses d'Enghien tout le succès qu'on pouvait espérer des eaux de Barèges prises sur les lieux. »

Nombre de malades vinrent alors demander à cette source un soulagement à leurs maux

On venait boire à la source, on commençait à prendre des bains dans les

RESTAURANT DU CERCLE.

quelques chaumières qui s'étaient groupées, une à une, autour du bassin ; mais la Révolution vint interrompre cette prospérité naissante. La mousse et les dépôts terreux vinrent combler le bassin primitif de Levieillard, et la voûte surbaissée s'écroula en partie dans la source qu'elle aurait dû protéger.

Jusqu'à la chute de l'Empire, il n'est plus guère question d'Enghien. Seul, un homme lui restait fidèle, le P. Cotte, devenu le génie familier de la vallée et venant, appuyé sur le bras d'une servante, saluer le bassin de pierre, en faire le tour, soupirer et espérer en l'avenir.

La paix qui succéda à la chute de l'Empire inaugura pour Enghien une ère nouvelle de prospérité et de progrès.

Le précurseur de cette nouvelle période fut M. Peligot, administrateur en chef de l'hôpital Saint-Louis. Sous son intelligente et hardie direction, on vit les malades affluer. De nouveaux sondages firent découvrirent les sources Peligot et de la Pêcherie, et un établissement fut ouvert aux baigneurs. Il comprenait 28 cabinets, dont 8 pour les douches. L'impulsion était donnée ; de grands hôtels se construisirent aux environs des Thermes ; les bords du lac sont envahis par une nuée d'architectes, et sur ces rives nues et désertes vont s'élever les splendides habitations qui aujourd'hui ravissent l'œil de toutes parts.

Le baron Alibert, un des médecins de Louis XVIII, avait été nommé inspecteur des eaux d'Enghien dès l'origine de l'Établissement.

D'après ses conseils et ceux du baron Portal, le roi, atteint d'une goutte constitutionnelle chronique, fut traité par les eaux sulfureuses froides.

La cour de son côté avait pris sous son haut patronage la ville d'Enghien, qui à partir de ce moment ne cessa de s'accroître dans des proportions extraordinaires. On en parle de tous côtés, on y construit des hôtels. Un ancien cuisinier de Napoléon Ier vient s'y installer et fait des plats fins dont se régalent toute une génération de Parisiens. L'odeur de ses fourneaux y attire le gastronome Brillat-Savarin. Le théâtre s'en mêle ; le Vaudeville joue *Polichinelle aux Eaux d'Enghien*, et dans toutes les pièces de l'époque il y a des allusions sur Enghien-les-Bains, qu'on prendrait aujourd'hui pour de la réclame payée.

La jolie station balnéaire n'a plus désormais qu'à suivre le cours de sa destinée triomphale. Elle fut toujours le rendez-vous classé de la haute société qui y vint pour se soigner et pour s'amuser. La liste serait trop longue à publier de tous les gens illustres qui y passèrent ; à peine peut-on citer les noms de quelques-uns de ceux qui s'y établirent pour y passer des saisons entières.

Alexandre Dumas, Horace Vernet, Paul Delaroche, y succédèrent à Talma, qui s'était empressé d'abandonner sa propriété princière de Brunoy pour venir faire une cure à Enghien. Louis Blanc vint y écrire son *Histoire de dix ans*, dans la belle propriété du baron de Vaux qu'acheta plus tard Villemessant où il mourut. Émile de Girardin y écrivit *le Supplice d'une femme* ; mais l'énumération n'en finirait pas de tous ceux qui furent séduits par le charme de cette adorable petite ville, si jolie, si pimpante, avec son lac et ses jardins fleuris

A l'heure actuelle, Enghien rivalise et peut soutenir la comparaison avec les premières stations sulfureuses des Pyrénées et de la Savoie ; elle le doit à une direction avisée, toujours à l'affût des perfectionnements nouveaux, et qui a fait de l'établissement actuel un établissement unique, où le confort véritable s'allie à la diversité des services, et où les baigneurs et les malades sont assurés de trouver une installation permettant toutes les applications connues des eaux sulfureuses.

Les eaux d'Enghien ont été déclarées d'utilité publique par décret ministériel du 18 juillet 1865. L'eau d'Enghien est froide, sulfurée, calcique, et sulfhydriquée ; sa densité moyenne est de 1005 ; sa température varie de 10 à 15°. Elle est, par conséquent, fraîche, ce qui, avec les gaz qu'elle renferme, la fait généralement bien supporter. Cependant quelques personnes la tolèrent mieux en élevant cette température au bain-marie, ou en y ajoutant une petite quantité de lait très chaud ; d'autres préfèrent l'édulcorer avec un sirop aromatique. Prise

JARDIN DES ROSES.

JARDIN DE L'ÉTABLISSEMENT THERMAL.

au griffon, elle est limpide, incolore, légèrement gazeuse, à odeur et saveur fortement hépatiques, avec un arrière-goût fade ou un peu alcalin.

Les eaux d'Enghien-les-Bains ont été étudiées par des chimistes tels que Fourcroy, Longchamp, Frémy, Ossian, Henry père et fils, pour ne citer que des noms connus.

Ce qui résulte, au premier abord, de cette analyse, c'est la proportion considérable des principes sulfureux contenus dans l'eau d'Enghien, et Ossian Henry, dans son rapport à l'Académie de médecine, fait remarquer « qu'elle dépasse de beaucoup la quantité de métalloïde contenue dans les eaux sulfurées de la chaîne des Pyrénées ».

Le soufre contenu dans les eaux d'Eaux-Bonnes, de Saint-Sauveur étant représenté par	1
Celui des eaux de Barèges est représenté par	2
Celui des eaux de Luchon par	4
Celui des eaux d'Enghien (richesse moyenne) par	7 1/2
Celui de la source du lac par	9 1/2

L'eau d'Enghien s'emploie de deux façons :

L'usage interne comprend la boisson, l'inhalation et la pulvérisation. L'usage externe comprend les lotions, les douches, les bains et les irrigations.

Les sources généralement employées pour la boisson sont les sources du Roy et Deyeux ; on y accède par un escalier recouvert par une grotte artificielle qui sert d'abri aux deux sources. Le malade peut à volonté boire l'eau au griffon même ou dans la buvette, vaste pavillon comprenant, outre la grande salle d'entrée confortablement meublée, deux salles de gargarismes.

L'établissement thermal a été complètement transformé et remis à neuf en 1904 ; on peut le considérer comme le modèle du genre.

Dès 1889, le Congrès international d'hydrologie déclarait que c'est un établissement complet et le mieux outillé de France. Depuis, la Société d'Exploitation des Eaux et Thermes d'Enghien y a appliqué les derniers perfectionnements de la science moderne et les appareils les plus nouveaux.

Ses différents services sont groupés autour d'un vaste hall vitré très confortablement aménagé, et dont l'atmosphère légèrement sulfureuse permet aux baigneurs, en y séjournant, de compléter heureusement leur cure. Il comprend :

Quatre-vingts salles de bains ;

Six salles de douches ;

Quatre salles d'inhalations et de pulvérisation ;

Deux salles de douches nasales ;

Des piscines particulières à eau sulfureuse courante ;

Des bains de vapeurs sulfureuses en caisse.

Enfin nous devons une mention spéciale aux nouvelles installations électriques, qui permettent de donner des bains hydro-électriques, hydro-sulfureux électriques et des bains de lumière.

On a construit, en 1899, dans le parc même du grand établissement, une annexe spécialement destinée à l'hydrothérapie.

Ce nouvel établissement comprend :

Deux grandes piscines à eau courante ;

Des salles de douches pourvues de tous les appareils connus.

Des salles de bains de vapeur en caisses, de sudation et de douches de vapeurs. Des salles de massage à sec et de massage sous la douche (douche, massage d'Aix et de Vichy), services auxquels sont attachés des masseurs et des masseuses expérimentés, rompus à la pratique de ce traitement qui donne des résultats surprenants dans les cas d'obésité et de rhumatisme chronique. Ajoutons que des salons de repos très confortablement installés sont annexés à chacun de ces services.

Les maladies qu'on peut soigner à Enghien sont trop nombreuses pour être énumérées sans ordre. Il est difficile de les passer en revue sans éviter une certaine confusion, et sans tomber dans quelques redites. Pour les exposer le plus clairement possible, nous les citerons, en suivant l'ordre des organes atteints. Voies respiratoires, peau, système nerveux, organes génito-urinaires. De plus, les diathèses, jouant un très grand rôle dans la médication sulfureuse, doivent être citées à part, de même que certaines affections propres à l'enfance, telles que coqueluche, laryngite striduleuse, etc., etc.

L'établissement thermal et son annexe, ainsi que la buvette, s'élèvent au milieu d'un vaste parc, complètement entouré de grilles, et dont les pelouses et les corbeilles de fleurs font l'admiration de tous les visiteurs.

Deux jeux de Tennis sont installés dans la partie la plus ombragée et sont le rendez-vous, tous les matins, de la société élégante. En face du parc de l'établissement, dont il est séparé par la Grande-Rue, s'élève sur le bord du lac le Grand Casino. Le Jardin des Roses précède le Casino et permet de longues flâneries au bord du lac. Deux concerts y sont donnés chaque jour sous l'habile direction du maëstro Tartanac : l'après-midi, de quatre à six heures, et le soir de neuf à onze heures. De très importantes transformations viennent d'être opérées dans le Casino, qui a été entièrement reconstruit.

L'administration n'a pas reculé devant des dépenses qui se chiffrent par millions pour faire de cet établissement l'un des plus beaux de France. Il possède une superbe salle de théâtre, où le nombreux public qui fréquente l'établissement peut toujours se croire soit à l'Opéra, soit au Théâtre-Français ; car les artistes qui sont engagés par l'éminent directeur M. Gouverneur ne sont admis à paraître sur la scène du Casino Municipal d'Enghien qu'après avoir fait leurs preuves sur les premières scènes de la Capitale.

Deux merveilleuses salles de restaurant, où l'élite de la société parisienne et étrangère se retrouve chaque soir pour savourer les menus succulents composés par Negresco, le fameux maître d'hôtel si connu, ont été inaugurées cette année.

Sur le beau lac d'Enghien qui forme un si délicieux paysage, de nombreuses fêtes sont données : matches de Water-Polo, joutes lyonnaises, régates à l'aviron et à la voile, etc., etc. Tous les jeudis et dimanches ont lieu de très beaux feux d'artifice qui embrasent tout le lac ainsi que de charmantes fêtes vénitiennes. A cette occasion, les riverains font des prodiges pour la décoration et l'illumination de leurs parcs et de leurs bateaux.

En somme, Enghien est une délicieuse station thermale qui nous offre toutes les attractions des villes d'eaux et qui possède ce privilège inappréciable d'être à douze minutes de Paris. Les Parisiens, toujours amoureux du grand air et de campagne, vont souvent chercher bien loin ce qu'ils ont tout près d'eux.

Ajoutons qu'Enghien possède le champ de courses le plus couru des environs de Paris.

Il y a exactement trente ans que les courses d'Enghien ont été constituées.

C'est, en effet, le 15 avril 1879 que le nouvel hippodrome fut inauguré. La plus brillante société s'y était donné rendez-vous, et la réunion eut un succès complet.

Depuis, la situation n'a fait que s'améliorer.

Enghien est un des meilleurs et des préférés champs de courses de la banlieue de Paris. Toute la " fashion " s'y trouve fidèle, aux dates fixées pour les épreuves, et suit celles-ci avec un vif intérêt.

L'hippodrome d'Enghien, où n'ont lieu que des courses d'obstacles, appartient à la Société sportive : c'est dire avec quel soin, quelle régularité et quelle expérience les choses sont faites.

Sur le chemin qui conduit au Casino, nous devons signaler une très importante entreprise industrielle, la distillerie *P. Garnier*, fameuse dans le monde entier pour sa marque de l'*Abricotine*.

MAISON P. GARNIER.

C'est une maison extrêmement ancienne, qui fut créée à Noyon par M. Paul Garnier, et qui fut transportée quelques années plus tard dans cette jolie installation qu'elle occupe aujourd'hui à Enghien et qui est si merveilleusement organisée.

C'est en 1888 que M. A. Garnier succéda à son père. Il agrandit considérablement sa maison, fit prendre à son industrie une extension très grande et ne cessa d'apporter des perfectionnements multiples.

Chaque année, il créa une spécialité nouvelle, et ses efforts furent couronnés de succès par l'obtention de grandes médailles d'or aux Expositions Universelles de 1889 et 1900, et du Grand Prix, à

MAISON P. GARNIER.

Saint-Louis, aux États-Unis, ainsi qu'à la récente Exposition Franco-Britannique de 1908.

Nous visiterons avec beaucoup d'intérêt la distillerie, le laboratoire modèle dont les alambics au cuivre brillant attirent tout d'abord l'attention des promeneurs, puis les magasins et les caves que l'on est forcé d'agrandir chaque année à cause du développement incessant des affaires, et nous admirerons ce que l'on peut faire aujourd'hui dans cette industrie si prospère de la distillerie, qui est en possession de méthodes scientifiques parfaites et d'appareils très perfectionnés.

Nous nous sommes amusés à suivre les différentes opérations nécessaires à la fabrication de toutes ces liqueurs si savoureuses, présentées avec d'excellents conditionnements dans lesquels se révèle un cachet artistique et très original.

C'est d'abord la célèbre marque de l'Abricotine, liqueur douce à base d'abricots, qui réjouit l'œil par sa brillante couleur de rubis avant de charmer le palais.

Elle fut créée en 1872 et, depuis ce jour, a obtenu le succès le plus grand et le plus mérité. L'*Abricotine* est appréciée dans tout l'univers et plus spécialement en Russie, aux États-Unis, où l'on est très amateur de cette marque succulente.

MAISON P. GARNIER.

C'est ensuite la Fine Anis, la Fine Orange, excellent curaçao à la Grande Fine Champagne, la Monastine, l'Apricot et le Cherry Brandy, la liqueur Garnier, jaune et verte, etc., etc.

La maison P. Garnier est aujourd'hui universellement connue.

En dehors de ses spécialités, elle fabrique toutes les liqueurs fines dans des conditions de supériorité et de bon marché qu'il faut attribuer aux perfectionnements de son outillage et à cette organisation méthodique qui la caractérise.

Elle fait un très important commerce d'exportation et reçoit chaque jour des commandes de tous les points du globe.

M. André Garnier est prématurément décédé en août 1908; sa veuve, Mme Garnier, qui fut toujours sa collaboratrice zélée, lui a succédé dans la direction de cette affaire, et elle se trouve aujourd'hui à la tête d'une des meilleures distilleries de France.

Pour terminer, nous dirons que la distillerie P. Garnier possède à l'entrée de la Mairie un très coquet magasin de détail où chacun peut se procurer de délicieuses liqueurs.

CHARENTON

côté de Vincennes, se trouve la localité de Charenton, située à huit kilomètres de Paris, près du confluent de la Seine et de la Marne. L'importance de sa position en a fait depuis son origine le but de nombreuses entreprises militaires et le théâtre de plusieurs combats. Sous le règne de Charles VII, les Anglais s'en emparèrent ; pendant la Ligue, Charenton résista vaillamment à Henri IV. Celui-ci y autorisa la construction d'un temple protestant qui, après de nombreuses vicissitudes, fut détruit à l'époque de la révocation de l'édit de Nantes.

En 1648, le prince de Condé s'empara de Charenton et en 1814 les armées étrangères l'envahirent malgré son héroïque défense.

Charenton est remarquable aujourd'hui par son établissement d'aliénés et par son important commerce de vins.

L'un des établissements les plus considérables est la *Société Bordelaise et Bourguignonne*, située 21, quai de Bercy.

SOCIÉTÉ BORDELAISE ET BOURGUIGNONNE. — ENTRÉE DU CHAIS.

Cette Société fut fondée en 1835; elle a été constituée par divers propriétaires du Bordelais et de la Bourgogne, dans l'ancien Palais Bonne-Nouvelle, sur le boulevard de ce nom.

En 1865, alors qu'elle venait de se transporter 22, rue de Châteaudun, où elle est restée jusqu'à fin 1905, elle est devenue la propriété d'une très ancienne maison de gros de l'entrepôt du quai Saint-Bernard, dont les magasins étaient occupés par la même famille depuis 1805.

Diverses raisons ayant fait naître une certaine suspicion sur les négociants en vins établis dans Paris, le propriétaire actuel de la *Société Bordelaise et Bourguignonne*, devançant l'application de la loi votée en 1905, n'accordant que dix années de séjour aux négociants établis dans la capitale, a pris le parti de trans-

LA SOCIÉTÉ BORDELAISE ET BOURGUIGNONNE.

porter à Charenton, 21, quai de Bercy, dans un immeuble qui comporte tous les perfectionnements du travail moderne, la maison principale de la rue de Châteaudun et les entrepôts du quai Saint-Bernard.

Ce transfèrement place la Société sous l'étroit contrôle de la régie et la met à l'abri de tout soupçon, tandis que la fusion de ses deux maisons, au centre des arrivages, a pour conséquence de réduire au minimum les frais grevant la marchandise.

La Société, qui a pour ainsi dire innové la vente et la livraison à domicile des vins et spiritueux en bouteilles, doit sa prospérité à la règle qu'elle s'est imposée de ne jamais vendre sous sa garantie que des produits naturels, à l'extrême limite de prix permise par cette manière de faire.

SOCIÉTÉ BORDELAISE ET BOURGUIGNONNE. — COUR INTÉRIEURE.

La *Société Bordelaise et Bourguignonne* possède vingt-cinq succursales ; en quittant la rue de Châteaudun, elle a laissé un dépôt avec magasin de vente, 7, rue Saint-Lazare, où sont les caves de l'ancienne maison principale.

Elle possède de grands approvisionnements, soit en cercles, soit en bouteilles, tant à Charenton que dans les différents vignobles, et elle est à même de satisfaire tous les goûts en offrant, en même temps qu'un très grand choix, des qualités toujours suivies. La Société expédie ses articles dans toute la France et à l'étranger, franco d'emballage et de mise en gare et droits de Paris déduits.

✻ ✻ ✻

CORBEIL

Nous ne voulons pas terminer cet ouvrage sans parler de Corbeil, charmante ville industrielle bâtie sur les rives de la Seine, au confluent de l'Essonne.

C'est à Corbeil que se trouve, depuis 1829, la grande imprimerie Crété, des presses de laquelle sont sortis les milliers d'exemplaires de la « Ville Lumière ».

Cet établissement, peut-être unique en France, occupe plus de 1 000 ouvriers et ouvrières et ses ateliers, dans lesquels s'exécute entièrement toute la fabrication du Livre, couvrent plusieurs hectares. Les vues que nous reproduisons ci-contre donneront à nos lecteurs une idée de l'importance de cette maison, qui a obtenu le Grand Prix, la plus haute récompense aux expositions suivantes : Paris 1900, Saint-Louis 1904, Liége 1905, Bordeaux 1907, Londres, 1908.

CORBEIL. — IMPRIMERIE CRÉTÉ, LA RENTRÉE DU PERSONNEL.

CORBEIL. — IMPRIMERIE CRÉTÉ.
UNE DES GALERIES DE MACHINES OU LA « VILLE LUMIÈRE » A ÉTÉ IMPRIMÉE.

CORBEIL. — IMPRIMERIE CRÉTÉ.

www.ingramcontent.com/pod-product-compliance
Lightning Source LLC
Chambersburg PA
CBHW050057230426
43664CB00010B/1351